光 启
———
新史学
———
译 丛

主编

陈 恒 陈 新

编辑委员会

蔡　萌（上海师范大学）　　　　刘文明（首都师范大学）

陈　恒（上海师范大学）　　　　刘耀春（四川大学）

陈　新（上海师范大学）　　　　刘永华（厦门大学）

董立河（北京师范大学）　　　　吕和应（四川大学）

范丁梁（华东师范大学）　　　　彭　刚（清华大学）

顾晓伟（中山大学）　　　　　　宋立宏（南京大学）

郭子林（中国社会科学院）　　　王大庆（中国人民大学）

洪庆明（上海师范大学）　　　　王献华（上海外国语大学）

黄艳红（中国社会科学院）　　　徐晓旭（中国人民大学）

赖国栋（厦门大学）　　　　　　俞金尧（中国社会科学院）

李　根（东北师范大学）　　　　岳秀坤（首都师范大学）

李　勇（淮北师范大学）　　　　张　越（北京师范大学）

李隆国（北京大学）　　　　　　张作成（东北师范大学）

李尚君（上海师范大学）　　　　赵立行（复旦大学）

李文硕（上海师范大学）　　　　周　兵（复旦大学）

梁民愫（上海师范大学）

国家出版基金项目
NATIONAL PUBLICATION FOUNDATION

OXFORD

牛　津
历史著作史

从公元1800年到1945年

The Oxford History
of Historical Writing

［澳］斯图尔特·麦金泰尔　［加］胡安·迈古阿西卡

［匈］阿提拉·波克　主编

岳秀坤 喻 乐 孙 琇 姜伊威 陈 强 等译

第四卷（上）

上海三联书店

"光启新史学译丛"弁言

　　20世纪展开的宏伟历史画卷让史学发展深受其惠。在过去半个世纪里,历史研究领域延伸出许多令人瞩目的分支学科,诸如性别史、情感史、种族史、移民史、环境史、城市史、医疗社会史等,这些分支学科依然聚焦于人,但又深化了对人的理解。举凡人类活动的核心领域如经济关系、权力运作、宗教传播、思想嬗变、社会流动、人口迁徙、医疗进步等等都曾在史学的视野之内,而当代史家对这些领域的研究已大大突破了传统史学的范畴,并与普通人的日常生活息息相关。如今,一位普通读者也能够从自身生存状态出发,找到与历史作品的连接点,通过阅读历史,体悟人类过往智慧的种种精妙,进而在一定程度上主动去塑造自己的生活理念。通过阅读历史来定位我们的现在,通过历史研究为当下的种种决策提供依据,这已经是我们的现实中基于历史学的一种文化现象。不论是对物质生活或情感世界中细节的把握,还是期望对整个世界获得深邃的领会,当代历史学都提供了无尽的参照与启迪。这是一个史学的时代,也是一个人人都需要学习、参悟历史的时代。千百种貌似碎片化的历史专题研究、综合性的学术史研究、宏观化的全球史研究,都浸润着新时代的历史思维,为亿万读者提供了内涵丰富、层次多样、个性鲜明的历史读本。

　　微观史学或新文化史可视为一种新社会史学的重要方向,对此国内有不少译介,读者也较为熟悉。但新社会史学的研究远不止这两个方向,它在各方面的成就与进展,当然是我们这套译丛不会忽视的。除此之外,我们尤为关注代表着综合性史学思维的全球史,它是当代西方史学的重要分支,是新的世界史编纂方法和研究视角。

　　全球史的出现是一个非常重要的"历史性时刻"，它不仅是"从下往上看历史"新视角下所包括的普通民众，而且这标志着全球史已深入到前殖民，囊括第三世界的方方面面。为纠正传统西方中心论和以民族国家为叙事单位所带来的弊端，全球史自20世纪60年代诞生以来，越来越受到史学界的重视。全球史关注不同民族、地区、文化、国家之间的交往与互动，强调传播与接受，重视文化多元与平等，摈弃特定地区的历史经验，犹如斯塔夫里阿诺斯所说，要站在月球上观察地球，"因而与居住在伦敦或巴黎、北京和新德里的观察者的观点迥然不同。"

　　当代史学的创造力所在，可从全球史研究的丰富内涵中窥见一斑。全球史研究奠基在一种历史写作的全球语境之中，诉诸全球视野，构建起全球化叙事，突出历史上民族、国家、文化之间的交流、碰撞与互动。在当代史家笔下存在以下几种全球互动模式：一是阐述世界历史上存在的互动体系或网络，如伊曼纽尔·沃勒斯坦的《现代世界体系》（1974—1989年）、德烈·冈德·弗兰克的《白银资本》（1998年）、彭慕兰《大分流》（2000年）；二是关注生态与环境、物种交流及其影响的，如艾尔弗雷德·罗斯比的《哥伦布大交换》（1972年）、约翰·麦克尼尔《太阳底下的新鲜事：20世纪人与环境的全球互动》（2001年）；三是研究世界贸易、文化交流的，如卜正民的《维梅尔的帽子》（2008年）、罗伯特·芬雷《青花瓷的故事：中国瓷的时代》（2010年）、贝克特的《棉花帝国》（2014年）；四是以全球眼光进行比较研究的，这包括劳工史、移民史等，如菲力普·方纳的《美国工人运动史》（1947—1994年）、孔飞力的《他者中的华人：中国近现代移民史》（2009年）；五是审视区域史、国别史之世界意义的，如迪佩什·查卡拉巴提的《地方化欧洲》（2000年）、大卫·阿米蒂奇的《独立宣言：一种全球史》（2007年）、妮娜·布雷的《海市蜃楼：拿破仑的科学家与埃及面纱的揭开》（2007年）等；以致出现了所谓的跨国史研究。"跨国史"（transnational history）这一术语自20世纪90年代以来一直和美国历史研究的那些著作相关联。这一新的研究方法关注的是跨越边疆的人群、观念、技术和机构的变动。它和"全球史"（global history）相关，但又并不是一回事。"跨文化史"（transcultural history)或"不同文化关系"(intercultural relation)是与"跨国史"相匹配的术语,但研究者认为在阐明那些跨国联系时,这两个术语过于模糊。"跨国"这个标签能够使学者认识到国家的重要性,同时又具体化其发展过程。该方法的倡导者通常把这一研究方法区别于比较史学(comparative history)。尽管如此,他们认为比较方法和跨国方法彼此是互为补充的。(A. Iriye and P. Saunier, ed., *The Palgrave Dictionary of Transnational History*,Macmillan,2009,p. 943)

全球史研究不断尝试以全球交互视角来融合新社会史学的微小题材,总体看来,这些新趋势和新热点在一定程度上纠正了全球史对整体性和一致性的偏好,为在全球视野中理解地方性知识乃至个体性经验做出了示范,同时凸显了人类历史中无处不在、无时不在的多样性与差异性。

本译丛是以当代历史学的新发展为重点,同时兼及以历史学为基础的跨学科研究成果,着眼于最新的变化和前沿问题的探讨。编者既期望及时了解国外史学的最新发展,特别是理论与方法上的新尝试和新变化,又要选择那些在研究主题上有新思路、新突破的作品,因而名之为"新史学译丛"。

近现代史学自18世纪职业化以来发展到今天,已经走完了一轮循环。时至今日,史学研究不再仅限对某一具体学科领域作历史的探讨,而是涉及哲学、文学、艺术、科学、宗教、人类学等多个领域,需要各个领域的专家协手共进。在一定意义上,史学是对人类文化的综合研究。这是一种现实,但更是一种理想,因为这意味着当代新史学正在努力把传统史学很难达到的最高要求当作了入门的最低标准。

历史演进总是在波澜不惊的日常生活里缓慢地进行着,无数个微小的变化汇聚累积,悄悄地改变着人类社会生活的整体面貌,因此,历史发展的进程,以长时段的目光,从社会根基处考察,是连续累进的。知识的创造同样如此,正如我们今天的全球史观,也是得益于人类漫长智识创造留给我们的智慧。历史研究虽然履行智识传播的使命,未来会结出什么样的智慧之果,我们很难知晓,也不敢预言,但愿它是未来某棵参天大树曾经吸纳过的一滴水,曾经进入过那伟大的脉络。无论如何，我们确信的是，通过阅读历史，研究历史，人们体验到的不仅仅是分析的妙处与思维的拓展，而且是在潜移默化中悄悄促进包容性社会的发展。

"光启新史学译丛"编委会
2017 年 9 月 1 日于光启编译馆

《牛津历史著作史》中文版
工作委员会

编审委员会

陈启甸　黄　韬

主　编

第一卷　陈　恒　李尚君
第二卷　赵立行
第三卷　陈　新　李　娟
第四卷　岳秀坤
第五卷　彭　刚　顾晓伟

译校者

第一卷	陈　恒	李尚君	屈伯文	李海峰	王海利
	郑　阳	宋立宏	李　月	刘雪飞	李　慧
第二卷	赵立行	刘招静	陈　勇	汪丽红	卢　镇
第三卷	陈　新	李　娟	朱潇潇	申　芳	王　静
	陈慧本	张　骏			
第四卷	岳秀坤	喻　乐	孙　琇	姜伊威	陈　强
	昝　涛	董　雨	陈　功	陶　略	
第五卷	彭　刚	顾晓伟	李　根	段　艳	余开亮
	金利杰	陈书焕	李明洋	孙　琇	刘颖洁
	钱栖榕	张　骏	吕思聪	李　娟	葛会鹏
	王　伟	李晓倩	金知恕		

牛津历史著作史

　　《牛津历史著作史》是一套五卷本的,由众多学者合作编撰的学术著作,该书囊括了全球历史著作史。它是一部人类努力保全、再现和叙述过去的编年史,特别关注各国不同的传统,以及这些不同传统的突出要点及其与西方历史编撰的比较研究。每卷书都包涵着一个特殊的时期,尽量避免不恰当地突出历史分期的西方观念,各卷所包括的时间范围在逐步递减,这不仅反映了后来各卷自19世纪以来在地理空间的扩大,而且反映了历史活动的急剧增加。《牛津历史著作史》是第一部自起源以来覆盖全球的、集体合作完成的学术性历史著作史。

　　《牛津历史著作史》在 2005 年至 2009 年写作期间得到阿尔伯达大学（the University of Alberta）研究部副部长和学术部副部长及该大学校长的慷慨资助，随后加拿大安大略省金斯敦的女王大学（Queen's University，Kingston，Ontario）给予了资助。

中文版序言

史学史的诞生、发展及其在中国的接受[①]

陈　恒

　　一部史学著作诞生之后，读者自然或有自己的评论与感想，这也意味着史学史的诞生。伴随历史著作的不断丰富、研究领域的不断扩展、著述风格与体裁的日益繁多，史学史逐渐成为史学本身的一个重要领域，一个重要分支学科。史学史是从历史学演进的视角来分析历史叙述方法、表现手段、理论基础的一门根基性学科，通过追溯各种历史学研究和著述形式的渊源、流派、成果及其在历史学发展中产生的影响，对各个时代的历史学家及其成就作适当评价。因此，通俗来说，史学史内蕴了历史学家的故事、历史学家文本的故事，或也可称为史学学术史。

　　但史学史真正成为今天历史学的一个重要分支学科，与两种学术发展存在着密切的关系：其一是人类悠久漫长的历史撰述传统及其留下的丰富遗产；其二是19世纪以来现代学科体系的逐渐形成和细分。因此，至19世纪末20世纪初，史学史研究在西方成为一个专门的学科领域，并伴随着近代的"西学东渐"，于20世纪20年代左右在中国逐渐形成和发展起来。

① 本文初稿后发给赵立行、彭刚、陈新、周兵、岳秀坤、洪庆明诸位教授审读，他们提出了不少很好的修改建议，在此特别鸣谢！

西方史学史的诞生与发展

关于历史是什么、历史学是什么、历史学家的任务是什么，以及为什么要撰写历史等问题，自古以来就不断有人在探讨。早在两千多年前，亚里士多德在《诗学》里就对历史学的方法路径提出了独到的见解。在他看来，历史是描述发生的事情，是编年式的，处理的是偶然发生的特定之事。普鲁塔克在《论希罗多德的恶意》中，对西方"史学之父"希罗多德的史学思想进行了尖锐的批评，他认为希罗多德的历史叙述中充满谎言，包含着反雅典的偏见，该文本可以说是西方世界针对史学家个体及其著作进行评判的最早作品。

从古典时代以降直至近代早期，西方论及历史和历史学的著作时有出现，其中不乏充满真知灼见或对后世影响深远的作品。古罗马作家琉善（Lucian，约 120—180 年）的《论撰史》流传至今，他认为："历史只有一个任务或目的，那就是实用，而实用只有一个根源，那就是真实。"罗马帝国晚期教父哲学家奥古斯丁的《上帝之城》可说是人类历史上的第一部历史哲学著作，对后世的历史观产生了至深的影响。在他看来，世界历史的进程是光明与黑暗、善与恶之间不断斗争的历史，是在上帝创造的时间框架里且按照上帝的意志有条不紊地展开的过程。尽管奥古斯丁撰写这部书的根本目的是为了驳斥异教徒，为基督教辩护，但他所阐释的历史观，在历史时间的概念框架、历史学的性质和目的方面，为中世纪史学奠定了基调，并一直主导着近代早期的基督教神学的历史撰述。直至 17 世纪后半期，路易十四宫廷神学家博叙埃（Jacques Bénigné Bossuet，1627—1704 年）所撰写的《世界历史讲授录》（1681 年），仍在申述着奥古斯丁的神学史观。[①]

但无论是对过去史著的评述，还是对史观的阐述，上述的诸多著作都还不属于我们今天意义上的史学史范畴。今天我们谈到的

---

① Jacques Bénigné Bossuet, *Discours sur l'histoire universelle*, *à monseigneur le dauphin pour expliquer la suite de la religion*, *et les changements des empires*, 3 Vols. , Paris: Bibliothèque catholique, 1825 - 1826.

"史学史",对应的英文词一般是"Historiography",指的是学科意义上的历史学,而非"事实的历史",它包含两层意思,即对事实的历史进行研究和撰述的发展史,以及对研究事实的历史时运用的理论和方法。史学史指的是"对历史写作方式的研究,也即历史撰述的历史……当你研究史学史时,你不必直接去研究过去的事件,而是研究某个史学家著作里对这些事件不断变化的解释"。[1]我们按此定义去追根溯源,今天意义上的史学史于16世纪才朦胧出现。人文主义时代的法国人让·博丹(Jean Bodin,1530—1596年)撰写了流传广泛的《理解历史的捷径》,该书系统地阐述了进行历史撰写的框架、原则和方法。首先,他反对从《但以理书》中引申而来的基督教精致的四帝国说,代之以从地理环境出发来考察具体历史进程的世界史三阶段说;其次,他认为历史的形式有三种,即人类史、自然史和圣史,且应该首先关心人类史;再次,他倡导历史撰写要尽力秉持客观公正的原则,对史料要进行精心考证。[2] 我们可以把该书视为西方史学方法论的先驱之作。1599年,法国历史学家拉·波普利尼埃尔(La Popelinière,1541—1608年)的历史三部曲(《历史著作史》《完美历史的观念》《新法国史的构想》),可以看作是西方史学史的开山之作。在博丹、拉·波普利尼埃尔等许多先行者之后,法国人兰格勒特·杜·弗莱斯诺伊(Lenglet du Fresnoy,1674—1755年)的《历史研究方法论》(1713年;1728年翻译成英文在伦敦出版)提供了许多历史著述的摘要,这份摘要是对博丹《理解历史的捷径》一书所附文献目录的扩充。[3] 1777年,哥廷根大学授予了第一个历史学博士学位,历史学自此在知识体系中占有一席之地。

但直到19世纪初历史学在德国最早完成职业化进程而成为一门独立的学科,史学史研究才逐渐得到真正的重视。因为职业化的学科研究,需要梳理漫长发展史累积的遗产,以便从中寻获有用

---

[1] Michael Salevouris & Conal Furay, *The Methods and Skills of History：A Practical Guide*, 4th edition, Wiley-Blackwell, 2015, p. 223.

[2] 张广智:《西方史学史》,第三版,复旦大学出版社 2015 年版,第 114—115 页。

[3] 凯利:《多面的历史》,陈恒、宋立宏译,生活·读书·新知三联书店 2003 年版,第 476 页。

的材料和线索,或发现可供研究的主题,或学习借鉴视角和方法。在历史学职业化大约一个世纪后,欧美各国均出现了一股史学史研究的热潮,对历史学(尤其是近代以后的历史学科)进行某种系统的整理和总结,并产生了一系列流传后世的史学史作品,如博埃特(Eduard Fueter,1876—1928 年)的《新史学史》(1911 年),古奇(G. P. Gooch,1873—1968 年)的《十九世纪历史学与历史学家》(1913 年),肖特威尔(J. T. Shotwell,1874—1965 年)的《史学史导论》(1922 年),班兹(H. E. Barnes,1889—1968 年)的《历史著作史》(1937 年),汤普森(J. W. Thompson,1869—1941 年)的《历史著作史》(1943 年),巴特菲尔德(Herbert Butterfield,1900—1979 年)的《论人类的过去》(1955 年),以及最近比较流行的布雷萨赫(Ernst Breisach)的《历史编撰:古代、中世纪和近代》(2007 年第三版),等等。其中瑞士历史学家、新闻记者爱德华·博埃特所写的《新史学史》(*Geschichte der neueren Historiographie*,München,1911,Zürich)是一本真正学术意义上的史学史通志,内容涵盖自宗教改革以来的欧洲史学著作。博埃特注重思想观念对历史进程的巨大影响,但忽略了社会发展中的社会经济因素的作用。

速及 20 世纪,伴随着史学研究本身的快速发展,出现了诸如法国的年鉴学派、英国的马克思主义历史学派、美国的社会科学史学派等流派,史学本体论、认识论和方法论均出现了革命性的变化,使得人们更须从不同的角度审视历史记述与研究的演变,分析历史研究背后方法路径和分析技术的应用,史学史研究也因此获得快速发展,成绩斐然。

从时间顺序来看,我们大致可以把 20 世纪以来的史学史研究分为以下三个阶段:1. 学科初始阶段(1903—1945 年),这时的史学史大多是记述性的;[①]2. 学科史学史阶段(1945—1989 年),史学

---

① 这一阶段的另一个特点是有关古代时期的专题史学史出现不少,如善迪斯(John Sandys,1844 - 1922)的《古典学术史》(*A History of Classical Scholarship:from Antiquity to the Modern Era*,1903)、奥姆斯特德(A. T. Olmstead,1880 - 1945)《亚述史学史》(*Assyrian Historiography:A Source Study*,1916)、维拉莫维兹(Ulrich von Wilamowitz-Moellendorff,1848 - 1931)《语言学史》(*Geschichte der Philologie*,1921。其实这是一部古典学术史)等。

史成为史学研究的一个重要领域；3. 全球史学史阶段（1989 年以来），史家以交流与融合的眼光看待全球史学史的发展。从著述体裁来看，我们大致可以把史学史论著分为以下三种类型：1. 书评和传记式的史学史，如古奇、汤普逊等人的著述；2. 通史的、断代的或专题的史学史通论，如普法伊佛（Rudolf Pfeiffer，1889—1979年）、布雷萨赫、凯利、伊格尔斯、约翰·布罗（John Burrow，1935—2009 年）等人的著述；3. 全球史学史，如劳埃德、沃尔夫等人的著述。当然还有诸如布克哈特、屈威廉、伯瑞、卡尔、芬利、莫米利亚诺、布罗代尔、格拉夫顿（Antony Grafton，1950 年—　）这类历史学家的自我反思，对史学史与史学理论的思考；也有克罗齐、科林伍德、海登·怀特等人从历史哲学层面对史学史与史学理论的思考。这些著述都从不同的层面对史学史研究作出贡献。

早期史学史著作也包含批评性的注释，但实际上，它们讨论的大多是历史学家个人及其著作，在本质上是记述式的。这在很大程度上已不能满足当今史学研究迅速了解自身学科本源与演进历程的需要。

史学思想史的出现弥补了这方面的不足，这是史学史编撰的另一条路径，也就是以一种更富有批判性和更具有分析能力的眼光重新审视历史编撰的史学史，以努力寻求 19 世纪欧洲历史编撰中的"一种深层结构内容"（《元史学》，第 IX 页）的海登·怀特为代表。怀特的《元史学》于 1973 年出版以后，就在学术界引发了广泛的讨论，针对此著有大量研究文章和评论，影响波及当今。怀特认为历史编撰是诗化性质的，以此为出发点，他否认历史学的科学性，认为历史学与自然科学是根本不同的。在他看来，史学自身的性质使得史学处于一种概念混乱状态，因而就其基本特征而言，史学不是科学而是艺术创作，所以叙事对史学来说是必不可少的。《元史学》一书就是用一套从其他学科借用的概念来阐明怀特观点的诗化过程。对于这种极端观点，赞成者有之，反对者有之，采中庸之道调和两派观点的亦有之。①

凯利（Donald R. Kelley，1931 年—　）的史学史三部曲（《多面

---

① 参见《书写历史》，上海三联书店 2003 年版。

的历史》《历史的时运》《历史前沿》），从希罗多德一直讲述到20世纪史学的发展。该书既有记述，又有分析，兼具上述极端观点的长处，这不但避免了平铺直叙所带来的肤浅，而且也避免了过于注重理论演绎所导致的玄奥。诚如前辈何兆武教授所说，"《多面的历史》所论述的，正是从古希腊的希罗多德下迄18世纪德国赫尔德的一系列西方历史学家对西方历史进程的理解或解释"①。新近由复旦大学张广智教授主编的六卷本《西方史学通史》大体也属于这一类型。

20世纪中期之后世界格局发生急剧转变，全球一体化急剧加速。与此同时，从相互联系的观点撰写世界史，或从整体上探索人类文明的演进规律和发展动力，不断促使史学实践要体现全球视野；随着全球史的出现，全球史学史也出现了。早在20世纪60年代，学术界就关注全球史学史了。比如，1961—1962年间，牛津大学出版社出版了一套《亚洲民族的历史著作》（*Historical Writing on the Peoples of Asia*），分别有南亚卷、东南亚卷、东亚卷和中东卷，②它是以20世纪50年代晚期在伦敦大学亚非学院召开的会议为基础编撰的，获得广泛好评，至今仍有很高参考价值。再比如西尔斯（David L. Sills）主编的《国际社会科学百科全书》（19 vols.，1968）第六卷中关于"历史编纂"的综合性文章，涵盖了有关伊斯兰、南亚和东南亚、中国和日本的简明叙述。巴勒克拉夫（G. Barraclough，1908—1984年）的《当代史导论》（1964年）、《当代史学主要趋势》（1978年）中也涉及了非西方世界的历史写作。

全球史学史论述的主要特征是：1. 不仅论述史学本身发展的历史，也研究史学与社会环境之间的互动关系：注重史学形成的社会基础与文化基础，注重史学知识的传播与社会组织、学术体制之

---

① 何兆武"对历史的反思"，参见《多面的历史》，生活·读书·新知三联书店2003年版，第3页。

② 四卷分别是 1. C. H. Philips 主编《印度、巴基斯坦和锡兰的历史学家》（*Historians of India，Pakistan，and Ceylon*）；2. D. G. E. Hall 主编《东南亚历史学家》（*Historians of South East Asia*）；3. W. G. Beasley 和 E. G. Pulleyblank 主编的《中国、日本的历史学家》（*Historians of China and Japan*）；4. B. Lewis 和 P. M. Holt 主编的《中东的历史学家》（*Historians of the Middle East*）。

间的关系;2.比较方法与全球视野:重视不同区域不同文化之间的
史学互动,着重东西方比较研究,尤其是三大传统——地中海传
统、儒家传统、伊斯兰传统——之间的比较研究,由此说明全球史
学一些内在的本质特征;3.注重传统与接受的关系,研究各种史学
传统的内部传承与外部接受,且非常注重非西方史学传统研究;4.
力图避免"西方中心论",充分考虑西方以外的史学传统,不过度突
出西方的分期概念;等等。

全球史学史代表人物主要有伊格尔斯(G. G. Iggers)、吕森
(Jörn Rüsen)、劳埃德(G. E. R. Lloyd)、富克斯(E. Fuchs)、斯塔西
提(B. Stuchtey)、沃尔克(M. Völkel)等人。其中《牛津历史著作
史》主编、加拿大女王大学校长沃尔夫(D. R. Woolf)教授是极有影
响的一位。

《牛津历史著作史》

《牛津历史著作史》[①]主编丹尼尔·沃尔夫 1958 年出生于伦
敦,在加拿大的温尼伯(Winnipeg)接受教育,后去英国读书,1983
年在牛津大学获得近代史博士学位,导师为牛津大学圣彼得学院
著名的历史学家吉拉德·艾尔默(Gerald Edward Aylmer,1926—
2000 年)。[②]毕业后,他先去加拿大埃德蒙顿的阿尔伯达大学任
教,任该校历史与古典学系教授,文学院院长,现任加拿大安大略
金斯顿女王大学教授。沃尔夫早年主要研究都铎王朝、近代早期
英国文化史,后来专注史学史与史学思想研究,著述甚多,[③]成为史

---

① *The Oxford History of Historical Writing*, ed. by Daniel Woolf, Oxford
   University Press,2011 - 2012.
② 博士论文为《1590—1640 年间英格兰历史思想的变化与延续》(*Change and
   Continuity in English Historical Thought*, *c*. *1590—1640*),参加答辩的有牛津
   大学的凯斯·托马斯(Sir Keith Thomas,1933—)、剑桥大学的昆廷·斯金纳
   (Quentin Skinner,1940—)等。
③ 其他方面的著作有 *Public Duty and Private Conscience in Seventeenth-Century
   England*, Oxford University Press 1993 (co-ed., with John Morrill and （转下页）

学史研究的领军人物。他早前出版的有关史学史、史学思想的著作主要有：《早期斯图亚特时代英格兰的历史观念》（*The Idea of History in Early Stuart England*，University of Toronto Press，1990）、《全球历史著作百科全书》（*Global Encyclopedia of Historical Writing*，Garland，1998）、《近代早期英格兰的阅读史》（*Reading History in Early Modern England*，Cambridge University Press，2000）、《往昔的社会传播：1500—1739 年间的英格兰历史文化》（*The Social Circulation of the Past：English Historical Culture 1500—1730*，Oxford University Press，2003）、《全球史学史》（*A Global History of History*，Cambridge University Press，2011）。五卷本《牛津历史著作史》内容大致如下：

卷数	时间范围	主编	章数	内　　容
第一卷	从开端到公元 600 年	安德鲁·菲尔德、格兰特·哈代	26 章	论述了古代世界主要历史传统，包括古代近东、古代希腊、古代罗马、古代东方和南亚的史学起源与发展。
第二卷	从公元 400 年到 1400 年	萨拉·福特、蔡斯·F.罗宾逊	28 章	第一编是宏观论述，讲述了从朝鲜半岛到欧洲西北部的这一时期不同社会的历史著述的发展，特别突出宗教特性和文化特性。第二编是对第一部分的补充，侧重比较与主题，包括对历史题材风格、战争，特别是宗教的论述。

（接上页）Paul Slack）；*Rhetorics of Life-Writing in Early Modern Europe*，University of Michigan Press，1995（co-ed.，with T. F. Mayer）；*The Spoken Word：Oral Culture in Britain 1500–1850*，Manchester University Press，2002（co-ed.，with Adam Fox）；*Local Identities in Late Medieval and Early Modern England*，Palgrave Macmillan，2007（co-ed.，with Norman L. Jones）；*A Global History of History*，2011 等。沃尔夫为六卷本《新观念史辞典》（*New Dictionary of the History of Ideas*，ed. by Maryanne Cline Horowitz，2005）所写的长篇导论"Historiography"是其全球史学史纲领性宣言，随后所出版的《全球史学史》《牛津历史著作史》都是这一思想的不断延展与深化。

续表

卷数	时间范围	主编	章数	内　　容
第三卷	从公元1400年到1800年	何塞·拉巴萨、佐藤正幸、埃多尔多·托塔罗洛、丹尼尔·沃尔夫	32章	论述公元1400年到1800年间（即通常所称的"早期近代"）全球史学的发展。以叙述亚洲开始，叙述美洲结束，这个时期开始了真正意义的全球史学时代。侧重跨文化比较的方法。
第四卷	从公元1800年到1945年	斯图亚特·麦金泰尔、胡安·迈古阿西卡、阿提拉·波克	31章	第一编总述欧洲历史思想、史学职业化和史学机构的兴起、强化与危机；第二编分析了史学史怎样与各种各样的欧洲民族传统发生联系；第三编考察的是欧洲史学的"后裔"——美国、加拿大、南非、澳大利亚、新西兰、墨西哥、巴西和西属美洲——的史学发展。第四编讲述的是西方世界以外的史学传统，包括中国、日本、印度、南亚、阿拉伯世界和撒哈拉以南的非洲史学。
第五卷	从公元1945年至今	阿克塞尔·施耐德、丹尼尔·沃尔夫	33章	第一部分考察历史理论与跨学科的研究方法；第二部分论述的是世界各地民族史学、区域史学的发展。

　　《牛津历史著作史》是一套由众多知名学者合作编撰的、涵盖全球的史学史著作，全书由150篇专论组成，是迄今为止最为全面的、涵括整个人类史学文化传统的历史著作史。各卷主编都是各个领域的著名学者：第一卷主编是古典学家安德鲁·菲尔德（Andrew Feldherr）、汉学家格兰特·哈代（Grant Hardy），第二卷主编是教会史家萨拉·福特（Sarah Foot）、伊斯兰史家蔡斯·F. 罗宾逊（Chase F. Robinson），第三卷主编是拉美史家何塞·拉巴萨（José Rabasa）、史学理论专家佐藤正幸（Masayuki Sato）、早期近代史家埃多尔多·托塔罗洛（Edoardo Tortarolo）、总主编丹尼尔·沃尔夫，第四卷是澳大利亚史家斯图亚特·麦金泰尔（Stuart

Macintyre）、美洲史家胡安·迈古阿西卡（Juan Maiguashca）、史学史家阿提拉·波克（Attila Pók），第五卷主编是汉学家阿克塞尔·施耐德（Axel Schneider）以及总主编丹尼尔·沃尔夫本人。

另外，还有由迈克尔·本特利、约恩·吕森、格奥尔格·伊格尔斯、唐纳德·凯利、彼得·伯克等14位知名学者组成的顾问团队，提出指导性编撰建议，这些顾问还发挥自身的特长为该书贡献专题文章，这在一定程度上保障了丛书的编撰质量。全书各个专题论文的作者在学术界都有一定的影响，比如宾夕法尼亚大学伍安祖教授、德国汉学家闵道安（Achim Mittag）、印度裔历史学家迪佩什·查卡拉巴提（Dipesh Chakrabarty）、英国古典学家劳埃德、美国汉学家杜润德、史嘉柏、夏含夷等等，这些高水准学者的加入为整套丛书编撰质量提供了可靠的保障。因而该书出版后获得了广泛好评。伊格尔斯认为"此书魅力在于其内在的、深刻的跨文化研究方法"；彼得·伯克认为"沃尔夫的著作为我们提供了天才的史学史全球研究论述，该书结构明晰、内容平衡，作者尽量避免欧洲中心主义和当下意识这对孪生危险，强调使用多元路径研究过往"；唐纳德·凯利认为"这是内容丰富、论述全面的世界史学史著作。沃尔夫是这一领域公认的专家，他将年代与地理结合在一起，范围包括非洲、近东、远东以及欧洲和美国；他的这一研究方法非常有效"。

《牛津历史著作史》是一部按照编年顺序，注重各国史学传统，努力再现人类史学文化传统的史学史著作。全书力图避免西方中心观念，且注意比较研究，以全球眼光、平等价值看待各种史学文化传统，且非常注重非西方史学传统的研究，每一卷的历史分期都考虑到东西方的具体情况，在大时间框架内处理国别史学史、地域史学史、专题史学史。

各卷所包括的时间范围逐步递减，这不仅反映了后来各卷尤其是自19世纪以来，史学史考察对象在地理空间上的扩大，而且反映了历史学活动的急剧增加，"研究越来越接近现代时，这些研究时期就越来越缩小了，这不仅是因为存留的材料和著名的作者越来越多,而且是因为真正意义上的世界范围内的重要主题也越来越多"①。

编者尽量不采取传统的古代、中世纪、近代的历史分期,目的就是为了尽量避免不恰当地突出历史分期的西方观念。就"历史编撰来说,似乎一直完全是西方的发明或西方的实践。自从 20 世纪 90 年代晚期以来,出版了大量的历史著作,开始挑战史学史的欧洲中心论,亦挑战史学史那种固有的目的论。现在我们能以更广阔的视野为背景来研究欧洲史学事业了,这个视野有许多平行的——这一事实时常被忽略——相互影响的书写传统,比方说来自亚洲、美洲、非洲的历史"②。编者因此尽量回避自 19 世纪以来所形成的民族史传统,注重地方史、区域史、跨国史、洲际史的书写以及彼此之间的联系。特别突出三大传统及一些次要的独立传统。三大传统分别是地中海传统(源于古代希腊、罗马、希伯来等构成的西方传统)、伊斯兰传统和儒家传统。次要的传统包括古代印度、前殖民时代的非洲、拉丁美洲,以及南亚、东南亚的部分地区。

编者注重跨学科研究,改变过去史学画地为牢的局限,吸收艺术、考古、科学、社会科学等领域的研究成果与方法,注意吸收来自不同领域的专家、学者,尽可能全面、系统地反映人类史学成就。注重史学知识产生的社会背景,分析各种制度、机构对史学知识的影响。"历史记录同种族、社会、经济和政治意义上的权力运用之间有着一种密切的联系。这也许是在文章开始时提到的古老格言的另一种表达方式,即'历史是被胜利者所书写,尽管事实上很多时候也是被失败者(考虑一下修昔底德,印第安人阿亚拉,或一位失败的革命者、诗人和史学家约翰·弥尔顿)和那些被突然而不被欢迎的变化幻象所困惑的人们所书写'。"③

---

① *The Oxford History of Historical Writing*,vol. 1,p. x.

② *New Dictionary of the History of Ideas*,ed. by Maryanne Cline Horowitz,2005,p. ix.

③ *New Dictionary of the History of Ideas*,ed. by Maryanne Cline Horowitz,2005,p. lxxx.

编者淡化宏大叙述、宏大理论,侧重具体事物论述,尽量反映史学研究的前沿动态,并且设计了大事年表、原始文献、研究文献,增加了可读性。尽管近年来已经出版了不少有关历史著述的百科全书、辞典、手册、研究指南,从纯学术的角度以全球视野全面论述史学史的著作也间有问世,①但在编排形式多样、吸引读者方面都逊色于本丛书。

西方史学史研究在中国

明清之际,由于西学东传,西方世界的学术话语、概念、方法也逐渐影响到中国传统史学,到了晚清和民国时代更是如此,"过去的乾嘉学派,诚然已具有科学精神,但是终不免为经学观念所范围,同时其方法还嫌传统,不能算是严格的科学方法。要到五四运动以后,西洋的科学的治史方法才真正输入,于是中国才有科学的史学而言"②,自此以后,中国史学也开始不断融入世界,中国的史学史研究成为世界史学史的一个组成部分。

20世纪以来,中国史学家慢慢重视中西史学史研究了,该领域逐渐成为独立的授课内容与研究主题。早在1909年,曹佐熙(1867—1921年)为湖南中路师范学堂优级选科的学生讲授"史学研究法",该课程讲义后成为《史学通论》一书。

---

① 近年来出版了一些富有启发性的,以跨文化比较研究为目的史学史著作,其中特别显著的是 *Turning Points in Historiography*:*A Cross - Cultural Perspective*(ed. G. Iggers and Q. E. Wang, 2002);*A Global History of Modern Historiography*(ed. Georg G Iggers, Q. Edward Wang, Supriya Mukherjee, 2008);*Across Cultural Borders*:*Historiography in Global Perspective*(ed. E. Fuchs and B. Stuchtey, 2002);*Western Historical Thinking*:*an Intercultural Debate*(ed. J. Rüsen, 2002);*Historical Truth*,*Historical Criticism and Ideology*:*Chinese Historiography and Historical Culture from a New Comparative Perspective*(ed. H. Schmidt-Glintzer, A Mittag and J. Rüsen, 2005)等。
② 顾颉刚:《当代中国史学》,辽宁教育出版社1998年版,"引论"。

在新文化运动影响下,当时中国的不少大学设立历史系、史学系或史地系。1919年,北京大学校长蔡元培废文理法三科之分,改门为系,新建包括史学系在内的14个系。1920年,出任史学系主任的朱希祖(1879—1944年)提倡设立中国史学原理、史学理论等课程,并躬身为学生讲授"中国史学概论",撰写成《中国史学通论》一书及其他一些史论文章。他还延请留学美国的何炳松(1890—1946年)为学生开设"史学方法论""史学原理"等课程,由此而引起何炳松翻译美国史学家鲁滨逊(James Harvey Robinson,1863—1936年)《新史学》(商务印书馆1924年)一事,而《新史学》则成为"本世纪初的一部著名史学译著"①。这一时期国内翻译了不少史学史著作,大多是由商务印书馆出版的,如朗格诺瓦(Langlois,1863—1929年)、瑟诺博思(Seignobos,1854—1942年)的《史学原论》(李思纯译,商务印书馆1926年)、绍特韦尔(Shotwell,1874—1965年)的《西洋史学史》(何炳松、郭斌佳译,1929年)、班兹(Harry Elmer Barnes,1889—1968年)的《史学》(向达译,商务印书馆1930年)、施亨利(Henri Sée,1864—1936年)的《历史之科学与哲学》(黎东方译,商务印书馆1930年)、班兹的《新史学与社会科学》(董之学译,商务印书馆1933年)、弗领(Fred Morrow Fling,1860—1934年)的《史学方法概论》(薛澄清译,商务印书馆1933年)等,这些著作为后来的中国西方史学史研究奠定了初步基础。

20世纪中国史学发展及其所取得的成就,就其整体来看,都是同吸收、借鉴西方史学的积极成果,尤其是马克思主义史学理论和方法方面的积极成果相联系的。从1924年李大钊出版《史学要论》到1930年郭沫若出版《中国古代社会研究》,标志着中国马克思主义史学的产生。新中国成立后,1952年全国高等学校的院系进行了大规模调整,把民国时期的英美高校体系改造为苏联高校体系,史学研究也进入了苏联模式时代,但毕竟还保留了自身的特

---

① 参见谭其骧《本世纪初的一部著名史学译著——〈新史学〉》,《何炳松纪念文集》,刘寅生、谢巍、何淑馨编,华东师范大学出版社1990年版,第74—75页。

色。这一时期,复旦大学的耿淡如(1898—1975 年)先生非常重视西方史学史的学科建设,他于 1961 年在《学术月刊》第 10 期上发表《什么是史学史?》一文,就史学史的定义、研究对象与任务进行了系统的概述,认为这门年轻的学科没有进行过系统的研究,"需要建设一个新的史学史体系"①。该文至今仍有参考价值。

据张广智先生说,②耿淡如先生从 1961 年开始就为历史系本科生开设外国(西方)史学史课程,并在《文汇报》上撰写《资产阶级史学流派与批判问题》(2 月 11 日)、《西方资产阶级史家的传统作风》(6 月 14 日)、《拿破仑对历史研究道德见解》(10 月 14 日)等文章,在《现代外国哲学社会科学摘要》上刊登他所翻译的索罗金的《论汤因比的历史哲学》(4 月 1 日)等文章,积极进行史学史研究推广工作。同年他开始翻译英国史学家古奇(G. P. Gooch,1873—1968 年)③的名著《十九世纪历史学与历史学家》,有部分章节油印,1989 年由商务印书馆作为"汉译名著"出版发行,四川大学谭英华教授(1917—1996 年)为该书作注,在学术界产生很大影响,至今仍是史学研究的必读书。④

1961 年 4 月 12 日,北京召开由周扬主持的高等学校文科教材编写会议,制订了历史学专业教学方案与历史教科书编写计划,耿淡如成为外国史学史教科书编写负责人。⑤ 同年底,在上海召开有复旦大学、北京大学、武汉大学、中山大学、南京大学等高校老师参

① 耿淡如:《西方史学史散论》,复旦大学出版社 2015 年版,第 175 页。
② 张广智教授为 1964 年耿淡如先生招收的新中国西方史学史第一届唯一的学生,也是"文革"前唯一一届的学生。
③ 古奇为英国著名外交史家、史学史家,有关史学史的著述有《历史》(*History*, London 1920,属于 Recent Developments in European Thought 丛书之一种)、《近代史研究》(*Studies in Modern History*, London 1931)、《欧洲史研究文献,1918—1939 年》(*Bibliography of European History, 1918-1939*, London 1940)、《历史概览与特写》(*Historical Surveys and Portraits*, Longmans 1966)等。
④ "文革"期间也有一些史学史著作翻译出版,如,德门齐也夫等著:《近现代美国史学概论》,黄巨兴等译,生活·读书·新知三联书店 1962 年版;《美国历史协会主席演说集:1949—1960》,何新译,商务印书馆 1963 年版,等等。
⑤ 1961 年 8 月 28 日刊登《耿淡如积极编写外国史学史教材》一文,介绍编写情况。

加的外国史学史教科书工作会议，决定由耿淡如负责编写"外国史学史"，田汝康负责编译"西方史学流派资料集"（该资料集即田汝康后来与金重远合作选编由上海人民出版社在1982年出版的《现代西方史学流派文选》一书，该书在20世纪80年代流传极广，为人们认识现代西方史学理论奠定了基础。两年之后的1984年，张文杰先生编选了由上海译文出版社出版的《西方历史哲学译文集》①。这两本书构成了20世纪80年代早期认识西方史学的两个重要窗口）。遗憾的是，由于"文革"，《外国史学史》的编写计划最终流产了。

"文革"后，百废待兴，外国史学史也得到了快速发展。郭圣铭（1915—2006年）的《西方史学史概要》（上海人民出版社1983年）便是这一时期的第一本西方史学史专著。郭圣铭先生是中国世界史研究的开拓者之一，长期致力于世界史的教学与科研，"文革"结束后不久就发表《加强对史学史的研究》（刊《上海师大学报》1978年1期），表明他对这门专业的重视。他在《西方史学史概要》中认为把"外国史学史"列为必修课程是一个必要的、正确的措施，对提高我国历史科学的研究水平和教学质量将发生深远的影响。② 该书共计七章，自古代希腊史学一直讲述到20世纪初年的欧洲各国和美国史学；20世纪西方史学则限于当时的历史条件，论述不多，甚为遗憾。郭圣铭先生还培养了不少西方史学史的学生，其中一些已经成为名家，比如王晴佳教授。王晴佳到美国后跟随著名的史学史专家格奥尔格·伊格尔斯研究西方史学史，近年来著述颇丰，大力推广西方史学史研究。

郭圣铭先生的《西方史学史概要》出版，掀起了当代中国世界史学界外国史学史教材与专著出版的热潮，先后大致有：孙秉莹的《欧洲近代史学史》（湖南人民出版社1984年），刘昶的《人心中的

---

① 该书后来又以《历史的话语：现代西方历史哲学译文集》之名在2002年、2012年分别由广西师范大学出版社、中国人民大学出版社再版。

② 郭圣铭：《西方史学史概要》，上海人民出版社1983年版，第1页。

历史——当代西方历史理论述评》（四川人民出版社 1987 年），张广智的《克丽奥之路——历史长河中的西方史学》（复旦大学出版社 1989 年），宋瑞芝等主编的《西方史学史纲》（河南大学出版社 1989 年），徐浩、侯建新主编的《当代西方史学流派》（中国人民大学出版社 1996 年，2009 年第二版），张广智、张广勇的《史学，文化中的文化——文化视野中的西方史学》（浙江人民出版社 1990 年，上海社会科学院出版社 2013 年再版），徐正等主编的《西方史学的源流与现状》（东方出版社 1991 年），史学理论丛书编辑部编辑的《当代西方史学思想的困惑》（中国社会科学出版社 1991 年），庞卓恒主编的《西方新史学述评》（高等教育出版社 1992 年），夏祖恩编著的《外国史学史纲要》（鹭江出版社 1993 年），杨豫的《西方史学史》（江西人民出版社 1993 年），王建娥的《外国史学史》（兰州大学出版社 1994 年），张广智的《西方史学散论》（台北淑馨出版社 1995 年），郭小凌编著的《西方史学史》（北京师范大学出版社 1995 年），鲍绍林等著的《西方史学的东方回响》（社会科学文献出版社 2001 年），王晴佳的《西方的历史观念》（华东师范大学出版社 2002 年），张广智主著《西方史学史》（复旦大学出版社 2004 年，已出第 3 版），何平的《西方历史编纂学史》（商务印书馆 2010 年），于沛、郭小凌、徐浩的《西方史学史》（高等教育出版社 2011 年），张广智主编的《西方史学通史》（六卷，复旦大学出版社 2011 年，国内迄今为止规模最大、最详细的一套史学通史），杨豫、陈谦平主编的《西方史学史研究导引》（南京大学出版社 2011 年），等等。

这期间还有不少断代、国别、主题史学史研究专著出版，表明史学史这门学科快速发展与深入研究已今非昔比。比如北京大学张芝联教授最早把法国年鉴学派介绍到中国，其《费尔南·布罗代尔的史学方法》（《历史研究》，1986 年第 2 期）一文引起中国学界的广泛注意。南开大学杨生茂教授编选的《美国历史学家特纳及其学派》（商务印书馆 1984 年）引起了国内学术界对"边疆学派"的讨论，进而引发了人们去思考历史上的史学流派、史学思潮与比较研究。可以说 1902 年梁启超的《新史学》开启了中国的中西史学比较研究,后来者诸如胡适、何炳松、钱穆、柳诒徵、余英时、杜维运、汪荣祖、何兆武、朱本源、刘家和、于沛、陈启能等都比较重视这方面的研究。20世纪80年代华人学者汪荣祖就出版了中西史学比较研究巨著《史传通说》。近年来美国的伊格尔斯、王晴佳,德国的吕森等学者也关注中西史学的比较研究。

改革开放三十余年间,国家培养了大量人才,许多学者已经可以利用第一手原始文献进行系统研究,选题也越来越与国际史学界接轨。比如,姚蒙的《法国当代史学主流——从年鉴派到新史学》(香港三联书店与台北远流出版社1988年),田晓文的《唯物史观与历史研究——西方心智史学》(天津社会科学院出版社1992年),陈启能等著的《苏联史学理论》(经济管理出版社1996年),罗凤礼主编的《现代西方史学思潮评介》(中央编译出版社1996年),罗凤礼的《历史与心灵——西方心理史学的理论与实践》(中央编译出版社1998年),晏绍祥的《古典历史研究发展史》(华中师范大学出版社1999年),蒋大椿、陈启能主编的《史学理论大辞典》(安徽教育出版社2000年),王晴佳、古伟瀛的《后现代与历史学:中西比较》(山东大学出版社2003年),梁洁的《撒路斯特史学思想研究》(中国社会科学出版社2009年),王利红的《诗与真:近代欧洲浪漫主义史学思想研究》(上海三联书店2009年),程群的《论战后美国史学:以〈美国历史评论〉为讨论中心》(光明日报出版社2009年),王晴佳的《新史学讲演录》(中国人民大学出版社2010年),晏绍祥的《西方古典学研究:古典历史研究史》(上下卷,北京大学出版社2011年),张广智的《史学之魂:当代西方马克思主义史学研究》(复旦大学出版社2011年),姜芃的《世纪之交的西方史学》(社会科学文献出版社2012年),贺五一的《新文化视野下的人民历史:拉斐尔•萨缪尔史学思想解读》(社会科学文献出版社2012年),张广智的《克丽奥的东方形象:中国学人的西方史学观》(复旦大学出版社2013年),陈茂华的《霍夫施塔特史学研究》(上海人民出版社2013年),刘家和主编的《中西古代历史、史学与理论比较研究》(北京师范大学出版社2103年),张广智的《瀛寰回眸:在历史与现实中》(北京师范大学出版社 2015 年),白春晓的《苦难与伟大:修昔底德视野中的人类处境》(北京大学出版社 2015 年),等等。这些研究专著逐渐构筑了浩瀚的史学史学术之林。

　　这期间翻译的域外史学史著作也非常多,这些著作的引进大大促进了这一科学的快速发展,诚如周兵教授所言:"在 20 世纪 80 年代再次出现了一股引进、译介西方史学理论的热潮,从而逐渐促成了今天中国西方史学史学科的基本状况。最近这一次的西方史学理论引进热潮,至今依然方兴未艾(或者可以说,如今对西方史学理论的引进已然形成了常态化),学界前辈、同行多为亲历者和参与者。"①大致著作有卡尔的《历史是什么》(吴柱存译,商务印书馆 1981 年),克罗齐的《历史学的理论和实际》(傅任敢译,商务印书馆 1982 年),田汝康等选编的《现代西方史学流派文选》(上海人民出版社 1982 年),特纳的《美国历史学家特纳及其学派》(杨生茂编,商务印书馆 1983 年),张文杰等编译的《现代西方历史哲学译文集》(上海译文出版社 1984 年),柯林武德的《历史的观念》(何兆武等译,中国社会科学出版社 1986 年),巴勒克拉夫的《当代史学主要趋势》(杨豫译,上海译文出版社 1987 年),汤普森的《历史著作史》(谢德风译,商务印书馆 1988 年),米罗诺夫的《历史学家和社会学》(王清和译,华夏出版社 1988 年),古奇的《十九世纪历史学与历史学家》(耿淡如译,商务印书馆 1989 年),伊格尔斯的《欧洲史学新方向》(赵世玲、赵世瑜译,华夏出版社 1989 年),伊格尔斯的《历史研究国际手册:当代史学研究和理论》(陈海宏、刘文涛等译,华夏出版社 1989 年),勒高夫、诺拉的《新史学》(姚蒙编译,上海译文出版社 1989 年),巴尔格的《历史学的范畴和方法》(莫润先、陈桂荣译,华夏出版社 1989 年),米罗诺夫、斯捷潘诺夫的《历史学家与数学》(黄立萧、夏安平、苏戎安译,华夏出版社 1990 年),托波尔斯基的《历史学方法论》(华夏出版社 1990 年),王建华选编的《现代史学的挑战:美国历史协会主席演说集,1961—1988》(上

---

① 周兵:《国外史学前沿与西方史学史的学科建设》,《史学月刊》2012 年第 10 期。

海人民出版社 1990 年），罗德里克·弗拉德的《计量史学方法导论》（王小宽译，上海译文出版社 1991 年），罗德里克·弗拉德的《历史计量法导论》（肖朗、刘立阳等译，商务印书馆 1992 年），张京媛主编的《新历史主义与文学批评》（北京大学出版社 1993 年），何兆武主编的《历史理论与史学理论——近现代西方史学著作选》（商务印书馆 1999 年），巴勒克拉夫的《当代史导论》（张广勇、张宇宏译，上海社会科学院出版社 1996 年），埃里克·霍布斯鲍姆的《史学家：历史神话的终结者》（马俊亚、郭英剑译，上海人民出版社 2002 年），伯克的《法国史学革命：年鉴学派（1929—1989）》（刘永华译，北京大学出版社 2006 年），凯利的《多面的历史》（陈恒、宋立宏译，生活·读书·新知三联书店 2007 年），爱德华·卡尔的《历史是什么？》（陈恒译，商务印书馆 2007 年），里格比的《马克思主义与历史学：一种批判性的研究》（吴英译，译林出版社 2012 年），贝内德托·克罗齐的《作为思想和行动的历史》（时纲译，商务印书馆 2012 年），约翰·布罗的《历史的历史：从远古到 20 世纪的历史书写》（黄煜文译，广西师范大学出版社 2012 年），劳埃德的《形成中的学科——对精英、学问与创新的跨文化研究》（陈恒、洪庆明、屈伯文译，格致出版社 2015 年），等等。

陈新、彭刚等人主持的"历史的观念译丛"和岳秀坤主持的"历史学的实践丛书"两套丛书系统地引进了西方史学史与史学理论研究名著，为这一学科未来发展奠定了扎实的基础。此外，还必须提到的是《史学史研究》《史学理论研究》，两本刊物在促进史学史学科发展方面发挥了巨大作用。《史学史研究》创刊于 1961 年，是国内唯一的有关史学史研究的学术刊物，第一任主编由已故著名历史学家白寿彝教授担任。《史学理论研究》是中国社科院世界历史研究所于 1992 年创刊的，是有关史学史与史学理论的专业性刊物。史学杂志是史学发展到一定阶段必然的产物，是史学持续发展的物质载体，也是史学普及的标志。杂志一方面以发表文章、评论、总结等为主，客观反映史学研究成果，另一方面还通过定主题、出专刊、约专稿等方式来左右或指引着史学研究，一些杂志甚至成为史学更新的强有力的武器，如法国的《年鉴》（1929 年创刊）、英国的《往昔与现在》（1952 年创刊）便是典型代表。近年来，国内学术界涌现出许多以辑刊为形式的学术连续出版物，正起着"史学更新"的作用，期待史学史在新时代环境下能取得更大发展。

学习研究史学史是一种文化传承，也是一种学术记忆。对于人类社会来说，记录历史是一种自然的、必要的行为，研究书写历史的方法，探究历史思想，勘探史学的传播更是必要的：历史之于社会，正如记忆之于个人，因为每个个体、每个社会都有自身的身份认同。以历史为基础的历史记忆建构了一种关于社会共同体的共同过去，它超越了其个体成员的寿命范围。历史记忆超越了个人直接经历的范围，让人想起一种共同的过去，是公众用来建构集体认同和历史的最基本的参照内容之一。历史记忆是一种集体记忆，它假定过去的集体和现在的集体之间存在着一种连续性。这些假定的集体认同，使历史的连续性和统一性能够得以实现，并作为一种内部纽带将编年史中呈现的各种事件串联起来，但又超越了人物传记和传记中呈现的某个伟人的寿命范围。[1] 这一切都取决于我们对往日信息的保存——信息消失，知识无存，历史遗失，文明不再。史学史是一座有无数房间和窗户的记忆大厦，每一个房间都是我们的记忆之宫，每一扇窗户则为我们提供一个观察往昔与异域的独特视角。

2015 年 10 月 8 日
于光启编译馆

---

[1]　杰拉德·德兰迪、恩靳·伊辛主编：《历史社会学手册》，李霞、李恭忠译，中国人民大学出版社 2009 年版，第 592 页。

总主编致谢

《牛津历史著作史》是历时弥久的呕心沥血之作,它由多人编
纂,发表了不同的心声。作为总主编,我由衷感谢所有参加编辑的
人员。首先,最应感谢的是各卷的编者,没有他们的参与,就不会
有这套书。我很感激他们的参与,感激他们在坚持一些共同的目
的和统一编辑原则基础上,表达他们自己对历史的看法。顾问委
员会的很多成员也相继加入了编辑与著述行列,并完全奉献他们
的时间与智慧。在牛津大学出版社,前任主席编辑鲁斯·帕尔
(Ruth Parr)调查读者阅读情况而鼓动这一系列计划并付诸实施,
推进实施。她卸任后,我和同事们从克里斯托弗·惠勒
(Christopher Wheeler)那里获得了管理方面有效的帮助和支持,在
编辑方面获得来自鲁伯特·康申思(Rupert Cousens)、赛斯·凯利
(Seth Cayley)、马修·科顿(Matthew Cotton)和斯蒂芬·艾瑞兰
(Stephanie Ireland)的帮助。我也特别要感谢牛津大学出版社工作
小组和卡罗尔·柏斯蕾(Carol Bestley)。

这套著作如果没有我在实施这项计划中所工作的这两个研究
机构的大力资金支持是不可能成功问世的。2002 年至 2009 年中
期,我在阿尔伯达大学工作,当时的研究部副部长和学术部的副部
长及该校大学校长慷慨地资助了这个研究课题。我尤其要感谢加
里·凯奇诺基(Gary Kachanoski)和卡尔·阿墨罕(Carl Amrhein),
他们洞察这个项目的价值,并为这个课题提供资金,雇用大量研究
助手,让很多研究生参与工作,并支付诸如图片和地图等出版费
用。阿尔伯达大学提供大量的计算机设备和图书馆资源。可能最

重要的是，它支持了关键性的埃德蒙顿会议（Edmonton conference）的召开。2009年，在安大略省金斯顿女王大学，我成为主要负责人，为了推动这个课题有效开展，院方提供大量资金，并调用了研究图书馆；此外还特意地让一个杰出的研究助理同事、编辑助理伊恩·海斯凯斯（Ian Hesketh）博士服务了两年。我衷心感谢伊恩在细节方面科学严谨的态度，欣赏他为了确保文章内在统一性、各卷之间的平衡而毫不留情地删除多余文章（包括我自己的一些文章）的能力，如果没有这种删减能力，这些卷帙浩繁的著作是不可能很快出版的。一大批有能力的研究生参与了这个课题的研究，特别应提及的包括塔尼亚·亨德森（Tanya Henderson）、马修·诺伊费尔德（Matthew Neufeld）、卡罗尔·萨勒蒙（Carolyn Salomons）、特里萨·梅丽（Tereasa Maillie）和萨拉·沃瑞辰（Sarah Waurechen），最后一位几乎独自地完成埃德蒙顿会议复杂的后勤工作。我还必须感谢女王大学艺术与科学学院的院办，以及阿尔伯达大学历史系和古典系为研究提供空间。阿尔伯达大学的梅勒妮·马文（Melanie Marvin）和女王大学的克里斯廷·贝尔加（Christine Berga）为调研账目的管理提供帮助，此外我的夫人朱莉·戈登-沃尔夫（Julie Gordon-Woolf，她本人先前是研究管理者）也为支持这个项目提供了宝贵的建议。

前　言

总主编　丹尼尔·沃尔夫

　　半个世纪以前,牛津大学出版社就出版了一套名为《亚洲民族的历史著作》(*Historical Writing on the Peoples of Asia*)的丛书。该丛书由四卷构成,分别是东亚卷、东南亚卷、中东卷和南亚卷,它以 20 世纪 50 年代晚期在伦敦大学亚非研究院(the School of Oriental and African Studies)召开的会议为基础,经受了岁月的检验,获得了惊人成功;其中很多文章现今仍然被我们引用。这些书籍领先于其所处的时代,是出类拔萃与众不同的,因为在那个时代,历史著作史一直被认为是一种欧洲体裁的历史。事实上,史学史这种主题本身几乎就是一种主题——从 20 世纪早期到中叶这种典型的综述是诸如詹姆斯·韦斯特福·汤普森(James Westfall Thompson)、哈利·埃尔默·巴恩斯(Harry Elmer Barnes)这类历史学家的著述,他们是追随爱德华·富特(Eduard Fueter)在 1911 年出版的典范之作《新历史著作史》(*Geschichte der Neuren Historiographie*)的足迹——由杰出的历史学家对他们的学科和起源所做的概览。这部牛津系列书籍确实提供了许多人们更加迫切需要的观点,尽管多年来人们没有追随这种观点,在刚刚过去的 20 世纪最后那二十年或三十年里更加流行的研究方式,仍然将历史学当作完全是西方的发明或西方的实践。自从 20 世纪 90 年代晚期以来,大量的历史著作出版了,开始挑战史学史的欧洲中心论,同时挑战史学史那种固有的目的论。现在我们能以更广阔的视野为背景来研究欧洲史学事业了,这个视野有许多平行的——这一事实时常被忽略——相互影响的书写传统，比方说来自亚洲、美洲、非洲的历史。

《牛津历史著作史》就是在这种精神下孕育诞生的。它寻求的是涵盖全球的第一流的集体合作的历史著作史。它向半个世纪前的伟大先行者所取得的成就致敬，却也谨慎地寻求自己的方式，既不模仿也不取代。一方面，这套五卷本的集体著述范围涵盖了欧洲、美洲和非洲，以及亚洲地区；另一方面，这些分卷中的章节划分都是按照时间先后顺序编纂，而不是以地区划分的。我们决定采用前者，是因为不应该从孤立的观点来看待那些非欧洲——以及欧洲的——历史著作史。我们选择后者，目的是提供能达到一定数量的记叙性资料（即使这些叙述超过上百种不同的见解），从而让区域性的比较和对比在较长的时间段里更容易进行。

以下几点说明适合整套丛书，并一以贯之。第一，总体来说，整套书将按照从古至今的时间顺序来描述历史著作，每一卷均以其自身的角度去研究历史著作史的独特历史时期。当研究越来越接近现代时，时间跨度将越来越小，这不仅是因为存留的材料和著名的作者越来越多，而且是因为真正意义上的世界范围内的主要主题也越来越多了（比如在第一卷中不会提到美洲人；在第一卷、第二卷中也没有涉及非洲的非穆斯林人）。第二，尽管每卷写作的宗旨相同，而且这些著作都是五卷撰写团队和编辑团队内部和相互之间几年来不断对话、沟通的产物，但我们并没有试图要求每一卷采用共同的组织结构。事实上，我们追寻的是另外一种路径：各个编辑团队都是精心挑选的，这是因为专业知识的互补性，我们鼓励他们"用自己的方式"去选择他们所负责那卷的主题及结构形态——赋予他们推翻先前计划的权利，以便每一卷都能实现全球化这一雄心抱负。第三，也许是最重要的一点，我们强调这套丛书既不是一部百科全书，也不是一部辞典。多卷本的著述，如果目的是尝试研究每一个民族的传统（更不用说每一位历史学家了），那即便将五卷的规模发展为五十卷的规模恐怕也未必能如愿。因此，我们必须有所取舍，不能面面俱到，当我们尽力这样做以便在世界范围内平衡涵盖范围和选择代表性时,毫无疑问必定会存在不足之处。读者希望在《牛津历史著作史》中找到一些特殊的国家或话题可能会失望,因为这远远超过我们这全部 150 章的容量,特别是在近十五年的时间里又出版了大量的参考文献,而且其中一些是全球视野的。我们为丛书的每一卷都编制了索引,不过我们视那种不断增加的索引为没有什么效果的,也是浪费纸张。同样,每一篇文章都提供了精心选择的参考书目,目的是给读者进一步深入阅读提供途径(在每一章的这个位置列举出这里所讨论的话题和来自这一时期的关键文献)。为了让读者对特殊地区或民族的政治和社会背景知识有一定的理解,一些章节包含了重要事件的大事年表,尽管在有的地方并非有必要这样处理。同时要说明的是,本丛书基本没有安排单独的章节来研究那些单个的"伟大的历史学家"(个别一两位例外),从司马迁、希罗多德到当下的那些大历史学家都是这样处理的;为了节省篇幅,我们在文内都省略了生卒年代,这些内容可以在每卷的索引内找到。

尽管每个小组都是独立工作的,为了保持一致性,遵守一些共同的标准也是必需的。为了达到这个目的,我们从一开始就拟定了不少凡例,希望在丛书编撰过程中都能得到遵守。最大的优点就是利用互联网,不仅鼓励学者在本卷内部相互交流,各卷之间进行交流,而且那些成稿的文章也可以发布到课题网站上让其他学者进行评论借鉴和学习。2008 年 9 月,在加拿大埃德蒙顿的阿尔伯达大学召开的高峰会议,大量的编辑和过半的专家们齐聚一堂,花费两天时间讨论一些出版的细节问题、图书内容和要旨问题。我们认为这次会议有一个很重要的"附加值"——对会议和丛书来说都是如此——那就是先前在各自地区和领域按部就班进行工作的学者彼此认识了,目的是以一种独特的,又是前无古人的方式撰写历史著作史,来追求这种共同的旨趣。作为该丛书的主编,我希望在这套丛书完成时,这些联系能继续不断维持下去,并在未来有进一步的合作研究。

在埃德蒙顿会议上,我们作出了几个关键性的决定,其中最重

xi

要的决定是为了避免不必要的主题重叠，而允许时间上的交叉重叠。各卷的年代划分是以日历为标准而不是以传统西方的"中世纪""文艺复兴"为标准的，这在一定程度上显得独断。因此关于古代的第一卷大约在公元 600 年结束，早于伊斯兰教的降临，但与后续的部分有所重叠。第二卷有关西方的部分是古代晚期和中世纪的部分，有关中国的部分（在每卷都特别突出另外一种历史书写主要传统）涉及的时间是从唐朝到明朝初期的历史。类似的情况在第四卷和第五卷，在第二次大战前后有所重叠。对于一些主题来说，1945 年是一个合乎情理的分界线，但对别的一些主题就未必尽然了，比如在中国，1949 年才是重要的转折点。某些特定话题，比如年鉴学派通常是不以 1945 年来划分的。另一个变化是，我们坚持用 BC（公元前）、AD（公元）这种表达年份的方法；我们推翻了先前决定使用 BCE（公元前）、CE（公元）来表达年代的方法，原因是这两种表达方式同样都是欧洲中心论的形式；BC（公元前）、AD（公元）至少已为国际惯例所采纳，尽管这有着基督教欧洲起源的味道。

在埃德蒙顿会议上，我们明确了如何处理这套丛书中的开头和后面的各两卷（第一卷和第二卷，第四卷和第五卷），同时将第三卷作为这前后四卷的衔接桥梁，该卷时间跨越范围是公元 1400 年到约 1800 年的几个世纪——这段时间在西方通常被称为近代早期（early modern）。另一个决定是，为了保证这套丛书价格相对合理，我们决定非常精选地使用插图，只是在能提升内在含义的地方才使用插图，比如处理拉丁美洲那些庆祝过去的图片。既然手头没有那些著名历史学家的真实肖像，因此在这个研究计划中有意回避那些史学史上一系列想象出来的璀璨明星也是适当的——无论西方还是东方，北方还是南方都是如此——从修昔底德到汤因比都是这样处理。

《牛津历史著作史》第四卷，如导言所做说明，由斯图尔特·麦金泰尔、胡安·迈古什察、阿提拉·波克三位先生担任主编，内容覆盖了现代历史学"学科"形成的关键时期，涉及到支撑这一学科的各种制度基础,包括大学、国家历史组织、现代学术杂志、系统的档案出版物等等。这一时期的一首一尾恰好是两次有划时代影响的军事冲突,以拿破仑战争开头,以第二次世界大战收尾。这是一个现代全球帝国的时代,其中的几个帝国在 20 世纪前半叶由于两次大战而分崩离析或是被彻底重组;这也是现代电子通信和机器驱动的旅行登上历史舞台的时代。在这个时代,民族主义肆虐(与历史学有多种互动,因地而异),各种"主义"泛滥,诸如浪漫主义、历史主义(historicism 及其德文同义词 historismus)、马克思主义等等。此外,鉴于本系列图书的全球抱负,或许意义最为重要的一点是,我们连篇累牍讲述的、西方人表达历史性的形式与风格不断扩展的这样一种"态势",向外传播,蔓延到了这个星球的大部分地方。(这里所说的历史性是一个相对宽泛的范畴,应该承认在欧洲不同区域以及欧洲之外的殖民地,还有各种变体。)在学术方面,学科结构以及"历史学的方法",或者是由欧洲的中心城市推行,波及它们在边缘地带的臣属以及远在海外的子民,或者是被那些独立的亚洲大国主动接纳,为的是将历史学作为一种实现自身"现代化"的手段,紧跟西方已经明显领先的脚步,中国和日本就是明证,而且并非仅此两例。在有些情况下,历史学将会有助于最终脱离欧洲而实现独立的事业,首先表现在美国,然后是印度和非洲;关于这一过程的结果,在本系列的第五卷中有所描述。正如本书几位主编所指出的,西方人的方法与实践经验大行其道,造成的副作用之一,就是直到最近,在我们大部分关于历史著作史的作品中,非西方的历史学难觅踪影。第四卷的主编以及作者们所做的工作,既描述了现代历史学之所以建立的过程,又点明了其他的替代形式被抹掉或是被边缘化的事实,如此以来,就让我们看到了一种完全不同的、更为清晰的"历史学的兴起"图景。

关于翻译和音译的说明

涉及到非罗马字母和书写系统,通常使用每种语言的标准系统进行音译(例如,汉语使用拼音)。英文之外的书籍,通常在原标题的后面附加一个翻译的标题（含义一目了然的除外），放在方括号内，用罗马体而不是斜体，如果遇到已经有明确的已刊英文译本，括号内的标题就使用斜体。

目　录

第三编　欧洲的流裔

目　录

第四编　欧洲之外的文化传统

3

地图目录

撰稿人

莫尼卡·巴尔(Monika Baár),格罗宁根大学罗莎琳德·富兰克林研究员和高级讲师。她的近作有 *Historians and Nationalism：East-Central Europe in the Nineteenth Century*（2010），以及"Abraham Viskaski，the Patriarch of the Ruritanian Nation：An Attempt at Counter-Factual History"，*Storia della Storiografia*，2(2008)，pp. 3–20。

托马斯·本德(Thomas Bender),纽约大学人文学科教授、历史学教授。著作有 *New York Intellect*（1987），*Intellect and Public Life*(1993)，以及 *A Nation Among Nations：America's Place in World History*(2006)。

迈克尔·本特利(Michael Bentley),圣安德鲁斯大学现代史教授，利弗休姆研究员，目前从事关于西方历史编纂学的比较研究。著名作品有 *Companion to Historiography*(1997)，以及 *Modern Historiography*(1999)。

斯特凡·贝格尔(Stefan Berger),英国曼彻斯特大学现代德国史与比较欧洲史教授，兼任曼彻斯特琼·莫内杰出学者中心(Manchester Jean Monnet Centre of Excellence)主任。最近一部著作是 *Friendly Enemies：Britain and the GDR，1949–1990*(2010)。

D. A. 布拉丁（D. A. Brading），剑桥大学墨西哥史荣休教授。著作有 *The First America：The Spanish Monarchy，Creole Patriots and the Liberal State，1492－1867*（1991），以及 *Mexican Phoenix，Our Lady of Guadalupe：Image and Tradition across Five Centuries*（2001）等。

彼得·伯克（Peter Burke），剑桥大学文化史教授（2004 年退休），伊曼纽尔学院研究员。其史学史方面的著作有 *The Renaissance Sense of the Past*（1969），以及 *The French Historical Revolution*（1990）。

西罗·弗拉马里翁·卡多苏（Ciro Flamarion Cardoso），1971 年在法国获得博士学位，现任教于巴西弗鲁米嫩塞联邦大学（Universidade Federal Fluminense，Niterói，Brazil）。曾在法国、英国、美国、墨西哥和哥斯达黎加任教。著作涉及现代奴隶史、史学理论与方法、古代史。

迪佩什·查卡拉巴提（Dipesh Chakrabarty），芝加哥大学劳伦斯·A. 金普顿杰出教授，从事历史学及南亚语言与文明研究。著有 *Provincializing Europe：Postcolonial Thought and Historical Difference*（2000，2007）。他目前的研究重点是，在殖民地及后殖民地时期的印度，作为一种职业的历史学是如何形成的。

玉素甫·M. 舒埃里（Youssef M. Choueiri），曼彻斯特大学伊斯兰研究讲师（Reader）。著有 *Islamic Fundamentalism*（2003），*Arab Nationalism*（2001），以及 *Blackwell Companion to the History of the Middle East*（2005）。

安东·德贝茨（Antoon De Baets），荷兰格罗宁根大学历史学教授。著有 *Censorship of Historical Thought：A World Guide，1945－2000*（2002），*Responsible History*（2009）。他目前是历史学家网络

(Network of Concerned Historians) 的 协调人，正在准备新作 *History of the Censorship of History* (1945 - 2010)。

皮姆·登·博尔(Pim den Boer)，阿姆斯特丹大学欧洲文化史教授。著有 *History as a Profession：The Study of History in France，1818 - 1914* (1998)，以及 *Europa：De geschiedenis van een idee* (6th edn, 2009)。

托因·法罗拉(Toyin Falola)，奥斯汀卡斯大学弗朗西斯·希金博特姆·诺尔百年纪念历史学教授。近作有 *Colonialism and Violence in Nigeria* (2009)。

埃克哈特·福克斯(Eckhardt Fuchs)，德国不伦瑞克技术大学格奥尔格·埃克特国际教科书研究所副主任，教育史教授。担任联合主编的作品包括 *Informal and Formal Cross-Cultural Networks in History of Education* (2007)，*Writing World History，1800 - 2000* (2003)，及 *Across Cultural Borders：Historiography in a Global Perspective* (2002)。

伊恩·赫斯基(Ian Hesketh)，加拿大金斯顿女王大学历史系研究助理。著有 *Of Apes and Ancestors：Evolution，Christianity，and the Oxford Debate* (2009)，及 *The Science of History in Victorian Britain：Making the Past Speak* (2011)。

格奥尔格·伊格尔斯(Georg G. Iggers)，杰出学者，美国布法罗纽约大学荣休教授。著有 *The German Conception of History* (1968)，*Historiography in the Twentieth Century* (1993)，以及（合著）*A Global History of Modern Historiography* (2008)。曾担任史学理论与史学史国际委员会的主席(1995—2000)。

杰马尔·卡法达尔（Cemal Kafadar），哈佛大学历史学教授。著有 *Between Two Worlds：The Construction of the Ottoman State*（1995）。Howell Lloyd *et al.*（eds.），*European Political Thought，1450 - 1700*（2007），有他撰写的奥斯曼帝国专章。在2009年伊斯坦布尔国际电影节上，他担任"反叛者、圣徒、行吟诗人"专题的选片负责人。

哈坎·T. 卡拉泰凯（Hakan T. Karateke），芝加哥大学近东语言与文明系奥斯曼与土耳其文化、语言与文学副教授。最近他为奥斯曼国家档案馆编写了《奥斯曼条约目录》（*An Ottoman Protocol Register*）的注解版。

加布里埃尔·林格尔巴赫（Gabriele Lingelbach），德国班贝格大学全球史教授。著有 *Klio macht Karriere：Die Institutionalisierung der Geschichtswissenschaft in Frankreich und den USA in der zweiten Hälfte des 19. Jahrhunderts*（2003），以及 *Spenden und Sammeln：Der westdeutsche Spendenmarkt bis in die frühen 1980er Jahre*（2009）。

斯图尔特·麦金泰尔（Stuart Macintyre），墨尔本大学历史学教授。著有 *The Oxford History of Australia*（1986）第四卷，*The History Wars*（2002），以及 *The Poor Relation：A History of the Social Sciences in Australia*（2010）。

胡安·迈古阿西卡（Juan Maiguashca），加拿大多伦多约克大学荣退副教授。著有 *Historia y Región en el Ecuador，1830 - 1930*（主编并撰文，1994）and *Historia de América Andina：Creación de las repúblicas y formación de la nación*（主编并撰文，2003）。

安东尼·米尔纳（Anthony Milner），澳大利亚国立大学巴沙姆亚洲史教授,墨尔本大学教授研究员(Professorial Fellow)。在东南亚研究方面,著有 *The Malays*(2008,2010),以及 *Southeast Asia in the Ninth to Fourteenth Centuries*(主编之一,1986)。

莫罗·莫雷蒂(Mauro Moretti),意大利锡耶纳大学当代史教授。在史学史、大学史领域著述甚多。著有 *Michele Amari*(2003),及 *Pasquale Villari storico e politico*(2005)等。

若泽·曼努埃尔·努涅斯(Xosé-Manoel Núñez),欧洲大学研究院(佛罗伦萨)博士毕业,圣地亚哥联合大学现代史教授。著有 *Fuera el invasor! Nacionalismo y movilicación bélica en la guerra civil española, 1936-1939*(2006),*Patriotas y demócratas*(2010),及 *Los enemigos de España*(editor,2010)。

阿提拉·波克(Attila Pók),匈牙利科学院史学研究所副主任,纽约哥伦比亚大学历史学访问教授。著有 *A Selected Bibliography of Modern Historiography*(1992),并为 *A Global Encyclopedia of Historical Writing*(edited by Daniel Woolf,1998)撰文。

伊拉里亚·波尔恰尼(Ilaria Porciani),意大利博洛尼亚大学史学史与当代史教授。合编 *Atlas of European Historiography: The Making of a Profession, 1800-2005*(with Lutz Raphael,2010),*Setting the Standards: Institutions, Networks and Communities of National History*(with Jo Tollebeek,2012)。

卢茨·拉斐尔(Lutz Raphael),特里尔大学当代史教授,《现代欧洲史杂志》(*Journal of Modern European History*)编委会成员。著有 *Die Erben von Bloch und Febvre*(1994),*Geschichtswissenschaft im Zeitalter der Extreme*(2003),以及 *Nach dem Boom: Perspektiven auf die Zeitgeschichte seit 1970*(2008,with Anselm Doering-

Manteuffel)。

克里斯托弗·桑德尔斯(Christopher Saunders)，南非开普敦大学历史学荣休教授。著有 *The Making of the South African Past*(1988)，合著 *South Africa：A Modern History*(5th edn，2000)。

阿克塞尔·施耐德(Axel Schneider)，德国哥廷根大学现代中国研究教授。著有 *Truth and History：Two Chinese Historians in Search of a Modern Identity for China*(1997)。

贝内迪克特·斯塔基(Benedikt Stuchtey)，伦敦德国史研究所副主任，德国康斯坦茨大学现代史教授。近著有 *Die Europäische Expansion und ihre Feinde*（2010），以及 *Science across the European Empires，1800－1950*(editor，2005)。

久洛·斯瓦克(Gyula Szvák)，布达佩斯罗兰大学（Eötvös Loránd University)俄罗斯研究中心教授，也是该中心的创建者(1995)、领导者。著作15种，主编丛书 *Knigi po rusistike*，组织一年两次的布达佩斯俄罗斯研究会议，同时担任数种俄罗斯历史期刊的编委。俄罗斯科学院授予名誉博士(2006)。

斯特凡·田中(Stefan Tanaka)，圣迭哥加州大学历史学教授。著有 *Japan's Orient：Rendering Pasts into History*(1993)，以及 *New Times in Modern Japan*(2004)。

乔·托贝克(Jo Tollebeek)，比利时鲁汶大学文化史(1750年之后)教授。著述设计史学史和大学史，包括 *Writing the Inquisition in Europe and America*（2004），及 *Fredericq en Zonen：Een antropologie van de moderne geschiedwetenschap*(2008)。主持比利时的"记忆的场所"研究计划(*lieux de mémoire* project：*België*， *een parcours van herinnering*)(2008)。

罗尔夫·托斯滕达尔(Rolf Torstendahl),瑞典乌普萨拉大学荣休教授。著有 *Källkritik och vetenskapssyn i svensk historisk forskning,1820-1920*(1964),*History-Making：The Intellectual and Social Formation of a Discipline*(1996),以及 *An Assessment of Twentieth-Century Historiography*(2000)。

马里乌斯·图尔道(Marius Turda),牛津布鲁克斯大学健康、医学与社会研究中心副主任。著有 *Modernism and Eugenics*(2010),以及 *Eugenism si antropologia rasiala in Romania,1874 – 1944*(2008)。

丹尼尔·沃尔夫(Daniel Woolf),加拿大金斯顿女王大学历史学教授。著有 *A Global Encyclopedia of Historical Writing*(1998),*The Social Circulation of the Past*(2003),以及 *A Global History of History*(2011)。

唐纳德·怀特(Donald Wright),执教于新不伦瑞克大学政治科学与历史学系。著有 *The Professionalization of History in English Canada*(2005)。

顾问委员会

迈克尔·昂-特温（Michael Aung-Thwin），夏威夷大学（University of Hawaii）

迈克尔·本特利（Michael Bentley），圣安德鲁斯大学（University of St Andrews）

彼得·伯克（Peter Burke），剑桥大学（University of Cambridge）

托因·法罗拉（Toyin Falola），德克萨斯大学（University of Texas）

乔治·G. 伊格斯（Georg G. Iggers），纽约州立大学布法罗分校（State University of New York，Buffalo）

唐纳德·R. 凯利（Donald R. Kelley），罗格斯大学（Rutgers University）

塔里夫·哈利迪（Tarif Khalidi），贝鲁特美利坚大学（American University，Beirut）

克里斯蒂娜·克劳斯（Christina Kraus），耶鲁大学（Yale University）

克里斯·劳伦斯（Chris Lorenz），阿姆斯特丹自由大学（VU University Amsterdam）

斯图亚特·麦金泰尔（Stuart Macintyre），墨尔本大学（University of Melbourne）

尤尔根·欧斯特哈默（Jürgen Osterhammel），康斯坦茨大学（Universität Konstanz）

伊拉里亚·波尔恰尼（Ilaria Porciani），博洛尼亚大学

1

（University of Bologna）

约恩・吕森（Jörn Rüsen），德国埃森高等人文学科研究院（Kulturwissenschaftliches Institut，Essen）

罗米拉・塔帕（Romila Thapar），德里贾瓦哈拉尔尼赫鲁大学（Jawaharlal Nehru University，Delhi）

导　论

斯图尔特·麦金泰尔

胡安·迈古阿西卡

阿提拉·波克

　　《牛津历史著作史》的第四卷所覆盖的时间范围,正值历史学确立其学科地位的时期。在 19 世纪的上半叶,历史研究变成了一个拥有自己的原则与方法的知识分支,也成了一种拥有自己的操作程序与机构建制的职业。这一过程先是从德国开始发生,而后欧洲各国跟进,并且有各种变化。它也被带到了欧洲人移居的地方,被其他的社会采用,作为抵抗欧洲霸权的手段。因而,在 20 世纪上半叶,历史研究成了一种国际性的现象,表现出许多共同特征。这种研究是由在大学及相关机构工作的专业人员进行的,他们也提供职业训练,制定行业标准。借助专业学会、期刊以及其他辅助性的受控的发表出口,他们划定了专门的研究领域,传播研究成果。这些专业人员依靠学术地位以及国家的认可,获得了前所未有的权威。

　　这一时期的开端,同时也是欧洲国家为了改变领土疆域、激励民族精神而持续发生战争的时期。资本主义的经济方式增加了产量,刺激了创新发明。科学与技术改变了工业、交通和通信,同时,发展教育、提高识字率也拓宽了大众的视野。欧洲各国获取海外疆域、打破贸易壁垒、在全球实施劳动分工的能力不断增长。伴随着这些变化而产生的观念表现在他们的历史写作之中,即进步与秩序,民族与权威,自由主义与社会主义,帝国主义与民族主义,还有（作为第一次世界大战之结果的）共产主义和法西斯主义。

但是，随着这一时期的结束，我们看到的是在第二次世界大战中欧洲的衰竭，以及随后的解殖和新的世界秩序。以后见之明言之，学院中的历史学就是历史学唯一可取的形式，既是作为认识过去的一种方式，又是组织历史知识的一种手段。但是，这种观念已经站不住脚了。在欧洲之外的地方，书写历史还有不同的方式得到了人们的特别关注，而且这些方式跟学院中的历史学科是相互作用的。近期的著作探讨了那些替代性的传统，比如，伊格尔斯和王晴佳合著的《全球现代史学史》（*A Global History of Modern Historiography*，2008）、斯特凡·贝格尔主编的文集《书写民族：全球视野》（*Writing the Nation：A Global Perspective*，2007）。正如迪佩什·查克拉巴蒂的著作标题所言，结果是欧洲被地方化了（*Provincializing Europe*，2000）。同样，人们越来越注意到，在欧洲内部也有着历史书写方式的差异，以及造成这些差异的各种思想结构和制度安排。有个重要的合作研究计划就是以此为主题，其成果是贝格尔和洛伦茨主编的文集《争辩民族：民族历史中的族性、阶级、信仰与性别》（*The Contested Nation：Ethnicity，Class，Religion and Gender in National History*，2008）。

最后要说的是，在我们讨论的这一时期里，有一个萦绕不散的有趣的悖论。学院历史学的成长，是与民族国家携手并进的。但是，后者既限制了它的范围，又扭曲了它的内容，这与它追求的关于过去的全面、可靠理解的目标正相矛盾。与18世纪的欧洲启蒙运动关联在一起的普世史，现已让位给加了更多限制的、以国家为中心的，同时也是为国家服务的历史学。这一倾向最为极端的表现，就是当第一次世界大战爆发时，欧洲交战国的历史学家们纷纷应征入伍。随后他们又卷入意识形态纷争，进而导致了第二次世界大战的发生。

以上所述，即本卷考虑的时间范围及内容安排。第一部分是欧洲历史传统的兴起、巩固与危机。开头几章检讨历史学这门学科是如何被创造的，在大学内外，它如何实现制度化，以及它何以能够对人类生活产生如此之大的影响。这一进程被放在法国大革命及拿破仑之后的欧洲重建过程中的政治、思想、宗教和文化语境中来考虑。斯特凡·贝格尔解释了浪漫主义如何拒绝启蒙运动的普世主义，而选择各民族独特的传统，格奥尔格·伊格尔斯则探讨了兰克的思路，即坚持历史研究要从特殊上升到一般。总的来说，思考过去的新方式采用了史料考证的语文学传统，宣称可以提供关于过去的客观、真实的描述，开篇各章描绘了它的各种谱系。

尽管前两章都以德国的历史学为中心，但所论各有侧重。兰克通常被认为是历史学研究新途径的奠基人，是他使得这一学科在德国获得其特征。但是，这里的研究显示，兰克其实对学科成立之前的学术思想有多么的倚重。对下一代接受历史学训练的学者来说，兰克将其古典学和神学的训练应用于历史研究，很难不把他看作是一个老派的人物。兰克明确肯定并且传播这样一种看法：知识是历史地形成的，而且也要历史地加以理解。这种几乎无人不知的认识将会被名之为"历史主义"（historicism）——贝格尔采用的是它的德语形式 Historismus 或 historism，而伊格尔斯则说，在兰克的时代，这种德语拼法并不常用。

历史学这门学科在德国的起源与发展，深受德国环境的影响。法国和英国都在政治上实现了国家的统一，经济有活力，平民有渠道可以参政议政，德国却不一样，在这些方面都远远落后。德国大学的改革，属于反抗法国的文化霸权和拿破仑入侵的行动的一部分，后者正是德国现代化的驱动力。藉由德国大学的改革，历史学作为一门研究性的学科才有了栖身之所。其他各国各有其历史研究的模式，本卷后面各章逐一讨论了各国如何将历史学加以职业化和制度化。相对来说，19 世纪下半叶，德国的大学吸引了来自许多国家的历史学研究者。德国学者的研究方法及其培养、训练的制度，尤其是研讨班（seminar），以及他们对民族国家的重视，将探讨民族国家的独特特征作为史学研究的目标，都被广泛效仿。然而，这些创新被模仿的同时，并不意味着它们的哲学意涵也同样被欣赏。兰克的名言"wie es eigentlich gewesen"，被一些美国历史学

3

家解释成（恢复）"历史的本来面目"（the past as it actually happened）。当历史学在那些新兴的研究型大学中占有显要位置的时候，这一名言虽不能说无处不在，但也是引人注目的。这一点提醒我们，翻译难免损耗本意。

无论如何，这一学科的传统形成之快，以及固化之迅速，是非常惊人的。在环境各异、关怀不同、学术传统各有特点的不同国家，以大学为根据地的历史学家们，都开始追求这样一种事业：在档案研究、严格的史料批判的基础上，撰写文献详尽的专题研究论文，借此追寻关于过去的客观知识。历史学的发展方向很显然受到了自然科学崛起的影响，学院中的历史学家宣称他们的学科享有科学的地位，因此，他们的作品区别于博古学以及文学性的历史写作。科学的历史学也许用来揭示的是民族命运的机缘巧合之路，不过它所遵循的系统调研的原则，跟指导其他学科的知识进步的原则是一样的。

虽然如此，历史学家总是有意识地抗拒，不愿意让历史学划入社会科学的一个分支。奥古斯特·孔德的实证主义，以及亨利·托马斯·巴克尔概括历史发展原理的尝试，是19世纪中叶的历史学家所面对的挑战。正是在此背景下，德国的历史学家提出了他们的历史主义思想。除德国之外，英法等国的历史学家极少有人接受这些宏大的图式。到19世纪晚期，关于历史学的自主性，德国的历史学家们肯定是持之最力，反对新康德派将其变成一种更具有诠释学风格的社会科学的企图。迈克尔·本特利（Michael Bentley）说，在英国史学史上，就缺少这种方法论的争鸣；而另一方面，皮姆·登·博尔（Pim den Boer）认为，在法国，历史学作为一种成规较少，哲学兴味不多，而政治关怀浓厚的职业，容易引起跨学科的思想交流。不过，到了世纪之交，古朗士（Numa Denis Fustel de Coulanges，即努玛·戴尼·甫斯泰尔·德·库朗日，简称应为甫斯泰尔·德·库朗日）做的那种长时间进程中的大规模模式的研究，已经让位给了瑟诺博斯（Charles Seignobos）那种建立在严格的史学方法之上的事件史。

　　埃克哈特·福克斯在他执笔的第三章里,探讨了19世纪关于
历史学的认识论和方法论的一系列挑战。他认为,这些挑战对于　　4
那些正在发展历史学的各个国家而言,影响非常大。1890年代,德
国的兰普雷希特争议表明,在德国,历史学这一职业强化其规范的
能力正在提高,而一般的趋向是把历史学界定为一个独立的知识
领域,有它自己的程序和标准。其他替代性的研究途径,如经济
史、文化史、世界史,在学术界的位置比较边缘,而马克思的历史唯
物主义直到20世纪才找到立足之处。

　　卢茨·拉斐尔给我们描述了历史学如何在欧洲和北美扩大其
地盘,并吸收了经济史和社会史。他将这一变化与19世纪末凸显
的问题联系在一起:资本主义经济的发展,造成了对资本市场和劳
动力市场的更大的依赖,对经济萧条和失业的反应日益强烈,贫困
和不平等造成了阶级冲突。向此类"社会问题"寻求答案的研究者
中,不乏具有自由派或社会民主派思想的历史学家,他们在探索过
程中转向关注集体行动,并且使用定量材料。从政治方面看,民主
政治的发展,公民权的扩大,推动了民族国家历史的研究取向。而
且,1919年的巴黎和会上重新划定边界,使得如何对待民族认同这
一问题进一步凸显。拉斐尔的这一章也讨论了历史学的新模式为
什么被有些国家的历史学者所排斥,而在另一些国家则更容易被
接受。它们首先在北欧、西欧和美国扎下了根,在法国以年鉴学派
的形式大行其道。20世纪的上半叶,一个引人注目的特征就是历
史学的民主化,亦即历史学者的关注兴趣从政治扩大到了社会,囊
括了物质环境以及大众生活经验。

　　这些差异导致我们的注意力从历史学的职业化转向与之相伴
的另一种关键变化,即历史学的体制化。如贝格尔所说,大学只不
过是建立早期历史学科的诸多地点之一。19世纪上半叶,大部分
的历史著作出自独立学者之手,他们有的还有公职,比如行政官员
或是政治家,有的得到了国家的赞助,还有的跟现存政权相敌对。
在大学之外,博物馆、档案馆、历史学会及其杂志,也在编排、收集、
编辑和出版历史文献。不过,大学的成长仍然是我们关注的这一

时期最为关键的特征,它对确立思想和文化上的权威具有决定性的影响。在 19 世纪末之前,大学是从事历史研究的基本据点,到 1945 年,职业化已经成为这一学科的本性。

在分析上述过程如何在欧洲主要国家发生这一问题时,加布里埃尔·林格尔巴赫把关注焦点放在支撑历史研究的高等教育以及其他制度设置的不同体系的差异上。在德国,关键性的推进首先是研讨班,然后是研究所,它们都是在国家控制的、兼顾教学与研究的大学体系之内;在法国,教学与研究是分离的,研究工作集中在高等教育制度中有专业层级分工的专门学校里;在英国,以牛津和剑桥为基础的学院体系,保留了比较强的传统气息,而那些新建的公立大学更愿意接受革新;在美国,情况正好相反,那些私立大学对历史研究以及相关训练的接受更快,然后才是各个州立大学。后面的几章反映了其他国家采纳的组织形式,它们往往是有意识地效仿那些成功的先行者,进而建立自己国家的研究能力。

那些为历史研究提供支持的相关设施情形也差不多。在大多数国家,各种各样地方的、区域的博古学会,在历史学的职业化开始之前就已经存在了,此外还有国家提供赞助的、知识渊博的学园。在 19 世纪,大部分欧洲国家的政府创制了更为专业化的学园和历史委员会,1819 年《德意志史料集成》问世之后,有一系列整理民族国家历史文献的出版工程。在这一进程中,公共档案的范围大幅度扩大,包括了更早期的私人收藏和地方收藏。有时,初生的历史专业积极参与世俗事务,在专门的民族国家制度建设中起到了关键的作用。与此同时,它形成了自己的学会,并且创办自己的学术性刊物,强化专业规范,形成自己的学科传统。

正像林格尔巴赫所说的,此类国家级学会的创办,部分取决于这一专业的规模,部分取决于整合的程度,以及合作研究的愿望。比如,她强调,1884 年创办的美国历史学会,承担各种各样的活动,包括职业介绍,而在法国,历史学家们就没有形成一个类似的团体。到 1914 年,德国、英国、低地国家和斯堪的纳维亚国家、西班牙和葡萄牙,都有了职业化的学会,但是莫尼卡·巴尔在她讨论中东欧的历史学的那一章就留意到，匈牙利早在 1867 年就领先各国建立了自己的历史学会。她认为有一种普遍的趋势：在边缘位置的各国往往会导夫先路，把先前的机构匮乏这一点变成优势，并且利用建立学会来促进民族国家的雄心。在拉丁美洲，这一趋势也表现得很明显。到了 1914 年，智利、哥伦比亚、厄瓜多尔、秘鲁和委内瑞拉都有自己的专业学会，跟英帝国的各个领地形成了鲜明对比。加拿大的历史学会在 1922 年成立，而澳大利亚、新西兰和南非直到二战之后仍然觉得没有必要成立此类组织。

就学术化的历史学研究而言，无论其生产或者消费，最初都局限于小范围的少数人。皮姆·登·博尔指出，在 19 世纪上半叶的法国，有贵族或是教士身份的作者尤为重要，当时能够经受训练，掌握方法，并且有机会接触到文献的人，估计不超过总人口的 2.5％。

随着国家推行教育普及，中学日渐增多，为大学训练历史学者提供了新鲜的动力，历史学的受众也随之增加。在这方面，欧洲大部分国家都落后于法国。彼得·伯克（Peter Burke）在他讨论"民间历史学"的那一章里，把职业历史学比作冰山之巅：一群专家的圈子，自我封闭，越来越趋向于相互引用，在他们之下是数量众多的支持者，通过各种活动为大众提供关于过去的各种信息。在 19 世纪，大众化的历史学喷涌而出，不仅有业余的历史写作，还见之于小说和诗歌，戏剧和歌剧，艺术与建筑，在大规模的仪式庆典上或是国家机构里，也经常出现。如此一来，也就导致那些学院里的历史学家着意要把他们自己的工作与大众化的历史学区别开来。显然，这一点正是职业的历史学为何要采取一种严肃而又准确的平实文风的理由之一。麦考莱的汪洋恣肆，米什莱的生动感人，都被抛弃了。

民间的各种历史特别重视各种共有的记忆。这些记忆是具有约束力的民族传统。奠基性的事件被搬上了舞台，英雄和烈士被写入学校教科书、铭刻于基座、命名于地方，在纪念庆典上得享荣耀。正如伯克所指出的，各种彼此对立的传统都可以利用这些活

6

动,比如宗教传统与世俗传统、君主传统与共和传统。有些发起者来自官方,比如威廉一世的骑马像,是由德国国民议会出资,为了1897年德国皇帝的百年诞辰而制作的;也有的来自非官方,比如集体捐资建造伏尔泰的塑像,发起者是一个反对教会干政的法国编辑。对于博物馆、画廊、公共学校等各种"民间历史"栖身的机构来说,来自政府的影响非常强大,而在职业历史学主导的大学里,这一点也同样明显。

从历史上看,大学与教会、政府有着密切的联系,但是,大学往往宣称自己是独立自主的机构,是自我管理的思想社区。19世纪的自由主义思想提倡思想自由,鼓吹不同观念自由竞争,强化了这一倾向。此外,自然科学确立了新的原则:知识的进步依靠持续的探索过程,其中涉及术业有专攻的专家,接受了提出假说、并通过试验加以验证的训练,以真理为信仰的客观性追求,以及所有发现皆需同行检验的专业义务。教育是一个发现的过程,关于这一新的认识,最有影响的表述出自19世纪早期的威廉·冯·洪堡(Wilhelm von Humboldt)。他由此而倡导一种观念:在不受任何约束的、追求真理的路上,教学与研究是相互依赖的活动。历史学提出自己的研究方法,进而在此基础之上,确立了自己在大学里的地位。

然而,恰恰是因为大学是如此重要的一种民族国家构建的机构,围绕民族国家的种种考虑,影响了它的成长。在本卷收录的各章中,通过考量不同国家所做的制度安排,我们看到政府如何设立新的历史学教席,划定新的研究领域,在机构方面革陈除旧。我们也看到,历史学者介入公共辩论,甚至有时还会以议员或公职人员的身份直接参与政治。民族如何创立,古老的事件真相如何,争议依然悬而未决。然而,除此之外,晚近的历史更具有决定性的意义——罗尔夫·托斯滕达尔(Rolf Torstendahl)在他讨论斯堪的纳维亚历史写作的那一章里就举出了这样一个突出的例子,1397年丹麦、瑞典和挪威建立的卡尔马联盟。

在讨论审查制度与历史学的一章里,安东·德贝茨(Antoon De

Baets)主要关注的是两次大战之间活跃的独裁政权,仅在欧洲,他提到的就有 16 个国家。德贝茨承认,其实民主政权一样也干涉历史学家,特别是那些掌握帝国统治权的民主政权,往往会致力于压迫殖民地的反抗。文章开始,他强调,很多独裁者在证明他们的政权及其历史使命的合法性方面不惜血本,使用一整套的技术手段来对付那些反对官方意识形态的人:审查、告发、解雇、流放、监禁、灭绝。他也考虑到 1926 年建立的历史科学国际委员会(发源自更早的国际会议)所做的无效的回应,包括抵抗、挑战和反驳,以及一些意志坚定的历史学家所坚持的国际团结。文章最后,作者开列了两次大战之间的相关事件和主题,在 1945 年之后,它们仍然有可能成为被审查的对象。

本卷的第二部分,关注的是欧洲发明的史学研究传统如何影响到一般的史学研究以及各国的传统。讨论欧洲的几章,可以看到早先的历史写作模式和学术研究模式的相互作用。由此可见,在不同的背景下,历史学走向职业化和制度化的道路不止一条,结果是出现了书写国家历史的相互竞争的不同学派。如此一番概括,优点是消解了欧洲人或西方人对历史的一种共有的理解这样一种观念。不仅在欧洲,还有其他地区,形成了广受瞩目的学术中心:德国的历史主义,还有法国的浪漫主义在 19 世纪就发挥了这样的影响力,年鉴学派对离我们比较近的时期也是如此。对于外国的研究,以及自愿或是被迫的移居,促使学者做近距离的调查研究,同时,各种思想观念通过学术渠道可以流通。不过,在这个时期对历史学影响最大的那些思潮,比如现代化、世俗主义、教权主义、自由主义、社会主义、共产主义、民族主义等,传播更为广泛,实践更具有地方色彩。

通过各种欧洲个案的研究,有可能揭示出某些重复出现的特征。首先,民族国家史之形成,往往是由于彼此冲突的地方、国家,以及跨国的各种叙述交互作用的结果。它假定在一个广大的范围之内,人群与地点之间有着一种深刻的、持续的关系,由此划出了边界,一种捆绑在一起的民族文化在此边界内得以形成。在那些仍然没有完成民族融合的国家，亚民族的叙述（sub-national narratives）之间的竞争最为明显，比如伊拉里亚·波尔恰尼（Ilaria Porciani）、莫罗·莫雷蒂（Mauro Moretti）研究的意大利，在国家统一之后，各种地方形式仍然持续存在。在历史学家着力想要恢复某个消失的国家或是发明某个新的国家的那些地方，这种地方主义就谈的少多了，比如本卷讨论中东欧和巴尔干的各章所揭示的。新形成的民族国家，像比利时，建立它的历史非常之快。不过，乔·托贝克（Jo Tollebeek）执笔的一章说明，替代性的佛兰德人的历史、瓦龙人的历史也很快出现了。与之相似，若泽·曼努埃尔·努涅斯（Xosé-Manoel Núñez）将葡萄牙历史中的国家架构与西班牙的地方主义的力量加以对比，指出它们普遍缺少一种更广阔的伊比利亚的视野。在大不列颠，国家的整合相对较晚实现，迈克尔·本特利（Michael Bentley）的研究表明，直到爱尔兰和苏格兰的历史被制度化之时，宗主国的、帝国的历史在这里才享有霸权地位。

其次，这些欧洲国家的历史，每一种都是用共有的叙述套路来断定自己独特的道路。强调源头植根于古代，民族传统有连续性，而且蓬勃发展，标志是兴衰成败的循环，故土丧失与复兴的交替。很多国家会追溯到一个黄金时代，着眼点还是表彰自由与美德的现代性视域：在意大利、西班牙以及其他国家，中世纪的公社也是这种典范，而在尼德兰，那就是宗教改革和共和国时代。正如斯特凡·贝格尔所说，新兴的科学的历史学家戳穿浪漫主义的历史神话，通过档案研究，把国家的历史建立在更为坚实的基础之上，由此确立了他们作为历史阐释者的权威。在此过程中，有些历史学家仰赖于某些辅助学科，因而，巴尔干的地理学、考古学，以及体质人类学，都被调用来建立关于巴尔干民族性的种族描述。建构一种文化的系谱可能还会用到其他学科，比如，希腊历史学家提出一种基于希腊精神（Hellenism）的民族观念，对于方言的重视是其突出特征。

第三，在各国历史共有的框架之下，各自发展的模式是不同的。人们对历史的兴趣，源自对进步的信仰，以及相信科学、技术与社会是在一种整体性的改善过程中不断前进的,而且通过历史,可以更好地理解这一过程。这一认识运用于非欧洲的国家时,就产生了一种强大的现代化模式。不过,在欧洲,它仍然受到了质疑。因此,正如久洛·斯瓦克(Gyula Szvák)所解释的,拿破仑战争在俄国激起了民族主义,随之引起了俄国对西方思想潮流的密切关注,而结果却是对这些思想的不信任。斯拉夫派的历史学家规划了官方民族主义的要素,包括东正教、独裁政府和民族性,并将其追溯到久远的过去,论证俄国是独特的;与之相对立的一派——西化派,也承认俄国走向现代化要经过漫长的弯路。在罗曼诺夫王朝、哈布斯堡王朝、奥斯曼帝国统治的领土上,民族主义的知识分子生产的历史难以摆脱不够彻底的感觉。尤其突出的是,国家地位的缺失以及历史使命的失败。在海外帝国丧失殆尽的那些国家,也可以看到类似的疑虑。最显著的例子是西班牙和葡萄牙。

欧洲海外移民建立的国家在确定其民族性的时候,面对着不同的挑战。本卷有数章考虑的是在美洲、南非、澳大利亚和新西兰创造的各种历史形式,这些地方都是由欧洲大国殖民,并且移植了欧洲的人口、制度与原则。这些人有时候被称为新欧洲人,我们更愿意说他们是欧洲人的后裔,尽管他们有自己的发展逻辑。在我们这个时代开始的前夕,美国是第一个争得了独立的国家。19世纪初期,拉丁美洲的殖民地也纷纷步其后尘,在第一次世界大战之后,英国的殖民地逐步经过自治得到了独立地位。这些移民社会借助从欧洲获取的文化遗产,在新的环境条件和未来憧憬中建立了自我认同。正如新世界摆脱了旧世界的压力一样,新世界可以自由地发明自己的历史。

但是,在此过程中,移民社会面临着创新的困境。在欧洲,各国的历史可以借用斯特凡·贝格尔说的那种所谓持续性原则。他在最近出版的论文集《书写民族国家》的导言中写道,赋予民族起源的重要性值得特别注意,越是往前溯,进入暗淡而遥远的过去,它的真实性越是显著。既然缺少这种持续性,欧洲后裔们形成的这些新的民族,不得不寻找其他的替代品。贝格尔认为,他们有三

9

种策略可以选择。他们可以从父母一辈那里借用历史，贝格尔说这是阿根廷、澳大利亚和新西兰走的路。他们也可以接受本土居民的历史从而形成一种漫长的历史，比如墨西哥和秘鲁的例子。最后，他们可以决定自己不需要一种漫长的历史，此处贝格尔举的例子是美国。这是一种有用的类型学，尽管在所有新兴国家里都可以找到各种策略的实践，毕竟没有哪一种策略能够完全说服人。

正是在美国，对于固有命运的信仰最为坚定。特纳的边疆论为全新开端的观念提供了也许是最有影响力的表达。在最近出版的著作《万国一邦：美国在世界历史中的地位》（2006）中，托马斯·本德（Thomas Bender）挑战了把一国历史视为自足故事的写作习惯，让我们注意到，早期的历史学家实际采取了一种更为长远的视野。新英格兰作家弗朗西斯·帕克曼和乔治·班克罗夫特均对美国的民族主义持有一种新教的看法，显示出在大陆范围内盎格鲁-撒克逊活力的强度，他们是强调美国民族之条顿起源的最早的一批职业历史学家。他们之所以能够这么做，是因为这个国家对自己的命运是如此之确定，同时，它对高等教育和学术研究方面的强大支持，让进步派历史学家得以拷问各种民族传统。

10　　在墨西哥，国家特性、领土完整性都不够确定的新生共和国，帝国的遗产就显得更为顽固。保守派坚持西班牙征服和教会角色的重要地位；另一方面，自由派，以及后来的农民激进派坚持更为本土的民族主义。类似的分裂在西属的南美洲同样明显，而且，胡安·麦古阿西卡（Juan Maiguashca）表明，如何从一种早期共有的身份——美洲人（americanos）产生出了不同的民族共和国。另外，在从前的葡萄牙领地，不同的地区合并成一个巴西帝国，然后又变成了一个民族共和国。后来的学院派历史学将这些形成民族性的不同策略加以复杂化。世俗的和教会的作家建立了历史阐释的主流学派。通过图书馆、档案馆和学院，这些历史被制度化，又经由那些受到国家目标强烈影响的大学，历史最终被职业化。这一过程的结果之一，就是学术研究的从业者本人被吸收进了他们自己写的历史之中（Ciro Flamarion Cardoso说，在巴西，研究巴西之外的其他时代或地方，被认为是浪费时间。）。而吊诡的是，另一个结果是欧洲学术的影响畅通无阻，特别是法国的历史学。

在英国移民建立的社会，模式则完全不同。实现独立统治的演变过程如此之长，使得民族历史和帝国历史之间得以磨合、调解，彼此相互支撑。19世纪的作家在批判帝国政策的时候，强调地方的具体条件，在此情况下，他们呼吁的是，按照英国的方式实施的自治，应给予更多的承认和更加完全的实现。由此发展出了一种鲜明的民族主义，重视地方及其人群的特性，并且欢庆新世界民主的进步。不过，在1945年之前，学院派的研究对于这种民族主义鲜有论述。相反的是，这些移民社会的大学仍然从英国的大学照搬课程，历史学的职业圈子跟牛津、剑桥和伦敦保持着密切联系。不过，在加拿大和南非，这种趋向遇到了挑战。而在法国和荷兰的移民社会，则走了完全不同的史学发展道路。

所有的欧洲移民社会的历史学都因为带有非欧洲的成分而增加了复杂性。在其中任何地方，族群的民族主义都不得不处理原始居民的问题。在南非，这些居民占到了大多数，而在拉美，黑奴和跨种族的群体更为显著。贝格尔举出了墨西哥，当作采纳土著人群的过去来创造一种漫长历史的例子，布拉丁（D. A. Brading）执笔的一章则呈现这一过程是如何实现的。研究阿兹特克文明的地方的历史学家，反对那些外国人的消极判断，而借助雕刻符号、抄本、早期教会编年史，提出一种更为积极的论断。1887年，在首都的林荫大道上竖起了阿兹特克末代皇帝夸特莫克（Cuauhtémoc）的塑像，意味着这些本地历史学家的工作得到了承认；同一年，在国家博物馆展出了阿兹特克的太阳石，它已经是国家的象征。然而，这一方向的发展又产生了新的难题——征服者与教会的角色被蒙上了阴影。因而，引人注目的现象往往是，墨西哥的学者如何为阿兹特克文明寻找外来的源头。巴西印第安人的整合工作开始得要更早一些，始作俑者是德国的博物学者卡尔·弗里德里希·菲利普·冯·马蒂乌斯。

英国的移民社会表现出了不同的逻辑。他们否认自己是征服

11

的产物，一开始是合并，有时是订立条约。在加拿大，就像唐纳德·怀特（Donald Wright）、克里斯托弗·桑德尔斯（Christopher Saunders）所说的，英裔加拿大人把他们的历史看作是反抗征服，与法裔加拿大人及土著人群合作，共享英国人统治带来的福利。而等到土著人群造成的军事威胁或者实用价值不复存在时，他们马上就从历史中消失了。与之相反，在新西兰，毛利人反抗新来者的战争在1860年代旷日持久，这就为他们在国家历史中有一席之地奠定了基础。在南非，白人和占人口多数的黑人的互动，是一个核心议题，也是白人至上主义者和人道主义者之间争议的焦点。不过，他们用的几乎总是白人的术语。澳大利亚是一个异数，很快遗忘了最初的侵略，把土著人排斥出它的历史。不过，深层的联系仍然是潜在的。在1945年之后，这种意向被唤醒了，这就是贝恩·阿特伍德（Bain Attwood）在《牛津历史著作史》第五卷中所描述的土著人历史的显著增长。

本卷最后，是一组讨论欧洲之外的各种文化传统的文章。我们面对的传统丰富多样，有些可以追溯到历史学最初在西方出现的时期，还有一些产生于不同文化之间的互动交流，甚至领先于西方。正是在这里，我们要直面欧洲中心主义问题，亦即把历史学看作是一个以欧洲为中心的学科或知识形式。这里的每一章都记录了欧洲史学实践的影响，作者全都反对把这一现象简单理解为传播和吸收的看法。

施耐德（Axel Schneider）和斯特凡·田中（Stefan Tanaka）对中国和日本长期存在的两种历史书写形式做了区分。其中一种认为，历史标识出了作为人们行为指导原则的宇宙之道，而历史学家叙述与此相关或是由此而来的事件序列。我们或许可以把这种历史概念视为一种神意的历史，在依据宗教体系来理解历史的其他文明那里，可以看到同类表现。此外，施耐德和田中辨析了记录统治者言行的其他著作，它们具有为当下的王朝做合法化证明的规范性功能，或是论证之前的统治失误造成了现在的病痛。其他文明也可以发行类似的宫廷编年史。不过，在欧洲，它们的重要性要小一些。也许理解不同史学传统的一种方式，就是考虑政府和宗教之间的关系。教会组织的分裂，以及教会权威的衰落，似乎为历史学作为一个独立的学科在欧洲的出现创造了空间。

欧洲历史学的应用超出欧洲之外，这一现象在被欧洲大国施加帝国统治的那些地区很快就显现出来。讨论印度、东南亚和撒哈拉以南非洲的诸章表明，关于被统治的人群及其资源、司法体系、组织、信仰与实践等的知识，都被用作殖民统治的工具。很多19世纪的作家利用了现存的各种材料，包括年代记、编年史、各种各样的文学形式，以及口述历史，建构了描述细致的叙述。这些作品将会有助于贸易、传教和殖民地的管理。尽管这些作品处理前殖民地的历史的方式各有不同，对它们所描绘的那些文明的态度也褒贬不一，但是它们的确传递了连续不断的变化信息。对于利用世俗的时间观念和线性的进步观念来建构一种事件序列的叙述来说，从神话中提取的可靠信息是会有帮助的。

不过，在学术研究发达之前出现的这些殖民地历史来到这些地区之后，接受殖民统治的臣民们依据各自的环境条件，将其书写历史的方式加以调适。如安东尼·米尔纳（Anthony Milner）所证明的，东南亚接受了新的年代记，其重点放在君主对于子民的关怀备至，对此加以论证和夸张。托金·法洛拉（Toyin Falola）解释了本土的历史学家如何调动当地传统为一种集体的非洲认同做论证。查克拉巴蒂（Dipesh Chakrabarty）详细说明了在19世纪末的印度，对于历史学的兴趣勃然涌现，这时候历史学被重新定义为一门科学，同时出现了对史料的系统收集。不过，直到这门科学引入到印度大学很久之后，帝国政府仍然对官方档案的使用加以严格限制。因而，大众对于印度历史的流行见解，一直在跟学者们对于客观性的追求并行不悖。

在中国、日本、奥斯曼帝国和阿拉伯世界，情况就不一样了。尽管遭受到了西方的入侵，这些传统悠久的文明能够保持其主权，因而可以维持其历史书写的主导权。我们可以看到，他们既要存旧，又想开新，希望以自己方式走出一条通往现代的道路。1887

12

年,兰克的一个关系稍远的学生路德维希·利斯(Ludwig Riess)被新创立的东京大学雇佣,就是这种挪用的一个显著的例子。日本政府积极介入,创办研究机构,采用新的历法,宣布新的语言政策,保存档案,并为他们的大学选取合适的外国样板。在此情况下,孤身海外的游子跟一国之民融为一体,一国之史与世界的发条拧在了一起。然而,正如施耐德和田中所解释的,这一转型将传统的地位置于西方之下。如果不合时宜的传统变成了落后的同义词,那么,新的历史学就要求忘掉过去的某些因素,而突出另一些因素,以便支持新的民族认同。在日本这个现代化最成功的国家,这一进程创造了一种亚洲发展的叙事,其中日本位于顶峰,因而,毫不奇怪,中国的史学家们也愿意效仿日本的成功。

这里我们要提到圣地亚哥和布宜诺斯艾利斯,两地都是吸引来自北方的历史学家的创新中心,在那里的西属南美史学研究受到了影响。从沙皇俄国到晚期奥斯曼帝国的逃亡者潮流,意味着一种类似的交叉受孕的现象。在早期土耳其共和国,历史学家有意识地利用多种资源,追赶史学潮流。在阿拉伯国家中,埃及和黎巴嫩有相似的、选择性挪用表现。正如杰马尔·卡法达尔(Cemal Kafadar)和哈坎·T.卡拉泰凯(Hakan T. Karateke)所评论的,在20世纪,既有对欧洲史学样板的觉悟,又有对其霸权地位的抵抗。这一抵抗既是历史的,又是历史学的。欧洲之外的社会为了反抗欧洲的控制,自行决断现代化的方式,开始对欧洲中心的世界史解释采取排斥的态度;探索自己的道路,采用自己的知识来发展本国的历史学。这些反应,进一步说,不仅仅是抵抗。把口述传统看作历史知识的一种必要的组成部分,这一根深蒂固的看法将会对历史学这个学科产生强有力的国际影响。

因此,我们这一卷主要考虑的是,历史学作为一种学术研究的学科在世界范围之内的确立,同时,民族主义和现代化也是关注的重点。历史学科的建立有一个制度化与职业化日益加深的过程。在我们关注的这个时期的开端,历史知识只是有特权的少部分人的特权。档案馆以及其他机构的建立;作为面向公众的教育发展的部分举措,设置了历史学教席、系所和学科训练;有了史学杂志、研讨会,以及其他发表成果的通道——这些创举为一个迅速成长的专业铺平了道路,并且培育了它的学术精英气质。不过,本卷所论也揭示了这一过程的负面效果。历史学的职业化所取得的结果,受到了性别、宗教、族群与政治等多方面的影响。

在英国和美国,即便曾经出过凯瑟琳·麦考莱(Catharine Macaulay)和梅西·奥迪斯·沃伦(Mercy Otis Warren)那样撰写民族历史重要著作的作家,那里的以大学为基础的历史学职业圈子,仍然把妇女排除在外。有几位撰稿者强调了19世纪历史写作中的女性形式,以及作者如何使用想象而不是依靠档案研究。然而,伊拉里亚·波尔恰尼·莫罗·莫雷蒂注意到,对于允许部分女性参与为复兴运动收集资料的当代史工作一事,意大利的学院表现出的态度极为勉强。露西·塞尔蒙(Lucy Salmon)是美国一位著名的早期学院派史学家,她在社会史领域有所创新。值得注意的是,像英国的艾琳·鲍尔(Eileen Power)和丹麦的阿斯特丽德·弗里斯(Astrid Friis)这样的学者,在经济史已经成为历史学边缘领域的时候,仍然能够以此确立学术声誉。在1945年之前,尽管许多国家的大学招收女学生,但是她们走上学术职业道路的机会仍然有限。

历史学这一职业总是与它所服务的民族国家有紧密的联系。在宗教也是民族身份认同一部分的地方,通常会有一种对于大家保持步调一致的期待。而在那些存在不止一种信仰的国家,就有可能存在宗教多元化。不过,哪种信仰受到更多关照,就要看谁是主流教派。当民族性格依赖于从种族角度出发做出的界定时,族群之间的差异,也会有类似的表现。欧洲移民建设的各个国家容纳了多种多样的史学派别,如法裔加拿大人、南非荷兰人(Afrikaans),但是他们却很少会给土著的历史学者留下一席之地。美国是一例外,19世纪创办了"黑色大学"。1888年,杜波依斯(W. E. B. Du Bois)争取到了一份奖学金,进入哈佛大学攻读博士学位,由此得以开始学术生涯。杜波依斯这一代非裔美国人知识分子开始对非洲产生影响。不过,托马斯·本德提醒我们,杜波依

14

17

斯的《黑人的重建》（*Black Reconstruction*，1935）一书并没有进入《美国历史评论》的视野。

历史学专业这种门户意识，决定了什么样的史学研究能够成名，而哪一种历史知识则不受待见。但是，我们关注的是，制度化的控制形式对这一点却少有关注。安东·德贝茨概括了两次大战期间独裁政权根除持不同政见的历史学家的办法，而在此阶段之前，学术自由显然也是受到限制的。尽管这门专业从来没有实现过完全的独立，但是它却建立了一套自我管理的措施。在业余历史学与职业历史学之间的分界，加速了彼得·伯克描述的大众史学的蓬勃发展。像德国的卡尔·兰普雷希特（Karl Lamprecht）或是阿根廷的文森特·菲德尔·洛佩斯（Vicente Fidel López）所说的那种传统的历史学方法，随着从业者日渐增多而受到了挑战。传统观念既不肯承认激进的、社会主义的历史解释，也不肯眷顾那些更为大众化的历史研究领域。

普遍史、比较史，以及区域史，这些历史学的研究模式在我们考察的这一时期的最初，还是前景光明，而今则黯然退到了边缘。我们应该如何解释这一蜕变呢？一种可能性就在于所谓科学历史学的方法，其重点是对史料加以批判性的评估，并且坚持从特殊到一般的工作程序。在实践中，这一方法要求历史知识的基础是准确对应，而不是融贯理解，意即每一条何事如何发生的重要陈述，都需要有一种相应的文献为之做支撑。结果就是导向了以国家档案为基础的政治史，同时也影响了档案材料的组织管理，以及历史学的其他制度设计。

这一方法上的取向与民族史转向融合在一起。如斯特凡·贝格尔所解释的，费希特所宣称的浪漫主义的民族主义意识形态，美化了民族，抬高了"纯粹的"民族，从而建立了各民族之间等级区别的观念。欧洲人以自我为中心的强烈冲动，削弱了他们对于欧洲之外的文明的兴趣。在欧洲之外产生的历史学进一步贬值，它们依靠的史料似乎缺少档案文献的权威性，不像欧洲史学那样，源头清晰，系年准确。在我们所考察的这一时期，对于非欧洲视野的忽视是最大的缺失，这一点在 1945 年之后遭到了严重的挑战。

　　本卷成于多人之手，就此而言，它不同于前面提到的丹尼尔·沃尔夫的近著《全球史学史》(*A Global History of History*，2011)。在准备阶段，我们受惠于伍尔夫等人把历史写作作为一种全球现象加以考察的此类研究，以及参与此事的多为历史学者的往复讨论。我们的研究成果的新意在于，作者中包括了专长不同史学领域的三十多位专家，涉及有过历史书写的地方非常之多。本卷揭示了历史学这门学科是如何形成、如何组织的，并且给出了 19 世纪以及 20 世纪上半叶历史书写的范围广阔的描述。我们希望读者能够体察撰写本卷所涉及到的丰富的复杂性。

15

岳秀坤　译

第一编

欧洲历史传统的兴起、巩固与危机

第一章 从欧洲浪漫主义中发明欧洲民族传统

斯特凡·贝格尔[1]

在《历史杂志》(*Historische Zeitschrift*)第一卷里,威廉·吉泽 19
布雷希特(Wilhelm Giesebrecht)曾特别强调,19世纪上半叶的德
国,历史科学的兴起与民族观念的兴起之间有着密切的关联。[2]
作为一门自诩为科学的、大学里的自律的学科,历史写作的职业
化与制度化,的确是从德国开始的。最早可以追溯到哥廷根大
学,时间是在18世纪晚期。它在19世纪里扩散到了整个欧洲,
不过,真正成型大约是在19世纪中期以后。相比而言,在19世
纪上半叶,历史写作虽已流行,但其运转机制尚非在完全职业化
的框架之下。历史著作之所以广受欢迎,在于其具有动员能力,
可以给人带来认同感和方向感。在19世纪,民族认同的建构,
成为历史学家们的关注重点,他们通过历史写作,阐释民族发展
过程中的断裂点(比如革命),来达到这一目的。在19世纪的上

---

① 在此我希望对参与为期五年的欧洲科学基金会项目"过去的再现:欧洲19、20
世纪的民族国家历史"的诸多友人表示诚挚的感谢。鄙人很荣幸主持了该项目
(2003—2008年)。没有诸位的贡献,也就不会有本卷这一章。彼得·朗伯
(Peter Lambert)和胡安·迈古阿西卡(Juan Maiguashca)为本章初稿提供了大量
改进意见。我还要感谢弗赖堡高等研究院历史学院的两位主任,约恩·列昂哈
德(Jorn Leonhard)和乌尔里希·赫伯特(Ulrich Herbert),以及研究院同仁,让
我在弗赖堡度过了2008—2009年一段高效率的时光,并得以完成本章以及其
他诸多事务。

② Wilhelm Giesebrecht, 'Die Entwicklung der modernen deutschen Geschichtswissen-
schaft', *Historische Zeitschrift*, 1(1859), 11.

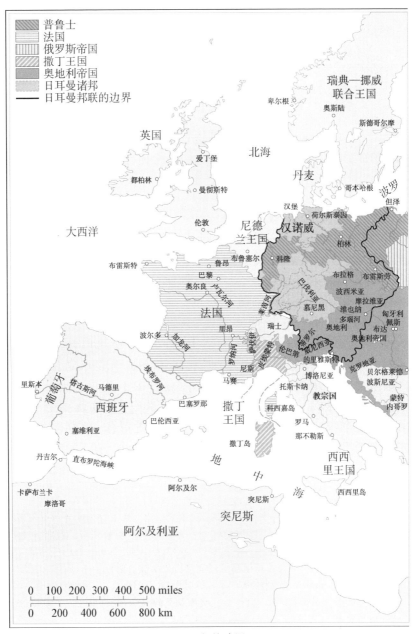

1815 年的欧洲

1815 年的欧洲

半叶,与诸种民族传统的发明相关的,是被称为浪漫主义的思想运动。

浪漫主义是跟启蒙运动的理性主义持相反方向的一种文学、哲学和艺术的运动——这么说大概是合适的。正是因为它是针对启蒙运动的反拨,离开这一点,浪漫主义的诸多典型人物就难以理解了,他们颂扬各式各样的非理性主义、自然崇拜和唯灵论。在哲学方面,他们从卢梭(Jean-Jacques Rousseau)和赫尔德(Johann Gottfried Herder)那里得到了启示。就政治而言,浪漫主义是可塑性极强的运动,容纳了政治光谱中各形各色的人物。

如果说1789年的法国大革命与启蒙运动的思想是一致的,拿破仑征服欧洲的企图,也可以披上把法国大革命的果实传播到专制统治下的欧洲的外衣,那么,浪漫主义就是针对法国大革命和拿破仑这些普世论调的反拨。为了反对这些普世主义思想,浪漫主义者反而去强调各种民族认同的特殊性、唯一性,将历史学的任务界定为弄清真正的、特殊的民族发展道路,并将其上溯到远古。从而,欧洲的历史学就变成了各种民族特殊道路的历史——这一观念对于民族国家史学的构建,具有重要意义,它贯穿整个现代时期,直至当下。历史学建构了各种民族传统,而这些传统又为现存的民族国家提供了合法性,也召唤着那些尚不存在的民族国家的诞生。有些民族相对其他民族的优越性,很快变成了一种正当的观念,可以理所当然地开疆扩土、歧视他们所理解的外敌和内敌。

这一章要追溯从法国大革命到1848年欧洲革命这一时期之内,历史写作和民族主义二者之间的共生关系。首先要研讨的是,在法国大革命的意义成为整个欧洲普遍接受的历史研究主题之前,现代大学的历史学科是如何发展的。其次,对在整个欧洲的民族国家史学的建构过程中发挥作用的一些基本要素,加以归类研究,并探究对于历史研究中的民族主义的形成而言,哪些制度起到了重要作用。最后,本章简略评论一下这一时期涉及的若干种历史研究传统,还要对历史写作和民族认同构建二者之间日渐增强的共生关系提出挑战。

民族历史的书写是对启蒙的反应

正是因为有了启蒙运动，历史学才得以摆脱神学的束缚，开启了世俗历史学的可能性，也就是说，用理性的方式去研究非宗教的内容。伏尔泰，以及大卫·休谟、爱德华·吉本、威廉·罗伯逊，为独立的历史科学奠定了基础。启蒙时代的历史学家对民族的历史也有强烈的兴趣，不过，前提是他们希望通过民族的历史去追溯普世的标准和价值。唯有借助于描述各民族的轨迹，人类各时代的发展和进步才有可能看得清楚。启蒙时代的历史学家尝试对历史上的人类发展过程给出解释，由此为现代历史写作确立了某些宏大叙事。

哥本哈根大学是欧洲启蒙时代历史学的最早的中心之一，也是致力于将历史学职业化的机构之一。不过，在日耳曼地区，历史写作职业化的开端往往被定位到更晚一些的 1830 和 1840 年代，亦即历史学"研讨班"广泛被采用的时候。在历史科学的职业化精神的生成之际，其中若干要素的提倡，首先要归功于利奥波德·冯·兰克。1825 年，兰克被任命为柏林大学的历史学教授，此后连续执教，直到 1870 年代。通过他的教学和著述（包括对历史写作的方法论及根基性原则的反思），兰克成为欧洲范围内所谓"历史主义"（Historismus）运动之父。Historismus 有时候也被译作 historicism，不过这里我们将其拼作 historism。[①]

兰克对欧洲历史研究的影响，并不宜过高估计。尤其是他有一种在欧洲广泛传播的看法，亦即不同的民族发展轨迹植根于历史上特殊的远古民族类型（比如凯尔特人，日耳曼人，拉丁及斯拉夫人）。兰克书写各民族的历史，为的就是证实那些民族类型的特性。所以，可以把他称之为一个热衷于研究欧洲各民族相互关系的欧洲民族国家史学家。兰克把民族国家层次的史学，视为介于

23

①　与利奥波德·冯·兰克相关的"历史主义"，Historism（*Historismus*），是一个强调演变、变革的概念，它把一切政治秩序理解为历史的变化与生长之物，不应将其混同于另一种由卡尔·波普尔定义并拒斥的"历史主义"，即 historicism（*Historizismus*），其观念根基是历史据预定的法则而发展，并且，通向一个特殊的目标。

个体的历史人物与全球历史之间的中间层。包括兰克在内，19 世纪欧洲的历史学家的整个运动，深受赫尔德的哲学思想的影响。赫尔德一度在哥尼斯堡大学受教于康德，曾经执迷于启蒙思想，起初也欢迎法国大革命。但是，他排斥启蒙运动的普世主义，实际上已经着手探索普通人的价值与规范观念中的民族特性。在整个欧洲，民俗研究、民间故事的收集，以及其他类型的民间文化研究普遍兴起，强化了对于民族文化的确实性（authenticity）的关注。赫尔德批评了把启蒙运动的驱动力加以泛化理解的做法，强调各民族文化的特性和差异。他致力于探讨一个具体民族、文化或者（他喜欢用的词）Volk（意即人民、民族）的个性。就像个体的人一样，每一个民族（Volk）也有它自己的独特个性，有其价值与原则。这种民族性格（Volksgeist）是不可改变的，而且是通过民族的历史得以展现出来。历史上各种特殊的集体个性，随着时间演进而变化。在赫尔德看来，世界史上最基本的单位就是民族。他将民族看作像家庭一样，优先于国家，认为有机的民族共同体是一种先验存在的现象。他坚信，民族语言是理解民族精神的钥匙，界定民族性首先要从文化方面入手。他判定每一个民族的文化都有其原创性，称颂文化多元性，以及人群与民族的多样性。这也就意味着，他谴责民族自豪感、民族优越性。[1] 因而，他远离了 19 世纪晚期的民族主义者的圈子。但是，反讽的是，他也成为后者最重要的学术思想的参考来源。遍布欧洲的民族史学家的群体以赫尔德为参照，努力确立他们研究的特定民族的历史根源，重新建构其民族精神，而且还有的，像匈牙利的民族史学家，不辞辛劳地反驳权威的著名预言——马扎尔语将会消失在斯拉夫语、日耳曼语、瓦拉几亚语，以及包围马扎尔人的其他族群的语言之中。[2]

赫尔德对于历史主义的影响是显而易见的，不过，我们也应该留

---

[1] H. B. Nisbet, 'Herder: The Nation in History', in Michael Branch (ed.), *National History and Identity: Approaches to the Writing of National History in the North-East Baltic Region*, *Nineteenth and Twentieth Centuries* (Tampere, 1999), 78 - 96.

[2] Johann Gottfried Herder, *Ideen zur Philosophie der Geschichte der Menschheit* (1784; Leipzig, 1841), vol. 2, part 4, book 6, ch. 2.

意到在整个19世纪历史主义和神学的密切关系。兰克就是诸多研究神学的19世纪历史学家中的一个。在信仰新教的欧洲,许多这种历史学家都出身于父亲以牧师为业的家庭。就像托马斯·阿诺德的信念——神圣意志可以通过历史写作来展现,兰克相信各个民族是上帝的意志,这正是神学之于历史写作的影响持续存在的证据。①

19世纪上半叶,许多信仰新教的历史学家来自牧师家庭,这一事实提示了这一时期的历史学家的社会来源问题。在很多地方,牧师都是重要人物,比如波西米亚和克罗地亚的天主教牧师,俄罗斯和罗马尼亚的东正教牧师,芬兰、瑞典和日耳曼地区的路德派牧师。在有着相对更发达的市民社会的西欧和中欧,知识分子可以依靠他们的思想果实为生,尽管往往并不稳定。独立作家、出版商、新闻记者同时可能是重要的历史学家。在匈牙利和波兰,早期的历史学家中,有着独立经济来源的贵族占了大多数。在挪威,公职人员和商业人员更为突出。在塞尔维亚,最早的历史学家往往是部族的领袖人物。在整个欧洲,政治上的领袖也经常写历史书。在1850年之前,欧洲的民族历史学家就社会背景而言几乎没有什么一致性,只有一个共同点,那就是,在早期的历史学家中,工匠、手艺人、农民是非常少见的。

在19世纪上半叶,跟历史写作保持密切关系的,并不只是有神 25 学。文学,也同样如此。大部分作品并没有特别的目标读者,而是写给受教育的一般大众阅读的。像麦考莱(Thomas Babington Macaulay)那样的历史学家,以其文学风格而闻名,而不是靠丰富的档案知识。沃尔特·司各特爵士(Sir Walter Scott)的历史小说是几代欧洲民族历史学家的灵感来源。在他们眼中,正如奥古斯丁·梯叶里(Augustin Thierry)所说,司各特是"迄今为止最伟大的历史预言家"。② 此外,像荷兰的扬·弗雷德里克·赫尔墨斯(Jan Frederick Helmers),瑞典的埃萨亚斯·泰格纳尔(Esaias Tegnér),

---

① Thomas Albert Howard, *Religion and the Rise of Historicism*: *W. M. L. de Wette, Jakob Burckhardt and the Theological Origins of Nineteenth-Century Historical Consciousness*(Cambridge, 2000).

② 引自 Lionel Gossman, *Between History and Literature*(Cambridge, Mass., 1990),95。

丹麦的欧伦施莱格尔（Adam Gottlob Oehlenschläger），比利时的亨德里克·康西安斯（Hendrik Conscience），意大利的亚历山达罗·曼佐尼（Alessandro Manzoni），俄国的亚历山大·普希金（Alexander Pushkin），这些小说家和诗人都被历史学家奉为学习叙述技巧的样板。并非偶然的是，1803 年俄国沙皇亚历山大一世任命的第一位官方的"俄罗斯帝国史学家"，尼古拉·M.卡拉姆津，同时也是一位小说家。对于浪漫主义时代的民族国家史学来说，语言和文学是与其关系最近的学科。既要成为真正的文学经典，又要语言的规范化，二者都是民族国家化的历史学的应有之义。像格奥尔格·哥特弗里德·盖尔维努斯（Georg Gottfried Gervinus）《德语民族文学史》（5 卷本，1835—1842 年）这样的民族文学史，同时也是这一时期最有影响力的国家历史。历史仍然被多数人当作是一种艺术形式，不过职业化的历史学者已经开始在强调指出，历史学是介于艺术和科学之间的某种东西。勤勤恳恳致力于档案研究，投入大量个人精力，这一点被坚持认为是从事历史研究的前提条件。然而，即便是兰克本人也坚定不移地主张，历史学家首要的目标是在体现出叙述之美，从而让读者感受到像是阅读文学作品的愉悦。

作为对法国大革命之回应的民族史学书写

很少有历史事件能像法国大革命以及随后拿破仑对其价值观念的输出那样，对历史学的思维产生如此重大的影响。在欧洲知识分子的世界里，许多人起初追慕法国大革命的理想，继而惊骇于它的恐怖。法国大革命是现代民族主义之诞生最突出的表现，特别是，这样一种民族主义把一片国家疆域之内的全体人民，跟自由、平等、博爱联系在了一起。通过拿破仑之手，法国人的普世观念得以借助暴力手段输出，而启蒙运动的普世主义遭到法国民族主义的劫持，欧洲各国对此纷纷表示拒绝。法国的革命者与其敌人，拿破仑与其对手，都有同样的看法：他们所处的时代是历史的关键转折点。由此造成的颠覆规模之大，足以埋葬旧秩序而创造新秩序。但是，那将会一种什么样的新秩序，还不清楚。因而，19世纪上半叶思想界的特征是一种深沉的危机感。历史主义就是对

26

于这种危机感的一种重要的反应，它致力于用有机的历史发展与确定的民族性格，来为人们提供稳定感。

在日耳曼人的土地上，19世纪上半叶的显著表现，就是民族国家历史写作的大爆发，其中有不少作者甚至还不是大学里的教授。[①]这些历史著作主要是依据一种历史主义的模式撰写的，其典型特征是道德上、认识论上的相对主义态度。他们认为，民族的发展进程依据的是它们自身的逻辑。既然假定我们往往无法完全理解一种"外国的"民族文化，那么，不仅外边的人不能对"其他的"民族历史写作做判断，而且对历史学家来说，这种可能性也微乎其微了，因为他们只有可能理解他们自己所在的民族的文化。启蒙运动关于一种普世文明的概念就被民族特殊道路取而代之了。（民族的）文化逐步取代了（普世的）文明概念，这正是历史学民族化的表现，与它的职业化过程同步发生。历史学家被当作以历史为业的预言家、牧师和殉道者，是他们将过去从"历史之眼"中复活。这种罗曼蒂克的理想化看法，进一步促使职业的历史学家把自己视为民族历史的优先的阐释者。[②]对那些执着于将历史写作变成职业化工作的人来说，其重要目的之一，就是希望他们自己变成拥有接触和解释过去的优先权力的一群人。历史学的方法，尤其是史料批判（考证）以及语文学的批判方法，据说这使得历史学家可以从更高的位置来看待过去。18世纪晚期，在德意志地区，像弗里德里希·奥古斯塔·沃尔夫（Friedrich August Wolf）这样的古典学家和圣经学家，开创了一种解释学—语文学的研究路径，并且在19世纪影响到历史学研究。尤其是1810—1816年在柏林大学任教的古代史教授尼布尔（Barthold Georg Niebuhr），对现存文献和材料做了批判性的重新检讨，重写了罗马史，从而为历史学中如何应用语文学的方法确立了标准。这种解释学—语文学的方法，是在过去与现在之间的时间空隙里建立连接的最佳手段之一。尤为重要的是，

---

① 有关1803—1848/1849年之间的德国民族史学著作的清单，参见 Hans Schleier, *Geschichte der deutschen Kulturgeschichtsschreibung*, vol. 1：Vom Ende des 18. Bis zum Ende des 19. Jahrhunderts(Waltrop, 2003)，298‐299。

② Jo Tollebeek, 'Seeing the Past with the Mind's Eye：The Consecration of the Romantic Historian', *Clio*, 29：2(2000)，167‐169.

27

正是借助这种方法,新兴的"科学"历史学者们宣称获得了客观性与真理,用事无巨细的专题研究论文,标举自己的贡献。这些论文成为他们的职业生涯中最重要的工具,也是科学性的标志。历史学家对档案极为熟稔。这里的档案一般意味着政府的档案,多数产生在 19 世纪。他们也熟练掌握在史料考证中运用解释学—语文学的方法,后者是科学性的保障。"科学"的历史学家们既能够成功地戳穿过去的历史神话,也可以运用他们掌握的方法论的技巧(抛开不少的奇思妙想不谈),为"他们"各自的国家的合法性辩护。毕竟,他们是唯一有权威可以谈过去历史的人。因而,在历史学可以威胁到民族神话与历史学同时可以为建构民族认同服务这两者之间,就存在一种不可调和的紧张关系。

尽管这种批判的、语文学的方法,其作用是反对把过去加以浪漫化,以及揭穿许多关于过去的浪漫神话,但是,它也起到了把历史学家加以浪漫程式化的作用。不管是作为浪漫主义者还是专家,历史学家宣称拥有历史著作的解释权力,这一点在民族认同形成的过程中发挥了作用。历史学的知识被认为可以为当下的行动提供实际的引导。理解过去,必然有助于铸造未来。历史学与认同的密切关联,见之于如下这一广泛传播的信念:一个人如果不能首先确认他在过去是谁,就必然不能回答,他是谁,他要向哪里去。

浪漫主义的民族历史学家从赫尔德那里找到了提示,也受惠于费希特。费希特神化了民族,视其为无数世代历经漫长时日凝聚在一起的道德团体。费希特的论述与拿破仑提倡的普世主义针锋相对。在强调各民族的族群和文化特性方面,费希特延续了赫尔德的看法,不过,他更前进了一步,认为能够最彻底地维护这些特性的民族才是最好的民族。因而,也就诞生了颇成问题的民族等级观念。尤其是,费希特呼吁一种日耳曼人的民族历史,以此作为对抗法国的普世主义的最好武器:"在增强日耳曼精神的各种手段之中,书写生机勃发的日耳曼人的历史将会卓有成效,就像圣经或是圣歌集(Gesangbuch),那样一种历史将会把一族的历史写成一人之书。"[1]费希特把历史学当作防卫法国大革命的堡垒,这种想法

---

[1]　Johann Gottlieb Fichte, *Reden an die deutsche Nation*(Leipzig, 1944), 104.

无独有偶,法国的迈斯特(Joseph de Maistre)、英国的爱德蒙·伯克(Edmund Burke)也有同样观念。对这些人来说,通过民族历史的研究可以达成一种关于民族的理解,这种理解与法国大革命创造的那种民族观念迥然不同。他们把重点放在强调历史演变的连续性。弗雷德里希·施莱格尔在他所做的1811年维也纳现代史讲演中,对浪漫主义史学写作的关键特征的概括,就体现了这一点。永恒不变的是,每一个国家和民族都有它自己的个性,每一个民族(Volk)有它自己的确实性(authenticity)。作为一个整体的基督教欧洲,就是由这样的一些个体的民族组合而成的。总而言之,确实性、持久性、统一性以及同质性,成了浪漫主义的民族历史写作的标志。"生长"和"演变"是它的关键隐喻,强调民族特性是绵延不断的,民族(Volk)是永久长存的。通过历史所表现的传统,就得以与主权(sovereignty)并存,而后者是通过法国的革命浪潮所论证的东西。

28

　　历史的力量也得到了那些并不与欧洲的浪漫主义产生直接联系的哲学家的重视。如黑格尔的"世界精神"就是在历史中,并且是藉由历史而运行的。它经过不同的历史阶段而臻于完全实现。众所周知,黑格尔把精神定义为理性和自由观念的发展。他关于历史中理性更为充分的政治组织的发展的观念,更多地来自启蒙运动而不是浪漫主义。对黑格尔来说,最为理性的政治组织,就是由法律治理的国家,普鲁士就是它的缩影。黑格尔的学术影响,有助于解释德国历史学家为何如此关注自身即是一种伦理目标的国家。正是因为德国的历史学在欧洲变成了样板,这种德国的国家主义(statism)在欧洲许多国家的历史学里广泛流行,国家与法律在欧洲各民族历史的写作中,成为主导性的概念。比如,在瑞典,离开国家,离开由国王所体现的国家权力,耶耶尔(Erik Gustaf Geijer)完全无法构想什么是瑞典民族。瑞典民族史学一直以国家利益的优先性为主导,后者也可以表现为国家官僚制度以及法律体系,这一特点保持到20世纪遇到以社会为重点的新史学的挑战才改变。受其影响,1912年七至十二岁的在校学生调查结果显示,普通人的历史意识仍有反映。当问到他们心目中的英雄是谁时,排在前三位的是瑞典的国王:古斯塔夫·阿道夫(Gustavus

Adolphus)、古斯塔夫 • 瓦萨(Gustaf Vas)、查理十二世。[①]

19 世纪上半叶民族史的模式化

1800—1850 年,在欧洲,民族历史的写作以一种极为壮观的速度生长。这一时期是创作民族历史综合著作的第一波浪潮。威廉 • 比尔德迪耶克(Willem Bilderdijk)的《祖国的历史》在他过世后于 1833—1853 年出版,为荷兰人提供了他们的民族历史的一幅宏大的全景画。弗朗西斯 • 帕拉茨基(František Palacký)的《波西米亚和摩拉维亚的捷克民族的历史》(*Dějiny národučeského včechách a v Morave*),1836—1867 年出版五卷本,将捷克民族的历史与日耳曼人的历史区别开。它的问世,在 19 世纪上半叶被欧洲各个民族国家纷纷视为讲述民族历史的大师级的杰作。

通过分析这些民族历史,我们可以确立某些共有的叙述模式。在这一时期的绝大多数的民族历史书写中,这些模式是基本的结构,其中,最重要的有:(1)尝试勾勒出固定的民族边界,(2)民族叙述与区域叙述之间的密切关系,(3)历史叙述与国家历史之间的亲近或疏离,(4)分期问题,(5)关于民族性的主流叙述与关于族群、阶层和宗教信仰的主流叙述趋于一致,(6)民族的主流叙述被性别化看待。此外,民族历史还有其他的显著特征,比如建构民族英雄与敌人的典型形象。不过,此处只能简略提及,不能详述。首先,他们通常把重点放在划定民族的边界上。与卢梭对自然的理想化观念相一致,浪漫主义的民族历史学家认为,人们的某些特性来自于他们周边的自然环境。约翰内斯 • 冯 • 缪勒(Johannes von Müller)的瑞士民族史,就把瑞士人理想化地构想成热情洋溢的山地人群。此书发表于 1786—1808 年,19 世纪前二十年即在德语人群中产生了影响。无数的德国民族历史学家让德国的森林成为了

---

① Ragnar Björk, 'The Swedish Baltic Empire in Modern Swedish Historiography', in Frank Hadler and Mathias Mesenhöller(eds.), *Lost Greatness and Past Oppression in East Central Europe: Representations of the Imperial Experience in Historiography since 1918*(Leipzig, 2007), 35 - 62.

德国民族性格的标记。

在规模更大一些的欧洲民族国家中，民族的疆界划定与国家由若干不同地区组成的观念，二者结合在一起。地区被视为国家的基石，地区认同往往更为古老，比民族国家的认同更为牢固（如果不说更少建构色彩的话）。因而，重要的不是把地区当成民族国家的竞争对手来建构，而是把民族国家视为一个集体，控制和整合了多样的、同时也是统一的若干地区。[①] 事实往往是，某个特别的地区对于民族国家的历史具有某种特别的重要性，就像普鲁士之于德国史、皮德蒙特之于意大利史、佛兰德斯之于比利时史那样。佛兰德人的中世纪社区，被广泛描绘成比利时民族国家的摇篮，而德意志的统一是普鲁士人的使命所在。与各个地区被整合进民族国家的历史相并行的，是各种各样关于欧洲人的任务的民族国家建构。其中之一，就是欧洲要抵御非欧洲力量的入侵，尤其是穆斯林的入侵，这一点在多个国家的历史中都表现强烈，比如西班牙、波兰、匈牙利、俄罗斯。

在欧洲各个民族国家中，民族的版图被视同为（不断演化和现代化的）国家的版图，而国家的发展趋向必然会突出政治、外交以及其他各项国家事务的重要性。国家地位（statehood）是早期区别"古已有之的"的民族与没有历史的民族的最为重要的标准。特别是，由于历史经常被等同于政治史或国家的历史，从而，国家就成了创造各种民族运动、民族叙事以及民族历史的关键的代理人。[②]

英国的辉格派史学，是把民族的历史视为宪政史的最著名的例子，关键人物是麦考莱及其追随者。麦考莱的《英国史》（五卷本，1848—1861年）聚焦于1688年的光荣革命，致力于展示这场革命如何阻止了暴力和流血，没有落入法国那样的不幸命运。尽管是一场革命，1688年带来了和解而不是分裂，这场革命的集体英雄就

30

[①] Ann-Marie Thiesse, *La Creation des Identites Nationales*：*Europe XVIII-XIX Siecle*(Paris, 1999)；and S. Brakensiek and A. Flügel(eds.), *Regionalgeschichte in Europa*(Paderborn, 2000).

[②] John Breuilly, *Nationalism and the State*(2nd edn, Manchester, 1993)；and id., *Myth-Making or Myth-Breaking*? *Nationalism and History* (Birmingham, 1997).

是共同维系了自由与法律的这一民族。麦考莱的著作在 1848 年革命的前夕出版,他确信,正是 1688 年挽救了英格兰,使其免于遭受欧洲大陆诸多地方所承受的命运。麦考莱的后继者遵循辉格派传统书写英国史,视其为平民自由、信仰自由与议会宪政的不断进步。就像宪政史家威廉·斯塔布斯(William Stubbs)反复强调的那样,英国人的自由缘起于中世纪,根源在条顿人。17 世纪是这些自由原则固化的关键时期。

民族史家最关心的是各种战役、战争以及民间的战斗。阿米尼乌斯在图托布格森林战胜罗马军团,往往被列在德国人民族史的开篇。1315 年的莫尔加滕战役、1386 年的塞姆帕赫战役,是瑞士民族历史的奠基性时刻。再征服运动,尤其是 1492 年占领格拉纳达,是界定西班牙民族历史的时刻。1410 年波兰人在坦能堡战胜条顿骑士团,以及 1665 年的琴斯托豪战役,为波兰民族精神奠定了基础。悲剧性的失败,也可以像辉煌的胜利一样,被视为民族史的根基时刻。1389 年塞尔维亚人败于奥斯曼帝国,以及 1526 年匈牙利人遭受的同样经历,在民族史的建构中成为具有持续性影响的时刻。佛兰德人的民族史上的 1302 年库尔特拉伊之战也同样如此。因而,比利时人的民族史往往不得已把比利时称作"欧洲的战场"。抵抗外来的压迫者(包括军事抵抗),在希腊(反抗奥斯曼土耳其人)和爱尔兰(反抗英国人)的民族史上是关键问题。

31　　　　然而,也有很多民族史并不把他们对领土的要求跟现在的,甚至是过去的国家地位联系在一起。在这种情形下,我们看到的往往是,与国家脱离或是半脱离的一种民族史,它的关注点实际上是在生活中某一既定版图之内,并且渴望获得国家地位的人们的历史与文化。比如,1831 年芬兰文学协会成立,1835 年《卡勒瓦拉》(Kalevala,《英雄国》)出版,就标志着这样的时刻——芬兰民族从诗歌和民间文化里找到了自己的民族主流叙事。在芬兰化运动之后,年轻的激进民族主义者书写了与民间文化及文学传统密切关联的民族史。不过,关于的民族的族群—文化定义,随即发生了族群—民族二元论的问题。比如在芬兰,出现的问题是如何处理芬兰人与瑞典人的社会分裂。在波西米亚地区,问题是如何划分捷克人和日耳曼人的历史。

　　在已经发生了族群化的地方,民族史倾向于把"族性"(ethnicity)当作文化给予肯定。在 19 世纪早期,"族性"一词在语义上接近于文化与文明。然而,与此同时,族群化的民族史业已承载了激进的内涵。比如说,奥古斯丁·梯叶里在他的著作《诺曼人征服英国史》(1825)中,把英国史描绘成盎格鲁-撒克逊人和诺曼人之间的激烈斗争。这种解释模式也被凯文·德·莱滕霍夫(Kervyn de Lettenhove)应用于比利时历史,他写的佛兰德斯的历史,就是围绕着两种人的争斗而展开,一方是有着撒克逊血统的佛兰德人,另一方是源自法兰克的比利时中南部人。

　　民族史的另一种区分方式,是看它对于现存政治秩序采取的立场是明确的支持,还是提出挑战,而不论其中关于族群属性的叙述是否受到国家的驱动或扶持。在西欧诸国中,有不少国家赞助的民族史著作承担了明确的任务,那就是为现存的或是建设中的民族国家制度论证合法性。在 1803 年之后的俄国、1841 年之后的普鲁士,国家任命官方历史学家为现政府及其统治王朝树碑立传。不过,也有人写对立面的历史,致力于阐述现存的或尚未成型的民族国家的另一种叙事框架。因此,例如,帕拉茨基在 1831 年被波西米亚的迪耶任命为"波西米亚的修史人",在日耳曼性(Germanness)之外建立捷克性(Czechness),作为另一种替代性的身份认同。

　　有关领土的各种议题是民族史的核心。此外,分期也是民族史家的主要关注点,他们借此为民族找到尽可能久远的起点。历史学家到模糊、遥远的过去寻找起源,可信的证据与神话混同为一体。民族史的开端问题,毫无疑问,在历史学家宣称的客观性追求与他们用其方法建立确定性的困难之间,产生了紧张关系。我们可以在很多欧洲民族史中,看到一些原始社会与对抗外来压迫的民族抗争之间的联系。民族在古代的先祖身上,往往带有阳刚之气、勇武之举,生活在自由的时代,在热爱自由的历史学家的笔下,蕴含着民主的弦外之音。无论我们是否同意把哥特人归入西班牙和瑞典,把贝尔格族归入比利时,把各种日耳曼部落归入德国,把巴达维亚人归入荷兰,把盎格鲁-撒克逊人归入英格兰,把匈人归入匈牙利,或者是,把高卢人归入法国,部落祖先的神话在欧洲 19

32

世纪早期的各种民族历史中是显而易见的。至于这些神话的可靠性如何，是不宜多言的。

对于民族史来说，长时段（longue durée）是重要的，因而，历史学家不可能避免开端问题。然而，他们过于强烈地把注意力放在了中世纪，视其为民族史重要的奠基性时刻。[1] 他们普遍有想当然之处，过分信赖文献的可靠性。浪漫主义的历史学家，比如1824年之后担任《德意志历史文献集成》的秘书工作的约翰·弗雷德里希·博默尔（Johann Friedrich Böhmer），就把中世纪美化为民族史上最为荣耀的时期之一。[2] 欧洲各地纷纷编辑出版各种中世纪文献，为颂扬民族之光提供材料。中世纪至上主义（Medievalism）是浪漫时代民族史书写得最为持久的特征之一，当然，对于那些有过"大"中世纪时代的欧洲民族来说，尤其如此。

除了特别强调源头及中世纪外，许多历史学家还纷纷采纳了一种分期方式，将民族史描绘成崛起与衰落相续的阶段性发展。吉本在《罗马帝国衰亡史》（6卷本，1776—1788年）中确立了这种分期模式。在民族的黄金时代，生长和发展达到其高峰，而接踵而来的堕落和缺陷，导致了衰落。随之而来的是黑暗时代，有的甚至会丧失民族国家的独立。最终，民族将会再度崛起，并且尽力追求一个新的黄金时代。按照"兴衰"模式展开的民族历史叙事，意味着历史学家在考虑不同时段的历史时，对于叙事和历史时代之间的关系要做不同的处理。书写那些发生急剧变化，而要将其解释为民族历史的重要转折之处的时期，叙事节奏要放慢，连篇累牍描写几年或是几周的细节，而在其他的一些时期，几句话就带过了几百年。

19世纪的民族历史叙述，往往都会颂扬自由观念，谴责贵族精英的专制与腐败。他们也常常把宗教和教会列为民族历史上的反面典型，认为它们阻碍了"进步"。这跟之前稍早一点的启蒙时代

---

[1] Robert Evans and Guy Marchal（eds.），*The Uses of the Middle Ages in Modern European States：History，Nationhood and the Search for Origins*（Basingstoke，2011）.

[2] Ernst Schulin，'Der Einfl uss der Romantik auf die deutsche Geschichtsforschung'，in id.，*Traditionskritik und Rekonstruktionsversuch：Studien zur Entwicklung von Geschichtswissenschaft und historischem Denken*（Göttingen，1979），24 - 43.

33

描绘"文明"与"野蛮"之争的做法如出一辙。不过,宗教并非总是在欧洲的民族历史中扮演"他者"。与之相反,在许多种欧洲民族历史中,宗教的主流叙事与民族的主流叙事形成了密不可分的共生关系。民族精神最显著的特征之一,就是基督教信仰,可能是东正教、天主教,也可能是各种新教。在有着不止一种信仰的民族那里,那些讲述民族过往历程的告解式的历史是从哪一种占主流地位的教派立场出发的,则表现得很明显。

以信仰为主线的历史叙事要比民族历史更为古老,因而在 19 世纪上半叶初生的民族历史,不得不考虑如何摆正相对于信仰与教会的位置。与之相反,以阶级为主线的历史叙事,在问世之初就是民族历史叙事的对立面。在法国大革命的语境中,就可以见到对于社会的关注,这一点正是与阶级叙事联系在一起的。法国史的名家,尤其是儒勒·米什莱,同时也是乌托邦社会主义者,他们建构了与民族叙事针锋相对的阶级叙事。正如我们以下将要讨论到的,在后者那里,有一些史家的写作反对遵循某种统一的民族历史脉络。不过,此处值得一提的是,大部分的阶级历史叙事,仍然是落在民族历史的框架之内的。关注欧洲"第三等级"历史的那些学者,常常把这种历史写成一种错失机会或是未能最终完成的民族国家建构的故事,将这一任务完成,就是现在的或将来的民族国家的使命。

最后要指出的是,民族历史的书写是一项有严重的性别差异的事业。首先,它们主要是由男性写成的,这一点显而易见。随着历史学变成一种职业,女性被逐渐边缘化。今天的历史学者应该付出相当的努力,去恢复女性在历史知识生产过程中曾经起到的作用。① 尽管很多女性在民族史之外的某些书写类型方面表现优异(比如传记),仍然有一些女性成为了著名的民族史家。例如凯瑟

---

① Bonnie Smith, *The Gender of History*: *Men*, *Women and Historical Practice* (Cambridge, Mass., 1998); Angelika Epple, *Empfindsame Geschichtsschreibung*: *Eine Geschlechtergeschichte der Historiographie zwischen Aufklärung und Historismus* (Cologne, 2003); and Mary O'Dowd and Ilaria Porciani (eds.), 'History Women', special issue of *Storia della Storiografia*, 46(2004).

琳·麦考莱，留下了关于英国革命的一部非常著名的共和派百年史。朱斯蒂娜·雷尼尔·米歇尔（Giustina Renier Michel）——一位威尼斯贵族——与克里斯蒂娜·特里瓦利齐奥·迪贝尔吉奥乔索（Cristina Trivulzio di Belgiojoso）是意大利女性的代表。她们著书立说，推动了意大利复兴运动，宣扬历史上的爱国主义。[①] 在19世纪早期的法国，女性在各种学会中也扮演了重要的角色。不过，其次，从讲述的方式看，民族历史也有性别差异。一个"健康"的民族通常被描述成一个"健康"的家庭，其中男女各安其位（公与私；积极进取与消极退守；英雄无畏与逆来顺受）。从而，显而易见的是，民族的福祉是由男性和女性共同建造的，其中他们各自实现了自己的性别角色。由于公共的、活跃的社会角色主要由男性承担，女性不仅很容易成为边缘化的公民，在历史写作方面，也同样如此。

34

历史研究中民族主义的制度化

19世纪上半叶，民族历史叙事的生产是从哪里开始的呢？大学，只是众多场所之一。可以说，它甚至不是其中最重要的地方。因为，历史学恰恰只是在它的制度化和职业化的开端之际，才成为了一门独立的学科。与历史学相关的各种学会、博物馆、期刊，以及重要的文献集，还有个体的工作，比如公务员、政治家或独立学者，在整个欧洲确立民族历史的过程中，要比那些大学以及以大学为依托的历史学家，起着更为重要的作用。有的博古学者，比如莫登（Modena）公爵领地的图书管理员卢多维科·穆拉托里（Ludovico Muratori），就是那些致力于收集、编辑历史文献的人应学习的榜样。在这些鼓舞人心的民族史研究的"奠基之父"之外，那些"业余爱好者"主导的历史学会，在推动民族历史发展方面起到了关键的作用。

在欧洲各地，这些历史学会往往规模不大。它们的人数一般几

---

① Ilaria Porciani，'Italy', in Mary Spongberg, Barbara Caine, and Ann Curthoys (eds.), *Companion to Women's Historical Writing*（Basingstoke，2005），275 - 288.

十人,最多几百人。很多学会的关注点主要是地方的或是省区的历史,而不是民族历史。尽管就像前面所说的,省区或地方常常是民族历史的基础。在瑞士,大多数历史学会关注行政区的历史,虽然有的也表现出关注国家范围的雄心。有一个短命的民族历史学会——瑞士历史研究学会(Schweizerische Geschichtsforschende Gesellschaft),从1811年维持到1833年。在莫斯科大学,1894年设立了一个政府资助的机构——"历史与古代俄罗斯学会",其意图是借助历史来支持沙皇。它既有职业功能,也有社会功能,在19世纪初是俄国历史学家之间最重要的交流场所。在哈布斯堡王朝的统治之下,在确立历史叙事方面,省区历史学会起到的作用超过了依托大学的历史研究。哈布斯堡王朝的例子也表明,在19世纪上半叶,语义学是多么的复杂。在哈布斯堡统治的土地上,当历史学家们讨论民族教育的使命的时候,他们的头脑里并没有19世纪的民族主义,而是想要报答王朝政府的养育之恩。因而,他们的"民族教育"服务于超越民族的理想。

　　历史文献的收集和出版,是欧洲各地的历史学活动的一个突出特征。此类行为有时候会得到政府的资助,而且,它总是得到相信民族历史历经长时段变化而保持连续性的历史主义思想的支持。此类文献收集工作的最初的典范,又是在德意志人的土地上起源的。《德意志史料集成》发表于1819年,指导者是一位档案学家格奥尔格·亨利希·佩尔茨(Georg Heinrich Pertz)。这套史书的图章将其爱国意图彰显无遗:橡树叶子围成的花环里面,写着"神圣的爱国之情"。如果说19世纪上半叶的历史文献图书对于建构民族主流叙事而言至关重要,历史期刊的重要性也可以说毫不逊色。在俄罗斯,尤为典型,几乎所有的重要历史学家都是期刊编辑,他们借助其主办的刊物传播历史知识。在比利时,由私人组织的《历史科学消息》于1832年在根特开始出版,它是19世纪最重要的历史刊物。在1840年代,"罗马尼亚档案"在雅西出版,主持者是米哈伊·科盖尔尼恰努(Mihail Kogǎlniceanu),既刊发中世纪文献,也发表宣扬爱国主义历史的文章。在大学里的历史学家们看来,大部分的历史学刊物的专业化程度仍然不够高。最早的专业历史刊物,是丹麦创刊于1840年的《历史杂志》(*Historisk Tidskrift*),以

35

及德国创刊于 1859 年的《历史杂志》（*Historische Zeitschrift*）。在 19 世纪上半叶，影响广泛的一般性刊物，如《爱丁堡评论》《两大陆评论》（*Revue des deux mondes*），也发表史学文章。不过，大部分是业余作者撰写的，而且史学文章往往跟关注思想与政治议题的文章放在一块。① 在职业的历史学在大学里站稳脚跟之前，一些欧洲大城市里，国家博物馆已经出现了。大英博物馆是最早出现的博物馆之一，建立于 1753 年。在法国，1801 年，巴黎的法国古迹博物馆开馆。一年之后，匈牙利国家博物馆出现于布达佩斯。1818 年，布拉格有了波西米亚博物馆。1815 年之后的德意志各邦国纷纷开设了自己的历史博物馆。在今天的拉脱维亚，1818 年，库罗尼省的博物馆在叶尔加瓦（后来称为米陶）开馆。其中部分博物馆提出了重要的编辑图书计划。例如，波西米亚博物馆就创刊了自己的《评论》，出版波西米亚政府的第一部历史文献集《波西米亚史书集成》（*Scriptores rerum bohemicarum*）。

挑战历史写作中的民族传统

19 世纪上半叶历史书写的民族国家化，标志着启蒙运动对于欧洲之外文明的兴趣遭遇到了严重的危机。在日耳曼地区，阿诺德·赫尔曼·路德维格·黑伦（Arnold Hermann Ludwig Heeren）在 1830 年代初，遭到那些持民族立场的批评者的攻击，称其为世界史最后的拥护者。② 不过，民族历史并不是仅仅表现在地方上。沃姆赫兹（Vormärz）时期最受读者欢迎的日耳曼史家是弗雷德里

① Claus Möller Jorgensen, ' The Historical Journals ', in Ilaria Porciani and Jo Tollebeek (eds.), *Institutions, Networks and Communities of National Historiography*：*Comparative Approaches*(Basingstoke, forthcoming).

② Horst Walter Blanke, '"Verfassungen, die nicht rechtlich, aber wirklich sind"：A. H. L. Heeren und das Ende der Aufklärungshistorie ', *Berichte zur Wissenschaftsgeschichte*, 6(1983),156 - 157. 奥斯特哈默也曾经强调，近代早期的历史学对于欧洲之外的历史如何兴趣浓厚，而在 1830—1920 年代之间，这种兴趣几乎从欧洲的历史学中消失了。See Osterhammel, *Geschichtswissenschaft jenseits des Nationalstaats*：*Studien zuBeziehungsgeschichte und Zivilisationsvergleich*(Göttingen, 2001),91 - 102。

36

希·克里斯托弗·施洛瑟（Friedrich Christoph Schlosser），他的作品丝毫没有局限于民族和国家范围的狭隘气息。他对于普世史和文化史的兴趣并没有减退。从大部分说德语的大学的课程设置来看，一方面有对区域历史的持续强调，另一方面也包括了帝国史、欧洲史和世界史。

事实上，欧洲的大部分地方仍然处于帝国而不是民族国家的治理之下，民族历史为了在制度上冒出头角，仍需努力，而帝国对于民族叙事则没有多少兴趣提供支持。比如，大英帝国在爱尔兰的政府，就把历史看作是一个麻烦。当她 1849 年在贝尔法斯特、科克和戈尔韦创办新的大学的时候，并没有设立独立的历史学教席。从信仰和政治的角度来看，历史学是一门太容易引起争议的学科。[①]

超越某一民族范围的各种历史书写形式持续受到欢迎，推动了各种"泛某某"运动的历史，诸如泛日耳曼主义、泛斯拉夫主义、泛凯尔特主义或斯堪的纳维亚主义。关于各种"泛某某"运动的历史阐释，从 1840 年代开始日益突出，导向关于"族性"的文化理解或是种族理解，其源头是这样一种预设：所有的日耳曼人或斯拉夫人都共享着特殊的跨民族的特征。其目标是这些人群的自我解放，提倡彼此之间实现跨民族的团结。

在 19 世纪上半叶，地方史、区域史仍然起到了与民族历史相互平衡的作用。尤斯图斯·莫泽尔（Justus Möser）的 1768 年奥斯纳布吕克史，就是一个地方史的好例子。它完全采用地方的历史特性来说明当地特征，毫不顾忌这个地方在更广阔的国家背景下具有怎样的角色和重要性。浪漫主义时代，这种地方主义和区域主义在欧洲广泛传播。一些并非国都的大城市，如都灵、巴塞罗那或是汉堡，书写它们的历史的历史学家们，也时常会发展出自己的地方史写法，他们往往跟民族史家的民族化叙事拉开距离。除了从其他空间范畴考虑民族历史书写的替代品之外，还有其他的历史

---

① Mary O'Dowd, 'Ireland', in Ilaria Porciani and Lutz Raphael(eds.), *Atlas of the Institutions of European Historiographies* 1800 *to the Present* (Basingstoke, 2011).

37 书写,尝试将重心放在非空间的轴心因素上。阶级就是这种轴心之一。在从麦考莱到米什莱、达尔曼（Friedrich Christoph Dahlmann）的 19 世纪的自由主义民族史学中,我们也可以看到,正在崛起的资产阶级努力想要掌握对于国家的控制权。有些早期的社会主义者书写历史所采取的阐释轴心,特别突出了在一国内部阶级之间的分裂,借此推动无产阶级的历史意识。路易·勃朗（Louis Blanc）是这种研究路径的重要支持者。在像他以及他之后的一些阶级史家看来,法国大革命和法兰西共和国是社会主义之所以出现的前提条件。不过,工人阶级通过阶级斗争而获得解放,仍然是他们的历史写作的中心议题。然而,正如前面所指出的,这种斗争仍往往被呈现为发生在民族国家的框架之内。

结论

在日耳曼地区,历史主义在 19 世纪上半叶的兴起,以及在这个世纪随后的时间里传教般的热烈传播,意味着它最终影响了整个欧洲的民族历史书写。不过,在我们所讨论的这一时期,史学研究中的民族主义的兴起,并不是仅仅由历史学职业内部的变化所造成的。在很大程度上,它是对法国大革命的普世主义、法国人的革命民族主义,以及拿破仑军队的反动。本章所论涉及了各种各样的欧洲民族史学研究,从中辨识出民族历史的建构中一些基本的元素。在所有的民族主流叙事中,都可以发现它们的踪影:民族疆界划定的重要性,以及对于边界和边疆地带的特别关注;民族历史的国家导向,亦即对于军事史、王朝史和宪制史的重视;相当于民族历史族群化的其他替代性策略,也就是说,不把民族的故事发展脉络局限于一个国家;确立民族历史的长时段图景,开端渺不可及,而中世纪是民族形成的关键时期;民族历史书写的兴衰模式;以自由的民族历史的构建作为自由观念的延展;塑造民族英雄、民族敌人的经典形象,二者都是民族内外皆有的;民族叙事与宗教和阶级的叙事相互关联,以及民族历史的显著的性别差异。

必须强调的一点是,在整个欧洲,写作那些包括丰富历史信息的民族主流叙事的历史学家们的承诺,都像雅努斯一样,有两副面孔。一方面,不少民族历史带有追求解放的关怀。在自由主义与民族历史书写之间的密切关系,表明在一定程度上民族历史的作用,是为某种更为自由的政治秩序提供论证,同时也是为了让更多的人能够更多地参与到国家事务之中来。同样,在不占主流地位的族群与民族历史书写之间的联系,强化了民族历史对于集体的解放潜能,让他们感到自己是受到帝国、多民族国家或者某些族群的压迫。然而,承认民族历史写作的这种解放潜能固然重要,同样不能忽视的是,它也强化了民族历史上的所谓"阴暗面"。前面已提到,至少从费希特开始,民族历史书写就和制造民族的等级关联在一起,某些民族比别的民族有更高的价值,而有的民族被否认有历史性,因而也就没有存在的权利。我们已经看到,有许多的民族历史都带有种族的意味,它们将一些特殊的社会群体、一些区域、族群、教派或是女性,摆在边缘的地位。进而言之,对民族历史的关注,导致了关于世界历史的一种欧洲中心的看法。非欧洲的一切民族命中注定要在"历史的等候室"里度过他们的时光,他们唯一的希望是,最终企及欧洲各个榜样民族所达到的发展阶段,而其中的很多民族将永无指望达此境地。[1] 作为民族认同之根基的民族历史书写,为导致狭隘、歧视、族群清洗、灭绝和战争的出现,负有责任。

　　本章所述,从确立民族历史叙述的讲述模式,说到描画历史书写与民族化进程之间密切联系的资产负债表,接下来还要检讨历史学中的民族主义之所以形成的制度背景。除了少数例外,大学并非这种传统最为突出的地方,而且大学里的历史学家也不必然是确立民族历史主流叙事的排头兵。在欧洲的不少地方,重要的历史性的民族叙事出自公务员、教士、贵族、中产阶级作家、知识分子,以及政客之手。这些"业余的"历史学者组成了历史学会,建立博物馆,编辑刊物,编纂重要的史料文献。正是这些体制而不是19世纪早期的大学,为民族历史主流叙事的兴起,提供了制度性的

38

---

[1]　Dipesh Chakrabarty, *Provincialising Europe：Postcolonial Thought and Historical Difference*(Princeton, 2000).

框架。

这一时期的历史学的成就，尽管以民族历史书写的兴起为突出的特征之一，但如果以为民族范式主导一切的话，就完全是一种误解。同时还有很多的历史学家仍然坚持其他的历史写作传统。此外，正如这一章开头所引用的吉斯布雷希特的话，在 1850 年前后，有越来越多的历史学者开始认识到，回望 19 世纪的前半期，"他们的"各自民族的关键的民族历史主流叙事，都已经确立了。到 19 世纪的后半叶的他们这里，任务如果不是更少一些民族色彩的话，那就是要变得更为"科学"了。

39　主要历史文献

Allen, Carl Ferdinand, *Håndbog i Fædrelandets Historie med stadig Henblik paa Folkets og Statens indre Udvikling* (Copenhagen, 1830).

Fichte, Johann Gottlieb, *Reden an die deutsche Nation* (Leipzig, 1808).

Herder, Johann Gottfried, *Auch eine Philosophie der Geschichte zur Bildung der Menschheit* (Berlin, 1774).

Kant, Immanuel, *Idea for a Universal History with a Cosmopolitan Purpose* (London, 1784).

Macaulay, Thomas Babington, *History of England*, 5 vols. (London, 1848 - 1861).

Michelet, Jules, *Histoire de France*, 17 vols. (Paris, 1833 - 1867).

Müller, Johannes von, *Geschichten der Schweizer* (Berne, 1780).

Palacký, František, *The History of the Czech Nation in Bohemia and Moravia*, 5 vols. (n. p., 1836 - 1867).

Ranke, Leopold von, *Geschichte der romanischen und germanischen Völker von 1494 bis 1514* (Berlin, 1824).

Schøning, Gerhard, *Norges Riiges Historie*, 3 vols. (Oslo, 1771 - 1781).

Sismondi, Jean Charles Léonard de, *Histoire des Républiques*

Italiennes du Moyen Age(Geneva，1809 – 1818).

Thierry，Augustin，*Histoire de la conquête de l'Angleterre par les Normands*(Paris，1825).

Thiers，Adolphe，*Histoire de la Révolution Française*，10 vols.(Paris，1823 – 1827).

参考书目

Bann，Stephen，*Romanticism and the Rise of History*(New York，1995).

Berger，Stefan，Conrad，Christoph，and Marchal，Guy（eds.），*Writing the Nation*，8 vols.(Basingstoke，2008 – 2010).

Crossley，Ceri，*French Historians and Romanticism：Thierry，Guizot，the Saint-Simonians，Quinet，Michelet*(London，1993).

Den Boer，Pim，*History as a Profession：The Study of History in France，1818 – 1914*(Princeton，1998).

Gooch，George P.，*History and Historians in the Nineteenth Century*(2nd edn，London，1952).

Gossman，Lionel，*Between History and Literature*(Cambridge，Mass.，1990).

Iggers，Georg G.，*The German Conception of History：The National Tradition of Historical Thought from Herder to the Present*(Middletown，Conn.，1968).

—— and Powell，James M.（eds.），*Leopold von Ranke and the Shaping of the Historical Discipline*(Syracuse，1990).

Kenyon，John，*The History Men：The Historical Profession in England since the Renaissance*(Pittsburgh，1983).

Keylor，William，*Academy and Community：The Foundation of the French Historical Profession*(Cambridge，Mass.，1975).

Krieger，Leonard，*Ranke：The Meaning of History*(Chicago，1977). 40

Leersen，Joep，*National Thought in Europe：A Cultural History*

（Amsterdam，2006）.

Reill，Hans-Peter，*The German Enlightenment and the Rise of Historism*（Berkeley，1975）.

Rigney，Ann，*The Rhetoric of Historical Representation：Three Narrative Histories of the French Revolution*（Cambridge，1990）.

—— *Imperfect Histories：The Elusive Past and the Legacy of Romantic Historicism*（Cornell，2001）.

岳秀坤　译

第二章 19 世纪"科学"史学的思想基础：德国模式

格奥尔格·伊格尔斯

约翰·希格姆（John Higham）在其讨论美国的历史研究的著作导言中，曾经这么说过："19 世纪的历史学运动，在改造西方人的思想乃至形塑我们现代人的心态方面所起的作用，大概仅次于 17 世纪的科学革命。"[①]这句话所说的，当然，并不仅仅是对于 19 世纪开始的、强调由专业学者在史料批判的基础上进行的历史书写方式做一结论，同时，还意味着它是对更为古老的稳定宇宙的观念的重新定位，亦即，历史学取代哲学，成为理解人类事务的关键法门，从把握人类知识各方面的流变与发展这样一种新的方向出发，进行抽象的推理，进而理解整个宇宙。希格姆的这一评断，在一定程度上可以说是正确的，不过，有些夸大其词。他预设了一道泾渭分明的界线，一方是职业的史家，宣称自己的作品是科学的，而另一方是所谓业余爱好者，仍然坚持用过去的办法书写历史。新兴的史学研究、崭新的历史视野吸引了无数学者，他们见证了这种历史书写的科学模式的出现，在史学研究中掀起一场革命。其源头在 19 世纪上半叶的德国，随后在各个国家日益演变为职业化的研究中心的大学院校中，也纷纷效仿德国样板。

尽管麦考莱（Thomas Babington Macaulay）在 19 世纪中叶曾经

[①] John Higham with Felix Gilbert and Leonard Krieger, *History* (Englewood Cliffs, NJ, 1965), ix-x.

遗憾地表示，没有哪一位德国人配得上历史学家这个称号，但仅仅几十年之后，阿克顿勋爵就观察到，德国人的历史写作已经远远领先于其他国家所做的贡献。因此，在1886年《英国历史评论》的创刊号上，导言文章就专门谈的是"德国人的历史学派"。[①] 在阿克顿看来，科学历史学的开端，始自尼布尔（Barthold Georg Niebuhr）对罗马史现存史料的批判性检讨，之后在现代时期由兰克（Leopold von Ranke）加以进一步发扬。不过，所谓"科学的"历史研究途径实际上意味着什么呢？美国的历史学者在美国历史学会成立的1885年，选举兰克作为他们的第一位荣誉会员，尊称其为"科学历史学之父"。而兰克式的历史研究途径也就意味着一种以严格地重建过去为基础的历史学，根基是通过史料考证、避免任何道德判断或理论介入而得到的"事实"，像他们所理解的兰克的名言"如其所是"那样，只是将历史书写下来，换句话说，就是保证严格的客观性。[②]

19世纪德国的历史学派越来越多地被等同于兰克学派，在德国之外，情况尤其如此。人们往往把兰克视同为三条一再被人重复的格言：一是我们刚刚引用了的"如其所是"[③]；二是兰克的愿望，"排除掉自我，而让历史通过它来发声"，换句话说，他对绝对客观的期许[④]；三是他著名的表述"每一个时代都直接通往上帝"[⑤]。就像接下来我们要说的，没人能够在字面上接受这些格言。在德

---

① Lord Acton，'German Schools of History'，*English Historical Review*，1(1886)，7 - 42.

② 参见 Georg G. Iggers，'The Image of Ranke in American and German Thought'，History and Theory，2(1962)，17 - 40.关于对兰克的客观性的误解，参见 Peter Novick，*That Noble Dream：The 'Objectivity Question' and the American Historical Profession*(Cambridge，1988)，21 - 31。

③ Leopold von Ranke，'Preface to the First Edition of the Histories of the Latin and Germanic Nations'，in Georg G. Iggers (eds.)，*The Theory and Practice of History*(London，2011)，86.

④ *Sämtliche Werke*，54 vols. (Leipzig，1875 - 1890)，xv. 103(selbstauslöschen).

⑤ 'On Progress in History(From the First Lecture to King Maximilian of Bavaria "On the Epochs of Modern History"—1854)'，in *Theory and Practice of History*，53.

国历史学派关于历史科学的内涵的观念所倡导的新的学术趋向中,有两种要素是不可或缺的,一是方法论要素,二是制度要素。脱离了这两种要素,德国历史学派的所谓科学历史学的概念也就落空了。

历史科学的方法论的、哲学的根基

一般认为,尼布尔和兰克将历史研究建立在合理的方法论基础之上,从而让这种学术研究发生了革命性的变化。他们的声誉正是来自于其主张:一切历史写作均应以史料批判(Quellenkritik)为基础,亦即对原始文献加以批判性地检讨。对尼布尔来说,没有任何关于罗马史的叙述是完全可靠的,因为它们都是大量使用了二手材料,对兰克来说,现代史也是如此。尼布尔考证的重点是李维的可靠性,兰克的对象是圭恰尔蒂尼,分别关系到罗马史和早期现代欧洲史。兰克在他的第一部著作《拉丁与日耳曼诸民族史》(1824 年)中,摒弃掉关于现代国家体系出现于 15 世纪末的意大利战争的种种现存叙述,大量使用他能够找到的威尼斯大使的报告。凭借此书,他得以在 1825 年进入柏林大学任教。兰克的声誉,可以说部分来自于他在该书前言中所做的表态:他将要克制一切道德判断,依靠"使节们的回忆录、日记、书信和报告,以及目击者的原始叙述",仅仅是描述"历史上发生了什么"。① 在该书呈现"发生了什么"的同时,几乎同步出版的第二部著作,意在"呈现研究的方法和批判性的结论"。②

43

---

① 兰克在《拉丁与日耳曼诸民族史》"前言"中的话经常被引用,亦即,他想要"呈现"(zeigen)过去实际上发生了什么(zeigen wie es eigentlich gewesen)。但是在 1824 年版中,他使用的不是 zeigen(呈现),而是 sagen(说)。参见 Konrad Repgen, ' Über Rankes Diktum von 1824, "Bloss sagen wie es eigentlich gewesen"', Historisches Jahrbuch, 102：2(1982),439－449；and Siegfried Baur, Versuch über die Historik des jungen Ranke(Berlin, 1998),93 n. 177.

② *Zur Kritik nevrer Geschichts schreber*(Berlin, 1824).

如果不追溯在他们之前的语文学传统的话，尼布尔和兰克都不能被理解。尼布尔坦承，他从哈雷的语文学家伍尔夫（Friedrich August Wolf）那里学到了很多，后者在他的《荷马绪论》（1795年）一书中，通过分析荷马史诗的语言得出结论，它们并非出自荷马一人之手，而是在写定之前经过了由众多诗人口耳相传的一个综合过程。尼布尔做出一个类似的假说：罗马历史的早期文献也不是见诸书面的。兰克在莱比锡大学的时候，是语文学家赫尔曼（Gottfried Hermann）的弟子，同时，他也研究神学，尤其关注希腊古典文献，以修昔底德为主，并以此为主题写了毕业论文，不过没能保存下来。史料批判的目的，如果没有之前语文学的试验所打下的基础的话，是难以理解的。第一条假定是：一切现实（reality）都是历史性的。对于德国历史学派的理念论（idealism）的核心思想，最好的概括见之于洪堡（Wilhelm von Humboldt）的论文《论历史学家的使命》（1821年）。开篇第一句话，读起来就像是兰克在此之前三年所说过的那样，"历史学家的任务就是呈现过去发生了什么。"接下来，洪堡点明了德国史学传统里的一种关键观念："不过，一个事件，在感觉的世界里，只是部分地可以被看见；此外，还应该由直觉、推论和猜想来补充。"①构成历史世界的那些事件、人物以及其他历史上的形成物，都是高度个性化的，它们并不是如黑格尔意义上的那种宏大整体的组成部分。因而，在历史中有丰富的多样性，需要直觉性的理解，而不应该把它简化为一个系统。在这种多样性所呈现出的表面混沌之下，有一种道德的秩序，它赋予历史以意义。这一秩序的顶峰就是现代基督教世界。这也正是西方文明的优越感。

在兰克在其名著的前言中所做的承诺与其实际成就之间，差异极为明显。重要的一点是，在他的书名里，"历史"是复数，而不是

---

① Wilhelm von Humboldt, 'On the Historian's Task', in Georg G. Iggers and Konrad Moltke（eds）, *The Theory and Practice of History*（Indianapolis, 1973）, 5-23.

单数。兰克希望从各种史料中得出一个连贯的故事。在他看来，讲拉丁语及日耳曼语的人们，或者他所声称的"各族"，是同一个单元，既不同于作为一个整体的基督徒世界，也不像地理上的欧洲（那还要包括俄罗斯和土耳其）。他表示，"将要努力去证明……在多大程度上，这些民族已经卷入了统一的、近似的运动之中"。① 然而，在一些批评者以及其他的读者看来，兰克实际上书写了"多种历史"，各种叙述之间并没有关联性。黑格尔主义者海因里希·利奥（Heinrich Leo）是其中最著名的批评者。② 兰克的第二部书《近代史家批判》（1824 年）表现出他在语文学方面的训练功底。第一部书的重点是政治史和军事史。而语文学也有可能在其他方向上有用武之地，比如，沃尔夫的弟子奥古斯特·伯克（August Boeckh）在他研究雅典经济的著作中所表明的，基础是对于货币、价格和政府预算的分析。③ 兰克的早期著作并非局限于狭窄的政治领域之内。他从来都不是一个民族主义者，而更可以说是一个欧洲人，尽管他已经开始重视整个民族（并不必然是民族国家）在 19 世纪的重要角色。在 1827 年出版的第三部著作中，兰克研究的是奥斯曼帝国和西班牙在现代欧洲国家体系的形成中所扮演的历史角色，随后，他又写了塞尔维亚人的革命。④ 接下来，他踏上了意大利的研究之旅，结果不仅仅是彻底地检讨各种档案——其成果是一部《前三个世纪的教皇史》，而且，还产生了两部不同主题的著作，分别关于意大利诗歌和意大利艺术。⑤

① 'Preface to the First Edition of Histories of the Latin and Germanic Peoples (October 1824)', in Iggers(ed.), *The Theory and Practice of History*, 85.
② 关于利奥和兰克之前的争论，参见 Baur, *Versuch über die Historik des jungen Ranke*, 112-123.
③ August Boeckh, *Der Staatshaushalt der Athener*, 2 vols. (Berlin, 1817).
④ *Fürsten und Völker in Südeuropa im sechzehnten und siebzehnten Jahrhundert* (Hamburg, 1827); and *Die serbische Revolution*(Hamburg, 1829).
⑤ 'Zur Geschichte der italienischen Kunst' (1837), in *Sämtliche Werke*, li-lii; and *Zur Geschichte der italienischen Poesie*(Berlin, 1837).

德国历史科学的制度性基础

　　然而,历史学作为一种"科学"(Geschichtswissenschaft),不同于历史的书写(Geschichtsschreibung),其基础不仅仅是历史研究的方法,还涉及历史的研究转变为一种学术性的学科。如前所述,不管在欧洲还是东亚,历史研究的批判性的方法并非新事物。[①] 新出现的是历史学的职业化。在德国,大学里的历史学教师越来越多。[②] 在 19 世纪的大学改革之前,实际上没有那种受过训练的历史学家。18 世纪有过调查,在德国大学里教历史的 93 位学者中,60% 是神学家,29% 过去研究法律。[③] 只有到 19 世纪,历史学才成为一个有明确定义的、学术性的学科。大学发展史上的一个转折点是 1809 年柏林大学的建立。尽管已经有精英化的高级中学(Gymnasium),以针对男学生的古典学训练是其教育目的,现在大学也把研究性作为导向了。

　　职业化是现代化进程的一种表现。那么,问题来了:为什么是德国,在学术研究的现代化进程中扮演了开创者的角色呢?按照现代化概念的经典定义[④],其中不仅包括(共享的)科学知识的进步,工业的发展,资本主义世界市场的建立,以及随之带来的市民

[①] Benjamin A. Elman, *From Philosophy to Philology*: *Intellectual and Social Aspects of Change in Late Imperial China* (Cambridge, Mass., 1984).

[②] Peter H. Reill, *The German Enlightenment and the Rise of Historicism* (Berkeley, 1975). 1773 年,克里斯托弗·加特雷尔(Christoph Gatterer)在哥廷根大学设立了语文学研讨班,但是,不管是他,还是他的哥廷根同事奥古斯特·路德维格·施洛泽(August Ludwig Schlözer),都没有在他们的讲课以及关于大学史的著作中使用批判语文学的方法。

[③] Jeremy Telman, 'The Aufklärung Strikes Back', unpublished manuscript, p. 27; revised version in 'Reviews', *History and Theory*, 33:2(1994),249 - 265。

[④] See P. Nolte, 'Modernization and Modernity in History', in *International Encyclopedia of the Social and Behavioral Sciences*, vol. 15(Amsterdam, 2001), 9954 - 9962; and also Stephen R. Graubard(ed.), 'Multiple Modernities', a special issue of *Daedalus*(Winter 2000).

社会的巩固,还有自由民主政治的确立。在西方世界可以见到这些方面的渐进的提高,而德国相对落后,尤其是落后于英国、法国和美国。不过,在英、法、美诸国,尤其是在英国,历史研究的职业化过程开始得更晚。可以肯定的说,现代化在不同国家有不同的表现形式。在 19 世纪早期的日耳曼人的社会,比如在普鲁士,一个拥有绝对权威的君主和一个从受过教育的人群中招募的官僚阶层占有统治地位,与之相比,其他的西方人的社会尽管也重视教育,但是在经济地位上的差距具有更大的社会和政治影响力。德国的大学,尤其是新教系统的大学,也反映出这一特点。脱离了 19 世纪早期那种普遍的思想文化环境,也就难以理解新兴大学是在一种什么样的氛围中出现的。德国不像法国那样发生过革命,也不像英国,没有经历政治改革的历史。起初对于法国大革命的热情,让位于对革命所追求的启蒙理念的反动,以及对历史的浪漫主义的再发现。1813—1815 年,一系列反抗拿破仑的解放战争导致了德国民族认同的迸发,他们不仅要摆脱法国人的统治,还要抛弃后者所代表的政治模式,结果就出现了全民族融为一体的感受与接受传统的权威相结合的状况。进而,谁属于民族的一员,在这个问题上,德国人与法国革命的认识不同,它形成了一种新的理解。按法国革命的看法,通过公民来界定民族,而德国对民族身份的概念更为独特,它从生物性的根源来考虑民族,排斥了犹太人等一些族群。①

46

　　德国新出现的这种民族主义并非它的独有现象。在德国,以及稍后在其他地方,与历史研究的职业化进程同时伴随的,还有一种坚定的目标,亦即利用各种发现和批判性考证史料文献的新方法,探索民族在中世纪的历史根源。1819 年,德国的《德意志历史文献集成》就是在这样一种精神氛围中启动了,不仅有私人的捐献,来自政府的财政支持更为巨大。② 1821 年,巴黎建立了文献学院

---

① Johann Gottlieb Fichte, *Addresses to the German Nation*(Westport, Conn, 1979), 30.

② 参见 Horst Fuhrmann, 'Sind eben alles Menschen gewesen': Gelehrtenleben im 19. und 20. Jahrhundert(Munich, 1996)。

(École des chartes),专门训练档案学家,之后在 1836 年,由后来的教育部长基佐(François Guizot)推动,开始系统地收集和编纂法国中世纪的历史文献。1844 年,英国启动了《主簿丛书》(Rolls Series),其他欧洲国家,从西班牙到斯堪的纳维亚、希腊,也紧随之后。不过,如何解释中世纪历史,在德国和法国的政治语境下,做法是不一样的。德国史家致力于发现现代德国在中世纪法团社会(corporative society)的复杂性中的根源,而法国史家,比如米什莱、梯叶里和基佐,则努力追溯反抗封建统治的、活泼生动的市民文化。在东欧,大部分地方更多的是沿用了德国的模式,因为在新兴的大学里从事的历史研究,以服务于民族认同为名,得到了政府的支持和资助。① 因而,在历史研究的职业化过程中,就出现了一种矛盾:一方面,口头上说要追求客观性,另一方面,自觉地为民族主义的各种意识形态服务。

作为历史科学奠基者的兰克

不过,当我们说兰克是现代的科学历史学传统的奠基者的时候,科学,意味着什么呢? 我们需要检讨一下,在德国语境中科学这一术语的含义。② 自从 17 世纪的科学革命以来,自然科学建立了一系列理论,科学指的是以此为基础的一种知识系统。不过,关于哪些东西构成了科学,在其他的领域里并不总是遵循着笛卡尔式的世界观念,亦即世界是沿着清晰的、合理的路线组织起来的。③ 维科(Giambattista Vico)在他的《新科学》(1725 年)一书中,早就在

47

---

① Effi Gazi, *Scientific National History: The Greek Case in Comparative Perspective (1850－1920)* (Frankfurt, 2000).

② Telman, 'The Aufklärung Strikes Back', 16; and Wolfgang Hardtwig, 'Die Verwissenschaftlichung der Geschichtsschreibung und die Ästhetisierung der Darstellung', in Reinhard Koselleck et al. (eds.), *Formen der Geschichtsschreibung* (Munich, 1982), 150－151.

③ Ernst Cassirer, *The Philosophy of the Enlightenment* (New York, 1951), ch. 5.

自然和历史二者之间做出了经典性的区分。自然并非人为造成的，没有自觉的意涵，因而不能被理解，而历史，作为人的世界的一部分，是可以被理解的，因为它涉及的是人类的行动和意图。尽管维科在德国鲜为人知①，德国历史思想中却提出了一种极为相似的区分，亦即划分自然科学的方法与历史科学的方法。不过，历史科学尽管在何谓恰当的历史学方法论这一问题上与自然科学的理解不同，却与后者共享着客观性的理念，以及这一理念所要求的科学的或学术的精神。②

尽管兰克坚持"严格地呈现事实，不论它有可能会多么地局限和无趣"③，但他并不赞同后来的历史学家所做的那种在历史学与文学之间严格地区别。兰克非常清楚，"历史学不同于其他科学的独特之处，就在于它同时也是一门艺术。"④

不过，兰克所主张的，历史学家要"不偏不倚"，对历史不做任何裁断，而只是"如其实际所发生"那样来对待历史，这一看法是有一些问题的。⑤ 黑格尔试图从一般走到个别，而兰克有意跟他拉开距离，坚持历史学家从个别出发。他写到，"哲学总是说，有至上的理念。而历史，相反，强调存在有种种条件。"⑥"也许，从个别开始，你可以小心谨慎地走到一般。不过，从一般性的理论走到特殊，却无路可走。"⑦然而，兰克也相信，在个别的事件或事实的背后有着超验的理念，反映在历史中运行的那些伟大的力量，通过深入史料文献之中，可以"直觉地"揭示它们。怎样确定事实，有批判性的方法，实际上兰克怀抱着经验主义的信念——这些事实是可以确定、

48

① 赫尔德显然读过维科。George A. Wells, 'Vico and Herder', in Giorgio Tagliacozzo (ed.), *Giambattista Vico: An International Symposium* (Baltimore, 1969)。

② Novick, *That Noble Dream*, 1 - 2.

③ Ranke, 'Preface to the First Edition of Histories of Latin and Germanic Peoples', 86.

④ 'On the Character of Historical Science', in *Theory and Practice*, 8.

⑤ Ibid., 13 - 15(on impartiality).

⑥ Ibid., 10 - 11.

⑦ 'A Dialogue on Politics(1836)', ibid., 63 - 64.

证实或证伪的,不过对于兰克来说,历史学并不以确定事实为目的,而是要追求其融贯性。而如何确定这种融贯性,却没有什么批判性的方法可以倚靠。到这里,直觉(Ahndung/Ahnung)又要上场了。表面看起来,世界历史呈现出"混乱的秩序"。然而,描绘整体的融贯性并非不可能,因为有"道德的能量"和"精神的、有活力的、创造性的力量"以及"趋势",只要深入史料之中,它们就会显现出来。"它们无法用抽象的词汇来界定或概括,不过,我们可以把握它们,观察它们。"①兰克终生坚持新教的路德派信仰,正是他对上帝的信仰,为他提供了信心,确信在历史的混沌的背后最终存在一种道德的秩序。② 虽然兰克不认同黑格尔的进步理念,而是断定"每一个时代都直接通往上帝",并且告诫,每一代人只是"后一代人的踏脚石,就神性而言,这是不公正的"③,但是在最终的分析中,他仍然是相信进步的。在他眼中,就像黑格尔的看法一样,现代西方代表着人类历史发展的最高形式。兰克在他的诸多历史著作中,一成不变地强调基督教信仰、新教信仰的优越性,并且坚信,19世纪的西方人的文明在本质上是合理、可靠的。他拒绝研究中国和印度的历史,因为在他看来,它们没有真正意义上的历史,只是停滞,因而顶多只有"自然的历史"。④ 到这里,兰克和黑格尔又一次达成一致。

兰克赞同黑格尔的另一个观念,即国家是社会的关键制度,是道德秩序的化身。像黑格尔一样,他赋予战争在历史中的核心的、重要的角色。国家的能力并不仅仅来自于力量,而是精神力度的体现。因而,兰克用一种跟黑格尔相去不远的方式评论道:"你能

---

① 'The Great Powers(1833)', ibid., 52.

② 参见 Baur, Versuch über die Historik des jungen Ranke; Leonard Krieger, Ranke: The Meaning of History(Chicago, 1977);以及较新的研究,Johan Daniel Braw, 'Leopold von Ranke and the Religious Foundations of Scientific History', D. Phil. thesis, University College of London, 2008。

③ 'On Progress in History', 21.

④ 'On the Character of Historical Science', 16.

够点出的重要战争是很少的，因为难以证明，是真正合乎道德的能量取得了最终的胜利。"①

普鲁士学派②

　　上述的矛盾之处，到兰克之后的德国历史学中表现尤为尖锐。兰克在柏林大学执教，直到 1871 年。他对于德国历史学的影响被普遍高估了。在德国之外，情况更甚，他一直被视为一种历史学发展方向的奠基者，将历史研究安置在了可靠的"科学"的、专业的基础之上。在德国，兰克的下一代人，尤其是所谓的普鲁士学派这些历史学家——其中实际上只有西贝尔（Heinrich von Sybel）一人是研究现代史的兰克及门弟子③，虽然承认兰克对于批判性方法的重要贡献，但是越来越把他看作是一座纪念碑，尽管他仍还活着，却属于过往的时代。他们认为，兰克因为受其对于社会和政治的保守主义态度的影响，低估了欧洲人的世界正在经历的根本性变革的剧烈程度，对民族主义的生气勃勃的特性有所误解。这一代人承认民族可以融合，而兰克则相反，他仍然相信奥地利—普鲁士的日耳曼二元主义，存在于欧洲列强并立的背景之下。兰克晚年的作品包括多卷本的法国近代早期史（1852—1861），一部英国近代早期史（1859—1866），都属于现代欧洲国家体系的形成期，此外，最后是他以西方为导向的未完成的世界史（1880—1888）。普鲁士学派实际上鼓吹的是所谓"小日耳曼"的解决方式，以普鲁士为领袖，排除掉奥地利。他们自视为自由主义者，希望以议会君主制为方向的政治改革。不过，在 1848 年革命失败之后，他们的自由主义打了折扣，开始支持强大的霍亨索伦家族的君主统治，

49

---

①　'A Dialogue on Politics', 65.

②　Iggers, *German Conception of History*，90 – 123；and Richard Southwick, *Droysen and the Prussian School*（Lexington, Ky., 1977）.

③　还应该提到兰克的重要弟子之一，格奥尔格·瓦伊茨（Georg Waitz），不过，他研究的是中世纪史。

以及后来俾斯麦的铁血政策。在 1848 年之后，只有格尔文努斯（Georg Gottfried Gervinus）拒绝做出如此妥协，积极支持民主制的原则，并且看到了在半专制的君主制之下实现的统一，对于德国人的未来是可怕的威胁。[1] 虽然他们仍然奉行史料考证的原则，坚持搞档案研究，但是他们对兰克的公正无私概念提出了质疑，将谋求普鲁士的领导权这一政治任务公开地加到历史学身上。如西贝尔所说："但凡与我们的文献有关系的任何一位史家，都有其个人的色彩。既有信神者，也有不信神者，有新教徒，也有天主教徒，有自由派，也有保守派，有各种派别的历史学家，但从来没有不带热血和胆气，客观而又公正的历史学家。"[2]像兰克一样，他们相信深入史料可以揭示出那些伟大的趋势，"道德的力量"（sittliche Mächte），并且把国家看作是它们的制度化身。与兰克相似，他们也相信，在这些力量背后，还有"上帝全能的统治"（德罗伊森语）。[3]

50　　　兰克对能力（power）的看法，到了德罗伊森、西贝尔和特赖奇克（Heinrich von Treitschke）那里，变得更为激进。在他们看来，国家的发展由其能力所致，不应该受到一般的伦理要求的局限。因此，德罗伊森如此说，如果士兵"伤人，杀戮，毁家，纵火，是奉命而为，那么，他就不是作为一个个体在行动，不必跟他的个体已知相一致……当他服从了更高的使命，他才会感到良心稍安。"[4]对于 19 世纪后半叶的这些普鲁士史学家来说，德国在海外建立殖民地是必需的。在他们看来，文明开化的人与野蛮人之间有着深刻的鸿沟。这种态度，不仅德国人有，差不多也是整个西方世界的共识。所以，特赖奇克说："每一个有男子汉气概的民族都建立了自己的殖民地……所有让自己的力量得到实现的伟大民族，都愿意

---

[1]　Gangolf Hübinger，*Georg Gottfried Gervinus*：*Historisches Urteiil und politische Kritik*（Göttingen，1984）.

[2]　Iggers，*German Conception of History*，117.

[3]　Quoted ibid.，104，112.

[4]　引自 Iggers，*German Conception of History*，115.

把野蛮人的土地上打上自己的印记。"①他认为，"只有在战争中，一个民族才能成其为一个民族。"他建议，在战争中，如果没有妨碍到军事行动，文明人的生命和财产应该受到尊重。不过，这一点只适用于"文明开化的"人（比如西方人）；战争的法则并不保护"野蛮"人（比如黑人）。② 在兰克之后的一代人中，亦即所谓的新兰克派，兰克关于欧洲各大国势力平衡的观念进一步推展到世界范围，从而为德意志帝国作为一个世界大国提供了历史基础。③

德罗伊森的《历史知识理论》

1858—1882 年，德罗伊森连续讲授的课程是关于历史学如何提升到科学层次。这一系列讲述可以看作是普鲁士历史学家贡献的最重要的方法论和理论概括。④ 早在 1862 年，德罗伊森为巴克尔（Henry Thomas Buckle）《英国文明史》所写的批判性评论中，就已经清楚地显露了两种史学趋向的对立，一方是巴克尔的激进的实证主义，一方是德罗伊森的历史主义。这一区别将会主导德国的史学思想，并且延续到 20 世纪。⑤ 这一对立之中蕴含了一种根本性的差异，一方是德国历史视野，一方是西方历史视野。二者分别关系到不同的政治现代化之路，西方的民主化，以及俾斯麦时代 51

① 引自 D. K. Fieldhouse，'"Imperialism"：An Historiographical Revision'，*Economic History Review*，14（1961），207；关于特赖奇克，参见 Andreas Dorpalen，*Heinrich von Treitschke*（New Haven，1957）。

② 引自 Georg G. Iggers，Q. Edward Wang，and Supriya Mukherjee，*A Global History of Modern Historiography*（Harlow，2008），124.

③ Hans-Heinz Krill，*Die Rankerenaissance：Max Lenz und Erich Marcks*（Berlin，1962）.

④ Johann Gustav Droysen，*Historik：Historisch-kritische Ausgabe*，ed. Peter Leyh，vol. 1（Stuttgart，1977）；trans. E. Benjamin Andrews，*Outline of the Principles of History*（Boston，1893）.

⑤ 'Positivistic History and Its Critics：Buckle and Droysen'，in Fritz Stern（ed.），*The Varieties of History*（New York，1973），120 - 144；and Droysen，'Erhebung der Geschichte zum Rang einer Wissenschaft'，in *Historik*，451 - 469.

和后俾斯麦时代的德国的不彻底的民主化。德罗伊森在其演讲中，以兰克关于史学研究的科学性之构成的理解为论述的基础，但做了一些修正。像兰克一样，他摒弃黑格尔式的哲学取径，亦即从一般走向个别，转而采取一种历史的取径，通过深入个别而揭示出支配历史的伟大力量。对他来说，在历史认知的过程之中，直觉扮演了关键的角色。不过，对于历史学家所承担的任务之中包含的主观性因素，德罗伊森要比兰克的认识更为清晰。历史研究的本质，德罗伊森称之为"解释"。[1] 通过呈现事实，并不能得到关于过去的直接的知识。一切历史知识都是间接的，是一种建构，但并非任意的建构。正是这种对于历史知识中主观性因素的承认，部分解释了德罗伊森何以在 20 世纪受到如此的重视。[2] 不过，这种主观性因素并不妨碍他依然坚信，最终的分析能够得到客观性的知识。他跟兰克一样诉诸上帝。德罗伊森如此表述他的信仰："一只神圣之手操纵着我们，英雄与草芥，命运皆由它引导"，历史学作为一门科学，其任务就是"为信仰做证明"。[3] 在很多方面，德罗伊森的立场介于黑格尔和兰克之间。他比兰克更为信服，有一个大写的历史。而且，他坚定地相信，在人类信仰的发展过程中，基督教和基督教文明达到了这一发展的最高形式。他还把现代西方视为历史进程的顶峰。他不仅否认所谓较低级的文化有历史，而且干脆说，它们没有文化。

新康德派[4]

追求客观知识与主观性因素之间的调和问题，引出了新康德派哲学家们所提出的一些问题。他们全都承认，在自然科学与历史

① Droysen, 'Interpretation', ibid., 22, 169 - 216.

② Iggers, *German Conception of History*, 111.

③ Quoted ibid., 105.

④ Thomas E. Willey, *Back to Kant: The Revival of Kantianism in German Social and Historical Thought* (Detroit, 1978).

学以及社会的、文化的科学之间，需要不同的方法论。新康德派的哲学家，尤其是文德尔班、李凯尔特和狄尔泰，持续地探讨自然科学与历史科学之间的差异；兰克也曾经坚持这一点，并且以此与实证主义对抗，而德罗伊森紧随其后。不过，与此同时，他们也希望把历史学安置在一种牢固的方法论基础之上，焦点是史学研究的逻辑。在某种意义上，德国史学传统看起来是实证主义的对立面。一般认为，孔德和巴克尔所代表的实证主义在西方具有优势地位。实际上，19世纪法国的著名史家，比如托克维尔、米什莱和古郎士，或是巴克尔之外的英国历史学家，都不是实证主义者。[①]

52

　　新康德派哲学家从德国历史学派那里接受了两个根本性的概念，一是所有的存在都是历史性的，以此来拒斥自然法；二是强调历史学在根本上不同于自然科学，它研究的是个别和特殊，而后者研究的一般和抽象。1894年，文德尔班发表了他著名的就职演说，在自然科学和历史学之间做了区分，但其中并没有什么是完全原创性的看法。[②] 对他来说，二者之间的根本差异并不在二者的内容，而是在它们的方法。李凯尔特在自然科学与文化科学之间做了一种类似的区分。后者的任务是研讨那些能够说明文化与社会的价值观念，这些观念并不能简化为纯粹的抽象原则，而是需要描述它们高度特殊化、个性化的特征。更早之前，1884年，狄尔泰就在他的《文化科学引论》中做了类似的区分。他的目的，如他本人所说，是像康德在《纯粹理性批判》（1781）一书中所做的那样，严格地进行一种科学的"历史理性的批判"。不过，很快他就走到了跟文德尔班、李凯尔特的新康德主义不同的方向。他们仍然保持一致的认识是，在这些研究领域里有可能达到客观性的知识，这也符合康德的看法——我们所感知的那些关系并不是客观的存在，而是

---

① 也许泰纳的《法国文学史》接近于实证主义的路数。Hippolyte Taine, *Histoire de la littérature anglaise*, 4 vols. (Paris, 1863 - 1864)。

② Wilhelm Windelband, ' Geschichte und Naturwissenschaft, Strassburger Rektoratsrede 1894 ', in id. , *Präludien：Aufsätze und Reden zur Philosophie und ihrer Geschichte*(7th and 8th edn, Tübingen, 1921).

我们的心灵所赋予的。但是，狄尔泰并不把思想视作一种认知功能，而是一种生命力。历史中的独特之处并不能用理性的方式加以理解，分析将会破坏生命的语境。这也就说明了，为何狄尔泰在第一次世界大战之前得到了重视文献的历史学家非常认真的对待，并且对一战之后完全不同的思想氛围中所展开的认识论的讨论，产生了深刻的影响。

马克斯·韦伯

马克斯·韦伯延续了新康德派的关注点，想要给社会科学与文
53　化科学确立一种不同于自然科学的理性的方法论，但是，同时，他又排斥了把历史看作是一个有意义的过程这一德国理念论的传统。实际上，上帝已死。韦伯赞同李凯尔特的一点是，社会科学家必须通过价值相关性来研究文化现象，同时自己不能带有价值判断。但是，对李凯尔特来说，伦理和理性之间那种脆弱的纽带依然还在，而韦伯，则将其彻底截断。韦伯认为，两个完全不同的世界彼此对立，一方是价值的非理性世界，一方是认知的理性世界。没有人再相信世界还有意义。[①] 他说，我们所面对的是"世界的有道德的非理性"（the ethical irrationality of the world）。[②] 另一方面，韦伯延续最典型的新康德派传统，认为理性而客观的认知是可以实现的。没有什么价值是普遍有效的，但是，相反，逻辑推理却有普世的有效性。"社会科学中从方法论来看是正确的论证，倘若要实现其目标的话，必须要做到即便是一个中国人也能够承认它是正确的，即便在另一方面，他也许对于我们的道德律令（ethical imperative）的观念毫无所知。"[③] 正如斯图尔特·休斯所评论的，韦伯对于社会科学和历史科学的伟大贡献，毫无疑问，并不是他坚持

---

① 　Iggers, *German Conception of History*, 160 n. 147.

② 　Quoted ibid., 160.

③ 　Quoted ibid., 161.

研究社会、历史现象的价值无涉的取径，而是他尝试"把概念的严格性引入了一个或是依靠直觉或是天真地强调'事实'，却至今未曾遇到挑战的传统"。[①] 对施莫勒（Gustav von Schmoller）和罗雪尔（Georg Friedrich Wilhelm Roscher）为代表的经济学的德国历史学派，以及门格尔（Carl Menger）代表的政治经济学的维也纳学派，韦伯都做了批判。后者假定在所有的社会中经济行为的运行有共通的法则，而前者忽视了经济活动的社会历史语境。

上述观念构成了韦伯的世界历史概念的基础。在新康德派的哲学家和德国历史学家中，唯有他做了几种主要文明的比较分析，包括印度、中国、古希腊和希伯来。韦伯承认在非西方社会中科学发挥的作用，但是他坚持认为，除了西方，其他地方都缺少关于逻辑理性的抽象概念，而这一点却是西方历史中起到关键作用的要素，它不仅反映于科学之中，而且见诸西方文化的方方面面，包括艺术与音乐。[②] 因此，在韦伯看来，西方不仅是不同于其他文明，而且是超越其上。

韦伯对于历史研究的直接影响到来得很晚。在很多方面与韦伯的研究有相似之处的一位德意志帝国和魏玛共和国时期的历史学家是奥托·欣策（Otto Hintze），他从经济学的普鲁士学派的历史主义——这是韦伯所批评的对象——转向了对于社会和经济制度的、范围更为广阔的解释，涉及封建主义和资本主义。1960 年之后，韦伯对德国的历史学家产生了巨大的影响。在二战之后成长起来的一代历史学者应用韦伯的阶层观念，对工业时代的德国历史展开了批判性地检讨，——那是一个为国家社会主义（纳粹）铺垫道路的时代。[③]

54

[①] Quoted ibid. , 160 – 161.

[②] Max Weber, *The Protestant Ethic and the Spirit of Capitalism* (New York, 1958),13 – 31.

[③] Iggers, Wang, and Mukherjee, *A Global History of Modern Historiography*, 262 – 265.

德国模式在国外的影响

以上我们主要讨论的是德国的情况。在 19 世纪末，由于历史研究在整个欧洲大陆以及北美和日本日益走向专业化，德国的学术不断被视为效仿的榜样。不过，在不同的国家背景下，对于何谓德国模式的理解五花八门。尽管兰克作为"现代历史科学之父"，不断被提起，对于他的阐释也是差异极大。历史研究应该变成"科学"，但是，"科学"的含义在不同国家却有差别。一般认为，科学的历史学就是，在对史料进行严格的语文学分析的基础上写成的历史。这里的史料通常指的是书面的文献，但不限于此。德国模式又关系到历史学朝向一个以学术研究为导向的学科的转型。不过，对何谓科学的理解千差万别，光谱很宽，其中的一端是最初的美国派，认为历史与文学截然不同，另一端是英国派，在承认严格的学术方法的同时又清楚地意识到历史研究的文学方面，后一趋向一直延续到 20 世纪。但在这些例子中，从兰克到德罗伊森和新康德派的著作中所体现的理念论哲学，却遭到了忽视。

19 世纪下半叶，德国获得了极高的声誉，德国的大学作为学术研究为导向的机构，也得到了同样待遇。大量学生蜂拥到德国，接受历史学的训练，包括东欧人、美国人、法国人和日本人。[①] 从 1876 年到 1895 年的二十年间，欧洲、美国和日本创办了专业的历史杂志，仿照的样本是德国由西贝尔在 1859 年首创的《历史杂志》。西贝尔在序言中宣告："这一期刊首先应该是一份科学的期刊。它首要的任务是呈现出历史研究的真正的方法，进而指出种种歧途。"杂志既不能变成"博学好古"，也不能变成政治观点的传声筒。杂志排除了"封建主义，因为它在不断前进的生活之中加入了死气沉沉的因素；排除了激进主义，因为它用主观的武断取代了

---

① 关于 19 世纪后半叶的法国、美国和日本的相关情况，参见 Christopher L. Hill, *National History and the World of Nations*(Durham，NC，2008)。

有机的发展；排除了教皇至上主义，因为它让民族的、精神的演进屈从于外在的教会的权威"。然而，西贝尔并不认为这里面有什么"矛盾"。[①] 因而，在西贝尔看来，他所代表的那种从新教的民族主义观点出发，以政治为中心的历史学，与声称要成为一门科学的历史学之间，并没有什么冲突。杂志上的学术论文并不想弄得晦涩难懂，而是要面向广大的受教育的公众，不仅仅是专家学者。

作为我们所描述的光谱的一端，英国的例子也是很有意思的。《英国历史评论》的第一期，开篇文章出自阿克顿之手，题目是《历史学的德国诸学派》，而不是《历史学的德国学派》，是复数而不是单数，这涉及 19 世纪历史著作的复杂内涵。阿克顿是一位天主教徒，曾经在德国师从天主教历史学家德林格（Johann Joseph Ignaz von Döllinger），而不是兰克或其他普鲁士学派的历史学家。尽管深受尼布尔影响的兰克已经成为每一位严肃的历史学者绕不过去的经典，但阿克顿强调，兰克"不指望他的读者有专业性的知识，从来没有为专家写作。"[②]在英国，历史研究的专业化进程相对缓慢，尽管也有像威廉·斯塔布斯（William Stubbs）这样的历史学家，很早就致力于以德国为榜样来奠立学术的根基。史学博士学位被引入牛津大学，是在 1917 年，而剑桥大学是在 1920 年。在很长的时间里，在英国各大学教授历史学的学者并不要求有博士学位。

德国模式在法国的影响，也不容小觑，尽管常常有人对此有所轻视。[③] 法国在 19 世纪已经有相当丰富的历史文献著作，还有完全不同于德国的政治遗产。如上所述，德法都致力于从中世纪寻找现代历史的资源，不过，他们对历史的看法是非常不一样的。德国学者对封建社会兴趣浓厚，而法国学者关注城市资产阶级的起源。德国的考证学主要处理的是中世纪文献，而在法国，类似的研

---

① Sybel, 'Vorwort', *Historische Zeitschrift*, 1(1859), pp. iii‑v; 英文版本见 Stern (ed.), *The Varieties of History*, 171‑172。

② Acton, 'German Schools of History', 13.

③ 比如 William R. Keylor, *Academe and Community：The Foundations of the French Historical Profession*(Cambridge, Mass., 1975)。

究是为了训练档案学家。以基佐、米什莱、梯也尔（Adolphe Thiers）为首的法国著名史家，自觉履行政治职能，更多地依赖诗性的想象，而不是依靠档案史料的批判性检讨。不过，法国在现代化的进程中，高等教育发生改革，开始更多地贴近德国模式，1870—1871年法国对普鲁士战败，加剧了这一变化。

56　　　早在 1868 年，法国创办了以研究为导向的高等研究学校——高等研究学院（École pratique des hautes études），并且引入了兰克式的研讨班。此后，在 1870 年代，那些停滞不前的大学——其重要性已经远远落后于中学——才开始恢复活力，部分是仿照德国研究型大学的模式转型，同时又体现了非常不一样的共和国的气质。但是，一位改革的倡导者，"科学"的历史学家瑟诺博斯（Charles Seignobos），曾经在德国学习过，却对德国传统采取严厉的批判态度。他认为兰克已经过时。[①] 法国的历史学家倾向于采取这样一种观念：历史学是一门科学，但与新康德派把历史理解为一门精神科学（Geisteswissenschaft），属于人文学科的一部分的看法截然不同。他们并不追随孔德或巴克尔的机械的实证主义，在很多情况下，他们把历史学视为社会科学的一部分，就像涂尔干所理解的社会学。只有到了 1930 年代，对于客观知识之可能性的信仰才真正发生了动摇，雷蒙·阿隆在其著作中对德国的新康德派趋向给予了严肃的对待。[②]

　　　在历史研究的专业化过程中，兰克被经常唤醒的地方是美国和日本。[③] 1876 年，美国按照德国模式建立了第一所提供史学博士

---

① Charles V. Langlois and Charles Seignobos, *The Study of History* (New York, 1925), 149.

② Raymond Aron, *La Sociologie allemande contemporaine* (Paris, 1936); trans. Mary and Thomas Bottomore, *German Sociology* (London, 1957); and Aron, *Introduction à la philosophie de l'histoire: Essai sur les limites de l'objectivité historique* (Paris: Gallimard, 1937); trans. George J. Irwin, *Introduction to the Philosophy of History: An Essay on the Limits of Historical Objectivity* (London, 1947), 140.

③ See Novick, *That Noble Dream*.

学位的大学——约翰·霍普金斯大学。随后，其他美国大学，包括哈佛、耶鲁、康奈尔、普林斯顿、哥伦比亚和威斯康星大学，都纷纷跟进。1884 年，美国历史学会成立，如前所述，选举兰克作为第一位荣誉会员。尽管有很多历史学家曾经在德国做过研究，但兰克遭到了严重的误解，被视为没有哲学色彩的历史学家，只重视如何确定事实，尤其关注政治领域，并且对历史研究的理论基础不感兴趣。为历史学作为一门学术性学科之确立做出贡献的奠基者，包括亚当斯（H. B. Adams）、伯盖斯（J. W. Burgess）、奥斯古（H. L. Osgood），都承认受惠于兰克的教诲，"他全部的志向就在于如其实际所发生那样叙述过往的事情"。[1] 而对兰克持批评态度的新史学家们，如曾经在德国学习过的鲁滨逊（James Harvey Robinson），以及卡尔·贝克尔（Carl Becker），也用同样的话来描述兰克。班克罗夫特是个例外，他是曾经在兰克身边亲炙受教的唯一的美国学者，兰克称之为"来自民主院校的最伟大的历史学家"。他对兰克的赞誉更是有过之而无不及。不过，新一代的美国职业历史学家认为，班克罗夫特的研究路数是非科学的，因为在他们看来，他仍然属于那种讨论宏大主题的叙述史传统。[2] 在日本，尽管史学写作已有很久的传统，在明治维新之后的现代化过程中，历史研究发生转向，他们仿照西方的，尤其是兰克的模式。[3] 日本以德国的标准，创办东京帝国大学。有个年轻的德国学者，路德维希·利斯（Ludwig Riess），于 1887 年来到东京，建立了历史系。教学语言是英语。伯伦汉的《史学方法论》（*Lehrbuch der Historischen Methode*，1889）的部分章节被译为日文。与此同时，日本的历史学会，以及一种历史刊物，也相继问世。利斯自认是一个兰克派的史学家，他关注的是以事实为导向的历史学所需要的那些技术，而对于兰克思想中的那些理念论的层面则不予承认。有一位著名的历史学家久米邦

57

---

[1]　Quoted in Iggers, 'The Image of Ranke in American and German Thought', 21.

[2]　Ibid. , 19.

[3]　Sebastian Conrad, *Geschichtswissenschaft in Japan*（Göttingen，2006）.

武(Kume Kunitake)用兰克式的批判方法研讨日本中世纪史,结果发现,过去那些美化的叙述是虚构出来的,这导致他失去了大学教职,著作被查禁。

最终,在20世纪里,历史研究作为一门学科,按照西方的模式发生的转型是普遍的现象,它见诸中国、拉美、伊斯兰世界、印度以及撒哈拉以南的非洲。这些地区尽管有相当不同的文化语境和制度背景,但都有很漫长的史学书写传统。经常被忽视的撒哈拉以南的非洲,传统悠久的不仅有口述史,还有书面的历史著述,这些都是远在欧洲人渗透之前的东西。[①] 中国专门的史学研究可以追溯到两千年之前,尽管在帝国官僚政府的统治之下有着不同的制度框架。到18世纪,鉴定证据的学术(evidential scholarship,指考据学)以文献学研究的形式发展起来,独立于西方,却有一些重要的相似之处。[②] 由此,接受西方模式的阻力就减轻了。在以上这些国家,历史学的专业化过程呈现出相似的形式。不过,理念论的历史哲学,曾经起到了19世纪德国历史学派的学术根基作用,如今却已经成了陈迹。

主要历史文献

Dilthey, Wilhelm, *Einleitung in die Geisteswissenschaften* (Leipzig, 1883).

Droysen, Johann Gustav, *Grundriss der Historik* (1858; rev. edn, Leipzig, 1882); trans. E. Benjamin Andrews, *Outline of the Principles of History* (Boston, 1893).

58　Herder, Johann Gottfried, *Ideen zur Philosophie der Geschichte der Menschheit*, 4 vols. (Leipzig, 1784 – 1791).

---

① On African historiography before the modern period see the eight-volume UNESCO General History of Africa(London, 1978 – 2000).

② Q. Edward Wang, *Inventing China Through History*(Albany, NY, 2001).

Hegel, G. W. F., *Vorlesungen über die Philosophie der Weltgeschichte*(1837).

Mommsen, Theodor, *Römische Geschichte*, 4 vols. (Berlin, 1854 – 1856).

Niebuhr, Barthold Georg, *Römische Geschichte*, 3 vols. (Berlin, 1811 – 1832).

Ranke, Leopold von, *The Theory and Practice of History*, ed. Georg G. Iggers and Konrad von Moltke(Indianapolis, 1973).

—— *The Secret of World History*: *Selected Writings on the Art and Science of History*, ed. Roger Wines(New York, 1981).

Stern, Fritz(ed.), *The Varieties of History*: *From Voltaire to the Present*(New York, 1956).

Weber, Max, *The Protestant Ethic and the Spirit of Capitalism* (New York, 1930); orig. pub. as 'Die protestantische Ethik und der Geist des Kapitalismus', Archiv für Sozialwissenschaft und Sozialpolitik(1904 – 1905),20 – 21.

参考书目

Baur, Siegfried, *Versuch über die Historik des jungen Ranke*(Berlin, 1998).

Butterfi eld, Herbert, *Man on His Past*: *The Study of the History of Historical Scholarship*(Cambridge, 1955).

Chickering, Roger, *Karl Lamprecht*: *A German Academic Life*, *1856 –1915*(Atlantic Highlands, NJ, 1993).

Clark, William, *Academic Charisma and the Rise of the Research Universities*(Chicago, 2006).

Dorpalen, Andreas, *Heinrich von Treitschke*(New Haven, 1957).

Gazi, Effi, *Scientific National History*: *The Greek Case in Comparative Perspective*(1850 – 1920)(Frankfurt, 2000).

Gooch，George P.，*History and Historians in the Nineteenth Century*（London，1913）.

Iggers，Georg G.，*The German Conception of History：The National Tradition of Historical Thought from Herder to the Present*（Middletown，Conn.，1968）.

—— Wang，Q. Edward，and Mukherjee，Supriya，*A Global History of Modern Historiography*（Harlow，2008）.

Kelley，Donald R.，*Fortunes of History：Historical Inquiry from Herder to Huizinga*（New Haven，2003）.

Krieger，Leonard，*Ranke：The Meaning of History*（Chicago，1977）.

Novick，Peter，*That Noble Dream：The 'Objectivity Question' and the American Historical Profession*（Cambridge，1988）.

Willey，Thomas E.，*Back to Kant：The Revival of Kantianism in German Social and Historical Thought*（Detroit，1978）.

Woolf，Daniel（ed.），*A Global Encyclopedia of Historical Writing*，2 vols.（New York，1998）.

—— *A Global History of History*（Cambridge，2011）.

岳秀坤　译

第三章　与 19 世纪德国历史主义
同时代的其他发展路径

埃克哈特·福克斯

在 19 世纪的进程中,历史研究成为了一门学科。这一职业化进程——产生了一个用方法论话语定义研究对象的学术阶层——似乎在整个西方遵循着或多或少相似的路径,尽管发生的时间各不相同。到 19 世纪中叶,一种可以上溯至洪堡、尼布尔和兰克的方法论认知,已经在德国牢固地树立起来。在其他国家,这一进程开始得稍晚一些:在英国,这一进程始自 1866 年的牛津、1869 年的剑桥,给专司档案研究的历史学家授予皇家历史教授的教职;在法国,开始于 1860 年代以来的教育体制改革;在美国,则发端于 19 世纪的最后 20 年。然而历史研究机构的出现,并不意味着历史自动具备了"科学"的性质。换言之,这并不表明大家就理论或方法步骤,或是历史研究的特有标准,达成了什么共识。

19 世纪下半叶,历史研究的职业化以及对其理论和方法基础进行重新定义,发生于欧洲现代化以及民族国家化进程之中。[①] 历史学家不仅创造了自己的机构,而且确立了新的认识论与方法论概念,以此为这门职业建立有效的"科学"根基。对许多 19 世纪的历史学家来说,这一提法是争论的主要源头。围绕历史写作的认识论与方法论基础而产生的辩论,存在着国别、时间、强度以及结果上的

---

① Michael Bentley, *Modern Historiography: An Introduction* (London and New York, 1999)提供了精彩的介绍。

差异。然而在德国，历史主义——正如下面要讲的——成为整个 19 世纪进程中的主要范式[1]，其他诸如经济史、文化史以及世界史等概念，则存在于学术的周边领域。同时还存在的问题是认识论问题：如何科学地书写历史，以及如何独立于其他知识领域的历史。

60

德国的历史整体研究取径

理论争论的核心要点，是关于历史写作究竟要遵循阐释学的或个别研究的路径，基于原始史料的研究将历史现象作为个别事件来描述，还是要走整体研究的取径，找寻因果关系，从规律角度来解释历史的进程。在德国，历史主义的范式在 19 世纪下半叶得到充分的发展。依托语文学的方法论工具以及历史的阐释学路径，德国历史学家将史料批判作为其研究的基础，将历史写作从康德与黑格尔的哲学归纳中解放出来。然而，实证主义的崛起，挑战了历史主义范式的地位。作为一种历史概念的实证主义，由奥古斯特·孔德发展，并由英国业余历史学家巴克尔于 1850 年代应用于历史写作中。这种整体研究的"科学的历史"的基础，是自然科学提出的认识论与方法论问题。在 1850 年代与 1860 年代，看起来，正是奥古斯特·孔德的实证主义——他的科学理论、经验主义、社会理论，以及他关于历史与社会之中的规律的观点——在自然科学与人文社会科学之间的认识论沟壑上搭建了桥梁，并且在学者与科学家中间获得了极大的影响力。

巴克尔在 1857 与 1861 年出版了影响力巨大的两卷本《英国文明史》。他在孔德的实证主义方法与历史写作之间搭建起关键的桥梁。[2] 巴克尔"科学的历史"概念与历史主义的"历史科学"概念，在很多方面大不相同。对巴克尔来说，人类历史基于历史规

---

[1] 参见本卷的第二章。

[2] 巴克尔的理论与方法论观点详见 Eckhardt Fuchs, *Henry Thomas Buckle：Geschichtsschreibung und Positivismus in England und Deutschland*（Leipzig, 1994）。

律。这种规律经历史学家运用如统计学的"科学方法"以及自然科学领域的最新发现,诸如气象学、地理学和心理学方面的知识,能够被发现并得到解释。历史学将借由模仿自然科学的阐释性特点,具备科学的特性。

在 19 世纪中叶,随着历史学职业化的进程取得更大的发展,德国的历史学界对新的历史概念不太感兴趣,更不用说愿意对其兼收并蓄。因此,巴克尔关于科学的历史的定义,立刻遭到了德国历史学家的反对,特别是约翰·古斯塔夫·德罗伊森。此人在他的授课演说以及他的小册子《历史知识理论》(1858)[1]中,将历史主义范式与实证主义的历史写作尖锐地对立起来。然而,在 19 世纪下半叶,面对现代自然科学的兴起及其权威地位,关于究竟应该在自然科学与科学历史学的认识论以及方法论基础之间,保持怎样的距离,有着激烈的争论。德国哲学家,诸如狄尔泰,以及德国新康德主义学派的文德尔班和李凯尔特,在为文化科学建立起科学基础的尝试中,扮演了尤为重要的角色。因此,他们反对将艺术与人文学科归并在自然科学的羽翼之下,正如英国哲学家约翰·斯图尔特·密尔在其 1843 年出版的《逻辑体系》中所认定的那样。德罗伊森在他的《历史知识理论》中论证了他的历史写作的特殊方法,即"经由探究而获得理解",而反对通过个别对象来获取历史知识的实证主义;狄尔泰则在他 1883 年出版的《人文科学导论》中,通过从本体论层面区分精神与自然,尝试在两种路径间厘清边界。

对新康德主义者来说,历史学在自然科学之外有自己的一席之地,并不是因为其主题,而是由于它独特的目标以及获取知识的方法。1894 年,文德尔班在斯特拉斯堡大学名为"历史学与自然科学"的就职演讲中,概括历史学的表意概念的特征,称之为"事件的科学",这种科学不能经由普遍规律得到解释。他的学生,亨利

61

---

[1]　Johann Gustav Droysen, *Historik*：*Vorlesungen über Enzyklopädie und Methodologie der Geschichte*, ed. Rudolf Hübner(Munich, 1937).

希·李凯尔特区分了泾渭分明的文化科学与更具概括性的自然科学,[①]并且从认识论而非本体论的角度证明了自然科学与历史研究的差别。他宣称,历史作为一种以价值为导向的、关于现实世界的科学,是与现实的特殊性相适应的。

李凯尔特的学生马克斯·韦伯与老师的看法不同;然而,他关于科学的理论,其基础就是假定在概念与现实之间存在差异。[②] 尽管他认为现实是特殊和独特的——换句话说,特别的——从关于现实的观念中抽象出来的概念是多样的,是面向整体的。因此,概念无法描摹现实中更为独特的方面。文化科学如何构成关于现实的科学,即将文化与自然之间做区分所引出的后果,这一问题被韦伯解决了。他从价值关系的角度入手,明确了现象的意义。只有这种价值关系才能将这样一种现象转变为文化现象,并由此变成文化科学范围内的知识的对象。由于价值只能被赋予具体的现象,根据韦伯的看法,就无法从一个以整体来解释的体系中提取价值,因为后者的价值关系通常具有抽象的特性。韦伯的新路径,与李凯尔特相反,它在于使这些价值历史化和多样化。借助理想类型(Ideal type)而构造一个概念,这一过程一方面使得定义价值判断成为可能,而研究对象的选定要依照这些价值判断;另一方面,它可以保证研究通过客观的(即科学的)方式进行。在现实中,"理想类型"本身并没有对应物,甚至自然科学的规律也没有对应物。更准确地说,这些理想类型构成了在现实世界的"混乱"中,对事实进行分类的基础,进而提供了文化科学中的推理的、方法论的程序。韦伯认为,"理解"与"说明",是互补的过程,构成了一种方法,它显

---

① *Kulturwissenschaft und Naturwissenschaft* (Tübingen,1899);'Individualisierende Methode und historische Wertbeziehung'(1924),in Hans Michael Baumgartner and Jörn Rüsen (eds.), *Seminar: Geschichte und Theorie: Umrisse eirner Historik* (Frankfurt,1976); and *Die Grenzen der naturwissenschaftlichen Begriffsbildung*, 2 vols. (Tübingen,1896-1902).

② E. g. Weber's *Die 'Objektivität' sozialwissenschaftlicher und sozialpolitischer Erkenntnis*(Tübingen,1904).

然适用于社会科学,但未必是它们的专属。

历史主义与整体研究取径之间的冲突,在 1890 年代爆发了,并以兰普雷希特论战(Lamprecht controversy)而为人所知。事件聚焦于卡尔·兰普雷希特所著 12 卷《德意志史》(1891—1909)。这部书由于所谓的反民族的"唯物主义"而遭到历史主义者的敌视。激怒他的论敌的,并不仅仅是兰普雷希特关于一系列不同文化时代的观点——很大程度上带有民族心理学的风格,同样因为他对一种刻意特殊化的历史写作的拒斥,这种历史写作局限于"伟人"、"观念"以及"国家",偏爱一种利用集体现象来解释因果关系的进化视角。以格奥尔格·冯·贝娄和弗里德里希·梅涅克为代表的知名历史学家们,激烈反对兰普雷希特的观点,最后导致兰普雷希特被逐步排挤出历史学界,直至 1915 年他去世。[1]

英国、法国和美国的历史整体研究取径

巴克尔的研究路径引起了 19 世纪下半叶的认识论争端。然而对于当时的人来说,德罗伊森对巴克尔的抨击,既没有回答关于历史以及其他社会科学的科学性质的问题,也没有解决关于历史规律的理论问题。[2] 在历史学术领域的外围与边缘,广泛存在着对巴克尔的观点以及其他基于查尔斯·达尔文著作的、更具进化论倾向的概念的兴趣,尤其是在社会学家、文化史家以及业余学者中间。在德国以外,这种观点收获了更多的拥护者。在英国、法国和

63

---

[1] 兰普雷希特对兰克的批评,详见 *Alte und neue Richtungen in der Geschichtswissenschaft*(Berlin, 1896); and 'Was ist Kulturgeschichte? Beitrag zu einer empirischen Historik', *Deutsche Zeitschrift für Geschichtswissenschaft*, 1(1896-1897),75-150. 关于兰普雷希特与兰普雷希特论战,参见 Roger Chickering, *Karl Lamprecht: A German Academic Life*(Atlantic Highlands, NJ, 1993); and Luise Schorn-Schütte, *Karl Lamprecht: Kulturgeschichtsschreibung zwischen Wissenschaft und Politik*(Göttingen, 1984).

[2] Johann Gustav Droysen, 'Die Erhebung der Geschichte in den Rang einer Wissenschaft', *Historische Zeitschrift*, 9(1863),1-22.

美国,历史学家群体对自然科学的发展作出了更为广泛的回应。毕竟,孔德的体系与对进步无界限且乐观的笃信,以及相应地对科学的信仰之间颇为契合。在这三个国家,从学术角度上看,自然科学稳固地建立起来了,并享有很高的威望。经验主义与理性主义在社会科学领域的各个学科也很流行。不像在德国,历史学并非植根于黑格尔式的历史神学以及思辨的哲学之中。结果是,他们关于历史科学地位的争论就与在德国发生的不一样。在这三个国家,自然科学与人文学科之间的差距问题,从未拥有同在德国那样的重要性。①

在英国,实证主义很快就吸引了科学家与学者的广泛关注,巴克尔的著作被证明是 1860 年代与 1870 年代"科学历史学"兴起的催化剂。这一学说的支持者包括日后成为伦敦大学学院历史学教授的爱德华·斯宾塞·比斯利(Edward Spencer Beesly),以及记者兼历史学家弗里德里希·哈里森(Frederic Harrison)。尽管他们对孔德哲学的看法不同,约翰·斯图尔特·密尔、约翰·莫利(John Morley)以及年轻的历史学家 W. E. H. 莱基(W. E. H. Lecky),同样也应被算作"科学历史学"的支持者。对这些"科学历史学家"来说,历史学的认识论目标是发现历史的规律。在他们看来,这些规律有赖于对从自然科学那里借鉴的方法的应用。然而,关于"科学历史学"以及科学的实证主义概念的争论,很快从孔德的最初定义以及巴克尔的著作上转移了。达尔文主义和以人类学为基础的新的进化论概念的胜利,以及孔德的注意力日渐局限在带有教派色彩的"实证社会",这两点导致了实证主义的衰落,也使得巴克尔的历史理论不那么吸引人了。更重要的是,1870 年代以降,历史学开始作为一门学科,在英国的大学站稳脚跟,这为英国的历史学家带来了职业地位。② 这一点与许多喜好科学的"文人"业余爱好者地

---

① 关于科学的历史学,参见 Matthias Waechter, *Die Erfindung des amerikanischen Westen: Die Geschichte der Frontier-Debatte* (Freiburg im Breisgau, 1996)。

② 英国史学史的情况,参见 Christopher Parker, *The English Historical Tradition since 1850* (Edinburgh, 1990)。

位的下降联系在一起,这也反映在历史学家攻击他们所谓的肤浅、偏见以及极度说教式的方式上。历史学的职业化以及"研究理想"的确立,被职业历史学家客观、系统化的知识——换言之,事实知识——联系起来。这些专业知识只有通过一些经由彻底的训练从而达到所要求的理论和方法论标准的专家,才能得到证实、掌握和延展。作为"历史科学"的历史学,现在将一手研究与史料批判结合起来,并确立了不同历史分支学科之间的分工。

美国在 1870 年代后发轫并快速取得影响力的进化的"科学历史学",同样可溯源到孔德、巴克尔以及更为晚近的赫伯特·斯宾塞。早至 1850 年代便在美国普及孔德思想的历史学家乔治·弗里德里希·霍姆斯(George Frederic Holmes),受到约翰·威廉·德雷珀(John William Draper)的追随,后者在他的《欧洲思想发展史》(1863)中,依据地理和气候条件建构了历史发展的几个阶段。几年后,历史学家约翰·菲斯科(John Fiske)在其著作《宇宙哲学大纲,依据进化论学说,兼批判实证哲学》(1874)中,根据历史规律进行历史写作。与英国和德国不同,"科学历史学"在美国同样流行于如亨利·亚当斯(Henry Adams)和赫伯特·巴克斯特·亚当斯(Herbert Baxter Adams)等学院派历史学家当中,他们运用自然科学的理论与概念,作为他们的历史研究的基础。除了孔德的实证主义以及巴克尔的整体研究的历史,还有另一种概念在美国历史学界产生了强烈的影响,即社会进化论。这种思想的源头是英国社会学家赫伯特·斯宾塞,他将社会发展与某种生物有机体的发展规律相类比。对很多学院派的历史学家来说,斯宾塞的进化论提供了解释历史发展进程的新视角。在德国接受训练的赫伯特·巴克斯特·亚当斯在其著作《新英格兰城镇的日耳曼起源》(1882)中,寻求将进化论运用于解释盎格鲁-撒克逊政治机构的发展。同样,亨利·亚当斯在其著作《杰斐逊和麦迪逊治下的美国历史》(1890)中,运用社会进化论解释早期美国历史。菲斯科与两位亚当斯同属 19 世纪下半叶美国最著名的科学历史学家。尽管德国的史料批判方法以及历史研讨班给在此学习的美国人留下了深刻

64

的印象,但他们既没有采纳德国"历史科学"的观点,也没有接受德国历史学科的机构模式。[①] 美国历史学家吸收各种概念,混合交织,借此开拓他们的学术领域,相较于德国,更少受制于意识形态,也更少等级化。就此而言,他们比英国人做得更好。[②] 弗里德里希·杰克逊·特纳在《边疆在美国历史中的意义》中所理解历史概念,以及"进步的历史"在世纪之交的兴起,都是以进化论的预设为基础。这种进步历史的主要代表有查尔斯·比尔德、詹姆斯·哈维·罗宾逊以及卡尔·贝克尔。

65

在法国,19 世纪早期的浪漫主义和自由主义的历史学家,在此仅提及几位,如米什莱、弗朗索瓦·米涅、基佐、阿道夫·梯也尔以及奥古斯丁·梯叶里。他们尝试解释法兰西民族的特性,以及弄懂法国大革命,或者是致力于探究从抽象的物质条件中产生的特殊的法兰西人民的"精神",或者是将其民族的历史解释为不同社会阶层之间持续不断的斗争。[③] 他们不那么关注理论与方法论问题。但是相较于关注政治史的德国历史学家,法国历史学家早在19 世纪上半叶就开始思考历史的社会与文化层面。被看作历史研究的关键对象的,正如阿列克西·德·托克维尔的著作主题,是自由与民主,而非国家(或者说实际上是"观念")。伊波利特·泰纳是当时法国为数不多的一些选择实证主义的范式,并试图基于归纳总结建立"历史科学"的学者中的一员。他认为历史的主要力量内在于种族、环境和时间。直到 19 世纪末,类似于德国 1890 年代的兰普雷希特论战,关于何为"历史科学"基础的论战才在法国兴起。正如在美国一样,法国也存在着两种基本观点:由瑟诺博斯以及朗格

---

① 参见本卷第四章。

② Gabriele Lingelbach, 'The German Historical Discipline: A "Model" for the United States in the Second Half of the Nineteenth Century?', in Eckhardt Fuchs and Benedikt Stuchtey (eds.), *Across Cultural Borders: Historiography in Global Perspective* (Lanham, 2002), 183 - 204. 关于美国历史学的情况,参见 Peter Novick, *That Noble Dream: The 'Objectivity Question' and the American Historical Profession* (Cambridge, 1988)。

③ 参见本卷第九章。

洛瓦等历史学家所代表的立场,他们质疑遵循整体研究取径的历史学,并要求基于历史政治事件重构历史;另一派观点,以保罗·拉孔布(Paul Lacombe)、弗朗索瓦·西米昂(François Simiand)以及埃米尔·涂尔干等学者为代表,他们是支持因果论原则的"科学的历史学家"。法国历史学家中的第三方势力试图在前两派之间居间调和。① 这场学科之争并不是像在德国那样将历史学与自然科学对立起来。在法国,新的经验主义的社会科学,似乎对职业历史学家构成了威胁。在朗格洛瓦与瑟诺博斯看来,历史学向经济、地理以及民族学等学科(在此仅列举一些)的开放,动摇了历史学在社会中的关键地位、文化影响力以及学术优越性。

　　巴克尔所说的"科学的历史学"以及兰克所谓的"历史科学"很快就扩展到其他许多国家。比如说,在比利时和尼德兰,实证主义在思想界获得了广泛的关注,但并没有吸引很多的历史学家。② 在荷兰,直到 19 世纪末,"科学的历史学"的确在历史学话语中占据主要地位。然而,人们追随的并不是整体研究的概念,而是广阔的文化与社会视角,巴克尔的自由主义观点也颇受欢迎。③ 比利时与法国在思想层面更为亲近,在这里,一场历史学家之间关于兰普雷希特著作的方法论之争,于 1890 年代开始了。尽管几乎整个德国历史学界拒绝了兰普雷希特,比利时的论战呈现出更为多元化的样态,亨利·皮朗(Henri Pirenne)成为这位德国文化史家最著名的捍卫者之一。

66

---

① Raphael, Lutz, 'Historikerkontroversen im Spannungsfeld zwischen Berufshabitus, Fächerkonkurrenz und sozialen Deutungsmustern: Lamprecht-Streit und französischer Methodenstreit der Jahrhundertwende in vergleichender Perspektive', *Historische Zeitschrift*, 251(1990), 336. 整体概况可以参见 Pim den Boer, *History as a Profession: The Study of History in France, 1818 – 1914* (Princeton, 1998)。

② P. Gérin, '*La condition de l'histoire nationale en Belgique à la fin du 19e et au début du 20e siècle*', *Storia della Storiografia*, 11(1987), 64 – 103.

③ Kaat Wils, 'Les insuffi sances historiques du positivisme', in Andrée Despy-Meyer and Didier Devriese (eds.), *Positivismes: philosophie, sociologie, histoire, sciences*(Turnhout, 1999), 163 – 188.

经济史

尽管巴克尔和其他实证主义历史学家发展了他们的历史观，另一种将对 20 世纪历史写作产生主要影响的历史思考模式，其基石已经打下，那便是马克思主义历史学。在这种学说的理论根基里，卡尔·马克思与弗里德里希·恩格斯所持有的历史观与他们那个时代的历史思想，并没有本质上的不同，即笃信一种被规律性支配的客观历史。尽管巴克尔认为历史的推动力量是思想，历史主义者认为它是"至高的理念"，对马克思主义者来说，历史的推动力量是对抗社会不平等和剥削的阶级斗争。生产力与生产关系之间的相互依赖，决定了历史进程，因而，它们区分了生产的五种经济模式。这一理论的目标和终点，是一个无阶级社会（即共产主义社会），在这一社会中，将不再有社会对抗。不同生产模式与生产力发展之间日趋增长的压力引发了革命，这种革命以阶级斗争的形式出现，被看作是政治和社会发展的动力。马克思的"辩证唯物主义"概念，在很大程度上归功于黑格尔，这一概念将在持续不断地由敌对经济利益引发的社会斗争中得到体现。马克思和恩格斯两人在著名的《共产党宣言》(1848) 以及在多篇历史论文和研究中，阐述了他们的唯物主义观点。然而，直到 20 世纪，这种观点才对历史学界产生影响。法国社会学家让·饶勒斯在他的多卷本《社会主义史，1789—1900》(1901—1908) 中，部分采纳了此种观点，此外，他的著作《社会主义的法国大革命历史》(1901—1907) 亦是如此。

马克思主义的理论和历史书写，仅仅是经济史和社会史的一种源泉。这种历史写作在非马克思主义的新经济史学派中同样流行，古斯塔夫·施莫勒是其中主要代表。这一学派宣称，经济不是普遍规律发展的结果，而是国家制度背景下的历史进程，而不像马克思主义那样，将资本主义社会极端化为两个对立阶级，国家经济学的目标是将工人阶级整合进一个有待建立的社会。尽管这一主张得到无数经验主义研究的支持，但它也遭遇了挑战。于 1884 年

67

开始的,在施莫勒和维也纳学派经济学家卡尔·门格尔之间爆发的所谓方法论之争,指责国家经济学家所做的描述性研究缺乏学术准确性。德国最早的经济史学家之一奥托·欣策以及马克斯·韦伯,卷入了这场论战。[①] 这一论战促成了德国历史社会学的出现。同样的发展历程也出现在其他欧洲国家。1880 年代以降,经济史、劳动史以及社会史的专业地位在制度上得以确立。在欧洲,主要是依靠英国学者阿什利(W. J. Ashley)、威廉·坎宁汉(William Cunningham)、贝娅特丽丝(Beatrice)和西德尼·韦布(Sidney Webb),以及法国学者埃米尔·勒瓦瑟(Emile Levasseur)的贡献。在美国,则是在现代化与社会改革的背景之下确立的。[②]

文化史

"历史主义"范式的主导地位,也遇到了来自文化史的研究路径的挑战,这一路径超越了政治和国家的范畴。这种文化史呈现出各种形态,比如雅各布·布克哈特(被看作艺术的历史)、卡尔·兰普雷希特(依据自然科学的历史学)以及业余爱好者写的历史(比如日常生活的历史)。同来自法国专攻古希腊城邦文化的古朗士一样,瑞士人布克哈特是文化史的主要代表之一,尽管是当时说德语的学校里唯一的文化史家。[③] 与文化史领域的早期历史写作不同,比如约翰·克里斯托弗·阿德隆(Johann Christoph Adelung)的作品依旧专注于启蒙运动的理念,布克哈特的文化视角反映了现代的危机意识。历史被描述成一个关于失去的故事。与他的大学同僚不同,布克哈特拒绝了"历史主义"历史写作的核心前提:对于国家优先性以及历史进步理念的信仰。布克哈特的历史写作因

---

① George G. Iggers, *Historiography in the Twentieth Century: From Scientific Objectivity to the Postmodern Challenge*(Middletown, Conn. , 2005), ch. 3.

② 参见本卷第五章。

③ See, in particular, Numa Denis Fustel de Coulanges, *La Cité antique*(Paris, 1864); and Jacob Burckhardt, *Die Cultur der Renaissance in Italien*(Basel, 1860).

此并不是基于事件的编年史历程，而是倾向于一种关于三类"权力"的分析模式：国家、宗教以及文化，还有它们之间的相互依赖关系。与此同时，布克哈特的作品还代表了进行历史写作的一种审美的取径。

与布克哈特的文化史写作及其对文明的批判不同，弗里德里希·科尔布（Friedrich Kolb）、弗里德里希·冯·赫尔维德（Friedrich von Hellwald）、奥托·汉娜-安·莱茵（Otto Henne-Am Ryhn）以及弗里德里希·约德尔（Friedrich Jodl）发扬了另一种路径。这些业余历史学家再次评论了巴克尔、达尔文以及恩斯特·海克尔（Ernst Haeckel）的作品，他们的作品也广泛传播。[①] 其他一些学者关注某个民族的风俗与生活方式。谈论一个时代历史写作的具体方向是不可能的，因为历史领域的各种代表人物对"文化"这个概念有不同的理解。尽管文化史被很多学院派历史学家斥为"不专业"，它的一些研究路径还是被大学接受了，而且建立了不计其数的历史学会团体，尤其是在地方层面，这些团体尤其关注物质文化的历史。直到 19 世纪末，"文化"才变成在国民经济学、历史研究以及种族学的交汇处产生的各种论战的流行语。国民经济学家艾博哈德·格太茵（Eberhard Gothein）以及历史学家库尔特·布莱齐格（Kurt Breysig）和卡尔·兰普雷希特拾起了文化史这一概念，从而激起了 19 世纪末关于方法论的激烈论战。

尽管兰普雷希特绝不是倡导一种新的社会与文化史的唯一历史学家，但他却是最有影响力的。亨利·贝尔（Henri Berr）在他的《历史综合杂志》上掀起的法国人关于历史综合的论战，"新史学"或进步史在美国的发生，或者皮朗的《比利时史》（1899—1932）等，都反映了一种对以传统、国家以及"观念"为导向的历史的普遍不满。这种历史不能够为世纪之交快速的社会变化提供一种解释模型。此外，在东欧（波兰、俄罗斯）、拉丁美洲以及亚洲（中国、日

---

① Hans Schleier, *Geschichte der deutschen Kulturgeschichtsschreibung* (Waltrop, 2003).

本),历史学家也受到了启发而转向一种新的社会和文化史。这种历史学与对政治和社会秩序的批判性反思联系在一起。[1]

国家范式

重新定义历史研究的科学性质,同样意味着缩小它的地理范围。在启蒙运动时期,世界史的书写还是历史编纂的一部分。19 世纪欧洲历史思想的普世化与民族历史学的兴起同时发生,这种民族历史几乎不把非欧洲民族纳入考量范围。然而,在 19 世纪末,非欧洲的地方再次被包括进来,世界历史重回历史研究的范围。再一次地,这股潮流被大多数(民族主义的)学院派历史学家斥为非学术的。

世界史与普世史的书写,可以追溯到启蒙运动时期。苏格兰启蒙运动历史学家,以及那个时代说德语的世界史家,比如伊萨克·艾思林(Isaak Iselin)、约翰·克里斯托弗·加特雷尔(Johann Cristoph Gatterer)、奥斯特·路德维希·施洛泽(August Ludwig Schlözer)和弗里德里希·席勒(Friedrich Schiller),以旅行报告为基础来书写他们的人类史,将历史文献与人类学、种族学的资料联系在一起,并且将传统的历史著作斥为关于帝王和王朝的历史。[2] 赫尔德关于世界历史的概念是最有野心的,因为他认为每一种文化在人类历史中都应该有同等的地位。他还认为,不论是欧洲的启蒙文明,还是关于进步的观念,都不应该在可完善性的发展轨迹上

[1] Georg G. Iggers, Q. Edward Wang, and Supriya Mukherjee, *A Global History of Modern Historiography*(Harlow, 2008),164 - 165.

[2] 概括的情况,参见 Jürgen Osterhammel, 'Neue Welten in der europäischen Geschichtsschreibung(ca. 1500 - 1800)', in Wolfgang Küttler, Jörn Rüsen, and Ernst Schulin(eds.), *Geschichtsdiskurs*, vol. 2: *Anfänge modernen historischen Denkens* (Frankfurt, 1994), 202 - 215; Peter Hanns Reill, *The German Enlightenment and the Rise of Historicism* (Berkeley, 1975); and Michael Harbsmeier, 'World Histories before Domestication: Writing Universal Histories, Histories of Mankind and World Histories in 18th-Century Germany', Culture and History, 5(1989),93 - 131。

充当普遍的原则。相反,他强调其他民族的独立性,并且创造了一种文化多样性观念,用欧洲的规范概念以及目的论,也可以对此加以理解。[①] 这些世界主义的哲学家和历史学家,依托具有百年之久的东方学研究传统以及旅行笔记,完成其作品。在他们看来,东方是普世的世界视野之中的一部分。[②]

然而,关于原始人群与开化人群之间差异——或者更准确地说,其他文化相对于印欧文化的劣等性——的观点,最早可追溯到苏格兰启蒙运动,但同样可以在德语历史书写中找到痕迹,比如克里斯托弗·迈纳斯(Christoph Meiners)发表于 1875 年的《人类史》(*Grundriß der Geschichte der Menschheit*)。总的来说,历史研究的全球视角在 19 世纪的进程中被抛弃。历史学在 19 世纪作为一门学科的发展,推动了史学关注的地理覆盖面的缩小。1780 年至1830 年间的这一进程,于尔根·奥斯特哈默尔将之描述为从启蒙时期的"包容的欧洲中心论"到"狭隘的欧洲中心论"的转变,前者将欧洲优越性视作所谓的有益假设,而后者则将这种假设视为理所当然。[③] 代表人类文明这一"欧洲中心主义"的说法,在黑格尔的《世界历史哲学讲演录》(1840)中得到了哲学上的论证,并在兰克的《世界史》(1881—1888)[④]中找到了其历史学依据。欧洲史被升格至世界史的等级。欧洲历史思想的普世化与一种民族主义和欧

70

① Johann G. Herder, *Ideen zur Philosophie der Geschichte der Menschheit*, 4 vols. (1784 - 1791).

② Jürgen Osterhammel, 'Peoples Without History', in Benedikt Stuchtey and Peter Wende(eds.), *British and German Historical Thought in British and German Historiography 1750 - 1950: Traditions, Perceptions, and Transfers*(Oxford, 2000),265 - 287.

③ Jürgen Osterhammel, *Die Entzauberung Asiens: Europa und die asiatischen Reiche im 18. Jahrhundert*(Munich, 1998),380.

④ 关于德国历史学,参见 Andreas Pigulla, *China in der deutschen Weltgeschichtsschreibung vom 18. bis zum 20. Jahrhundert*(Wiesbaden, 1996); and Christoph Marx, '*Völker ohne Schrift und Geschichte*': Zur historischen Erfassung des vorkolonialen Schwarzafrika in der deutschen Forschung des 19. und frühen 20. Jahrhunderts (Stuttgart, 1988).

洲中心论的历史学同时出现,这种历史学几乎不把非欧洲民族列入考虑范围,或者将他们贬低为"静止的"或"没有历史的",只有几个古典文明是例外。现代性、现代历史学科以及欧洲中心论之间存在着紧密的联系,后者在欧洲民族历史写作中找到了其最初的历史表达。新的学科开始在职业化的进程中变得碎片化,普世的取径被丢失,非欧洲的历史变成其他学科的研究领域,从民俗学、人类学、种族学到考古学,以及美洲研究与东方研究,只有历史学家兼地理学家卡尔·里特尔这样的个别例外。

在 19 世纪的德国历史学中,世界史本身绝大部分时间只产生很小的影响。早期的世界史,譬如(弗里德里希·克里斯托弗·施洛瑟[Friedrich Christoph Schlosser]和卡尔·冯·罗泰克[Carl von Rotteck])的作品,是按照启蒙运动的普世传统撰写的。施洛瑟的作品是基于康德的历史哲学。① 除了兰克的《世界史》,世界史处于历史学领域的边缘和外围。在这些作品中,世界史并不意味着关于人类的整体历史,而是关于立足于国家的开化民族的历史。

20 年之后,这一形势发生了改变。在世纪之交,职业化的历史学家开始转向世界史。一方面,诸如美国内战、俄国 1861 年改革,以及日本的明治维新等历史事件,使人们注意到世界范围内确实存在着一种发展。世界历史与列强的帝国主义政策联系在一起,殖民帝国需要关于被殖民者的知识。另一方面,考古学、种族学以及人类学领域的新发现,为历史学家提供了关于所谓原始民族以及非西方社会历史的全新史料。

然而,由职业历史学家书写的世界史,遵从他们关于西方基督教文化普世传播的假设,就比之前的世界史还要狭隘。早至 1857 年,格奥尔格·韦伯(Georg Weber)在他的《世界史》的引言中有这样的观点:

---

① Friedrich Christoph Schlosser, *Weltgeschichte für das deutsche Volk*, 19 vols. (Frankfurt, 1844 - 1857); and Carl von Rotteck, *Allgemeine Geschichte vom Anfang der historischen Kenntniß bis auf unsere Zeiten: Für denkende Geschichtsfreunde*, 11 vols. (Freiburg, 1813 - 1818).

> 德意志民族与其他任何民族相比,都更要担当起给予世界历史其本来面目的责任。他们在欧洲中部的地理位置,他们对普世教育的追求,以及他们内在的世界主义倾向,也将人性、正义以及博爱的标准,给予陌生和充满敌意的民族。这也使得德意志民族能够担当起历史财富的守卫者和经营者的角色。①

71　　这一言论表明了从立足启蒙运动关于整体人类的视角,以及兰克从欧洲视角书写的世界史,到德国人眼中看到的世界史的转变。这也正是德国历史学在 19 世纪进程中发生的转变。在世纪之交,迪特里希·沙福尔(Dietrich Schäfer)和汉斯·德尔布吕克(Hans Delbrück)等职业历史学家,出版了关注国家政治层面的世界史,为德意志帝国的帝国主义目标服务。② 他们不仅将世界史局限于欧洲开化民族的历史——正如兰克所做的,他们还将德国放在了人类历史的中心。尽管对于兰克来说,德国史是欧洲史的一部分,然而在沙福尔看来,德意志民族凌驾于欧洲与人类文明之上。帝国主义时代的此种普遍的时代精神,或许可以解释民族主义和欧洲中心论的这种结合。然而,德国的历史书写还存在着一条副线。一些文化史家,诸如卡尔·兰普雷希特和库尔特·布莱齐格,以及一些外围的学术团体,譬如汉斯·赫尔莫特(Helmolt),反对历史主义的单边政治史,并且尝试引入一种非民族主义的世界史。赫尔莫特的框架并不是以历史的编年史叙述或者不同阶段的发展为基础的,而更多的属于民族地理学的范畴。

　　除了兰普雷希特以及他关于"文化时代"(*Kulturzeitalter*)的社会心理学理论——他将这一理论不仅应用于他的《德意志史》而且

---

① Georg Weber, *Allgemeine Weltgeschichte*, 19 vols. (Leipzig, 1857 – 1881), i, p. xiii.

② See Hans Delbrück, *Weltgeschichte*: *Vorlesungen*, *gehalten an der Universität Berlin 1896 – 1920. Erster Teil*: *Das Altertum* (Berlin, 1924); and Dietrich Schäfer, *Weltgeschichte der Neuzeit*, 2 vols. (Berlin, 1907).

应用于他关于世界历史的概念——①一战前进行世界史研究最杰出的学者是柏林的一位教授库尔特·布莱齐格（Kurt Breysig）。立足于人类统一性的观念，布莱齐格认为，世界史要经过一系列的境况或者阶段，这对于所有民族都是一样的，只是经历的时间不同。他在 1907 年出版的《人类史》（Geschichte der Menschheit）第一卷中，阐述了这样一个命题，即当代的原始民族正是所谓文明民族原始阶段的反照。他提出历史的演化模型，其基础是全球规模的比较。②

但是布莱齐格在历史学家同仁中遭到了强烈的抵制。这并不令人奇怪，德国关于历史学科学性质的论战刚刚在 1899 年结束，所谓的方法论之争中，布莱齐格的观点和作品被他在柏林大学的同事所反对，正如十年后他在柏林建立进行比较历史研究的跨学科机构的计划遭到反对一样。他们的批评——在某些方面是有意义的——是针对布莱齐格的对历史规律的建构和对经验主义作品的摒弃，以及过于宽泛的研究路径。然而在这种拒绝背后，已经存在意识形态的偏见。之前在 1860 年代到 1870 年代，这种偏见已经影响到围绕着巴克尔历史研究路径的论战，在 1890 年代的兰普雷希特论战中又再次爆发。正是在政治和意识形态上的敌对，区分了参战各方。大体说来，历史主义的传统——亦即以历史进程中的"个体"为关注重点，并赋予外交政策以中心地位——将世界史降格为欧洲国家的政治史，并且历史学其他研究途径的发展之路，将"原始民族"排斥在外，不仅是服务于文化优越性以及殖民帝国主义的政治目的，同样可以认为这是企图将历史学孤立于诸如人类学、种族学以及社会科学等其他学科之外。在职业历史学家眼中，这些学科是洪水猛兽。

72

---

① Karl Lamprecht, 'Universalgeschichtliche Probleme', in Karl Lamprecht (ed.), *Moderne Geschichtswissenschaft*: *Fünf Vorträge* (Freiburg im Breisgau, 1905), 103 - 130. On Lamprecht's concept of world history see Roger Chickering, 'Karl Lamprechts Konzeption einer Weltgeschichte', *Archiv für Kulturgeschichte*, 73 (1991), 437 - 352.

② Kurt Breysig, Der Stufenbau und die Gesetze der Weltgeschichte (Stuttgart, 1927).

结语

  "科学"的历史概念的兴起,在很大程度上依据的是自然科学的方法论以及知识,重视历史中的因果关系,并且寻求历史中的规律。其主要的研究主题是社会史、文化史、经济史以及观念史。从事整体研究的"科学历史学"的主要人物,是非学院的业余历史学家,或者是来自其他学科的学者。第一个关键人物是英国历史学家巴克尔,他的观点在 19 世纪下半叶流行于许多国家,但是很快为学院派历史学家所不屑。德国著名的兰普雷希特论战,美国关于"新史学"的争论,以及法国在世纪之交的论战,如果不考虑这种确立历史规律的初次尝试的影响,就难以孤立地来理解了。比如,德罗伊森写作他的《历史知识理论》,就是受到了这一尝试的启发。马克思和恩格斯了解巴克尔的作品,但是对其并没有给予重视。他们的历史观同巴克尔的一样,是整体性和进步性的,但是没有巴克尔那种理念论的前提预设。

  在这些论战接近尾声时,我们观察到,在世纪之交的德国,大多数历史学家成功抵制了强调整体研究、文化史和世界史。但抵抗的表现强度不等。在德国历史学界,历史主义的正统学说在它绝对反对其他任何路径时,显得与众不同。对自然科学的方法论和概念是这样,对于需要其他研究路径的主题亦是如此。如马克斯·韦伯在 20 世纪最初几十年提出的,诸如历史科学研究的概念等激进的新观点,并没有获得历史学家的关注;对客观的"科学的历史"的批评,比如弗里德里希·尼采,并没有人倾听;社会史和文化史,比如卡尔·兰普雷希特所倡导的,遭到激烈的反对。

  与德国的情况相反,在其他国家,并没有完全排斥来自其他学科的概念。他们的历史学界因此进行了更为细致的划分,为其他历史学的创新开辟了新道路。原因有二。其一,兴起这些替代性概念的国家,经历了专业化进程的不同阶段;其二,这些国家的哲学传统的特性彼此不同:德国有他的理念论哲学,英国和美国有功

73

利主义,法国则有理性哲学和实用主义。正如美国的例子所显示的那样,整体研究的路径在历史学家中间取得了更大的反响,因为美国的历史学在 19 世纪中叶刚刚开始其职业化进程,历史学界还没有完全成型。英国的历史学在它开始将自己塑造为一个学科时,遭遇了"科学历史学",换句话说,英国的"科学历史学"开始于历史学职业化进程的早期阶段。尽管它遭到第一批学院派历史学家的批评,职业历史学家与实证主义的"科学"历史学家之间的论战,一直持续到世纪之交。在法国,关于历史学科理论根基的论战,受到了多方面的影响,包括科学理论的整合、社会科学的兴起、对事件导向的强调,以及诠释学的研究途径。

　　1840 年代之后,在德国发生的自然科学与历史科学的严格区分,并没有出现在其他国家。这种区分甚至标志着相对于早期历史主义形态所发生的转变。这种形态的代表是洪堡,他在 19 世纪初的时候构建了他的"观念论"(Ideenlehre),部分依据是启蒙运动时期科学主义的一种特殊的形式,用有机体为喻来创造一种关于人文的科学。[①] 在 20 世纪初,迎来了一个关于历史科学再定义论战的新时代,亦即马克斯·韦伯、格奥尔格·西美尔以及埃米尔·涂尔干对"科学历史学"和"科学的历史"之客观性的批评。这些论战带来了一种关于历史科学的新概念,这一概念承认历史研究的相对性和无限性,因此,随之又产生了一些补充性的理论和对于历史进程的种种解释。

　　将历史提升为一门科学的进程,是与民族主义及欧洲中心主义联系在一起的。19 世纪的历史学家关注民族的历史。历史学有一个主要的社会和政治方面的意图,就是界定社会规范,并运用具有科学权威性的历史模型,创造出一种民族神话。在这种神话中,历史学家的民族被放置在历史话语的中心位置。为了使政治和文化

---

① Peter Hanns Reill,'History and the Life Sciences in the Early Nineteenth Century: Wilhelm von Humboldt and Leopold von Ranke', in Georg G. Iggers and James M. Powell (eds.), *Leopold von Ranke and the Shaping of the Historical Discipline*(Syracuse, NY, 1990),21 - 35.

74

价值合法化,历史被当作服务于民族目标的工具。因此,对历史学研究的科学性加以重新定义,也就意味着要缩小它的题材的范围。欧洲历史思想在 19 世纪的普世化,同时伴随着民族的历史学的发展,后者公开地把非欧洲的民族排除出其考量范围。欧洲史被提升到了世界史的地位,其中,"他者"就这样淡去了。正是这种可以追溯至古希腊的、具有共同历史和文化的欧洲的"发明",使得一些人群和社会被排除在世界历史之外。[①] 尽管事实上资本主义和现代性作为一种全球化的力量,是客观存在,而欧洲中心主义却是在民族历史中找到了它最初的历史学表达。

因此,历史科学的提法一直在随着时间改变,但是这种改变不能被看作线性的发展或现代化的进程。从来不只存在一种关于"历史科学"或"科学的历史学"的统一科学模型,不论是在德国,还是在其他地方。19 世纪对历史研究的科学地位的寻求,是一种广阔的思想运动,同时存在于学术界之内和学术界之外。许多不同的概念相互竞争,这不仅发生于不同国家之间,而且发生在一国之内。将历史提升为一门科学,与这种职业化进程同时进行,促进了学术机构的建立。历史学可以从语文学、哲学、生物学以及社会科学等学科中,将自己解放出来。

科学的观念,很快就被吸收进历史研究中。其中的许多观点并不是直接来源于实证主义,而是一种基于归纳推理、经验观察,以及进化理论的学术共识的表达。主流历史主义者普遍表现出对自然科学领域的思想发展不感兴趣,同时他们对检验这些新方法的严肃尝试也茫然无知。这就与其他学科的研究者表现出的高度历

---

① 参见 James M. Blaut, *The Colonizer's Model of the World: Geographical Diffusionism and Eurocentric History* (New York, 1993); see also Eckhardt Fuchs, 'Reshaping the World: Historiography from a Universal Perspective', in Larry Eugene Jones(ed.), *Crossing Boundaries: The Exclusion and Inclusion of Minorities in Germany and the United States* (New York, 2001), 243 - 263; Pigulla, *China in der deutschen Weltgeschichtsschreibung*; and Marx, '*Völker ohne Schrift und Geschichte*'.

史意识形成了鲜明对比。不仅如此,在其他社会科学中正在发生一场重要的辩论。这场辩论相对于历史学界之于自然科学的反应,要走得更远。在世纪末,著名的、并且(对德国历史学界来说)影响深远的兰普雷希特论战,是历史学家之间此类争论的顶点和终点。[①] 这场论战导致了对其他学科创新潜能的激烈反对,并且导致历史学科封闭了它通向为数众多的史学研究和理论研究的取径的通道。重视历史进程中的个体化以及政治史,提高阐释学的地位,并将其个别性(idiographic)的方法变成一种抽象价值,以及在文献考证基础上对编辑文献的使用加以自觉的限制,最终就是拥抱了一种与理论无关的经验主义。在 19 世纪的进程中,历史主义在德国历史学界的"胜利",并不是由于它的科学性更为发达,而是由于历史主义者本身对这个学界的控制。这导致他们对职业机构的掌控日渐增强,同时,他们也使得学术"外来者"以及非学院派历史学家在学科共同体中被边缘化,甚至被排斥。[②]

　　尽管个别性与整体性之间的概念之争,是 19 世纪理论与方法论讨论的主要内容,但如果认为这一争论笼罩了整个历史学领域,那就是一种误导。永远只有一小部分历史学家参与到讨论之中。但是,他们的确塑造了这一学科,并戏剧化地影响了人们研究历史和教授历史的方式。更进一步说,19 世纪下半叶,文化史与社会史的兴起,与整体研究的模式是有联系的,但并没有简化为整体研究。比如说,法国的浪漫主义历史学家和非马克思主义经济史,就是如此。在世纪之交,人文科学,尤其是文化科学以及社会学的兴起,反映了社会、政治以及经济变化所带来的挑战。经济学、地理学、心理学以及社会学,对历史写作产生了影响。这一影响使得历史主义的研究模式看起来陈旧过时了,也使得偏爱自然科学的整

① On other debates this time see Annette Wittkau, *Historismus: Zur Geschichte des Begriffs und des Problems* (Göttingen, 1992).

② For Germany see Wolfgang Weber, *Priester der Klio: Historisch-sozialwissenschaftliche Studien zur Herkunft und Karriere deutscher Historiker und zur Geschichte der Geschichtswissenschaft 1800 -1970* (Frankfurt, 1984).

体研究的模式显得过于简单。社会与文化,将会取代政治与观念在历史中的地位。然而,欧洲中心论对民族和西方的关注,还将继续保留。历史主义作为 20 世纪初主流的历史写作模型,其地位并没有被取代。但是,其他的方法和范式,比如年鉴学派,逐渐成为历史学界为人所知的研究路径。

主要历史文献

Adams, Henry, *History of the United States under the Administrations of Jefferson and Madison* (New York, 1890).

Adams, Herbert Baxter, *Germanic Origin of New England Towns* (Baltimore, 1882).

76 Breysig, Kurt, *Der Stufenbau und die Gesetze der Weltgeschichte* (Stuttgart, 1927).

Buckle, Henry Thomas, *History of Civilization in England*, 2 vols. (London, 1857 – 1861).

Burckhardt, Jacob, *Die Cultur der Renaissance in Italien*: *Ein Versuch* (Basel, 1860).

Comte, Auguste, *Cours de philosophie positive*, 6 vols. (Paris, 1830 – 1842).

Droysen, Johann Gustav, *Historik*: *Vorlesungen über Enzyklopädie und Methodologie der Geschichte* (Munich, 1858).

——'Die Erhebung der Geschichte in den Rang einer Wissenschaft', *Historische Zeitschrift*, 9(1863),1 – 22.

Fustel de Coulange, Numa Denis, *La cité antique*: *étude sur le culte*, *le droit*, *les institutions de la Grèce et de Rome* (Paris, 1864).

Herder, Johann G. , *Johann G. Herder*: *Werke in zehn Bänden*, *ed.* *M. Bollacker* (Frankfurt, 1989).

Jaurès, Jean, *Histoire socialiste 1789 – 1900* (Paris, 1901 – 1908).

Lamprecht, Karl, *Moderne Geschichtswissenschaft*: *Fünf Vorträge*

（Freiburg im Breisgau，1905）.

Lecky，W. E. H. ，*History of the Rise and Infl uence of the Spirit of Rationalism in Europe*，2 vols. (London，1865).

Rickert，Heinrich，Kulturwissenschaft und Naturwissenschaft（Tübingen，1899）.

Schlosser，Friedrich Christoph，*Weltgeschichte für das deutsche Volk*，19 vols. (Frankfurt，1844 - 1857).

Taine，Hyppolyte，*History of English Literature*（New York，1872）.

Weber，Georg，*Allgemeine Weltgeschichte*，19 vols. (Leipzig，1857 - 1881).

Weber，Max，*Die ' Objektivität ' sozialwissenschaftlicher und sozialpolitischer Erkenntnis*（Tübingen，1900）.

参考书目

Chickering，Roger，Karl Lamprecht：*A German Academic Life*（Atlantic Highlands，NJ，1993）.

Den Boer，Pim，History as a Profession：*The Study of History in France，1818 - 1914*（Princeton，1998）.

Despy-Meyer，Andrée and Devriese，Didier（eds. ），*Positivismes：philosophie，sociologie，histoire，sciences*（Turnhout，1999）.

Fuchs，Eckhardt，*Henry Thomas Buckle：Geschichtsschreibung und Positivismus in England und Deutschland*（Leipzig，1994）.

Gérin，P. ，'*La condition de l'histoire nationale en Belgique à la fin du 19e et au début du 20e siècle*'，*Storia della Storiografia*，11（1987），64 - 103.

Iggers，Georg G. and Powell，James M. ，（eds. ），*Leopold von Ranke and the Shaping of the Historical Discipline*（Syracuse，NY，1990）.

—— Wang, Q. Edward, and Mukherjee, Supriya, *A Global History of Modern Historiography* (Harlow, 2008).

77　Jarausch, Konrad H., Rüsen, Jörn, and Schleier, Hans (eds.), *Geschichtswissenschaft vor 2000: Perspektiven der Historiographiegeschichte, Geschichtstheorie, Sozial- und Kulturgeschichte: Festschrift für Georg G. Iggers zum 65. Geburtstag* (Hagen, 1991).

Novick, Peter, *That Noble Dream: The 'Objectivity Question' and the American Historical Profession* (Cambridge, 1988).

Parker, Christopher, *The English Historical Tradition since 1850* (Edinburgh, 1990).

Raphael, Lutz, '*Historikerkontroversen im Spannungsfeld zwischen Berufshabitus, Fächerkonkurrenz und sozialen Deutungsmustern: Lamprecht-Streit und französischer Methodenstreit der Jahrhundertwende in vergleichender Perspektive*', *Historische Zeitschrift*, 251(1990), 325 – 363.

Reill, Peter Hanns, *The German Enlightenment and the Rise of Historicism* (Berkeley, 1975).

Schleier, Hans, *Geschichte der deutschen Kulturgeschichtsschreibung* (Waltrop, 2003).

Schorn-Schütte, Luise, Karl Lamprecht: *Kulturgeschichtsschreibung zwischen Wissenschaft und Politik* (Göttingen, 1984).

Stuchtey, Benedikt and Wende, Peter (eds.), *British and German Historical Thought in British and German Historiography 1750 – 1950: Traditions, Perceptions, and Transfers* (Oxford, 2000).

Waechter, Matthias, *Die Erfindung des amerikanischen Westen: Die Geschichte der FrontierDebatte* (Freiburg im Breisgau, 1996).

Weber, Wolfgang, *Priester der Klio: Historisch-sozialwissenschaftliche Studien zur Herkunft und Karriere deutscher Historiker und zur Geschichte der Geschichtswissenschaft 1800 – 1970*

(Frankfurt，1984).

Wittkau，Annette，*Historismus：Zur Geschichte des Begriffs und des Problems*（Göttingen，1992）.

陶　略　等

第四章　历史学在欧洲和美国的机构化和职业化

加布里埃尔·林格尔巴赫[①]

　　在 19 世纪,特别是 1850 年代到第一次世界大战这段时间,不论是新的还是旧的,不论是在大学的内部还是外部,历史学的学术机构都经历了关键的发展时期。同时,历史学的职业化也迈出了关键的一步:原来由"业余的"历史作家进行的历史写作,变成了一门学科,历史学家可以以此谋生,也能在职业上有所发展。但是,历史学的机构化和职业化,在欧洲和美国的不同国家之内进程也很不一样。这种区别取决于国家对学术机构的影响和制度状况的功能差异。

历史学的机构化

　　机构(institution)这一术语包含了以下几层意思。一方面,它指的是物质层面的组织,包括组织方式、委员会、成员、资金支持。另一方面,它有着社会和符号层面的意义,它可以设定标准和规则,并且还能指明前进方向。机构还是实现社会协商、社会工作、

① 这一章我要特别感谢欧洲科学基金计划(European Science Foundation Program)第一团队的作品:'Representations of the Past: The Writing of National Histories in Nineteenth and Twentieth-Century Europe',第一团队负责'Institutions, Networks, and Communities'部分的工作. 这段文字的部分数据来自于 Ilaria Porciani and Lutz Raphael (eds.), *Atlas of European Historiography: The Making of a Profession, 1800-2005* (Basingstoke, 2011)。

社会交流的场所。机构也塑造了在其中进行的活动的认知结构。因此,与历史学科相关的制度,一方面是实现方法论和研究主题标准化的工具,另一方面也为某地区或某国家的历史职业设定了一系列的"惯习"(habitus)。

高等教育机构,也就是历史学家进行教学和研究的地方,对于历史学科的发展有关键作用。这些机构塑造历史学职业化的过程,也能影响选题和研究思路,同时还为历史写作和研究设定标准。但是不同的欧洲国家选择了相当不同的道路。其中一些国家,比如德国,只在大学中进行学术训练。而另外一些国家,比如法国,在原有的教育系统之中,又成立了一些学术研究的机构作为补充。

在我们所要讨论的这一历史时期,在德语区的历史学家大部分都在大学接受教育。这些大学遍布整个区域,但在数量、规模、相互关系方面有所区别,也没有统一的形式,在历史学的机构化的过程中也走上了不同道路。但是它们在最初有一个共同点:在相当长的一段时间内,历史学习只起到了入门教育的功能,因此历史知识一直被局限于神职人员和法官阶层。直到 18 世纪后 30 年,历史学才逐渐成为独立学科。① 在数量扩张和争取自身成为一门独立学科的合法性的过程中,研讨班(seminar)的建立有着深远影响。这种研讨班最早是大学教授在大学之外主持的一些"协会"(association),这些协会是在教授家中进行的私人聚会,教授和一些比较出色的学生相聚一堂。② 第一批历史学研讨班开始于 1809 年的莱比锡的一个历史学会(historical society),它们依靠某位历史学

① Josef Engel, 'Die deutschen Universitäten und die Geschichtswissenschaft', *Historische Zeitschrift*, 189(1959),223 - 378.

② Markus Huttner, 'Historische Gesellschaften und die Entstehung historischer Seminare—Zu den Anfängen institutionalisierter Geschichtsstudien an den deutschen Universitäten des 19. Jahrhunderts', in Matthias Middell, Frank Hadler, and Gabriele Lingelbach (eds.), *Historische Institute im internationalen Vergleich* (Leipzig, 2001),39 - 83.

讲师与大学有着松散的联系。其他城市的历史学教授也效法此道。

从 1830 年代开始，几所大学将研讨班（后来被称作 institutes，研究所）作为大学的常规组成部分建立起来。这种做法最先在 1832 年出现于柯尼斯堡。而柏林则在 1885 年才建立了研讨班，这在德国的大学中算是最晚的几个。这些研讨班是独立的事业单位，依法建成，得到州的资助，通常由某位大学教授管理运行。但总体而言，这些学院仍然将教学视作其重要一环。除教学以外，它们也逐渐成为进行史学研究的场所。研讨班不仅改变了大学学科的机构设置，也改变了教学实践。因为，原先的教学以讲座为主要形式，而研讨班引入了对话原则。① 这意味着在对原始材料的解密、解读，以及对研究项目和研究成果的讨论的过程中，讲师在其中的理想角色应该是"同侪之首"（但实际上其职责没有那么神圣）。这种基于研讨班的教学，为学科的方法论标准化做出了贡献，因为后辈的历史学家有机会接触到关键的原始文献和学术论文成果。

尽管德国大部分的历史学训练都出现于大学以内，但并非所有的欧洲国家都是如此。一些国家中特殊的学校制度，使人们除了大学以外还能进一步接受到高等教育。法国的高级中学（grandes écoles）可以作为一个例子：19 世纪下半叶，想要学习历史的学生可以在文学院（facultés des lettres）注册，这样的文学院组织遍及全国。在巴黎，除了大学之外，还有几个有历史学家任教的学术机构。比如法兰西学院（the Collège de France）在 1791 年设立了第一个历史讲席。这是一个非常有名望的机构，其成员大部分都从事研究，同时也为一般的观众作讲座。另一个机构是高等师范学院（École normale supérieure），这里的历史教学开始于 1815 年。未来

① 有关大学教学的变化的国际比较，详见 Gabriele Lingelbach（ed.），*Vorlesung，Seminar，Repetitorium：Universitäre geschichtswissenschaftliche Lehre im historischen Vergleich*（Munich，2006）。

的中学教师中的精英们在此接受训练,未来的大学教授也大多在这里学习。还有一个特别的学校是巴黎文献学院(École des chartes),它成立于1821年,这里的学生接受日后作为档案管理员的有关训练。高等研究院(École pratique des hautes études)在1868年成立,其中有独立的历史和文献系,讲授研究相关的课程。

因此,文学院(facultés des lettres)是几个机构中唯一坚持历史学术教育的。与德国相比,1880年代的法国大学仍然处于相当边缘的位置,为学院工作的历史学家的基本任务是为大众作修辞华丽的讲演,另外,把中学生和未来学校的老师的考试置于他们的监管之下。由于高等师范学院的存在,直到1880年代文学院与中学教师教育都几乎没什么联系。研究在相对晚的时候才成为大学活动的一部分。在德国,研究和指导学术的组织都在大学中,而在法国,有独立的机构负责这些活动。直到1880年代,法国政府才开始试图去改变文学院的学习状况,政府为大学生提供补贴,也鼓励教授们去开展自己的研究项目。从那时开始,法国的大学转变为历史学家真正的教育机构的基础,才得以奠定。然而,像高等教育实践学校这样的机构仍然保持原样,这也使得法国的高等教育延续了分裂状态。

法国的机构让历史学的训练可以根据教育目标、规模、自身情况来设置自己的教学形式。法兰西学院只是提供讲座,而文学院则引入了研讨班和实践的形式,这两种教学只对注册的学生开放。由于要帮学生通过最终的口头测试,与讲座的形式相比,这种形式本身就有更多的对话和交流。高等师范学院和巴黎文献学院的课程每年只对一小部分的学生开放,因此它们采用班级的方式授课。高等研究院的课程是研讨班,学生们被鼓励,至少是被一些讲师鼓励开展自己的研究项目。不同机构的区别还在于日常的安排,比如像法兰西学院这种机构的学者有更多的时间和资源进行研究,而对于像在文学院这样的机构工作的历史学家,则更多参与到教学和考试中。法国这种地域上分散的机构状况与德国或美国那种有统一组织的组织形式,有着很大区别。

81

19 世纪下半叶普遍被看作机构化的历史学科扩张的关键期，其中又以教授的数量为基本衡量标准。教授职位的增多，通常与专业化同时出现。在一些国家，教授最初是没有具体学科划分的一般教职，后来，这一教职逐渐被有更具体职责的讲席教授所取代。这些讲席，有的按照年代顺序划分，包括古代史、中世纪史、现代史；有的按照主题和地区划分。但 19 世纪下半叶的这种发展，只影响了欧洲的一部分国家，有些国家仍然只是"后来者"。德国以大学为基础的历史研究起步相对较早，在人文主义时代晚期，就有了几个历史讲席。这一数量在 18 世纪初开始增长。[①] 到了 1850 年，在说德语的地区，各大学已经有了 27 个历史讲席。[②] 25 年后，这个数字超过了 45 个。此阶段的专业化有条不紊地进行，主要表现是古代史、中世纪史、近现代史已经有了讲席。到了 1900 年，历史学教授的数量已达 60 位，同时还有大量的副教授、没有讲席的教授和私人讲员（Privatdocenten）（见后文）。由于原本就有的分散的专门学校体制，以及在 1860 和 1870 年代随着新机构建立而导致的持续存在的分裂状态，法国的历史学科较少受到大学历史学家的控制。1870 年代中期，有 23 位历史学家在文学院任教，1882 年，历史学和历史学相关的讲席数量增长到了 28 个（有 10 位当时讲席教授的候任者也被计算在内）。[③] 法兰西学院有 9 个历史学方向的讲席，高等师范学院有 3 个历史学讲席，巴黎文献学院有 7 个，高等研究院则有 5 席。在法国大学改革和扩张的大背景下，文学院得以增强自身的力量：在 1911 年，有 114 位讲师教授历史和其他层面的相关学科。13 位历史学家在法兰西学院任教，9 位执

82

---

① Horst Walter Blanke, 'Historiker als Beruf', in Karl-Ernst Jeismann (ed.), *Bildung, Staat, Gesellschaft im 19. Jahrhundert：Mobilisierung und Disziplinierung*(Stuttgart, 1989), 343 - 360.

② Porciani and Raphael(eds.), *Atlas of European Historiography*.

③ Gabriele Lingelbach, *Klio macht Karriere：Die Institutionalisierung der Geschichtswissenschaft in Frankreich und den USA in der zweiten Hälfte des 19. Jahrhunderts*(Göttingen, 2003), 761 - 767.

教于巴黎文献学院,5 位在高等教育实践学校。普遍来看,大学得以大行其道。历史学不仅从政府的期望中获益,法国政府希望历史学可以促进社会整合和国家统一;也从法国科学界和法国大学希望与莱茵河东岸的对手一较高下的目标中获益。历史学在欧洲其他国家的发展,不像在德国和法国那样显著,也没有那么早开始。[①] 罗马尼亚的第一个大学历史讲席在 1864 年出现,保加利亚的历史学讲师在 1880 年代晚期出现,而两国的历史学发展都很缓慢。直到 1900 年,罗马尼亚只有八个历史讲席(其中两席还是斯拉夫研究,因此他们的基本研究不是历史学),保加利亚只有一位全职的历史学教授和四位历史学讲师。

在很多国家里,大学中的历史作为一门学问的建立,和基础教育阶段的历史作为一门学校课程出现,是同时实现的:学校课程里分配给历史的课时数越多,对历史教师的需求量就越大。如果中学历史教师要在大学中接受相关教育,大学中的历史讲师就会随之增多。如下因素是决定历史学科的发展何时展开、进展速度,以及专业化的实现程度的关键:国家的规模和中央集权程度;在建成民族国家时选择何种道路;大学体制的结构(这指的是是否有特殊的学校制度,以及大学体制是在空间上是高度中央集权,还是像德国那样呈分裂状态);大学与中学教育的联系程度;某国在促进国家历史身份认同和保证国立学校有足够的接受过训练的教师的关注;国家在支持历史学术研究的整体投入程度。

大学之外的研究机构

就像我们已经提到过的,在像大学那样的学术机构中,学术研究是部分历史学家的日常工作。19 世纪的德国,历史学研究大部分都限于大学以内,特别是在历史研讨班中开展。但大学并不是进行历史研究的唯一场所,大学之外的研究机构同样非常重要。

---

① Porciani and Raphael(eds.), *Atlas of European Historiography*.

比如，《德意志历史文献集成》就享有盛名。自 1819 年启动之日起，它的任务就是编辑整理与德国历史、特别是德国中世纪史相关的基本资料。[1] 德意志历史文献很快就发展成为一项有着自己雇员和有诸多成果的大规模事业。这种编辑整理对于科学历史主义学派来说十分关键：它为历史学家提供了材料；减轻了他们为档案而奔波的不菲花费；在批判性的学术解释中，这些编辑出版物为确立关键材料的评价标准提供了范例。

在众多非大学的研究机构中，学院（academies）尤为重要。学院给了研究者开展重要合作项目的机会，大学内的合作无法与之相提并论。大学教授只会自己独立完成，或者在大学相关机构中的一部分职员的协助下，开展这些合作项目。学院主要关心的是基础研究（Grundlagen forschung），这意味着日后其他学者在准备其专著写作时，可以用到学院提供的基础材料。在历史学领域内，这些材料大部分是多卷本的资料汇编或者参考作品。这些材料的出版，通常需要即便不是几十年，也得好几年时间。在大多数情况下，这意味着各州将会为其买单。德国各州的各种学会尤其高产。在 1871 年德国统一之前，像巴伐利亚和普鲁士那样的地区的君主，发起了包含历史研究项目的学院。巴伐利亚学院（Bavarian Academy）就有"一整班"历史学家，也就是说，其中有专门研究历史学的一组成员。兰克倡议的历史委员会（History Commission）成立于 1858 年，它与巴伐利亚学院联系紧密。在这里，部分没有加入学院的历史学家也有机会进行研究。日后证明这种安排产出可观。在出版的众多作品中，历史委员会从 1862 年开始主编的《德国历史年鉴》值得一提。这是一部多卷本的、编年体的、加洛林王朝以来的法兰西-德意志君主的资料汇编。另外需要注意的还有《德意志传记大全》（*Allgemeine Deutsche Biographie*）。这是一部 46 卷的大部头参考书，包含活跃在德语区的 25,000 人的个人传

---

[1] Horst Fuhrmann，'Sind eben alles Menschen gewesen'：Gelehrtenleben im 19. und 20. Jahrhundert(Munich, 1996).

记。它在历史委员会的支持下得以完成。因此,学院为德国历史研究的发展做出了实质性贡献。

法国同样也有对历史学科来说非常重要的学院。法兰西学会(Institut de France)的两个分支机构,铭文与美文学院(Académie des inscriptions et belles lettres)和道德科学与政治科学学院(Académie des sciences morales et politiques),做了很多类似的文献汇编的工作。学院通过奖励的方式对研究的方向进行指导,因为学院可以规定有哪些历史研究的课题获奖。通过这些手段,学院也决定了获得历史奖学金的主题标准。在欧洲,建立学院成了常态。比如西班牙在 1847 年重组了皇家学院(Royal Academies),其中皇家历史学院(Real Academia de la Historia)满怀热情地出版了像《西班牙历史未刊文献汇编》(*Collecciòn de Documentos inéditos para la Historia de España*)这样的资料集。到 1895 年,这部资料集已经出版了 113 卷。由于大部分的非大学的研究机构都从政府那里得到资助,因此,那些不太热衷于推动知识进步的国家,在历史学科的发展方面就处于落后位置。一个例子是英国。英国的第一个政府资助的研究机构直到 1921 年才出现。[①]

84

学术交流机构

除了大学和大学以外的研究机构,还有其他的机构对于历史学科的发展有重要作用。其中学术交流机构就扮演了重要角色。这些机构不仅是历史学家之间建立社会网络的中枢,同时也巩固了其行业内部标准,增进了历史学家与大众的联系。比如,历史学期刊在 19 世纪就完成了为历史学科创造公共空间和激发历史学家

---

① Doris S. Goldstein,'The Professionalization of History in Britain in the Late Nineteenth and Early Twentieth Centuries',*Storia della storiografi*a, 3(1983), 23.

身份认同感的任务。① 这些学术期刊不仅发布学术研究成果，还建立网络，提供其他历史学同行和研究机构的重要活动信息。期刊中的评论和参考书目，传播了研究项目的有关信息，也传播和巩固了学科标准。正是出于这些目的，大部分的期刊都包括几个不同的部分：几篇核心的论文，审视当下历史学作品的批判性评论，同行业的相关信息（比如集会的新闻、征稿启事、奖项的宣布）。编委会将监督投稿的发表，因此就要设定标准来区分哪些好文章可以发表，哪些不合格的文章被拒稿。通过择选哪些文章可以入选国内顶级的学术期刊，编辑们在人们没有意识到的情况下实现了主题的标准化。举个例子来说，在 1876 年到 1900 年这段时间发表于《历史杂志》(Revue historique)的文章中，26％为传记类的题目，21％的主题是国家政治，16％是外交政策，而社会史和经济史的比例却分别只有 8％和 4％。② 大约三分之二的研究成果都集中于法国史的某个时期。另外，编辑们不仅进行主题的筛选，还实行社会性别的筛选。在相当长一段时间内，女性历史学家在主要期刊上发表文章都受到阻碍。同样，其他的社会集团，如犹太人和信奉天主教的历史学家，在《历史杂志》(Historische Zeitschrift)上也被边缘化了。《美国历史评论》(American Historical Review)也这样对待非洲裔的美国人。这使得各国最主要的学术期刊变成了保守的卫道士，他们在主题选择、方法论使用和社会区分方面，都严守大门。

　　除此之外，书评促进了方法论的标准化。通过对一系列的具体标准的反复重申，逐渐建立起来一种典范。19 世纪的学术典范主要包括：史料的商榷，最新研究状况的分析，结论的原创性，立场公

---

① Margaret F. Stieg, *The Origin and Development of Scholarly Historical Periodicals*(Tuscaloosa, Ala., 1986).

② Alain Corbin, 'Matériaux pour un centenaire: Le contenu de la Revue historique et son évolution', *Cahiers de l'Institut d'histoire de la presse et de l'opinion*, 2 (1974), 202.

正，还有语言简洁。[①] 如果一部专著有原创性并且使用原始史料，其脚注能证明作者对相关研究都很有了解，并且语言客观中立，那这部专著将会得到评论家的赞誉。创刊于 1884 年的意大利的《意大利历史杂志》(*Rivista storica italiana*) 可以作为标准化的范例。在这本杂志刊行的最初 40 年里有超过 8000 篇评论发表。[②] 各国第一种专业的历史学期刊的出现情况不一。期刊的建立在不同的国家能找到不同的背景：德国的《历史杂志》在 1859 年开办，法国的《历史杂志》开办于 1876 年，《英国历史评论》创办时间是 1886年，而《美国历史评论》则在 1895 年创办。这些杂志创办的时间受人文学科的专门化程度影响，也受能掌握史料开展研究的职业历史学家的数量的影响。并非面向大众读者的专业期刊，依靠相当数量的专业读者，这可以解释为何西班牙的专业杂志晚至 1940 年才出现。"国家级"的历史学刊物，并非承担传播大学历史学家的研究成果任务的唯一出版物。在许多欧洲国家，期刊在地方的基础上建立，并且它们之中相当一部分是专注于历史学的二级学科，比如医学史或者经济史研究。这导致新期刊的数量伴随着历史学专业化而成正比增长。1875 年时，英国的历史学杂志有 42 家，每一家都有各自关注的研究方向，而到了 1928 年，这一数字增长到了 79 家。同一时期，意大利的历史杂志数量从 29 种增长到 75 种。[③]

　　另一个学术交流机构是历史学会 (historical society)。历史学会也为历史学家提供发展社交网络，交换关于现有研究的信息，筹划新的研究提供机会。与期刊相比，通过学会召开会议而建立起来的面对面联系，对于这项职业的内部聚合非常重要。然而，大部分的历史学学会在创立之初，都是业余性质的，并且其中的大部分事实上也一直保留了其业余特点。这些学会大多有一个地方性的

86

---

① Bertrand Müller, 'Critique bibliographique et construction disciplinaire: L'invention d'un savoir-faire', *Genèses*, 14(1994), 105 - 123.

② Edoardo Tortarolo, 'Die Rivista Storica Italiana 1884 - 1929', in Matthias Middell (ed.), *Historische Zeitschriften im internationalen Vergleich* (Leipzig, 1999), 89.

③ Porciani and Raphael(eds.), *Atlas of European Historiography*.

定向，其目的是通过研究地方史来强化地方或区域的身份认同。除此之外，特别是对于地方的上层阶级而言，学会还是进行社交的场所。

除了期刊和历史学学会，像 1884 年成立的美国历史学会（American Historical Association）、1886 年成立的英国皇家历史学会（British Royal Historical Society）、1895 年成立的德国史学家学会（Deutsher Historikerverband）等这样的国家级历史学协会，也可以作为学术交流的机构。在协会的日常会议中，历史学家分享关于工作和同事经历的正式的或非正式的消息，讨论最新的研究成果，开展新的合作项目，或者与他们的同行建立和巩固社会联系。因此，这些会议也有助于强化这一职业的内聚性：它们把在同一领域工作的人联系起来，为这一职业的从业人员提供社会网络的框架，也为实现和维持这种联系提供社会环境。日常的集会有时也出现于人才市场（cattle market）这种地方。在这里，年轻的历史学家或者想要在职业生涯有所作为的学者们，在他们潜在的雇主面前展现自己。值得注意的是，并非所有历史学学术繁荣的国家都有一个国家级的学会。然而美国却是领跑者，它们的国家级历史学会建立于 1884 年。德国则要滞后十多年，德国史学家学会在1890 年代才成立。还有一些国家活跃着肩负多重任务的国家级协会，比如美国，尽管相比于历史学协会这些协会规模较小，也不太有创造力。而在像法国等一些国家，则完全没有国家级的历史学会。还有一些国家在 19 世纪和 20 世纪早期试图建立国家级的学会，但是没有成功。一个国家在地理上越集中，在这片土地上就越不可能出现一个强有力的国家级学会，就像美国那样。而在一些分权管理的国家，每年举行的年会，通常是历史学家们会面的唯一机会。不过在法国这样的国家，大部分职业历史学家在 19 世纪都在巴黎工作和生活，因此他们有很多面对面交流的机会。此外，一个国家的学科在意识形态方面的差异性或同质性，是决定性因素。学科的思想越多样和分裂，历史学家们就越不会坚定地加入统一的组织。法国就是这种情况，由于历史学的共同体在思想上有相

对大的差异性,并且历史学家还可以加入其他组织,因此没有必要
在已经非常完善的机构网络中再增添一个。

　　为此,在进行学术训练和研究的机构、大学以外的学术机构、
学术交流机构等方面,历史学的协会发挥的作用,在各国很不相
同。机构的具体形态依据像地理分散或集中这样的因素,在规模 87
和组成上各不相同。历史学专业的成长和与之相伴随的职业化,
影响了历史学期刊、历史学学会和历史协会的机构化进程。

为历史学专业服务的机构

　　在历史学机构化的过程中,服务机构的发展也非常重要。这些
机构帮助历史学家进行他们的研究、教学、出版。档案馆尤其重
要[1],史料在这里被编目、组织、整理。这就为所有历史学家提供了
他们开展科学研究的必备材料。我们可以看一下各种国家级的档
案保存的机构,这可以按照不同的级别进行区分:除了国家档案和
地区、地方层面的州档案以及社区档案,还有由私人机构,比如历
史学会管理的档案馆。此外,各州在决定州档案馆和私人档案馆
能否进一步成为史料保存部门,起到了关键作用。比如在美国,档
案管理工作的开展要晚于其他国家。国家档案的编目工作开展相
对较晚,国家级的档案馆在1930年代才建立。这就使得相对于其
他的像法国那样的更集权的国家,美国的私人档案馆发挥了更重
要的作用。的确,国家档案的集中程度、国家档案馆的建立,以及
得到专业化编目的时间,在各国都有差别。这反映了建立民族国
家的不同政治情况和具体道路。法国早在1790年就建立了国家
档案馆,此档案馆为新成立的政权提供了合法性。而西班牙也设
想建立一座中央集权的、包含各种知识的档案馆。但这些设想却
没能付诸实践,因此在原来自治政权的土地上仍然有众多的地方

---

① Bruno Delmas and Christine Nougaret(eds.),*Archives et nations dans l'Europe du XIXe siècle*(Paris,2004).

档案馆。档案馆不仅使历史学家得以接触到研究的必要材料，它们也提供各种其他业务，比如史料的汇编。比如英国公共档案馆（British Public Record Office）就出版了大量的史料，其中有"主簿丛书"（Rolls Series），这个系列记录了英国的行政管理状况。

88　　　国家级的协会也扮演着服务机构的角色，这些协会可以为其成员提供能简化其日常工作的工具。一些协会出版资料的汇编，比如匈牙利历史学会在 1878 年开始出版《历史知识库》（*Historical Repository*），这套书涵盖了已经出版的相当一段时间的史料。[1] 除了资料的编辑，一些历史协会还为历史学家提供参考文献。史料纲目提要也经常由国家级的历史协会出版，这些提要向历史学家介绍他们研究所必需的原始史料。比如，瑞士历史学会在 19 世纪末就开始了《瑞士档案目录》（*Inventare Schweizerischer Archive*）的整理工作，其中还包括对各瑞士档案馆藏书的介绍。一些历史协会还出版历史学的期刊。荷兰的皇家历史学会出版了《荷兰史论文集》（*Bijdragen enmededelingen betreffende de geschiedenis der Nederlanden*）；瑞典历史学会负责《历史杂志》（*Historisk Tidskrift*）的相关工作。总之，一些国家级的协会在为历史学家们提供必要的工具时，扮演了重要角色，比如瑞士；另一些学会则把主要的精力集中于举办例行会议，比如德国。其他机构的规模可以用来解释为什么一些国家级协会更活跃，也能比别的协会为其成员提供更多的服务。因此，如果不考虑一些地方的和地区性的历史学组织，19 世纪最后几十年的美国，几乎没有除大学之外的学术机构，因而，其国家级协会就要承担更多责任。

职业化

上文提到的许多机构都推动了历史学的进一步职业化。职业

---

[1]　Steven Bela Vardy, *Clio's Art in Hungary and in Hungarian-America* (Boulder, Col., 1985).

化可以被定义为一种理想类型的过程,包含如下要素:一种既有的活动,亦即探索历史、书写历史,或许还包括讲授历史,变成了一个专门的职业,这一职业需要更高的标准化、形式化,以及在固定课程的基础上形成的教育同质化[①];这一职业所需知识通过考试来认可,用证书来确认;这一职业逐渐定义了教育的标准,并监督其实现,之后进一步控制了通向这一职业的道路;教育出产富于专业技能的专家,这些专家又垄断了对其服务的供应。随之产生的关于高等教育标准化的一系列问题,有助于将这些相当抽象的概括放在经验的视野之下。大学的课程是如何构想的,又是如何实现标准化的? 学生们要参加什么类型的考试? 谁能决定大学学习的构想和考试标准的规格? 此外,如果想成为高等教育工作者,候选人需要符合哪些标准? 为了升职,他们又需要符合哪些标准? 通过问题的答案,形成了一种专门职业的道路发展模式,各个国家的步伐有快有慢。

　　许多群体被排除在外,无法成为学术圈的一员:虽然女性在19世纪欧洲的某些国家,被允许参与研究工作(法国和瑞士开始于1860年代,德国则要到19世纪末20世纪初),但是她们大多数都无法取得可以在大学任教的资格证书。1908年,普鲁士公开禁止大学向女性授予特许任教资格(Habilitation)或者第二博士学位。[②]直到魏玛共和国时期,女性才被允许取得资格(habilitate)。1922

---

① Hannes Siegrist, ' Professionalization as a Process: Patterns, Progression and Discontinuity ', in Michael Burrage and Rolf Torstendahl (eds.), *Professions in Theory and History: Rethinking the Study of the Professions* (London, 1990), 177 - 201.

② Annette Vogt, ' Wissenschaftlerinnen an deutschen Universitäten (1900 - 1945): Von der Ausnahme zur Normalität ', in Rainer Christoph Schwinges (ed.), *Examen, Titel, Promotionen: Akademisches und staatliches Qualifikationswesen vom 13. bis zum 21. Jahrhundert* (Basel, 2007), 714.

年,第一位女性历史学家取得了这一资格认定。[1] 但即使是男女同校制度的实行早于德国的美国,直到 1893 年,威斯康星大学才授予一位女性历史学家第一个博士学位。美国第一位能在大学阶段任教的女性历史学家,直到 19 世纪末才出现,而这位学者最初的大部分时间里只是在女子学院教书。[2] 少数族群也经常被常规的职业道路拒之门外。比如在德国,大部分犹太教徒经常在获得大学中最有名望的职位(全职教授)时,遭受阻挠。一个原因在于学院常常拒绝给犹太人进行特许资格认定,另一个原因是 19 世纪晚期学术界反犹主义的兴起,学院拒绝聘任犹太人。[3] 20 世纪的美国,非洲裔美国人也广泛被排除在学术圈之外。这里也有必要考虑成功的学术生涯所需的社会条件:出身于贫困家庭的年轻历史学家缺乏取得学术成就所必须的经济、社会、文化资本。[4] 此处我们又一次看到了不同国家的差异——德国的社会选择因素显然要远远多于美国。因此,历史学的职业化被局限在一个由性别、种族、社会背景,以及更深入因素——宗教,所决定的社群内。

90 　　与机构化同时进行的职业化过程,在资格认定、职业课程,以及职业化开始和达到高峰的时间方面,也显示出国际差异。这里必须要关注国家在此过程中所扮演的角色。在一些国家,历史学科本身有足够的自主权来决定学术教育的标准(比如美国),而在其他国家(比如法国),历史学家见证了国家权力的介入。后文的两个案例,将会显示出在推进职业化的过程中各国的重大区别。

---

[1] Sylvia Paletschek, 'Historiographie und Geschlecht', in Johanna R. Regnath (ed.), *Eroberung der Geschichte: Frauen und Tradition* (Hamburg, 2007), 105 - 127.

[2] Bonnie G. Smith, *The Gender of History: Men, Women, and Historical Practice* (Cambridge, Mass., 2001), 185 - 212.

[3] Notker Hammerstein, *Antisemitismus und deutsche Universitäten* (Frankfurt, 1995).

[4] Pierre Bourdieu, *Homo Academicus*, trans. Peter Collier (Cambridge, 1988).

法国的案例

直到 19 世纪最后三十年,法国多数有抱负的历史学家还在两个机构接受教育。[①] 巴黎文献学院每年最多会录取 20 位学生[②],他们会成为未来的档案保管员、图书管理员,或者文献整理的助手。在三年的课程中,学生们将会学习古文字学、法律史、宪政史和通史(constitutional and general history)、外交学、中世纪考古、罗马语言,以及文献学和图书馆研究方面的知识。每年他们都要参加考试,在第三年还要独立完成一部科学作品,也就是论文(thèse)。通过考试之后,学生将会得到文献学 - 古文字学(Archiviste-Paléographe)证书。这种证书为他们打开了在铭文与美文学院,或者在某个档案馆及政府图书馆中参与文献整理工作的大门。文献学院受教育部长管理,教育部长对于课程和考试有重要影响。

在法国,未来的中学教师大部分在国立的高等师范学院接受教育。在此学习的学生一部分是从严酷竞争中脱颖而出的精英。学校的基本目标是帮助学生准备通过大学监督的考试。负责人文学科学生考试的是巴黎的文学院(faculté des lettres)。一年以后,这些师范生将会接受所谓的证书考试(licence ès lettres)。这是人文学科的一项测试,其中包括历史学的部分,但其最主要关注的还是古典学。结束三年的学习后,学生们要接受历史学会考(agrégation d'histoire),这是对被试者记忆力和修辞能力的考验。但是在 19 世纪最后 25 年,此考试补充了更实际的内容。1894 年,在会考(agrégation)之前,另一项考试被引入了师范教育:高等教育文凭(diplôme d'études supérieures)。这项测试要求学生能独立完成一篇相关研究题目的写作。这一事实说明,原本的通识教育进入了

① Pim den Boer, *History as a Profession*: *The Study of History in France*, 1818 - 1914(Princeton, 1998); and Lingelbach, Klio macht Karriere, 285 - 330.

② Yves-Marie, Bercé, Olivier Guyotjeannin, and Marc Smith(eds), *L'École des chartes*: *Histoire de l'école depuis 1821*(Paris, 1997).

91　更专门化的阶段。会考本身就是一种考试和选拔，国家事先已经
对能通过考试取得的资格证书的人数做了设定。与这些数字相一
致，只有最好的学生才能通过。所以，国家在很大程度上实现了对
中学和大学教师的管理，因为想在大学工作的教师也要参加会考。
在高等师范学院生活和学习，不是通过证书考试和会考的唯一方
式。在学院（facultés）学习是另一个选择，学生可以在此独立准备
考试。然而，不在高等师范学校学习的学生，学术前途没有那么光
明。直到1880年代大学迅速扩张的时候，在文学院注册备考才成
为常态，高等师范学院失去了自己的中心地位。

　　想要在法国大学任教，还必须取得博士学位。博士学位制度在
1810年引入法国大学，第一篇以历史学为题目的论文出现于1817
年。很长一段时间内，人文学科的学位论文是不在学科上做具体
区分的，而且整体水平比较低。因此，许多博士生可以一边在中学
教书，一边写作自己的论文。实际上很多博士生都这么做。在提
交论文后，这些博士毕业生就可以在某个文学院（大多是省级文学
院）任职。最初，大学中仅有两个等级：待任教授（suppléant），指的
是拥有资格取代目前讲席教授的大学教师，和全职教授（full
professor）。所有大学中的最高职位，是任教于巴黎索邦大学或者
法兰西学院。国家派出的督察员的评定，在决定谁能在事业上更
进一步时很关键。除了学术成就之外，政治鉴定、标准化的资格认
定（habitus），以及人文主义教育观念，也同样重要。

　　尽管法国在1870、1880年代进行了大学改革，但是大学内的
职业结构几乎依旧，不过也确实有了一些可见的变化。第一，学院
的扩张使得在大学注册备考的学生增多了，这进一步把学院变成
了教育机构。第二，对博士论文的要求更高，其内容也更加复杂，
并且逐渐发展成高度专业化的研究项目。第三，在职业阶梯中引
入新的环节后，大学内的级别结构更多样化了。从1870年代晚期
到1880年代早期，出现了学术讲师（maitres de conferences）和课程
讲师（Charges de cours）两个职位，这为年轻历史学家的生活提供保
障。此外，1885年后，在课程讲师之上出现了助理教授（professeur

adjoint)。随着职业结构的多样化,成为全职教授的道路变得更漫长,也更复杂。同时,一小部分赞助人的权力增长了。这些赞助人与教育部有着良好的关系,而且也能因此影响人才招聘机制。最终,国家对课程和人事任免的介入减少了。讲师们有更多的自由来选择他们的课程主题,在教师任命时,专家也比政府人员有更多的发言权。总之,法国大学中历史学家的职业生涯被极大地标准化。只有法兰西学院和高等教育实践学校,为那些偏离正统教育体制的历史学家们在学术界提供机会。

92

德国的案例

19 世纪晚期,德国的历史教育与法国模式有几点不同。[1] 与法国类似的是,通过中学阶段的最后考试,是进入下一阶段学习的必要先决条件,但是在德国,没有法国那样相似的资格证(licence),只有在大学举行的结业考试。与博士学位并行的诸多考试,其中之一是未来中学教师要参加的德国国家考试(Staatsexamen)。[2] 此考试由国家组织,为教师职业提供通路。在普鲁士,职业教师考试(examen pro facultate docendi)作为面向日后中学教师的国家考试,在 1810 年被引入。这项考试只是含糊地规定,未来中学教师的候选人需要至少进行六个学期的学习,并能掌握包括历史学在内的诸科目的必备知识。除此之外,被试者还要通过试讲来测试其教学能力。1831 年,考试的规定变得更加具体化:规定中以标准化考试的形式,明确了包括历史学在内的各个科目的考试需求。按照具体学科划分的考试在 1866 年才出现。从那时开始,考生可以参加某一具体领域的测试。一开始考试就由一个由国家成立的委

[1]　Sylvia Paletschek, *Die permanente Erfi ndung einer Tradition*：*Die Universität Tübingen im Kaiserreich und in der Weimarer Republik*(Stuttgart, 2001),226 - 260.

[2]　Volker Müller-Benedict, 'Das höhere Lehramt', in id. (ed.), *Akademische Karrieren in Preußen und Deutschland 1850 -1940*(Göttingen, 2008),187 -193.

员会来监督实行，所以，候选人的政治忠诚也是考核的一个方面。1826 年以后，候选人要在某学校进行为期一年的无薪酬实习教学。1890 年开始，这种实践教育中，又加入了教学方法的教授。总之，普鲁士对于中学教师的管理相对较早，其他的德国各州或早或晚的效法了普鲁士模式。在诸多其他要求中，国家越来越需要未来中学教师教授历史学知识，这一事实巩固了大学中历史学科的地位。

19 世纪下半叶，那些想要在大学工作的历史学家必须要取得博士学位。但是在德语地区博士学位的授予方式却有所区别，这取决于大学的所在地。比如在萨克森州的莱比锡大学，直到 1842 年，与他人一起通过一项口试就可以拿到博士学位，而并不需要任何书面的成果。① 另一方面，在普鲁士，博士学位教育在早些时候就实现了标准化。整体来说，普鲁士已经形成了标准化的流程：想要取得博士学位的学生需要提交学位论文并且通过口试。由于对学位论文的期待越来越多，未来的历史学家们需要更多的时间来准备论文，这进而导致博士候选人年龄的逐步增长。另外，学位论文也越来越与学科挂钩。1900 年以前，很常见的例子是，博士论文题目为古典语文学或古典哲学的博士生最后成了历史学教授。1900 年后的历史学家，则很少会提交超出历史学科主题之外的博士论文。②

德国体制的另一个特点是，在取得博士学位之后，历史学家的学习并未彻底结束。他们还要获得另一个头衔，就是所谓的特许任教资格（Habilitation）。这逐渐成为历史学家开始自己的学术生涯的先决条件。尽管能取得特许任教资格的候选人的具体情况，在每个学校都很不相同，但我们还是能找出其中一些共性。最初，特许任教资格经常以考试、辩论，有时候是演讲的方式，对候选人

---

① Huttner, 'Historische Gesellschaften', 66.

② Wolfgang Weber, *Priester der Klio：Historisch-sozialwissenschaftliche Studien zur Herkunft und Karriere deutscher Historiker und zur Geschichte der Geschichtswissenschaft 1800 -1970*（Frankfurt, 1984），163.

在大学教书的资格进行认定。到了 19 世纪晚期,这项认定变成了一种与研究相关的考试。很多大学都要求候选人提供一系列小论文,这些论文要接受评审。而到了世纪之交,为了通过任教资格考试,候选人还通常需要提供一份自己的代表作(opus magnum)。对这项工作要求的增多,也体现在完成时间上:19 世纪中期,取得博士学位后,候选人平均需要三年的时间来取得特许任教资格。到了一战结束时,这一时间已经被延长至大约五年。[①] 特许任教资格考试的标准化,意味着除了在中学(Gymnasium)教书和参与研究项目,候选人也需要进行更多的论文或者专著的写作。完成这些以后,他们还要通过口头测试(Kolloquium)和试讲,以此来展示他们有能力任教。只有通过以上这些测试,候选人才能获得编外讲师(Privatdocent)的头衔,并能在大学中教课。但这一职位是没有报酬的,讲师们大部分得不到薪水,只能期待从来上课的学生那里,得到被称为"学费"(Kolleggelder)的很少一部分钱作为报酬。即使在学术的等级中得以晋升,获得比如特级讲师(Extraordinarii)的头衔,他们的收入往往还是很少。一般来说,只有全职教授和讲席教授能获得足够的报酬来维持生计。如果编外讲师被给予了教授职位,那他们一般也得需要等上几年,才能获得"真正的"教授职位。因此,在德国,讲师们有可能选择其他的发展道路,并非所有人都能冒着即使工作几年也最终无法得到任职的实际风险,而等待这么长时间。这加剧了社会区隔的趋势。由此导致大部分的历史学教授都来自于受到过良好教育的上层阶级家庭,他们的父亲要么本身就是教授,要么是中学教师或牧师。在 19 世纪德国的大学,所有被任命为教授的历史学家中,只有一位,迪耶特里克·舍费尔(Dietrich Schäfer)出身于工人阶级背景的家庭。获得教授职位的道路非常艰难,对于个人的社会关系和自身头脑都要求很高。但是,这些考验会换来享有高度声望的职位,而这一职位将会使其

94

---

① Weber, *Priester der Klio*, 127 - 129.

本人有无限可能来施展自己的影响。[1]

相同与不同

就像德国和法国的案例所展示的那样，与机构化的过程类似，历史学职业化在每个国家开始的时间不同，也以不同的速度实现。欧洲的一些国家起步相对较早，但在很多国家，在大学任教的并非全部都是接受过系统训练的历史学家。即使到了19世纪晚期，意大利还会任命没有按照标准化道路晋升和没有职业证书认定的候选人为全职教授。还有的地方引入职业认定制度比较晚，比如牛津大学在1895年才建立历史高等学位，晚至1917年才引入历史学博士制度。[2] 除此之外，还有很多成为职业历史学家的方式。法国和英格兰的学习，大多被最终的考试所左右，这就导致教学也更多倾向于应试。教学实现了标准化，而研究工作的必备技能就不太重要。在同期的德国，教育的目标之一是训练新的研究者。而对于其他国家历史学研究就没那么被重视，比如在英格兰，历史教育只是文科教育的基础，这种教育通常为未来的精英，通常是政治精英而设置。[3] 这使得直到1960年代，在没有完成博士论文的前提下，在英国的大学中取得历史学讲师的资格都是有可能的。[4] 这说明，在所有的国家，历史学的职业道路都有不同的形态。比如德国的特许教职认定制度并没有通行各地，特别是在英语国家中，没有任何与之类似对等的制度出现。

如今，各国的职业历史学家的学术生涯仍然各不相同，其中，

---

[1] Fritz K. Ringer, *The Decline of the German Mandarins*: *The German Academic Community*, *1890–1933* (Cambridge, Mass., 1969).

[2] Goldstein, 'The Professionalization of History', 13.

[3] Reba N. Soffer, *Discipline and Power*: *The University*, *History*, *and the Making of an English Elite*, *1870–1930* (Stanford, 1994).

[4] Alan Booth, 'The Making of History Teaching in 20th-century British Higher Education', http://www.history.ac.uk/makinghistory/resources/articles/teaching_of_history.html, 2(accessed 3 March 2009).

各自道路的独立性和实际影响在源头上的区别,可以追溯至几个世纪前。美国的历史学家仍然会对他国的结构特征感到惊讶,比如 Hausberufungsverbot 制度:在德国,教授不能在他取得讲师资格的学校任职,这意味着这些历史学家在通过特许资格认定后,必须更换自己任职的学校。另一方面,未来的德国历史学家对于美国的终身职位制度,只能是可望而不可及。这些差异极大地影响了个人的学术生涯,也说明学术体制的完善还有很长的路要走。

结语

以上简短地回顾了在历史学机构化和职业化的过程中,各国的不同情况和发展趋势。不同的背景塑造了各国独特的机构和职业状况。我们不能说有一种"德国模式"、"德国的"制度结构,或者"德国的"学术生涯模式在欧洲和大西洋传播开来。[①] 历史学机构化和职业化的状况,取决于国家扮演的角色,以及国家的民族、政治、社会、经济发展。根据国家在学术事务中所扮演的不同角色,这一过程还在时间和形式上有所区别,比如学术制度在地理分布上是集权的还是分权的,大学与基础教育的联系是紧密的还是相对独立的。由于历史学科的内部规则是走向"科学化",这导致各国历史学在职业化的过程中,至少还是显现了一些共性。但尽管如此,明显的差异依然存在。即便时至今日,我们的学术景观也大有不同。全球化的推进和学术交流的加强是否会带来更多的共同之处,依然是需要讨论的问题。

---

① Gabriele Lingelbach, 'Cultural Borrowing or Autonomous Development? American and German Universities in the late Nineteenth Century', in Thomas Adam and Ruth Gross (eds.), *Travelling between Worlds*: *German American Encounters* (College Station, Tex. , 2006), 100 - 123.

参考书目

Den Boer, Pim, *History as a Profession: The Study of History in France, 1818 - 1914*(Princeton, 1998).

Higham, John, *History: Professional Scholarship in America*(Englewood Cliffs, NJ, 1965).

96 Langholm, Sivert, 'The Infrastructure of History', in William H. Hubbard et al. (eds.), *Making a Historical Culture: Historiography in Norway*(Oslo, 1995), 82 - 107.

Lingelbach, Gabriele, *Klio macht Karriere: Die Institutionalisierung der Geschichtswissenschaft in Frankreich und den USA in der zweiten Hälfte des 19. Jahrhunderts*(Göttingen, 2003).

Middell, Matthias(ed.), *Historische Zeitschriften im internationalen Vergleich*(Leipzig, 1999).

—— Hadler, Frank, and Lingelbach, Gabriele(eds.), *Historische Institute im internationalen Vergleich*(Leipzig, 2001).

Noiriel, Gérard, 'Naissance du métier d'historien', *Genèses*, 1 (1990), 58 - 85.

Porciani, Ilaria and Tollebeek, Johan(eds.), *Institutions, Networks and Communities of National Historiography—Comparative Approaches*(Basingstoke, forthcoming).

—— and Raphael, Lutz(eds.), *Atlas of European Historiography: The Making of a Profession, 1800 - 2005*(Basingstoke, 2011).

Raphael, Lutz, 'Organisational Frameworks of University Life and their Impact on Historiographical Practice', in Rolf Torstendahl and Irmline Veit-Brause(eds.), *History Making: The Intellectual and Social Formation of a Discipline* (Stockholm, 1996), 151 - 167.

陈　强　译

第五章 "现代化实验":社会经济史在欧美的发展(1880—1940年)[①]

卢茨·拉斐尔

19世纪后半叶,社会史与经济史的书写已开始稳健成长起来,笼罩在其上的阴影,则分别来自民族国家史的主导叙事,及专注于政治事件和制度的新的"科学"的兰克史学。"社会""经济"两个形容词出现在一起,意味着同时期新的史学子领域所处的矛盾地位。社会史和经济史学者探索新的主题,关注历史中被忽略的未知领域,他们通往历史的途径以及所采用的方法和概念,完全不同于传统的学科规范。[②] 近来的史学史研究者倾向于将经济史、社会史的兴起,与从19世纪各国不同形式的精英主义、理念主义史学——往往是辉格式的——到1960、1970年代的新的"现代的"史学认识论转向,联系起来。[③] 实际上,在19世纪末,对于社会与经济主题的研究,跟关于历史学整体定位的大讨论紧密相关。美国兴起了

---

① 本标题借用了恩斯特·布赖萨赫使用过的副标题。Ernest Breisach, *American Progressive History*: *An Experiment in Modernization* (Chicago and London, 1993)。

② 分别见本卷第二、三章。

③ Breisach, *American Progressive History*; Michael Bentley, *Modernizing England's Past*: *English Historiography in the Age of Modernism 1870 - 1970* (Cambridge, 2005); Friedrich Jaeger and Jörn Rüsen, *Geschichte des Historismus* (Munich, 1992); and Georg G. Iggers, *Geschichte im 20. Jahrhundert* (Göttingen, 1993)。

"新史学"（New History）的讨论；德国在卡尔·兰普雷希特（Karl Lamprecht）的带动下兴起了对于历史学新方向的讨论[1]；法国则兴起了对社会学与历史学之间关系的讨论。这些论辩，都与新的研究主题以及它们在历史学中的定位产生了关系。[2]

现代化与经济史、社会史的兴起

98

在 19 世纪临近尾声时，社会史与经济史已经开始吸引了一批人：公众的阅读兴趣触及到了资本主义的起源，工业革命史及工业革命的方方面面，知名商人和商业探险的历史等。在这个帝国主义和西方扩张的时期，社会史与经济史巩固了"西方的兴起"这一主导叙事，但同时也参与到对西方现代性所付出的文化代价的论争中。就欧洲国家及其殖民地而言，这些新的史学主题，看上去也与 19 世纪中叶以来社会、经济、政治、文化现代化所提出的挑战相符。工业化的动力，尤其是工业化的社会困境（阶级冲突、失业、疾病、贫穷）和社会的全面民主化（从之前的政治参与中脱胎而出的边缘群体和阶层力量羽翼渐丰），使人们开始需要关于社会和经济进程方面的更多知识。许多社会史与经济史的课题明显与政治相关。在鼓励自由贸易的时期，重商主义和外贸规则的历史有着相当大的重要性，然而在 1880 年后，这种历史则受到来自经济保守主义的巨大压力。许多关于农业土地改革、税收与阶级冲突的史学研究，常常被解读为学界介入眼前改革主义和保守主义之间的矛盾当中，其研究者往往也热衷于为当时社会和经济矛盾提供解

---

[1] 见本卷第三章。

[2] 另有几种观点可供比较：Georg G. Iggers, 'Geschichtswissenschaft und Sozialgeschichtsschreibung 1890 – 1914: Ein internationaler Vergleich', in Wolfgang Küttler(ed.), *Marxistische Typisierung und idealtypische Methode in der Geschichtswissenschaft*(Berlin, 1986), 234 – 244. 关于美国"新史学"，参见 Breisach, *American Progressive History*；法国的状况见 Luciano Allegra and Angelo Torre, *La nascita della storia sociale in Francia dalla Commune alle 'Annales'*(Turin, 1977)。

决方案。[1] 因为，社会与经济史有着强烈的政治偏向，在这种形式的历史书写中，其政治介入在现代化和民主化之间建立了纽带。

在1914年之前，社会变革和社会问题刺激了社会与经济史领域的许多学者。该领域中的许多德国经济学家来自社会政策学会（Verein für Socialpolitik），他们的宗旨是，为新生的德意志帝国中劳动阶级的福祉而传播社会变革主张。[2] 该机构中所生产出来的经济社会史，是社会调查、政治介入和历史研究三者结合的典型。欧洲其他国家的学者们或多或少也类似。社会民主党人和费边社，以及伦敦经济学院陶尼（R. H. Tawney）周边的研究团队，则代表了一种类似的干预主义的经济社会史。[3] 美国的进步史学家中，也有人将历史书写和教学，视为对国家社会改革和民主化进程的参与。[4] 几十年来，社会史与经济史都与社会宽容、社会民主、社会主义政治联系在一起。与此同时，保守主义者们则坚持认为，对于统治精英和根深蒂固的社会统治集团来说，政治史才最具有历史学的合法性。但是，在社会经济史这一学科分支中，保守倾向一直存在。1918年之后，在德语区域及其邻国出现了"民俗史"

99

[1] Rüdiger vom Bruch, 'Nationalökonomie zwischen Wissenschaft und öffentlicher Meinung im Spiegel Gustav Schmollers', in Pierangelo Schiera and Friedrich H. Tenbruck(eds.), *Gustav Schmoller in seiner Zeit*(Berlin, 1989),153 - 180; and Breisach, *American Progressive History*, 41 - 114.

[2] Dieter Lindenlaub, *Richtungskämpfe im Verein für Sozialpolitik: Wissenschaft und Sozialpolitik im Kaiserreich vornehmlich vom Beginn des 'Neuen Kurses' bis zum Ausbruch des Ersten Weltkrieges(1890 -1914)*(Wiesbaden, 1967).

[3] Dietrich Rueschemeyer and Ronan van Rossem, 'The Verein für Socialpolitik and the Fabian Society: A Study in the Sociology of Policy-Relevant Knowledge', in Rueschemeyer and Theda Skocpol(eds.), *States, Social Knowledge, and the Origins of Modern Social Policies*(Princeton, 1996),117 - 162; and A. M. McBriar, *Fabian Socialism and English Politics 1884 -1918*(Cambridge, 1962).

[4] Breisach, *American Progressive History*; and Axel R. Schäfer, 'German Historicism, Progressive Social Thought, and the Interventionist State in the United States since the 1880s', in Mark Bevir and Frank Trentmann(eds.), *Markets in Historical Contexts: Ideas and Politics in the Modern World*(Cambridge, 2004),145 - 169.

（volksgeschichte）。它是一种具有民族主义和种族主义倾向的社会经济史之变体。[①]

通过对民主国家和贵族国家以及二者间不同历史叙事的区分，托克维尔对这一时期社会经济史的策略地位，有了更深的洞察。[②]在民主国家的历史叙事中，"人民"是集体历史的主角，在现代国家形成的社会、文化、经济等宏大进程中，政治或军事事件只占据了小部分叙事。法国是一个典型的例子：19世纪末，随着自由党共和阵营和改良社会主义者的崛起，法国大革命中的社会和经济维度得到了官方认可。巴黎市议会出资设立了法国大革命史的特别教席，1903年全国议会通过投票，决定拨款支持对法国大革命中社会和经济史的研究，从而启动了集中编纂《冤假错案名单》（cahiers de doleances）的研究项目。对革命中社会经济因素的这种处理方式，具有进步取向。在社会主义议员兼知识分子让·饶勒斯（Jean Jaures）组织的文集中，也可以看到类似的动机。饶勒斯将其关于法国大革命的社会主义史学著作，转换成了对法兰西共和国民主化和社会变革的持续过程的叙事。[③]从那之后，社会史成为学界研究法国大革命的主流途径。[④]

在由本地王朝或精英所控制的独裁国家甚至帝国中（如沙皇俄国），贵族史观往往支持甚至本身即成为历史学书写专业化的正

---

① Willi Oberkrome, *Volksgeschichte* (Göttingen, 1993); and Manfred Hettling (ed.), *Volksgeschichten im Europa der Zwischenkriegszeit* (Göttingen, 2006).

② Frank Meyer, 'Social Structure, State Building and the Fields of History in Scandinavia', in id. and Jan Eivind Myhre(eds.), *Nordic Historiography in the Twentieth Century* (Oslo, 2000), 28 – 49.

③ 关于法国大革命的社会史，见 Madeleine Rebérioux, 'Le Livre et l'Homme', in new edn of Jean Jaurès, *L'Histoire socialiste de la Révolution française*, vol. 1 (Paris, 1969), 35 – 51.

④ 见如下著作：Jean Jaurès, *L'Histoire socialiste de la Révolution française* (Paris, 1901 – 1907); Albert Mathiez, *La Vie chère et le mouvement social sous la Terreur* (Paris, 1927); Georges Lefebvre, *Les Paysans du Nord* (Lille, 1924); 以及 id., *La Grande Peur* (Paris, 1932). 见 Allegra and Torre, *La nascita della storia sociale in Francia dalla Commune alle 'Annales'*, 133 – 184.

统。总的说来,贵族史观拒绝承认经济史和社会史应该具有在国家叙事中,与政治史平起平坐。最典型的是德国奉行贵族史观的保守主义史学家们,他们将历史理解为开明的官僚系统与军事王朝紧密结合的,统一民族国家的兴起与构建。在那些拥有强大军事王朝的国家,对社会与经济史在民族史学中定位的争议也最为激烈。从一种模式向另一种模式的转变年份,取决于每个国家的政治史状况。丹麦和瑞典即为两个很好的例子:在瑞典,作家兼业余历史学家奥古斯特·斯特林堡（August Strindberg）,于 1880 年代发表了文化史著作《瑞典人民》（*Svenska folket*）,所谓"日常生活史",也随之受到了专业史学家和保守主义者们的攻击;但是在丹麦,尽管有着与瑞典类似的战争史和王权史,但是开明的统治精英们在 1864 年战败之后,便放弃了贵族史观。特勒尔斯·弗雷德里克·隆德（Troel Fredri Land）的类似著作《16 世纪斯堪的纳维亚日常生活史》（*Dagligt Liv i Norden i det* 16. *Arhundrede*）,则被人们在心里有所准备的情况下接受了。[①]

　　总的来说,政体民主化、投票权扩大,以及 1918 年欧洲中部和东部四个帝国的最终战败,推动了学术界开始转向思考"群众"（masses）或"人民"（people）,以及他们在国家历史中的参与,其结果是更多的学者开始分析经济和社会现象。"人民"、"民族"成为标示新的平等主义时代中积极面的术语,与"群众"（mass）形成鲜明对比,保守学者们往往将后者与革命和混乱联系在一起。因此,"民俗史"这个术语也代表了欧洲大陆上民族史学（更直白地说,民族主义史学）和社会、文化、经济史的混合物,其源头可以追溯到浪漫主义。但是,"民俗史"也容纳了自由党人和一些国家的民主党人,他们支持对民族共同体进行的一种新的整体叙事。历史学家们必须要借鉴一切社会科学的新方法,以研究"人民"和他们的物质文化。社会与经济史也没有逃脱一战所带来的民族主义激进化。新的公共和政治动员,是为了保卫尤其是在边境地区的民族

101

[①] Ibid. , 36.

离散社群、巩固文化遗产和地区民俗。朝着这一动员的转向，与解决战后问题有着紧密联系。1919—1920 年巴黎和会所划定的边界缺乏合法性，因此，无论是修改或保卫这些边界，都需要从历史出发进行裁定。这是一种政治需求。社会史、文化史、经济史研究者们的任务，是将领土的所有权进行合法化，主要通过诸如地图绘制学、考古学、词源学、民俗学等方式。边界问题成为"民俗史"在两次世界大战之间的中心课题之一，往往由受到新的公立基金会或政府部门直接资助的史学家们来撰写。①

总而言之，经济、社会和政治的现代化，从 1850 年开始改变欧洲，作为结果，社会与经济史变得愈发重要。民族主义和帝国主义的兴起，以及国家政体的推动力，刺激了早期的社会史和经济史。其理念和方法都带有强烈的民族传统印记，产生了特有的历史学现代化的经验，是对不同国家变动中的经济和政治环境的回应。它们之间的差异到了 1914 年之后变得更为明显。

社会与经济史的思想与制度源头

社会与经济史的思想根源，存在于先前对历史进程的理解。社会与经济史的起点之一，是 18 世纪启蒙时代如伏尔泰等历史学家们所书写的文明史。这类文明史往往包含对社会与经济生活、艺术和手工业，以及道德和社会行为的描写。法律和法定机构的历史，往往包括对经济活动的规范和社会或专业机构的分层，我们也可以从中看到对社会与经济史的早期探索。从 1860 年代开始，奥托·冯·基尔克（Otto von Gierke）将罗马法与日耳曼法的历史流派，纳入社会与经济史的书写中。1880 年代则有弗雷德里克·威

---

① 英戈·哈尔以德国为例，分析了机构之间的联系。Ingo Haar, *Historiker im National-sozialismus : Deutsche Geschichtswissenschaft und der 'Volkstumskampf' im Osten*（Göttingen，2000）。

廉·梅特兰（Frederic William Maitland）对中世纪机构的研究。[1] 史
学研究中所处理的第三种社会经济现象，是地方和区域行会。地
方绅士历史学家将这些组织视为本城或本县曾经光荣的证据。从
1840 年代开始，在热那亚、汉堡、奥格斯堡或威尼斯等贸易中心，
本地的商业史成为城市骄傲的一部分，并生成某种"神话"。[2] 第四
个起点，是政治经济学的学科本身。从其在 18 世纪的思想起点开
始，政治经济学就将过去的经济数据，作为探寻普世法则和一般理
论的一部分。随着关于古典自由主义政治经济学正确性的争论，
学者们对经济史的兴趣愈发增长。在一场国际辩论中，诞生了国
民经济学中所谓的"历史学派"（historical school），其创立者包括卡
尔·克尼斯（Karl Knies）、威廉·罗雪尔（William Roscher）和布鲁
诺·希尔德布兰德（Bruno Hilderbrand）等人，并在之后由古斯塔
夫·施莫勒（Gustav Schmoller）、卡尔·毕歇尔（Karl Bücher）、桑巴
特（Werner Sombart）和马克斯·韦伯等人所接续。他们坚持经济
"法则"中的历史性，坚持在研究中用归纳取代演绎。这些"学派"
在德国极具影响，甚至影响到英国、意大利、芬兰、瑞典、俄国等其
他欧洲国家。[3]

　　不过，直到 1880 年代，社会与经济史才成为独立的历史学研

102

---

[1]　以下几种研究产生了格外大的影响：Otto Friedrich von Gierke, *Rechtsgeschichte der deutschen Genossenschaft*（Berlin, 1968）；以及 Frederic William Maitland, *Domesday Book and Beyond：Three Essays in the Early History of England*（Cambridge, 1897）。

[2]　见 Gabriele B. Clemens, *Sanctus amor patriae：Eine vergleichende Studie zu deutschen und italienischen Geschichtsvereinen im 19. Jahrhundert*（Tübingen, 2004）,290 - 294.

[3]　Karl Pribram, *A History of Economic Reasoning*（Baltimore, 1983）；Keith Tribe, *Strategies of Economic Order：German Economic Discourse, 1750 - 1950*（Cambridge, 1995）；Erik Grimmer-Solem and Roberto Romani, 'The Historical School 1870 - 1900：A Cross-National Reassessment', *History of European Ideas*, 24（1998）,267 - 299；and Geoffrey Martin Hodgson, *How Economics Forgot History：The Problem of Historical Specificity in Social Science*（London, 2001）,41 - 165.

究对象。随后它赢得了一些学术空间和教席。但该领域的机构化历程不尽相同。在德国、瑞典或芬兰等国家，大学方面正式认可以历史路径研究经济问题，经济史是经济学的组成部分，并且多由从属于不同"历史学派"的学者担任教职。当这些"历史学派"在 1920 年代被边缘化之后，社会与经济史在这些国家中就失去了原有的机构支持。在两战之间，随着一些社会与经济史专设教职的出现，一定程度上弥补了这种边缘化状态之不足。在英国、荷兰、比利时和法国，经济史教师隶属于历史系，并且从 20 世纪初开始，经济史就归在历史学的科目下。在一些国家，区域史的教席成为社会与经济史的容身处，相应岗位设立在小镇或大学里。① 在中央集权体制强大的法国，政治史被赋予主流地位，社会史则受益于地方大学所提供的新教职。这些大学把社会和经济题目作为其区域研究的一部分，因此，亨利·塞（Henri Sée）得以在雷恩大学研究旧制度下的布列塔尼地区的农民阶层。②

在一战之后，社会与经济史这个新的子学科，获得了更多数量的讲席和教学岗位。1928 年，在全欧洲 39 所大学和高级研究机构中，有超过 50 个讲席。③ 社会与经济史的兴起持续到 1939 年，涵盖从德国到英国乃至欧洲所有的历史科研与教学中心，以及新兴于苏联和法国的中心。这也促使了如《施莫勒年鉴》（*Schmollers Jahrbuch*）等一系列社会与经济史专门杂志的诞生。这些杂志关注

① Karl-Georg Faber，'Geschichtslandschaft—Région historique—Section in History：Ein Beitrag zur vergleichenden Wissenschaftsgeschichte'，*Saeculum*，*30*（1979），4－21；and Irmline Veit-Brause，'The Place of Local and Regional History in German and French History：Some General Reflections'，*Australian Journal of French Studies*，*16*（1979），447－478.

② Henri Sée，*Les Classes rurales en Bretagne du XVIe siècle à la Révolution*（Paris，1906）；and Lucien Febvre，*Philippe II et la Franche-Comté*（Paris，1911）.

③ Ilaria Porciani and Lutz Raphael（eds.），*Atlas of European Historiography*：*The Making of a Profession*，*1800－2005*（Basingstoke，2011）. 根据这一数据库（其中不含经济学教席）可得知，法国、英国各 11 席，苏联 7 席，波兰 5 席，荷兰、德国各 4 席，比利时、瑞士各 3 席，澳大利亚、意大利各 1 席。

的主题，在过去普通的历史评论或上述"历史学派"成员们所创办的经济学评论中，或多或少是被边缘化的。关注历史中社会经济问题的学术杂志的创立，始于 1893 年《社会经济史杂志》(*Zeitschrif fur Sozial-und Wirtschaftsgeschichte*)和《文化史杂志》(*Zeitschrif fur Kulturgeschichte*)，二者在 1904 年分别更名为《社会经济史季刊》(*Vierteljahrsschrift fur Sozial-und Wirtschaftsgeschichte*)和《文化史档案》(*Archiv fur Kulturgeschichte*)，随后又有 1908 年成立的《经济与社会史调查》(*La revue d'histoire economique et sociale*)、1926 年的《经济史评论》(*Economic History Review*)。第一波社会经济史的学术活动热潮，以两战之间一系列国别史和欧洲经济史手册的出版而终结。其中，最为野心勃勃的项目莫过于由经济学家乔治·布罗德尼茨(Georg Brodnitz)组织、古斯塔夫·费舍尔(Gustav Fischer)在莱比锡编纂的《经济史手册》(*Handbuch der Wirtschaftsgeschichte*)。[①] 1929 年，法国《经济社会史年鉴》(*Annales d'histoire economique et sociale*)的创立，标志着第一波社会经济史潮流的巅峰。

　　二战之前的社会经济史是什么样子？提出了什么样的问题？搜集了什么样的文献？在这个新的研究领域中，早期的研究者和实践者们采用了什么样的方法？我们应该记住，早在 19 世纪，对于"史料"的界定，就已成为通往过去的"科学"新途径的基本创新之一——这对合法的、"批判的"历史学定义产生了一系列后果。[②] 公立档案馆中那些未发表的档案——法律事务和公共事务的故纸堆——成为历史学新的"数据库"。社会经济史学家们跟在政治史和法律史研究者后面，走进公立档案馆。他们的写作相当依赖法律和管理资料，许多著作关注机构的历史，尤其是中世纪和近代早期这样的久远年代——社会经济史与法律史及宪政史之间的纽带

104

---

① Gerog Brodnitz (ed.)，*Handbuch der Wirtschaftsgeschichte* (Leipzig， 1918 - 1936).目前已出版 8 卷，包括荷兰、丹麦、意大利、法国、英国、挪威和俄国诸卷，另有一卷关于欧洲中世纪经济社会史。

② Daniela Saxer，*Die Erfindung des Quellenblicks*(Munich，2011).

仍然牢固。两战之间问世的经济史手册，明显地强调了对机构框架和整体趋势的定性描述，并往往采用或改进经济学中的历史学派所提出的经济发展阶段模型。通过这些手段，他们将许多区域地方研究或专著——正是这些作品，形成了 1860 年到二战之间社会经济史专业书写的主干——所产生的材料进行分类。很多这一领域的历史学家，都对政府行为和社会经济生活规范的历史有格外的兴趣。这表明了材料的具体性——这些材料多数来自在生产、分配、消费方面控制着或力图控制市场和私人企业的公权机关。因此，国王和议会、市政和贵族成员，就在这些早期版本的经济社会史中成为了主角。在这种相当老派的历史叙事中，中世纪或近代早期的政治经济，往往被看作当代国民经济的先声。各"历史学派"中的德国经济学家们，尤其强调国家在组建市场、创造工业和商业规范中所扮演的角色。

而这一子学科的另一个部分——社会史，在形成的过程中则缺乏经济史那样的统一主题和概念。社会生活的多面，社会群体、信仰、行为的多样，吸引了整个 19 世纪文化史学家们的好奇心。他们其中许多人并非专业学者，而是为大众进行写作，并嘲笑所谓"科学史学"的新教条。[①] 在专业学者的眼中，这种业余主义可算是早期社会文化史特有的缺陷。将文学作品和叙事文本作为"史料"来使用，是争议性的论题之一。在那时，绝大多数的社会史档案文献，还处于档案馆中尚未被发现和整理。因而，1880 年代之后的几十年，是一段试错时期，对方法、主题和解释模式进行着实验。很快，研究主题和方法就日益增多。该时期一些著名的文化史和社会史题目，呈现了这一课题的多样性。赫伊津哈的《中世纪的秋天》（*Herfsttij der Middeleeuwen*，1919），足以与马克斯·韦伯和 R. H. 陶尼对宗教和资本主义的研究，以及桑巴特的《现代资本主义》（*Der moderne Kapitalismus*，1902）相提并论。一些课题引起人们格外的兴趣，其中之一就是宗教及其历史上对社会的影响。另外，还有资本主义起

105

---

① 见彼得·伯克为本卷所撰写的第六章。

源、中世纪城市生活、劳动阶级处境、中产阶级商人和企业主的活动等。

这些新的社会经济史学家们都是谁呢？亨利·皮朗（Henri Pirenne）、弗里德里克·杰克逊·特纳（Frederic Jackson Turner）、赫伊津哈、奥托·辛策（Otto Hintze）、弗雷德里克·威廉·梅特兰、查尔斯·A. 比尔德（Charles A. Beard）、马克·布洛赫（Marc Bloch）、吕西安·费弗尔（Lucien Febvre）、卡尔·兰普雷希特、罗斯托夫采夫（Mikhail Rostovtzeff）、阿尔贝·马蒂厄（Albert Mathiez）、乔治·勒费弗尔（George Lefebvre）、艾琳·鲍尔（Eileen Power）……这些名字在构建现代史学经典的时候常被提及，我们也可以将那些书写社会经济史的经济学家们也加进去：维纳尔·桑巴特、卡尔·马克思、马克斯·韦伯、古斯塔夫·施莫勒以及威廉·坎宁安（William Cunningham）。社会经济史并没有形成一个国际意义上的学者群像，以他们的社会经济背景，可用的材料只能够得出一些有限的观察：与他们的学术同行一样，这些研究者多数出身于中产阶级，并整体上具有自由主义或甚至（社会）民主主义倾向——这种政治立场常常与对当代社会及文明的乐观看法相结合。相较于其他史学分支，在社会经济史的领域中，文化保守主义和精英主义的声音更加稀疏，但在 1918 年之后有所扭转。

在这个专业中有三个主要群体。第一个群体由专业历史学者组成，他们在学术生涯中致力于对经济和社会课题的研究。1880 年代开始（在德国更早一点），社会经济史成为一个有吸引力的新领域，甚至那些古典学起家并出身于贵族或布尔乔亚家庭的年轻学者们，也被吸引进来。在他们的专业习惯中，这些社会经济史学家们并没有挑战新的科学史学的主导模式，他们同样显示出了对公正性的重视，拒绝文学性或明显的修辞风格。他们支持在档案研究中追求精确，支持对普遍理论的怀疑，并更倾向于实证或客观的知识模式。然而，我们在下面将会看到，有一小部分研究者对社会理论怀有更大的兴趣。

第二个群体由经济学家组成，他们专事对过去经济现象的实证研究。其中的多数学者开设经济学通论的讲座，结合更理论化或更概括化的方法，以本学科的流行课题来指导他们在经济史的研究实践。在那些多数大学都以历史学方法和归纳方法从事经济学研究的国家中，这一群体人数庞大，正如在 19 世纪后半叶的德意志帝国、奥地利部分地区及斯堪的纳维亚半岛国家所看到的那样。在英国，历史学派的经济学在 1900 年后失去了阵地，其时阿尔弗雷德·马歇尔（Alfred Marshall）更为理论化的经济学方法，在剑桥大学风头正盛。但创立于 1895 年的伦敦经济学派（London School of Economics），仍然强调经济学与历史的联系。第二个群体的社会背景或多或少与专业历史学家们类似。

106　　第三个群体由边缘学者、社会主义倾向的自学成才者和知识分子组成，他们在早期的社会经济史中扮演了重要角色。其中最出名的例子是英国的韦布夫妇（Webbs）和哈蒙德夫妇（Hammonds），这两对知识分子伉俪投身于社会主义政治，他们的作品对英国工人阶级的经济状况和贸易联盟的论著，成为了社会史经典。[①] 他们的背景与那些学院派同侪大相径庭。两位丈夫致力于公共服务领域，两位妻子与左翼知识分子领导圈子相关联。另一个例子，是法国社会主义政治家、古典学家让·饶勒斯（Jean Jaurès）所聚集起来的社会主义知识分子群体。饶勒斯在 1901 年到 1907 年间对社会主义立场的法国大革命史的写作，将这些志同道合者吸引到自己身边。[②]

　　社会经济史的地理中心在哪里？德国是该领域早期的堡垒之一。俄国、法国和英国历史学家们往往要么自行开展研究并与德国学者抗衡，要么是在柏林、莱比锡、波恩、海德堡等德国大学进行自己的部分研究。德国在这一领域的优势地位，是因为十九世纪

---

① Beatrice Webb and Sydney Webb, *History of Trade Unionism* (London, 1894)；以及 J. L. Hammond and Barbara Hammond, *The Village Labourer* (London, 1911). 关于哈蒙德夫妇，见 Peter Clarke, *Liberals and Social Democrats* (Cambridge, 1979), 154 - 163, 243 - 252。

② Jean Jaurès, *Histoire socialiste de la Révolution française* (Paris, 1901 - 1907).

第五章 "现代化实验"：社会经济史在欧美的发展(1880—1940 年)

中叶以降，在大学里的法学、经济学或所谓"社会科学"(Staaswissenschaften)等院系中，对国民经济研究的历史学派已经颇有根基。其他学科的学者及其观念，涌入到历史学中，也丰富了德国和奥地利在这些领域的成果。因此，在德国，当其他院系钟情于历史学的同行们加入后，原本人数极少的经济史研究团队，扩张到原先的两倍以上。施莫勒、卢约·布伦塔诺(Lujo Brentano)、卡尔·毕歇尔等知名经济学家，发表了重要的历史学研究成果。而像埃贝哈德·戈因(Eberhard Gothein)这样的历史学家，则把经济史、文化史和艺术史结合起来，并在国民经济学这种教席上退休。[①]德国的历史学派获得了国际声誉，他们提出了自古典时期以来的经济发展阶段论，并在方法论上反对抽象的理论化。[②]

大不列颠是欧洲第二个经济社会史中心。英国经济社会史的兴起和机构化比德国晚 20 年，并且没有德国那么瞩目，但英国的发展连续性更强，并且没有遭受到保守的德国史学式的文化和政治阻力。[③] 社会经济史从 1880 年代开始出现于牛津和剑桥，并逐渐出现在伯明翰和伦敦等地的新兴大学。在两战之间的时期，陶尼、约翰·克拉潘(John Clapham)和艾琳·鲍尔等知名学者代表并推动了社会经济史，并使之成为历史学科中不可缺少的一部分。由于刘易斯·纳米尔(Lewis Namier)的出现，修正主义以社会史为杀手锏，抨击英国议会政治的辉格史观。[④]

---

107

① Gustav von Schmoller, *Umrisse und Untersuchungen zur Verfassungs, Verwaltungs-und Wirtschaftsgeschichte* (Leipzig, 1898); Lujo Brentano, *Eine Geschichte der wirtschaftlichen Entwicklung Englands, 2 vols.* (Jena, 1927 - 1929); and *Karl Bücher, Beiträge zur Wirtschaftsgeschichte* (Tübingen, 1922).

② 关于这一国际语境，见 Joseph Schumpeter, *History of Economic Analysis* (New York, 1954); Pribram, *A History of Economic Reasoning*; and Hodgson, *How Economics Forgot History*, 41 - 165。

③ Bentley, *Modernizing England's Past*, 120 - 143.

④ Lewis Namier, *The Structure of Politics at the Accession of George III* (London, 1929).

俄国是欧洲的第三个社会经济史中心。[1] 以瓦西里·奥西波维奇·克柳切夫斯基(V. O. Kliuchevskii)为中心的莫斯科学派,挑战了占支配位置的民族国家史学。[2] 与其他国民学派不同的是,莫斯科学派的研究以外国(尤其是法国史、法国农村史和英国史)和欧洲经济史为主。[3] 保罗·维诺克拉夫(Paul Vinogradoff)等主流俄国学者,以及之后1920年代的罗斯托夫采夫,都在英美的大学中继续他们的工作。[4]

与上述三个国家相比,社会经济史在法国、意大利和其他欧洲国家的机构环境中,观点产出较少,并且在各学科中(历史学、经济学、社会学)的地位也更为边缘。但是,这些学科的专家们出现在四处,参与国际讨论。波兰的弗朗西斯泽克·布杰克(Franciszek Bujak)、贾恩·拉科斯基(Jan Rutkowski),比利时的亨利·皮朗,瑞典的伊莱·赫克歇尔(Eli Heckscher),法国历史学家亨利·豪泽(Henri Hauser)、乔治·勒费弗尔、马克·布洛赫,意大利的吉诺·扎托(Gino Luzzatto),荷兰的尼古拉斯·W. 波斯修谟斯(Nicolaas W. Posthumus),这些作者成为两战之间出现的国际学者网络的一部分。亨利·皮朗是这个网络的领袖人物。[5]

但是,由围绕着《社会经济史年鉴》(*Annales d'histoire économique et sociale*)杂志聚集起的小小的法国历史学家群体,形成了社会经济史领域最具影响力的一股力量。费弗尔与布洛赫是杰出的历史学家。布洛赫是中世纪史学者,他在研究中处理了大

---

[1] See Thomas M. Bohn, *Russische Geschichtswissenschaft von 1880 bis 1905: Pavel N. Miljukov und die Moskauer Schule*(Cologne, Weimar, and Vienna, 1998).

[2] V. O. Kliuchevskii, *Kurs russkoj istorii*, 5 vols. (Moscow, 1904 - 1910).

[3] Joseph Kulischer, *Allgemeine Wirtschaftsgeschichte des Mittelalters und der Neuzeit*, 2 vols. (Munich, 1929).

[4] Paul Vinogradoff, *The Growth of the Manor*(New York, 1905); and Mikhail Rostovtzeff, *The Social and Economic History of the Roman Empire*(Oxford, 1926).

[5] 关于亨利·皮朗见 Bryce Lyon, *Henri Pirenne: A Biographical and Intellectual Study*(Ghent, 1974).

量的社会经济问题,但是他崇高的学术声望,其实是来自于他在欧
洲比较史、封建社会史以及史学方法上的建树。① 在涂尔干和新社
会学的影响下,他将一种机构化、结构化的方法,和他对整体描述、
对群体与个人之间感情纽带的紧密关注,结合在一起。费弗尔和
布洛赫并肩作战,试图打破史学权威们所树立的边界,这些边界是
为了反对社会经济史的新方法和新视角。② 正如世纪之交的那些
先行者们一样,费弗尔和布洛赫也力求建立一种新的历史学,但正
如他们的观念在二战之后的影响力所展示出的那样,他们是用研
究实践而非课程设置——后者是一种更为有效的策略——来进行
他们的史学布道。③

108

新概念与新方法

经济史与社会史之所以要在本卷中占据一个单独的章节,是因
为它在 19 世纪的发展所产生的种种主题,无法仅仅在这个学科内
进行概括。自相矛盾的是,历史学转型为一门完全"科学"的学科,
这成为了历史学家们接受 19 世纪末新方法的阻碍。只要经济和
社会主题仅限于为朝代史、国家史、议会史等旧的史学传统和史学
书写添砖加瓦的话,主流的历史学家就会以接受和开放的态度,将
经济和社会材料整合到他们自己对过去的解释中。但是,社会经
济史领域的研究逻辑,挑战了历史学科的认知规则和专业规范。
它带动的集体行为和量化数据的概念,不可能再被简单地归纳进
个人化的历史书写里了。这一挑战始于史学方法本身,社会经济

---

① Marc Bloch, *La société féodale*，2 vols. (Paris, 1939, 1940); and id., *Mélanges historiques*, 2 vols. (Paris, 1963).

② Peter Schöttler, 'Eine spezifische Neugierde: Die frühen Annales als interdisziplinäres Projekt', *Comparativ*, 4(1992), 112 - 126; and Lutz Raphael, 'The Present as Challenge for the Historian: The Contemporary World in the AESC, 1929 - 1949', *Storia della storiografia*, 21(1992), 25 - 44.

③ Carole Fink, Marc Bloch: *A Life in History* (Cambridge, 1989); and Ulrich Raulff, *Ein Historiker im 20. Jahrhundert: Marc Bloch* (Frankfurt, 1995).

史学家们继续推进了已建立的史料批评标准。他们常常不得不处理"大量的无甚区别的琐事"，以构建起他们的"要素"和对过去社会经济现象的叙事。① 即便是对于研究同时代社会经济史的学者们来说，统计资料在一开始都是稀缺的。为整体经济和社会生活提供综合信息的官方统计机构，在其时仍处在建立过程中。收集经济数据——物价、税收、人口表格——因而成为早期的社会经济史学者们的基本任务之一。许多在早期收集的数据，直到今天仍然是庞大数据库中的主干部分。② 社会经济史专家们在方法论上的基本创新之一，就是建立了历史统计学。

这些新方法颠覆了过去语文学方法中所使用的证据——过去之"痕迹"，成为将不同史料统合到一起的新观念。由一系列的理论和方法建构，而被转化成"事实"和"数据"。新的科学手段和统计学一起出现：考古学、制图学、地理学、语言学。卡尔·兰普雷希特对中世纪德意志莱茵地区经济生活的研究，是早期经济史的经典研究之一。他的一系列作品呈现了全部的新成分：地名、统计列表和地图。③ 与之相似，美国的弗里德里克·杰克逊·特纳试图以地图、统计和选举行为的地理分布为基础，建立"新史学"（New History）。④ 区域史成为两次世界大战之间最具革新性的研究领域之一，尤其是在这些新方法的冲击之下。

社会经济史学家面临着至少两个基本的理论困境，在 1880 年

---

① "大量的无甚区别的琐事"是弗里茨·哈特对《普鲁士活动档案》（*Acta borussica*）的评价。《档案集》是古代普鲁士政府档案中有关经济社会内容的规模最大的资料集成。Fritz Hartung, 'Gustav von Schmoller und die preußische Geschichtsschreibung', in Arthur Spiethoff（ed.）, *Gustav von Schmoller und die deutsche geschichtliche Volkswirtschaftslehre*（Berlin, 1938）, 277 - 302, at p. 299.

② Thorold Rogers, *History of Agriculture and Prices*（Oxford, 1866 - 1887）; and Julius Beloch, *Die Bevölkerung der griechisch-römischen Welt*（Leipzig, 1886）.

③ Karl Lamprecht, *Deutsches Wirtschaftsleben im Mittelalter*, 3 vols.（Leipzig, 1885 - 1886）, esp. ii.

④ 见 Wilbur R. Jacobs, *The Historical World of Frederick Jackson Turner*（New Haven, 1968）, 174 - 175.

到 1910 年间的诸多方法论争议中，频现危机。第一个困境关于历史学知识的本质，在当时体现为普遍知识和个别知识之间的对立。主流的知识哲学导致了对这个问题的困惑，因为实证主义和唯心主义分别捍卫着上述的对立双方：实证主义的研究保护了对普遍法则的探索，而另一方面，唯心主义则使理解人类过去生活中个性和特性成为可能。在许多国家，历史学家倚仗自然科学中的实证主义，自视为一门"科学的"科学的捍卫者。然而，他们的捍卫方式，是以自己的科学方式来生产个别知识。很快，社会经济史的实践就明显无法被归纳到这些类目之下了。各"历史学派"的经济学家们发展了两种理论推广的方法，以作为纯粹演绎普遍理论（由古典学派和新古典学派所支持）和简单搜集数据事实（其支持者是归纳方法的激进拥护者）此二者的折中。第一种推广方法，采取经济或社会演进的普遍模型。从卡尔·马克思到毕歇尔的经济发展阶段理论，是这种史学"法则"的经典版本。第二种推广方法是理想类型，采用演绎逻辑的模型，来揭示相似历史现象中一个整体阶级的特性。马克斯·韦伯以这种模型著称，但他只是单纯发扬了历史学派经济学者们广泛采取的实践。第二个困境涉及历史学家们所采用的价值的历史性。在历史主义冲击下，一场关于文化研究和知识哲学的争论，对于社会经济史至关重要。许多参与者力求通过参考历史和历史发展规则，而将自己的道德判断和社会改革目标合法化。历史调查和政治承诺之间的关系，得到了极其充分的讨论。尽管没有达成一致意见，但几乎杜绝了相对主义的风险。社会经济史家的分化，是依照对这两种困境的解答。大多数学者追随经验主义的直觉，并选择主体性的现实主义、个人化的实践、对历史价值的捍卫。另外一些人则选择以建构主义的理解来处理自己的知识，他们是小众人群，常常与邻近的社会学科进行对话。在这些学科里，他们的地位更强势，理论讨论产生的影响也较在历史学科内更大。

　　这些更有野心、更希望变革本学科的社会经济史学家们，对相邻学科进行了大量借鉴。赫伯特·斯宾塞的有机体进化论；韦伯

110

对权力、市场、和社会交往等背后动力的分类；涂尔干的宗教模型、劳动分工和社会结构，这些成果都被上述的社会经济史学家群体所吸收，并用在与史料的对话中。但是，他们必须面临这一学科中的软肋：没有方法论上的一致，没有已被树立的研究实践。相反，尽管有替代的方法，但人们对这些差异仍无计可施，所以对方案的主张和哲学思辨，取代了"实证"事实。人类学和社会学等学科当时仍在形成中，对社会因素的最初的研究手段，很大程度上依赖于社会哲学，如进化主义、实证主义或唯心主义。社会哲学——尤其是其中关于文化、民族、"大众"等精神特质的宏观理论——吸引了许多社会史学家，他们追求以有价值的"科学的"理论来研究"实证事实"。地理学也同样受到重视。特纳、兰普雷希特、费弗尔等人，都大量地借鉴了人文地理学及其概念。在处理经济、社会、文化等主题时，区域史大幅度地转向地理学，利用制图学的方法为文档分类，并采用了关于空间和人类行为的地理学理论。在两次世界大战之间的时期，"民俗史"更加深入地发展了其"空间转向"（spatial turn）。①

111　　社会经济史必须要等到下一代，即两战之间的一代学者，才能够以新的社会学方法建立起实践上的合作和交流。此时，法国年鉴学派的历史学家和涂尔干的追随者们起到了领头作用，他们采取"社会学方法"来对抗帝国研究中的那些坚固的题目。②

　　社会经济史的确为当时史学界树立了新的"史学思想"（historical ideas）。在齐格弗里德·科拉考尔（Siegfried Kracauer）看来，"史学思想"指的是那些普遍解释。普遍解释为一整个研究领

---

① 关于"空间转向"，见 Jürgen Osterhammel, 'Raumerfassung und Universalgeschichte im 20. Jahrhundert', in Gandolf Hübinger, Osterhammel, and Ernst Pelzer (eds.), *Universalgeschichte und Nationalgeschichten*(Freiburg, 1994),51-72。

② Schöttler, 'Eine spezifische Neugierde'; Raphael, 'The Present as Challenge for the Historian'; and Johan Heilbron, 'Les métamorphoses du durkheimisme, 1920-1940', *Revue française de sociologie*, 26(1985),203-237.

第五章 "现代化实验"：社会经济史在欧美的发展（1880—1940 年）

域，树立新的议题并产生出新的主导叙事。① 其中之一便是将民族或其他整个联合体视为集体力量的中枢。浪漫主义已作为一种关于国家或民族的整体论思想传播开来，并赋予个人主义和增长的理念以精神上的内核和纽带。② 自然科学的发展，推动了生物有机体演进和历史发展之间的类比。进化主义启发了以生命哲学和有机体的模式理解人类历史上的集体行为。兰普雷希特试图发展一种关于日耳曼民族集体形成的历史学模型，那些不知名的力量和人民，是其中的主角。他将个人主义的观念从单个的人移植到了国家上，将其定义为一种作为集体的角色。在一个属于民族主义和帝国主义的年代里，这种移植是非常成功的。我们也能看到许多其他类似的例子，将有机论、进化论和整体论糅合到一起。特纳提出了"边界"思想，他所追随的是这样一种直觉："在机构的背后，在制度的形式和改动的背后，存在着至关重要的力量，它赋予所有的器官以生命并形塑它们，使之能够适应变动中的环境。"③

另一种与社会经济史有着紧密联系的史学思想，是阶级矛盾。对阶级矛盾的发现和划分，并不是经济史或社会史学家的工作。相反，他们发现，阶级矛盾观念已经在历史学中根深蒂固了。在马克思的学说之前，19 世纪初期的法国自由学派就已经发明了阶级矛盾的概念。阶级斗争不断增长的现实——无论是围绕物质资源的有组织的斗争，还是政治格局中的各社会阶层——都对这一观念产生了更深远的影响。但只有自由派和激进派的社会经济史学者视其为一个积极因素。对他们来说，阶级矛盾是进步和自由背后的动力。这种乐观主义普遍存在于马克思主义者及社会民主党人、自由党人中。阶级斗争成为理解历史中重大历史事件和转这段的关键。1912 年，吕西安·费弗尔发表了对 16 世纪后半叶勃艮第的

---

① Siegfried Kracauer, *History*: *The Last Things before the Last* (Oxford, 1969), ch. 4.

② 见斯蒂芬·贝格尔为本卷所撰的第一章。

③ Frederick Jackson Turner, *The Frontier in American History* (New York, 1920), 2；转引自 Breisach, American Progressive History, 78。

112　研究。[①] 在解释西班牙统治的胜利时,他直接联系到了该地区贵族和布尔乔亚两个阶级之间的国际斗争。查尔斯·A. 比尔德更为激进,在他对美国宪法的经济基础的著名研究中,以阶级利益和阶级斗争的观念,构建出一项对美国史经典主题的辉格解释。[②] 比尔德将反对者和参与者们各自的经济诉求,作为理解美国宪法的关键。

　　所以,随着从社会和经济角度出发的历史研究的影响力的兴起,历史学的理论方法拓宽了多样性。但是在二战之前,还尚未形成统一的范式,社会经济史的视野尚未与其他领域之所见相结合。或许,这些社会经济史早期研究最为持久的影响在于,它贡献了方法和思潮的多样性。正是这种多样性,成为了"现代"和"后现代"时期的历史特征之一。

主要历史文献

Beard, Charles A. , *An Economic Interpretation of the Constitution of the United States*(New York, 1913).

Bloch, Marc, *La Société féodale*, 2 vols. (Paris, 1939, 1940); trans. as *Feudal Society*(Chicago, 1961).

Brodnitz, Georg (ed.), *Handbuch der Wirtschaftsgeschichte*, 8 vols. (Leipzig, 1918 – 1936).

Bücher, Karl, *Beiträge zur Wirtschaftsgeschichte* (Tübingen, 1922).

Febvre, Lucien, *Philippe II et la Franche-Comté*(Paris, 1911).

Hammond, J. L. and Hammond, Barbara, *The Village Labourer* (London, 1911).

Huizinga, Johan, Herfsttij der Middeleeuwen: *Studie over levens-en*

---

① Febvre, *Philippe II et la Franche-Comté*.

② Charles A. Beard, *An Economic Interpretation of the Constitution of the United States*(New York, 1913).

gedachten-vormen der veertiende en vijftiende eeuw in Frankrijk en de Nederlanden（Haarlem，1919）.

Jaurès，Jean，*Histoire socialiste de la Révolution française*，8 vols. （Paris，1901 - 1907）. Kliuchevskii，*V. O.*，*Kurs russkoj istorii*，5 vols. （Moscow，1904 - 1910）；German trans. as *Russische Geschichte*：*von Peter dem Großen bis Nikolaus I.*，2 vols. （Zürich，1945）；Eng. trans. as *Course in Russian History*：*The 17th Century*（*Chicago*，1968）. *Lamprecht*，*Karl*，*Deutsches Wirtschaftsleben im Mittelalter*，3 vols.，（Leipzig，1885 - 1886）.

Lefebvre，Georges，*Les paysans du Nord*（Lille，1924）.

Rostovtzeff，Mikhail，*The Social and Economic History of the Roman Empire*（Oxford，1926）.

Schmoller，Gustav von，*Umrisse und Untersuchungen zur Verfassungs-*，*Verwaltungs-und Wirtschaftsgeschichte*（Leipzig，1898）.

Sée，Henri，*Les Classes rurales en Bretagne du XVIe siècle à la Révolution*（Paris，1906）.

Sombart，Werner，Der moderne Kapitalismus，2 vols. （1902；2nd edn，3 vols.，Munich 1916 - 1926）.

Tawney，R. H.，*Religion and the Rise of Capitalism*（London，1926）.

Turner，Frederick Jackson，*The Frontier in American History*（New York，1920）. Vinogradoff，Paul，*The Growth of the Manor*（New York，1905）.

Webb，Beatrice and Webb，Sidney，*History of Trade Unionism*（London，1894）. Weber，Max，*Die protestantische Ethik und der 'Geist' des Kapitalismus*（Tübingen，1920）；first pub. in *Archiv für Sozialwissenschaft und Sozialpolitik*，20（1905），1 - 54；21（1906），1 - 110.

参考书目

Allegra, Luciano and Torre, Angelo, *La nascita della storia sociale in Francia dalla Commune alle 'Annales'* (Turin, 1977).

Bentley, Michael, *Modernizing England's Past: English Historiography in the Age of Modernism 1870–1970* (Cambridge, 2005).

Berg, Maxine, *A Woman in History: Eileen Power, 1889–1940* (Cambridge, 1996). Breisach, Ernest, *American Progressive History: An Experiment in Modernization* (Chicago and London, 1993).

Bruhns, Hinnerk (ed.), *Histoire et économie politique en Allemagne de Gustav Schmoller à Max Weber* (Paris, 2004).

Burke, Peter, The French Historical Revolution: The Annales School 1929–1989 (Cambridge, 1990).

Byrnes, Robert F., *V. O. Kliuchevskii: Historian of Russia* (Bloomington, 1995). Carbonell, Charles-Olivier and Livet, Georges (eds.), *Au berceau des Annales* (Toulouse, 1983).

Chickering, Roger, *Karl Lamprecht: A German Academic Life (1856–1915)* (Atlantic Highlands, NJ, 1993).

Fink, Carole, Marc Bloch: *A Life in History* (Cambridge, 1989).

Haas, Stefan, *Historische Kulturforschung in Deutschland 1880–1930: Geschichtswissenschaft zwischen Synthese und Pluralität* (Cologne, Weimar, and Vienna, 1994).

Hettling, Manfred (ed.), *Volksgeschichten im Europa der Zwischenkriegszeit* (Göttingen, 2006).

Kadish, Alon, *Historians, Economists and Economic History* (London and New York, 1989). Koslowski, Peter (ed.), *Methodology of the Social Sciences, Ethics and Economics in the Newer Historical School: From Max Weber and Rickert to*

Sombart and Rothacker (Berlin, Heidelberg, and New York, 1997).

Lenger, Friedrich, *Werner Sombart 1863 - 1941* (Munich, 1994).

L yon, Bryce, *Henri Pirenne: A Biographical and Intellectual Study* (Ghent, 1974). Middell, Matthias, *Weltgeschichtsschreibung im Zeitalter der Verfachlichung und Professionalisierung: Das Leipziger Institut für Kultur-und Universalgeschichte 1890 - 1990*, vols. 1 and 2 (Leipzig, 2005).

Oberkrome, Willi, *Volksgeschichte* (Göttingen, 1993).

Raulff, Ulrich, *Ein Historiker im 20. Jahrhundert: Marc Bloch* (Frankfurt, 1995). Schorn-Schütte, Luise, *Karl Lamprecht: Kulturgeschichtsschreibung zwischen Wissenschaft und Politik* (Göttingen, 1984).

姜伊威　译

第六章　学院外的史学：官方与非官方的历史呈现（1800—1914 年）

彼得·伯克[1]

　　本章将全景式地回顾一个庞大且多样的主题。以负面意义来定义这个主题，比正面意义上更为容易。在本章所涉及的时代，历史学研究、思想和写作，都在走向专业化。但我将反其道而行之，聚焦于那些"民间的"（laity）历史叙述版本。这些历史解释中，有许多出自非专业的历史学家之手，并且所采取的形式往往是图像或仪式，而非文本。或许我们可以称其为"非官方的"历史，但事实上，许多这类的历史作品是受到政府鼓励甚至政府委托的。因此，我更愿意采用"民间史学"（lay history）作为本章题目。[2]

　　在我们所讨论的时代中，如果专业化史学是可见的冰山一角，本章所涉及的主题则是更大也更隐蔽的一部分。许多人对过去的印象，事实上更多来自非专业的男性或女性历史学家们，来自小说、戏剧、绘画、百科全书、博物馆和纪念馆。诚然，任何时代都是如此，但在所谓"历史主义"（historicism）的时代中，这一状况尤为明显。本章的目的在于，找出是谁在以上述的方式，向谁讲述什么样的历史，以及不同的听众和观众会做出什么样的反馈。本章将重心放在欧洲和美国，因为上述种类的历史呈现，在这两个地区被

---

① 感谢胡安·迈古阿西卡和马克·菲利普斯对本文初稿的建设性意见，以及感谢露西·瑞尔在文中涉及到意大利的内容给予帮助。

② Cf. Hugh Trevor-Roper, *History*, *Professional and Lay*（Oxford, 1957）.

生产和消费得最多——在中东、中国和日本，历史小说和历史纪念馆到今天已经非常之多，但其兴起的时间仍在 1914 年之后（虽然1898 年上野公园就已建起了西乡隆盛的雕像）。

文本

在这一时期，一些知名作家既写散文小说，也写历史作品。例如，托马斯·卡莱尔（Thomas Carlyle）发表了《法国大革命》（*The French Revolution*，1837）。法国的知名小说家龚古尔兄弟，写了诸如《18 世纪的女性》（*Women in the Eighteenth Century*，1862）等社会史著作。自 1887 年始，身为图书管理员的阿尔弗雷德·富兰克林（Alfred Franklin）陆续发表了 27 卷本的《私人生活史》（*A History of Private Life*）。在德国，另一名图书管理员古斯塔夫·克莱姆（Gustav Klemm）写出了相当先锋的九卷本《人类文化史》（*Allgemeine Kultur-Geschichte des Menschheit*，1843 - 1852）。以小说知名于世的古斯塔夫·弗赖塔格（Gustav Freytag）也写作了五卷本的《来自德国历史的图像》（*Bilder aus der Deutchen Vergangenheit*，1859 - 1867）。另一名成功的业余历史学家是 J. R. 格林，他既是神职人员，同时也是《英国人民简史》（*Short History of the English People*，1874）的作者。

也有一些风行一时的历史著作出自公众人物之手，比如，法国的弗朗索瓦·基佐所写的欧洲文明史和法国文明史著作①，以及英国的麦考莱（Thomas Babington Macaulay）。麦考莱曾任英国议会议员和记者，基佐早年间任教于索邦大学，后在 1830 年到 1848 年期间成为法国政治领袖之一。

麦考莱的五卷本《英国史》（1848—1861）甫一问世，就获得了成功。第一卷的 3000 册首印，在两星期内就宣告售罄。到 1856年，这部著作已经出了 12 版，并被翻译成法语、德语、西班牙语，以

116

---

① *Cours d'histoire modern*，2 vols. （Paris，1828 - 1830）.

及丹麦语、芬兰语、希腊语、捷克语、波兰语和匈牙利语。《墨西哥征服史》(1843)及其姊妹篇《秘鲁征服史》(1847)，也是这一时期最为畅销的历史书之一，作者威廉·希克林·普雷斯科特(William Hickling Prescott)曾在哈佛大学学习，后来成为一名独立学者。

一些少儿历史读物也很畅销，包括马克汉姆夫人(Mrs Markham)的《英格兰史》(*History of England*，1823)和玛丽亚·卡尔科特(Maria Callcott)的《小亚瑟的英格兰史》(*Little Arthur's History of England*，1835)。实际上，无论我们多么不愿意承认，那些最被广泛阅读的历史著作，或许就是学校所用的历史教科书。在19世纪，各国陆续将大学教育规定为义务。与此同时，历史，尤其是国家史，在课程中被赋予重要地位，并最终形成了1880年代历史教科书的"爆炸式"出版。

许多人通过百科全书接触到历史知识和思想，即便在大多数时候，历史学词条只是被一扫而过，而不是被仔细研读。这是百科全书发展史上的重要时期，数量和开本都在扩大。在德语地区，人们阅读《布罗克豪斯百科全书》(该书为多卷本，其中1819—1820年出版的第五版格外重要)。在法语地区，有《19世纪百科大词典》(*Larousse：the Grand Dictionnaire*，1863 - 1876)以及后来的《插图拉鲁斯百科》(*Nouveau Larousse Illustré*，1897 - 1904)。[①] 英语读者则可以看到《不列颠百科全书》(*Encyclopaedia Britannica*)，尤其是1911年出版的第11版。

然而，虚构作品中所传达的历史图景，可能会给读者更深的印象。其中一部重要的史诗著作，是波兰诗人亚当·密茨凯维奇(Adam Mickiewicz)发表于1834年的《塔杜施先生》(*Pan Tadeusz*)。这或许是欧洲文学史上最后一部重要的史诗。故事发生在1811年到1812年间的前波兰—立陶宛联邦(该联邦1794年瓦解，详见该书介绍)，讲述了抵抗沙俄入侵的农民起义中所发生

117

---

① Pascal Ory，'Le "Grand Dictionnaire" de Pierre Larousse'，in Pierre Nora(ed.)，*Les Lieux de mémoire*，7 vols.(Paris，1984 - 1993)，i. 229 - 246.

的一段爱情故事。另一部史诗系列是麦考莱的《古罗马叙事诗》（*Lays of Ancient Rome*，1842）。这部书到 1846 年已出到第七版，它将德国学者尼布尔关于早期罗马的看法，推向了更广大的读者群。不过，最主流的历史类虚构作品是历史小说。

历史小说在 17、18 世纪即已出现。[①] 华特·司各特爵士（Sir Walter Scott）是这一传统上的杰出人物。他的小说有意识地重新讲述了历史中的礼仪和风俗，譬如讲述 18 世纪苏格兰的《威弗利》（*Waverley*，1814）《中洛辛郡的心脏》（*The Heart of Midlothian*，1818）两部作品，背景设置为 1745 年和 1736 年的苏格兰，以及关于中世纪法国的《昆廷·杜沃德》（*Quentin Durward*，1823）和关于英格兰的《艾凡赫》（*Ivanhoe*，1819）。

司各特的作品启发了许多小说家，其中最明显的是亚历山达罗·曼佐尼（Alessandro Manzoni），他的《约婚夫妇》（*I promessi sposi*，1827）以 17 世纪的米兰为背景。在法国，有巴尔扎克的《舒昂党人》（*Les Chouans*，1829），讲述了农民抵抗法国大革命的故事，以及维克多·雨果的《巴黎圣母院》（1831—1832）和司汤达的《帕尔马修道院》（1839）。在俄国，托尔斯泰写出了《战争与和平》（1865—1869）。波兰的亨利克·显克微支，其最有名的作品是以尼禄时期的罗马帝国为背景《你往何处去?》（*Quo Vadis?*，1896）。但在波兰，他更以本国史的写作著称，如讲述 17 世纪瑞典侵略的《洪流》（*Potop*，1886），以及讲述抵抗条顿骑士团斗争的《十字军骑士》（*Krzyzacy*，1900）。

在西班牙，也有一位司各特爵士一样的作家，贝尼托·佩雷斯·加尔多斯（Benito Pérez Galdós）写出了 46 卷的《民族轶事》；匈牙利的约卡伊（Mór Jókai）也同样多产，他的历史小说作品包括《德兰斯瓦尼亚的黄金时代》（*Erdély aranykora*，1852）《一个匈牙利富

---

① Peter Burke, ' History, Myth, and Fiction ', in José Rabasa, Masayuki Sato, Edoardo Tortarolo, and Daniel Woolf(eds.), *The Oxford History of Historical Writing*, *vol. 3*：*1400 - 1800*(Oxford, forthcoming).

豪》(*Egy Magyar nabob*，1853)，以及《近卫军团最后的日子》(*Kárpáthy Zoltán*，*Janicsárok végnapjai*，1854)。

这一时期的历史小说家中，不乏野心勃勃者意图建立自己对历史的阐释。这些阐释通常与专业历史学家的看法一致，但有时也不一样。比如司各特的《艾凡赫》将 12 世纪的英格兰描述成诺曼和盎格鲁-撒克逊两个民族间仍然分离敌对的状态。众所周知，当历史学家们颂扬拿破仑的胆略时，司汤达和托尔斯泰则认为，滑铁卢和博罗季诺战役，是由于"来自底层"的无人可以控制的情势所导致的。

这一时期最受欢迎的历史小说家可能是爱德华·鲍沃尔-利顿(Edward Bulwer-Lytton)、大仲马和亨利克·显克微支。《三个火枪手》《基督山伯爵》让大仲马名利双收，这两部小说单独出版之前都曾在杂志上连载。鲍沃尔-利顿的《庞贝末日》(*The Last Days of Pompeii*，1834)被翻译成了十种语言。显克微支的《你往何处去?》到 1900 年时已被翻译成 23 种语言，仅在美国就一年内卖出 40 万册。[1]

除了这些大获成功的书籍外，在对大众历史观念印象的建立和重建过程中，物质文化与戏剧艺术发挥了比文字更大的作用。

表演艺术

19 世纪，国家与地方政府均出资兴建大量的剧院，历史剧在当时的戏剧中，占据了主流地位。弗里德里希·席勒(Friedrich Schiller)所创作的一系列历史剧，率先掀起了这一波热潮。席勒曾是学院派的历史学家，但真正使他成名的是《华伦斯坦三部曲》(*Wallenstein*，1798－1799)，讲述苏格兰女王血腥玛丽的《玛利亚·斯图亚特》(*Maria Stuart*，1800)，圣女贞德传记《奥尔良的姑娘》(*The Maid of Orleans*，1801)及《威廉·退尔》(*William Tell*，

---

[1] Maria Kosko, *Un 'best-seller' 1900：Quo Vadis?* (Paris，1960).

1804）等历史剧。席勒的创作时期与奥古斯特·斯特林堡（August Strindberg）的创作接近。斯特林堡的历史剧作品包括《古斯塔夫·瓦萨》（*Gustav Vasa*）和《艾里克十五世》（*Erik XV*），这两部作品均发表于 1899 年。许多以其他文学体裁知名的作家，包括歌德、雨果、大仲马，也参与到历史剧的创作。

在这一时期，比戏剧更为流行的是历史题材的歌剧。法国作曲家丹尼尔·奥柏（Daniel Auber）在歌剧作品中，讲述了 17 世纪马萨尼埃略领导的农民起义（1828）和瑞典国王古斯塔夫三世遇刺的故事（1833）。法国观众同时还能欣赏到贾科莫·梅耶贝尔（Giacomo Meyerbeer）的歌剧《恶魔罗伯特》（*Robert le diable*，1831）和《胡格诺派》（*Les Huguenots*，1836）。在德国，有瓦格纳的《黎恩济》（*Rienzi*，1842）和《纽伦堡的名歌手》（*Die Meistersinger von Nüremberg*，1863）。俄国则有米哈伊尔·伊万诺维奇·格林卡（Mikhail Glinka）的《为沙皇献身》（*Zhizn' za tsarya*，1836），莫杰斯特·穆索尔斯基（Modest Mussorgsky）的《鲍里斯·戈东诺夫》（*Borís Godunóv*，1874）。

当然，最能从歌剧中获取历史知识的当属意大利观众。葛塔诺·多尼采蒂（Gaetano Donizetti）创作了关于安妮·博林（Ann Boleyn，注：英格兰王后，英王亨利八世第二个王后）、卢克雷齐亚·波吉亚（Lucrezia Borgia，注：一名意大利文艺复兴时期贵族女性，她是罗马教宗亚历山大六世的私生女，母亲为瓦诺莎·卡塔内。出身贵族的她，长期赞助艺术家从事艺术活动，是欧洲文艺复兴时期的幕后支持者）和阿尔瓦公爵（Duke of Alba）等人的歌剧。威尔第也同样喜欢从历史中寻找主题，尤其是意大利史，例如《伦巴第人在第一次十字军中》（*I Lombardi alla prima crociata*，1843）①《西西里晚祷》（*Les vêpres siciliennes*，1855）《西蒙·波卡涅拉》（*Doge of Genoa Simon Boccanegra*，1857）。

119

---

① Claudia Bushman，*America Discovers Columbus*：*How an Italian Explorer Became an American Hero*（Hannover，NH，1992）.

在这一时期的最后,出现了一些成功的历史电影。马里奥·卡西里尼(Mario Caserini)于 1908、1913 年分别将鲍沃尔-利顿的《庞贝末日》和孟佐尼的《约婚夫妇》搬上银幕。除此之外,还有 1915 年 D. W. 格里菲斯(David Wark Griffith)饱受争议的电影《国家的诞生》。

这一时期的许多公共纪念活动,尤其是周年庆和百年庆,都可以被视作多媒体的表演,它们在观众心目中刻下了对历史的特定想象和解释。因此,德国作家恩斯特·莫里茨·阿恩特(Ernst Moritz Arndt)提倡国家节日,包括纪念与古罗马的条顿堡森林战役和战胜拿破仑的莱比锡战役的胜利。公共纪念是一个古老的习俗,但是成为定规的百年庆则是相对晚近才出现的,百年庆在 18 世纪兴盛于欧洲各地,到 19 世纪后半叶仍然流行。

在 1800 年到 1914 年期间的诸多庆典中,还有两场千年纪念活动:一是 1896 年庆祝马扎尔人定居匈牙利,一是 1901 年对阿尔弗雷德大帝去世的千年纪念。1865 年,意大利刚刚统一不久,就举办了但丁的 600 周年诞辰纪念。1869 年捷克举办扬·胡斯(Jan Hus)的 500 周年诞辰纪念日,其时捷克仍在哈布斯堡帝国的统治下。1892 年则有各种各样纪念哥伦布发现新世界 500 周年的活动,在美国尤为隆重:纽约第五大道的哥伦布拱门(Columbus Arch)举行了盛大游行,一年后的 1893 年 7 月,芝加哥举办芝加哥哥伦布纪念博览会。

路德改革的三百周年庆(1817)和莎士比亚诞辰三百周年(1864)、莎士比亚去世三百周年(1916),分别是这一期间德国和英国的重要庆典。德国人举办火炬游行、讲演、唱赞美诗来庆祝 1817 年,地点是维滕堡,即马丁·路德发起改革运动的地方。1864 年,英国人分别在伦敦和斯特拉特福演出莎剧以纪念莎士比亚,纽约中央公园则竖起了莎士比亚的纪念碑。

各种百年庆活动,如 1876 年的美国革命百年庆、1888 年英国人移民澳大利亚的百年庆和 1889 年的法国大革命百年庆,这些公共纪念活动的规模之大，从巴黎埃菲尔铁塔的建立即可见一斑。①

当然，在文化政治生活中更为重要也更为频繁的是周年庆，如法国人对 1789 年 7 月 14 日占领巴士底狱的纪念。1879 年，第三共和国将"7 月 14 日"（le quatorze juillet）定为常规的国庆日，即埃里克·霍布斯鲍姆所称的"传统的发明"。② 与之类似，美国将 7 月 4 日定为国庆日，以纪念 1776 年《独立宣言》的发表；西班牙将 5 月 2 日定为国庆日，纪念 1808 年马德里市民对法国人的反抗；北爱尔兰人在 7 月 12 日纪念 1690 年的博因河战役，在这场战役中，新教徒威廉三世彻底战胜了天主教徒詹姆斯二世；11 月 5 日，英格兰纪念天主教徒盖伊·福克斯在 1605 年策划议会爆炸的阴谋失败。③

另一种值得一提的表演形式是演讲，无论是议会、内阁的演讲或是室外演讲。演讲内容往往从历史事件中引经据典。譬如身兼议会议员和历史学家两种身份的麦考莱，在 1832 年关于议会革命的演讲中，便将"我们现在桌上的这份《法案》"放置在了一个"伟大的历史进程中"，这一进程开始于中世纪，并"经历了《大宪章》的签订，经历了下议院的首次集结，经历了《权力请愿书》，乃至《权利法案》"。④

120

---

① Pascal Ory, 'Le Centenaire de la Révolution Française', in Nora(ed.), *Les Lieux de mémoire*, i. 523 - 560；以及 Lynn Spillman, *Nation and Commemoration*: *Creating National Identities in the United States and Australia* (Cambridge, 1997).

② Eric Hobsbawm and Terence Ranger (eds.), *The Invention of Tradition* (Cambridge, 1983). Cf. Christian Amalvi, 'Le 14-Juillet', in Nora(ed.), *Les Lieux de mémoire*, i. 421 - 472.

③ Diana K. Appelbaum, *The Glorious Fourth* (New York, 1989); David Waldstreicher, *In the Midst of Perpetual Fêtes*: *The Making of American Nationalism*, *1776 -1820* (Chapel Hill, NC, 1997); Christian Demange, *El Dos de Mayo*: *mito y fiesta nacional*, *1808 -1958* (Madrid, 2003); Dominic Bryan, 'Interpreting the 12th', *History Ireland*, 2 (1994), 37 - 41; and Brenda Buchanan, David Cannadine, Justin Champion, David Cressy, Pauline Croft, Antonia Fraser, and Mike Jay, *Gunpowder Plots* (London, 2005).

④ Quoted in John Clive, *Macaulay*: *The Shaping of the Historian* (London, 1973), 178.

视觉文化

绘画也可被视为表演形式之一,画家们常常从历史中选取题材。19世纪是欧洲历史画的黄金时代,尤其是从1789年到1914年的所谓"漫长的19世纪"。并且,在这一时期中,1850—1900年有着格外的重要性。大量的历史画在这一时期产生——仅1769年到1904年期间,皇家学院所展出的以英国历史为主题的绘画就有700件。一些著名画家专事历史题材:法国的保罗·德拉罗什(Paul Delaroche)和欧内斯特·梅松尼尔(Ernest Meissonier),英国的约翰·米莱(John Millais),普鲁士的阿道夫·门采尔(Adolf Menzel),波兰的扬·马泰伊科(Jan Matejko)。

这类历史画的流行主题往往是英雄人物、军事领袖和国家象征人物,如英格兰的阿尔弗雷德大帝和伊丽莎白女王,西班牙女王伊莎贝拉,瑞典国王古斯塔夫·阿道夫或卡尔十二世,普鲁士的腓特烈大帝,法国的亨利四世和拿破仑,美国的华盛顿,南美洲的玻利瓦尔。宗教英雄也常被描绘,如胡斯、马丁·路德、苏格兰新教的布道者约翰·诺克斯(John Knox)、波兰的天主教士皮厄特勒·斯卡尔加(Piotr Skarga)。另外,这些绘画也呈现各国的文化英雄,比如哥伦布、塞万提斯,乃至画家们的祖师爷,如拉斐尔和提香。选择历史上的伟大画家作为创作主题,或许是在试图提高艺术在公众间的重要性。但是在画家们选择的主题人物中,占据主流的仍是那些已被称为"民族偶像"(National Icons)的人物。①

重要的历史事件也在绘画中被频繁呈现,胜利的战役是最流行的主题。梅松尼尔的笔下有拿破仑击败俄国和普鲁士的弗里德兰战役,门采尔画过霍克奇战役中的腓特烈大帝,马泰伊科画过波兰人赢得坦能堡战役的场面。此外,被历史画家们钟爱的主题还有:

---

① "民族偶像"一词来自 Albert Boime, *The Unveiling of the National Icons* (Cambridge, 1998)。

美国发表《独立宣言》，1818 年由约翰·特朗布尔（John Trumbull）创作；1810 年的加的斯会议；委内瑞拉画家马丁·托瓦尔（Martín Tovar）画下了委内瑞拉《独立宣言》（*Firma del Acta la Independencia*）的签订场景；巴西画家佩德罗·阿梅·德梅洛（Pedro Américo de Melo）的作品《不独立，毋宁死》（*Grito do Ipiranga*），这件作品是《伊达尔戈的呐喊》（The Cry of Hidalgo）在巴西的翻版，正是在伊达尔戈的吼声下，佩德罗一世宣布巴西从葡萄牙治下独立。对新领地的殖民也是画家钟爱的主题，如早期清教徒移民来到马萨诸塞，或 1893 年米尔利·芒卡克西（Mihály Munkácsy）为国会创作的，纪念马扎尔人定居匈牙利一千周年的《大征服》（*Honfoglalás*）。

　　平面艺术也在历史印象的传播中起到了重要作用。知名绘画的复制品，如德拉罗什《克伦威尔》（Cromwell，1833）的版画，范切斯科·哈耶兹（Francesco Hayez）《西西里晚祷》（Sicilian Vespers）的印刷品，见过其图像的人要远远多于有幸见到原作的人。包括教科书在内的历史书中的插画，或许比文字本身更有传播力量，尤其是对于年轻读者。约翰·卡塞尔（John Cassell）的《图说英国史》（*Illustrated History of England*，1856—1864）在出版市场上大获成功，到 1905 年时已出到第九版。门采尔的历史插画则集中于腓特烈大帝。

　　19 世纪早期，大量博物馆兴建并展出尤其是有关民族国家历史的文物。匈牙利国立博物馆于 1802 年开放；丹麦国立博物馆于 1809 年开放；布拉格国立博物馆于 1819 年建立；布宜诺斯艾利斯公立博物馆于 1822 年开放；大英博物馆于 1823 年开放，以及英国国家美术馆紧随其后于 1824 年开放（1857 年开放的英国国家肖像馆在激励爱国主义的意图上更为明显）。

　　博物馆不仅表述历史，并且塑造甚至生产对历史的特定感知。对展品的选择和排列，将展柜标签上的信息清晰地传递给观众。在考古学界，克里斯丁·汤姆森（Christian Thomsen）对石器时代、铜器时代和铁器时代著名的编年，来自他对丹麦古董博物馆

122

（Danish Museum of Antiquities）馆藏目录的研究。在人类学界，弗朗茨·博厄斯（Franz Boas）的反进化论观点和他对文化纯净主义的强调，则源自华盛顿史密森尼学会（Smithsonian）等博物馆中所藏美洲印第安人文物排序的争议。

形成对比的是，19 世纪晚期则是大肆修建纪念碑的时代，或许我们可称之为"雕塑热"的一段时期。以柏林为例，在 1858 年只有 18 处公共纪念建筑，而 1905 年时这个数字上升到 232 处。[①] 公共纪念碑是建构或重构所谓"文化记忆"的重要手段，"文化记忆"，换言之，即是一种共有的历史印象。树立一个纪念碑，即是为某人或某事件"封圣"的有力手段，如 1810 年建于巴黎的旺多姆圆柱，就是为了纪念法国赢得了奥斯特里茨战役而建立的。

市镇景观愈发被国家英雄们的雕像所占据，包括军事英雄们的骑马青铜像，如加里波第、玻利瓦尔、威灵顿、何塞·德·圣马丁，或国家领袖，如德国皇帝威廉一世、意大利国王维托里奥·埃马努埃莱二世。在意大利有接近 400 座加里波第雕像被建起，德国也有超过 300 座的威廉一世雕像。[②] 政治家，如俾斯麦、加富尔、英国首相格莱斯顿也被塑像纪念，尽管他们身上的公民着装与雕塑底座的古典装饰格格不入。

部分作家、思想家和艺术家也以同样的方式被纪念，尤其是在某些国家，比如巴黎在这一时期，在显要的位置立起了狄德罗、伏尔泰、蒙田和孔德的塑像。在伦敦，难找到那么多的文化名人，但爱丁堡在这一时期建起了罗伯特·彭斯（Robert Burns）的雕塑，在 1844 年又揭幕了一个比彭斯像还要大许多的瓦尔特·司各特像。但丁的雕像在意大利始终有着重要意义，在德国则有歌德和席勒。西班牙人以同样的方式将塞万提斯抬入圣堂，荷兰人有伦勃朗和冯德尔，波兰人有哥白尼和密茨凯维奇，匈牙利人也有诗人裴

---

①   Reinhard Alings, *Monument und Nation*，*1871 - 1918*（Berlin，1996），76.

②   Ibid.，78; and Lars Berggren and Lennart Sjöstedt, *L' ombra dei grandi*：*monumenti e politica monumentale a Roma*，*1870 - 1895*（Rome，1996），4.

多菲。

　　街道的命名和重命名强化了这些信息。法国大革命后，确切地说是 1791 年开始，大量的巴黎街道被重新命名。路易十五广场被更名为"革命广场"（Place de la Révolution），圣母桥被更名为"理性之桥"（Pont de la Raison），塞纳河的一处码头被命名为"伏尔泰码头"，再次表达或形塑了集体记忆的变动。1870 年之后，意大利出现了加里波第街（热那亚）和加富尔街（佛罗伦萨）。在巴西等地，有的城市为纪念本地英雄而更名，如蒂拉登蒂斯（1889）和弗洛里亚诺波利斯（1894）。这两个城市的更名，是为纪念 18 世纪第一共和国时期的策动者兼军人、后成为巴西最初几位总统之一的弗洛里亚诺·佩绍托（Marshal Floriano Peixoto）。

123

　　一些街道在重要的历史日期过后被改名，以加固对诸如 7 月 14 日这类年度节日的纪念。1840 年马德里的原圣彼得新街（Calle de San Pedro Nueva）被更名为"五月二日街"（Calle del Dos de Mayo），同名广场则可以追溯可 1869 年。1870 年加里波第的军队开进罗马后，罗马建起了"九月二十日街"（Via XX Settembre）。1865 年，巴西圣保罗的原"低街"（Rua de Baixo）更名为"三月二十五日街"（Rua 25 de Marco），纪念 1825 年 3 月 25 日巴西帝国向议会宣誓。在 1889 年 11 月 15 日巴西宣布成立共和国后，圣保罗因佩拉特里斯街（Rua da Imperatriz，意为"皇后街"）更名为"十一月十五日街"（Rua 15 de Novembro）。这种命名行为直到一战之后仍然普遍（俄国则在 1917 年后仍继续着）。然而，英国却从来没有进行过这种以国家历史日期命名街道的活动，或许相比于革命，英国人更重视延续。

　　在世界所有的雕像人物中，被塑像的将军都有值得一提的历史重要性，那些街道、广场、桥梁名字中铭刻的战役也同样如此。在巴黎，乌尔姆街（rue d'Ulm）、耶拿桥（Pont d'Iéna）、奥斯特利茨站（Gare d'Austerlitz），都是为了纪念拿破仑所取得的胜利。而在伦敦，有些地名则是纪念拿破仑的战败，如特拉法加广场（Trafalgar Square）、滑铁卢桥（Waterloo Bridge）、梅达维尔站（Maida Vale，以南意大利的梅达战役命名,1806 年,英国人在这场战争击败了法国人)。

对历史的挪用

显然,许多历史主题的选取,是出于我们今天所称之为"人的兴趣"(human interest)的考虑,换言之,即人们的同情和感情诉求。许多绘画表现了生涯悲惨的皇室女性,如胡安娜一世或苏格兰的玛丽女王。玛丽的故事被德国、法国、波兰、挪威各地的戏剧,以及多尼采蒂的歌剧和许多绘画所演绎。[①] 在 1776 年到 1897 年皇家学院展出的绘画中,玛丽的形象出现了 75 次,在英国的历史画中占到了 10％以上的比例。[②]

同样,许多关于历史的图像传递了清晰的政治信息。美国文学史学者范・怀克・布鲁克斯(Van Wyck Brooks)于 1915 年提出的"有用的历史"的概念(usable past),在解释 19 世纪生产的历史印象时也同样有用。许多历史作品对读者强化了宗教、民主、共和等价值观。

124　　约翰・洛特洛普・莫特利(John Lothrop Motley),一名来自新英格兰的新教徒,在他的《荷兰共和国的崛起》(*Rise of the Dutch Republic*,1855)一书中,将荷兰独立战争描写成新教徒反抗西班牙迷信和专制的斗争。英国历史学家爱德华・奥古斯塔斯・弗里曼(Edward Augustus Freeman)在五卷本的《诺曼征服英格兰史》(*History of the Norman Conquest of England*,5 vols,1870 - 1879)中,宣称自己愿意投身于黑斯廷战役中,向当时的人们讲述盎格鲁—萨克森民族的民主与自由的故事。[③] 皮埃尔・拉鲁斯

---

① Pearl J. Brandwein, *Mary Queen of Scots in Nineteenth- and Twentieth-Century Drama*(New York, 1989); and Roy Strong, *And When Did You Last See Your Father? The Victorian Painter and British History*(London, 1978).

② Ibid. , 162 - 163.

③ John Burrow, *A Liberal Descent: Victorian Historians and the English Past* (Cambridge, 1981),155 - 192.

（Pierre Larousse），即《19 世纪百科大词典》的编者，利用书中的一些历史词条作为表达自己共和观点的工具，对路易九世和路易十四的评价都颇为负面。[1]

19 世纪末的法国可谓是历史学的角斗场，历史教材相互竞争，试图灌输截然不同的价值观。欧内斯特·拉维斯（Ernest Lavisse）所写的法国史力挺新共和国的世俗价值观，而另一本与之针锋相对的、由吕西安·贝利勒神父（Lucien Bailleux）所撰的法国史，则支持传统的天主教价值观。[2]

然而，这一时期被主流表达的历史主题仍是国家的庆祝，或者，在英国方面则是帝国的庆祝。如此多的历史学家们在这一时期所写的民族国家史，在构建想象的民族共同体的过程中，起到了重要作用，无论这些国家是否已经取得了形式上的独立（如波兰或捷克），还是仍处在对独立民族国家的渴望中。一些学者因为书写民族国家史而成为民族英雄，如瑞典的埃里克·古斯塔夫·格蒂赫尔（Erik Gustaf Geijer）和捷克的弗兰蒂谢克·巴拉茨基（František Palacký）。1885 年瑞典乌普萨拉市树起了一座格蒂赫尔雕像；1912 年布拉格树起了巴拉茨基像。

正如我们所见，这一时期欧洲和美国民众所接受到的历史图像和历史解释，大多数并非来自专业历史学家的著作。正如今天的人们更容易从屏幕上记住人物、地点和时间，在我们所讨论的这一时期，这些信息通过小说、绘画、纪念碑、公众纪念活动而被一个一个的人所记住。瓦尔特·司各特和约卡伊通过唤醒苏格兰或匈牙利历史，激起人们的民族情绪。约卡伊是一名热忱的爱国主义者，他在 1848 年参加了匈牙利独立战争。

历史表现往往是一种寓言，它期待观者能够通过解读历史事件的图像以参照当下。法国画家弗朗索瓦·杰哈（François Gérard）

---

[1] Ory, 'Le "Grand Dictionnaire" de Pierre Larousse', 241.

[2] Ernest Lavisse, *Histoire générale... à l'usage des candidats au certificat d'études primaries*（Paris，1884）；and Lucien Bailleux, *L'histoire de France enseignée d'après les programmes officiels*（Paris，1884 - 1887）.

的作品《亨利四世进入巴黎》(*L'Éntrée d'Henri IV à Paris*，1817)，
明显地影射了 1815 年的波旁王朝复辟。维克多·雨果的戏剧《克
125　伦威尔》(1828)，实际上体现了他对拿破仑生涯的评价。德拉罗什
的《塔中的王子们》(*Les Enfants d'Édouard*，1830)和《克伦威尔和
查理一世》(*Cromwell and Charles I*，1831)，被当时的人们理解为
是在评价路易—菲利普一世的"篡位"，尽管在 1830 年的革命之前
德拉罗什的这两幅画即已开始动笔，并且，据说路易—菲利普一世
曾为此动怒。①

　　来自意大利的两个对比鲜明的例子，可以清楚地说明政治对历
史的利用。朱塞佩·贝泽利(Giuseppe Bezzuoli)的《查理八世来到
佛罗伦萨》(*L'entrata di Carlo VIII in Firenze*)是由奥地利大公、佛
罗伦萨统治者利奥波德二世委托创作的，或许利奥波德二世是想
要表明一个来自外国的统治者也可以为他的臣民带来自由。在意
大利成为联邦国家的同一年，斯蒂法诺·乌西(Stefano Ussi)画了
《雅典大公被佛罗伦萨驱逐》(*La cacciata del duca d'Atene*，1860)，
形象地回应了贝泽利，这幅画指向的是 1859 年利奥波德被意大利
驱逐，结束了他自 14 世纪所继承来的权力。文森佐·贝利尼的
《诺尔玛》(*Norma*，1831)中以古高卢人代指现代的意大利人，正
如威尔第歌剧《阿提拉》(*Attila*，1846)中以匈奴人指代哈布斯堡
王室。1874 年巴黎建起了圣女贞德的纪念碑——这位女英雄将英
国侵略者赶出法国——所指的明显是 1871 年德国夺走阿尔萨斯—
洛林一事。②《你往何处去？》作为一部关于早期基督教的小说，在
海外获得了广泛受众，许多波兰读者以及后来沙俄帝国的部分读
者，认为这本书是对帝国专制的谴责。

---

①　Francis Haskell，'The Manufacture of the Past in Nineteenth-Century History
　　Painting'，in id.，*Past and Present in Art and Taste*(New Haven and London，
　　1987)，77；and Stephen Bann，*Paul Delaroche*：*History Painted*(London，
　　1997)，114 - 115.

②　Albert Boime，*Hollow Icons*：*The Politics of Sculpture in Nineteenth-Century
　　France*(Kent，OH，1987).

第六章 学院外的史学：官方与非官方的历史呈现（1800—1914 年）

唤起民族荣誉，有时是如法国那样由官方发起，但在这一时期，也常常是一种颠覆举动，正如意大利统一之前那样。威尔第并不是一个狭义上的民族主义者，但他的歌剧往往被听众解读为统一意大利的呼吁。《来尼亚诺战役》(*battaglia di Legnano*)1849 年于罗马首次公演，正是意大利争取统一和独立的时期。该剧的剧本由萨尔瓦托雷·坎马诺(Salvatore Cammarano)撰写，充满了——或许是已过时的——"意大利"(Italia)和"家"(la patria)的字眼，自然而然地被观众热情接受。贝利尼的《诺尔玛》1848 年在克雷莫纳上演时受到了（外国）政府的阻挠，因为其中"高卢将会从外国人手中解放"一句获得了经久不息的掌声。[①]

对于英国来说，这一时期对帝国的强调大于民族。许多历史图像表达和传播了帝国主义价值。约翰·西利(John Seeley)的《英国扩张史》(*Expansion of England*，1883)描述和评价了不列颠帝国的崛起。约翰·艾佛雷特·米莱(John Everett Millais)最广为流传的历史画之一《雷利的童年》(*The Boyhood of Raleigh*)，表现了一名在 19 世纪常被看作是英帝国奠基人之一的探险家，并将他的生涯进行了浪漫化的处理。雷利的同时代人莎士比亚，也被用于构建帝国理想。1916 年，当举办莎士比亚三百周年忌辰时，英国还试图将莎士比亚在全球的传播阅读联系到帝国探险所产生的影响。[②]

体现在雕塑上，来自帝国都会的英雄雕像要高于本地英雄雕像的地位，这是帝国主义的显著特征。纪念碑也同样如此，从威灵顿公爵的哥哥理查·威尔斯利(Governor-General Richard Wellesley)到维多利亚女王和寇松侯爵(Lord Curzon，1898—1905 任印度总督)，英国统治者、战士、印度总督要高于地方人物。后者的塑像和纪念碑相对较少，尽管 1865 年墨尔本立起了探险家罗伯特·伯克(Robert Burke)和威廉·威尔斯(William Wills)的纪念碑，以及 1882 年都柏

126

---

① John Rosselli, *The Opera Industry in Italy from Cimarosa to Verdi*：*The Role of the Impresario*(Cambridge，1984)，166.

② Coppélia Kahn, 'Remembering Shakespeare Imperially：The 1916 Tercentenary'，*Shakespeare Quarterly*，52(2001)，456-478.

林建立了丹尼尔·奥康奈尔（Daniel O'Connell）的纪念碑。

一个颇为极端的案例是，1863 年德里树起一座纪念碑，纪念被英国人称为"印度叛乱"（Indian Mutiny）的事件，而印度人则开始将此事看作是一次不成功的独立战争（在 1947 年印度独立之后，纪念碑上添加了新的铭文，在征服者之外增加了对被征服者的纪念）。

西班牙帝国的情况与此类似，体现在这一时期的绘画和雕塑上。哥伦布和埃尔南·科尔特斯的图像既出现在西班牙，也出现在墨西哥。直到墨西哥独立之后很长时间，墨西哥本地英雄的塑像才被建立起来，如 1887 年墨西哥城建立的阿兹科特帝国君主库奥赫特莫克（Cuauhtémoc）塑像。

大众的民族主义化

当我们说"挪用"历史的时候，我们需要问"为谁挪用"。如果我们不知道受众的情况是什么样子的，那么对上述这些对历史表达的考察，只不过是没有血肉的骨架而已。历史学家如果考察这种大众如何接受这些历史印象，可以从非常不同的日常生活领域里提取种种碎片式的证据，包括对孩子的命名。这一时期出生在罗马尼亚的男孩，有很多叫作"维吉尔"（Virgil）、"奥维迪乌"（Ovidiu）或"图拉真"（Traian），以示罗马尼亚对罗马的认同，正如民族史学家尼古拉·约尔加（Nicolae Iorga）笔下呈现的那样。与此相似的是，巴西这一时期出生了许多叫华盛顿、杰弗逊、牛顿、爱迪生的男孩，见证了这一时期人们对民主、共和、科学、技术史的普遍兴趣。

本文引用的众多案例表明，这一时期非学院派历史作品的主要功用，就是已故的乔治·莫斯（George Mosse）所说的"大众的民族主义化"。[1] 更确切地说，是通过历史来激励人们的民族热情和对

---

① George L. Mosse, *The Nationalization of the Masses: Political Symbolism and Mass Movements in Germany from the Napoleonic Wars through the Third Reich* (New York, 1975).

127

国家的忠诚，尽可能地覆盖更多的人群，从工人阶级到中产阶级，从农民到市民，从妇女儿童到成年男性，从生活在国家边疆说着布列塔尼语或加泰罗尼亚语等自己方言的居民，到国家中心地区的民众。已故历史学家欧根·韦伯（Eugen Weber）曾强调，19 世纪晚期，即基础教育成为义务教育的时期，法国学校中所讲授的历史课程，起到了以国家认同代替地方认同的作用，从而"将农民变成法国人"。①

当我们从 21 世纪回顾本文所集中讨论的这段时期，我们会发现，本文所列举的种种媒体在该时期有着超乎我们想象的广泛影响。如意大利的歌剧观众中往往不乏工匠、店主和他们的家人，尤其是"当剧院、上演期、体裁、坐席中所暗含的等级秩序开始下移时。"②作为一名历史学家，麦考莱的声望也不仅仅局限于上层阶级或中产阶级。《英国史》的"大众版"出版后，许多住在曼彻斯特附近的工人给麦考莱写信，感谢他写了这样的一部书；工人们在每周三的晚上大声朗读这部著作。③

在考察公共纪念碑的时候，我们往往会发现其背后的赞助人。德国国会大厦资助建立了威廉一世的骑士雕像，在 1897 年威廉一世百年诞辰之际落成于柏林。一些非官方出资的纪念碑则是某种"文化战争"的结果。1867 年出现了一场围绕伏尔泰雕像铭文的斗争，这场斗争的开启者是共和党人、反教权主义者和编辑莱昂诺尔·哈文（Léonor Havin）。④ 意大利也出现了类似情形，反教权主义者们——其中有些人是共济会成员——在国际支持下，要求在罗马建立布鲁诺雕像，选址为百花广场（Campo dei Fiori），即布鲁诺

---

① Eugen Weber, *Peasants into Frenchmen：The Modernization of Rural France, 1870-1914*（Stanford，1976）.

② Rosselli, *The Opera Industry in Italy from Cimarosa to Verdi*, 45.

③ William Thomas, 'Macaulay, Thomas Babington', *Oxford Dictionary of National Biography*（Oxford，2004），http://www.oxforddnb.com/view/article/17349（accessed 7 December 2010）.

④ Stephen Bird, *Reinventing Voltaire：The Politics of Commemoration in Nineteenth-Century France*（Oxford，2000）.

被宣布为异教徒并被烧死的地方。这些意大利的反教权主义者将布鲁诺视为思想自由的图腾，并将历史视为科学与宗教、自由与镇压之间的斗争过程。[1]

捐赠雕像往往会揭示出纪念碑在建立过程中的广泛参与，几个来自伦敦的案例或许可以说明这一点。出身上层社会的激进改革者、奴隶制的反对者、法国大革命的支持者约翰·卡特赖特（Major Cartwright），其1831年落成于伦敦雕像底座上写着"由公众捐赠而成"。滑铁卢宫雕塑群的铭文提供了较准确的背景信息：约翰·福克斯·伯格因（J. F. Burgoyne）的雕像"由他在皇家工兵担任军官的弟弟建立"；北极探险家约翰·富兰克林爵士（Sir John Franklin）的雕像下，则写有"由议会不记名投票决定建立"；海军军官罗伯特·司各特（R. F. Scott），他更出名的一个名字"探险家司各特"（Scott of the Antarctic），雕像的铭文上写着"由舰队军官们所建"；来自印度旁遮普的公务员约翰·劳伦斯（John Lawrence）的雕像上，写着"由劳伦斯在英国和印度的同事们共同建立"——这也是帝国主义的另一处体现。

我们也不能忽视，此类的历史表达，会引起带有敌意的回应，其中不乏偶像破坏者。1792年，巴黎各地的路易十四像被推倒，正如1989年后东欧国家捣毁列宁和斯大林像一样。1864年，都柏林的丹尼尔·奥康尼尔（Daniel O'Connell）的纪念碑基石被推倒后，发生了持续18天的骚乱。1871年巴黎公社期间，画家居斯塔夫·库尔贝（Gustave Courbet）成功地推动了拆毁旺多姆圆柱，这是拿破仑为自己的荣誉所建的。历史图像也被奴隶制的支持者和三K党利用，电影《国家的诞生》激起了美国有色人种协进会和许多来自个人的抗议。格里菲斯或许挑起了一场文化战争，至少是一场对于

---

[1] Lars Berggren, *Giordano Bruno på Campo dei Fiori：Ett monument projekt i Rom，1876 - 1889*（Lund，1991）；另外，Martin Papenheim, 'Roma o morte：Culture Wars in Italy', in Christopher Clark and Wolfram Kaiser（eds.），Culture Wars：Secular-Catholic Conflict in Nineteenth-Century Europe（Cambridge，2003），202 - 226，at pp. 217 - 223. 也有简短提及。

美国历史诠释的争论。

与雕塑一样，公共纪念活动的组织也来自不同个体和不同群体的代言人。1870 年 9 月 2 日，德国在色当战役中战胜法国，此后在一个德国新教徒联盟的大力推动下，9 月 2 日成为一个民族纪念日。1878 年对伏尔泰和卢梭去世一百周年的纪念，来自巴黎市政议会中的左翼推动，并格外强调伏尔泰反教权的一面。①

纪念日常常因眼下的政治需求而被取消和重启。法国的 7 月 14 日，即“巴士底狱日”，在第三共和国早期时是一个“激进的节日”，尤其是 1880 到 1889 年之间，但是在 1906 到 1914 年之间则被左翼所抛弃。西班牙的 5 月 2 日，一名历史学家近来评价道：“将爱国神话体制化成一个国家节日的过程缓慢而艰难。”这说的是 1808 年到 1840 年期间，庆祝活动的各方面对于政府来说太过激进。在 1863 年政府再次取消这一节日，但人们仍以非官方的形式纪念这一天。②

在 1800 年到 1914 年间，北爱尔兰“7·12”纪念日和英格兰的“11·5”纪念日都因政治动向受到波折。在 19 世纪早期，11 月 5 日即被赋予政治色彩，作为对天主教解放（Catholic Emancipation）和英国天主教区重建的响应。至于“7·12”纪念日，从 1870 年代开始，北爱尔兰长期参与游行的人们发表声明，并动员新教徒从非官方的层面上反抗天主教取缔，以寻求“自治”（Home Rule），换言之，就是要求在英帝国内建立爱尔兰的自辖政府。③

美国人类学家威廉·瓦尔纳在著作中提到过一个例子，关于一

129

① Fritz Schellack, *Nationalfeiertage in Deutschland von 1871 bis 1945* (Frankfurt, 1990), 69, 132; and Jean-Marie Goulemot and Eric Walter, 'Les centenaires de Voltaire et Rousseau', in Nora(ed.), *Les Lieux de mémoire*, i. 381 – 420, at p. 388.

② Amalvi, 'Le 14-Juillet'; Demange, *El Dos de Mayo*, 135 – 136, 152, 169.

③ Details in Peter Burke, 'Co-Memorations: Performing the Past', in Karin Tilmans, Frank van Vree, and Jay Winter (eds.), *Performing the Past: Memory, History and Identity in Modern Europe*(Amsterdam, 2010).

个纪念日如何导致出乎意料的后果。① 瓦尔纳将焦点放在一个被他称为"洋基城"（Yankee City）的地方，马萨诸塞州的纽伯里波特。1930 年代，这里举行建城三百周年纪念，庆典过程包括 42 个历史场景。瓦尔纳试图在书中主要表达的是这样一种悖论：对过去的纪念形成对当下的表达。以一种传统的功能主义方式，瓦尔纳将洋基城的三百周年庆典描述为"一个群体相信并希望自己是谁"的故事——几年之后，人类学家格尔茨在对巴厘岛斗鸡活动的研究中，也说过类似的话："（斗鸡）是一个他们讲给自己听的关于他们自己的故事。"

这些构成中所包含的问题已经足够清晰。谁是"他们"？是否每个人——富人和穷人、男人和女人、老年人和年轻人——都讲述着同样的故事？庆典仪式或许极力试图取得某种一致，试图消弭和拒绝距离和分歧。另一方面，对集体记忆的呈现，有时反而会暴露出群内内部的裂痕。

洋基城不是一个单一社会。相反，和许多美国城市一样，诸多种族群体像马赛克一样聚集在这里，他们多数于 19 世纪和 20 世纪迁来。在庆典中，每个群体都各自赞助了一辆彩车。但问题出现了，其中犹太社群的领导者们被要求赞助一台本尼迪克特·阿诺德（Benedic Arnold）主题的彩车，阿诺德是美国独立战争期间的将军，后来叛变投靠英国。换言之，庆典的组织者有意无意地将阿诺德与犹大联系在一起，又将犹大与犹太人联系在一起。经过了"尴尬的公共处境"之后，该犹太社群换了另一台彩车。

更为著名的一个案例发生在 1876 年美国独立一百周年的时候，一些非裔美国人被拒绝参加庆典，而印第安人甚至没有申请参加。女权主义者苏珊·安东尼（Susan Anthony）则发表了非官方性质的《女性独立宣言》（Women's Declaration of Independence）。同样，1889 年的法国大革命一百周年纪念，组织方中也存在两派的对

① William L. Warner, *The Living and the Dead: A Study of the Symbolic Life of Americans* (New Haven, 1959).

立——1989 年的二百周年庆也同样如此——表明大革命对不同的群体有着不同的含义，包括温和派和激进派。[1] 事情总是这样：正是在对国家统一的呈现过程中，政治和社会的裂痕被暴露出来。

当我们总结这一章的时候，或许会意识到专业史学和非专业史学在这一时期存在的鸿沟。学科的专门化使这一鸿沟被扩大了。剑桥学者约翰·西利自视为"科学的"历史学家，而对麦考莱和托马斯·卡莱尔不屑一顾，认为他们是"假内行"，过于"取悦读者"。[2] 巴黎教授阿方斯·奥拉尔（Alphonse Aulard）是法国版的西利，奥拉尔始终与龚古尔兄弟这样的业余历史学家保持距离。在德国，兰普雷希特事件暴露并加大了业余和专业历史学家之间的鸿沟。[3] 卡尔·兰普雷希特是一名专业历史学家，然而他在同行中（至少在他自己的国家里）被许多人称为假内行，与此同时，兰普雷希特的著作在公众中则大受欢迎。

专业与非专业作者的反差，与男女作者的反差有所重合。这一时期，女性总的来说被排除在学院层面的历史研究和教学之外（其他学科也莫不如此）。她们是自学者和爱好者，撰写历史小说，如《威廉·退尔》（*Wilhelm Tell*）的作者、瑞典女作家约翰娜·格雷迪格（Johanna Gredig）。她们也写少儿历史读物（如玛丽亚·卡尔科特），或是关于"妇女史、社会生活史、高雅或低俗的文化史"的专著，如阿奈·巴萨威乐（Anaïs Bassanville's）对法国沙龙史的研究《曾经的沙龙》（*Salons d'autrefois*，1862—1866），茱莉亚·卡特赖特（Julia Cartwright）对文艺复兴时期一名侯爵夫人的研究《伊莎贝拉·埃斯特》（*Isabella d'Este*，1903）。[4] 在这一方面，与爱

130

---

[1]　Ory, 'Le Centenaire de la Révolution Française', 546.

[2]　Deborah Wormell, *Sir John Seeley and the Uses of History*(Cambridge, 1980), 126 - 128; and cf. Ian Hesketh, 'Diagnosing Froude's Disease: Boundary Work and the Discipline of History in Late-Victorian Britain', *History and Theory*, 47: 3(2008),373 - 395.

[3]　见本卷第三章。

[4]　Bonnie G. Smith, *The Gender of History*: *Men*, *Women and Historical Practice* (Cambridge, Mass., 1998),6.

德蒙·德·龚古尔、J. R. 格林、古斯塔夫·弗赖塔格等男性作者一样，女性作者写下了甚至比同时代专业历史学家更具创新意义的作品。①

　　另一方面，格蒂尔和巴拉茨基等专业历史学家有意识地为更广泛的受众写作，并取得了相当可观的成就。儒勒·米什莱，一名因拒绝向拿破仑三世宣誓效忠而失去职位的专业历史学家，后来成为了法国最著名的历史学家，他写下了 17 卷本的皇皇巨著《法国史》(17 卷，1833—1867)和一部法国大革命史。学校教科书有时也由顶尖的历史学家主持编写。欧内斯特·拉维斯的一部通史著作在扉页上注明"本书适用于申请初等教育入学"，该书畅销数千万册。以法国大革命为研究领域的阿方斯·奥拉尔，与一名教育官员合写了一部教科书，标题为《简明通史与法国史》(*Notions d'histoire générale et Histoire de France*，1895)。②

131　　还有一些历史作者很难被归入两边中的某一边，比如北美的威廉·普雷斯科特(William Prescott)和约翰·莫特利(John Motley)，他们接受了学院派的历史训练，但毕生致力于以自己的方式写作。同样难被归类的是康斯坦丁诺斯·帕帕里戈普洛斯(Konstantinos Paparrigopoulos)，他作为一名自学者而于 1851 年获得雅典大学的教席，并成为他同时代中最著名的希腊历史学家，写下了《希腊民族史》(*Istoria tou ellinikou ethnous*，1850—1874)。即便是在历史学专业化的时代里，业余或半业余的历史学家们也仍保有一席之地。

---

① Jonathan Dewald, *Lost Worlds*：*The Emergence of French Social History*，1815 - 1970(University Park, Penn. ，2006).

② Ernest Lavisse, *Histoire générale. . . à l'usage des candidats au certificat d'études primaires*(Paris，1884)；以及 Pierre Nora，'Lavisse, instituteur national'，in id.(ed.) *Les Lieux de mémoire*，i. 247 - 290，at p. 247. 对这一时期历史教科书的研究，首屈一指的是 Marc Ferro's *The Use and Abuse of History*：*or How the Past is Taught*(London，1984)；出版发表时书名为 *Comment on raconte l'histoire aux enfants*(Paris，1981)。

主要历史文献

Dumas，Alexandre，*Les Trois mousquetaires*（Paris，1845）.

Hugo，Victor，*Notre-Dame de Paris*（Paris，1831 - 1832）.

Manzoni，Alessandro，*I promessi sposi*（Milan，1827）.

Scott，Walter，*Waverley*（London，1814）.

—— *Ivanhoe*（London，1819）.

Sienkiewicz，Henryk，*Quo Vadis?*（Warsaw，1896）.

Tolstoy，Lev，*Voyna I mir*（Moscow，1865 - 1869）.

参考书目

Agulhon，Maurice，'La "statuomanie" au 19e siècle'，in id.，
　　Histoire vagabonde，vol. 1（Paris，1988），137 - 185.

Alings，Reinhard，*Monument und Nation*，*1871 - 1918*（Berlin，
　　1996）.

Banfi，Alberto M.，*La nazione del Risorgimento*（Turin，2000）.

Bann，Stephen，*Paul Delaroche：History Painted*（London，1997）.

Berggren，Lars and Sjöstedt，Lennart，*L'ombra dei grandi：
　　monumenti e politica monumentale a Roma*，*1870 - 1895*（Rome，
　　1996）.

Demange，Christian，*El Dos de Mayo：mito y fiesta nacional*，*1808
　　- 1958*（Madrid，2003）.

Dewald，Jonathan，*Lost Worlds：The Emergence of French Social
　　History*，*1815 - 1970*（University Park，Penn.，2006）.

Earle，Rebecca，'Sobre Héroes y Tumbas：National Symbols in
　　Nineteenth-Century Spanish America'，*Hispanic American
　　Historical Review*，85（2005），375 - 416.

François，Étienne and Schulze，H.（eds.），*Deutsche Erinnerungsorte*，
　　3 vols.（Munich，2001）.

Hamilakis, Yannis, *The Nation and its Ruins: Antiquity, Archaeology, and National Imagination in Greece* (Oxford, 2007).

Hargrove, June, *The Statues of Paris: An Open Air Pantheon* (Antwerp, 1989).

Haskell, Francis, 'The Manufacture of the Past in Nineteenth-Century Painting', in id., *Past and Present in Art and Taste* (New Haven and London, 1987), 75 – 89.

Hobsbawm, Eric and Ranger, Terence (eds.), *The Invention of Tradition* (Cambridge, 1983).

Isnenghi, Mario (ed.), *I Luoghi della memoria* (Rome, 1996 – 1997).

Mosse, George, *The Nationalization of the Masses: Political Symbolism and Mass Movements in Germany from the Napoleonic Wars through the Third Reich* (New York, 1975).

Nora, Pierre, (ed.), *Les Lieux de mémoire*, 7 vols. (Paris, 1984 – 1993).

Poulot, Dominique, *Musée, nation, patrimoine, 1789 – 1815* (Paris, 1997).

Reyero, Carlos, *La pintura de historia en España: esplendor de un género en el siglo XIX* (Madrid, 1989).

Smith, Bonnie G., *The Gender of History: Men, Women and Historical Practice* (Cambridge, Mass., 1998).

Strong, Roy, *And When Did You Last See Your Father? The Victorian Painter and British History* (London, 1978).

姜伊威　译

第七章　审查制度与历史：独裁体制下的历史学（1914—1945年）

安东·德贝茨

在独裁体制中，往往是某个由军事力量所支持的小型集团非法地掌握了凌驾于国家之上的权力。独裁体制通常被分为两种：威权主义政体（authoritarian regimes）用暴力推行他们的法规并镇压异议，极权主义政体（totalitarian regimes）在前者的基础上，还试图控制生活的各个方面，包括私人领域。尽管这两种体制在意识形态上有程度差异，但后一种更加试图灌输乌托邦式的幻想，要求民众绝对服从，许诺光明的未来。尽管前者更加传统一点，但二者都是很激进的，无论左翼还是右翼。在1914年到1945年期间，此类体制非常之多，仅欧洲就先后经历过16个这样的政权。尽管大多数仅限于本地，但还是有少部分极权主义将其显著的影响力推送到国境之外（纳粹德国、帝国主义日本、法西斯意大利、佛朗哥时期的西班牙、新国家体制下的葡萄牙等）。

当独裁体制坍塌的时候，民主就迎来了希望。新出现的民主体制要与独裁遗产（尤其是复辟风险）和压制学术自由的遗留独裁元素进行斗争。矛盾的是，即便是稳定的民主制度，有时也会基于从前的严苛政体，采取其遗留的信息管理政策。另外，它们仍可能在殖民地和附属领地实施独裁，推行形式上开明的殖民主义，同时在管理上采取铁腕。

领导人

许多战前的领导者对历史怀有浓厚兴趣。罗马尼亚总理尼古拉·约尔加(Nicolae Iorga,1931－1932)和南斯拉夫副总理斯洛博丹·约万诺维奇(Slobodan Jovanovic,1941)是专业的历史学者;1940 到 1945 年间担任保加利亚总理的波格丹·菲罗夫(Bogdan Filov)是专业的考古专家。约尔加在 1940 年被法西斯铁卫团刺杀,约万诺维奇在 1941 年流亡,并成为皇家南斯拉夫流亡政府首相,菲罗夫在 1945 年被祖国阵线(Fatherland Front)处决。

134 　　许多对历史感兴趣的独裁者或半独裁者,都深信他们自己与历史有着某种特定渊源。譬如在纳粹德国,阿道夫·希特勒便将古典文明进行了偶像化崇拜。在土耳其,这个对帝国瓦解有着伤逝之情的国家,新领导人穆斯塔法·凯末尔·阿塔土尔克必须发明出某种民族自豪感出来。在一场长达六天的演说中,他回顾了从 1918 年到 1927 年的一系列事件以建立他的个人荣誉。在他从 1920 年代末到 1930 年代所构建起来的意识形态中,土耳其是第一个定居在地球上的民族("土耳其历史问题"),突厥语是人类最早的语言,闪米特语和印欧语系都是突厥语的后裔("太阳语言理论")。[①]

甚至有一些领导人亲笔书写历史。例如,曾有几代人要通过死记硬背学习《联共(布)党史简明教程》(1938)中的内容。这部教程对俄国和苏联历史进行了歪曲解释,由斯大林本人亲自编审,并被收录在《斯大林文集》第十五卷中出版。不过据说是由彼得·波斯

---

① Nusret Baycan, ' Atatürk as a Historian ', *Revue internationale d'histoire militaire*, 50 (1981), 265 － 274; Kerim Key, ' Trends in Turkish Historiography', 收录于 The Middle East Institute (ed.), *Report on Current Research on the Middle East* (Spring 1957), 39 － 46; David Gordon, *Self-Determination and History in the Third World* (Princeton, 1971), 89－97;以及 Wendy Shaw, 'Whose Hittites and Why? Language, Archaeology and the Quest for the Original Turks ', in Michael Galaty and Charles Watkinson (eds.), *Archaeology under Dictatorship* (New York, 2006), 131－153.

彼洛夫（Pyotr Pospelov）捉刀。这本教科书印制了五千万册，垄断了苏联及其卫星国的历史教育长达 15 年。

宣传机器与独裁

　　既然包括独裁者在内，有如此之多的领导人对历史感兴趣，因此大的独裁政权将历史作为服务意识形态的工具，也就毫不奇怪。众所周知，纳粹德国意在成为第三帝国——第一帝国是神圣罗马帝国（962—1806），第二帝国是日耳曼帝国（1871—1918）。第三帝国试图比第一帝国更加享祚长久，但实际上却比第二帝国还要短命。纳粹主义是种族主义、反自由主义和反马克思主义思想的混合物。历史学家们，如服务于帝国新德意志史研究所（Reichsinstitut for the History of the New Germany）的瓦尔特·弗兰克（Walter Frank）和奥地利的海因里希·冯·兹尔比克（Heinrich von Srbik）；考古学家如较早的古斯塔夫·科兹纳（Gustaf Kossinna）和后来的赫伯特·杨昆（Herbert Jankuhn）、汉斯·赖纳斯（Hans Reinerth），都为这个目标提供了理论支持。其他许多学者也或直接或间接地为这个一体化政策（Gleichschaltung）做出了贡献。尽管在纳粹的十二年里（1933—1945），这台宣传机器并不紧密，不同宣传派系之间的竞争也颇激烈，但历史学家中的大多数——已经在一战之前就站到了保守民族主义的一面——最终走向了自我审查（Schereim Kopf）和自我一体化（Selbst-Gleichschaltung）。

135

　　在法西斯意大利，古罗马和意大利复兴运动（Risorgimento，1815 年到 1870 年的国家统一时期）在历史书中被偶像化。彼得罗·德弗朗西斯（Pietro De Francisci）建立了一个专门研究奥古斯都的罗马史群体。法西斯知识分子中的领军人物——历史学家乔阿奇诺·沃尔佩（Gioacchino Volpe）和哲学家乔万尼·真蒂莱（Giovanni Gentile），还是为一些不肯妥协合作的学者们保留了自由空间，这也使意大利成为所有专制体制中或许最不苛刻但也最难以琢磨的一个。在佛朗哥统治下，西班牙强调民族主义和天主教的历史面向。尽管"再征服"（reconquista）的历史被加以浓墨重彩，地方的、穆斯林的、犹太人的贡献都被忽略掉了，民主或共产主义倾向的价值观，也在历史书写中遭到诋毁。在 1938 年到 1941 年之间，历史学家胡安·孔特雷拉斯·洛佩兹·德阿亚拉（Juan Contreras y López de Ayala）负责审查历史教科书的正统性。葡萄牙独裁者安东尼奥·萨拉查（António Salazar）推行"新国家体制"（Estado Novo），这个概念借自热图利奥·瓦加斯（Getúlio Vargas）在巴西所建立的独裁体制。不过，在诸多独裁领袖中，瓦加斯并不算是对历史很有兴趣的人。在日本，神国的历史起源观念，为极端民族主义的军事扩张提供了合法性。

1917 年，沙皇俄国被苏联颠覆。经历了马克思主义和非马克思主义史学家短暂共存的时期后，苏维埃史学被确定下来。以马列主义和唯物史观解释阶级斗争，成为一切历史书写的原则。在该准则内，所有的历史题目都须遵循正统性，超出准绳的题目很有可能会受到排斥。原有的史学杂志几乎都荡然无存。历史学界成为"史学战斗前线"，历史以不同的观点被反复改写。米哈伊尔·波克罗夫斯基（Mikhail Pokrovskii）在 1920 年的著作《俄罗斯简史》（*Russkaya istoriya v samom szhatom ocherke*，英文版出版于 1933）得到了认可，波克罗夫斯基领导马克思主义史学家学会完成了历史学的苏维埃化。然而，在 1932—1934 年间发生了一次重要转变：苏维埃史学中的阶级斗争倾向弱化，而爱国主义和俄罗斯中心主义被强化。逐渐地，对党的忠诚被置于一切之上。

与希特勒类似，希腊独裁者梅塔克萨斯（Ioannis Metaxas）认为，希腊历史上有三个光辉的里程碑：伯利克里治下的雅典时期、拜占庭时期、梅塔克萨斯本人推行的"第三次希腊文明"（Third Hellenic Civilization）。小型的右翼集团或半独裁体制大致类似。在罗马尼亚，直到二战结束之后的很长一段时间里，许多历史学家强调从达契亚时代（Dacian）到现代罗马尼亚之间的历史连续性。南斯拉夫国王亚历山大（King Aleksandar）试图神圣化 1389 年的科索沃战争，将其熔铸到新的"斯拉夫"历史记忆中。事实上，这种将

第七章　审查制度与历史：独裁体制下的历史学（1914—1945 年）

历史塞尔维亚化的努力，受到了克罗地亚和斯洛文尼亚的挑战，后两者各有其所珍视的历史记忆。1937 年，一名在当时极具影响力、后成为总理的历史学家瓦索·丘布里洛维奇（Vaso Cubrilović），呼吁对科索沃境内的阿尔巴尼亚人进行种族清洗。

在欧洲之外的一些政权也同样将历史改造为服务现实政治的工具。在多米尼加共和国，独裁领袖拉斐尔·莱昂尼达斯·特鲁希略·莫利纳（Rafael Trujillo）的御用历史学家曼努埃尔·阿图罗·培尼亚·巴特尔（Manuel Arturo Peña Battle），为西班牙至上主义的意识形态进行辩护（Hispanidad，即歌颂西班牙治下文明和天主教）。① 作为官方机构的多美尼加历史学会（Academia Dominicana de la Historia）有权对挑战其权威的研究进行定罪。与多米尼加共和国临近的墨西哥，正在与十年分裂革命的后遗症缠斗。墨西哥并非真正意义的独裁，而是一党执政。何塞·巴斯孔塞洛斯（José Vasconcelos），历史学家出身的教育部长，在 1920 年代早期发明了民族主义的"古铜色的历史"（historia de bronce）：在这种历史观下，墨西哥革命是民族对独裁者波费里奥·迪亚斯（Porfirio Díaz）的正义反抗，融合了本地和欧洲的混血式民族认同，是墨西哥的骄傲。由政府资助的壁画，回顾了墨西哥的历史，并重新发现了阿兹特克帝国对历史的贡献。这帮助了墨西哥将自身的历史神圣化。南非的古斯塔夫·普莱雷（Gustav Preller）构建了一系列荷兰裔南非人的民族主义神话，这些叙事在 1910 年后的南非联邦中占据了主导地位。普莱雷的写作也成为了种族隔离在 1948 年制度化的帮凶。②

136

---

① Francisco Scarano, 'Slavery and Emancipation in Caribbean History',收于 B. W. Higman(ed.), *General History of the Caribbean*, vol. 6 (London and Oxford, 1999), 265 n. 78; and Roberto Cassá, 'Historiography of the Dominican Republic', ibid., 388 - 416.

② Floors van Jaarsveld, 'Gustav Preller (1875 - 1943): Sy historiese bewussyn en geskiedbeskouing', in id., *Afrikanergeskiedskrywing: Verlede, hede en toekoms* ([Pretoria], 1992), 18 - 40.

档案管制

专制意识形态下的历史学集中化还产生了另外的影响。许多专制政体都对治下居民进行了详尽的档案记录。最明显的例子就是藏于德国巴特阿罗尔森的大屠杀档案，档案共计 5000 万页，放档案的书架总长 26 公里，记载了 1750 万人的相关信息，包括犹太人、奴隶劳工、政治犯和同性恋者。盟军于 1945 年春天在集中营发现了这些档案。档案官乌多·约斯特（Udo Jost）称之为"魔鬼的官僚机构"。[①] 至于纳粹为何要留下这些档案，专事大屠杀研究的美国学者保罗·夏皮罗（Paul Shapiro）认为，或许他们是要证明他们完成了自己的工作。[②] 盖世太保也同样认真地将自己的工作记录在案，尽管完整保留下来的几乎没有。在苏联，中央档案局在1938—1960 年间由秘密警察组织克格勃直接领导。

领导人对历史学家的攻击

许多历史学家也因反抗领导人对历史的歪曲而受到迫害。最先受到迫害的是那些被政治领袖亲自公开批判的学者。以意大利为例，据说墨索里尼曾私下里干涉过历史学家莫米利亚诺（Arnaldo Momigliano）、马里奥·阿提拉·列维（Mario Attila Levi）和皮埃罗·特雷维斯（Piero Treves）等人的学术生涯。在苏联，列宁和斯大林都曾采取过对历史学者进行个人攻击的手段。1922 年，曾在1917 年临时政府中担任过克伦斯基秘书的社会学家兼历史学家索罗金，因撰写《论战争对人口的影响》（*The Influence of War upon*

[①] Daniel Schorn, 'Revisiting the Horrors of the Holocaust: Millions of Nazi Documents Are Being Made Available to the Public', *CBS News*, 17 December 2006, http://www.cbsnews.com/stories/2006/12/14/60minutes/main2267927.shtml(accessed 13 April 2011).

[②] Ibid.

Population）一文而受到批判。① 列宁还曾两次在《消息报》
（*Izvestia*）上发文，认为索罗金腐蚀了年轻人，应当被放逐。② 索罗
金在 1919—1921 年大饥荒期间所写的著作《饥饿作为人类事务的
一种因素》（*Golod kako factor*），在 1922 年被审查后销毁。次年 9
月，索罗金被流放。1923 年 6 月，斯大林在演讲中抨击了东方学学
者兼历史学家泽基·韦利代·托安（Zeki Velidi Togan）。在这场演
讲的四个月前，韦利代因领导巴斯玛奇运动（Basmachi）而被流放。
巴斯玛奇运动的起因是反对苏联吞并突厥斯坦西部。斯大林最为
人所知的一次迫害，是 1931 年 10 月针对历史学家斯卢茨基（A.
G. Slutsky）。斯卢茨基曾撰文认为，在 1914 年之前，列宁并没有全
力支持德国社会民主党的激进派，因此，列宁在当时并不是一个真
正的布尔什维克。斯大林在 1930 年的一篇论无产阶级革命的文章
中③，给斯卢茨基打上了"半个托洛茨基主义者"和"篡改党史"的标
签，并说这是无需证明的公理。他写道："除了那些偷档案的老鼠，
谁不知道一个政党及其领导人的好坏应取决于他们的所作所为，而
不光是取决于他们说了什么？"④斯卢茨基被开除党籍，并被马克思
主义历史学家学会除名，不过他幸存了下来。斯大林这封致历史
学家群体的信，产生了可谓"灾难性"的影响。⑤ 随后，在 1936 年 1
月，斯大林抨击当时已故的历史学家波克罗夫斯基为马克思主义和
爱国主义的反对者。波克罗夫斯基的作品被销毁，他的许多亲密同
僚受到打击，直到 1961 年，波克罗夫斯基才被恢复名誉。波克罗夫
斯基 1931 年的著名论断——"历史学的本质，就是它是所有科学中

138

---

① Pitirim Sorokin, *Leaves from a Russian Diary—and Thirty Years After* (1950;
　 repr. ,New York, 1970),273.

② Elena Sorokin, 'My Life with Pitirim Sorokin', *International Journal of
　 Contemporary Sociology*, 5：1(January-April 1975),22.

③ Joseph Stalin, 'Some Questions Concerning the History of Bolshevism：Letter to
　 the Editorial Board of the Magazine "Proletarskaya Revolutsia"', 见 id. , Works,
　 vol. 13：*July 1930-January 1934* (Moscow, 1955),86 - 104.

④ Ibid. , 99.

⑤ John Barber, *Soviet Historians in Crisis*, *1928 - 1932* (London, 1981),126.

最具政治性的",在他本人身上应验了。①

审查

另一些历史学家也在苏联受到冲击。在 1928 到 1933 年,大量的苏维埃史学家受到冲击。"异端的"学者、"布尔乔亚"史学家或考古学家,因为莫须有的罪名被追捕、流放、入狱或枪决者不下百人。谢尔盖·普拉托诺夫(Sergei Platonov)——或许是当时最有名的俄罗斯历史学家——就在其中。在被纳粹及其盟国占领下的国家里,大量的犹太裔史学家和左翼史学家受到审查和迫害。在此仅举一例:索邦神学院教授乔治·勒费弗尔在 1939 年出版的关于法国大革命的著作《法国革命的到来》(Quatre-Vingt-Neuf),在维希政权下被大量销毁。勒费弗尔在 1941 年退休,但直到 1945 年,他都一直在没有报酬的情况下坚持执教。很显然,他不希望自己的教席被来自维希政府的人选所继承。

139　　在其他独裁政体内,情况大致类似。在 1930 年代的巴西,当法国历史学家们在里约热内卢的巴西利亚联邦区大学(University of the Federal District)试图丰富历史书写的时候,吉尔贝托·弗雷雷(Gilberto Freyre)、奥克塔维奥·塔基尼奥·索萨(Octávio Tarquínio de Sousa)、塞尔吉奥·布阿尔克·霍兰达(Sérgio Buarque de Holanda)、小卡约·普拉多(Caio Prado, Jr.)等历史学家正在被监视、禁言、解聘或流放。在另外一些拉美国家,历史学家要同时担任公共知识分子——这往往是因为这些国家的法定教育体系里并没有专门的历史学训练——他们将研究工作与他们的外交或政治生涯捆绑在一起,在独裁政体中,这意味着双重的风险。

---

① Mikhail Pokrovsky, 'O zadachakh marksistskoi istoricheskoi nauki v rekonstruktivnyi period', Istorik marksist, 31(1931), 5;翻译见 Fritz Stern (ed.), The Varieties of History: From Voltaire to the Present(Cleveland and New York, 1956), 335-341,见 'History under Modern Dictatorships: M. N. Pokrovskii, Walter Frank, and K. A. von Müller'部分。

第七章　审查制度与历史：独裁体制下的历史学（1914—1945 年）

在独裁制度下,官方政策针对历史学刊物的审查是最为显而易见的。纳粹德国对历史书写的控制明确在 1935 年 2 月。极具声望的《历史杂志》,尽管前主编奥托·辛策进行了抵抗,同时也做出了一定的妥协,在新任主编、历史学家兼巴伐利亚科学学院(Bavarian Academy of Sciences)教授卡尔·亚历山大·冯·穆勒(Karl Alexander von Müller)的领导下,被部分地纳粹化了。编委会的多数成员,包括弗里德里希·迈内克(Friedrich Meinecke)、赫尔曼·昂科(Hermann Oncke)、汉斯·罗特费尔斯(Hans Rothfels)等最具声望的历史学家都被迫请辞。1943 年,当两期已经下印的刊物被迫销毁后,《历史杂志》停刊,直到 1949 年才在新主编路德维希·德约(Ludwig Dehio)的手中重新出版。冯·穆勒在 1945 年被排挤。其他的史学刊物也生存在动荡中。在德国占领法国期间,犹太籍历史学家亨利·伯尔(Henri Berr)创立的《历史综合评论》(*Revue de synthèse*)被禁。另一名犹太籍历史学家马克·布洛赫的名字,则从《年鉴》杂志的名单上消失了。布洛赫是《年鉴》的创办者之一,在被除名后,他仍然用笔名为《年鉴》杂志供稿。

流放

对"敌对群体",流放是一种通用的裁决:在纳粹德国,被流放的是犹太人、社会主义者和共产主义者;在意大利,被流放的人群与德国相同,再加上自由派;西班牙流放共和党人;在日本,自由党人被流放。有些人被双重流放。流亡到中欧的俄罗斯人,在希特勒掌权后又被迫流亡到更西边,如亚历山大·格申克龙(Alexander Gerschenkron);或重回东方,如西蒙·杜布诺夫(Simon Dubnov)。一些中欧的犹太历史学家流亡到意大利,但在 1938 年意大利颁布种族法令之后,又被驱逐出境。许多西班牙历史学家在 1939 年跑到法国寻求庇护,然而一年后法国被占领,他们不得不越过大洋再度流亡。拉美的政变又迫使其中一些人再度流亡。有的历史学家们是躲避即将到来的独裁政治,以匈牙利学者奥斯卡·亚西

（Oszkár Jászi）为例，亚西是历史学家、社会学家和政治学家，1919
年离开祖国，直到 1957 年去世，终身不履故国。在亚西去国之后，

140　霍尔蒂摄政的反革命政权（1920—1944）判其叛国罪，而匈牙利则
在 1956 年之前一直将亚西认定为"人民的敌人"。1991 年，亚西
的遗物被送回匈牙利。许多流亡的历史学家（尽管不是大多数）都
在海外颇为活跃：捷克、多米尼加共和国、希腊、波兰、西班牙、南斯
拉夫等国的许多流亡学者们甚至加入流亡政府或类似的反抗组
织中。

　　独裁体制，无论新旧，都最有可能成为流放的源头。其他的因
素——内战、国家分断或吞并、独裁政府倒台后的逃亡——都不如
独裁体制本身的效果那么强烈。国内流放在佛朗哥西班牙时代已
经形成了一种体制，在许多其他国家也不鲜见。

殖民地国家

　　除了在独立前夕问世的部分作品外，1945 年以前，欧洲国家在
本土的历史书写中并未留下太多关于殖民地的有价值的内容。多
数关于殖民地的历史著作都含有对殖民地的歉意，而对殖民活动表
示批判的作品，却没怎么被接受。法国历史学家夏尔-安德雷·于
连（Charles-André Julien）于 1931 年出版的首部专著《北非史》
（*Histoire de l'Afrique du Nord：Tunisie，Algérie，Maroc*），声援了
北非民族主义者们对殖民地改革的诉求，激起很多在马格里布地区
的法国人对于连本人的不满。加拿大历史学家威尔弗雷德·坎特
韦尔·史密斯（Wilfred Cantwell Smith）于 1943 年的著作《现代伊斯
兰教在印度：一个社会分析》（*Modern Islam in India：A Social
Analysis*）中，描述了此前 75 年里传统伊斯兰群体向现代社会转化
的过程，此书因为具有共产主义取向而被英属印度政府下了禁令。
不过，在不列颠本土，批判英国帝国主义政策的作品仍然可以发表。

　　然而，来自殖民地当地学者的批判性作品却更为罕见。从"供
给"方面来看，殖民地的大学在 1945 年之前发展极慢，有能力书写

这种历史的地方精英则更为稀少。从"需求"方面来看，潜在读者的群体很微小。另外，殖民地的审查制度也压抑了这种历史书写。

除欧洲之外，日本和美国也进行殖民活动。日本在朝鲜的殖民（1910—1945 年）激起了民族独立的斗争。流亡历史学家朴殷植后来在大韩民国临时政府先后担任总理和总统。历史学家崔南善在 1919 年的"三一运动"中起草了《独立宣言书》，他也因此被判两年监禁。然而，崔南善在后来转向支持日本对韩国的殖民统治。1949 年，他因参与撰写为日本在朝鲜的殖民统治辩护的《朝鲜史》（1930 年）而被裁决为叛国罪。崔南善在 1950 年被释放。在日本占领的其他地方，如 1942 到 1945 年间的荷属东印度（后来的印度尼西亚），西方历史的教学是被禁止的，对印度尼西亚本土历史和文化的研究被叫停，来自印度尼西亚当地的民族主义观点都被噤声。

在 1946 年之前，菲律宾是美国的殖民地。1939 年，当时的一名学生、后来成为知名历史学家的雷纳托·康斯坦丁诺（Renato Constantino），因为他在自己主编的学生刊物《菲律宾学子》（*Philippine Collegian*）上撰文，揭露美国在 1899—1902 年所谓"太平洋战役"期间对菲律宾民众所犯下的罪行，被美国殖民政府短暂拘捕，并在马尼拉的圣地亚哥古堡接受审讯。康斯坦丁诺声辩，他所使用的资料是 1926 年在纽约公开出版过的一本美国著作，之后他被释放了。[①] 这一事件促使康斯坦丁诺决定重新考察菲律宾的历史。[②]

苏联对其加盟共和国历史书写的干预，类似于宗主国之于殖民地。对于非俄籍的历史学家来说，19 世纪沙俄对非俄罗斯国家的吞并、20 世纪的苏维埃化，以及后续接连不断的反抗和起义，这些课题的研究都在被审查的范围之内。官方苏维埃史学对沙俄扩张

141

---

① Rosalinda Pineda-Ofreneo，'Renato Constantino：Approximating a Self-Portrait'，*Journal of Contemporary Asia*，30：3（2000），324；及 Roland Simbulan，'Renato Constantino：The Centennial Filipino Scholar，1919‐1999'，ibid.，405.

② 例如 Renato Constantino with Letizia Constantino，*A History of the Philippines：From the Spanish Colonization to the Second World War*（New York，1975）.

的看法,经历了戏剧化的转变：起初,沙俄的扩张应当被视为反动和殖民的行为,对沙俄扩张的反抗是一种积极的历史进程,没有表现出这种意识形态的历史学家都受到了迫害；而后来,尤其是 1934年后,俄罗斯民族主义成为了苏维埃爱国主义的动力,沙俄的扩张就应被视为进步的,反对沙俄扩张也就成了反动的,没有表现出这种意识形态的历史学家们也受到了迫害。渐渐地,非俄罗斯族裔的国家被吞并前的历史变成了"联邦化"进程,其人民（乌兹别克、吉尔吉斯等）则被描述成前政权（鞑靼、伊朗、伊斯兰）暴政之下的被压迫者。这种对历史的扭曲,是为了防止反苏联的情绪和独立诉求。如果有材料表明这些非俄罗斯裔的民族是从其他地方迁移到后来的所在地,或这些民族曾属于其他帝国,也是同样危险的。到 1940 年代,波罗的海国家被强行并入苏联的历史已经被描写为民族自决的结果。

独立国家

在一战后,多数曾属于奥斯曼帝国的中东国家,已成为授权领地或独立国家。这里的人们同样在争取自由表达的边界,而宗教也同样成为他们所面对的风险。最著名的例子之一就是埃及的塔哈·侯赛因事件（Taha Hussein）。

伊朗从未被殖民,在这个国家里,艾哈迈德·卡斯拉维（Ahmad Kasravi）的例子颇为突出。[①]

值得注意的是,历史学家维系全球共同体的努力,受到了独裁体制的冲击。在第一次世界大战后,历史学专业陷入了深重危机。很多专业的历史学者都认为,扭曲的历史观所塑造出来的民族自豪感,是一战的重要原因；更不堪的是,许多历史学家承认,他们自

---

① Ervand Abrahamian, ‘Kasravi: The Integrative Nationalist of Iran’, *Middle Eastern Studies*, 9: 3（October 1973）, 290 - 291; Mohammad Ali Jazayery, ‘Kasravi, Iconoclastic Thinker of Twentieth-Century Iran’, 见 Ahmad Kasravi, *On Islam and Shi'ism*（Costa Mesa, 1990）, 23, 32 - 33, 45, 50 n. 34, 53 n. 93.

己也参与塑造了这样的历史观。这造成了不同国家历史学者间的仇视和不信任。这也说明，只有远离愈演愈烈的灾难，国际间的合作和相互理解才有可能。比利时历史学家、致力于历史学界达成国际和解的重要推手亨利·皮朗，提出"学术无国界"（La science n'a pas de patrie），[①]在此背景下，国际历史科学委员会（ICHS）在 1926 年成立了。[②] 该委员会在成立之初经历了一段艰难时光，德国历史学家被排斥在外，直到 1928 年。[③] 尽管 ICHS 在 1934 到 1936 年间被提名诺贝尔和平奖，但在 1930 年代的混乱里，这个机构几乎面临灭顶之灾，苟延残喘地维持到二战结束。我们在这里回顾一下当时的若干历史片段。

1932 年，德国籍历史学家罗伯特·霍茨曼（Robert Holtzmann）辞去 ICHS 主席一职，原因是他所编写负责的《国际历史科学文献目录》（International Bibliography of Historical Sciences）中，有一段关于南蒂罗尔德语学校历史的相关内容，在意大利人审查后被删掉了。1934 年，国际历史科学委员会决定删除《文献目录》中所列的 1919 年后发表的作品目录，以避免与独裁体制下产生的伪科学书目混淆在一起。1937 年，当 1935 年度的《文献目录》即将出版时，苏联历史学家尼古拉·卢金（Nicolai Lukin）要求从 354 个条目中删除与托洛茨基明显相关的 83 条，以 110 个新条目代替。

意大利的加埃塔诺·圣蒂什（Gaetano De Sanctis）、奥地利的阿方斯·多普施（Alfons Dopsch）、德国的汉斯·罗特费尔斯、波兰的斯坦尼斯瓦夫·科特（Stanisław Kot）、苏联的米哈伊尔·格鲁舍夫斯基（Mikhail Hrushevsky）……当上述的各国领军的历史学者受到

① 引自 Karl Erdmann, Jürgen Kocka, and Wolfgang Mommsen, *Toward a Global Community of Historians：The International Historical Congresses and the International Committee of Historical Sciences，1898 - 2000*（New York and Oxford，2005），85。

② ICHS 也常常简称为 CISH 或 Comité international des sciences historiques。

③ 国际人类学研究所（The Institut International d'Anthropologie），成立于 1921 年，1931 年更名为"国际史前史和早期史科学联盟"（International Union of Prehistoric and Prohistoric Sciences），该组织也排斥一战战败国的学者。

迫害时，ICHS 的反应是迟缓而懦弱的。总体而言，对于 ICHS 来说，避免与御用文人冲突、明哲保身的考虑，要优先于保护受迫害的学者。尽管秘书长米歇尔·莱里捷（Michel Lhéritier）在二战期间为维持 ICHS 的工作而与纳粹合作，但是机构的运营还是暂停了。1945 年，莱里捷在索邦神学院的教职被取消（莱里捷于战争期间未经其他教工投票而被任命），直到 1949 年才被恢复。

另一个国际学术机构也苟延残喘于战争中。社会史国际研究所（International Institue of Social History）1935 年成立于阿姆斯特丹，在《慕尼黑协议》（1938 年）签订后，将所藏的重要档案转移到牛津。1940 年 7 月，德国人关闭了该机构并遣散其成员。1943 年到 1944 年期间，所有剩余档案和目录都被用船运到德国和其他地方。这些档案在 1946 到 1957 年间被陆续追回。

战争的冲击

144　　　一些历史学家认为自己应在战争中为自己的国家做出贡献，无论是通过教书、新闻报道，还是在政府部门效力。这个问题应该区别开来进行讨论。战争的影响远远超过了为战争服务的范围。埃斯库罗斯说过，"在战争中，第一个倒下的是真理"。在世界大战期间，言论自由和国家安全之间的天平严重地倾向后者。武力和出版审查是所有参战国都具有的要素。战争期间的审查，往往包括了被认为间接不利于战事的历史文学。历史学家的专业处境也变得异常脆弱，许多学者或入狱，或停笔，或隐藏，或流放。如科学史先驱乔治·萨顿（George Sarton），在 1914 年德国士兵占领他在比利时的住所后，逃亡美国。萨顿接受了卡耐基研究院（Carnegie Institute）的聘请，再也没回到比利时。1913 年成立的科学史期刊《伊西斯》（*Isis*）的出版也受到了战争干扰，直到 1919 年方才继续。有些人未能幸免于难。法国国民教师联盟（National Union of Teachers）主席乔治·拉皮尔（Georges Lapierre）深信历史教科书的内在价值，1943 年他被盖世太保逮捕，他的余生都在德绍集中营里撰写小学欧洲史教材。在早期研究过集体记忆理论的莫里斯·哈布瓦赫（Maurice Halbwachs），中国和越南历史文化研究者马伯乐（Henri Maspero），都在 1945 年于布痕瓦尔德集中营罹难。他们因为子女从事反抗活动而被捕和流放，多数作品在身后方才问世。研究所需的基础设施也因两次世界大战受到严重破坏：档案被销毁或掠夺，博物馆和考古遗址被破坏。

1936—1939 年的西班牙内战导致超过 1700 处的历史馆藏被完全或部分毁坏，许多私人档案也遭到毁坏。在德国占领波兰期间（1939—1945 年），1939 年之前较为活跃的历史学家，有半数以上死亡，到 1945 年时只有 50 名历史教授还活着，大学和研究院被关闭，档案馆和博物馆被劫掠或摧毁，研究难以为继。1941 年夏天，德国进攻苏联，苏联方面将部分无法转移到东部或不可流入纳粹手中的档案销毁。德军在 1944 年到 1945 年间从中欧撤离时，也销毁了盖世太保在占领欧洲西部时盗取、后存放在古堡和修道院中的档案。日本在 1943 到 1945 年实际上没有历史学研究成果问世。信奉马克思主义的历史学研究会（简称"历研"）受到压制。1945 年，日本政府和军方销毁了上万份涉及战争罪行的档案，因为这些档案被销毁，直至今日（2011 年），仍有许多日本人拒绝承认战争罪行。

145

当然，政府非常关心战争档案。两次世界大战结束后，一系列的外交档案和官方战争史出版，这可谓是审查制度史上的一段黑暗时期。另外，各国的官方历史表述之间出现了关于国际历史中关键议题的激烈争论。最早意识到这一点的，是法国总理乔治·克列孟梭。当他在 1919 年凡尔赛会议上被问及一战的历史将被如何书写时，他回答道："他们不会写成是比利时入侵了德国。"

狱中的历史学家

独裁者的拳头迫使一些历史学家们进行反抗，或是作为学者，或是作为政治活动家。一些历史学家在狱中或被监视期间坚持教学和写作。1916 年,德国官方将根特大学改造成一所弗莱芒语大学重新开放,比利时历史学家亨利·皮朗对此提出抗议而被德国人关进集中营。他每周都拿出几天来对 200 余名的狱中听众进行历史讲演,即便是负责监视他的德国士兵都被他的演讲吸引,不仅加入到听众里,并且在演讲结束后向皮朗请教问题。美国总统伍德罗·威尔逊(威尔逊本人也是历史学家出身)两次呼吁释放皮朗和他的同事保罗·弗雷德里克(Paul Frédéricq),后者被囚禁在德国的一座村庄。皮朗在那里完成了他关于中世纪欧洲史的名著,最终在他死后出版。[①]

　　1942 年,正值德军占领荷兰期间,在集中营的荷兰历史学家约翰·赫伊津哈(Johan Huizinga)给狱友讲述了 1574 年莱顿反抗西班牙暴政的历史。马克·布洛赫于 1944 年 6 月在里昂附近被盖世太保处死,在临终前被囚禁和拷打的几个月中,他还在给一名年轻的狱友讲授法国历史。布洛赫的弟子布罗代尔,据说其关于地中海的皇皇巨著也有相当大一部分是 1940 年到 1945 年期间于集中营中完成的。[②]

　　有意思的是,在英属印度,两位天才政治家都在英国政府的监狱中写下了历史著作。后成为印度总理的尼赫鲁写下了《世界史》(*Glimpses of World History*,1934)和《印度的发现》(*The Discovery of India*,1946);后成为总统的普拉萨德(Rajendra Prasad)写下了《分裂的印度》(*India Devided*,1946)。来自法属越南的革命者、历史学家潘佩珠,在 1925 年到 1940 年期间大部分时间都在监狱或软禁中度过。[③] 在意大利,马克思主义历史哲学家和文艺理论家葛兰西留下了著名的《狱中札记》。[④]

①　Henri Pirenne, *Histoire de l'Europe des invasions au XIVe siècle*(Paris,1936).

②　Fernand Braudel, *La Méditerranée et le Monde Méditerranéen à l'époque de Philippe II*,3 vols. (Paris,1949).

③　David Marr(ed.), *Reflections from Captivity*:*Phan Boi Chau's Prison Notes*;*Ho Chi Minh's Prison Diary*(Oberlin, Oh.,1978).

④　Antonio Gramsci, *Quaderni del carcere*,4 vols. (Turin,1975).

146

记录压迫

　　一些历史学家因力图将暴政的历史记录在册而被铭记至今。波兰籍犹太历史学家伊曼纽尔·林格尔布拉姆（Emmanuel Ringelblum）在 1944 年被处决之前的最后时光，主持编纂了详细记录华沙犹太人居住区情况的"安息日档案"（*Oneg Shabbat*）。这些材料被藏在三个金属容器中保存，其中两个在战后被发现。俄国籍犹太历史学家西蒙·杜布诺夫（Simon Dubnov）被苏联和纳粹德国两头流放。在 1941 年去世前，他居住在拉脱维亚里加的犹太人聚集区中。他的图书馆被没收，他将自己的手稿藏了起来。在日常工作之余，他按时间顺序记录了在犹太聚居区的生活。杜布诺夫的笔记在里加的朋友圈子内流传。他在犹太聚居区中被一名盖世太保官员杀害（有说法认为，这名官员曾是杜布诺夫的学生）。不久之后，他的女儿听到一种传言：杜布诺夫在弥留之际重复地呼喊着："人民，不要忘记。人民，要把这些都记录下来。"杜布诺夫的遗言是对记忆和责任的呼唤，这句话被人们口耳相传。杜布诺夫的声誉在死后得以恢复。人们一直以为纳粹销毁了其《自传》（*Kniga zhizni*）第三卷的所有拷贝，然而一份幸存的副本在 1956 年被发现，并成为该书 1957 年新版的底本。类似的经历也发生在古斯塔夫·梅耶尔（Gustav Mayer）的身上。梅耶尔是研究德国和英国劳工运动的历史学家，他在 1934 年被流放，著作《费迪南德·拉萨尔》（*Ferdinand Lassalle*，1921—1925）在德国被销毁。不过其中有一本幸免于难，被一家荷兰出版商保存下来，以两卷本的形式出版。

　　未失去自由的历史学家也发挥了他们的作用。在二战期间，波兰历史学家马塞利·昂德尔斯曼（Marceli Handelsman）因为犹太背景而不得不藏匿起来。然而，他组建了一所地下大学，在俄国人占领下坚持秘密授课。1944 年，昂德尔斯曼被叛徒出卖，被捕之后死在德国集中营。有些地方，离开旧体制的学者跑到国家边远处建立学校,如中日战争期间的中国历史学家董作宾、钱穆、陈寅恪、张其昀、雷海宗等,以及二战期间的法国历史学家们。同时,具有国际声誉的比利时籍历史学者、拜占庭史专家亨利·格里高利(Henri Grégoire),和生于俄国的法国籍科学史学者亚历山大·柯瓦雷(Alexandre Koyré),将流亡学者汇聚起来组建了"高等研究自由学院"(École Libre des Hautes Études),该机构是"新社会研究学院"(New School for Social Research)在纽约的分支,格里高利和科瓦雷分别担任高等研究自由学院的副校长和秘书长。

破除神话

　　另外有一些历史学家在自己意料之外成为了道德楷模,而他们实际上只是将破除历史神话视为历史写作的第一要务,却没有料到文字面世会产生的后果。在中国,历史学家顾颉刚因提出极具批判性的"古史辨"获得盛名。1923 年,顾颉刚担任中学历史课本《中学用本国史教科书》的核心作者,教材印数达到 160 万册。1928 年,这本教材受到国民党的批评并被禁,因为该著作认为中国的黄金时代(早期圣王统治时期)是被构建出来的神话。① 太平洋战争期间,顾颉刚承受着接连不断的政治压力,他的薪水被削减乃至停发,之后遭遇更加糟糕。

　　日本的情况同样如此,那些质疑上古神话权威的历史学家们招致了极大的敌意,这些神话赋予了天皇权力以合法性。津田左右吉,和他的一些前辈一样,表达了对官方历史版本的质疑。1939 年到 1942 年间,津田被迫辞职,并因其四本已问世数十年的著作而被判皇室尊严冒渎罪。在这四本书里,他指出天皇家族的神话起源和

---

① Ursula Richter, *Zweifel am Altertum*: *Gu Jiegang und die Diskussion über Chinas alte Geschichte als Konsequenz der 'Neuen Kulturbewegung' ca. 1915 - 1923* (Stuttgart, 1992),176 - 178.

最早 14 位天皇的神话，都是在 8 世纪被发明出来的。[①] 津田左右吉的观点在当时可谓渎神，尤其是在国家处于战争以及神武天皇即位2600 周年之际。对津田的判决在 1942 年被取消。在土耳其，有历史学家在无声反抗着凯末尔所构建的历史神话，其中便包括泽基·韦利代·托安（前文已提到）和福阿德·柯普吕律（Fuad Köprülü），他们的诸多学术著作都致力于此。[②] 1932 年，第一届土耳其历史学大会（First Turkish History Conference）否定了韦利代的历史理论，他从伊斯坦布尔大学辞职，直到凯末尔死后才回到土耳其。

　　一些学者在写作中通过"黑话"和历史隐喻进行间接的反抗。维克多·艾伦伯格（Victor Ehrenberg），德占时期布拉格大学的历史学家，在 1939 年被放逐之前，曾发表过关于古希腊的反闪米特主义、军事主义、战争、独裁等方面的演讲，以这种方式提醒人们警惕纳粹的崛起。日本马克思主义史学家羽仁五郎因其激进的政治观点几度入狱，许多著作被禁。羽仁五郎 1939 年的著作《米开朗基罗》，便是通过描写文艺复兴时期意大利的自由城邦，而间接影射日本的压抑形势。

148

捍卫思想和学术自由

　　1925 年，意大利著名哲学家、历史学家克罗齐发表了《反法西

[①] Naomi Kurita, 'Dr. So‾kichi Tsuda: His Life and Work',收录于 So‾kichi Tsuda, *An Inquiry into the Japanese Mind as Mirrored in Literature: The Flowering Period of Common People Literature*（Tokyo, 1970），11‑13；以及 Yun-tai Tam, 'Rationalism versus Nationalism: Tsuda So‾kichi（1873‑1961）', in John Brownlee（ed.）, *History in the Service of the Japanese Nation*（Toronto, 1983），165‑188.

[②] Christine Woodhead, 'Tarikh', in P. J. Bearman *et al.*（ed.）, *The Encyclopaedia of Islam: New Edition*, vol. 10（Leiden, 2000）294‑295；H. B. Paksoy, 'Basmachi Movement from Within: Account of Zeki Velidi Togan', *Nationalities Papers*, 23: 2(1995),373‑399,以下网址亦可查询 http://www. angelfire. com/on/paksoy/togan. html;另有 Ali Erdican, *Mehmet Fuat Köprülü: A Study of His Contribution to Cultural Reform in Modern Turkey*（Istanbul, 1974），1‑12.

斯知识分子宣言》(*Manifesto degli intellettuali antifascisti*)，以回
应他从前的同侪乔万尼·真蒂莱的《法西斯知识分子宣言》。克罗
齐被当局列入黑名单，但并未受到限制（然而他的名字还是被列入
了罗马天主教的备案中），与他共同签署《宣言》的加埃塔诺·萨尔
维米尼(Gaetano Salvemini)则被流放。[①] 1931 年 11 月，有 12 名教
师拒绝在《法西斯效忠宣言》(*Fascist Loyalty Oath*)签字（宣誓者共
1225 人），其中包括历史学家加埃塔诺·圣蒂什(Gaetano De
Sanctis)、乔治·李维·德拉·维达(Giorgio Levi Della Vida)、埃内
斯托·博纳尤蒂(Ernesto Buonaiuti)、艺术史学家廖涅洛·文图里
(Lionello Venturi)，以及极具历史学意识的文学教授吉塞普·安东
尼奥·博尔杰塞(Guiseppe Antonio Borgese)。一些人被撤职，一些
移居国外。一些历史学家指责对大学声望的滥用。1933 年，莱顿
大学代表约翰·赫伊津哈(Johan Huizinga)对来访的纳粹历史学家
约翰·冯·莱尔斯(Johann von Leers)表示不欢迎，因为后者曾撰
写过反闪米特的出版物。

一些学者在保证了自身安全的同时，也并未忘记他们的同事
们。法西斯种族法令于 1938 年 11 月颁布之后，犹太裔英国历史
学家塞西尔·罗斯(Cecil Roth)退出了他所处的各类意大利研究协
会。后来担任 ICHS 主席的意大利历史学家费代里科·沙博
(Federico Chabod)，对落难的同事们进行了积极的支持。墨西哥和
其他拉美国家的学者们也积极地帮助在内战期间及战后逃亡的西
班牙学者。许多从纳粹德国流亡的历史学家在美国、英国和其他
国家得到支援。我们在此仅举一例：1939 年档案专家恩斯特·波
斯纳(Ernst Posner)从纳粹德国逃跑，帮助他的美国历史学家有尤
金·安德森(Eugene Anderson)、沃尔多·利兰(Waldo Leland)、梅
利·柯蒂(Merle Curti)和索伦·巴克(Solon Buck)。波斯纳后成为

---

① 'Manifesto degli intellettuali fascisti', *Il Popolo d'Italia*，21 April 1925；及
'Manifesto degli intellettuali antifascisti', *Il Mondo*，1 May 1925. See Philip
Cannistraro(ed.)，*Historical Dictionary of Fascist Italy*(Westport，Conn.，
1982)，320 – 321，also 146，245.

美国档案工作者协会（Society of American Archivists）的负责人。

　　国际上也出现了希望曙光。在前文所提到的圣蒂什被吊销教职后，ICHS 于 1932 年 7 月以全体成员的名义发表了一份宪章，公开反对极权主义，申明历史研究的学术自由。在 ICHS 的会议上也出现了斗争。在一次采访中，被流放的俄罗斯历史学家罗斯托夫采夫（Mikhail Rostovtzeff）批判 1928 年 ICHS 奥斯陆会议上的以波克罗夫斯基为首的苏联史学家代表。罗斯托夫采夫在流放后仍保持着列宁格勒学院（Leningrad Academy）的成员身份，然而在这次言论之后，他被该学院正式除名。1938 年于苏黎世举办的 ICHS 会议上，德国历史学家格哈德·里特（Gerhard Ritter）公开反对纳粹思想下马丁·路德历史形象的错误呈现，里特因此被限制出境。1939 年，丹麦国家委员会决定将下一届 ICHS 会议的地点设为法西斯意大利，在反对无效后，不肯妥协的奥格·弗里斯（Aage Friis）辞去了该委员会的主席职务。然而这次会议终究没有召开，直到 1955 年，ICHS 会议才在罗马恢复。

和平运动

　　此处不该讨论由历史学家参与的各种给人印象深刻的政治活动。但是，德国历史学家维特·瓦伦丁（Veit Valentin）和路德维希·克魏德（Ludwig Quidde）可以另当别论。瓦伦丁是一名和平主义者，同时也是魏玛共和国时期激进的民主政体捍卫者。瓦伦丁遭到过两次贬斥，一次是 1917 年在泛德意志主义的压力下被弗莱堡大学开除历史教授职位，另一次是 1933 年在波茨坦国家档案馆（Reichsarchiv）被开除档案员职位。经历了流放之后，瓦伦丁在战后返回德国，参与纽伦堡审判的准备工作。克魏德比瓦伦丁长一辈，他于 1889 到 1896 年期间担任《德意志国家档案》（*Deutsche Reichstagsakten*）的编辑，颇有声望，然而他的经历也颇不寻常。克魏德出版了一本关于罗马皇帝卡里古拉的小册子，书中的插图讽刺了德皇威廉二世。这本书使克魏德从 1894 年到 1896 年逐渐被学术界排挤，甚至以亵渎皇家尊严的罪名而入狱。[①] 在之后的几十年里，克魏德成为国内和国际和平运动的领导人物。1924 年，他因揭发准军事组织黑色国防军（Schwarze Reichswehr）而再度入狱。[②]他对和平的争取，使他获得 1927 年度诺贝尔和平奖。1933 年希特勒掌权后，克魏德流亡日内瓦。

当我们回顾 20 世纪上半叶时，我们看到这些对责任和正直的记载所闪耀着的希望和骄傲。尽管历史学在这一时期饱受攻击，但历史学家们对自由传统的坚守并未消失。

黑名单：1945 年后对之前三十年史学课题的封禁

150　　　两次大战期间的独裁制度留下了什么样的遗产？下面的这张黑名单可以提供部分答案。该名单列出了 1914 年到 1945 年间全世界范围内的一些重要事件和人物，对这些事件和人物的研究在1945 年后成为研究禁区。这些审查无论成功与否，都威胁到了历史学家的信息自由和表达自由，或是为学者们带来不利后果。在阅读这张清单之前要说明几件事情。

第一，单子上列举的事件或人物是审查或试图审查的对象。尽管看上去较为全面，但仍有许多不全面之处，因为审查制度的本质往往是隐匿的。

第二，这个清单中的一些审查措施是伴随着公共争议的，然而另一些则是隐秘进行，甚至在几十年内都不被察觉。历史书写的特性，决定了它总是在批判和争论中进行。然而，清单中的相关争议都有非学术性的介入因素。

---

① Ludwig Quidde, *Caligula: Schriften über Militarismus und Pazifismus*(35th edn, Frankfurt, 1977).

② Reinhard Rürup, 'Ludwig Quidde',收录于 Hans-Ulrich Wehler(ed.), *Deutsche Historiker*, vol. 3 (Göttingen, 1972), 144 – 145;另见 'Biography' at http://nobelprize. org/nobel _ prizes/peace/laureates/1927/quidde-bio. html (accessed 6 December 2009).

第七章　审查制度与历史：独裁体制下的历史学（1914—1945 年）

第三，审查者中既有政府，也有非政府群体和学术机构。被审查者是更广义的"历史学家"：审查的意图在于管控对过去的阐释，因而审查者没有必要甄别专业史家和其他书写过去的人。对于卷入其中的历史学家们来说，审查带来的不利影响包括资料被破坏、公开攻击、解雇、骚扰、流放、刺杀，具体细节各不相同。

第四，本列表未能穷尽所有相关证据，因此列出的具体审查年份只能说是暂时的，并不代表这些争论准确的持续时间。最后，表中所列的审查尝试有一些并不成功，总体来说出于以下三种原因：从道德和学术上而言，审查制度是否应该受到指责，与审查的成功与否无关；民主政体中的审查往往不像独裁政体中那样容易成功，因为在民主政体中，审查的苗头更容易在控制；更重要的是，即便是不成功的审查制度，也可以威胁到历史观点的自由交流，并引起历史学家的自我审查和互相审查。

该黑名单的标注顺序如下：国家，1945 年后实施审查制度的时间：被审查的主题（前面或涉及实施审查的相应时段）。各项审查之间以分号隔开。[①]

　　阿富汗，1967—1999 年：英国阿富汗战争（1919），阿曼努拉汗统治（1919—1929）。

　　阿根廷，1966—1983 年：西班牙内战（1936—1939），社会主义和工人运动史；1974—1983 年，入侵巴塔哥尼亚（1921），1930 年代之后的军事史；1976—1992/1993 年，纳粹主义（1933—1945）以及阿根廷为纳粹提供庇护的历史。

151

　　澳大利亚，1959—1962 年：对新几内亚的强权（1914/1920—1975）；1997 年之前，"被偷掉的一代"（指将土著儿童强行从家中迁移出去）（1900—1970）。

---

① 大多数 2000 年之前的课题，见 Antoon De Baets, *Censorship of Historical Thought: A World Guide 1945 - 2000*（Westport, Conn., 2002）；Network of Concerned Historians 网站可以查阅到大量 1995 年之后的被禁课题，http://www.concernedhistorians.org。

奥地利，1945—1955，1982，1999—2001 年：纳粹主义，包括与纳粹的合作；1997—2003 年，德军罪行（1941—1944）。

巴林，1976 年至今：英国统治（1920—1945）。

白俄罗斯，1994—2011 年：独立运动（1918），白俄与苏联的关系，包括斯卢茨克的反苏维埃运动（1920），斯大林主义的镇压，库拉帕蒂（Kurapaty）大屠杀（1941），格罗德诺地区大屠杀（1943—1944），红军解放明斯克（1944）。

比利时，1975 年：二战期间的德国占领；1977 年，安特卫普反犹太袭击（1942）；1990—1991 年，清洗纳粹合作者（1942—1952）；1997 年，反抗国运动（1940—1944）。

巴西，1972 年：热图利奥·瓦加斯独裁（1930/1937—1945）。

保加利亚，1945—1989 年：保加利亚与苏维埃关系，对两战之间"布尔乔亚"政党（尤其是保加利亚农民联盟）的正面评价；1967—1989 年，将德国、意大利、西班牙法西斯理解为批判共产主义的研究；1968—1998 年，保加利亚的外国政党（1938—1941）；1976 年，沙皇鲍里斯三世（1918—1943），战争期间君主制度的性质；1991 年，对反对党保加利亚共产党的刺杀（1944—1948）。

加拿大，1950 年：一战期间的负面历史；1992 年，加拿大参加第二次世界大战；2007 年，德累斯顿大轰炸（1945）。

智利，1973—1990 年：两战之间经济史的依附史观；1999—2001 年，最高法庭的历史（1826—1998）；2000 年，1925 年宪法。

刚果，1962—1992 年：对比利时殖民的马克思主义解读（1908—1960）。

克罗地亚，1992 年至今：乌斯塔沙（1941—1945 年与纳粹德国合作在克罗地亚建立领地），贾赛诺瓦克集中营。

捷克斯洛伐克，1948—1989 年：第一共和国的建立（1918）（包括创始人托马斯·马萨里克、爱德华·贝奈斯、米

兰·什特凡尼克），1930 年代劳工运动，《慕尼黑协议》
(1938)，捷克斯洛伐克军队（1938—1945），捷克土地上的反纳
粹运动（1938—1945），斯洛伐克的反法西斯运动（1939—
1945），斯洛伐克民族起义中非共产主义者和共产主义者的角
色(1944)，布拉格起义(1945)，捷克斯洛伐克共产党史和捷克
斯洛伐克与苏维埃关系史（包括苏联史）。

　　多米尼加共和国，1930—1961 年：多米尼加共和国的非
洲人历史。

　　埃及，1952/1954—1970 年：华夫脱党，议会制，君主制
(1919—1952)。

　　赤道几内亚，1968 年至今：西班牙殖民（1844—1968）。

　　爱沙尼亚，1991 年至今：苏维埃占领（1940—1941，
1944—1991）。

　　埃塞俄比亚，1957 年：主要殖民政权记录。

　　法国，1956 年至今：非共产主义者和共产主义者对维希
政府的反抗与合作（包括国内高级官员的态度；法国集中营）
(1940—1944)；2005—2006 年，对法国殖民持肯定态度的
研究。

　　德国，1945—1949 年：去纳粹化，1944 年 7 月 20 日反纳
粹运动。

　　联邦德国，1963 年至今：第三帝国时期的经济通敌
(1933—1945)；1964 年，《德国在一战中的目标》（弗里茨·费
希尔著作，引起“费希尔争论”）；1990—1994 年，苏联为纳粹
德国引渡德国和奥地利的反法西斯主义者（1937—1941）。

　　德意志民主共和国，1949—1989 年：1918 年 11 月革命，
德国共产主义史，苏联史（包括斯大林镇压），《苏德互不侵犯
条约》(1939)，卡廷惨案(1940)，犹太人大屠杀。

152

　　希腊，1981—1984 年：希腊在二战中的参与，包括左翼反
对组织“民族解放阵线”（EAM）；2003：轴心国占领希腊时期
的合作（1941—1944），右翼反抗组织“国家公和希腊联盟”

（EDES）的角色；1967—1974 年，共产主义史；1979，2006—2007 年，土耳其对希腊人的屠杀和驱逐，尤其是伊兹密尔（1922）。

匈牙利，1945—1956/1957 年：卡罗伊·米哈伊（1918—1919 年任总理，1919 年担任匈牙利民主共和国第一任总统），《特里亚农条约》（1920），匈牙利少数族裔在邻国（尤其是特兰西瓦尼亚和罗马尼亚）；1948—1989 年，匈牙利苏维埃共和国领袖库恩·贝拉在 1919 年（包括他在 1920 年克里米亚共产主义红色恐惧中的角色），霍尔蒂·米克洛什摄政（1920—1944），二战受害者。

印度，1975—1977 年：尼赫鲁、甘地、泰戈尔关于自由的系列言论；1984 年，二战中的印度国民军；1999—2000 年，自由运动（1938—1947），包括印度民族主义者在运动中的角色。

印度尼西亚，1973 年：日占时期被奴役的印尼劳工（1942—1945）；1974、1981、1991 年，荷属东印度时期穆斯林的出现和民族主义运动（1900—1942），包括"伊斯兰教联盟"（Sarekat Islam，1912）和以民族主义为第一要务的记者蒂托苏迪罗（Tirto Adhi Suriyo，1880－1918）。

爱尔兰，1945—1976 年：1921 年独立后的内战（1922—1923）。

以色列，1976 年至今（西岸地带）：阿拉伯-巴勒斯坦民族主义的起源（包括 1934 年由伊兹丁·卡桑领导的起义和 1939 年的起义），英国托管时期（1922—1948）的巴勒斯坦的历史和地理（包括耶路撒冷），1948 年之前的巴勒斯坦工人运动和共产主义运动，犹太复国主义武装组织；1955（以色列）：亚美尼亚种族灭绝（1915—1917）。

意大利，1945 年至今：法西斯主义（包括领袖墨索里尼和 1940—1945 期间的法西斯主义）。

日本，1945—2008 年：在亚洲的军国主义，对朝鲜半岛的殖民（1910—1945）（包括 1919 年朝鲜独立运动），太平洋战争

（1931—1945），包括对中国的占领（1931—1945），731 部队在哈尔滨的细菌实验（1937），性奴问题（"慰安妇"制度，1932—1945），南京大屠杀（1937），菲律宾巴丹死亡行军（1942），马来西亚罪行，从朝鲜和中国强行征集劳工前往日本（1939—1945），冲绳战役（1945），裕仁天皇的战犯罪，靖国神社。

韩国，1945—2008 年：日本占领（1910—1945），独立战争（1919—1945）。

利比亚，1969 年至今：塞努西王室（1837—1969）。

立陶宛，2004 年：二战前的犹太社群。

马其顿，1999 年：托多尔·亚历山大罗夫（Todor Alexandrov），保加利亚-马其顿混血，国际马其顿改革组织（IMRO）领袖（1881—1924）。

马拉维，1964—1994 年：总统海斯廷斯·班达的出生和青年时代（1896/1906—1997），奇伦布韦牧师领导的反英国殖民起义（1915），俄罗斯革命（1917），非洲民族主义的出现。

墨西哥，1960—1990 年：阿尔瓦罗·奥夫雷贡总统执政后期的政治斗争（1920—1924）；1988：拉萨罗·卡德纳斯执政时期统治。

摩尔多瓦，2001—2002 年：俄国吞并比萨拉比亚（1812—1917），摩尔达维亚成为罗马尼亚一部分（1918—1939），苏联吞并比萨拉比亚和北布科维纳（1940—1941，1944—1991）。

蒙古，1921—1990 年：博格多汗的佛教政权（1911—1921）；2005—2006 年，1930 年代镇压时期的大规模凶杀。

摩洛哥，[1945]—1981 年：柏柏尔人部落对里夫共和国的反殖民抗争（1920—1920 年代）。

荷兰，1955—1960 年：二战时期的经济通敌；1972 年，二战时期的政治通敌；1985—1986：二战时期的社会主义者和共产党；1990—2005 年，二战时期反抗军、通敌者、荷兰与德国军队三个群体的罪行。

尼加拉瓜，[1945—1979]，1990 年至今：奥古斯托·桑迪

153

诺(1895—1934)。

巴基斯坦,1946 年:穆斯林群体的现代化(1870—1946);1947—[1988]年,阿里·真纳,巴基斯坦第一任总督(1947—1948);1977—1988 年,1947 年前的巴基斯坦运动和英印政府下穆斯林的反殖民运动,包括乌理玛的历史作用。

巴拉圭,1954—1989 年:与玻利维亚之间的查科战争(1932—1935)。

波兰,1945—1980/1989 年:苏联史,波兰独立改革(1918—1919),波兰统一工人党前身的历史(1918—1948),与苏联的战争(1919—1921),俄国史和波苏关系史,《拉帕洛条约》之后的苏德关系(1922),两战之间天主教、约瑟夫·毕苏斯基(1926—1935 年期间执政),《苏德互不侵犯条约》秘密协定及其后导致的苏联吞并波兰(1939),苏联从波兰领地抓捕波兰人并放逐(1939—1941),波兰地下国(1939—1945),卡廷惨案(1940),波兰在西部前线的军事行动,波兰流亡政府,苏维埃对华沙起义的态度(1944),波兰边界,战争时期的波兰与乌克兰关系,苏联对波兰人的遣送(1944—1947),波兰人民共和国早期历史(1944—1948)。

葡萄牙,1959—1974 年:对葡萄牙帝国的批判性历史解读(1415—1974)。

罗马尼亚,1948—1989 年:君主制(1918—1947),罗马尼亚法西斯(包括铁卫团),尼古拉·约尔加(1931—1932 年任总理),苏联吞并比萨拉比亚和北布科维纳(1940—1941,1944—1991);1948—1989、1994、2002 年,安东内库斯军事独裁(1940—1944 年统治);1948—1989、2003—2004 年,罗马尼亚犹太人的命运(1940—1944);1986 年,1918 年的特兰西瓦尼亚史。

俄罗斯,1999—2008 年:苏联高压政治(1920—1950);2003 年,苏联在二战中的角色;2007:斯大林主义。

卢旺达,1997—1998 年:独立前的君主政体(1483—

1961）。

沙特阿拉伯，1945—2008 年：哈希姆家族（1016—1925），沙特王室（1932 年至今），沙特阿拉伯与阿拉伯-美国石油公司（Aramaco）的原始协定；2002 年，1924 年拆除伊赫瓦尼（Ikhwan，伊本·沙特在 1932 年之前的军队）的纪念碑。

塞内加尔，1980 年：阿马杜·班巴，穆斯林兄弟会穆里德教派（1853—1927）创始人；1987：法国对持不同政见士兵的镇压（1944）。

斯洛伐克，1992—2001 年：总理杜尚·斯洛博德尼克青年时的法西斯背景（1945）；1997 年，对斯洛伐克犹太人的迫害（1939—1945）。

索马里，2005 年：意大利殖民（1889—1949）。

南非，1948—1990 年：南非和非洲其他地区民族主义的兴起，南非国会早期史（1912—1948），对两战之间阶级问题和种族问题的马克思主义解读，欧洲共产主义史。

西班牙，1945—1975 年：1936 年之前的政党史（包括法西斯政党长枪党），内战（1936—1939），早期佛朗哥时代及其高压统治（1939—1952）。

瑞士，1952 年至今：瑞士在二战中的角色，包括官方的中立主义，佛朗哥与瑞士的秘密军事合作（1939—1940），瑞士的反情报行动，难民政策，纳粹德国与瑞士之间的经济合作，瑞士银行中无人认领的犹太人资产；1959—1960 年，瑞士外交和中立主义（1917）；1979—1985 年，右翼活动家与运动（1936—1940）。

泰国，1959—2011 年：泰国过去两个世纪里的寡头独裁，包括两次世界大战之间时期的独裁。

土耳其，1945—2011 年：亚美尼亚史（包括 1915—1917 年的亚美尼亚种族灭绝）；一战中的奥斯曼军队；独立战争（1912—1923），包括 1919—1922 年的希腊-土耳其战争以及对希腊人的驱逐出境；首任总统凯末尔（于 1923—1938 年期

间之争);共和人民党(1923—   ),库尔德地区 1847—1938 年
间的历史(包括 1925 年谢赫·萨义德的起义,通杰利省的 15
场屠杀,以及 1930 年代到 1940 年代初的其他事件)。

英国,1953—1956,1992 年:英国在中东针对阿拉伯民族
主义的政策(1914—1921);1953—1957 年、1987 年,犹太复国
主义者与匈牙利纳粹的通敌(1944);1961 年,第二次世界大
战的起源;1968—1975 年,南非的非洲民族主义(1910—
1964);1970 年代,1988—1994:1921 年之前英国对爱尔兰的
统治,爱尔兰内战(1922—1923),爱尔兰首任总理埃蒙·迪·
华尔拉(1932—1948 年期间任职),爱尔兰共和军成员兼领导
人西恩·麦克布莱德(Seán McBride, 1916—1937),二战时期
的北爱尔兰;1980—1990 年,二战时期的英国情报工作;
1989—1995 年,英国将奥地利战俘及难民强行遣送回共产主
义统治的国家(1944—1947)。

美国,1945—1995 年,原子弹对广岛的破坏(1945 年至
今);1949—1960 年,两战之间的美国马克思主义、社会主义和
共产主义,两次战争中间时期苏维埃和中国的共产主义史;
1954—1963 年,美中关系(1844—1949 年,尤其是 1942—
1949 年之间),尤其是美国与蒋介石国民党之间的关系;
1960—1983 年(部分州),国联(1919—1946),大萧条的负面
影响(1923—1933),对罗斯福新政的负面观点(1933—1938);
1963—1971 年,沃伦·哈定总统的私人生活(于 1921—1923
年执政);1968—1973 年,将部分同盟国战俘和难民强行前送
回共产主义统治的国家(1944—1947)。

乌拉圭,1973—1985 年:1500 年后拉美历史的依附史观。

苏联,1945—1987/1990 年:苏联共产党历史(尤其是苏
维埃代表大会,党内斗争,领导人[包括列宁、斯大林、托洛斯
基、尼古拉·布哈林、谢尔盖·基洛夫],秘密政治,高压统治
与古拉格,与西方国家的关系),1917 年及之前俄罗斯的经济
落后,1917 年布尔什维克和孟什维克的角色和战略,二月革命

的性质(1917)，十月革命的性质(1917)，沙皇尼古拉二世遇害(1918)，1918—1921 年内战（包括 1919—1921 年的大饥荒），列宁统治时期的政治，苏联对非俄罗斯国家的合并（尤其是1917—1921、1940、以及包括 1916 年吉尔吉斯起义的各国起义期间，1917—1934 年的突厥斯坦史，1918—1919 年白俄罗斯人民共和国史，1918—1921 年格鲁吉亚独立，1924 年格鲁吉亚反抗，乌克兰民族主义和无政府主义运动），新经济政策(1921—1929)，对教会的镇压，强制性的农业集体化(1927—1932)，消灭富农(1929—1933)及随之产生的饥荒(1932—1933)，基洛夫之死(1934)，1930 年代的镇压、清洗审判（包括对军队高层)和大规模行刑（包括 1936—1939 年的大恐怖)，俄芬战争(1939—1940)，二战前和二战期间的苏维埃军事战略，《苏德互不侵犯条约》秘密协定(1939)，强行吞并爱沙尼亚、拉脱维亚和立陶宛(1940—1941，1944—1991)，卡廷惨案(1940)，德军入侵苏联(1941 年 6 月 22 日)，德军在苏占领区的犹太人屠杀(1941—1943，包括 1941 年娘子谷大屠杀)，1944 年对苏联少数民族的大规模驱逐出境（包括波罗的海民族、伏尔加德国人、克里米亚鞑靼人、梅斯赫特土耳其人，车臣人，印古什人)，吞并比萨拉比亚和北布科维纳(1940—1941，1944—1991)，斯大林统治的相关统计数据和苏联在二战中的损失。

梵蒂冈，1945 年至今：教宗庇护十二世在二战期间的角色。

越南，1975—2008 年：革命者、已故国家主席兼总理胡志明的个人生活(1890—1969)。

南斯拉夫，1944—1990 年：两战之间的民族主义史，乌斯塔沙集中营，贾赛诺瓦克集中营，塞族游击队(Chetnik)的作用和共产主义拥护者在二战中的抵抗，二战中不同族群之间进行的屠杀，二战中的损失数据，1944 年后对独立政治团体的消灭；1989 年至今，科索沃土地改革(1918—1941)。

155

也门，1967—1992 年：英国殖民（1832—1967）。

结语

　　所有的独裁政体都将历史作为服务于意识形态的工具。[①] 危险的历史课题包括政权的不合法起源（往往是政变或革命），政权的暴力维系（尤其是其罪行、军事法、叛乱和内战），或二者兼而有之。对于新兴的民主政体来说，争议性的历史课题往往是有关于刚刚过去的独裁时期；而在稳固的民主政体中，研究禁区则关于殖民地扩张的战争，及与之相伴随的屠杀和种族歧视。对所有的这些政体来说，这些棘手的问题都会让当权者难堪。

　　尽管对于多数独裁政体来说，历史是其合法性的重要来源，但是，历史越是成为意识形态的核心要素，也就越具有破坏力。从道理上说，极权主义体制更加危险，因为极权者不仅要让公民闭嘴，还要给公民洗脑。在右翼政体中，意识形态更加必要；因此，右翼的历史图景往往不够系统有条理——尽管这也会带来难以预测的、

---

① 当然，民主社会中也有审查制度，一些例子就足以说明这一点。在美国，查尔斯·贝尔德（Charles Beard）1917 年 10 月从纽约哥伦比亚大学辞职，以抗议两名因反对美国介入一战而被辞退的院系同事。在教科书阵线，大卫·马齐（David Muzzy）在 1920 年代因《美国史》（*An American History*，Boston，1911）被判"反美国主义"和叛国罪，这本书在一些地方被禁。1930 年代后期，哈罗德·拉格（Harold Rugg）的《人类与变动的社会》（*Man and His Changing Society*，Boston，1929—1940），因书中关于共产主义的不实之词而被宣判禁止，这本书在某地被焚毁。在英国，阿诺德·汤因比记录了 1919—1921 年希腊在其控制的安纳托利亚地区的罪行，汤因比在 1924 年辞去伦敦国王学院教职，因为赞助该讲席的希腊人无法接受这种书写。还有几例与埃及的塔哈·侯赛因事件类似：天主教会开除和审判了法国神父阿尔弗雷德·卢瓦西（Alfred Loisy，1908）和德日进（Pierre Teilhard de Chardin，1923），以及意大利神父埃内斯托·博纳尤蒂（Ernesto Buonaiuti，1925）。除了他们的历史解释外，也查封了他们的著作。在新西兰，约翰·比格尔霍尔（John Beaglehole）因捍卫学术自由，其在奥克兰大学的讲座于 1931 年被终止，直到 1933 年才重回历史学岗位。

令人害怕的影响。

独裁统治垮台之后，多数的历史学院系在人事上都能看出明显的延续性。尽管有为数不多的一部分知名学者曾与被推翻的前政权有过公开合作，但总的来说，这些学者基本上不会被清算。人们通常选择遗忘。更重要的是，绝大多数的历史学从业者不同意进行大规模的清洗：在战争或独裁体制下，已经有一些历史学家丢了性命；即便在幸存者里面，重新雇用也并非总是可行的。此外，大规模流亡的历史学家群体，不可能再全体回归。他们很多人已经在新的国家里重建了新生活，不会再选择回去。

这表明，对于学者流亡问题的价值评价需谨慎。几乎毫无例外，对于难民个人而言，被迫去国是全然的悲剧，很多人的生涯被摧毁殆尽。从历史学的宏观层面来看，那些"流出国"的损失与"流入国"的收获不成比例。国际间的学术混血总会发生（正如那些主动从原国家出走的学者所一厢情愿的那样），即便会更慢。当然，在一场场被迫的流动中，有些产生了显著的影响。流亡学者们，相比于他们的个人影响，其更重要的贡献在于他们的勇气。这勇气使他们生存下来，也使他们在严酷的形势下，当母国的历史书写屈服于暴政、歪曲和谎言时，他们提供了在逻辑和证据上更为扎实的另一个版本的叙述。

独裁政体下的历史学成果很难正面评价。在有些地方，史学成果与宣传机器合流，与其说这样的成果是什么学术贡献，不如说正是这样的"成果"，造就了其作者所处的不良环境。不过，在远离意识形态核心的研究领域，历史叙述仍有意义，甚至是持久的意义。流亡或地下状态所出版的作品同样如此：有些作品充满辩论的斗志和敌意，有些作品诞生了创新性的方法和视角。如果没有私底下书籍流通的圈子，那么被尘封的作品就很难再见天日。那样的话，当独裁体制终结，秘密封存的手稿终于有可能问世时，人们打开抽屉却空空如也。那些生活在独裁之下的历史学家（有的长达数十年），却能够从对历史真相的持续探索中，创造出自由的角落。

对历史学家在独裁政体下的所作所为进行道德判断，也是极不应该的。如果历史学家在高压统治期间坐上某个位子，他背后的动因是什么，他其时处境下有什么其他的选择，我们都很难说清楚。事后评价他们的行动自由，他们的合作、沉默和反抗，无论如何都应当审慎，因为我们自己也无法确定，在同样的情况下我们会怎样做。每一个个案的细节都与普遍原则同样重要。不过，在那些事实很确定的案例中，我们仍有对其进行褒贬的空间。在那些与独裁者合作、为其提供学术支持，而在独裁破产后未被清算的学者里面，很少有人为他们的行为做出解释、认罪或道歉。

157　　当社会摆脱独裁和冲突并步入民主的时候，历史书写也将摆脱曾经遭受的苦难，渐渐趋于光明。因为对谎言和错误的让步，这门学科的名誉已经受到了多次伤害。谎言削弱了历史学专业的公信力，也让历史话语变得轻贱。简言之，当历史学被置于独裁的支持下时，它会受到羞辱和伤害；即便最终获得自由，人们也会在相当长的一段时间里看到历史学的伤疤。

参考书目

Barber, John, *Soviet Historians in Crisis*, *1928－1932*（London, 1981）.

Boia, Lucian（ed.）, *Great Historians of the Modern Age：An International Dictionary*（Westport, Conn., 1991）.

Boyd, Carolyn, *Historia Patria：Politics*, *History*, *and National Identity in Spain*, *1875－1975*（Princeton, 1997）.

Brownlee, John, 'Why Prewar Japanese Historians Did Not Tell the Truth', *The Historian*, 62（2000）, 343－356.

Cannistraro, Philip（ed.）, *Historical Dictionary of Fascist Italy*（Westport, Conn., 1982）.

Davis, Natalie Zemon, 'Censorship, Silence and Resistance：The Annales during the German Occupation of France', *Historical Reflections/Réflexions historiques*, 24（1998）, 351－374.

第七章　审查制度与历史：独裁体制下的历史学（1914—1945 年）

De Baets, Antoon, 'Resistance to the Censorship of Historical Thought in the Twentieth Century', in Sølvi Sogner (ed.), *Making Sense of Global History：The 19th International Congress of Historical Sciences, Oslo 2000* (Oslo, 2001), 389 - 409.

—— *Censorship of Historical Thought：A World Guide, 1945 - 2000* (Westport, Conn. , 2002). ——'Exile and Acculturation：Refugee Historians since the Second World War', *International History Review*, 28(2006), 316 - 349.

—— 'Censorship', in Thomas Benjamin (ed.), *Encyclopedia of Western Colonialism since 1450*, vol. 1 (Detroit, 2007), 199 - 204.

El exilio español de 1939, 5 vols. (Madrid, 1978).

El exilio español en Mexico, 1939 - 1982 (Mexico, 1982).

Erdmann, Karl, Kocka, Jürgen, and Mommsen, Wolfgang, *Toward a Global Community of Historians：The International Historical Congresses and the International Committee of Historical Sciences, 1898 - 2000* (New York and Oxford, 2005), 68 - 195.

Galaty, Michael and Watkinson, Charles(eds.), *Archaeology under Dictatorship* (New York, 2006).

Gruber, Carol, *Mars and Minerva：World War I and the Uses of the Higher Learning in America* (Baton Rouge, La. , 1975).

Jones, Derek (ed.), *Censorship：A World Encyclopedia*, 4 vols. (London, 2001).

Lewis, Bernard, *History Remembered, Recovered, Invented* (1975; Princeton, 1987).

Losemann, Volker, *Nazionalsozialismus und Antike：Studien zur Entwicklung des Faches Alte Geschichte 1933 - 1945* (Hamburg, 1977).

Monteil, Vincent, 'La décolonisation de l'histoire', *Preuves*, 142 (1962), 3 - 12.

158 Schöttler, Peter, 'Geschichtsschreibung als Legitimationswissensch-aft 1918 – 1945: Einleitende Bemerkungen', in Peter Schöttler (ed.), *Geschichtsschreibung als Legitimationswissenschaft 1918 – 1945* (1997; Frankfurt, 1999), 7 – 30.

Schwarcz, Vera, *The Chinese Enlightenment: Intellectuals and the Legacy of the May Fourth Movement of 1919* (Berkeley, 1986).

Shteppa, Konstantin, Russian Historians and the Soviet State (New Brunswick, 1962). Stern, Fritz, 'Historians and the Great War: Private Experience and Public Explication', *Yale Review*, 82 (1994), 34 – 54.

Stieg, Margaret, *The Origin and Development of Scholarly Historical Periodicals* (Alabama, 1986), 149 – 176.

Strauss, Herbert and Röder, Werner (eds.), *International Biographical Dictionary of Central European Emigrés 1933 – 1945*, 3 vols. (New York and Munich, 1980 – 1983).

Thomas, Jack Ray, *Biographical Dictionary of Latin American Historians and Historiography* (Westport, Conn. , 1984).

Tillett, Lowell, *The Great Friendship: Soviet Historians on the Non-Russian Nationalities* (Chapel Hill, 1969).

Visser, Romke, 'Fascist Doctrine and the Cult of the Romanità', *Journal of Contemporary History*, 27 (1992), 5 – 22.

Voss, Ingrid, 'Le Comité International des Sciences Historiques face aux défis politiques des années trente', *Bulletin d'information*, 19 (1993), 159 – 173.

Watson, Ruby (ed.), *Memory, History, and Opposition under State Socialism* (Santa Fe, N. Mex. , 1994).

Werner, Karl Ferdinand, *Das NS-Geschichtsbild und die deutsche Geschichtswissenschaft* (Stuttgart, 1967).

Wilson, Keith, ' Introduction: Governments, Historians, and "Historical Engineering"', in id. (ed.), *Forging the Collective*

Memory：*Government and International Historians through Two World Wars*（Oxford，1996），1 – 27.

Winks，Robin（ed.），*The Historiography of the British Empire-Commonwealth*：*Trends*，*Interpretations*，*and* *Resources* （Durham，NC，1966）.

Woolf，Daniel（ed.），*A Global Encyclopedia of Historical Writing* （New York，1998）.

Zollberg，Aristide，'The École Libre at the New School，1941 – 1946'，Social Research，65（1998），921 – 951.

姜伊威　译

第二编

历史研究与民族传统

第八章　德国史学著作

贝内迪克特·斯塔基①

德国史学著作与西欧

德国的历史学家在短时间内建立起他们的学术原则,这和反161抗拿破仑的解放战争及遍布欧洲的民族主义基本概念有紧密联系。他们不仅促成了历史主义(historism)与民族主义的融合,并且保证了史学著作的准则是为民族国家服务。他们的实践,与约翰·克里斯托夫·卡特尔(Johann Christoph Gatterer)和奥古斯特·路德维格·施勒策尔(August Ludwig Schlözer)这些哥廷根史学家大相径庭,后者从大约 1760 年就已经将历史书写作为一门学术性专业。哥廷根派史学家追求历史的区域性和经济层面,他们在世界史或通史上的成就,对后拿破仑时代的人们缺乏说服力——而对于 19 世纪后半叶那些历史学家来说则更是如此,他们认为"现代"史学史应为民族服务。历史,作为一门大学科目,同时作为一门基础教育课程的人文学科,需要以叙述为主,同时也要遵循更高层次上的方法论的和概念的方针。如果说,民族是时代主题,那么历史著作就是这一主题的实现途径。在一个社会、经济、教派、政治利益高度分裂的国家里,这种事情是怎么发生的呢?

① 伊格尔斯(Georg G. Iggers)曾阅读过本章较早的版本,在此向他致谢。

第一，自从历史学家关注可称作民族国家的社团的演化开始，他们就已经开始书写国别史了。类似的逻辑和典型的欧洲特殊论（European exceptionalism）一道适用于书写世界史和帝国史。在这种历史著作中，充斥着西方必胜的观点，爱德华·萨义德（Edward Said）称其为"东方主义"（Orientalism），不过这并不只是指东西方差异。内部殖民（Internal colonialism）与一个国家的部分地区相对于其他地区的优势，也会促成一种文明开化的使命感，以保证它们相对于其他部分的地区在文化上的优越性。

164　　第二，国别史学家在证明强大而统一之国家的出现有其合理性的时候，他们能很轻易地解释其中的多样性。拿破仑战争后德国历史所走上的特殊道路，要求历史叙述较少涉及启蒙运动所关注的、世界历史中欧洲的定位问题，而更多反思德国在其邻国国别史中的重新定位。黑格尔设想，成功的国家应在理论上代表进步和现代，这一设想并不局限于德国历史。[①] 托克维尔（Alexis de Tocqueville）与孔德（Auguste Comte）关于法国的理论，以及英国的社会演化论，都是和德国历史书写旗鼓相当的学术传统。不论如何，法国大革命和工业革命带来了不同的、国家导向的"欧洲中心论"，其中包含了地缘政治上、经济上的霸权主义目的论，在这种思想中，民族国家的制度是理所当然的。

但是，在德国，这种制度尚未出现，而必须由历史学家来解释和支持。相比于不列颠的托马斯·巴宾顿·麦考莱和法国的儒勒·米什莱[②]，德国史学界对民族国家合理性的解释和支持姗姗来

---

① Michael Bentley, "Introduction: Approaches to Modernity: Western Historiography since the Enlightenment", in id. (ed.), *Companion to Historiography* (London and New York, 1997), 395-506.

② CF. Benedikt Stuchtey, "Eminent Victorians und die britische Zivilisationsgeschichtsschreibungin der Epoche der Historisierung", in Ulrich Muhlack (ed.), *Historisierung und gesellschaftlicherWandel in Deutschland im 19. Jahrhundert* (Berlin, 2003), 175-191.

迟,实在是德国史学的特殊性。诸如海因里希·冯·西贝尔这样的德国史学家曾敏锐地意识到这种滞后,他们认为这种滞后有两方面原因,并针对其加以解决:其一,有必要将历史书写和民族崛起联系起来;其二,有必要与欧洲和德国的史学同仁的趋势达成一致,不能将普世的、文化多样的历史理解成某个当代法国人所认识的历史。[1] 卡尔·兰普雷希特、亨利·托马斯·巴克尔和厄内斯特·拉维斯(Ernest Lavisse)就是个中翘楚——不过最重要的可能还是马克斯·韦伯——他们在学者中以身作则,以世俗的、普世的观点,挑战霸权主义的欧洲中心论,并且用一种不同的方式诠释民族的、帝国历史的结构。在兰普雷希特在 1891—1909 年间发表的 12 卷著作《德国史》(*Deutsche Geschichte*)中,他试图将过往的政治、社会、学术、法律、经济因素的全部内容概括为文化史,这种努力很明显是受到了英国和法国的实证主义的影响。他将唯心主义和唯物主义之间的联系描述成社会科学中的形态学方式,这部著作虽受众广泛,但是兰普雷希特及其在欧洲的同仁仍属少数派,受到"宣传历史唯物主义"的指责。[2] 1800—1945 年间,德国史学界的"持续低音"(basso continuo)显示,"西方"的崛起这种必胜的观点在一战后依然残留,且反映出德国在西方民族优越性当中扮演着重要角色的信念。而德国究竟是"西方"的一部分,还是"西方"刺激的结果? 这依然是个问题。无论一战前后,德意志帝国、魏玛共和国和纳粹德国都接受了黑格尔的假说,认为民族国家要在一场旷日持久的竞争中,与其他国家对抗,这样才能自我定义。"西方"在经济、军事、地缘政治等方面的巨大优越性使人认为,"西方"在历史领域中的优越性也是抽象的、被建构的。无论历史采取世界视角还是民族视角,也无论历史从其史学来源来说,是源于殖民地还是源于本国地域,至少在 1945 年之前,帝国史和民族史是最受关注的课题。

165

---

[1] Antoine Guilland, *L'Allemagne nouvelle et ses historiens*: *Niebuhr*, *Ranke*, *Mommsen*, *Sybel*, *Treitschke*(Paris, 1899).

[2] Roger Chickering, *Karl Lamprecht*: *A German Academic Life*(*1856 - 1915*)(Atlantic Highlands, NJ, 1993).

图例：
自治国家，1920-1940
奥匈帝国，1914
德国，1914
1919年德国失去的地区
保加利亚失去的地区
俄罗斯失去的地区
奥斯曼帝国失去的地区

第一次世界大战前后的欧洲与中东

第一次世界大战前后的欧洲与中东

19 世纪

黑格尔的哲学是背离前人观点的显著证据,因为他的哲学体系成为 19 世纪最具影响力的史学遗产之一,也为卡尔·马克思和利奥波德·冯·兰克提供了学术基础。随着 50 年后威廉·狄尔泰的历史哲学的出现,在将伊曼努尔·康德的理解观点和 19 世纪历史思考结合的时候,黑格尔对历史逻辑和解释的探讨显得至关重要。狄尔泰认为,人类本身是历史性的。研究其社会、文化、经济和政治世界最为合适的方法是通过理解(Verstehen),狄尔泰曾把这个观念和解释(Erklären)——即通过自然法则推理并作解释——作比较。① 在黑格尔的观点中,基于法律和理性的国家若一直进步,争取自由,那么它就是上帝意志的体现,由此可以窥见他所说的“精神”的本质。在其《精神现象学》中,他进一步阐述了其关于人类在臻于完美之前必须经历的几个阶段的概念。通过将世界史分为四大阶段(从东方到德国),作者提出了文化上的个性和相异性的思想。每个阶段都应在其自身的历史演变的环境中加以审视,所以,民族历史既描绘也承认了每个特定时代的特性。就德国自文艺复兴和启蒙运动以来的历史发展而言,这种思想认为藉由民族斗争达成上帝意志是必然的,也认为一个高效的国家,对理性和理智这两大支柱的培养是必要的。黑格尔认为,公民需要得到启蒙,需要充分认识到自己对国家的义务,这一理解使他的哲学思想进一步受到批判,批评者认为他的哲学思想过分支持军国主义和帝国主义的政治体系。另一方面,这一思想开启了大历史的观点,后者成为了更广阔的世界历史的一部分。② 例如兰克,当他构思其名著《教皇史》(*Die römischen Päpste in den letzten vier*

166

---

① *Einführung in die Geisteswissenschaften* (Leipzig, 1883); and *Der Aufbau der geschichtlichen Weltin den Geisteswissenschaften*(1910; Stuttgart, 1958). See Guy van Kerckhoven, *Wilhelm Dilthey*(Freiburg, 2008).

② Burleigh Taylor Wilkins, *Hegel's Philosophy of History*(Ithaca, NY, 1974).

Jahrhunderten)时从这里受益良多。这部著作很快就被视作一位世俗人士对史学传统的一大贡献，同时又是对历史进行的哲学思考。戈特霍尔德·莱辛(Gotthold Lessing)也继承了这一传统，他认为历史进程从未完结，永远处于流动状态中。他认为，当历史适应理想和现实的相互作用时，历史以其自身的方式发展出了其自身的节奏。

兰克的历史学，包括其教皇史，是以一种二元化的方式建构的，其中含有诸如宗教和政治、精神与身体、普世与民族等互相冲突的张力。教皇制，是为数不多的、能体现欧洲可以在宗教和民族框架内形成一个理想化普世政体的机构，在中世纪尤其如此。兰克以黑格尔著作为基础，通过概括被哲学家所理想化的各机构的社会形态，形成了自己观点：大国体系、政教分离是过去历史的两大支柱，虽然从多数角度来说，兰克和黑格尔的观点截然不同。另一大支柱是兰克对于历史客观性的追求。法国大革命和拿破仑时代对历史思想的影响又一次得以彰显。兰克和雅各布·布克哈特常被视为代表了截然不同的两派，甚至有人认为他们各属于政治史与文化史，但是，关于革命运动，以及关于拿破仑战争激发的个人权利和责任的觉醒，两人却同样有着保守的解读。历史写作不再是一种猜测，也不再有人声称自己发现了"放之四海而皆准的规律"。①

很多因素都使兰克被称为现代批判史学的创始人，被称为"德国历史专业的鼻祖"②，还常被称作后世所谓"历史主义"(Historismus)的奠基人之一。历史主义这一称呼也适用于文化研究、法学、神学、哲学、经济学和社会学方面。③在弗里德里希·迈

167

---

① Felix Gilbert, *History: Politics or Culture? Reflections on Ranke and Burckhardt* (Princeton, 1990), 8.

② John Burrow, *A History of Histories: Epics, Chronicles, Romances and Inquiries from Herodotusand Thucydides to the Twentieth Century*(London, 2007), 457.

③ Annette Wittkau, *Historismus: Zur Geschichte des Begriffs und des Problems* (Göttingen, 1992), 61 - 130; and Friedrich Jaeger and Jörn Rüsen, *Geschichte des Historismus: Eine Einführung*(Munich, 1992), 81 - 85. 关于将"Historismus"译作"historism"而不是其通常译法，"historicism"的更多资料请参阅本卷第一章，尤其是注释 3。

纳克(Friedrich Meinecke)和恩斯特·特勒尔奇(Ernst Troeltsch)考察历史与这一术语的问题性之前[1]，就有哲学家弗里德里希·尼采首先讨论了我们现有价值观形成的过程，也是他首先讨论历史学家究竟是被客观事实引导，还是提出了价值判断的问题。[2] 八十四年之后，卡尔·波普尔(Karl Popper)认为，如果历史确实具备神的意志，那么，不同于历史主义的历史决定论(historicism)观念的"贫困"就在于，这种观点主要通过历史发展来看待历史。[3] 对他来说，这种理论有助于在法律或历史规律的基础上对未来做出预测。

用兰克的话来说，历史揭示了"事情实际上如何发生"。并且，只要历史满足了黑格尔所说的世界精神(*Weltgeist*)，那么历史就是有意义的。兰克和黑格尔都把国家理解成是政治伦理的体现，但抛开这一点，兰克本人基本上是不赞同黑格尔的。兰克通过历史科学，意欲创造一个政治学的综合理论，因为他相信：每个国家都是一个形而上学的实体。兰克认为揭示民族国家的政治史的重要性，乃是历史学家的主要责任，但是这并未直接导致为数众多的普鲁士历史学家支持德意志帝国的民族主义信念。这一观点强调了国家的道德品质，历史学家正是要对此做仔细研究，旨在揭示其道德的优越性。他沉浸在他所研究的时代中，并压制自己的个性，按照他所处时代的经验对研究对象加以解释。兰克力图证明个人或国家层面的人类历史发展及其成功的正当性，是为了遵循上帝的意志。推论而言，现在的合理性都是过去事件的结果。所以，兰克研究诸如法国、英国这样的现代早期强大欧洲国家，为的就是揭示：强大的民族凝聚力的出现和国家的最终出现是有必然规律的。兰克最重视外交政策和军事的历史，因为它们保证了国家的独立——虽然个人屈从于权威。无论如何，个体是19世纪历史主义

[1] Friedrich Meinecke, *Die Entstehung des Historismus*, 2 vols. (Munich, 1936); and Ernst Troeltsch, *Der Historismus und seine Probleme* (Tübingen, 1922).

[2] Friedrich Nietzsche, "Vom Nutzen und Nachtheil der Historie für das Leben", in *Unzeitgemässe Betrachtungen*, vol. 2 (Leipzig, 1874).

[3] Karl Popper, *The Poverty of Historicism* (London and New York, 1957).

的关键词之一,民族就像所有的历史事件一样具备个体性。[①]

　　和他同时代的史学家,如卡尔·冯·罗克特(Carl von Rotteck) 168
和弗里德里西·克里斯托夫·达尔曼(Friedrich Christoph
Dahlmann)也表达了类似的观点。亚里士多德的学说认为,在某些
政体下人类有交际天性,并认为优秀政体应当是君主制、贵族制和
民主制元素结合的结果,达尔曼对此深信不疑。所以,达尔曼认
为,政治和伦理的行为不能相互分割。由此,宪法不能与教化世界
的法律相抵触。达尔曼是德国清教中产阶级的典型代表,他们经
历过革命和战争。达尔曼后来成为"哥廷根七子"(Göttingen
Seven)的一员,他们曾抗议 1837 年汉诺威王朝国王恩斯特·奥古
斯特(Ernst August)的违宪行为。达尔曼对圣保罗教堂宪法
(Paulskirche)的坚持来源于埃德蒙·伯克(Edmund Burke),与许多
19 世纪德国学者一样,达尔曼欣赏伯克所主张的,光荣革命后英国
历史那种和平、持久、改良性的变化。这就是他撰写《以生活条件
的理性与方法解释的政治》(*Die Politik auf den Grund und das
Maaß der gegebenen Zustände zurückge-führt*, 1835)的出发点,也
是其著作《英国革命史》(*Geschichte der Englischen Revolution*,
1843)成功的背景——年轻的联邦共和国将诠释英国革命那种视
自由先于统一的传统。[②]

　　从那以后,通往普鲁士史学的道路就不算遥远了,普鲁士史学
先于德意志帝国出现,随后则充满了帝国的特征。虽然兰克的著
作同时鼓励了普世的和民族的史学观点,但在证明普鲁士国家在

[①]　Leopold von Ranke, *Französische Geschichte, vornehmlich im sechzehnten und
siebzehnten Jahrhundert*, 3 vols. (Berlin, 1852 - 1855); id., *Englische
Geschichte, vornehmlich im sechzehnten und siebzehnten Jahrhundert*, 7 vols.
(Berlin, 1859 - 1868); and cf. James M. Powell and Georg G. Iggers(eds.),
Leopold von Ranke and the Shaping of the Historical Discipline(Syracuse, NY,
1990).

[②]　Cf. Karl Dietrich Bracher, *Über das Verhältnis von Politik und Geschichte:
Gedenkrede auf F. C. Dahlmann*(Bonn, 1961).

日耳曼历史架构中的发展之合理性的普遍真理性方面，他并没有提供一种简单的概念性背景。赫尔德对于人民（Volk）的理解，不久被19世纪早期的作者所使用，并且被错误地翻译成费希特所坚持的文化和种族的国家主义。不过，赫尔德的理解使普鲁士史学家能一方面描述国家的霸权身份，另一方面也能描述其境内种族和语言上的少数民族。对日耳曼历史造成巨大影响的学术论文或大众论文不仅是特赖奇克和德罗伊森的多卷著作。从19世纪中叶开始，尤其是1848年大革命时期，随着大革命的失败，许多其他领域的作家开始从事历史写作。他们在讨论日耳曼历史中普鲁士的角色、自由的地位、宪法的本质时，深信最好的方式是参与其中。有许多人研究中世纪历史，并且共同参与编纂诸如《德意志历史文献集成》这样著名的计划。个中翘楚有德罗伊森的学生哈利·布雷斯劳（Harry Bresslau），他勇敢地批评了特赖奇克的反犹太主义。这项计划给他带来的名誉，不亚于其著作《日耳曼与意大利的法令和外交研究手册》（*Handbuch der Urkundenlehre für Deutschland und Italien*，1889）[1]

　另一个重要部分是古代史。从尼布尔、德罗伊森、恩斯特·库尔提乌斯（Ernst Curtius）与布克哈特，直到蒙森、卡尔·尤里乌斯·贝洛克（Karl Julius Beloch）和爱德华·迈尔（Eduard Meyer），日耳曼的古代史成为了学术标准和政治参与的中心。当尼布尔因其罗马史方面的著作而声名大噪时[2]，他作为财政专家在普鲁士政府几个不同的岗位上工作，同时也在外交事务上效力。他在波恩大学的执教生涯得益于其在1816年到1823年作为普鲁士派往梵蒂冈的使节的经历。终其一生，他坚信在政治和行政上的实际经验对于历史研究至关重要。自然，洪堡认为他是一个政客中的学者，学者中的政客。但更重要的是，尼布尔是一个超前的（*avant la*

---

① Harry Bresslau, *Zur Judenfrage*: *Sendschreiben an Heinrich von Treitschke* (Berlin, 1880).

② *Römische Geschichte*, 3 vols. (Berlin, 1811 - 1832).

lettre）历史主义早期代表。他建立起历史批判的方法,建立起现代
的史料批判学,也使历史思维变得科学化。威廉·冯·施莱格尔
（Wilhelm von Schlegel）和蒙森猛烈批评他的个人风格与他著作中
个人反思、历史与文学的类比和高度细节描写的综合。但是尼布
尔还是喜欢用他当代的和谐政治理想投射罗马的过去。

　　弗里德里希·卡尔·冯·萨维尼（Friedrich Carl von Savigny）
和歌德声称,一切历史都应该用尼布尔的语文学方式研究,与布克
哈特的想法一样,部分的原因是这能开启世界史的视角,该观点源
于尼布尔,他坚信一切历史都导向罗马史。在此,尼布尔强调罗马
政体、文化,以及他所认为的基于自由、道德和政治法律制度的渐
进式的罗马体制是完美无缺的。乔治·格罗特（George Grote）在
他的《希腊史》（*History of Greece*,1846 - 1855 年）中考察了雅典
民主制,卡尔·尤里乌斯·贝洛克（Karl Julius Beloch）在其《希腊
史》（*Griechische Geschichte*,4 vols.,1893 - 1904 年）中特别注意到
雅典和斯巴达关系中的社会经济因素。而尼布尔正研究罗马共和
国,他认为罗马共和国是一个民族早期历史的绝佳例子,这个民族
通过其制度而非事件,通过其社会阶级而非个人角色走上历史
舞台。[①]

　　在这方面,尼布尔的历史科学不同于德罗伊森。比如,德罗伊
森相信个人的伟大。他最宏大的著作是其 14 卷的《普鲁士政治
史》（*Geschichte der preußischen Politik*,1855 - 1886）,他最著名,
也是最重要的《历史知识理论》（*Grundriß der Historik*,1868）出现
在启蒙时代史学之后,威廉·狄尔泰之前,此书对后者的历史写作
及其哲学和方法论做出了开创性的理论贡献。作为贝洛克和黑格
尔的学生,德罗伊森将他的历史思想建立在对希腊文化的研究和
坚信人类自由之必须上。解放战争,在普鲁士领导下的民族改革
计划的发展,以及将日耳曼的统一正当化为一个理性的、道德的、
普世的和处在日耳曼历史中的进程,这些问题都被视作是德罗伊

170

①　Gerrit Walther,*Niebuhrs Forschung*（Stuttgart,1993）.

森的关键话题。他支持亚历山大大帝,追求希腊历史的完整、希腊国家的统一。① 相似地,他也相信克服日耳曼的特殊性是普鲁士的任务,是个人公民自由的条件。

因此,历史就会遵循一种宗教性的目的发展:新教国家被理解成是神意的结果,遵循黑格尔所谓强大、有活力国家的原则。历史遵循这个世界的道德完美化的道路。以史为鉴,就是说要试图从宗教信仰方面理解过去。这个进程是世界发展计划的应有之义,不考虑种族和国家间的冲突,由于国家自身就组成了一个种族性的个体,并因此保证了国家的自由和自决。政治使命带有了某种神学的合法性,而历史从历史书写升格为历史科学。希腊史和基督教,普鲁士和日耳曼理想主义——当被运用到现实中时,这些辩证的力量都上升到普遍性的地位。政治家可以将自己视作一个身体力行的历史学家,而历史学家也不仅仅是一个专门的学者:他是一个政治的建言人。德罗伊森相信,过去到未来的时间段就是如此架构的。②

尼布尔和德罗伊森的名声后来被蒙森的杰作、1902 年获得了诺贝尔文学奖的《罗马史》(*Römische Geschichte*,1854 - 1856)所盖过,最终,他们的学术能力铸就了他们现在的名声。尼布尔在 1827 年创办了文献学杂志《莱茵博物馆》(*Rheinisches Museum*)。这种工作,19 世纪和 20 世纪初期从事的人并不算少。蒙森将自己的学术成果称为"大规模的学术工作"(large-scale scholarship)。在为数众多的计划中,他开始搜集古代碑文,研究西部德国地区的罗马"石碑"(Limes),同时对推广德国古钱币学和铭文学发挥了重要作用。蒙森说自己是"发愿做一个政治的动物,但却成为了公民"。他先后成为普鲁士(分别于 1863—1866 年和 1873—1879 年)、帝

171

---

① *Geschichte des Hellenismus*, 2 vols. (Hamburg, 1836 - 1843).

② Johann Gustav Droysen, *Historik*, vol. 2: *Texte im Umkreis der Historik*, ed. Horst Walter Blanke(Stuttgart, 2007); Wilfried Nippel, *Johann Gustav Droysen* (Munich, 2008); and Robert Sothard, *Droysen and the Prussian School of History*(Lexington, 1995).

国责任议事会(Chamber of Deputy)(1881—1884 年)的成员，在左翼自由的进步党成立时发挥了重要作用，并且是普鲁士科学院的秘书。虽然他成功地反对了特赖奇克恶毒的反犹太主义，并且作为公众道德家参与政治辩论，他还是认为自己在学术界更有影响力。[①]

这一时期的政治世界里，自由派的民族主义者梦想破灭并不罕见。举例来说，德罗伊森、格奥尔格·戈特弗里德·格维努斯(Georg Gottfried Gervinus)和西贝尔都经历过。阿诺德·黑伦(Arnold Heeren)和卡尔·冯·诺登(Carl von Noorden)在处理欧洲国家的历史和非欧洲历史时，在当时流行的民族历史之外，找到了另一条途径。[②] 赫尔曼·格罗特芬德(Hermann Grotefend)和西奥多·冯·西克尔(Theodor von Sickel)率先建立了历史的辅助科学。其他人，以阿道夫·冯·哈纳克(Adolf von Harnack)和恩斯特·特勒尔奇为例，将自己定位于对教会历史感兴趣的新教哲学的神学家，而非历史学家，这体现在哈纳克在《何谓基督教》(*Das Wesen des Christentums*)和特勒尔奇的《历史主义及其问题》(*Der Historismus und seine Probleme*)中，后面这本书考察了历史学家关于历史呈现的客观性的问题。[③] 最后，弗里德里希·恩格斯和卡尔·马克思，威廉·罗歇尔(Wilhelm Roscher)和马克斯·韦伯将社会和经济放在民族和世界历史的中心位置。他们没有忽视历史学家政治世界的观点，只是认为这一观点有其相对性。但是在总体来说，他们是德国史学界的例外，而非主流。因其用民族政治去

---

① Stefan Rebenich，*Theodor Mommsen：Eine Biographie*(Munich，2002)，165 - 193.

② Christoph Becker-Schaum，*Arnold Herrmann Ludwig Heeren：Ein Beitrag zur Geschichte derGeschichtswissenschaft zwischen Aufklärung und Historismus* (Frankfurt，1993).

③ Christian Nottmeier，*Adolf von Harnack und die deutsche Politik 1890 - 1930* (Tübingen，2004)；and Gandolf Hübinger，"Ernst Troeltsch—Die Bedeutung der Kulturgeschichte für die Politik dermodernen Gesellschaft"，*Geschichte und Gesellschaft*，30(2004)，189 - 218.

定义民族历史，而获得了大量读者。如果主题有层次划分的话，这些当然是最高层次的主题。

从 1871 年到 1918 年

民族传统的根源可追溯至 19 世纪早期。普鲁士在日耳曼的霸权发挥了重要作用，使得德国史专家的工作在 1871 年德国统一后显得更加重要。当时产生的文献内容涵盖广泛，主要由通史、官方文件选集、著名政客和军人的传记构成。也有许多书是关于德国殖民、欧洲的海外帝国和欧洲领域之外的研究。[①] 虽然普鲁士角度下的民族历史有一种德国必胜的自大心理，但在西欧，自大地宣称文化、精神、道德甚至是种族的优越性，并且表示要越过政治边界施以文明教化任务的例子大有所在。当时流行的军事史领域——从威廉·吕斯托（Whilhelm Rustow）在 1850—1860 年代的著作被认可开始，这成为一个真正的领域，其研究对象不仅局限于军人[②]——这个领域的最多产、最热心政治的作者是汉斯·德尔布吕克（Hans Delbrück）。他是兰克和特赖奇克在柏林大学的学生，《普鲁士年鉴》（*Preußische Jahrbücher*，1890‑1919）的编辑，主张缓和的外交政策，批评德意志帝国中的沙文主义倾向，倡导议会和官僚的二元立宪君主制，并且在 1918 年之后成为一名"理性共和党人"（*Vernunftrepublikaner* 该术语表示因理性美德而接受共和制的保皇派）。在 1900 年到 1920 年间，德尔布吕克出版了他的四卷巨作《政治史架构下的艺术与战争历史》（*Geschichte der Kriegskunst im Rahmen der politischen Geschicht*），书中区分了他所理解的腓特烈大帝的消耗战和拿破仑的毁灭战。通过将政治因素重新纳入军事史中，他与之前的军事史观点渐行渐远——尽管这种观点忽视了战

---

① Benedikt Stuchtey, "World Power and World History: Writing the British Empire, 1885‑1945", in id. and Eckhardt Fuchs (eds.), *Writing World History 1800‑2000* (Oxford and New York, 2003), 213‑253.

② *Der deutsche Militärstaat vor und während der Revolution* (Zurich, 1850).

争的社会和文化层面。当他最终开始写世界史的时候,德尔布吕克成了 20 世纪早期最后从事世界史写作的德国学者——尽管他的作品在当时引起了许多争议。[①]

19 世纪晚期典型的德国史学的一个特点是,方法论和政治问题引发了热烈的学术讨论。在 1861 至 1862 年,西贝尔和约翰·菲克尔(Johann Ficker)对中世纪神圣罗马帝国的特点、它与德国历史发展的关系和中世纪皇帝对意大利的态度这些问题的讨论特别有名。不过,真正的论题则是德国天主教徒和新教徒之间的政治冲突。新教徒拥护以普鲁士国王为首的强大的、自由保守的、立宪的民族国家。而菲克尔拥护普世的天主教帝国,西贝尔和德罗伊森一样,认为德国的现在和未来的命运仰赖于政治、新教信仰和民族之间的关系。[②] 他们之间很难调和。作为教育力量的历史,它描述了是什么力量塑造了德国的历史,由此为当代德国正名。这样一来,历史被完全重构成为可能。

并且,在西贝尔的努力下,历史指导了普鲁士学派的历史写 173 作,使其前所未有地获得了一种政治功能和思想基础,德国的普鲁士化受到那些全心支持俾斯麦政策的大批历史学家的欢迎。受到 1848 年革命的影响,西贝尔写了五卷本的 1789—1800 年的革命时代历史,[③]并且翻译了他对资产阶级参与政治、行政、经济活动的写实描写,书中以自己的亲身经历作为事例。他在诸多事件中举足轻重,同时也是 1859 年《历史杂志》的创立者,他还和其他人一道成立了慕尼黑的历史协会,并且是普鲁士国家档案馆的主管,更是创立罗马的德国历史研究所的主要力量。

———

① Markus Pöhlmann, *Kriegsgeschichte und Geschichtspolitik*: *Der Erste Weltkrieg. Die amtlichedeutsche Militärgeschichtsschreibung 1914 -1956*(Paderborn, 2002); Hans Delbrück, *Modern Military History*, trans. and ed. Arden Bucholz (Lincoln, Nebr. and London, 1997); and Arden Bucholz, *Hans Delbrück and the German Military Establishment*: *War Images in Conflict*(Iowa City, 1985).

② Volker Dotterweich, *Heinrich von Sybel*: *Geschichtswissenschaft in politischer Absicht*(Göttingen, 1978).

③ *Geschichte der Revolutionszeit von 1789 bis 1800*,5 vols. (Düsseldorf, 1853 - 1879).

西贝尔认为自己有责任引导公众的道德，有责任影响大众的观念，这一点不同于特赖奇克，后者主要是一个兰克学派的学者。但是特赖奇克在 1874 年被任命为柏林大学的教授，填补兰克的空缺，而这个位置是布克哈特此前拒绝了的。特赖奇克培养了其后在德国史学界自德意志帝国到第三帝国时期的学术主流阵营：他们和民族主义关系密切，强调个人特性的重要，关注历史的政治描写，而不是社会和文化的因素。排除其反犹太主义、反社会主义和恐惧英国的思想（这即使在那个时代也极为平常，因此，他努力塑造英国人的刻板形象以造成大众对英国的反感）不论，特赖奇克算得上同时代人的典型。他创造了生存空间（Lebensraum）和世界政策（Weltpolitik）这些扩张帝国主义的符号，德国皇帝借此来反对英国在世界中的帝国和海军主导权。

五卷本《19 世纪德国史》（*Deutsche Geschichte im neunzehnten Jahrhunderts*，1879 - 1894）的作者特赖奇克，1871—1874 年是帝国议会（Reichstag）的成员，宣称将使自己的历史写作作用于当今政治。他关于德国史的描述终止于 1848 年大革命。他写的德国史，很明显地是基于一贯以来的历史唯意志论（voluntarism），基于国家的道德义务，而不只是停留在对历史事件的理解。这不是一种分析的史学，而是一种叙述的史学，能够吸引大批读者，部分原因是特赖奇克是一个出色的随笔作家。他通过将极权的民族国家理想化，通过强调强大而统一的民族主义，解释了普鲁士在德意志帝国中的霸权。历史学家的任务是弄清政治成功的历史法则，是发现人民的特点，是毫不怀疑地认为——用特赖奇克著名的话说——创造历史的主要是男人。①

174　　毕竟，主要是男人在书写历史。极少有女性在将自己的历史著作推向竞争激烈的市场时能获得成功，更没有女性在一战前获得过博士学位。德意志帝国结构上的社会保守性使得其历史书写整

---

① Ulrich Langer, *Heinrich von Treitschke*：*Politische Biographie eines deutschen Nationalisten*(Düsseldorf, 1998).

齐划一。西方现代化在德国史学界难以挑战历史的目的论和权威性观点,德国史学界认为重建、重塑传统的历史可用来为民族国家的崛起提供元叙述(meta-narrative),但同样重要的是,这种叙述将被爱国的审查者详细审视。这保证了德国史学界有分工明确的架构,有更好的档案资料,有更高层次的听众,有更好的认识论传统——并且这些特点具有特别的排外性。同时,这样的叙述也有各种局限性,因为它只描述德国历史。德国中心和欧洲中心的观点直到 20 世纪都是人类的世界历史的客观背景,举例来说,奥斯瓦尔德·斯宾格勒(Oswald Spengler)和其他的欧洲学者的目标都是为了在全球范畴内帮助读者理解"西方的没落"。①

由于专制的普鲁士没有实现自由主义的立宪政体,普鲁士就被视作集权国家的模板。自由主义的历史学家,例如 1848 年的一代人,达尔曼和格维努斯,接受普鲁士的模板,认为只要民族统一的主要任务达成了,就并不觉得有什么问题。因此之故,简略回顾一下他们在 1871 年之前的著作是很有意义的。不过,达尔曼和格维努斯两人后来都从中间派转向了左翼的自由主义,并且在因俾斯麦执政而造成剧烈冲击的时代背景下提倡共和国的理念。格维努斯最著名的著作是其五卷本《日耳曼民族诗歌文学史》(*Geschichte der poetischen National-Literatur der Deutschen*,1835 - 1842),该书同时涉及历史、哲学和文学。他创建了德国的现代文学史,在文学研究中,将文化和社会的层面加到了文本解读里。格维努斯拥护德国的统一,但是俾斯麦对日耳曼问题的军事解决方式却为这位历史学家所不容。在他的八卷本《维也纳条约以来的 19 世纪历史》(*Geschichte des 19 Jahrhunderts seit den Wiener Verträgen*,1855 - 1866)中,他用一种明显的同情心理描述了欧洲的革命运动,同时,这也是第一本研究法国大革命对南美影响的书。从 1866

①　Oswald Spengler, *Der Untergang des Abendlandes*: *Umrisse einer Morphologie der Weltgeschichte*, 2 vols. (Munich, 1918 - 1922); trans. Charles Francis as *The Decline of the West*, 2 vols. (1926 - 1928).

年起，他就强烈抨击俾斯麦，倡导以联邦政府取代集权政治。出于这个原因，他也是当时最孤立的史学家之一。①

175　　　另一个目的充满新教色彩，有着同等重要的地位，很快得到了和"国家统一"同等的重视。"小德意志"（Small German）的概念反对天主教的哈布斯堡的影响力，推崇一个普鲁士主导下的德国，这个德国在魏玛时代的统一下，有了足够的信心为自己在欧洲和世界中找到定位；而哈布斯堡提倡的是"大德意志"（Great German）方针。至此，俾斯麦从1866年开始的武力统一不仅确立了君主制的原则，同时也强化了一种历史使命的信仰。所以，当时的人可以通过领土的扩张判断进步与否，而这标志着他们自拿破仑战争以来的目标——"统一"最终达成了。最后，人们开始认为，诸如"世界政治"和"生存空间"这样的概念，本质上来源于一个强大的统一国家概念。民族主义和帝国主义好比一枚硬币的两面，而这枚硬币是德意志帝国为了完成"普鲁士的使命"（Prussian mission）而支付的。

当时许多历史学家对他们的学术目标、史学兴趣和社会政治立场采取局外人的态度。如果他们是像翁诺·克鲁普（Onno Klopp）或者约翰内森·詹森（Johannes Janssen）那样的天主教徒，支持泛德意志联邦主义（Pan-German federalism）而反对普鲁士，那么他们就会成为边缘人士。其次，如果他们是像海因里希·格雷茨（Heinrich Graetz）那样的犹太人或是像西蒙·杜诺夫（Simon Dubnov）那样的俄国犹太人，那么他们就会研究圣经，成为一个研究犹太历史或世界历史的史学家，并且会从事"犹太学术研究"（Wissenschaft des Judentums），为的是把犹太历史的研究从拉比这种排他性学术圈中解放出来。格雷茨的11卷本《犹太人历史》（*Geschichte der Juden von den ältesten Zeiten bis auf die Gegenwart*，1853 - 1875）为作者赢得了经久不衰的盛名，他创造了一种充满激情的、哲学思辨式的犹太研究，并从其根源（宗教和政治是其至关

---

① Gangolf Hübinger, *Georg Gottfried Gervinus*, *Historisches Urteil und politische Kritik*（Göttingen，1984）.

重要的两根支柱)开始研究统一的犹太民族历史。[①] 格雷茨没有涉
及经济和社会问题,也没有将波兰和俄国的犹太人涵盖进去,并且,
如人们所能想到的一样,他遭到民族主义的反犹太势力的抨击,批
评者声称他的历史充满犹太教的民族主义色彩,不适宜被编入德国
历史。与此相对,杜诺夫描写的是格雷茨50年以后的历史,但是却
在德国获得了大批读者,他在书写自己人民的历史时选择了一个普
世的观点,说明世俗的民族主义允许犹太人在世界各民族中作为少
数群体存在,不必对其居住的国家做政治上的妥协。故此,作为锡
安主义(Zionism)的结果,以色列国家这种犹太人的组织形式被当做
是没有必要的,甚至是不得民心的,因为在杜诺夫看来,犹太人构成
了世界社会的一部分,因为(而不是尽管)他们失去了自己的祖国。[②]

　　第三,如果被边缘化的民主派历史学家,比如古斯塔夫·迈耶
(Gustav Mayer)、阿图尔·罗森贝格(Arthur Rosenberg)、维特·瓦
伦丁(Veit Valentin)和埃卡特·科尔(Eckart Kehr)那样书写社会
历史的话,他们就会被自己的同事所排挤,因为他们会被怀疑正在
威胁既定的历史解释。迈耶研究德国和欧洲的社会主义运动,编
辑费迪南·拉萨尔的论文,还书写恩格斯的个人传记。后来,当他
被迫从纳粹德国流亡,在伦敦经济学院教书时,他开始研究英国劳
工运动和激进派政治的历史,相关的著作直到1995年才得以发
表。[③] 就像迈耶一样,弗兰茨·梅林(Franz Mehring)广泛涉猎德国

176

---

① Arthur A. Cohen, *The Natural and the Supernatural Jew*: *An Historical and Theological Introduction*(London, 1972).

② Simon Dubnov, *Die Weltgeschichte des jüdischen Volkes*, 10 vols. (Berlin, 1925 - 1930). See Ernst Schulin,"*The Most Historical of All Peoples*": *Nationalism and the New Construction of Jewish History in Nineteenth-Century Germany* (London, 1996),5.

③ *The Era of the Reform League*: *English Labour and Radical Politics 1857 - 1872. Documents Selected by Gustav Mayer*, ed. John Breuilly, Gottfried Niedhart, and Antony Taylor (Mannheim, 1995); andsee Jens Prellwitz, *Jüdisches Erbe*, *sozialliberales Ethos*, *deutsche Nation*: *Gustav Mayer im Kaiserreichund in der Weimarer Republik*(Mannheim, 1998).

劳工政治运动和科学社会主义的历史。① 作为卡尔·马克思传记的作者②,他是1916年革命派斯巴达克斯团的创建者之一,相信在历史科学中,资产阶级为解放的斗争,可以和学院派反抗普鲁士主义的斗争并驾齐驱。像迈耶一样,迈纳克的学生科尔(Kehr),也一直是一个自由派的边缘人物——虽然他在魏玛共和国有着成为德国史学界重要人物的潜力。不过,如果不是因为他在美国搜集资料的过程中英年早逝的话,事情就不会是这样了。不论如何,他政治上的不妥协、备受争议的课题以及方法论上的离经叛道,都注定了他不会在德国的学术界一帆风顺——尽管他有能力和德国的大学体系及重要学者保持密切联系。不同于20世纪早期的德国历史学家对德意志帝国外交政策的关注,科尔研究的是其内部的社会、政治和意识形态的结构,他相信帝国在国外的军事帝国目标,本质上源于国内的经济利益和其他利益集团的压力。

最后,如果有历史学家像卡尔·兰普雷希特和奥托·辛策那样,是一个反历史主义者,并且强调历史中经济、文化、政府结构的关系甚于兰克式的大国理念或是新兰克学派对所谓伟人的英雄崇拜(如马克思·伦茨[Max Lenz]和埃里希·马尔克斯[Erich Marcks])③,那么他们就不会得到任何机构的支持。兰普雷希特就曾经遭受过这种命运。当时他卷入了一场著名的争论中,争论的一方是政治性历史主义主流,另一方以中世纪史学家格奥尔格·冯·贝洛(Georg von Below)为代表,他们尝试把社会学的方式添加到既有的史学世界观之中。④ 作为"自由保守党"(Freikonservative Partei)的成员,贝洛在政治上倾向保守。他曾是一个伦理学家,热衷与古斯塔斯·施莫勒和维尔纳·桑巴特进行讨论,并且试图从浪漫主义时代中追溯德意志帝国的学术根源。

---

① *Geschichte der Deutschen Sozialdemokratie*(Stuttgart,1897).

② *Karl Marx:Geschichte seines Lebens*(Berlin,1918).

③ E. g. Erich Marcks, *Männer und Zeiten*(Leipzig,1911).

④ Hans Cymorek, *Georg von Below und die deutsche Geschichtswissenschaft um 1900* (Stuttgart,1998).

但是,这并不意味着兰普雷希特和其他的边缘学者就是纯粹的民主主义者。威廉时代(Wilhelmine era)的德国史学家中,全心全意支持议会制民主的人是极少的。[①]

当然,也有例外存在。比如路德维希·奎德(Ludwig Quidde),他是一个和平主义者,批评德国皇帝,对德意志帝国的军国主义颇有微词。[②] 他的对威廉二世的讽刺著作再版了 34 次,但是同时也使他失去了前途光明的学术事业,当时他正是成立于 1893 年的德国历史学家大会和成立于 1895 年的德国历史学家协会的发起人之一。[③] 奎德在被其同僚完全排挤的时候,参加了国际和平运动,在 1927 年获得了诺贝尔和平奖,并于 1933 年移民瑞士。[④] 另一个例外则是温和的自由保守主义者奥托·辛策,他是德罗伊森的学生,也是他那个时代研究普鲁士历史的最好专家。[⑤] 他对欧洲现代国家的形成、现代行政的出现和集权的普鲁士的宪政、社会经济发展特别有兴趣。普鲁士的官僚体系关注王权,后者是普鲁士稳定的原因之一,也是它集权的原因之一。在其晚年,辛策由于他对社会和政治结构的集权式理解而备受批评——尽管他以一种全新的视角审视一战和 1918 年至 1919 年间的革命,因为在这一时期,他的观点被完全颠覆了。辛策的《霍亨佐伦王朝及其功绩》(Die Hohenzollern und ihr Werk,1915)直到今日都在历史分析和历史描写上具有价值。但是,书中美化皇室的写法却已经过时。要解释这种现象,需要更加重视社会经济中的变化,并且像马克斯·韦伯与维纳·桑巴特那样,在各种历史类别中发现更多的关联,做出综合分析以及不同社会历史之间的比较,其中包括和非欧洲的民族历史——比如日本——的比

---

①　Wolfgang Hardtwig, "Von Preußens Aufgabe in Deutschland zu Deutschlands Aufgabe in derWelt: Liberalismus und borussisches Geschichtsbild zwischen Revolution und Imperialismus", inid., *Geschichtskultur und issenschaft* (Munich, 1990),103 - 160.

②　*Militarismus im heutigen Deutschen Reich* (Stuttgart, 1893).

③　*Caligula: Eine Studie über römischen Cäsarenwahnsinn* (Berlin, 1894).

④　Karl Holl, *Ludwig Quidde* (1858 - 1941): *Eine Biographie* (Düsseldorf, 2007).

⑤　Michael Erbe, *Otto Hintze* (Hamburg, 1987).

较。辛策对于后世也有重要影响，受其影响的，包括迪特里希·格哈德（Dietrich Gerhard）、哈乔·霍尔本（Hajo Holborn）、格哈德·马苏尔（Gerhard Masur）、汉斯·巴隆（Hans Baron）以及德裔美国人、研究文艺复兴的史学家菲利克斯·吉尔伯特（Felix Gilbert）。[①]

20 世纪前半期

178

与此同时，通过凡尔赛条约，人们能够理解 1918 年之后集权主义的成功和德国史学的民族性辩护，也能理解适应了德意志帝国的一代人何以对魏玛共和国的议会民主缺乏同情心。修正主义（Revisionism）和"凡尔赛情结"（Versailles complex）来源于普鲁士思想传统：比如，国家的优越性是建立在其军事和行政力量上的。年轻一代的代表——多数出生于 1900 年前后——有着不同的史学方法。政治上，有像汉斯·罗森博格（Hans Rosenberg）和哈乔·霍尔本这样的共和党人；学术上，他们挑战历史主义和民族主义的权威。当纳粹取得权力的时候，这些人都被迫流亡。沃尔特·弗兰克（Walter Frank）和汉斯·弗莱尔（Hans Freyer）建立了社会达尔文主义、种族主义、反犹太主义、人民主义（völkisch）的史学，他们在新德国史帝国研究所（Reich Institute for the History of the New Germany）任职。与此同时，那些流亡的史学家继续在他们的著作中加入现代的观点，并且，自由的学术圈为他们提供了一个新家园，使其获益匪浅。[②]

在他们当中，有些名气不大的女性史学家，其史学成就尚有待

---

① Wolfgang J. Mommsen,"German Historiography during the Weimar Republic and the EmigréHistorians", in Hartmut Lehmann and James J. Sheehan（eds.）, *An Interrupted Past*：*German-SpeakingRefugee Historians in the United States after 1933*（Cambridge and New York，1991），32 - 66.

② Peter Alter（ed.）, *Out of the Third Reich*：*Refugee Historians in Post-War Britain*（London，1998）.

我们重视。来自慕尼黑犹太上层家庭的黑德维希·辛策(Hedwig
Hintze),是奥托·辛策的夫人,她在 1924 年成为德国第一个写有
毕业论文的女性,指导者是弗里德里西·迈纳克。她成为了研究
法国大革命的重要史学家,也是魏玛共和国政治体系的拥护者。
她的学术兴趣追随迈纳克学派的史学思想。在政治上,她相信魏
玛共和国起源于 19 世纪的人文社会主义的民主传统,这使得德国
跻身于泛欧洲联盟的一员。在 1928 年,辛策出版了她的著作,这
本书奠定了她在法国宪政史上的专家地位。[1] 当辛策 1933 年离开
柏林大学的时候,她移民到巴黎,又从巴黎移民到乌特勒支。在纽
约,社会研究新学院(New School for Social Research)提供给她一份
副教授的职务,但是她没有拿到签证,并且在 1942 年被警方驱逐
出境的时候自杀了。[2] 遭遇了类似的移民境遇的还有塞尔玛·斯
特恩(Selma Stern),她 1941 年离开柏林,之前她曾在犹太学研究
院(Akademie für die Wissenschaft des Judentums)工作——该机构
使她有机会加大犹太史学的研究力度。在纽约,她参与建设利
奥·贝克研究所(Leo Baeck Institute)。[3] 不过在史学界最为重要
的女性,当属里卡达·胡赫(Ricarda Huch),她既是一个诗人,又是
一个学者,积极参加女权运动,备受纳粹政府的批判,这些经历在
其最畅销的书中都有过分析。[4] 胡赫重新发现了浪漫主义时代的
文学和文化因素,并且对宗教方面有着浓厚的兴趣,这一点和希
尔德加德·舍德尔(Hildegard Schaeder)很像,后者是第三帝国时
期的认信教会(Confessional Church)的成员。纳粹统治时期,她被
关押在拉文斯布吕克集中营(Ravensbrück)内,战后她作为法兰克

179

---

① *Staatseinheit und Föderalismus im alten Frankreich und in der Revolution*
　(Stuttgart, 1828).
② Brigitta Oestreich, "Hedwig und Otto Hintze. Eine biographische Skizze",
　Geschichte und Gesellschaft, 11(1985),397–419.
③ Marina Sassenberg, *Selma Stern(1890–1981)*(London, 2004).
④ James M. Skidmore, *The Trauma of Defeat: Ricarda Huch's Historiography
　during the Weimar Republic*(New York, 2005).

福大学的历史教授，为德国的新教教会工作。[1]

　　1945 年后，在纳粹统治期间留在德国的史学家和那些流亡的史学家之间，有没有学术断层呢？这个问题不好回答。他们中许多人在德意志帝国和一战时期就已熟识，有不少人是这一代人，也有许多人在魏玛时期仍密切合作。一些学者一直是处在边缘，比如自由派天主教徒弗兰茨·纳贝尔（Franz Schnabel），他拥护魏玛共和国，但是直到 1945 年以后才取得学术上的成就，获得了广大读者。[2] 他的权威专著《19 世纪德国史》（*Deutsche Geschichte im neunzehnten Jahrhundert*，1929－1937）因其丰富的内容和在通史、德国史方面提出的各种问题，很长时间内都居于难以被撼动的地位。作为一本专门研究三月革命之前的时期（Vormärz）、专注于资产阶级（Bürgertum）极盛期的著作，这本书却并非要描述一个关于政治解放的成功故事。作者坚信人文主义、理想主义的价值观，坚信这些价值观对资产阶级出现的影响。作者也有一种文化怀疑主义，在他看来，这种怀疑主义来源于德国历史的特殊道路：集体对自由的需求，较之个人对自由的需求更加强烈。不过，与 19 世纪伟大的怀疑论者雅各布·布克哈特相比，他从未真正摆脱历史主义的影响。即使是将德国历史放在欧洲历史中处理，他也从未摆脱德国历史特殊性（Geistesgeschichte）的影响。所以，和迈纳克一样，他也是源自 19 世纪至 20 世纪的文化史研究的主要代表。[3]

---

[1]　Cf. Heike Berger, *Deutsche Historikerinnen 1920－1970：Geschichte zwischen Wissenschaft und Politik*（Frankfurt，2007）.

[2]　Thomas Hertfelder, *Franz Schnabel und die deutsche Geschichtswissenschaft. Geschichtsschreibungzwischen Historismus und Kulturkritik*（1910－1945），2 vols.（Göttingen，1998）.

[3]　Patrick Bahners,"Kritik und Erneuerung：Der Historismus bei Franz Schnabel"，*Tel Aviver Jahrbuch füreutsche Geschichte*，25(1996)，117－153.

德国的历史书写和西方

到 1900 年为止,老一代史学家的代表迈纳克无疑已经深深影响到了历史研究的方法论、主题和制度等方面。和年轻的吉哈德·里特尔(Gerhard Ritter)一样,他在学术上连接了几十年的断层,且在塑造二战后的德国史学起了关键作用。他的许多学生被迫从纳粹德国移民到美国,而到了 1935 年,他们的老师则从其政治和学术岗位上退下来——之前,他是帝国历史委员会(Historical Commission of the Reich)的主席。迈纳克是《历史杂志》的编辑,也是 1948 年新成立的西柏林自由大学的副校长。他倡导思想史,以之作为政治史的对立物。他是一个自由主义者,并自诩为共和国的拥护者——这样的共和国建立在议会政府的基础上,反映国家理性的利益。[1]

迈纳克通过其《世界主义和民族国家》(*Weltbürgertum und Nationalstaat*,1907)成为精英的思想史的最初代表者之一。该书体现了德国史学在普鲁士改革时期的世界浪漫主义运动与集权的俾斯麦民族国家之间的对抗。战后,当他在写《德国的浩劫》(*Die deutsche Katastrophe*,1946)时,他再次强调了与民族主义相对立的歌德时代的理想主义。迈纳克借助其两卷本《历史主义的兴起》(*Entstehung des Historismus*,1936)获得了其作为研究史学思想的历史学家的名誉,书中他将思想形成的模式视作历史哲学出现的基础。他将历史主义理解为学术的革命,其源头是 18 世纪赫尔德、歌德及其同代人创造出的法律标准——根据这种标准,民族、国家,甚至是个人都是自己的领路人——从那时起,这种革命就已经开始改造"西方"了。[2]

---

[1] *Die Idee der Staatsräson in der neueren Geschichte*(Munich,1924).

[2] Gisela Bock,*Friedrich Meinecke in seiner Zeit：Studien zu Leben und Werk* (Stuttgart,2006).

这种立场对于包括迈纳克学生在内的社会史学家来说是无法接受的。汉斯·罗森博格（Hans Rosenberg）是一个聪慧而有哲学思想的史学家，他在魏玛共和国出现的政治和经济问题的影响下继续研究社会史，专注于社会结构，而非个人的学术性传记。他的研究对象主要是 19 世纪德国的经济发展过程，以及 1830 年之前的自由主义思潮[1]，还有普鲁士崛起为德国领导时期的社会关系。由于其犹太背景，罗森博格在 1933 年离开德国前往英国，并且从英国经由加拿大和古巴于 1935 年到达美国。在美国纽约，他成了一个成功的作家和教师，此后他去往伯克利大学。作为一个 1960 年代的西德历史学家，他因将邻近学科的问题与方法纳入历史研究中而成为了学术和政治的楷模。[2] 最重要的是，他是一个经历了 1930 年代的移民，通过将德国的历史学发展与西方其他国家作比较，而得出了下面这个问题的答案：这个问题就是，德国历史是否存在一条特殊道路，能够解释德国和"西方"的分歧？

很明显，这个问题已在二战结束前被许多历史学家提出过。比如吉哈德·里特尔，在他写路德传记的时候，原创性地做出了一个具有民族保守性的答案。该书于 1925 年出版，试图解释德国在 1918 年的失败。[3] 里特尔认为，路德是德国人哲学性灵魂的象征，而不是一个自由、物质性的西方象征。就像他在斯坦因和腓特烈大帝的传记中所展示的那样，在里特尔看来，宗教改革之于普鲁士政治、德国意识形态和德国统一政治的意义不应被低估。[4] 在里特尔的书中，普鲁士政治从地理上说出现在罗马以西，斯拉夫以东。所以，德国要面对以托马斯·莫尔为代表的岛国的、道德乌托邦的

---

[1] *R. Haym und die Anfänge des klassischen Liberalismus*（Munich，1933）.

[2] Arnd Bauerkämper，"Americanisation as Globalisation? Emigrés to West Germany after 1945 and Conceptions of Democracy：The Cases of Hans Rothfels, Ernst Fraenkel and Hans Rosenberg"，*Leo Baeck Institute Year Book*，49（2004），152 - 170.

[3] *Luther：Gestalt und Symbol*（Munich，1925）.

[4] *Weltwirkung der Reformation*（Leipzig，1941）；*Stein：eine politische Biographie*（Stuttgart，1931）；and *Friedrich der Grosse*（Leipzig，1936）.

人文主义和马基雅维利为代表的大陆的政治现实主义。① 但是对里特尔来说，德国除了采取一种受控制的"强权政治"（Machtpolitik）的道路以外，别无选择——虽然从政治和伦理上而言这都是很危险的。②

迈纳克在学术上提出的"精神史"（*Geistesgeschichte*）也可以从汉斯·罗特费尔斯（Hans Rothfels）的早期著作中找到根源，后者重拾强权政治观点，并且将其与俾斯麦的"现实政治"相结合。汉斯·罗特费尔斯认为，帝国首相（Reichskanzler）来源于普鲁士-路德的责任感，原则上，帝国首相对和英国的关系采取开放的态度，却不能容忍那些在他看来地处中欧却不适合普鲁士主导的帝国联盟。

罗特费尔斯认为，是俾斯麦，而不是德国皇帝，正在履行一位真正的、负责的政治家的职责，俾斯麦是德国历史利益的真正的人格体现——正如他在其外交政策"国家利益"（raison d'état），以及在帝国里和少数派斗争所体现的那样。③ 在年长许多的迈纳克、里特尔以及其学生维尔讷·孔兹（Werner Conze）和西奥多·席德尔（Theodor Schieder）这些人当中，罗特费尔斯可称是最具影响力的历史学者。他那个时代正是联邦共和国早期，莱因哈特·科泽勒克（Reinhart Koselleck）、于尔根·科卡（Jürgen Kocka）和汉斯·威尔（Hans-Ulrich Wehler）那一代人的方法论争议还没有出现。与他们相对的，罗特费尔斯在政治上绝对是一个保守的历史学家，并且对现代的"结构历史"（Strukturgeschichte）和"概念史"（Begriffsgeschichte）观念也没有年轻人那样热情。在战争结束不久，他就回到了最初因其犹太背景而被迫离开的祖国。极少有移民的历史学家在那时就这样做，虽然许多历史学家最后还是和祖国恢复了关系，德国史学因此受益匪浅。在经历了 150 年的德国

182

① *Machtstaat und Utopie*（Munich，1940）.
② *Die Dämonie der Macht*（Stuttgart，1947）. 还可以参阅 Christoph Cornelißen，*Gerhard Ritter：Geschichtswissenschaft und Politik im 20. Jahrhundert*（Düsseldorf，2001）.
③ *Bismarcks englische Bündnispolitik*（Stuttgart，1924）.

历史书写之后，到了 1945 年，这个国家并未回到原点。

大事年表/关键日期

1789—1815 年，处在法国大革命和拿破仑统治期间的日耳曼

1815—1830 年，恢复和革命

1830—1847 年，三月革命前时期

1848/1849 年，革命

1848—1871 年，从革命到德意志帝国

1871—1890 年，德意志帝国和俾斯麦

1890—1918 年，帝国主义晚期的德意志帝国

1914—1918 年，第一次世界大战

1918/1919 年，终战、革命和新共和国之间

1919—1933 年，魏玛共和国

1933—1945 年，希特勒夺权，纳粹独裁

1939—1945 年，第二次世界大战

1945—1949 年，走向分裂的德国

主要历史文献

Bresslau, Harry, *Handbuch der Urkundenlehre für Deutschland und Italien*(Leipzig, 1889).

Dahlmann, Friedrich Christoph, *Die Politik auf den Grund und das Maaßdergegebenen Zustände zurückgeführt*(Gottingen, 1835).

Dahlmann, Friedrich Christoph, *Geschichte der englischen Revolution* (Leipzig, 1843).

Delbrück, Hans, *Geschichte der Kriegskunst im Rahmen der politischen Geschichte*, 4 vols. (Berlin, 1900 - 1920).

Dilthey, Wilhelm, *Einführung in die Geisteswissenschaften*(Leipzig, 1883).

Dilthey, Wilhelm, *Der Aufbau der geschichtlichen Welt in den Geisteswissenschaften* (1910; Stuttgart, 1958).

Droysen, Johann Gustav, *Geschichte der preußischen Politik*, 14 vols. (Leipzig, 1855 – 1886).

Droysen, Johann Gustav, *Grundriß der Historik* (Leipzig, 1868).

Gervinus, Georg Gottfried, *Geschichte der poetischen National-Literatur der Deutschen*, 5 vols. (Leipzig, 1835 – 1842).

Gervinus, Georg Gottfried, *Geschichte des 19. Jahrhunderts seit den Wiener Verträgen* 8 vols. (Leipzig, 1855 – 1866).

Graetz, Heinrich, *Geschichte der Juden von den ältesten Zeiten bis auf die Gegenwart*, 11 vols. (Leipzig, 1853 – 1875).

Hintze, Otto, *Die Hohenzollern und ihr Werk* (Berlin, 1915).

Lamprecht, Karl, *Deutsche Geschichte*, 12 vols. (Berlin, 1891 – 1909).

Meinecke, Friedrich, *Weltbürgertum und Nationalstaat* (Leipzig, 1907).

Meinecke, Friedrich, *Die Entstehung des Historismus*, 2 vols. (Munich, 1936).

Mommsen, Theodor, *Römische Geschichte*, 3 vols. (Berlin, 1854 – 1856).

Niebuhr, Barthold Georg, *Römische Geschichte*, 3 vols. (Berlin, 1811 – 1832).

Ranke, Leopold von, *Die römischen Päpste in den letzen vier Jahrhunderten*, 3 vols. (Leipzig, 1834 – 1836).

Schnabel, Franz, *Deutsche Geschichte im neunzehnten Jahrhundert*, 4 vols. (Freiburg, 1929 – 1937).

Treitschke, Heinrich von, *Deutsche Geschichte im neunzehnten Jahrundert*, 5 vols. (Leipzig, 1879 – 1894).

Troeltsch, Ernst, *Der Historismus und seine Probleme* (Tübingen, 1922).

183

参考书目

Berger, Stefan, *The Search for Normality: National Identity and Historical Consciousness in Germany since 1800* (Oxford, 1997).

Berger, Stefan, "The German Tradition of Historiography, 1800 – 1995", in Mary Fulbrook (ed.), *German History since 1800* (London, 1997), 477–492.

Große, Jürgen, *Kritik der Geschichte: Probleme und Formen seit 1800* (Tübingen, 2007).

Haar, Ingo, *Historiker im Nationalsozialismus: Deutsche Geschichtswissenschaft und der "Volkstumskampf" im Osten* (Göttingen, 2000).

Iggers, Georg G. , *The German Conception of History: The National Tradition of Historical Thought from Herder to the Present* (2nd rev. edn, Middletown, Conn. , 1983).

Jaeger, Friedrich and Rüsen, Jörn, *Geschichte des Historismus* (Munich, 1992).

Lehmann, Hartmut and Sheehan, James J. (eds.), *An Interrupted Past: German-Speaking Refugee Historians in the United States after 1933* (Cambridge and New York, 1991).

Reinhardt, Volker, *Hauptwerke der Geschichtsschreibung* (Stuttgart, 1997).

Schöttler, Peter (ed.), *Geschichtsschreibung als Legitimationswissenschaft, 1918 – 1945* (Frankfurt, 1997).

Schulze, Winfried and Oexle, Otto Gerhard (eds.), *Deutsche Historiker im Nationalsozialismus* (Frankfurt, 1999).

Stuchtey, Benedikt and Wende, Peter (eds.), *British and German Historiography, 1750 – 1950: Traditions, Perceptions, and Transfers* (Oxford/New York, 2000).

喻　乐　译

第九章　法国的历史写作
（1800—1914 年）

皮姆·登·博尔

革命的幽灵

在经历了伤痕累累的革命以后，法国再也不会像过去一样了。
当下和过去之间的不连贯感是巨大的。从 1789 年开始的混乱经
历，对历史观念和未来的预期产生了巨大影响。封建社会不可挽
回地变成了一个"我们失去的世界"。即使是最富幻想的复辟派，
也意识到不可能回到 1789 年之前的状态了。

1789 年的大革命主导了法国的历史观念和未来观念。无论是
1830 年七月革命中的后续革命与反革命，还是 1848 年的二月革
命，甚至是 1870—1871 年的普法战争，以及巴黎公社，都一再地促
成了革命思想和反动思想。法国社会的历史观念都为革命的幽灵
所主导，直到第一次世界大战来临之际才有所变化。俄国革命和
第一个共产主义国家的建立，很快削弱了 1789 年的历史执念，并
且在左派和右派中都引发了政治思想的重新定位。

过往，总是为了迎合当前和未来的主张、思想而发生改变和重
建。1789 年的大革命是一段活着的过往，政治性心态不仅蔓延到
国家政治中，也蔓延到地方的事务，甚至蔓延到个人生活中。甚至
可以说，对于个人理解和个人意识来说，革命都是至关重要的。历
史成为当代政治斗争和个人野心实现的重要领域。出于多重原因

和动机,过往仍然是在"建构中"的：它备受争议,导向一个不确定的未来。

法国史学的概况

历史写作的概况可通过社会构造和制度的结构而得知。制度的结构使历史著作得以出版,社会结构也限制了历史学者的数量。在一个以农业为主的社会中,现代化的大众传媒和现代化的工作条件及教育都面临短缺问题,法国的史学并不能在总体上反映这个社会,但是反映了这样一种情况：最多只有 2.5％的法国人口拥有可以进行学术研究的前提环境。尽管历次革命已经极大地削弱了神职人员和贵族的政治势力,但在 19 世纪,在学者育成方面,旧秩序还是非常强大,并且旧秩序的消退非常缓慢。

直到 1870 年,还是可以看到旧秩序的存在。超过三分之一的历史学家出身于第一等级和第二等级（36％）。甚至到了 1900 年,经过了几十年的共和党执政之后,贵族和教会的政治势力已告终结的时候,历史学家中神父、教士和贵族的比例还是很高（27％）。最令人吃惊的是,虽然经过共和党人执政 30 年,贵族背景的历史学家的比例已经大大下降了（从 20％到 7％）,但是,神职人员背景的历史学家比例却上升了（从 16％到 20％）。在 1900 年前后,神职人员在地方史、考古学领域扮演的角色异常显著。他们也为当代史的研究做出了重要贡献。当时的神职人员受到了更好的教育,在当时世俗化（laïcité）问题方面受到共和派权威的严重挑战。他们用教会的观点创造了大批的历史著作。而贵族的史学创作则有着全然不同的特点。

一个新现象是,约四分之一的历史作者都是专业史学家。所谓专业史学家是指,这些人在中等教育、高等教育中执教,或分析档案、图书馆和博物馆中的史料。专家人数上升意味着专业化对史学著作质量造成了影响,对历史知识在中学大学的传播造成了影响,也对档案、图书馆和博物馆中史料的组织和分类造成了影响。

这些影响都远大于对史学著作数量造成的影响。

在 1897 年，法国最大的图书馆——法国国家图书馆(Bibliothèque nationale)馆藏超过 200 万册(其中包括一些多卷本的大型丛书)，而两个多世纪之前的 1684 年，国王图书馆(Bibliothèque du Roi)则自夸其超过 3.5 万的对开本书(folios)、四开本书(quartos)与八开本书(octavos)。

宗教在法国学术界中所占比例甚小。那些古老的、典型的人文学科——例如哲学、法语、语法、修辞和诗歌中，学科的衰退是很明显的。医学的重要性也在衰退下去。法律、自然科学和艺术以及文学(letters)开始变得重要。戏剧和小说数量也有显著增长。但是，在一切得到快速增长的学术活动和学术消费中，历史阅读和书写的重要性还并不明显。历史是直到 20 世纪之后才特别地流行的，并且将这种流行趋势持续了下去。这种流行也可见于文学和戏剧上。更为重要的是，正是在这一时期，历史的理解模式得到了详尽的阐述，并且，历史研究取得了前所未有的认识论上的地位。其结果就是，历史学获得了巨大的威望，敢于和那些盘踞在学科尖端的科目——哲学、神学和修辞学——争夺学问的王冠。哲学家开始认为哲学的历史要比"永恒的哲学"(*philosophia perennis*)更为重要，而语法学家也开始更重视文学史和历史语文学，认为这些比修辞和语法的永恒规律更为重要。在圣经研究领域，胆大的学者甚至开始质疑上帝的话语，将基督教作为宏观宗教史的一部分加以研究。在政治哲学中，有机理论(organic theories)越来越受到重视，而传统的非历史的政治学则失去了可信度，被认为是过时的东西。过去好几世纪被奉为圭臬的真理，现在纯粹因为它们能符合历史发展的语境而显得合理。对未来的迷茫与不确定感，使历史分析变得必要。在那场欧洲的浩劫和改写时代的危机之后，历史学的主导地位促进了思想、意识形态和观念的历史化。历史研究方法论得到了增强，这一点，对于历史学被制度化成一门专业和对于历史学家获得重要地位来说，都是必不可少的先决条件。在这一期间，一些历史学家甚至扮演了"预言家"(vates)和先知的角色，

186

他们对乌托邦进行预言,对未来的革命进行预测。但是历史学在社会中的角色并不是只是由方法论所决定的。国家建立的偶然性过程和必然性过程,以及对学习、宣传国家历史的渴望,才是历史发挥社会功能的最大动力。[①] 最后,学校历史教育的制度化、高等教育的历史学的专业化,都由民族认同的政治所决定。

随着 19 世纪后半叶的实证主义和科学精神的发展,历史学开始失去其优势地位。关于历史学是否是科学的问题——该问题在19 世纪前半叶提出——引起了许多著作对历史学方法进行学术性讨论,其中大部分讨论都发生在德国。[②] 在德国流行的是一种单一专业模式的政治性历史学,不过,法国的制度结构则有利于多元专业模式研究。地理与历史学联系紧密,而尽管社会学野心勃勃,比起德国来,法国的社会学对历史学研究的态度更加开放而更少敌意。在这种情况下,年鉴学派在战前就打下了将历史学作为社会科学的范式的基础。

建国、政治化与制度化

187

在教堂和修院经历了革命的破坏时期,经历了毁坏圣像和焚烧圣经之后,弗朗索瓦-勒内·德·夏多布里昂(François-René de Chateaubriand)开始维护基督教精神和基督教之美。他的大作《基督教的精神》(*Génie du Christianisme*,1802)在法国重建天主教会不久后就得以发表。他对基督教的重新赞美影响巨大,并且使得夏多布里昂变成了一个"思想家"(maître à penser)。不过,1794 年曾从革命者破坏圣像的狂热中勇敢拯救了许多教会艺术瑰宝的亚历山大·勒努瓦(Alexandre Lenoir),已经在法国古迹博物馆(Musée des Monuments Français)组织了一次这些艺术品的展览。

---

① 参见本卷第一章。
② 参见本卷第二章。

年轻的儒勒·米什莱和许多同时代的人都在那里真正地感受到了历史带来的喜悦。

博物馆在复辟时期(1815—1830 年)一度关闭——这也成为了革命者抄没罪行的明证。教会和贵族的财产已经发还。至于古迹的保存，复辟政府延续了让-皮埃尔·巴沙松·蒙塔利韦（Jean-Pierre Bachasson Montalivet）与亚历山大·德·拉沃尔德（Alexandre de Laborde）的政策，他们在第一帝国的时候进行了首次官方调查，旨在为"不朽的统计"（statistique monumentale）铺平道路。地处圣丹尼斯的皇家修道院的法国国王陵墓得到修复，这一工作在拿破仑时期业已开始。复辟时期，人们建造新教堂的兴趣比起修复老教堂的兴趣更大。反弹的力量过于强大，无法再次组建一个机构去维护遗产、复兴法国史学。

历史观点被证明是对抗复辟政府的强大武器。皇室特权的根源、贵族特权的来源、法兰克人定居高卢的功绩、"民族"整合的漫长历史——所有这些主题都有着强烈的吸引力。历史为那些反复辟者提供了政治武器，而复辟政府越是从细节上强调王权传统，这一点就越是明显。毫无疑问的是，皇家的史学家，也就是那些古代编年史的继承者们，早就被各种哲学家兼史学家所批评，其中包括亨利·德·布兰维利耶（Henri de Boulainvilliers）和弗朗索瓦·多米尼克·德·雷诺·德·蒙洛西埃（François Dominique de Reynaud de Montlosie）这样的上层贵族，也有像是让-雅克·卢梭这样的原始的共产主义者，比如加布里埃尔·博诺·德·马布利（Gabriel Bonnot de Mably）。即便如此，当时并未出现真正的可替代天主教-王权的法国史的历史学。直到 1820 年，才首次出现了从更广大人民利益角度而重新阐释法国历史的著作。

奥古斯丁·梯叶里也许是这类著作中最成功的作者。他批评过去史学家的"错误色彩"（false colour）和"错误方法"（false method），引起轰动："（他们的）论述相当自大，一小撮特权人士就借此垄断了史学界，在这样的史学界中，国家的大部分历史都消失

188

在了宫廷的幔布之下。"①那时，让·沙尔·莱奥纳尔·西蒙德·德·西斯蒙第（Jean Charles Léonard Simond de Sismondi）的《法国史》（*Histoire des Français*，1821－1844）还没有出版，巴朗特（Barante）的《勃艮第公国史》（*Histoire des Ducs de Bourgogne*，1824－1828）或弗朗索瓦·基佐的《法国史随笔》（*Essais sur l'Histoire de France*，1823 年）也都没有出版。梯叶里反对复辟，这在他论及拉昂（Laon）的叛乱和兰斯（Reims）的内战中，体现得淋漓尽致。他阐述了第三等级的中世纪起源。继梯叶里之后，基佐（Guizot）是复辟时期的另一位反对传统史学的领军人物。他的写作风格清晰有条理，其论述具有社会政治科学家的分析性。托克维尔是其在索邦神学院最为出众的学生。基佐对于历史课题的选择——诸如欧洲代议制政府的起源——极有讨论价值。② 在同代的政治环境中，弗朗索瓦·米涅（François Mignet）和阿道夫·梯也尔对于法国大革命的处理也表现了反对派的政治信息。③

七月王朝：历史进入国家体制

当时的条件有利于使历史成为国家体制的一部分，学者们各安其职。基佐通过仕途关系，使历史进入了国家体制。作为复辟时代的反传统史学领袖，他在新的立宪君主政体下成为核心人物。经过了 1830 年的政权更替后，反传统史学的保守策略大获成功，并且，为了维护现有秩序，采取了去极化的立场。他们相信，历史在当时应发挥温和的政治效果："一个对本身历史感兴趣，并且熟悉历史的国家，一定会有一种更为理智、更为公正的观念——即使

---

① Augustin Thierry, *Lettres sur l'histoire de France*(Paris, 1820),3.

② François Guizot, *Histoire des origines du régime représentatif*, 2 vols. (Paris, 1851).

③ François Mignet, *Histoire de la révolution française*, *depuis* 1789 *jusqu'en* 1814,2 vols. (Paris, 1824); and Adolphe Thiers, *Histoire de la révolution française*, 10 vols. (Paris, 1823－1827).

是对于当前事务、进展的条件和未来的预期也是如此。"①经历许多混乱之后，人心希望安定。尚处在襁褓期的教育可以在公民中生根发芽。除了古老的法兰西铭文与美文学院，作为法国统治者遗产的继承人，史学家需要为法国公民的历史建立一个国立的研究机构。

历史兴趣较之以前是更加宽广了，但还是有选择性的——身处一个有限选举的时代人们应能看到这一点。最关键的东西似乎成为了历史，正是历史构成了这个国家的基础。国家很乐意从历史角度为资产阶级在国家的建立中所扮演的重要角色正名。由于当时和未来的主要议题都是建设国家，历史观念也受到国家观点的改造。

在新成立的宪政君主制早期，基佐为国家体制中的历史提供了稳定基础。无论是在学校还是在培养老师的学院，历史教育都已被制度化。大部分重要的、独立的机构在这时建立：比如"历史工作委员会"（Comité des Travaux Historiques）和"历史古迹服务处"（the Service des Monuments Historiques）。巴黎文献学院（École des Chartes）和法兰西人文学院（Académie des Sciences Morales et Politiques）也被重组，成为政府的智囊。米涅带领的历史团队践行着著名的"历史哲学"（histoire philosophique），并且调查社会问题和各类机构。

在一份著名的小册子里，基佐把历史工作委员会定义成出版"一切重要而未出版的法国史材料"。这是一项国家性工作，国家是"几世纪前的宝贵遗产的护卫和收藏者"。②从国家在历史研究中所扮演角色来看，它代表了一项重大转变。委员会在全国范围内收集、出版手稿，并且在不同部门的档案馆向公众展出这些手

189

---

①　François Guizot, *Mémoires pour servir à l'histoire de mon temps*，vol. 3（Paris，1860），171.

②　Reprinted in Xavier Charmes, *Le Comité des travaux historiques et scientifiques*，vol. 2（Paris，1887），3 - 7.

稿。尤其是当时由米涅主持的外交部的卷宗总是被密封，因为那些卷宗中，外交和谍报总是分辨不清。人们普遍觉得，与过往的决裂该到来了。

历史工作委员会的工作是为了永久收藏、纪念法国的起源、记忆和荣耀。因此之故，它的出版物主要关注国家而非王朝。委员会涉猎甚广：不仅关注政治和外交，也要关注艺术史和建筑史，还要关注思想史，还要在地区的层次关注习俗的历史。在1835年，第一卷发表在《法兰西历史未刊文献汇编》(Collection des documents inédits sur l'histoire de France)。截至1852年，总共出了103卷。支持国外旅行搜集资料的费用也增加了。"特派服务处"(Service des missions)也资助了大批历史出版物。

"历史古迹服务处"(Service des monuments historiques)则很快培养起史学界在考古学和历史建筑方面的兴趣。关于文物保护的问题——调查不同省份中的遗迹、保护和维修遗迹、修复的选择——这些问题首次地在一个合适的机构中被提出。该机构出版了遗迹的清单，并分配特别基金。吕多维克·维提特(Ludovic Vitet)和普罗斯佩·梅里美(Prosper Mérimée)并没有专业知识，只是凭着一股历史学的热情，为法国的文物研究的诞生发挥了重要作用。

190　　　但是历史就是这样无情。1840年，轮到七月王朝受到以历史为依据的反对派挑战。当时，儒勒·米什莱、埃德加·基内(Edgar Quinet)、阿尔方斯·艾斯基洛(Alphonse Esquiros)、路易·勃朗，以及他们中最成功的人阿尔方斯·拉马丁(Alphonse Lamartine)以共和派的主调，加上雅各宾派或者吉伦特派的弦外之音，重写了革命的历史。[1] 这些著作具有启发性，极具效果，并且在政治上为共

---

① Jules Michelet, *Histoire de la Révolution française*, 7 vols. (Paris, 1847 - 1853); Edgar Quinet, *LaRévolution* (Paris, 1856); Alphonse Esquiros, *Histoire des Montagnards*, 2 vols. (Paris, 1847); Louis Blanc, *Histoire de la Révolution française*, 12 vols. (Paris, 1847 - 1862); and Alphonse Lamartine, *Histoiredes Girondins* (Paris, 1847).

和主义做辩护，并且从此开始，他们与以米涅和梯也尔为代表的奥尔良派的史学家所主张的立宪君主之传统决裂了。

　　梯叶里由于其编纂统治阶级家族的奇闻逸事而饱受争议。米什莱不同意将历史视作娱乐大众的东西。他能够听取历史受害者的倾诉，这些人请求他不要放弃自己作为一个历史学家的职责："历史应考虑我们，你的债主如是召唤你。我们因你说的一句话而接受死亡。"[①]托克维尔要比米什莱更加超然，全无浪漫主义的倾向。他在 1835 年已经发表了自己的杰作《论美国的民主》（1835—1840），托克维尔不像米什莱那样来自劳动阶级，又不像基佐那样来自资产阶级。他是来自被法国大革命摧毁的上层贵族。在民主时代不可避免地到来之际，他是最典型的体制内的史学家。

　　"在 1848 年 2 月 24 日下午，距梯叶里完成自己著作的满八年只差一天，梯叶里在书中把七月革命成为法国革命的逻辑终结，我继法国民族之后进入杜伊勒里宫（Tuileries），也就是路易王菲利普刚刚逃走的地方。"[②]亨利·阿尔布瓦·德·儒本维尔（Henri d'Arbois de Jubainville）所作的这段讽刺意味的评论，是针对奥尔良派对立宪君主制的辉格式解读而说的，同时也是针对梯叶里对于第三等级的角色的看法而说的。应该说，这段评论是恰如其分的。顺便说一句，第二共和比七月王朝的生命更短。

　　奥尔良派自信满满的历史正当性已经被驳倒，乳香和没药现在应该献给共和国了。巴黎文献学院的学生们宣称，"他们研究的是伴随法国几世纪的自由、渐进式发展，现在充满喜悦地接受自由的无上成就。"[③]君主制的废除和全民普选的导入，引起了大众广泛的兴趣。

　　法国大革命的历史极大地鼓舞了"1848 年革命党人"。现在革命成功了，是时候复兴旧有的共和制度的计划了。而由于学校教　191

---

① *Histoire de France*, vol. 1(rev. edn, Paris, 1869), p. cxxxvi.

② Henri d'Arbois de Jubainville, *Deux manières d'écrirel'histoire*: *Critiques de Bossuet*, *d'AugustinThierry et Fustel de Coulanges*(Paris, 1898), 107.

③ Ibid., p. iii.

育依然有待发展，历史的同步发展则由节庆、革命宴会和纪念碑，有效地在大众中传播。法国大革命依然被认为是一段混乱的时期，是断头台和"指券"（assignats）的时代。那是一个传递真正革命信条、用心学习革命教条的时代。

但是到了1850年，在路易·波拿巴（以压倒性多数当选，正如1848年12月的共和国总统一样）的鼓动下，许多资金被用于纪念拿破仑，并给他制作了一幅仿造罗马皇帝的石棺。在1851年12月2日，也就是拿破仑加冕的纪念日，波拿巴派发动政变，在公投整整一年之后，共和国的总统宣布自己成为拿破仑三世皇帝。

第二帝国

政权的改变严重影响了未来的政治预期，也影响了官方对于历史的看法。自七月王朝以来，历史处在国家体制之下时，民族主义就无可争议地取得了统治地位。无论是第二共和国还是第二帝国都无法改变这一点。第二共和国存在时间太短，无法造成长时间的改变，但是第二帝国对于历史著作则有重要影响。一般来说，和七月王朝相比，第二帝国官方对历史倾向于加强控制，而精英主义的色彩减淡。

随着帝国的重建，当代的帝国主义兴趣也投射到了历史中。帝国受到崇拜，被认为是经历了数个王朝的长期插曲和共和国革命的混乱之后的法国历史的逻辑结果。拿破仑三世和学者们被皇家宫廷的华丽和经济状况所吸引，主导了官方历史研究的兴趣——不仅研究拿破仑一世的历史，也研究查理曼的历史，尤其是凯撒征服高卢的历史。罗马高卢的考古学和历史地理学从国家资助中大大受益。

在七月王朝时期，"第三等级"（Tiers État）和资产阶级被认为是推动历史的力量，而在短命的第二共和国，1789年的大革命则是激励人民的源泉。与之相似，在第二帝国时期，"帝国主义"成为了官方的历史-政治倾向。在1789年的大革命时期和第一帝国时期，历史的参照物基本上是古典时代的文物。对于"新公民"（new citoyen)而言,古代斯巴达人的美德才是楷模,拿破仑一世还口述了一部《凯撒战争总结》(*Précis des guerres de César*,1836 年出版)。但既然历史处于国家管制之下,对国家历史的观照显得至关重要。

法兰西民族的帝国的历史成为历史观照的官方视角。拿破仑三世决定根据最近的发现,写一本关于凯撒本人的书,这些发现包括罗马高卢时代的地理志,其中有着凯撒涉足的具体路线。1858 年,法国成立了一个研究高卢地理志的委员会,并且在法兰西学院(Collège de France)设立了拉丁铭文学的教席。1867 年在圣日耳曼莱昂(Saint-Germain-en-Laye)设立了一个收藏国家(凯尔特和高卢-罗马)文物的考古学博物馆。尽管有教会人士的反对,馆中还设立了一个"史前"文物的房间。"史前"被教会认为是一个危险的概念,对圣经的智慧造成了不确定性和怀疑。

在这些政治混乱之后,第二帝国时期对于资料的考证和对于资料目录的准备,都有了巨大的进步。七月王朝使其对公众更加开放,浩繁的档案工作已经结出了成果,许多成果已经出版。人们认真完成管理、审查和列出档案目录的繁重工作。虽然关于目录的公函此前就得到了批准,但是,如果把第二帝国称作国家和部门的档案目录的"黄金时期"(haute époque),可以说毫不夸张。但是帝国对于档案的公众开放性并不热心。第一帝国的档案尤其导致了棘手的交流问题。比方说,关于拿破仑一世的通信的所有权和出版权,曾有一场严重的争论。国立图书馆有一栋内含由亨利・布雷斯特(Henri Labrouste)设计的精巧的阅览室建筑,同时,系统性的历史学的目录也得以建立。

一系列新的目录整理工作和收集工作开始启动,大量的相关调查明显反映出对系统性分类的需要。拿破仑三世开始编纂考古学和地方志词典,且对高卢的地方志研究有着特别的关心。新近成立的省级档案组织,对于目录的编纂促进极大。最重要的是,巴黎文献学院逐渐成为一个训练档案专家的机构,培养出的档案专家虽然少,但是来源稳定而训练有素。

第二帝国也是一个大兴土木和城市建设的时代。老巴黎通过乔治-欧仁·奥斯曼（Georges-Eugène Haussmann）的改造，失去了其中世纪的特征。时人并不太欣赏哥特式建筑，但是由欧仁·维欧勒-勒-杜克（Eugène Viollet-le-Duc）开始重新审视哥特建筑。维欧勒出版了极具影响力的建筑和内部装潢的历史百科全书，并且使得许多教堂免遭被拆除的厄运。他那种修复完整的新哥特（neo-Gothic）国家——这个国家从来没有存在过——的原则极具破坏性。无论如何，用于重建和保留原有建筑的资金越来越多。

193　　　若干种具有代表性的关键史料著作，进一步丰富了中世纪历史的研究。在史料选择中的政治维度是明显的，不过，史学研究中所使用的批判性方法被认为是有科学专业性的范式，因为其未被政治倾向所污染。本杰明·盖拉尔（Benjamin Guérard）的博学之作受到广泛好评，作者借助严谨的关于本笃会修道院的土地剥削的史料，进一步揭示了早期中世纪的社会和经济历史。

　　　另一个例子更能说明批判性方法论和科学专业性克服了政治取向：这就是朱尔斯·基什拉（Jules Quicherat）的著作。基什拉是一名处在几乎全是"天主教宪章派"（Catholic Chartistes）社会网络中的真正的共和党人。作为米什莱的学生，他受到老师关于贞德的著名描述的启发。基什拉通过他不朽而完美的、关于贞德审判的史料，极大地丰富了历史知识。基什拉本人令人捉摸不透，他是方法严谨的法国中世纪考古学的建立者之一。[①]

　　　当时还有很多史料描述了过度的革命：包括断头台的男女受难者记录，和对于教士和贵族的压迫的记录。自然，马克西米连·罗伯斯庇尔（Maximilien Robespierre）在大多数史料中都是恶魔的化身，但是随着地下的顽固雅各宾派国际革命网络的关键性史料被发现，人民对罗伯斯庇尔清廉无私的历史记忆也达到了顶峰。

　　　同样地，皇室对于波拿巴派的反对也通过史料的出版而达到顶峰，因为这是"旧制度"辉煌的无可辩驳的真实证据。阿道夫·谢

---

① *Procès de condamnation et de réhabilitation de Jeanne d'Arc*，5 vols.（Paris，1841 - 1949）；and *Mélangesd'archéologie et d'histoire*，2 vols.（1885 - 1886）.

如（Adolphe Chérue）的《回忆录》（1876）对于圣西蒙公爵（Duc de Saint Simon）的描写明确而缺乏尊敬，使反复辟的情绪得到了巩固。

天主教的再征服运动

政治和文化环境对于天主教的再征服运动都极为有利，尤其是经历了 1848 年大革命的镇压之后。帝国的波拿巴派思潮充满了矛盾性，它同时有独裁的和民主的成分，是一个混合着革命元素（比如全民公投）的"权威警察"（*manu militari*）统治。波拿巴派曾有强烈的反教会和理性主义的倾向，但是与教会权威的联盟对于成立一个新政府来说至关重要。

新的政治联盟使得天主教史学得以发展。革命曾经造成了一代殉教者，随着教皇所受的批评越来越大，越山主义（ultramontanism）开始得到发展。在复辟时代，法国的越山主义运动已经由约瑟夫·德·梅斯特（Joseph de Maitre）论教廷历史的著作而发端了。[1]

天主教史学的影响不仅在地方省份上，也在巴黎产生影响。共和派 1848 年的实验失败之后，巴黎文献学院的教授和学生们在政治上都变得谨慎起来。随着年轻斗士被排除在外，大多数宪章派更愿意放下思想冲突，乐意做史料处理和档案整理这种更具科学性的工作。巴黎文献学院立志成为一所无关政治的大学。但是，19 世纪末期之前的宪章派的绝大多数，或多或少都是虔诚的天主教徒。巴黎文献学院的学者们喜欢把自己比喻成 18 世纪的本笃会士。让·马比荣（Jean Mabillon）的作品成为了广受尊敬的、范式般的著作，他致力于对中世纪（拉丁）古文字学和外交（古代文件和著作）中的原则做基础性研究。同样受人尊敬并具代表性的著作是伯纳德·德·蒙福孔（Bernard de Montfaucon）的希腊古文字学的对比性研究，关注希腊教会神父的作品；另外还有他关于古代史

194

---

① *Du pape*（Paris，1819）.

和法国考古学的里程碑式的作品。① 和欧洲其他地方一样，在法国，各种敌对的和流行的历史-政治创作中，总能见到后革命时代的宗教复兴。经历了 1848 年的革命混乱之后，教士主导的历史书写和教学，得到了前所未有的发展。在地方史的创作上，天主教的影响尤为明显。不仅仅有教士写的书籍和文章，那些古老的作品也得到再版。那些原版书籍的廉价副本有史以来第一次到了教士的手中，雅克·保罗·米涅（Jacques Paul Migne）在这方面功不可没。之前，这些书籍的副本昂贵，只有那些博学的精英才有机会阅读。虽然常常被官方的教会权威人士因担心引起异端和教义争议而阻拦，米涅还是凭借饱满的精力，出版了《拉丁教士集》（Patrologia latina，1844－1864）221 卷（包括索引）和 247 卷的《希腊教父全集》（Patrologia graeca，1856－1866）以及许多其他书籍。这场将几世纪的基督教传统世俗化的浩大工程，对于"传教"（propaganda fide）来说至关重要。极少有新的书籍出现。大多数卷册是重印更早的、17 世纪和 18 世纪的版本。几百卷的《拉丁教士集》以不高的代价，有史以来第一次得以出版，它为天主教19 世纪后半叶的再征服运动提供了丰富的学术基础，同时对那些即使是读书不多的人也造成了深刻的印象。廉价印刷这一新技术对于这一强大的宗教、意识形态和文化武器来说，当然是必要的先决条件。在 1866 年，出现了一份引人注目的期刊——《历史问题杂志》（Revue des questions historiques），其目的是要研究反天主教的自由思想史学中的错误观念、谬误和谎言。

理性主义和科学精神

1848 年之后，浪漫主义被认为是已经过时的东西了。米什莱

---

① Bernard de Montfaucon, *Palaeographia graeca*（Paris, 1708）; id., *Collectio nova patrum et scriptorum graecorum*（Paris, 1706）; id., *L'Antiquité expliquée et représentée en figures*（Paris, 1719）; and Jean Mabillon, *De re diplomatica*（Paris, 1681）.

被人称作"符号先生"（Monsieur Symbole），他所坚信的"使过去复活"（la resurrection intégrale du passé），也被人认为是过时的概念了。和文学和绘画一样，现实主义和自然主义也成为历史书写的新潮流。毫无疑问，老一代的史学家继续书写历史。米什莱以值得后人学习的坚持不懈的努力，及其睿智的风格与充分的原创性，完成了他的《法国史》关于古代王国的论述，其篇幅超过 10 卷（1855—1867 年）。托克维尔也继续这项工作。在《论美国的民主》问世后 20 年，他出版了第二部制度史分析杰作——《旧制度与大革命》（1856），在经历了 1848 年的革命之后，托克维尔与基佐渐行渐远，却有着同样的哲学-历史方法，托克维尔以一种长时段的视角，对法国大革命做出了深刻的分析。

对于巴黎的学术界来说，最重要的是实验方法这一认识论上的突破。正如克洛德·贝尔纳（Claude Bernard）在医学方面和马塞兰·贝特洛（Marcellin Berthelot）在有机化学方面所做的一样，通过实验进行研究的方法，对其他科学的实践也产生了深刻的影响。"科学实证"（Science positive）成了一句标语，而举凡观察、要素、分类、分析、要素间关系、因果法则、理论，等等，都成为关键性概念。人文学科的新的思想大师，伊波利特·泰纳（Hippolyte Taine）和欧内斯特·勒南（Ernest Renan），都受益于实验科学家的新鲜科学词汇，并且他们私交甚笃。泰纳因其对于老一代唯心主义哲学家的尖锐批评而享有"自然主义者"的盛名。[1] 他在那本令人印象深刻的《英国文学史》（*Histoire de la littérature anglaise*，1863）中，同样使用了"实验性"的科学方法，而他在法兰西美术院（Académie des beaux-arts）开设的艺术史课程大受欢迎，他在课程引入了社会学的研究视角。泰纳的科学视角和词汇——比如他反对将历史进程比作化学反应——使得他在 1860 年代成为了一个学术界领头人物。此后，由于"巴黎公社"（1871 年）的打击，泰纳在其《当代法国的起源》（*Les Origines de la France contemporaine*，1875-1892）一书中

---

[1]　*Les Philosophes français du XIXe siècle*（Paris，1956）.

以振聋发聩的语言谴责了革命的暴行，通过对那些受人尊敬的领袖进行破坏性的心理分析，依次批评了保皇派、雅各宾派和波拿巴派。

196　　欧内斯特·勒南所造成的冲击则更严重。他在天主教的神学院受教，本来要成为一名神父，但是后来失去了本来的信仰，而转向了（犹太）哲学研究。勒南的《耶稣生平》(*Vie de Jésus*，1863)影响深远。对救主做出科学性研究，这对虔诚的天主教徒来说不啻一种亵渎。即使是自由派也没有走到这么远。对基佐和其他的自由主义的历史学家来说，基督教在欧洲的建立依然被认为是现代文明的开端。勒南在法兰西学院的工作被停职，而其畅销书被列入"禁书目录"（Index librorum prohibitorum）。但是，新兴的、反教会、反教皇的教育大臣维克多·杜卢伊（Victor Duruy），不顾天主教界的激烈反对，为勒南提供了一份图书馆员的职位，而任命泰纳管理法兰西美术院。

制度化

1860年代，天主教权威对帝国的威信和主导愈加弱化了。维克多·杜卢伊被提名为教育大臣就是转折点，这也造成了世俗力量影响高等教育与科学，后来更造成绵延数十年的共和党权威和天主教会的激烈斗争。杜卢伊的部门（1863—1869）通过成立研究所，即"高等研究实践学院"（École pratique des hautes études，EPHE），并且通过在中等教育中引入当代史教学，为历史学的体制化发展做出了重要贡献。

通过开创高等教育中的"实践学院"，杜卢伊在史学训练方面引进了德国的研讨班的方法。当时，法国缺乏一种合适、科学的训练方法，原因是法国的教师们仍然追求的是史学普及。基佐的历史工作委员会并没有提供这种训练，而是关注于史料的编纂。只有巴黎文献学院的课程差强人意，但是这些课程是面向法国档案工作的。另一个重要区别则表现在语文学在高等研究实践学院的重要作用上。从第四部的名字当中可以明显地看出这种联系：它被称作"历史科学和文献学"(sciences historiques et philologiques)。历史的语文学化,被认为是净化历史写作、增进其科学内涵的必然的解决办法。

当代史的导入也要归功于"伟大的部长"杜卢伊,他本人是一位史学家,是米什莱的学生,编写了许多教科书。共和派反对者指责他宣传波拿巴主义,而天主教反对者则指责他道德败坏,是无神论者。按杜卢伊的说法,既存的历史课程对于小孩子的教育,只适用于古罗马,却不适用于现代的巴黎。机车、蒸汽船和电报正在缩短空间和时间的距离,而学校的中等教育却完全被 1789 年大革命之前就早已消失的古典学和历史所垄断。当代史的教学(也就是从 1789 年到现代)应当展现出科学和进步的自信。

第三共和国：德国的挑战

随着 1870—1871 年的普法战争那一不光彩的灾难,帝国出人　197
意料地宣告终结。德国的挑战和力图光复东部沦陷区(阿尔萨斯和洛林),成了直到一战结束前的民族认同政治的新元素。

巴黎被普鲁士围困期间的巴黎公社起义造成了一个新的创伤,与 1789 年以来已有的历史思考完全契合。对于保守派和天主教徒来说,公社社员是疯狂和罪行累累的"无套裤汉"的化身。而在左派看来,对公社社员的纪念弥足珍贵,而镇压公社运动则被认为是国际劳工运动的"复活节"——这一直持续到了 1917 年的俄国革命。巴黎公社尽管有其现代的一面,但依然是先前失败的革命的一环(1789、1830、1848 年),而且强化了在法国由来已久的观念。而当布尔什维克革命成功,建立起一个长久的共产主义政权的时候,情况为之一变。这个共产主义政权从基础上改变了政治预期,使得史学家由此重新考虑历史的看法。

当时德国的挑战对于法国教育的发展有决定性作用。在一段混乱过后,法国成立了一个共和政权。最初,大多数的精力和财富都投入了基础教育。中等教育名声虽大，但是在世纪之交以前，一直没有受到官方的足够重视。但是高等教育则被认为尤其薄弱。法国大学远远落后于德国的大学，这被认为是法国战败的主要原因。在 1880 年代，教育界得到改革，预算大增。历史就是其中受益的一门学科。

德国挑战造成的另一个结果是民族认同——这是历史教育制度化背后无处不在的一个驱动力——获得前所未有的发展。在世纪末来临之前几十年，历史书中，充满了领土边界问题、对外国的恐惧、对国家宿敌的时代倒错的想象。只有在 20 世纪初，专业的史学家中才出现一股和平主义的风潮，与此同时，也触发了专业历史学家之外的法国人民族主义情绪的高涨。这就是第一次世界大战爆发之前的那几年。在国家构建和身份构建的过程中，政府决定将历史教育委托于专业的教师的时候，对历史学家来说，已经获得了一个稳定的市场。法国历史学家的专业化始于 1818 年，当时任命了第一个专业的历史学教师。这一决定巩固了历史学专业化的制度性基础。随着学校课程中历史教学的学时增长，当代史也进入了历史教学内容，这使得人们更关心课程和教学法。

历史教育的巩固和扩张的一个方面，就是学校教科书和教育方针的改善。1890 年的改革标志着真正专业化教学方式的诞生。1902 年的改革之后，历史教育开始政治化，因为在"德雷福斯事件"（Dreyfus Affair）之后，共和派政府希望将历史教学变成一种共和派的政治教育。这就引出了"反功利论"，即一种理想的、对现行教学专业化的反对。

中等教育的历史对高等教育的历史来说，无异于一个发动机。教师们日益重要，他们扮演两个角色：既要训练历史教师，又要刺激和提高历史研究水平。至少在法国，这两个角色都是前所未有的。1880 年之前，旧式的教师们尸位素餐的状态和德国教师的繁荣相比，相形见绌。新式的法国教师有了新的法律地位，并且吸引了越来越多的学生，有些甚至来自外国。教育界引入了新的教席，也雇佣了一批新的教学人员。"新索邦大学"（La Nouvelle

Sorbonne)的结果令人印象深刻,并且得到了国际的认可。

历史方法

　　就像在德国的大学中早先发生的那样,在法国,历史学的制度化和专业化也前所未有地引起了对方法论的关注。但是法国的历史专业化还不成熟,较少地带有哲学和政治的色彩,而提出了实践方法,且总体上对于其他学科——尤其是地理学(对历史学学生来说,地理学是必修课)——采取开放态度。1900 年成立的科学期刊——《历史综合评论》致力于跨学科研究的问题,这本期刊就是多学科合作和学科边界开放的一个明证。争论——尤其是历史学家和社会学家之间的争论——也许会非常激烈,但是在法国,其间关系并不像在德国那样恶劣。

　　历史学方法的内向化(internalization)是一个普遍现象。法国专业史学家的气质和习惯都发生了改变。加布里埃尔·摩诺(Gabriel Monod)、古朗士和夏尔·瑟诺博斯的例子很好地证明了历史学方法的问题和局限性。

　　摩诺的重要作用不仅体现在教学中,也体现在 1876 年《历史评论》(*Revue historique*)的创刊上。在摩诺的指导下,这本刊物在世纪之交成为了世界一流的历史学刊物。《历史评论》这本刊物不仅关注法国史,而且关注其他国家的历史,范围极其广阔,信息翔实,有批判性并且内容平衡。这本刊物通过推动历史学方法和改善评论水准,为史学起到重要作用。

　　摩诺的历史批判关系到他道德水准上的不妥协、政治理想的不妥协和社会改革观念上的不妥协。历史方法——即无偏见的、批判的历史研究——是克服政治偏见和成见的唯一方式。对摩诺来说,历史方法是一项道德任务,也是维护真理的唯一途径。这是削减法国社会中的严重社会分歧和避免新的革命的唯一解决之道。

　　历史学专业化中的另一个关键人物则是古朗士。1870 年他在

199

巴黎高等师范学院（École normale supérieure，ENS）得到了讲师的职位，这所学校是无可争辩的英才汇聚之地。尽管古朗士反对，巴黎高等师范学院的师资仍在 1880 年被大规模地拆编，整合进改革后的新索邦大学的师资团队。他比摩诺更加倾向精英主义、更加保守，在政治方面作用有限，但是他通过其历史方法在特定教师团队中应用影响卓著。

通过严谨的批判和对史料的专注，古朗士希望排除一切的时代错误。他对历史传统的怀疑明显是受到笛卡尔的《方法论》（1637）的影响。古朗士的"实证主义"信念，从认识论上说是天真的，但是在历史解释方面，则有着惊人的创新性。他凭借着《古代城市》（*La Cité antique*，1864）一书成名，该书是一本对希腊与罗马的宗教、法律、制度的原创性极高的对比研究。他的《古代法国政治制度史》（*Histoire des institutions politiques del'ancienne France*，1875 - 1889）依照基佐和托克维尔的方式，提供了制度史的一种社会-政治模式，不过他是基于对史料的严谨批判之上提出的。对于埃米尔·涂尔干（Emile Durkheim）而言，古朗士绝对是一个"思想大师"（maître à penser），前者在他的基础之上，将社会学发展成建立在"实证主义"基础上的一门新科学。古朗士探索的是长时段的宏观解释，但是，由于历史学科在时间和空间上变得更加专业化了，后来历史的书写并未追寻他的脚步。

瑟诺博斯受古朗士的历史著作影响，却并未受其认识论影响。瑟诺博斯是法国最早声称心理学是一切知识基础的史学家中的一员——他们反对广泛流行的实证主义和科学主义的公理。瑟诺博斯在 1890 年讲授历史科学教学法，而 1907 年则任新索邦大学史学方法的教席，他绝不迷恋史料。与其名声不同的是，瑟诺博斯坚信史料无法自我证明，而历史学家所提的问题才是基础。

从更加具体的历史因果层面来说，瑟诺博斯重视历史中无法预期，而能够转变政治制度的事件。由此，他指出了古朗士派制度模式的漏洞。强调偶发事件（有着"事件史"标签）使得他与诸如涂尔干、弗朗索瓦·西米昂(François Simiand)这样的社会学家直接对立。在一战之后，瑟诺博斯的名声为吕西安·费弗尔所摧毁：吕西安·费弗尔创办了方兴未艾的《经济社会史年鉴》，而他本人则受到宏大历史视角吸引。费弗尔(属法兰西学院)在索邦大学的历史专业里树敌，并且指出瑟诺博斯的历史观念的诸多缺点。瑟诺博斯关于当代法国和欧洲政治史的重要著作，诸如其成功的《1814 年以来的欧洲政治史》(*Histoire politique de l'Europe contemporaine*，1897)都被认为是完全过时了。在 1930 年代，费弗尔和其年轻的《年鉴》杂志开启了地理史学、经济史学和社会史学的新方向。但对于政治史学的书写，除了将事件和政治的重要性最小化以外，他并没有提出任何其他的方法。

他评价古朗士的制度化的政治史时也采用了同样的方法。瑟诺博斯认为历史方法能有效地修正年轻的社会学进行的比较研究的抽象和表象。与之相似，瑟诺博斯也相信历史的哲学概念而反对古朗士的实证主义，他也在其《应用于社会科学上之历史研究法》(*La Méthode Historique Appliquée aux Sciences Sociales*，1901)中强烈地反对具体化的社会学的方法。最后，对瑟诺博斯而言，政治史的唯一正当性在于：向后来人解释他们所生活的社会。

法国历史学专业的制度化和专业化，以及历史学方法的传播，导致了专业性在历史书写上日益增长。一个特别的例子就是一部将通史和法国史的融合一体的大型丛书。这一丛书作为新兴的法国历史专业的最佳产物备受推崇。其组织者和主编是厄内斯特·拉维斯。他个人作为例子更具说服力：拉维斯是一个有天赋的通才，而没有一般专家的秉性，但是，即便是他也得遵循专业化进程中的强制性规律。

1870 年之前，拉维斯作为教育大臣杜卢伊的合作者，同时又是皇子的私人教师而崭露头角。帝国倒台之后，他的事业也受到连累。在摩诺的建议下，他去德国更深入地研究研究普鲁士，因为后者在普法战争中取得了令人惊讶的胜利。拉维斯深知法国高等教

200

育的弱点，正是他缔造了改革后的教育界和新索邦大学。

拉维斯主导了法国史学界协力完成的三部里程碑式的系列作品。先是出版了几卷讨论法国史的著作，此后则出版了一本通史。[①] 这套丛书由不同的专家写成，这也是当代历史专业化的特点。丛书按照时间顺序进行划分。书中最重视的是政治制度和事件。每个作者的框架都是清晰、紧密而成比例的。划分时，年代因素较少，而常常是由王朝的变化而划分的。由于丛书是根据朝代的变化而划分成相对较短的时期，就没有概括地处理经济史和社会史。虽然丛书的局限性和缺点是明显的，但是，法国史此前并未在这个领域，以如此严谨的态度加以考察。所有的部分都由专家所写，而且都是基于广泛而详细的研究之上的。某些部分较之其他更为出色，但是总体水平还是可靠、平衡而清晰的。维达尔·白兰士（Paul Vidal de la Blache）论法国地理的第一卷，被认为是一部杰作。[②] 拉维斯自己写的论路易十四的两卷也非常完善。[③] 瑟诺博斯论 19 世纪下半叶的三卷可能是同类著作最佳者。[④] 这一丛书有意识地反对米什莱的浪漫主义的描述和诗歌般的语调，力求成为基于历史学方法的第一部科学的法国史，书中充满了详细而准确的历史信息，写作风格清晰而明白。

1914 年之前的法国专业史学家痴迷于不可逆转的政治国家形成过程。他们的历史观点是由国家建立的进程而塑造而成的。当

---

①　*Histoire générale，du IVe siècle à nos jours*，12 vols.（Paris，1891 – 1901）；*Histoire de France depuis les origines jusqu'à la Révolution*，18 vols.（Paris，1901 – 1911）；and *Histoire de la France contemporaine depuis la Révolution jusqu'à la paix de 1919*，10 vols.（Paris，1920 – 1922）. 最后一卷是在 1914 年之前写的，但是直到一战后才出版。

②　*Tableau de la géographie de la France*（Paris，1903）.

③　*Louis XIV de 1643 à 1685*，2 vols.（Paris，1905 – 1906）.

④　*La Révolution de 1848*；*Le Second Empire，1848 – 1859*（Paris，1921）；*Le Déclin de l'Empire et L'établissement de la Troisième République*（1859 – 1875）（Paris，1921）；and *L'Evolution de la Troisième République，1875 – 1914*（Paris，1921）.

时的共和党政权被法国史学界视为历史的逻辑结果。相反地，反共和国分子无法从历史的角度找到任何东西可以支持他们现在的斗争和未来预期。尽管法国史学的批判水准有所提高，对于史学方法加以运用，并由于史学专业化、思潮和习惯使得历史知识有所增加，法国史学界还是不够独立而安于现状——正如为前朝服务的史学家一样。一切的史学家都是当代史学家。

大事年表/关键日期

1789 年	法国大革命
1792—1804 年	第一共和时期
1804—1814 年	第一帝国时期
1815—1848 年	复辟时期
1830—1848 年	七月王朝
1848—1852 年	第二帝国时期
1852—1870 年	第二帝国时期
1870—1871 年	普法战争；巴黎公社（1871）
1870—1940 年	第三共和国时期
1914 年	第一次世界大战的爆发

主要历史文献

Chateaubriand，François-René de，*Génie du Christianisme*（Paris，1802）.

Fustel de Coulanges，Numa Denis，*La Cité antique*（Paris，1864）.

Fustel de Coulanges，Numa Denis，*Histoire des institutions politiques de l'ancienne France*，6 vols.（Paris，1875 - 1889）.

Guizot，François，*Histoire de la civilisation en Europe*（Paris，1828）.

Lacombe，Paul，*De l'histoire considérée comme science*（Paris，

1894).

Langlois, Charles V. and Seignobos, Charles, *Introduction aux études historiques*(Paris, 1897).

Lavisse, Ernest(ed.), *Histoire de France depuis les origines jusqu'à la Révolution*, 18vols. (Paris, 1901 - 1911).

Lavisse, Ernest(ed.), *Histoire de France contemporaine depuis la Révolution jusqu'à la paix de 1919*, 10 vols. (Paris, 1920 - 1922).

Michelet, Jules, *Histoire de France*, 17 vols. (Paris, 1833 - 1867).

Michelet, Jules, *Histoire de la Révolution française*, 7 vols. (Paris, 1847 - 1853).

Monod, Gabriel, 'Histoire', in id. , *De la méthode dans les sciences* (Paris, 1909),319 - 409.

Monod, Gabriel, *La Vie et la pensée de Jules Michelet* (Paris, 1923).

Renan, Ernest, *Histoire des origines du christianisme*, 8 vols. (Paris, 1863 - 1883).

Seignobos, Charles, *La Méthode historique appliquée aux sciences sociales*(Paris, 1901).

Simiand, François, 'Méthode historique et science sociale', *Revue de Synthèse historique*, 6(1903),1 - 22,129 - 159.

Taine, Hippolyte, *Philosophie de l'art*(Paris, 1985).

Taine, *Origines de la France contemporaine*, 6 vols. (Paris, 1875 - 1892).

Thierry, Augustin, *Lettres sur l'histoire de France*(Paris, 1820).

Tocqueville, Alexis de, *De la démocratie en Amérique*, 2 vols. (Paris, 1835 - 1840).

Tocqueville, Alexis de, *L'Ancien Régime et la Révolution* (Paris, 1856).

参考书目

Amalvi, Christian (ed.), *Dictionnaire biographique des historiens français et francophones* (Paris, 2004).

Bourdé, Guy and Martin, Hervé, *Les Écoles historiques* (Paris, 1983).

Charle, Christophe, *Les professeurs de la faculté des lettres de Paris, dictionnaire biographique1809 - 1939*, 2 vols. (Paris, 1985 - 1986).

Clark, Terry Nichols, *Prophets and Patrons: The French University and the Emergence of the Social Sciences* (Paris, 1973).

C arbonell, Charles-Olivier, *Histoire et historiens: Une mutation idéologique des historiens français*, 1865 - 1885 (Toulouse, 1976).

Den Boer, Pim, *History as a Profession: The Study of History in France, 1818 - 1914* (Princeton, 1998).

Digeon, Claude, *La Crise allemande de la pensée française*, 1870 - 1914 (Paris, 1959).

Gérard, Alice, 'L'enseignement supérieur en France de 1800 à 1914', in Christian Amalvi, (ed.), *Les lieux de l'histoire* (Paris, 2005), 242 - 302.

Gerbod, Paul, *La Condition universitaire en France au XIXe siècle* (Paris, 1965).

Iggers, Georg G. , *New Directions in European Historiography* (Middletown, Conn. , 1984).

Keylor, William R. , *Academy and Community: The Foundation of the French Historical Profession* (Cambridge, Mass. , 1975).

Knibiehler, Yvonne, *Naissance des sciences humaines: Mignet et l'histoire philosophique au XIXe siècle* (Paris, 1973).

Nora, Pierre (ed.), *Les lieux de mémoire*, vols. 1 - 3 (Paris, 1984 - 1986), trans. as, *Realms of Memory: The Construction of the*

French Past，3 vols.（New York，1996－1998）.

Samaran，Charles(ed.)，*L'Histoire et ses methods*（Paris，1961）.

Viallaneix，Paul，*Michelet*，*les travaux et les jours*（Paris，1998）.

Weisz，George，*The Emergence of Modern Universities in France*，*1863－1914*（Princeton，1983）.

喻　乐　译

第十章　英国历史写作的轮廓
和模式(1815—1945 年)

迈克尔·本特利

可以说,英国的历史写作不存在轮廓,换言之,当时的历史写作模式是随机不定的,其中有自主的创作,也时常可见无意中产生的互文性。毫无疑问的是,如果将审视的时间扩大到一个半世纪,英国史学研究成果的数量和密度就把人难倒了,而想要转述其内容的话——这与描述其方向、主题或简单的"感觉"不同——恐怕需要用一生的时间来实现,但开头几年就会把这一念头打消了。在1921 年以前,英国包含四个被承认的国家,后来则是五个——如果视爱尔兰为一个整体的话。在这样一种文化里,即使是对广度的感知也变成了一个问题。不过,也不必过早地悲观失望,我们只要关注题中应有之义就好了,那些在简短的篇幅中容纳不下的内容权且放在一边。如果我们主要关注英国历史学家关于本国的史学著作——即疏忽了李伯曼(Liebermann)、利维森(Levison)或是哈勒维(Halévy)的著作①——那么,思考其中的若干重大转变,并对这些转变加以解释,应当是可行的。其次,如果详细的文献目录中稍稍涉及到了苏格兰、威尔士和爱尔兰的著作,在讨论过程中,对这几个不同地区的历史写作的各自发展相互对比略作点评,也未

---

① Élie Halévy, *History of the English People in the Nineteenth Century*, 6 vols. (London, 1912 - 1930); Wilhelm Levison, *England and the Continent in the Eighth Century* (Oxford, 1946); and Felix Liebermann (ed.), *Gesetze der Angelsachsen*, 3 vols. (Halle, 1903 - 1906).

尝不可。历史的写作离不开桌子和椅子，不管作者想要选择的是什么环境，实际情况往往不如作者自己意识到的水准；因此，再次，我们找寻某种历史性的时代精神（Zeitgeist），也可以说是合情合理的，并不至于把这一事业扭曲成了一切历史写作都是自动自发的决定论。所以，解决整个问题的主要办法，就是不能把史学研究的实践当成只不过是对文献目录的描述，而是要朝向阐释性的方向努力，说清楚在英国史学家的笔下，英国史的图景在何时、如何、为何发生了变化。这么做的话，无疑意味着只会关注那些粗枝大叶，显然，这是无法避免的缺陷。

205　　麦考莱、斯塔布斯、爱德华·弗里曼、加德纳、梅特兰、陶特、刘易斯·纳米尔——请看，我用一句话就可以列出英国历史的传统。不过，请注意那些被我们忽略掉的人。不同的名单并不代表另一种传统。要命的是这样一种观点：历史写作可以被理解为任何一种形式的多人传记，其中的名字可以随意增减，直到某种对社会、学术、专业的结构性感知得以产生为止。比如，在拿破仑战争的末期，英格兰有两个大学，苏格兰有五个（神奇的是，其中有两个都在阿伯丁），威尔士一个都没有，而爱尔兰有一个。19世纪出现了有史以来最重大的高等教育转型，同时，在这个世纪的最后25年里还可以看到，各大学和学院开始大规模招募专业历史教师。爱尔兰和威尔士出现了自己的联合国立大学，出现了绅士学者（gentlemen-scholars）这种常见于19世纪前半叶的理想类型的学者，到了1900年，他们转型成一种领薪的教师和作家；女性，20世纪史学界的关键元素，才刚刚开始作为大学的教师登上舞台。① 伴随着史学写作者的增长，出现了一批不那么自信满满、水平参差不齐的读者。在20世纪的最初几十年中，大部分读者都是男性，对历史一知半解；但是随着1836年伦敦大学的设立，一些理工学院

---

① 关于女性在大学体系内的兴起，参见 Bonnie G. Smith, *The Gender of History：Men，Women and Historical Practice*（Cambridge，Mass.，2000）；以英国为例做出的意义深远的研究，参见 Maxine Berg, *A Woman in History：Eileen Power，1889 -1940*（Cambridge，1996）。

（Mechanics Institutes）转型成了诸如伯克贝克（Birkbeck）这样的学院,尤其随着欧文学院（Owens College）的设立,以及后来 1851 年曼彻斯特大学的创建,在精英和普通人之间产生了联系,历史不再局限于固定阶层之内。在 1914 年之前,英国几乎所有的主要城市都有引以为傲的大学或学院,其中的大多数都在教授某种形式的历史,尽管它们常常与其他的人文学科混在一起。①

第二个结构上的特点与英国的国家形成有关——无论是在英国国内,还是和欧洲相比较,这都是一个决定性的因素。从 1590 年代开始,英格兰就将自己定位为凝聚的核心,最晚在 1800 年获得了全英国的统治权,而 1707 年英格兰的统治权在很多方面已经确立。英格兰不需要一种现代版本的历史来证明其作为一个现代国家的潜力。它没有 1813 年的精神,它不需要一个施泰因男爵（Baron vom Stein）,一个威廉·冯·洪堡,一个格奥尔格·海因里希·佩茨（Georg Heinrich Pertz）,或是一套《德意志历史文献集成》来改造过去,宣告未来。而苏格兰和爱尔兰则不是这样。出生在 1815 年之后的苏格兰史学家,尤其是爱丁堡的启蒙派辉格党（Enlightenment Whigs）,也许还保留着一些老牌托利党人阿奇博尔德·艾利森（Archibald Alison）所说的那种"正在不断枯竭的自我满足感"。② 但是,维持苏格兰的历史,所需要的不仅仅是断言。沃尔特·斯科特爵士（Sir Walter Scott）就是苏格兰的"施泰因男爵"。科斯莫·英尼斯（Cosmo Innes）成了苏格兰的佩茨,帕特里克·弗雷泽·泰特勒（Patrick Fraser Tytler）成了苏格兰的兰克。③ 但是这些新兴的学者并没有写出我们所预期的本国史学。与此相反,就

206

① 我曾在这本书中讨论过结构层次的问题:'The Organization and Dissemination of Historical Knowledge ', in Martin Daunton (ed.), *The Organization of Knowledge in Victorian England*(Oxford, 2005),173 - 198。

② 引自 Michael Fry, 'The Whig Interpretation of Scottish History', in Ian Donnachie and Christopher Whatley (eds.), *The Manufacture of Scottish History* (Edinburgh, 1992),72 - 89。

③ 参见 R. G. Cant, *The Writing of Scottish History in the Time of Andrew Lang* (Edinburgh,1878),4 - 5。

像科林·基德(Colin Kidd)几年前所说的那样,苏格兰历史成了英国辉格派进步主义的附属品,虽然苏格兰之前的封建主义使他们稍显尴尬。① 与此同时,爱尔兰受到了1789年狂热的刺激,在对历史的书写中却极力找寻历史中的封建主义,认为其中发展出了一种忠诚爱国的隐喻,这种隐喻始于麦登(R. R. Madden)轰动一时的七卷本《统一的爱尔兰人》(*The United Irishmen*,1842 - 1846年),②此后经常成为史学家立论的基础。最亲英格兰的那部分爱尔兰史学家,除了其中天赋超人的莱茨基(W. E. H. Lecky),往往思绪飞扬,把他们的文化源头追溯到所谓的"土著盖尔人"。乔普·勒森(Joep Leersen)就持此说。③ 19世纪英国史学内部的差异呈现为发散式的模式,对此加以解释的关键点在于,历史学应该将大众对民族和国家的理解放在什么位置来加以把握,是一个充满争议的问题。

对这一问题的理解,随着时间而不断发展,并且,这种发展的周期性,和其他认识一起构成了一种历史的世界观,这是想要解释这150年的人都应当加以关注的第三点。历史学的转向,部分原因是对外界刺激的回应:帝国在19世纪晚期以及20世纪的两次世界大战中扮演了主要角色。不过,学科内部的争议也反映了1850年之后历史学对科学的重视,以及史学家在自己著作中吸收科学探究精神的愿望。换言之,关于认识论和方法的前提预设,可能对历史写作产生重要影响,亦即制造一种让人觉得有说服力的、可以接受的历史这一有意识的工程。将上述看法集中起来,我们可以看出,如果将整个时代作为一个整体,其中包含三个互相交叠的亚时代。第一个亚时代开始于1815年的大陆战争结束时,跨越

---

① Colin Kidd, *Subverting Scotland's Past: Scottish Whig Historians and the Creation of an Anglo-Scottish Identity*, *1689 - c. 1830*(Cambridge, 1993),205 - 210.

② 参见 Roy Foster, 'Remembering 1798', in id., *The Irish Story: Telling Tales and Making it up in Ireland*(Oxford, 2006),211 - 234, at pp. 215 - 217。

③ Joep Leersen, *Remembrance and Imagination: Patterns in the History and Literary Representation of Ireland in the Nineteenth Century*(Cork, 1996),12.

1870—1871 年的普法战争，在某些方面，一直延续到世纪之交。第二个亚时代开始于新帝国主义时代，直到第一次世界大战爆发。第三个亚时代，所经历的主要是战争的经验，以及英国在极权主义时期和经济崩溃时期在国际秩序中的地位。从方法论的角度来说，这三个亚时代图景的转变大致如下：始于辉格史观，在转型期中，辉格派的构思被我称为"现代主义"的情感所破坏，而第三阶段则是学院排斥了辉格派的主张，而专业的历史科学主导了大学里的历史研究。在整个时代中，"史料"的地位、"证据"的角色和作为历史形式的叙述完整性，都成为史学的梁柱，艰难支撑着维多利亚时代的自觉。到 1945 年为止，克莱门特·艾德礼（Clement Attlee）所生活的英国，女性仍能拥有一间化妆室是非常幸运的，但是，即使她有这么一间化妆室，在她房间的梳妆台上也很难再出现一卷最新的历史书——除非，那本历史书是由某个不任教职的辉格党人所著，或者是某个贵族爱国者为赚稿费而写的流行历史小说。

浪漫主义和辉格党原则（1815—1870 年）

拿破仑的战败证明了英国宪法的完美之处：它不合逻辑，却非常强大。按照威廉·克鲁斯（William Cruise）在 1815 年第一次沉浸在胜利喜悦中所写的，事实上，宪法在 1689 年就已经"非常完美"了，但是，英国常胜不败的军事成功的余晖更加灿烂。克鲁斯匿名的著作《简明英国编年史》（*Chronological Abridgement of English History*）也许因为其对英国历史的同情而给爱国者留下深刻印象，又因为其匿名使得大家忘了作者还生于爱尔兰，是个天主教徒。这本书没有掩盖的是作者的专业，因为这本书一直在讨论法律，将是否有国王变更过法律视作主要问题。他的著作大概可以代表多数法律史著作。全书按统治时期划分，而每个统治时期都有两个部分："重大事件"和当时的宪法和法律。其后，则是相关的国王或王后的谱系表，再加上他们的配偶和与"同时代各王子"的关系。这是编年史的方法，其中夹杂了方便学生记忆的、自信满满的价值判断。所以，"诺曼征服使得财产、政府和英格兰法律都产生了完全的改变"。① 在那之后，就没有变化了——或者用克鲁斯更具强调性的话来说，直至糟糕的约翰王遭遇了英格兰的反抗精神之后，才发生转变，这件事产生了"我国宪法的改革"，而这件好事注定要在亨利三世毁坏一切自由的"暴虐政权"下被摧毁。② 只有威廉渡海而来，才能把我们从都铎王朝和斯特亚特王朝的不公中解救出来。克鲁斯的主旨本来是要做一个结构上的描述，但是我们看到的却是对历代国王的描述，关注重点是个人性格，所用的腔调在 19 世纪的满分试卷中可以见到。在这种试卷中，考生需要对名人做出性格描述。"他，开放，率真，慷慨，勇敢。他，有仇必报，盛气凌人，野心勃勃，傲慢而残忍"；我们的作者就是这样描述理查一世的。③

　　作者不像亨利·哈勒姆（Henry Hallam）、麦考莱或是托马斯·卡莱尔，他一开始就带有一种不易察觉的爱尔兰式的习气，这提示我们：史学并不是由浪涛的波峰所组成，而是由流深的静水所组成。在二流甚至三流的作者身上花费再多时间也是枉然，他们获得了哪怕连麦考莱都未能打动的受众，靠的是他们在学校和学院中的流行，但是这种流行使得年轻人的思想僵化，而教理书和死记硬背造成了他们所用的词汇都是被灌输的。詹姆斯·比尔查尔（James Birchall）无法在都铎王朝历史方面和詹姆斯·安东尼·弗鲁德（James Anthony Froude）媲美，但是他在约克职业学校教授的历史，以及他专为年轻人制作的手册《都铎王朝统治下的英格兰》（*England under the Tudors*），却充斥在 1860、1870 年代的课程中，

---

① ［William Cruise］, *A Chronological Abridgement of the History of England*, *Its Constitution and laws from the Norman Conquest to the Revolution in 1688*（London，1815），9.

② Ibid.，68，231，237.

③ ［Cruise］, *A Chronological Abridgement*，54. 事实上，克鲁斯抄袭了大卫·休谟的《英国史》（David Hume，*History of England*，8 vols.，1754 - 1762；London，1826，ⅱ. 31）。感谢伊恩·赫斯基博士提醒我这一点。

也没有人怀疑他有修正主义倾向；即便当他自己的描述从亨利七世的阳光（"物资丰足，薪水甚高，处处是满足的心情"）转向亨利八世的黑暗时，对亨利八世，我们只能感到"深恶痛绝，渴望变革"。[①]比尔查尔由于自己的著作广受好评，因而有信心写一部续篇，将故事延续到 1820 年，照他的说法，这部续篇要专注于宪政史和政治史，之后则是社会史（他将社会史称作"普通生活和行为方式"），然后是文学史，最后是作者最为钟爱的战争史，修习的学生手头最好有一册不错的军事地图。[②]他的热情可能会造成误导。由于 1815年后的一百年间英国没有遭遇入侵战争，除了威廉·内皮尔（William Napier）六卷本的论半岛战争的著作，以及亚历山大·金莱克（Alexander Kinglake）八卷本的论克里米亚战争[③]的著作，1900年之前的英国史学界没有反映出对于军事伟业的应有关注。得到更多重视的议题，是关于宪政进程以及英国基督教特质的研究，而且，二者之间的交集也同样引起了关注。

　　很快地，哈勒姆和麦考莱、肯布尔（Kemble）、斯塔布斯、弗里曼作为辉格派史学的代表引起了注意，——赫伯特·巴特菲尔德（Herbert Butterfield）称他们是先驱人物（après la lettre）。在我们这个时代的史学里，没有什么主题如此之有名，并且在某种程度上，这显得理所当然，因为麦考莱或是斯塔布斯的成就已是毋庸置疑的了。阿克顿勋爵曾经和斯塔布斯及曼德尔·克莱顿（Mandell Creighton）探讨谁是英国史学界最伟大的人物，他们一致认为是麦考莱。当他和西奥多·蒙森及阿道夫·哈纳克（Adolf Harnack）讨论同样的问题时——后者真是交际甚广——他们还是选择了麦考莱。[④] 麦考莱的

209

---

① *England under the Tudors*(1861；rev. edn，London，1870)，21，103.

② *England under the Revolution and the House of Hanover*，*1688 - 1820*（London，1876），iv.

③ William Napier，*History of the War in the Peninsula and the South of France*，6 vols.（London，1832 - 1840）；及 A. W. Kinglake，*The Invasion of the Crimea*，8 vols.（London，1863 - 1887）.

④ Herbert Butterfield，'Reflections on Macaulay'，*The Listener*，13 Dec. 1973，pp. 826 - 827.

叙事栩栩如生,不像卡莱尔那般生硬,他长于讽刺而从不滞涩,又擅长概括,同时能信手拈来种种史料,将受众的眼光吸引过来,这一切都使得麦考莱成为独一无二、无可模仿的史学家。也许,后世会更倾向于把斯塔布斯看成是一个现代情感之感性的象征,他常用现在时态写作,但不像卡莱尔那样,后者是为了赋予历史直观感。斯塔布斯是为了借助史料——在他看来,这些史料如同散落在自己书桌上一般——将历史结构本身塑造得以当前为中心。不论他们的文字如何动人,所有这些"辉格派"作者都认为这是他们迫在眉睫的任务:把他们的作品传递给最广大的受众,并以此塑造受众对宪政延续性传统的品味和敏感性——这种宪政的延续性始于萨克森的自由,经过《大宪章》和《权利法案》,直到汉诺威王朝"有史以来最完美的结合"的理解:这是一个造就了英国,尤其是英格兰的伟大、平衡而制约的宪章。莱基(Lecky)试图通过其关于英格兰的多卷著作,用爱尔兰的角度表现上述观点;[1]但是他的思想在爱尔兰之外举步维艰,必须面对更具煽动性的民族主义宣传,后者的代表包括苏利文(A. M. Sullivan)和斯坦迪什·奥格雷迪(Standish O'Grady)[2]等人。

"辉格史学"具有典范的力量,但是它需要同样广大的容量。按照巴特菲尔德的观点,辉格派写出来的历史是新教的、有必胜信心的、有说教意味的历史,最关键的是,辉格史学有目的论,因为过多的描述反而不能取信于人。在巴特菲尔德的描述中,除了卡莱尔,以及爱丁堡暴脾气(Edinburgh tantrums)的阿奇博尔德·艾利森,在19世纪的前75年里,几乎所有人都是辉格派。巴特菲尔德认为,这种将人人都视作辉格派的看法,使得辉格派的特点有所"简缩",人们开始怀疑这产生了一种障眼法,偏好研究那些在英国

---

[1]　W. E. H. Lecky, *History of England in the Eighteenth Century*, 8 vols. (London, 1878-1890).

[2]　Leersen, *Remembrance and Imagination*, 152-154. Cf. A. M. Sullivan, *The Story of Ireland*; *or a Narrative of Irish History from the Earliest Ages to the Present Time*, *Written for the Young of Ireland* (Dublin, 1867); and Standish O'Grady, *The Story of Ireland* (London, 1894).

第十章 英国历史写作的轮廓和模式（1815—1945年）

国家或教会上名声显赫的巨星，这是由于无视了历史研究的薄弱环节。托利派历史解释的复活，也开始显得合乎道理——托利派对爱国主义的理解更狭隘，更重视"土地是自由的保障"这种观点，而不把自由理解成一句口号。托利派以一种独特的视角看待宗教改革（Reformation），并遵从一个世纪之后卡尔·施密特（Carl Schmitt）①的观点，对敌人的定位较少考虑其政治属性。巴特菲尔德率先承认自己是辉格派，把他所研究的这段时期的形态理解成是辉格派由恶变为善的持续转型的过程。在象征学方面，不可否认而对研究有所裨益的事实是，它对描述国家故事的叙述要求效仿了社会记忆。（值得研究的是，巴特菲尔德常说，历史应被视作是记忆自我建构的过程）。这一过程的成果体现在多卷本的论维多利亚时代形成的著作之中，和乔治·班克罗夫特（George Bancroft）论美国史、儒勒·米什莱（Jules Michelet）论法国史或是兰克（Ranke）对西欧的评论一并成为史学史上的重要一页。在英国，这些著作更是历久弥新，没有因分析式的现代主义的兴起而褪色，而是在1870年②之后的时代里和现代主义共存，这一点我还想进一步阐述。

210

英国因为在19世纪中给欧洲史学带来了诸多困扰，不可能不心怀愧疚。但是，由于其国家与教会之间的特殊关系，英国有其自身的新教偏向——尽管在约翰·林加德（John Lingard）那里还是有着强烈的天主教呼声。亨利八世因"国家至上"（raison d'état）而实施宗教改革，其教会有着埃拉斯图斯派（Erastian）的结构，又有着自己的神学内容，后者由托马斯·克兰默（Thomas Cranmer）和理查德·胡克（Richard Hooker）所发展——这种传统直到萨缪尔·泰勒·柯勒律治（Samuel Taylor Coleridge）和年轻的威廉·格拉斯顿（William Gladstone）的时代仍具有生命力，后者的《与教会联系中的国家》（*The State in its Relations with the Church*，1838）特别明

---

① 关于 Schmitt，参见 Mark Lilla，*The Reckless Mind*：*Intellectuals in Politics*（New York，2001），47 - 76。

② Michael Bentley，*Modernizing England's Past*：*English Historiography in the Age of Modernism*，*1870 - 1970*（Cambridge，2005）。

确地提倡这一传统。当浪漫主义的精神在 1833 年压倒了存在已久的教会时，教会史所关心的就不是其起源问题，而是其使徒延续性问题了；19 世纪，国教派史学研究日益加强，以此把英国教会脱离罗马教廷美化成是从物欲和腐败中拯救西方基督教世界的不得已之举。从弗鲁德大部头的都铎历史开始，这种解释顺利地与重新赞美亨利八世融为一体①，而到了詹姆斯·盖尔德纳（James Gairdner，他是一个时代错位的苏格兰人，本来对亨利八世并无好感，但是却完成了布鲁尔[J. S. Brewer]关于亨利八世的通信文件的一览表），当他在 1902 年将《英国教会史》（*History of the English Church*）献给温彻斯特主教（Dean of Winchester）时，他依然把 39 条信纲和克兰默公祷书（Cranmer's Prayer Book）视作新教精神的一切。他写道："对于它们的价值，再怎么高估也不为过，从来没有什么规章给了人类思想这样大的自由……比起特伦托会议（Council of Trent）的教令，这些规章才是真正构造了天主教。"所以，英国教会应该被当做一项"国家托拉斯"。② 诚然，盖尔德纳的国教属性和严重的保守性提示我们，并非所有的历史学家都是辉格派或是不从国教者（Nonconformists）。但是，后者为数甚多，因为在他们的思想里，这是属于他们的时代，也是他们创造了过去的时代。许多持异议的群体——公理派（Congregationalist）、浸信会（Baptist）、一位论派（Unitarian）、各种色彩的循道宗（Methodist）、少数宗教派别，以及还不算教会的公谊会（Society of Friend），都同时起来反抗那场被暴君强加的宗教改革，也表现出对罗马教廷的迷信的否定——而在天主教看来，那种迷信正是人类与上帝关系的真实历史的先决条件。教会史，尤其是宗教改革史成为他们的研究主题，只要有哪本书中流露出这种宗教热情，就会有资金支持那个持异议的作者，或者一个苏格兰作者——事实证明这两者往往是

---

① James Anthony Froude, *History of England from the Fall of Wolsey to the Defeat of the Spanish Armada*, 12 vols. (London, 1856–1870).

② James Gairdner, *The English Church in the Sixteenth Century from the Accession of Henry VIII to the Death of Mary*(London, 1902).

一回事——完成此书。苏格兰的新教徒先是遭受分裂，然后获得重生，他们再现了宗教革命，作者涵盖了从圣安德鲁大学的塔洛克校长（Principal Tulloch）到格拉斯哥大学的林赛（Lindsay）教授。[1]

就英格兰作家而言，由癫狂的牛津大学文学硕士罗伯特·蒙哥马利（Robert Montgomery）写的 110 页的《路德：一首诗》（Luther：A Poem）[2]为例，我们可以看到，苏格兰人并不是孤军奋战。吹动英国的传统之帆的风来自不同的方向。对于伍斯特（Worcester）的公理会教友罗伯特·沃恩（Robert Vaughan）来说，值得庆祝的年代不是 1843 年，而是 1831 年；那一年，英国人民走上街头，呼吁通过此前上院抵制的议会《改革法案》（Reform Bill）。在沃恩看来，参与这次游行简直是一项基督徒的义务，正如他在那个动荡年代中写成的两卷本的历史著作中所说的，"基督教……需要所有的学科……将文官制度认真地视作对人类良好意愿的最佳表述，这应当被列为一个人的宗教义务。"[3]他的著作的标题，《斯图亚特王朝之纪念》（Memorials of the Stuart Dynasty）明白地提示读者，这本书旨在揭露斯图亚特王朝是一个卑鄙的朝代，发生内战是在所难免的。"虽然有些例外，但是可以说，一方面是一种盲目崇拜的忠诚，这种忠诚见诸一切传统的情感力量之中。而另一方面是对自由的爱，这种自由恰恰是因其曾有的过失和依然存在的危险而为更多人所喜爱。"[4]值得注意的是，对沃恩而言，斯图亚特王朝的大主教是王朝的代理人，教会是建立在国家内部的。顺便一提，这些材料可能会引起读者的好奇：卡莱尔 1845 年编辑的克伦威尔信件和演说词版本中，作者是否确实没有向读者做出宣传？ 在这个意义上，

---

[1] John Tulloch, *Leaders of the Reformation*：*Luther*，*Calvin*，*Latimer*，*Knox*（Edinburgh，1859）；and Thomas Lindsay, *Luther and the German Reformation*（Edinburgh，1900）.

[2] 'Luther：or Rome and the Reformation', *in The Poetical Works of Robert Montgomery*，*M. A. Oxon*，*Collected and Revised by the Author*（London，1854）.

[3] Robert Vaughan, *Memorials of the Stuart Dynasty*, 2 vols. (London，1831)，i. 5.

[4] Ibid. , ii. 123 - 124.

卡莱尔版本中克伦威尔的言论，不如布莱尔·沃登（Blair Worden）对历史上"圆颅党（Roundhead）"现象出色研究中做出的关于克伦威尔的言论那样"有决定性"。[①] 关于此事，可以肯定的是，克伦威尔得到平反，以及他最终成为下院之外的中流砥柱的这一形象，很大程度上得益于不信国教者的历史文化，这种文化用原型自由主义的形象取代了"韦克斯福德屠夫"（butcher of Wexford）的形象。

在这样一个不断演化的帝国之内，宪法和教会的结合也成为了不列颠献给世界的赠礼。印度对此所做的贡献最为明显也最为持久，詹姆斯·穆勒（James Mill）的《英国人在印度的历史》（*The History of the British in India*，1817）道出了印度的这一特点——尽管在因殖民地和1830年代的达勒姆报告（Durham Report）引起的动乱中，其他殖民地也受到了关注。另一位多产的作家是蒙哥马利·马丁（Montgomery Martin），他因为自己的新教信仰，最终反对克伦威尔。在他五卷本的《英属殖民地历史》（*History of the British Colonies*，1834－1835）（和他一生写过的267部出版物相比，五卷又算得了什么呢？）中，作者投入了毕生精力，他将帝国的中心事务和外部事务联系起来。不过值得注意的不是这些早期尝试的时事性，而是它们非常稀少。因为，就像国家合并了教会、教会融入了国家一样，帝国也在这种混合中迷失了自己。也就是说，大英帝国维多利亚时期的历史往往根本不是讨论帝国本身——至少大体上不是这样。这些历史书实际描写的是英国人和英国政府的历史，然后就用更大的篇幅描述殖民地和扩张过程。查尔斯·迪尔克爵士（Sir Charles Dilke）在他的畅销书《大不列颠》（*Greater Britain*，1868年）中注意到了这一空白，不过他无意提供一部帝国的历史。米克尔约翰（J. M. D. Meicklejohn）倒是站在1879年的帝国雄心和国难的高度，写了一部帝国的"新"历史。米克尔约翰这本书是写给年轻人的，书中每个复杂单词都做了脚注加以解释，但

[①] Blair Worden, *Roundhead Reputations: The English Civil Wars and the Passions of Posterity*(London, 2001).

是,他并没有就其主题组织自己的语言——除了讨论帝国的发展和英国政府及其职责相统一的部分。年轻的读者们看到的是一部编年体的历史,完全是历代帝王的年代记录,其中只有两页写了"印度的战争",直到 345 页之后才专门谈到帝国,可以预见的是,读者们将会在这里明白,"大英帝国的太阳永远不落,在地球上所有的气候带、所有的国家都能看到英国的服装"。[1] 除了这本书,还应该提到格林(G. E. Green,曾是剑桥利斯学校［Leys School］的教师)那本新书《大英帝国简史》,这本书同样是针对学生的,出版正好赶上了布尔战争(Boer War)的东风。至少,作者提出了现代扩张"起因"的一个假说——不过他花了 20 章阐述"大英帝国的形成",却只有 5 章真正谈到了这个问题,其余部分在处理任何更具结构性的帝国策略概念时,则体现出一种自然选择的兴奋态度。英国人"勇敢、充满活力、有毅力、顽强、谨慎,面对危险和紧急情况时沉着冷静;总之,没有哪个民族像他们那样明白怎样对付当地民族"。[2] 藉由种族类型学的观点,个体的能动性就为帝国做出了肯定的解释,同样,它也可以解释自由的来历,以及英格兰教会之纯洁性的由来。

213

科学和帝国（1870—1914 年）

在这些大众阅读的简编作品之外,在更高层次的学术创作中,一场重要的巨变已经发生,将历史学带到更具分析性与怀疑性的方向,我们必须面对一战前这两种倾向的重叠和交错。历史学科的旗舰期刊《英国历史评论》(English Historical Review)并未经正式讨论即于 1886 年在伦敦宣告创刊,第一篇文章殊难理解,是阿克顿勋爵(Lord Acton)关于德国历史学派的文章。阿克顿自成一

---

[1] J. M. D. Meiklejohn, *A New History of the British Empire*(1879),345.

[2] G. E. Green, *A Short History of the British Empire for the Use of Junior Forms* (London,1900),235.

派。他和斯塔布斯推崇兰克的学说,扩展了岛内英国史学家的视野,继乔治·普罗瑟罗(George Prothero)和阿道弗斯·沃德(Adolphus Ward)之后,有越来越多的德国专家进入英国的大学执教。约翰·罗伯特·西利(John Robert Seeley)于1869—1895年在剑桥大学担任现代历史的钦定讲座教授,他尝试使历史学更具结构性,更接近当代历史,更具有科学性,但是这些尝试均告失败。他在1885年写道,"我们使历史具备了科学的自觉,但并未使其具备科学的结构。"他试图找到一种"真正的"方法对史料进行分类,而不是一种"暂时的"方法。① 如果说他的这些目标没有成功,那么接下来的工作可谓非常有效:他告诫年轻的史学家,不要效仿麦考莱、弗里曼或是弗鲁德,在他眼中,这些人都是浪漫主义史学的代表。西利恰好完全涉及了之前史学的三大主题:因为他既写了英国国家(有倾向性),又写了宗教(声名狼藉),还写了帝国的扩张(特别令人注意)。② 但是,他的同事无法达成他对历史学科的期望,只能由梅特兰、陶特、弗思(C. H. Firth)和莱恩·普尔(R. Lane Poole)这一代人去完成他的夙愿了。这四位学者之间最大年龄差不超过七岁,他们都在各自的领域带来了革命。梅特兰主导并改变了英国法律史的现状;陶特使宪政史开始了对行政的研究;弗思继承加丁纳(Gardiner)的研究,使17世纪的研究上升到一个新水平,并将其普及到牛津大学之外;普尔凭一己之力开创了外交科学,大大扩展了档案所提供的信息。③ 以上各项成就都值得写成一

214

---

① 引自 Roland G. Usher, *A Critical Study of the Historical Method of Samuel Rawson Gardiner* (Washington, 1915), 147-148。

② Ecce Homo (London, 1865); *The Expansion of England* (London, 1883);及 *The Growth of English Policy*, 2 vols. (London, 1895)。

③ Sir Frederick Pollock 与 Frederic William Maitland, *The History of English Law before the Time of Edward I* (Cambridge, 1895); Maitland, *Domesday Book and Beyond* (Cambridge, 1897); id., *Constitutional History of England* (Cambridge, 1908); T. F. Tout, *Chapters in Administrative History*, 4 vols. (Manchester, 1920-1933); C. H. Firth, *The Last Years of the Protectorate*, 2 vols. (London, 1909);及 R. Lane Poole, *The Exchequer in the Twelfth Century* (Oxford, 1912)。

部史学史,不过我们即使不去刻意避开其描述而关注其研究,也能体会到一种史学专业者的感受,亦即,历史学无论从智力要求上,还是技术要求上来说都是困难的。在通览这些史学人物的时候,更容易被忽略的,是威廉·斯塔布斯对他们的影响。尽管他们对斯塔布斯加以批评,这位大师对他们的影响却是清晰可见的。他涉猎的领域既有深奥的维多利亚时代的英国历史(作者的一生就象征了这段历史,因为他在女王驾崩的三个月后也逝世了),又有日后引起史学界大讨论的方法论问题。

这四位学者在当时没有像欧洲大陆的学者那样,饱受尖锐的争论和反对之声的困扰。最重要的是,英国除了逐渐成型中的经济学领域,没有哪个领域经历了德国那种方法论之争(Methodenstreit)。反驳一种观点和证明一种观点同样困难,不过处于世纪之交的英国史学中的某些方面似乎能说明这种情况。首先,英国史学没有一种基础深厚的、根本的、经济的(遑论马克思主义的)史学流派能挑战既有的史学范式,只有威廉·坎宁安(William Cunningham)和后来的约翰·克拉彭(John Clapham)曾一度鼓吹过新主题。[①] 其次,与上述情况相关的是,专业史学家的文化权威没有受到后起之秀的挑战,尤其是因为史学专业如没有私人途径是无法入门的——当时的家庭教师们就常常发出这样的哀叹。第三,在英国,社会科学不像在法国或德国那样,侵犯了人文研究:英国没有产生像埃米尔·涂尔干(Emile Durkheim)、卡尔·兰普雷希特或马克斯·韦伯那样的人物。[②] 第四,在英国,像牛津大学万灵学院奖学金这种用于支持研究的奖学金和补助极少。陶

---

① William Cunningham, *An Essay on Western Civilisation in Its Economic Aspects*, 2 vols. (Cambridge, 1898); id., *Christianity and Social Questions* (London, 1910); and J. H. Clapham, *An Economic History of Modern Britain*, 3 vols. (Cambridge, 1926 - 1938). 关于缺乏有影响的马克思主义评论的问题,参见 Ross McKibbin, 'Why was there no Marxism in Britain?' *English Historical Review*, 99(1984),297 - 331。

② 参见 Reba N. Soffer, 'Why Do Disciplines Fail? The Strange Case of British Sociology', *English Historical Review*, 97(1982),767 - 802。

特是感叹补助之匮乏的众多英国人之一，而在巴黎和柏林，学科是受到资助的——我们可以说补助是学术研究的基础结构（在两种意义上）。第五，英国史学过早地成熟，使得英国史学家长期认为历史书写是一项个人的事业，只关注杰出人物的行动。这种传统促成了一种独特的思潮——我们现在仍受其影响——认为史学家不需要方法论，并且如果历史没有概念化，史学会发展得更好。阿克顿给他们的告诫——应该研究问题而不是研究时代——只适合于他在德国的那个时期。弗思在其就职仪式上的演讲中对听众解释，他将如何通过研究-训练的方式迈向未来，不过很快就为自己的狂妄自大向整个历史系道歉，闹得沸沸扬扬。[1] 如果将这些因素结合起来，人们将会发现，英国的史学实践到 1900 年为止就已经达到了科学的地步，只不过缺乏除档案和铅笔之外的工具。英国史学不存在"争论"（Streit），因为本来就没什么"方法论"（Methode）。

但是，这一代的英国学者毫无疑问地在思考着一个问题：他们需要列出证据，而不能只是猜测，只有通过大规模的资料编纂，收集历史证据，才能使"研究"成为可能。这两项工作，由于常常混同史料和证据的区别，而造成了严重的混淆，而通过编纂历史材料，可以在某种程度上让史料为自己说话；不过，这两项工作也使处在专业化过程中的历史学能发挥更大效用。一些工作是由个人开始动手的。另一些工作则是在某支团队的领导下完成的，比如阿克顿勋爵的《剑桥现代史》（*Cambridge Modern History*），这本书于爱德华七世统治时期开始编纂，至 1912 年完成。不过，对所有学者而言，最著名、也是最重要的著作当属莱斯利·斯蒂芬（Leslie Stephen）的《英国传记大辞典》（*Dictionary of National Biography*），这本书共63 卷，花费了 19 世纪最后的 15 年时间，许多史学家的早期事业生涯都在此书中开始，其中最突出的也许就是波拉德（A. F. Pollard）了，他撰写了约 500 个词条，并且在伦敦大学担任教职。还有很多

---

[1]　C. H. Firth, *The Historical Teaching of History*(Oxford, 1904).

史学家在 1880 年之后，一边进行这些工作，一边扩充自己在大学的受众。一些学者本人就是这种发展的明证。1900 年，所有学科的大学教席中，有 40％的人是来自剑桥牛津的著名学者，而到了 1945 年，这一数据减少至不足 15％。[①] 牛津历史学院（Oxford History School）在 1890 年至 1904 年间平均每年培养 104 名毕业生，使历史学院在这所大师辈出的大学中成为第二大学院。不过，在牛津历史学院和规模更小的剑桥历史学院中，只有约 17％的毕业生进入了教育领域。可以想见，在本杰明·乔伊特（Benjamin Jowett）的贝列尔学院（Balliol）中，担任公职的毕业生比例远比这一数字要大。与此相对的，在陶特所在的曼彻斯特大学，历史学和当地教育体系之间的关系一直很好，在陶特 1905 年至 1914 年任院长期间，共培养了 80 名历史学毕业生，其中 6 人走向了高等教育的岗位，而有 52 人回到学校从事历史教学。[②]

新一代的专业史学家所书写的内容是什么呢？由于他们不必参与方法论之争，他们也就不关注工业化、阶级和城镇化这种社会经济力量，而这些正是当时欧洲和美国学界所强调的。不过，人们肯定还是能在英国史学家中发现这种转变的——在讨论工业化方面，有老一辈的阿诺德·汤因比（Arnold Toynbee）和威廉·坎宁安，在讨论相对剥削（relative deprivation）方面，有韦伯夫妇和哈蒙兹（Hammonds），在讨论 16 世纪贫困方面则有托尼（R. H. Tawney）的早期探索——不过，大学中的主流还是在于修改维多利亚史学家对中世纪的定论，扭转他们所提出的"卑鄙可耻的都铎王朝"（有时还是"无可救药的斯图亚特王朝"）这种偏见；并且在学术

216

[①] A. H. Halsey, *Decline of Donnish Dominion: The British Academic Professions in the Twentieth Century* (Oxford, 1992), 64.

[②] 数据来自 Peter R. H. Slee, *Learning and a Liberal Education: The Study of Modern History in the Universities of Oxford, Cambridge and Manchester, 1800 - 1914* (Manchester, 1986), 125, 159 - 160; 及 Reba N. Soffer, *Discipline and Power: The University, History, and the Making of an English Elite, 1870 - 1930* (Stanford, 1994), 202.

著作中,历史地研究 18 世纪,以求最终解决纳米尔自一战以后对 18 世纪所作的重新定义。① 在世纪之交、女王驾崩的感性纪念气氛之中,修正历史似乎更为紧迫。1899 年发生了两件事情:当年有奥利佛·克伦威尔三百年诞辰纪念,也有阿尔弗雷德大王(King Alfred the Great)千年纪念;不过只有克伦威尔的纪念日是名副其实的,因为盎格鲁-萨克森编年史(Anglo-Saxon Chronicle)中的一位抄写员的疏忽,阿尔弗雷德的忌日有误,使得其铜像到达温彻斯特的时间晚了两年。② 不过,他们的纪念日,和 1897 年女王 60 周年大庆(diamond Jubilee)以及 1901 年全国哀悼女王驾崩,形成了一种国家荣耀感,而这种感受又因 1906 年至 1908 年间庆祝占领查塔姆岛和皮特岛(Chatham and Pitt)而进一步加深。与此同时,细节性的工作也在继续。前期,最为重要的是查尔斯·普卢默(Charles Plummer,1851－1927)的著作,尤其是他《阿尔弗雷德大帝的生平和时代》(*The Life and Times of Alfred the Great*,1902)中的福特演讲(Ford Lectures),同时,他也完成了一些史料编纂工作。至于为都铎王朝正名,弗鲁德完成了部分的工作,波拉德无疑也做出了贡献,后者成立了都铎研究中的伦敦学派(London school)。该学派独具一格:波拉德指导了尼尔(J. E. Neale),尼尔又指导了杰弗里·埃尔顿(Geoffrey Elton);这一学派促成了 1921 年伦敦历史研究所(Institute of Historical Research)的成立。不过,有一些不那么明显的变化同样值得注意。厄斯金·梅(Erskine May)或戴西(A. V. Dicey)所书写的维多利亚宪政史枯燥乏味,不过他们写的宪政史在本世纪最杰出的法学大师梅特兰的光芒下马上成为了过眼云烟,后者和弗雷德里克·波洛克(Frederick Pollock)共著《英国法律史》(*History of English Law*,1895),而梅

---

① 同样也是为了提供一种英国 18 世纪的学术史:参见 B. W. Young, *The Victorian Eighteenth Century*: *An Intellectual History*(Oxford, 2007)。

② 关于克伦威尔的纪念活动及塑像,参见 Blair Worden, *Roundhead Reputations*, 215－316;关于阿尔弗雷德百年纪念,参见 Paul Readman, 'The Place of the Past in English Culture, c. 1890－1914', *Past and Present*, 186(2005),147－199。

特兰一人出力甚多——这创造了一种全新的、登峰造极的历史形
式。宪政研究越来越带有历史学色彩，专注宪政研究的政府官员
和政治活动也开始带有了历史学色彩。1910—1940 年，这段时间
几乎可以被称为代表的时代（age of representation），英国议会历史
也随之成为重点关注对象：这并非因为它能体现英国的国家神话，
而是因为议会和议会成员的所做作为。这种转变说明了政治史研
究的一个重大进步：它变得更加成熟、更富怀疑精神，试图超越既
定的观点。我们也应注意史学家中的政治自由主义，它在英国一
直强盛，而到了爱德华七世的时代更成为史学界的标志性特征——
在苏格兰也一直如此。

战争和现代主义（1914—1945 年）

　　与同盟国的战争使历史学科的观念和实践都发生了重大转变。
历史研究的主题走向了国际乃至全球，随之造成的巨变在很大程
度上促成了两次大战之间经济社会史的出现。布赖斯爵士（Sir
Bryce）在首次的罗利讲座（Raleigh lecture）中总结一直以来的战争
行动时，曾提醒其听众，汤加国王一度认为宣布国家中立是很有必
要的。[1] 这种情况对历史学家造成了深远影响，第一次使许多史学
家进入政府部门为国家服务——尤其是那些从事战时宣传和军事
情报的人员，后来更促使一系列的史学家将一百年前的维也纳会
议和凡尔赛会议相提并论。这种情况也促使人们考察战争起源这
一令人痛苦的课题——这场灾难是如何发生的？不仅哈罗德·坦
珀利（Harold Temperley）和乔治·皮博迪·古奇（George Peabody
Gooch）花费精力研究这一问题，许多欧洲学者也试图回答这一问
题。[2] 直到今日，英国史学界依然因对这一课题的研究而不同于其

---

[1]　Lord Bryce, ‘World History’, *Proceedings of the British Academy*，9（1920），
188.
[2]　Gooch and Temperley, *British Documents on the Origin of the War*, 11 vols.
（London，1926‑1934）.

他国家的史学界,也使英国史学成为了一个截然不同的课题。

当然,有人预测了战争的发生——不过不是佛兰德斯的战争,而是爱尔兰的战争。1905 年开始,新芬党(Sinn Fein)出现并得以发展。这已经预示了风波的来临;不过,都柏林的 1916 年复活节"令人恐怖的美丽",1918 年大选中新芬党的全面获胜,1921 年因那不幸的条约而造成的爱尔兰分裂,以及随之而来的内战,才使得整个国家完全混乱。这场战争对历史也造成了同样的影响:它赋予了(更确切地说是强加给)爱尔兰历史一种刺耳的民族主义。不过这也并非完全是战争带来的。社会史名家约翰·理查德·格林(John Richard Green)的遗孀艾丽斯·斯托普福德·格林(Alice Stopford Green)在战前就已经鼓吹民族主义。在北爱尔兰阿尔斯特抵制第三次爱尔兰自治法案(Home Rule Bill)的时期,她获得了许多同情者的注意。但是 1921 年之后的事态则造成了完全不同的结果:这时出现的史学意在揭露英国的压迫,有着一种爱尔兰辉格主义的色彩,展现了独特的爱尔兰历史延续性。这种史学鼓舞了一些人,但是像萧伯纳(George Bernard Shaw)这种爱尔兰的逆子则认为,这种史学简直是在展示"一堆巨大的爱尔兰民族的垃圾"。① 爱尔兰自由邦则将这种史学定为民族的历史,同时强制所有学校教授这种历史。直到 1930 年代,这种情绪才在所谓"修正主义"的思潮中得以转变,有两位重量级人物为"修正主义"贡献颇多:都柏林圣三一学院(Trinity College)的西奥多·威廉·穆迪(Theodore William Moody)和都柏林大学学院的罗宾·达德利·爱德华兹(Robin Dudley Edwards),不过后者日后就沉浸在醉乡。② 他们试图使历史写作变得科学化、专业化,这和他们都在伦敦完成博士论文有关。在爱尔兰,他们遇上了一场悲剧:爱尔兰档案馆连

---

① 引自 Roy Foster, 'History and the Irish Question', *Transactions of the Royal Historical Society*, 5th ser., 33(1983), 169 - 192 在 p. 190。

② 关于 Moody and Dudley Edwards 的共同重要性,参见 Nicholas Canny, 'Writing Early Modern History: Ireland, Britain, and the Wider World', *Historical Journal*, 46(2003), 723 - 747。

同其档案,在内战中遭到摧毁;不过他们合作 20 年,写成《爱尔兰历史研究》(*Irish Historical Studies*,1938),使爱尔兰历史得以前进。[1] 与此同时,苏格兰并未经历"1916 年复活节"这样的事件,不过,在维多利亚的英国化过程中,他们还是经历了和爱尔兰一样的民族主义。同样地,在战前,这种民族主义也再次出现——科林·基德(Colin Kidd)选取了詹姆斯·麦金农(James McKinnon)的《英格兰和苏格兰的联盟》(*The Union of England and Scotland*,1896)一书作为这种民族主义的象征;《苏格兰历史评论》(*Scottish Historical Review*)在 1903 年创刊,爱丁堡大学(1901 年)和格拉斯哥大学(1913 年)相继设立了苏格兰史的教席,这些举措在客观上开始了苏格兰史学的专业化进程。[2] 但在一战之后,史学专业化面临着强烈的文学倾向和艺术技巧的复兴,这或许和史学进一步的独立南辕北辙。

当穆迪和达德利·爱德华兹创办《爱尔兰历史研究》的时候,他们将伦敦出版的《历史研究所通讯》(*Bulletin of the Institute of Historical Research*)作为模版使用。现在看来,1921 年波洛克主导的历史研究所(Institute of Historical Research,简称 IHR)代表了英国史学专业化进程中的关键时刻。值得注意的是,这一进程不仅确定了英国历史学的形式,也确定了英国历史写作的内容,因为它催生了这样的思想:历史和科学是同类学科,而与文学有所不同;由于专业史学家所谓"唯一的"事实是确定无误的,历史将有效的、直接的历史知识作为前提。[3] 我所谓"现代主义"的那场运动,就是

---

[1]　参见 Theodore Moody,'Irish Historiography 1936 - 1970',in id.(ed.),*Irish Historiography*,1936 - 1970(Dublin,1971),尤其是 139 - 145。

[2]　Colin Kidd,'The "Strange Death of Scottish History" Revisited:Constructions of the Past in Scotland c. 1790 - 1914',*Scottish Historical Review*,76(1997),86 - 102 at p. 102.

[3]　关于这一议题,我既在英国历史现代化中讨论过,也在即将出版的文章中谈到:'The Turn Towards Science:Historians Delivering Untheorized Truth',in Sarah Foot and Nancy Partner(eds.),*The Sage Handbook of Historical Theory*(London,待出)。

指以上这个进程，而非与之相伴的文学现代主义。这场运动反对对历史的思辨的理解或哲学的理解——其中包括反对黑格尔（Hegel）、马克思（Marx）、克罗齐（Croce）以及本国的柯林伍德（R. G. Collingwood）和迈克尔·奥克肖特（Michael Oakeshott）；它将历史视作是史料的展现，历史学的形式更加清晰，和科学报告相类似，《英国历史评论》和它的同类期刊《剑桥历史杂志》上有很多这类专著和研究论文。这一发展不是某个历史学家一手完成的，也没有谁能完全地体现这种发展，因为这种发展不是特点明显的实际情况，而是一种理想类型。如果一定要找到一个最能代表它的例子，最典型的是刘易斯·纳米尔，及其名著《乔治三世即位前的政治结构》（*The Structure of Politics at the Accession of George III*，1929）。纳米尔不赞成叙述的方法，他将史料限定为档案中的未刊材料，博采众长，提炼观点思想，立论充满肯定，结论不只是推断，而是经过了缜密的证明，并且，纳米尔在其充满独创性和力度的著作中表现出了超凡才华。其影响力部分是因为，后来由纳米尔衍生出"纳米尔式"（Namierism）一词，正是由于在他的文本之下拥有的独特公理才产生出这一结果。纳米尔史学的许多前提预设，以及对这些预设的反对，在二战之后都将得到解决，不过，批评纳米尔的主要人物——赫伯特·巴特菲尔德（Herbert Butterfield）对史学新一轮的专业化方向有着认真的、却尚未成形的反对意见：用剑桥大学同事莫里斯·考林（Maurice Cowling）的哀叹来说，他"一直在编织，却无法将线剪断"，[①]他的著作《历史的辉格派解读》（*Whig Interpretation of History*，1931）本身就是现代主义者对传统历史写作的批评（尽管对该书的解读往往是错误的）。

在同时期的美国史学界，彼得·诺威克（Peter Novick）在詹姆斯·哈维·罗宾逊（James Harvey Robinson）、卡尔·贝克尔（Carl

---

① Maurice Cowling，*Religion and Public Doctrine in Modern England*，vol. 1 (Cambridge，1980)，p. xxii.

Becker)和查尔斯·比尔德(Charles Beard)①的影响下,使得历史学关于客观性的心态为之动摇;而与之不同的是,英国史学更进一步,满怀希望地向着档案进军。英国也不存在一个斯特拉斯堡学派(Strasbourg),除非伦敦经济学院的托尼和艾琳·鲍尔(Eileen Power)堪当此名。至于为何英国学界拒绝放弃这种天真的现实主义,原因似乎很复杂,有多重因素;不过我们可以发现一些。科学既带来了机遇,也带来了威胁。相对论带来了冲击性的影响,关于宇宙从银河层次到微粒子层次的运作机制也出现了新的概念,这促使两次大战之间的实验室科学达到了一个新的高度,从事人文科学的学者的权威也即将受到挑战。"如果不能战胜,索性加入对方。"布尔什维克党的俄罗斯、意大利和之后的德国,极权国家的出现更使人深信:只有客观的科学才能拯救文明,使文明不受扭曲、谎言的伤害,避免中央委员会对令人尴尬的历史的抹杀。《英国历史评论》和史学研究所似乎是针对那些意识形态的必要的解毒剂。死神的战壕已经挖好了:史学家,乃至于神职家庭出身的子女们,都不再对其父辈警惕的唯物主义解释感到拘束,也不再将圣经式的叙述作为文采的典范。

他们可以像年轻的克里斯托弗·希尔(Christopher Hill)那样,　220
转向精神化的马克思主义;不过他们也可以后撤,转向承认遗迹、特许状和卷档的确定性和真实性,那些手稿就是刚刚得到国家资助的专家们的经文。如果史学家像卢埃林·伍德沃德(Llewellyn Woodward)或是布鲁斯·麦克法兰(Bruce McFarlane)那样出生在公务员家庭,那么这一过渡就是天衣无缝的。英国史学已花了 30年去抵制历史的文学模式的业余性缺点,使得史学更容易抛弃过去那种重视脚注的故事书写,抛弃偏爱晦涩的这种优雅性——而晦涩一度颇受推崇,因为这样一来,就只有专业史学家能处理历史,而学术的历史学特别重视专业性。

---

① Peter Novick, *That Noble Dream : The 'Objectivity Question' and the American Historical Profession*(Cambridge, 1988),尤其是 133—205。

史学的新特点特别有利于经济史，显著的表现就是 1927 年之后英国出现了自己的经济史期刊——《经济史评论》（*Economic History Review*），并且关于这一主题出现了更多的取径，在分析原始文件，尤其是分析那些关于议会或宪政发展史方面的文件时，史学界开始利用外交学和古文字学的知识。不过，史学局限在学术机构中同样也有视角狭隘的危险。尤其是学者将无法认识到：辉格史学并未消亡，而是走向了非学术领域，它的成果出现在街头书店，而不是会议论文或者研究性文章中。学者总是想要遗忘菲利普·圭达拉（Philip Guedalla）或阿瑟·布赖恩特（Arthur Bryant）或退职后的温斯顿·丘吉尔（Winston Churchill），因为这些人的作品被认为是缺乏历史的科学性；[①]不过至于影响力，毫无疑问的是，那些业余史学家在整体人口中更具影响力。1906 年成立的历史学会（Historical Association）在之后的 50 年内影响到了教育界，并且使对此感到赞同的学者们懂得用大众的语言进行交流。此外，即使在那些对此有保留意见的人群中，有些人也一直相信，辉格派关于如何书写历史的理论瑕不掩瑜，而悲叹史学退化（他们就是如此理解的）成了科学性的新闻报告。巴特菲尔德就是个中翘楚，他虽然批评辉格史学，但自己就是辉格派史学家；他坚持叙述的方法，认为这是一种史学工具，并且认为研究历史上的变革才是史学家的当务之急。就这样，在两次大战之间的时期，史学出现了两派：一派是排他的、面向专业的史学家的学术性创作，另一派是面向大众，但缺乏深度的普及型著作。这种情况在现代化进程中所在多有。

第二种人则是跨越两派的一些作家和教师们，这一群体受到左派的熏陶，比如将马克思主义对历史的解读展现给广大读者，用自己的理论使读者相信终极力量。1930 年代，他们的观点得到了一些认同，但是为何马克思主义会在欧洲最保守的史学文化中大行其道呢？这引起了人们充满兴趣的讨论，不过或许是无解的。宗

---

① 关于丘吉尔，尤可参见 David Reynolds, *In Command of History*：*Churchill Fighting and Writing the Second World War*（London，2005）。

教的变更也许对某些英国人来说能解释这一现象，但是对其他人而言则不是这样。[1] 中产阶级面临着社会剥夺，这一潮流与此有关。当时最为明显而重要的背景是 1930 年代早期的经济衰退，另一个背景则是新经济史的出现，对社会动力提出了一些根本性问题。饱受马克思主义批评的辉格史学传统本身催生了一种思维模式，这种思维模式专注内部进程、解释目的论，专注国家的崛起与衰落。而欣欣向荣的文学化运动氛围——塞缪尔·海因斯（Samuel Hynes）称其为奥登的（Auden）时代——则产生了一种"震撼资产阶级"（pour épater les bourgeois）的语言。[2] 当时史学界的语言还不像二战时和战后那样，富有力度，广受认同——希尔曾说，在 1938 年之前的英国，鲜有正式的马克思主义史学——但是英国已出现了最激进的历史创作，对学术文章和大学出版的专著所确定的专业科学性造成了威胁。

在维多利亚时期的史学主流中，只有一部分分支还遗留到今天。宪政史在两次大战之间乃至二战之后都存在着，但是宪政史的研究越来越少地依靠法学专家，而是依靠政治史学者，以求得到比厄斯金·梅或戴西更为优秀的答案。同样地，教会史也无法再交给司铎、主教和清教教士去研究，不管是秉持新教世界观——如库尔顿（G. G. Coulton）反对其所谓的"天主教谎言"——还是像堂·大卫·诺尔斯（Dom David Knowles）那样通过描述修会历史，哀悼天主教会以反驳新教徒，[3]一个清楚的事实似乎是，教会的历史再不能作为英国历史的一部分加以解释，教会史应当像其他历史一样专门成为一个研究领域。帝国历史也是这样——不过帝国历史在牛津大学、剑桥大学和伦敦大学现在成了值得自豪的基本

---

① 对这一群体的描述，参见 Harvey J. Kaye, *The British Marxist Historians*：*An Introductory Analysis*（Basingstoke，1995）。

② Samuel Hynes, *The Auden Generation*：*Literature and Politics in England in the 1930s*（Princeton，1976）.

③ G. G. Coulton, *Five Centuries of Religion*，4 vols.（Cambridge，1923 - 1947）；及 David Knowles, *The Monastic Order in England*（Cambridge，1940）。

学科，吸引了越来越多的史学家，帝国历史的成果反映在八卷本的《剑桥英帝国历史》（*Cambridge History of the British Empire*，1929–1936）之中。

矛盾的是，新一代史学家在各种领域要求史学缜密，追求客观，这和他们所理解的绝对非理性主义和方兴未艾的极权国家的言行并不一致。毫无疑问，人们努力将两次大战之间的西利或弗鲁德想象成一个与时俱进的人物，除非人们赞同坦珀利或古奇的自由派国际主义——这本身就隐藏在错觉之中。随着1939年9月西欧的局势不再乐观，这种幻觉令人痛苦地破灭了，二战促使史学家们为国家效力，探寻战争原因，尽史学家职责。纽纳姆学院（Newnham College）的贝蒂·贝伦斯（Betty Behrens）就是其中的代表之一，他请求离开剑桥大学，为战争做出贡献。这种信念使许多年轻学者进入了内阁办公室（Cabinet Office）负责历史主导的正史编纂工作，参与——有时也销毁——战时最为重要的学术事业。①也许，这个时期最重要的、非正史的成果，是弗兰克·斯滕顿（Frank Stenton）的《盎格鲁–萨克森英格兰》（*Anglo-Saxon England*，1943），此书从历史角度给予德国人有力一击；功能同样明显，或许还略胜一筹的是劳伦斯·奥利维耶（Laurence Olivier）的《亨利八世》（*Henry V*，1944）。斯滕顿的这本书运用了考古学和古钱币学知识，认为历史写作需要辅助技巧和广博的知识，斯滕顿是一位史学能力娴熟的学生，单凭一己之力进入学术界，并在一所重要的大学占有一席之地，他的著作很好地解释了一百年来英国史学转型的方向。如果说，当希特勒不能再扭曲历史之后，英国史学的方向尚不清晰，那么，可以肯定的是，不可见的趋势——史学专业基础、社会学和史学家的雄心都得到了健康的发展，这使得英国史学至少不会倒退。

222

---

① 最终在总编基斯·汉考克（Sir Keith Hancock）及巴特勒（J. R. M. Butler）的领导下，这一卷帙浩繁的丛书集结了一些当时主要的史学家。其成果既对战争的社会经济方面有所评论，也对外交、军事方面有所评论。

第十章　英国历史写作的轮廓和模式（1815—1945 年）

大事年表/关键日期

1815 年	拿破仑战争终结
1832 年	首次议会改革法案
1851 年	水晶宫万国博览会
1854—1856 年	克里米亚战争
1860—1864 年	美国内战
1867 年	"新帝国主义"开始
1868 年	威廉·格莱斯顿（William Gladstone）设置四部门中第一部门
1885—1886 年	爱尔兰地方自治（Home Rule）危机
1889—1902 年	南非布尔战争
1906 年	自由党执政期（直到 1915 年）
1911 年	上院地位议会危机
1914—1918 年	第一次世界大战
1920 年	战后经济衰退开始
1922—1923 年	爱尔兰内战
1926 年	大罢工
1929 年	美国经济崩溃
1931 年	英国民族主义政府
1933 年	希特勒担任德国总理
1938 年	慕尼黑危机
1939—1945 年	第二次世界大战

主要历史文献

223

The Cambridge History of the British Empire, 8 vols.
(Cambridge, 1929 - 1936).

Butterfield, Herbert, *The Whig Interpretation of History*(London,

1931）.

Clapham，J. H. ，*Economic History of Modern Britain*，3 vols. （Cambridge，1926 - 1938）.

［Cruise，William］，*Chronological Abridgement of the History of England，Its Constitution and Laws from the Norman Conquest to the Revolution in 1688*（London，1815）.

Froude，James Anthony，*History of England from the Fall of Wolsey to the Defeat of the Spanish Armada*，12vols.（London，1856 - 1870）.

Hallam，Henry，*Constitutional History of England*，2 vols.（London，1827）.

Kemble，John Mitchell，*The Saxons in England*，2 vols.（London，1849）.

Kinglake，A. W. ，*The Invasion of the Crimea*，8 vols.（London，1863 - 1887）.

Knowles，David，*The Monastic Order in England*（Cambridge，1940）.

Lingard，John，*A History of England*，13 vols.（London，1837 - 1839）.

Macaulay，Thomas Babington，*History of England*，5 vols.（London，1848 - 1861）.

Namier，Lewis，*The Structure of Politics at the Accession of George III*（London，1929）.

Pollock，Sir Frederick and Maitland，Frederic William，*The History of English Law before the Time of Edward I*（Cambridge，1895）.

Seeley，John Robert，*The Expansion of England*（London，1883）.

Stenton，Frank，*Anglo-Saxon England*（Oxford，1943）.

Stubbs，William，*Constitutional History of England*，3 vols.（Oxford，1873 - 1878）.

Tawney，R. H. ，*Religion and the Rise of Capitalism*（London，

1926).

Tout，T. F.，*Chapters in Administrative History of Medieval England*，6 vols.（Manchester，1920 - 1933）.

Tytler，Patrick Fraser，*History of Scotland*，9 vols.（Edinburgh，1828 - 1843）.

Ward，A. W.，Prothero，G. W.，and Leathes，Stanley(eds.)，*The Cambridge Modern History*，13 vols.（Cambridge，1902 - 1912）.

参考书目

Bentley，Michael，*Modernizing England's Past：English Historiography in the Age of Modernism*，*1870 - 1970*（Cambridge，2005）.

Evans，Richard J.，*Cosmopolitan Islanders：British Historians and the European Continent*（Cambridge，2009）.

Howsam，Leslie，Past into Print：*The Publishing of History in Britain 1850 - 1950*（London and Toronto，2010）.

Parker，Christopher，*The English Historical Tradition since 1850*（Edinburgh，1990）.—— *The English Idea of History from Coleridge to Collingwood*（Aldershot，2000）.

Slee，Peter R. H.，*Learning and a Liberal Education：The Study of Modern History in the Universities of Oxford，Cambridge and Manchester，1800 - 1914*（Manchester，1986）.

Soffer，Reba N.，*Discipline and Power：The University，History and the Making of an English Elite，1870 - 1930*（Stanford，1994）.

——*History，Historians and Conservatism in Britain and America：The Great War to Thatcher and Reagan*（Oxford，2009）.

224

喻　乐　译

第十一章　意大利历史写作
的多中心结构

伊拉里亚·波尔恰尼

莫罗·莫雷蒂①

基本特征

　　"意大利人,我力劝你们研究历史。"②乌戈·福斯科洛(Ugo Foscolo)在1808年3月,任教于帕维亚大学(University of Pavia),教授辩论课程(Eloquence),当时他发出这样的劝告。这位诗人兼作家在拿破仑军队中战斗过,曾发表过一篇致"解放者"波拿巴的颂歌,还发表过一篇小说,对于唤醒意大利民族意识有重要作用。历史,突然之间变得重要起来。历史的新视角过于强调民族方面,不能说没有意识形态的偏见。这种充斥着强烈的民族性、政治性的转折,对于19世纪的整个历史复兴来说都是关键的要素。在这方面,意大利也不例外。在那个时代,洋溢着"为独立而战"的气息,半岛被分裂成许多宪政政府的国家,其后随着统一的进程,参与创造"文化民族"(Kulturnation)的知识分子开始研究历史。他们的生命历经波折而常常富有戏剧性,其标志就是他们参与了1821年和1830—1831年的起义,以及1848年的革命,而参与的方式,常常

---

① 本章第一、二节由伊拉里亚·波尔恰尼(Ilaria Porciani)撰写,第三、四节由莫罗·莫雷蒂(Mauro Moretti)撰写。

② Ugo Foscolo, *Dell'origine e dell'uffi cio della letteratura：Orazione* (Milan, 1809),ch. 15.

是入狱或流放。常有人强调历史学的重要性，但是历史不是孤立的，历史小说也有强大的影响力，有着更加广泛的公众感染力。

　　贝内代托·克罗齐（Benedetto Croce）对 19 世纪意大利史学史的研究，在差不多出版了 90 年之后，仍然是这一主题的必读书目。它提供了唯一的全面概述，虽然缺少晚近的文献，好在已经有若干位著名的学者撰写的一系列简明传记，可以作为补充。[①] 克罗齐对史学史的兴趣，既是从一个历史学家的立场，同时也是从一个唯心主义、历史主义的哲学家的立场出发的。他写这本书的目的是填补一个明显的学术空白：爱德华·富埃特（Eduard Fueter）在他的《现代史学史》（*Geschichte der neueren Historiographie*，1911）中，事实上完全未提及意大利的历史书写。克罗齐的书写体系，受到他在观念史方面的兴趣以及在哲学上的偏见的极大影响，被"发展和进步"的观念所主导。我们在这里不打算追随克罗齐的方向。与此相反，首先我们要点明意大利史学的显著特点，那就是受到深深植根于几世纪的政治分裂、融入众多区域国家和城市国家的经验之中的特殊传统的强烈影响。我们将关注制度背景以及知识分子的聚合形态，这两点对于他们历史书写的取径有着决定性作用——虽然他们的立场明显是民族国家的趋向。要是未能重视反映在历史书写中的主要政治分歧，而只论及局部的学术派别，那就又走得太远了。很明显的是，民主派与温和的天主教自由派（强调教会在意大利历史中的积极作用）数十年以来都在互相斗争着。但是，那不勒斯、皮埃蒙特、托斯卡纳和米兰学者们之间的区别也很明显。

　　当我们将意大利和其他国家（比如德国或法国）相比较的时候，人们会注意到，意大利的历史专业化姗姗来迟。[②] 毫无疑问，当

226

---

① Benedetto Croce，*Storia della storiografi a italiana del secolo decimonono*，2 vols. (Bari，1921)；以及 Furio Diaz 和 Mauro Moretti（eds. ），*Storici dell'Ottocento* (Rome，2003)。

② 参见 Mauro Moretti and Ilaria Porciani，'Italy'，in Porciani and Lutz Raphael (eds.)，*Atlas of European Historiography：The Making of a Profession，1800 –2005* (Basingstoke，2011)，115 – 122。

时意大利史学条件已经很不错，如果将比较的视野再放宽一点，与欧洲其他国家相比，这一点会看得更清楚。但是，在意大利统一之前，意大利没有出现任何一所像巴黎文献学院（École des chartes）或是基于洪堡模式（Humboldtian model）的研究型大学那样的机构。谈到史学方法的确立，切萨雷·巴尔博（Cesare Balbo）——一个与王室关系密切的都灵贵族，同时又是内务部长（Minister of the Interior）——明确指出，历史学应当采取的方法是"常识"意义上的方法，即卡罗勒斯·西古尼乌斯（Carolus Sigonius）以及伟大的洛多维柯·安东尼奥·穆拉托里（Ludovico Antonio Muratori）所采取的意大利式的方法。①

自从穆拉托里几乎成为整个 19 世纪所有意大利史学家的楷模之后，人们应予其特别的关注。在意大利史学家中，有些人熟悉历史研究的新标准，其他的人则不太熟悉。但是，所有的史学家都非常清楚意大利史学的旧传统，并且致力于突出这一传统。尼古拉·马基雅维利（Niccolò Machiavelli）的作品是他们的必读书目。有些人在弗朗切斯科·圭恰迪尼（Francesco Guicciardini）的基础上续写、更新意大利史，而詹巴蒂斯塔·维柯（Giambattista Vico）则常被当作意大利民族视角的拥护者而被人纪念。但是，最值得一提的是，正是令人惊叹的《意大利年代记》（*Rerum Italicarum Scriptores*）激励他们回归史料。简而言之，这种意大利中心论（Italocentricity）就是他们的一个显著特点。

意大利的特点之一是其古老学院的持久性，在拿破仑时期其中一些学院得到了重建。在意大利的学院里，一般都会有史学研究，而且并不总是采用那种过时的博学好古方式。从 1820 年代开始，出现了许多不同学科的新杂志，诸如佛罗伦萨的《文选》（*Antologia*）、那不勒斯的《进步》（*Il Progresso*）或米兰的《综合》（*Il*

----

① Cesare Balbo, *Meditazioni storiche*（3rd edn, Florence, 1855），447. 巴尔博著作选的编辑同样也注意到了他对此的介绍，见 Cesare Balbo, *Storia d'Italia e altri scritti editi e inediti*, ed. Maria Fubini Lezzi（Turin, 1984）。

227

Politecnico）。在这些刊物上,已开始评论"在阿尔卑斯山那一边"写就的重要的史学著作,使用流行的表达方式,并且以原创性的方式参与到欧洲的辩论之中。另外,19 世纪大部分时期中,历史学家都是缺乏常规学术训练的文人,诸如切萨雷·巴尔博(Cesare Balbo)或亚历山德罗·曼佐尼(Alessandro Manzoni)那样的贵族,或是卡洛·乔万尼·玛丽亚·德尼纳(Carlo Giovanni Maria Denina)那样的教士,或是卡洛·博塔(Carlo Botta)那样的医生,又或是埃尔科莱·里科蒂(Ercole Ricotti)那样的工程师。里科蒂在都灵率先教授现代意义上的历史,其教席始于 1846 年。大学之后的一年制研究学校——意大利历史研究所(Istituto italiano per gli studi storici)创建于 1950 年代早期,克罗齐为其创建起到了关键作用。即便是克罗齐,也是个没有大学学历的富裕绅士。

法国大革命及其在意大利造成的后果,对身处"历史学的世纪"之中的意大利史学家至关重要。大众进入政治舞台,以及资产阶级的斗争,引起了许多关于中世纪的研究——中世纪正是社会各阶层开始成型的时候。但是,人们不应该忘记书写当代历史事件的重要性。德尼纳分析了法国大革命的后果。他是《意大利革命史》(*Storia delle rivoluzioni d'Italia*)的作者,该书出版于 1769 年,并在 1792 年增加了一章来讨论最近的事件。该书以《从历史和政治角度讨论意大利古代共和国》(*A Historical and Political Dissertation on the Ancient Republics of Italy*)的标题被翻成英文,在 1820、1830 年代再版多次。路易吉·布兰克(Luigi Blanch)也做过类似的分析法国大革命的工作。但是,卡洛·博塔在其 27 卷本的论意大利史的著作中,则提出了启蒙时代改革的模式。他还写过一本论美国革命的著作,大量运用了美国、法国和英国的回忆录、日记以及地图。[①] 尽管克罗齐对卡洛·博塔的《西意大利史》

---

① *Storia della guerra dell'Independenza d'America*;及 *Storia d'Italia dal 1789 al 1817*(Paris,1824).这一著作早期版本甚多,参见 Carlo Salotto, *Le opere di Carlo Botta e la loro varia fortuna*(Rome,1922)。

（*Storia della Italia occidentale*，1808）有严厉的批评，他却不仅仅是一个旧式的史学家，启蒙时代的史学经验在他那儿也有充分的运用。

到目前为止，讨论意大利的所谓雅各宾式共和国的最重要著作，仍然是温琴佐·科科（Vincenzo Cuoco）写的关于 1799 年那不勒斯革命的历史，这是一部极具创新精神的著作，和那些赞颂缪拉（Murat）或拿破仑（Napoleon）①的作家截然不同。在科科看来，诸如威尼斯共和国那样的政府结构是与时代不相符的。然而，他为人所知的原因主要是他原创性的方法。他指出，如果一个国家从外面输入传统中没有根源的革命，会出现什么问题，以及必然失败的走向。在一个多世纪之后，伟大的知识分子兼共产党领导人安东尼奥·葛兰西（Antonio Gramsci）将会更加深入地讨论这一重要理论，并将之发扬光大。②

228　　　在接下来的数十年间，学者们关注的是更为久远的过去，当代的事件极少有人问津。极少的例外，诸如朱塞佩·拉·法里纳（Giuseppe La Farina）的《1815 至 1850 年的意大利史》（*Storia d'Italia dal 1815 al 1850*，1851－1852），作者是西西里民主党人，后来成为皮埃蒙特（Piedmontese）统一的支持者。切萨雷·巴尔博认为，讨论当前事件就不再是历史了，历史是只关注过去的科学，所以应当不讨论最近的事件。③ 这种思考方式可以说是这个世纪其他时间里的历史研究活动的缩影。这个国家被分割成许多小城邦，其中一些被非意大利裔的君主所统治，在那里，审查制度和警察控制非常盛行。这也许也可以从一方面来解释历史研究学会的诞生为何姗姗来迟——至少和德意志国家或法国相比算是晚的；另一方面，也可以解释，为什么借助遥远的过去来讨论意大利的当下

---

① *Saggio storico sulla rivoluzione napoletana del 1799*（Milan，1801）.

② Antonio Gramsci，*Quaderni del carcere*，vol. 1：*Quaderni 1－5*，*1929－1932*，ed. Valentino Gerratana（Turin，1975）.

③ Cesare Balbo，'Sommario della storia d'Italia'（1847），in *Storia d'Italia e altri scritti editi e inediti di Cesare Balbo*，ed. Maria Fubini Leuzzi（Turin，1984），341.

情况和近期历史是必要的。因此,历史的讨论和分析往往会聚焦在中世纪的范围之内,而不是更为当代的话题。

从 19 世纪伊始,在遍及欧洲大部分地区的浪漫主义运动浪潮下,中世纪成为研究的中心,甚至几乎成为唯一受到研究的时代。罗马史,尤其是帝国时代的历史,从总体上来说,直至 1880 年代还不是被人关心的话题。当代史依然处在历史研究的范围之外,而当时,专业的历史研究正在成型之中,还在确定其范畴、工具、学者群体和方法。矛盾的是,在民族国家建立之后,历史学家却认为对时事的讨论不属于真正专业史学家的事业——他们埋头于辨别史料,专注于古典、中世纪及早期现代的拉丁语文献。不过这歪打正着,为一小部分女性在历史写作中赢得了一席之地。这些女性作为意大利统一运动(Risorgimento)中英雄们的朋友和亲属,收集了这些人的论著,而在统一之后,则结合诸如私人信件和回忆录等史料加以研究,在某些有趣的例子中,她们在记述家族历史时也书写了国家历史。但是在该世纪伊始,范围相对较小的博学好古(eruditi)圈子专注于一项艰巨的任务——出版一部新的意大利语史料集,这时候,女性是被排除在外的。正如最近对一些重要历史学家的通信的研究所显示的,她们是大众的一部分,但是无法参与那些专业的史学家所致力的历史写作。这种情况直到 1920 年代才有所改观。

不含浪漫主义的中世纪主义:城镇、市民财产和制度

让·夏尔·莱昂纳德·西斯蒙迪(Jean Charles Léonard Sismondi)是意大利中世纪主义的关键人物。他的《中世纪意大利共和国史》(*Histoire des républiques italiennes du moyen âge*)首次出版于 1807—1818 年,多次得到再版,其中还包括一部较短的两卷本纲要。这部书是该世纪的所有意大利史学家的枕边书,同时,也是画家、诗人和音乐家的灵感来源。西斯蒙迪的写作手法显然是新教式的,他想要展示天主教会在意大利历史中的阻碍作用,最

229

显著的就是阻碍了意大利的统一和独立。在这个问题上，许多人——尤其是那些天主教-自由主义学派的人——和他的看法不一样。但是，他的作品得到了广泛的阅读和讨论，而且常常受到称赞，尤其是他对中世纪意大利自由主义的黄金时代的描述，更是好评如潮。在那时候，意大利的小共和国保卫了自由，保卫了更高层次的文明，甚至能击败巴巴罗萨皇帝（Emperor Barbarossa）。巴尔博也认为，这个公社和共和国林立的时代，其性质非常清楚：这绝对是意大利历史上的一个黄金时代。①

在意大利，和其他的欧洲国家一样，历史学为那些致力于塑造统一民族的知识分子提供了武器。在法国，皇室特权的起源、贵族特权的出处，以及法兰克人开拓高卢的功绩，引起人们如火如荼的兴趣。而在意大利，关键问题则是意大利历史的统一，以及阻碍意大利成为一个民族国家的障碍。所以，所谓的伦巴德问题（Lombard Question）引起了 1820 年代当时多数——如果不是全部的话——重要史学家的兴趣，这并不奇怪。但是，直到在法国大革命之后、民族主义兴起的时候，随着奥古斯丁·梯叶里著作的出现，这个问题才变得真正重要起来。在意大利，这个问题引起了热烈的争议，促使人们讨论被击败的罗马人和意大利人在伦巴第人统治之下的法律及社会状况；引起人们对教皇在号召法兰克人时所起作用的质疑；而最重要的，则是探讨自罗马时代以来，法律传统和社会组织究竟是在延续，还是已经中断。

敢为天下先的首位学者，是后来在意大利国语问题中发挥了重要作用的亚历山德罗·曼佐尼。他的作品《阿德奇》（*Adelchi*，1822）在阐述伦巴第问题的概念方面极为重要，并且向备受推崇的前辈们——诸如穆拉托里或爱德华·吉本（Edward Gibbon）提出了

---

① Cesare Balbo, 'Cenni sulla divisione e suddivisione della storia d'Italia' (1841), ibid.，321 - 332，esp. 328；Balbo, *Sommario della Storia d' Italia* (Turin, 1847).

质疑。① 对曼佐尼来说，因阿尔博因（Alboin）于公元 568—569 年的入侵，伦巴第人出现在意大利各地，这一现象并未导致单一民族的出现——不论这个单一民族是胜利者还是被征服者，而是导致了伦巴第人融合在同一个政治体之中。罗马人从此沉寂，证明了他们已被彻底地击败和征服。曼佐尼是一个天主教徒，他的意图是展示这次惨败的灾难性后果，并且说明教皇是意大利历史的天然的中心。虽然他的研究途径与众不同，即便是西斯蒙迪，在《共和国史》(*Histoire des républiques*)的第三章也表示支持，说伦巴第人没有像哥特人（他们的先辈）那样融合在意大利人之中。罗马人成为了伦巴第人的奴隶吗，还是说罗马人在某种程度上尚属自由人？还有，他们能保持自己的制度吗？ 不同的学者，诸如那不勒斯人卡洛·特罗亚（Carlo Troya），以及法律史学家彼得罗·卡佩（Pietro Capei）都对此进行了讨论。② 皮埃蒙特人巴尔博也参与了这次讨论，从历史法律的角度加以研究，并且强调天主教的作用。③ 这将成为都灵学派（Turin）史学家的一大特点，他们先是集中在科学院（Academy of Sciences），而后集中在"祖国历史委员会"（Deputation for the History of the Fatherland）中。这个委员会是一个以国家为中心的机构，旨在促进关于撒丁王国，尤其是皮埃蒙特的历史史料集的出版。这场讨论又因弗里德里希·卡尔·冯·萨维尼（Friedrich Karl von Savigny）的《中世纪罗马法史》(*Geschichte des römischen Rechts des Mittelalters*，1815 - 1831)而获得生机。该书基本采用通信的形式，其中一些是私人信件，其余的则是公开信

230

---

① 参见 Dario Mantovani, 'Le vocazioni del discorso sopra alcuni punti della storia longobarda in Italia di Manzoni：Longobardi e romani fra diritto e poesia', *Rivista Storica italiana*,116(2004),671 - 714。

② 参见 Ilaria Porciani, L''*Archivio storico italiano*'：*Organizzazione della ricerca ed egemonia mod-erata nel Risorgimento*(Florence, 1979),131 - 134。

③ 参见 Enrico Artifoni, 'Ideologia e memoria locale nella storiografi a italiana sui Longobardi', in Carlo Bertelli and Gian Pietro Brogiolo (eds.), *Il futuro dei Longobardi：L'Italia e la costruzione dell'Europa di Carlo Magno*(Milan, 2000), 219 - 227。

件。其中最重要的，大概是佛罗伦萨侯爵基诺·卡波尼（Gino Capponi）致卡佩的信件。该信发表在意大利第一种历史期刊《意大利历史档案》（*Archivio storico italiano*）上。[①]

《意大利历史档案》成立于政治控制程度弱于其他意大利小国的佛罗伦萨，由一个佛罗伦萨贵族成员吉姆·卡波尼（Gino Capponi）发起，发行者则是定居于托斯坎那首府的瑞士裔商人焦万·彼得罗·维乌索（Giovan Pietro Vieusseux）。后者曾经成立了第一个国际性的阅览室（international reading cabinet），此后还策划了许多种期刊。《意大利历史档案》编委会的通信表明了他们明确的目标，亦即，这份期刊希望在意大利史学家中建立一个真正国家性的研究场所，为整个民族出版文献。这与都灵委员会活动的区别极为显著。事实上，在人数越来越多的博学者、神职人员、贵族，以及往往是为私人图书馆服务的图书馆员、藏书家之中，这份期刊很快成为了他们交流的中心，并且在意大利各个地区都有大量的通信者。但是，《意大利历史档案》在促成不同地区团体的合作方面并不总是成功的，来往信函的内容可以证明，地方自豪感和嫉妒所造成的障碍巨大，这一点在那些聚集在"祖国历史委员会"周围进行研究的皮埃蒙特学者，以及那些试图建立自己的地方历史学会的罗马学者身上体现得尤为明显。为了通过严苛的审查，《意大利历史档案》最初是以收集史料为主，在 1855 年之后，才发展成了一份真正的历史期刊，登载评论以及原创性文章，并支持着温和自由派在史学界的主导地位。

正如托斯坎那的精英试图抵抗政治和行政上的"皮埃蒙特化"一样，《意大利历史档案》强烈反对史学研究中任何集中式的组织，它的版面向各类人开放，包括民主派的作者，如历史哲学家朱塞佩·法拉利（Giuseppe Ferrari），此人生命中的大部分时间都在巴黎流亡；也包括伦巴第史学家加布里埃莱·罗萨（Gabriele

231

---

① Porciani, L''*Archivio storico italiano*'.

Rosa），此人是卡洛·卡塔内奥（Carlo Cattaneo）最重要的信徒之一。这两位都倾向于尽可能地去除史学研究中的集中化，这一点也为托斯坎那学者所欢迎，不过方式有所不同。卡塔内奥出身资产阶级而非贵族，作为一个极具创造力的学者，他对欧洲学界的辩论采取开放态度，兴趣也不局限在历史上，他对经济、农业、化学、铁道、文学评论和语言学也感兴趣。作为《综合》的编辑，该杂志大多数文章都出自他的手笔，卡塔内奥对文明（incivilimento）——即欧洲的文明化进程感兴趣。他反对教权至上，具有实证主义和理性主义的倾向，所以，对基督教浪漫主义（Christianized Romanticism）也产生了反感。[1] 他在政治上倾向于民主（他是米兰 1848 年革命的领导人之一），同时对意大利市民文化的悠久传统抱有好感。对他来说，城市才是意大利历史的独特特征。他赞赏朱塞佩·米卡利（Giuseppe Micali）关于罗马统治前的意大利的研究，[2]后者强调了罗马前的意大利文明中关键部分的残余。他对理解、加强各城市中的前罗马传统抱有兴趣，同时对于当代政治持有联邦主义的看法。卡塔内奥把奥古斯丁·梯耶里介绍给意大利学界，并且详细讨论了征服的概念，最大程度上弱化了其"民族"的涵义。更吸引他的是统治半岛不同区域的各种精英的出现。显然，作为一个联邦主义者，他是西斯蒙迪最积极的读者之一。

《意大利历史档案》旨在组织出版文献史料，以联邦的方式统合全意大利所有史学家的工作，而它的发起者——托斯坎那学者反对集中化，尤其是文化方面的集中化。然而，在意大利统一之后，托斯坎那学者模式就已经过时了：历史学家被组织成一系列团体——即国家性的机构，这与都灵学者的模式相类似。许多地方团体忧虑集中化的趋势，担心自治权的丧失，发起了他们自己私下的

---

[1]　参见 *Civilization and Democracy*：*The Salvemini Anthology of Cattaneo's Work*，ed. Carlo G. Lacaita 和 Filippo Sabetti（Toronto，2006）。

[2]　Giuseppe Micali, *L'Italia avanti il dominio dei Romani*（Florence，1810）。

协会,在他们自己的评论性期刊中继续出版不同地区的史料,通常也称之为"历史档案"。

232　统一的意大利（1861—1914）

在1861年意大利统一之前,历史书写有着很强的政治目的,但同时也使这门学科在方法论上和欧洲的范式达成一致。民族问题最终以君主国家的办法而解决,这就清除了其他各种各样寻求历史合法性的政治倾向(城市自治、联邦制、共和制)。但是专业的意大利史学家当时并未就民族历史达成统一意见,新出现的政治维度尚有待历史学者的认可。

在数十年的时间里,在各城镇和地区的历史协会中,一直活跃着各种学者及史学运动,他们与统一前的地方精英息息相关。但是,到了19世纪后半叶,大学在主导历史研究的内容和方法论方面发挥了越来越重要的作用。很长一段时间内,大学系统并不是等级森严的磐石一块。此前存在的许多历史学术重镇依然继续存在,如都灵、帕多瓦（Padua）、博洛尼亚（Bologna）、佛罗伦萨（Florence）、比萨（Pisa）、罗马（Rome）以及那不勒斯（Naples）。古老传统的延续和大学体系的多元化,意味着有许多不同的研究模式在地方上生根发芽,而且直至20世纪,那些历史学派依然相当强势。但是,这种多元潮流和兴趣取向并未阻碍"历史学派"（historical school）的方法论原则和文献学方法的快速传播——至少在正式的场合是这样。它们的存在得到承认,然而并不总能得到认真的对待。意大利史学家专注于编辑各种未刊的史料。可以肯定的是,他们的研究虽然也许是文献学的,他们的意图还是旨在丰富文件的数量,而非善加利用复杂的方法加以批判。因此,大学科学塑造了用以取代业余人员、贵族、神职人员的史学实践的自己的工具,后者带有一种倾向,他们喜欢单纯的知识堆砌,这在演说艺术和修辞学问中达到顶峰。一些知识——我们可以称其为前学科的、前专业的知识——得到了发展,其中传记的、政治的,以及制度的史学,和语文学、文学、文化史和艺术史相互交织。在新的知识王国中,数以百计的图书馆、档案馆、艺术画廊和考古遗址在数世纪的积淀之后亟待归类、描述以及组织化。卡洛·奇波拉(Carlo Cipolla),一位都灵的现代史教授,担心外国学者对于意大利文献产生的兴趣,他在1882年写道:

> 包裹着过去记忆的文件和遗迹是会消失的……让我们照亮我们的这些财富,不要让它们被那些每年游荡在半岛上的能干的外国人偷窃了……让我们为自己书写历史,让我们出版我们自己的编年史和档案。①

统一之后的历史学,其中的伦理和政治意涵显然不如统一运动时那样强烈。但是,创建一个足以屹立于欧洲民族之林的"民族科学"(national science),并且恢复配得上这个民族的古代思想与文明传统的那样一种地位和角色,这样的雄心壮志还依然存在着。这一行动有着自己的政治日程,在那些论及教皇国、教会和国家关系的重要历史著作中,这一点表现得淋漓尽致;在统一后的意大利历史写作中,上述重要议题长期保持着一席之地。史学家更加系统地使用历史学的批判方法,挑战天主教史学的护教传统。但是,地方的研究中心和组织依然活跃。在1922年,彼得罗·埃吉迪(Pietro Egidi)——此人后来是1884年《意大利历史评论》(*Rivista storica italiana*,创刊于1884年)的编辑——列出了34个历史学协会,同时还有18个以历史学部闻名的研究所和学院,还有37个编辑出版史料并从事历史研究的地方团体,以及127篇评论文章。②

233

---

① 参见 Mauro Moretti, 'Carlo Cipolla, Pasquale Villari e l'Istituto di Studi superiori di Firenze',见 Gian Maria Varanini(ed.), *Carlo Cipolla e la storiografi a italiana fra Otto e Novecento*(Verona, 1994),33 - 81, at p. 53。

② 参见 Mauro Moretti, 'Appunti sulla storia della medievistica italiana fra Otto e Novecento: alcune questioni istituzionali', *Jerónimo Zurita: Revista de historia*, 82(2007),155 - 174, at pp. 158 - 160。

大学训练的重要性日益增长，为教学和研究的进步提供了必要的基石。意大利大学中的历史教学处在分裂状态。通史——指的是涵盖西罗马帝国陷落后的整个时段的古代史和现代史——的教席被安置在文学系（Faculty of Letters）；法律史——对于中世纪尤为重要——属于法学系，政治经济学的教席同样如此；经济史和商业史，最初教学被安排在高等商业学校中，1930年代转至新成立的经济系。由于各系都严格分开，少有交流的机会，因此这样的机构设置抑制了相邻学科之间可能存在的效果斐然的交流。文学系培养了19世纪晚期至20世纪中期最具专业水准的意大利历史学家，在那里，历史教学是文学和文献学课程中的主要组成部分。这一点极大地影响了许多历史学者的学术研究。只有在一些特定的学术环境下，史学研究才有些许不同。在比萨的高等师范学校（Scuola Normale Superiore），以及都灵、帕多瓦和罗马，常规的研讨班提供了一些额外的实践经验、阅读以及讨论。有了这些先例，焦阿基诺·沃尔佩（Gioacchino Volpe），年轻一代历史学家的杰出代表，在1907至1908年间呼吁改革历史学的高等教育，以使历史教育可以与法学和经济学有更紧密的联系。①

但是，古代史和文献学之间并没有像德国的古典学（Altertumswissenschaft）那样，产生有机的结合。从古物研究（Antiquarianism）转向文献学和考古学，这一过程中革新非常缓慢。在罗马，古代史最重要的教席属于尤利乌斯·贝洛克（Julius Beloch）。如果在学术机构上无法采用德国模式，那么，引进德国教授总是可行的。尽管意大利人对中世纪的兴趣源远流长，但中世纪史的首批教席直到一战之后才在意大利大学里出现。这一时期对意大利传统角色在某种程度上的重新审视，恰好为此提供了机会。从19世纪晚期开始，到20世纪早期，年轻的史学家主要研究

234

---

① 参见 Mauro Moretti，'Note su storia e storici in Italia nel primo venticinquennio postunitario'，in Pierangelo Schiera and Friedrich Tenbruck（eds.），*Gustav Schmoller e il suo tempo: la nascita delle scienze sociali in Germania e in Italia*（Bologna，1989），55 – 94。

的就是中世纪。1883 年，意大利史学研究所（Istituto Storico Italiano）成立，宗旨是协调各地的计划，汇总编辑史料。这事实上是教皇利奥十三世宣布关于历史研究的敕令（*Saepenumero considerantes*，1883）之后的反响。根据这条敕令，梵蒂冈档案可以对外开放。新成立的史学研究所明确的任务就是从中世纪史中找出反映民族利益的史料，将其公之于众。毫无疑问，新成立机构的国家属性与意大利的中世纪是正相契合的。从年代上看，这里所谓中世纪的时段是有弹性的，一直延续到意大利的政治体系发生危机、外国人开始支配意大利，也就是 15 世纪晚期和 16 世纪上半叶为止。值得注意的是，19 世纪后半叶出版的某些最重要的著作涉及了这个时段，其中包括朱塞佩·德·勒瓦（Giuseppe De Leva）论查理五世和意大利的著作（基于西曼卡斯［Simancas］的档案），或是帕斯夸里·维拉里（Pasquale Villari）写的萨沃纳罗拉（Savonarola）和马基雅维利（Machiavelli）的传记。[①] 其中，最重要的话题之一就是城镇和公社的历史，题材本身使得研究在地方范围上展开；但是，冷饭也能炒出新意，比如蛮族入侵，"拉丁特性"（Latinity）和"日耳曼特性"（Germanness）之间的关系，或是伦巴第问题。对于法律和社会组织的分析比较，逐渐取代了过去对族群问题的关心，这得益于 19 世纪晚期的文化实证主义思潮以及意大利近来的殖民行为。另一种形式的入侵成为了米切尔·阿马里（Michele Amari）《西西里穆斯林史》（*Storia dei Musulmani di Sicilia*，1854 - 1872）的主题。这本非典型却十分重要的著作超然于史学界主流之外。阿马里是一位自学成才的史学家，没有受过学术训练，当时的很多人都如此，比如维拉里。他上一本书论及西西里晚祷事件（Sicilian Vespers）[②]，亦即 1282 年反对法国人的一次

---

① Giuseppe De Leva, *Storia documentata di Carlo V in relazione all'Italia*, 5 vols. (Venice, 1863 - 1894)；Pasquale Villari, *Storia di Girolamo Savonarola e de' suoi tempi*, 2 vols. (Florence, 1859 - 1861)；及 id., *Niccolò Machiavelli e i suoi tempi*, 3 vols. (Florence, 1877 - 1882).

② *La guerra del Vespro siciliano*(Palmero, 1841).

起义,其实质是在反对 1840 年代西西里的那不勒斯政府。该书使他一举成名,也使他流亡到巴黎,在那里,他混迹于法国社交圈,深受欧洲东方主义影响,见到了欧内斯特·勒南(Ernest Renan)这样的名人。阿马里在阿拉伯语文献的基础上,描述了伊斯兰在地中海扩张的社会、文化、族群等各方面的概况,强调了西西里历史上穆斯林的遗产,同时也强调了西西里历史中来自诺曼人和士瓦本诸王国的政治、制度和文化特征。①

235　　到 19 世纪末期,对于中世纪主义的关注不再停留在"意大利公社是现代民主的摇篮"这种议题上了,而文献学的方法也渐渐式微。学术思想和精神氛围都与以往不同。用桑巴特(Sombart)的话来说,中世纪的意大利城镇现在被视作现代经济和资产阶级社会的起源。它们经受着社会冲突的考验,甚至可以和当代的社会冲突做直接的比较。

　　所谓的"实证主义危机"引起了一系列的复杂变化,造成了意大利历史写作的题材和方法的重新评估。这一问题往往遭到轻视。社会主义者的思想主张主宰了史学舞台,尽管其来源,与其说是来自马克思和恩格斯的影响,不如说是来自实证主义和决定论的混杂,这一特征在社会主义者阿奇列·洛里亚(Achille Loria)的身上体现明显。另一条线索,并不一定和马克思主义者的倾向有冲突,是与文献学唱反调的思想或哲学。后者开始于克罗齐非同寻常的学术探索。50 多年来,这位独特的局外人影响了对历史学专业模式的批评,塑造了意大利文化的历史、文学和哲学形态。

　　转变发生在学界的紧张局势中——尽管老一辈人并未公开反对新的史学方法。从维拉里的学派中出现了加埃塔诺·萨维米尼(Gaetano Salvemini),他有着社会主义的倾向,是 20 世纪意大利学术界的重要人物,早在 1925 年,就因为自己的反法西斯立场被迫流亡。在阿米地奥·克里韦卢奇(Amedeo Crivellucci)之后,又出现

---

① 参见 Mauro Moretti, 'Amari storico, dal "Vespro" ai "Musulmani"', in id. (ed.), *Michele Amari*(Rome, 2003), 3 - 47。

了焦阿基诺·沃尔佩,这位一流的学者将会在法西斯统治下为历史学研究发挥重要作用。1899 年,萨维米尼写成了《1280—1295年佛罗伦萨的上层与平民》(*Magnati e popolani in Firenze dal 1280 al 1295*,1896),书中一大特点就是运用了社会学和经济学的解释模式。在新的崇尚中世纪主义的氛围中,出现了两股潮流:一是侧重经济和社会,以萨维米尼为代表;另一股潮流,旨在呈现历史进程的有机流动,以沃尔佩为代表。[①]

对于当代史的学术研究兴趣也在日益增长,有时甚至见之于学界的领袖,例如萨维米尼。关于晚近的意大利史的研究,其起源具有纪念意义,而且争议颇多,统一运动的胜利者与失败者各自给出自己重构的说法,温和自由派与民主派各执一词。随着文献整理的技术日益成熟,而对于民族解放进程看法的偏见越来越少,这种争议仍然存在。纪念日可以是那些转折点:马志尼(Mazzini)、加里波第(Garibaldi)和加富尔(Cavour)的百年诞辰(分别是 1905 年、1907 年和 1910 年),以及意大利王国的 50 周年庆典(1911 年)。1908 年的波黑危机(Bosnia-Herzegovina Crisis)之后,国际政治中出现了新的关注点,而意大利在利比亚的殖民冒险(1911 年)同样引起了当代史的关注。之前在知识分子精英中广为流传的对社会主义的热忱,在政治上被民族主义的倾向所取代,在学术上则为日益增长的理念论所取代。更重要的是,出现了对基督教史的新关注,这表现在不同的著作和纪念日上——比如有路德维希·冯·帕斯托尔(Ludwig von Pastor)的《教皇史》(*Geschichte der Päpste seit dem Ausgang des Mittelalters*,1886‑1933),以及萨沃纳罗拉的逝世四百周年纪念日(1898 年),还有法国人和意大利人对阿西西的方济各(Francis of Assisi)、布雷西亚的阿纳尔多(Arnaldo da Brescia)的研究,以及对异端传统的分析,有的是从教义出发(如费利切·托科),有的是从社会经济出发(如沃尔佩)。在学术和精神

236

---

① See Enrico Artifoni, *Salvemini e il Medioevo*: *Storici italiani fra Otto e Novecento* (Naples, 1990).

方面的新运动,如将教皇标榜为现代主义的一部分(1907 年),这时候也发挥了重要作用。[1] 简言之,1910 年代是个深刻转型的年代,而这一转型在一战之前就已经露出了端倪。

第一次世界大战之后与法西斯的统治

沃尔佩在写于 1922—1925 年间的一些自传性段落中,总结了自己是怎样一步步地从中世纪史和社会学的视野中走出来的。正是"战争的作用和战前的新精神氛围",造成了"在研究历史事实(比如,研究民族取代了研究阶级)时,对某些价值观念有了更多的支持",从而要重新评价政治史和某些人物的历史。[2] 沃尔佩一直想要对 17 世纪以来的意大利人民和民族来一次彻底的历史重构。对于学术界酝酿已久的动态,第一次世界大战起到了极大的促进与催化作用。许多史学家都或多或少地参与到战争之中,沃尔佩本人就参加了军队的宣传工作。这一经历明显地加深了一些史学家对自己的学术作用的感知,也扩大了他们和旧式的文献学派之间的差异。战争强化了民族情感,为法西斯统治下本国历史叙述的重新洗牌奠定了基础。克罗齐警惕地看待意大利参与战争一事是很有道理的。他强烈反对过分的民族主义宣传,提出了他自己对于本国历史的见解。他在 1916 年写道,被视作民族国家的意大利历史,无法从罗马时代,或是公社中,或是文艺复兴中找到根源,它是在 18 世纪的改革中,在革命的冲击和拿破仑法国时发源的。这段历史并不是一段古老的历史,而是最近的历史;这段历史并无

---

[1]　参见 Fulvio De Giorgi, *Il Medioevo dei modernisti*：*Modelli di comportamento e pedagogia della libertà*(Brescia, 2009)。

[2]　Gioacchino Volpe, *Momenti di storia italiana*(Florence, 1925),6 - 7. 亦参见 Giovanni Belardelli, *Il mito della 'nuova Italia'*：*Gioacchino Volpe tra guerra e fascism*(Rome, 1988);及 Eugenio Di Rienzo, *La storia e l'azione*：*Vita politica di Gioacchino Volpe*(Florence, 2008)。

特别，是分量轻微的。① 自由政府崩溃之后，法西斯当政，当代意大利史的本质与发展之间的分裂，是之后盘根错节的历史和政治争议的核心。

意大利在战争中的作为，对于历史写作有着直接影响。在意大利，与其他地方一样，战争和新的欧洲秩序导致了对国际关系、外交政策史的关注，尽管本国历史还会一如既往地吸引着意大利的史学家。

究竟该说法西斯史学的历史，还是法西斯治下的史学史呢？这个问题并无明确答案。学者们的学术经历和法西斯主义有所交集，方式各异，时期也不同；法西斯主义自身也有着不同的面向，政策也在变化。可以确定的是，法西斯政权通过两个连续的步骤改变了历史的制度化基础：第一步大约在 1920 年代中期；第二步，也是更重要的一步，是在 10 年之后。在 1923 年年末，教育部长乔万尼·真蒂莱（Giovanni Gentile）在意大利史学研究所成立了一个国家历史学院（national school of history），以此强化研究所的研究和出版活动。这个学院拣选高校教师、档案员以及其他有资质的公职人员，为他们提供大学的预备训练。彼得罗·费代莱（Pietro Fedele），一位领军式的意大利史学家，同时也是后来的部长，成为了国家历史学院的首位主任。1925 年，他成立了现代史和当代史的学院，并把它们纳入成立于 1906 年的国家统一历史委员会（National Committee for Risorgimento History）之中。这个机构的任务是编辑 16 世纪以后与意大利有关的史料。1925 年，首次出现了对意大利统一史的大学教席的争夺，这也证明了当代史正在机构层面积聚力量。②

1928 年，历史科学全国委员会（National Committee of Historical

---

① Benedetto Croce, 'Sulla storia d'Italia: Epopea e storia'（1916）, in id., *L'Italia dal 1914 al 1918: Pagine sulla Guerra*（Bari, 1950）, 135 - 138.

② 参见 Massimo Baioni, *Risorgimento in camicia nera: Studi, istituzioni, musei nell'Italia fascista*（Rome, 2006）。

Sciences)的成立,是因为意大利要参加国际历史科学大会(Comité international des sciences historiques)。而真正的分水岭则出现在 1934—1935 年,此前法西斯政权的政策发生了重大改变:比如 1929 年政府与天主教会的协定(Concordat),以及 1931 年政府强加给教授的必须向政权宣誓效忠的规定。教育部长切萨雷·玛利亚·德·韦基(Cesare Maria de Vecchi)是推行他所谓法西斯文化"洁净"运动的重要人物。历史研究受到 1934 年 12 月到 1935 年 6 月之间的一系列法案的影响。根据这些法案,意大利史学研究所转型为意大利中世纪史研究所,国家历史学院转型为意大利中世纪研究学院。此外,还成立了一个意大利现当代历史研究所,现当代历史学院归于它的管理之下。意大利古代史研究所也宣告成立,而国家统一史学院则变成了一个史学研究所(institute)。这四所机构都在中央的历史研究委员会(Board for History Studies)之下,这个委员会也负责协调地方的史学协会。这一安排旨在最大程度地集中控制并促进历史研究,各学院的员工和委员会的委员都由部长任免,委员会也负责以竞争方式任命大学教授。这还不是政府干涉历史学家的唯一方式。比如,萨维米尼因政治立场被放逐;古代史教授加埃塔诺·德·桑克提斯(Gaetano de Sanctis)是极少数拒绝在 1931 年向政权宣誓效忠的大学教师之一。另外,许多史学家在 1938 年的反犹太法令下被迫离开教席,其中包括基诺·卢扎托(Gino Luzzatto),他是与年鉴学派的马克·布洛赫和吕西安·费弗尔有过对话的学者;还有乔治·法尔科(Giorgio Falco),他在 1933 年写成了当时最杰出的史学史著作之一;[①]还有罗伯托·萨巴蒂诺·洛佩斯(Roberto Sabatino Lopez),以及阿纳尔多·莫米利亚诺(Arnaldo Momigliano),他是 20 世纪杰出的古代史学家之一。与此相比,也有许多史学家除了在文化上有自己的地位之外,还在法西斯政权下享受着一定的声誉:前面提到的神职人员兼法西斯主义者、教育部长彼得罗·费代莱就是一个很好的例

238

---

① *La polemica sul medio evo*(Turin,1933).

子;沃尔佩也在政治方面发挥重要作用,尽管他和墨索里尼有些分歧;同样的例子还有研究法律政治思想的史学家弗兰切斯科·埃尔科莱(Francesco Ercole)以及阿里戈·索尔米(Arrigo Solmi)。

　　史学机构的重组强化了政府对意大利文化和学术界的控制。罗马历史学派(Roman history school)的门徒们被委派参与政府的一项主要出版事业——意大利百科全书(*Enciclopedia Italiana*),其根据地又一次选在了罗马。这些人包括一些经历过法西斯政权直到共和国时代的史学家:拉法埃洛·莫尔根(Raffaello Morghen)、费德里科·查波德(Federico Chabod)、卡洛·莫兰迪(Carlo Morandi)、沃尔特·马图里(Walter Maturi)、德利奥·安提莫里(Delio Antimori)。其他一些文化机构和出版机构则出现在罗马以外的不同地方,比如米兰的国际政治研究学院(Institute for Studies on International Politics[ISPI])。

　　毫无疑问,在法西斯主义公开建构身份、编造神话的过程中,历史这一主题非常显著。政治上的支持显然为历史著作的产生提供了条件:人们只需想想帝国神话和纪念奥古斯都结合在一起,或者想想意大利自称自古以来就是地中海地区的统治者,乃至于为了声明某些领土的所有权(比如科西嘉)而提出历史依据,就能明白这一点。

　　法西斯掌权,提出了与之前的意大利历史有联系的一些基本问题。是应该强调法西斯主义是一个全新的政治经验,与过去是一刀两断的吗? 抑或这是一个更加漫长的历史进程所产出的结果? 即使是墨索里尼,对于这个问题的立场也是模棱两可的。极端的法西斯分子倾向于"革命性"的答案,这就解释了他们何以对沃尔佩或真蒂莱那些学者们抱有一贯的敌意,因为后者反对这种说法。事实上,传统确实需要被定义、被建构,本民族历史的叙述需要得到整理,并被传承下去,比如在学校进行教育。意大利统一运动是争议最多的课题。一种解释是王朝民族主义,这种解释强调皮埃蒙特与萨伏伊王室(House of Savoy)在意大利统一中发挥的作用。卡洛·阿尔贝托(Carlo Alberto)国王那样的人物有着重要的意义。

239　但是启蒙运动、法国大革命以及 19 世纪早期的自由民主运动,总的来说,被从意大利统一运动的图景中剥离了出来,后者被视作一种本土现象。沃尔佩有着更为开放的解释。他将意大利的个例放在更宏大的欧洲政治的背景下(现当代历史学院培养的学生们专注于编纂涉及意大利各王国的国际关系和意大利对外政策史的史料)。从这个观点来看,晚近的意大利历史就是受萨伏伊王室所激励而团结起来的崛起的意大利社会的历史;但是,只有在法西斯统治下,那种非世界主义的真正本国的统治阶级才能掌握实权,意大利民族的长征才能走完它的最后一步。虽然接近政府的各位学者将法西斯主义视作是一种对意大利统一的最后一步,一些反法西斯学者的观点却正好相反。比如年轻的随笔作家皮耶罗·戈贝蒂(Piero Gobetti),对他而言,法西斯主义的胜利是由于此前的自由主义体制的缺陷和失败所导致的结果。[1] 捍卫意大利自由政治传统的主要人物,则是阿道夫·奥莫代奥(Adolfo Omodeo)和克罗齐。奥莫代奥以其 1940 年论加富尔伯爵的政治活动的研究而闻名。[2]

从战争年代直到 1930 年代早期,克罗齐埋头于史学史研究,成果体现在五本主要著作中。[3] 克罗齐一开始就阐明了丰富的方法论,[4]与 20 世纪早期的史学主流一刀两断,主张"道德-政治的历史",用来作为解释民众的历史之中关键时刻和整体发展过程的工具。他所说的"道德-政治的历史",指的是广义的统治阶级的历史:那些社会阶层划分有可能在社会生活中注入了理念、计划以及一种对现实的概念。所以,在解释自由主义的意大利和当代意大

---

① Piero Gobetti, *Risorgimento senza eroi* (Turin, 1926).

② *L'opera politica del conte di Cavour* (Florence, 1940).

③ *Storia della storiografi a italiana nel secolo decimonono*, 2 vols. (Bari, 1921); *Storia del regno di Napoli* (Bari, 1925); *Storia d'Italia dal 1871 al 1915* (Bari, 1928); *Storia dell'età barocca in Italia* (Bari, 1929); and *Storia d'Europa nel secolo decimonono* (Bari, 1932).

④ *Teoria e storia della storiografia* (Bari, 1917).

利的统治者时,克罗齐的解释和沃尔佩的观点大相径庭。后者的看法见之于他那本同等重要的富有创新精神的著作——《前进中的意大利》(L'Italia in cammino,1927)。

总的来说,我们也许可以认为,在意大利,有 20 多年的时间里,经济社会史的研究被边缘化了,尽管其中不乏不少可圈可点的作者:最杰出的是基诺·卢扎托,以及与《新史学杂志》(Nuova Rivista Storica)(创刊于 1917 年)有关联的一些学者。至于意大利史学界民主派对统一运动、工人运动之起源的研究,内洛·罗塞利(Nello Rosselli)是最值得读者铭记的,他 1927 年著有论马志尼和巴枯宁(Bakunin)的著作。[①] 十年之后,罗塞利及其兄弟卡洛在法国被法西斯主义者谋杀。研究的主流还是广义上的政治史(除了像意大利统一这样的主流问题,当时史学界的兴趣也转向了意大利统一前各国的现代历史和时事),此外还有观念史和政治思想史。法西斯主义的公共话语对于研究并非没有导向性影响。比如,在 1920 年代中期出版了一批重要的论著,例如费德里科·查波德(Federico Chabod)的著作,以及焦万·巴蒂斯塔·皮科蒂(Giovan Battista Picotti)论中世纪结束时公社向僭主统治(Signorie)转型的研究。[②] 这些作品讨论了城市民主的危机,强大领主夺取政权的合理性,以及对于和平和社会秩序的普遍渴望。同样地,十年之后,皮耶罗·特雷韦斯(Piero Treves)和阿纳尔多·莫米利亚诺关于希腊自由危机的讨论,以及对马其顿的菲利普(Philip of Macedon)所发挥的作用的讨论,也充满了明显的政治色彩。[③] 但是我们不能低估了法西斯统治下的意大利史学界主流成果的质量。这些成果包括政治史和制度史研究,比如当时杰出的意大利史学家查波德的《查理五世帝国统治下的米兰国家》(Lo Stato di Milano

240

---

① Mazzini e Bakunin(Turin,1927).

② 参见 Mauro Moretti,'La nozione di "Stato moderno" nell' opera storiografi ca di Federico Chabod: note e osservazioni', Società e storia, 6:22(1983),869 - 908。

③ Roberto Pertici,'Piero Treves storico di tradizione', in id.,Storici italiani del Novecento(Pisa,2000),199 - 264.

nell'impero di Carlo V，1934）。这些成果还延伸到了文化史和宗教史领域，包括乔万尼·真蒂莱的多卷著作和德利奥·坎蒂摩里（Delio Cantimori）对 16 世纪意大利异端的研究。[1]在欧洲的思想和著作交流圈子里，意大利史学家并没有缺席。迈纳克和布洛赫每每进行概念的历史——比如关于文艺复兴的概念——讨论时，都要审视法尔科和沃尔佩的研究，意大利史学家正站在学术界的前沿。

　　法西斯统治的最后时期以及战争经历，给那些在政府文化机构之中度过漫长职业生涯的学者们的思想发展留下了印记。作为斗争派的查波德所选择的战斗名称（nom de bataille）——拉撒路（Lazarus），就是一个极具说服力的圣经典故。[2]

大事年表/关键日期

1815 年	哈布斯堡王朝霸权下意大利城邦体系得到重建
1846—1849 年	意大利人"漫长的 1848 年"（long 1848）；新任教皇选举；第一次意大利独立战争（First Italian War of Independence）和意大利共和党人革命；意大利民族运动失败后皮埃蒙特未废止既定制度
1859—1861 年	第二次意大利独立战争（Second Italian War of Independence）；千人远征（Expedition of the Thousand）和攻克南意大利；意大利王国（Kingdom of Italy）宣布成立
1870 年	攻克罗马和教皇国（Papal State）终止
1882 年	和德国、奥匈帝国结成三国同盟（Triple Alliance）
1915 年	意大利向同盟国宣战

241

---

[1]　Delio Cantimori, *Eretici italiani del Cinquecento*：*Ricerche storiche*（Florence, 1939）；也可参见 Giovanni Gentile, *Le origini della filosofia contemporanea in Italia*，3 vols.（Messina, 1917–1923）。

[2]　参见 Sergio Soave, *Federico Chabod politico*（Bologna, 1989）。

1922 年	法西斯掌权
1929 年	与圣座签订拉特兰条约（Lateran Treaty），悬而未决的罗马问题（Roman Question）得到解决
1934—1936 年	国家历史研究机构集权化
1938 年	种族法（Racial Laws）
1940 年	意大利参与第二次世界大战
1943 年	墨索里尼下台；与同盟国停火

主要历史文献

Amari, Michele, *Storia dei Musulmani di Sicilia*, 3 vols. (Florence, 1854 - 1872).

Balbo, Cesare, *Sommario della storia d'Italia*（1846；Florence, 1856）.

Botta, Carlo, *Storia d'Italia dal 1789 al 1814*（Paris, 1824）.

Cantimori, Delio, *Eretici italiani del Cinquecento: Ricerche storiche*（Florence, 1939）.

Capponi, Gino, *Sulla dominazione dei Longobardi in Italia: Lettere a Pietro Capei*（Florence, 1844 - 1859）.

Cattaneo, Carlo, *Opere scelte, vol. 4: Scritti 1852 - 1864*, ed. Delia Castelnuovo Frigessi（Turin, 1972）.

Chabod, Federico, *Lo Stato di Milano nell'impero di Carlo V*（Rome, 1934）.

Croce, Benedetto, *Storia d'Italia dal 1871 al 1915*（Bari, 1928）.

—— *Storia d'Europa nel secolo decimonono*（Bari, 1932）.

Cuoco, Vincenzo, *Saggio storico sulla rivoluzione di Napoli*（1801；2nd edn. ,Milan, 1806）.

De Sanctis, Gaetano, *Storia dei Romani*, 4 v ols. (Turin, 1907 - 1923）.

Falco, Giorgio, *La polemica sul Medio Evo*（Turin, 1933）.

Manzoni, Alessandro, *Discorso sopra alcuni punti della storia longobardica in Italia* (Milan, 1822).

Micali, Giuseppe, *L'Italia avanti il dominio dei Romani* (Florence, 1810).

Omodeo, Adolfo, *L'opera politica del conte di* Cavour (Bari, 1940).

Salvemini, Gaetano, *Magnati e popolani in Firenze dal 1280 al 1295* (Florence, 1899). —— *Le origini del fascismo in Italia* (Milan, 1966); trans. Roberto Vivarelli as *The Origins of Fascism in Italy* (New York, 1973).

Villari, Pasquale, *Niccolò Machiavelli e i suoi tempi*, 3 vols. (Florence, 1877 – 1882); trans. Linda Villari as *Niccolò Machiavelli and his Times*, 4 vols. (London, 1878 – 1883).

Volpe, Gioacchino, *Medio Evo italiano* (Florence, 1924). —— *L'Italia in cammino* (Milan, 1927).

参考书目

Angelini, Margherita, *Transmitting Knowledge: The Professionalisation of Italian Historians* (1920s – 1950s), special issue of Storia della storiografia, 57 (2010).

Artifoni, Enrico, *Salvemini e il Medioevo: Storici italiani fra Otto e Novecento* (Naples, 1990).

Baioni, Massimo, *Risorgimento in camicia nera: studi, istituzioni, musei nell'Italia fascista* (Rome, 2006).

Castelnuovo, Enrico and Sergi, Giuseppe (eds.), *Arti e storia nel Medioevo*, vol. 4: *Il Medioevo al passato e al presente* (Turin, 2004).

Cervelli, Innocenzo, *Gioacchino Volpe* (Napoli, 1977).

Clemens, Gabriele, *Sanctus amor patriae: Eine vergleichende*

Studie zu deutschen und italienischen Geschichtsvereinen im 19. *Jahrhundert*（Tübingen，2004）.

Croce，Benedetto，*Storia della storiografia italiana nel secolo decimonono*，2 vols.（1921；2nd edn，Bari，1930）.

Di Costanzo，Giuseppe，（ed.），*La cultura storica italiana tra Otto e Novecento*，vol. 1（Naples，1990）.

Levra，Umberto，*Fare gli italiani*：*Memoria e celebrazione del Risorgimento*（Turin，1992）.

Moretti，Mauro，*Pasquale Villari storico e politico*（Naples，2005）.

Pertici，Roberto，*Storici italiani del Novecento*（Rome，2000）.

Porciani，Ilaria，L' 'Archivio storico italiano'：*Organizzazione della ricerca ed egemonia mod-erata nel Risorgimento*（Florence，1979）.

—— and Moretti，Mauro，'Italy'，in Porciani and Lutz Raphael（eds.），*Atlas of European Historiography*：*The Making of a Profession*，*1800 – 2005*（Basingstoke，2011），115 – 122.

—— 'Italy's Various Middle Ages'，in R. J. W. Evans and Guy P. Marchall（eds.），*The Uses of the Middle Ages in Modern European States*（Basingstoke，2011），177 – 196.

Romagnani，Gian Paolo，*Storiografia e politica culturale nel Piemonte di Carlo Alberto*（Turin，1985）.

Sasso，Gennaro，*Il guardiano della storiografia*：*Profi lo di Federico Chabod e altri saggi*（Bologna，2002）.

Treves，Piero，*Tradizione classica e rinnovamento della storiografia*（Milan，1992）.

Varanini，Gian Maria（ed.），*Carlo Cipolla e la storiografi a italiana fra Otto e Novecento*（Verona，1994）.

Vigezzi，Brunello（ed.），*Federico Chabod e la 'nuova storiografi a' italiana*，*1919 – 1950*（Milan，1984）.

喻　乐　译

第十二章 西班牙和葡萄牙的历史书写（1720—1930 年）

若泽-曼努埃尔·努涅斯

西班牙和葡萄牙有着相对平行的历史轨迹，其中的相似点和不同点同样显著。1279 年，葡萄牙较早地实现了政治上和领土上的统一，而西班牙还要等到 1512 年才能将半岛纳入版图，勉强达成王朝统一。在葡萄牙，经过"西班牙统治期（Spanish dominance）"（1580—1640）后，王室重新恢复了独立地位，它作为统一的要素，起到了强化原型民族意识（proto-national consciousness）的作用。从 18 世纪晚期开始，历史就被视为强化葡萄牙民族认同的有力武器，而且是和王室的历史紧紧联系在一起。在西班牙，政治统一来得较晚，混合君主制一直保留到反拿破仑战争（1808—1813）之后的自由解放运动才终止，这也就意味着西班牙史学传统的破碎局面持续更久，可以在近代晚期直到当代一直存在。除了在地理上的接近，这两个国家从 17 世纪中叶直到 20 世纪晚期，都受到极为相似的历史学的影响。即使如此，西班牙学者和葡萄牙的知识分子（其中包括史学家）却互相不予理睬。

在这两个国家，远在自由解放之前，就已经存在由知识分子和教会精英书写的历史。作为一门学科，历史学并不被理解成是本民族的历史，也不是对一个民族的习俗的描述，而是追溯诸王国、国王和显贵之起源的年代性叙述。这里面强烈地渗透了一种天命的观念。在两个伊比利亚王室统治下，为政权服务的历史学，早在 18 世纪就已经完成了其通向原型制度化（proto-institutionalization）的第

第十二章　西班牙和葡萄牙的历史书写（1720—1930 年）

一步。但是直到 19 世纪后半叶，历史学的实践仍然不够专业化。

1720 年，王家历史学院（Academia Real da História）在里斯本成立。成员中的大多数都是神职人员，也有一些贵族。其中心任务是书写一本"圣卢西塔尼亚史"（*Lusitania Sacra*），也就是"葡萄牙的神圣历史"，同时也要出版一系列的关于王国更替、尤其是其海外扩张的史料。里斯本的学院没能坚持过 1736 年，并且仅仅编纂了一批教会文献。然而，学院的一些成员此后出版了一些葡萄牙国王的谱系。富有改革精神的彭巴尔侯爵（Marquis of Pombal）成为了约瑟夫一世国王（King José I，1750‑1777）的首相。在他统治时期，大学发生了深刻的改革，并且他对引进启蒙思想持开放态度，这为削弱天主教史观奠定了基础，同时也为坚持更为理性、更具史学方法的年轻一代的史学家的出现奠定了基础。他们关注国家和政治精英的历史，并从 19 世纪一开始，其中一部分人就将历史视作是塑造公民意识的最好的工具。①

教会的、天命论的史学在西班牙历史悠久，这种史学同样是对王国、国王和西班牙贵族领主的事件进行编年史的描述。另外，关于西班牙的通史也有几种重要的先例，比如，耶稣会神父胡安·德·马里亚纳（Juan de Mariana）就以天命论的观点著有《西班牙功绩史》（*Historiae de rebus Hispaniae libri XX*，1592）。这本著作在被翻译成卡斯蒂尔语之后，获得了广泛流传。但是直到改革派的王室——也就是波旁王朝——上台，历史专业才随着 1738 年成立的王家历史学院（Real Academia de la Historia）而得以制度化。这种王室主导的、培养文化一致性的努力，是先于历史学科日益增长的世俗化而发生的，这种世俗化和对启蒙思想的接受同时进入西班牙。②

西班牙不仅创办了一批新的档案馆、图书馆，以及设有"历史

---

① 参见 Luís Reis Torgal, 'Antes de Herculano', in id., José Amado Mendes, and Fernando Catroga(eds.), *História da História em Portugal*(Lisbon, 1996), 19‑37。

② Eva Velasco Moreno, *La Real Academia de la Historia en el siglo XVIII: Una institución de sociabilid-ad*(Madrid, 2000).

学教席"的国民机构，从 18 世纪中期开始，出版的历史书籍也日益增多。其中不仅有教会立场的史书——比如修道士恩里克·弗洛雷斯（Enrique Flórez）1747 年出版的《神圣西班牙》（*España Sagrada*，*Holy Spain*），更包括了各种西班牙史，以及西班牙不同区域的历史，其中一部分是在境外出版的。最具影响力的例子就是胡安·弗朗西斯科·马斯多（Juan Francisco Masdeu）和他的《西班牙及西班牙文化批判史》（*Historia crítica de España y de la cultura Española*，1781 年初版于意大利）。这本书特别强调了人种，或曰"种族"（race）自古以来在西班牙的"延续性"。这些作品还批判地讨论了此前虔诚的史学家深信不疑的神话和传说，为此后的史学书写的方法论革命奠定了基础。[1]

历史书写与自由民族国家的出现

245　　西班牙和葡萄牙在 19 世纪走的是同一条道路：它们不再是世界强权了，都要面对跨大西洋的帝国荣光宣告结束的事实。西班牙在 1810 年到 1826 年间失去了它的海外领土。古巴、波多黎各和菲律宾群岛都是帝国的残余，1898 年也宣告脱离西班牙。葡萄牙在 1822 年失去了它主要的海外殖民地——巴西。在 19 世纪的下半叶，它将在非洲发现一个新的帝国，将自己的荣光持续到 1975 年。在 1898 年之后，西班牙的知识分子和历史学者普遍关注的是重新书写民族历史，另外就是需找一个新的概念来恢复西班牙在世界上的影响力。这一关注后来在文明的概念中得到体现，尤其是强调"泛西班牙"（Hispanidad）作为西班牙与其前殖民地的文化纽带。

　　在西班牙和葡萄牙，都有重视历史的博学好古传统，但是并没有形成自己的历史思想流派。直到 20 世纪初，在欧洲史学的革命

---

[1]　José Álvarez Junco, *Mater Dolorosa：La idea de España en el siglo XIX*（Madrid, 2001），195 - 202.

第十二章　西班牙和葡萄牙的历史书写（1720—1930 年）

中尚没有伊比利亚的史学家扮演重要角色，哪怕是以极为有限的方式。与此相对的是，从 19 世纪的第二个十年开始，两个伊比利亚国家都对外界的史学影响越来越开放。尽管历史专业的专业化姗姗来迟，葡萄牙和西班牙的史学家吸收了外界的史学思想，特别是法国的以及英国和德国的史学。

史学思想的发展关系到自由派与传统派之间的政治争论，一方是主张历史发展的天命论观点，另一方支持对人类演化做世俗的、启蒙性的解释，无关乎上帝的指引。历史学关系到现代民族国家的创造。史学家、档案员和学界精英都将自己的知识运用于民族塑造的进程中，给出了对于本民族起源的不同说法。[①] 由此导致两种民族历史的观点出现，一是自由派的，一是保守的天主教派的。

自由派的历史学在 19 世纪头 20 年中出现在两个国家中，部分原因是伊比利亚的自由派学者流亡到英国和法国的结果。其中有葡萄牙人若昂·贝尔纳多·达·罗沙·洛雷罗（João Bernardo da Rocha Loureiro）、西班牙人安东尼奥·阿尔卡拉·加利亚诺（Antonio Alcalá Galiano）和弗朗西斯科·马丁内斯·德·拉·罗萨（Francisco Martínez de la Rosa），他们读到了诸如基佐、梯也尔、梯耶里以及米什莱这些人的著作，并且被浪漫主义的传统深深影响。他们中的大多数都在政治方面非常活跃，并且将书写历史当做是自由主义革命的当务之急。所以，他们的著作常常用来解释新世纪的"革命精神"，特别重视近期的

246

[①] 关于 19 世纪西班牙历史和民族主义之间的关系参见这些作者的作品 Álvarez Junco, *Mater Dolorosa*；Paloma Cirujano Marín, Teresa Elorriaga Planes, andJuan Sisinio Pérez Garzón, *Historiografía y nacionalism-o español*, *1834 – 1868*（Madrid, 1985）；Carolyn P. Boyd, *Historia Patria*：*Politics*, *History*, *and National Identity in Spain*, *1875 – 1975*（Princeton, 1997）；Carlos Dardé, *La idea de España en la historiografía del siglo XIX*（Santander, 1999）；Fernando Wulff, *Las esencias patrias*：*Historiografía e Historia Antigua en la construcción de la identidad española*（*siglosXVI-XX*）（Barcelona, 2003）；and Ricardo García Cárcel（ed.）, *La construcción de las Historias deEspaña*（Madrid, 2004）。

事件。

　　在主流的 19 世纪葡萄牙史学家亚历山大·艾尔库拉诺（Alexandre Herculano）身上，我们可以看到德国历史主义和浪漫主义的结合，源头来自兰克和萨维尼（Friedrich Karl von Savigny）。他就是现代葡萄牙史学的奠基人。艾尔库拉诺将自由主义的使命与新出现的书写历史的方法论标准结合在一起，奠定了葡萄牙国家历史的主线。① 路易斯·A. 雷贝洛·达·席尔瓦（Luís A. Rebelo da Silva）和曼努埃尔·J. 皮涅罗·查加斯（Manuel J. Pinheiro Chagas）继承了他的事业。② 通过 1837 年创刊的《全景》（*O Panorama*）杂志的中产阶级订阅者，这种历史传播开来。③

　　这股潮流在西班牙的主要代表是莫德斯托·拉夫恩特（Modesto Lafuente），他是 29 卷本的西班牙国家史的作者，这套书在西班牙有教养的中层精英中，获得了巨大反响。④ 拉夫恩特是第一个书写现代西班牙史的本国史家，同时也是现代西班牙史学的真正奠基人。他的事业在接下来的数十年中被其他的自由派史学家所继承，比如作家兼外交官胡安·瓦雷拉（Juan Valera）以及联邦主义的共和派费尔南多·费雷尔（Fernando Patxot y Ferrer）⑤。但是，后继者中也包括像维克多·格布哈特（Víctor Gebhardt）那样的

---

① *História de Portugal*，4 vols.（Lisbon，1846 - 1853）.

② Luis A. Rebello da Silva，*História de Portugal nos Séculos XVII e XVIII*，5 vols.（Lisbon，1860 - 1871）; and Manuel J. Pinheiro Chagas，*História de Portugal desde os tempos mais remotos até à actualidade*，8 vols.（Lisbon，1867 - 1869）.

③ 参见 Sérgio Campos Matos，'Historiographie et nationalisme au Portugal du XIXe siècle'，Storiadella St-oriografia，32（1997），61 - 69; id.，*Historiografi a e memória nacional no Portugal do século XIX*（*1846 - 1898*）（Lisbon，1998）; Harry Bernstein，*Alexandre Herculano*（1810 - 1877）: *Portugal's Prime Historian and Political Novelist*（Paris，1983）; and Maria Isabel João，'Historiografi a e Identifi cação de Portugal'，in Joana Miranda and João（eds.），*Identidades Nacionais em Debate*（Oeiras，2006），163 - 187.

④ *Historia General de España*，29 *vols.*（Madrid，1850 - 1867）.

⑤ Fernando Patxot y Ferrer，*Las glorias nacionales*，6 vols.（Barcelona，1852 - 1854）; and *Anales de España*，10 vols.（Barcelona，1857 - 1859）.

保守史学家。①

　　继拉夫恩特之后的一代自由派史学家如同他们的前辈一样，专注于"民族记忆"的创造，但是他们也受到实证主义的影响。所以，他们强调通过还原文献、追寻档案来准确地重构历史。作为国家干涉的结果，历史学日益专业化，这一进程也推动了这种实证的追求。

历史写作的专业化及其扩散

　　西班牙的自由主义政权尽管一直经历政治上的不稳定，最终还是于 1833 年得以建立。由此确立了一种公共机构的框架，使得从上世纪开始的既存的政体得以重塑。一些机构得以创建并得到巩固，例如成立于 1856 年的"文献研究高等学校"（Escuela Superior de Diplomática），旨在培养文物学家、档案员和图书馆员，同时促进档案馆和公共图书馆的专业化发展，也是这一进程的重要内容。从 1858 年起，这些机构的职员就是公务员，隶属于政府。西班牙的国立历史档案馆于 1866 年成立。尽管有着诸多缺陷，文献研究高等学校为历史学的专业化贡献良多，也对历史写作方面训练有素的专家团体的出现有所裨益。历史学科在 1845 年被引入教育课程。从 19 世纪中叶开始，专业的历史学家就受到国家的资助，而 1870 年之后则作为大学教授而被纳入体制之下。

　　最重要的一点，则是国家对于王家历史学院的支持。该学院重建于 1847 年，此后通过其成员以及地方省份通信成员的活动，一直扮演着"历史的守护者"的角色。它取代大学，成为创造历史知识的中心。他担任了出版文献集的工作，这些文献主要来自卡斯蒂尔统治时期的中世纪。另外，学院还进行专题研究。1877—

---

① 　Víctor Gebhardt, *Historia General de España y de sus Indias*, 7 vols. (Barcelona and Madrid, 1863 - 1864).

1882年,该学院出版第一份定期发行的杂志——《王家历史公报》(*Boletín de la Real Academia de la Historia*)。多数隶属于该学院的历史学家都有着类似的个人经历。他们都属于自由主义政治精英中的右翼,其中也包括了天主教保守派。但是,也存在着一些改革派的自由主义者,以及前朝的官员。由于其成员都是来自军队以及历史专业的中产阶级,该学院算是一个精英机构。天主教在学院中的分量影响了学院对于西班牙史,特别是西班牙人身份的解释方式,并且对国家历史的解释主要是天命论的。

　　学院中温和的自由派历史学家创造了一种对伊比利亚中世纪史的全新解读。中世纪是他们最关心的话题。他们相信,通过展现宗教精英和社会精英的政治作用,为历史提供了一种近乎完美的、平衡考虑社会和政治两方面的解读模式。从方法上来说,他们想要写成一部关于"文明"的历史,即关于西班牙人的文化发展和物质发展的历史。但是,他们并未对社会层面加以处理,而最终只是写成了一部关于国王和政治精英的谱系史。对学院杂志《公报》供稿的大部分学者,都来自卡斯蒂利亚和安达卢西亚,而那些非卡斯蒂利亚出身的边缘人士,则显然是被忽视了。[①]

　　历史写作的制度化在葡萄牙则没有这么先进。专业的史学家越来越多地受到文物专家、档案员和地方考古学家的侧翼攻击,但是他们并未有组织地团结起来。葡萄牙不存在一个促进历史研究的专门国家机关。但是,在艾尔库拉诺之后的葡萄牙史学的发展过程中,有两个机构扮演了这一重要角色。第一个是本部设在里斯本、成立于1779年的"王家科学院"(Academia Real das

---

① Ignacio Peiró Martín and Gonzalo Pasamar, *La Escuela Superior de Diplomática* (*Los archiverosen la historiografía española contemporánea*)(Madrid, 1996); Ignacio Peiró Martín, *Los guardianes dela Historia*: *La historiografía académica de la Restauración*(Zaragoza, 1995); and Benoît Pellistrandi, *Un discours national? La Real Academia de la Historia entre science et politique*(*1847 - 1897*)(Madrid, 2004). 还可参见 Manuel Moreno Alonso, *Historiografía romántica española*: *Introducción al estudio dela Historia en el siglo XIX*(Seville, 1979)。

Ciências），它对于历史研究的支持日益增多。第二个则是创建于
1859 年的"科英布拉学院"（Instituto de Coimbra），该学院主要促进
文学和艺术，但是在 1873 年后也设立了一个考古学分部。这一机
构的主要作用是给学生们、博学派学者和大学教授们提供一个思
想交流的平台，而从 1853 年开始，通过期刊《研究》（O Instituto）推
广历史知识的传播交流。与此相类似，1875 年成立于里斯本的"地
理学协会"（Sociedade de Geografia）培养了学者和史学家对葡萄牙
殖民下的海外领地的兴趣。相比之下，西班牙史学家对于他们帝
国之前和现今的殖民地的关注，就十分有限了。①

　　至 19 世纪末期为止，无论是葡萄牙还是西班牙，对于历史的或
保守、或自由的观点，都受族群这一主题的严重影响。"人种"
（race）这个概念，被视作是历史、文化、土地和物质文化的结合，被
理解成国家历史形成的主要推动力，进而与民族国家（nation）概念
等同起来。这一点在安东尼奥·卡诺瓦斯·德尔·卡斯蒂略
（Antonio Cánovas del Castillo）的著作中表现很明显。卡诺瓦斯·
德尔·卡斯蒂略在西班牙政界是一个颇具影响力的保守派自由主
义者。他未完成的著作《西班牙史》（Historia de España）认为，西
班牙起源于对天主教信仰的反应，起源于王室对统一发挥的作用，
起源于中世纪议会的角色，但同时，对于历史上谁是西班牙人这一
问题，他也强调了族群的因素。

　　自由主义史学之外的另一种学派，在政治上更靠近共和主义，
尤其是受到在西班牙广受欢迎的德国哲学家卡尔·克劳斯（Karl
Krause）的作品的影响。克劳斯提出，真正的历史是观念的历史。
在这些西班牙史学家中，许多人属于改革派的"独立教育学院"
（Institución Libre de Enseñanza）。这是一个成立于 1876 年、由一批
大学教授创办的私人学校，这些教授大多数在 1868—1874 年的革

249

---

① José Amado Mendes, ' Desenvolvimento e estruturação da historiografi a
　　portuguesa', in Reis Torgal, Amado Mendes, and Catroga（eds.）, História da
　　História, 161 - 217.

命期间有民主派与共和派的背景。西班牙19世纪晚期的自由派史学家，比如弗朗西斯科·希内尔·德·洛斯·里奥斯（Francisco Giner de los Ríos）与古梅辛多·德·阿斯卡拉特（Gumersindo de Azcárate），特别强调对于民族"内部历史"的分析，他们认为这是从他们的社会之中产生的思想和"精神"所塑造的历史。[1]

在19世纪，西班牙和葡萄牙的自由主义政府，其国家塑造的活动是有限制的，其中包括通过公共教育体系进行的历史教学。以西班牙为例，这不仅仅由于第一部法律（1857年的莫亚诺法）所开创的公共教学系统缺乏效率，覆盖率太低，同时也因为天主教会在教育界仍有影响力。因教会的利益所在，很大程度上解释了莫亚诺法及其后1876年的宪法赋予教会的特权，并且要求，天主教信仰的官方地位就必然意味着敌对信条都必须被禁止。这就限制了西班牙政府在其学校体系之中所给予的学术自由。

西班牙大多数的历史教科书质量都乏善可陈。教科书并不存在一种统一的模式，虽然其中大部分都是受拉夫恩特的西班牙史的启发。但在1894年，58所提供中等教育的中学共使用23种不同的教科书，其中大部分都出现了天命论的西班牙史观，充满了天主教统一论，强调中世纪、尤其是王国针对穆斯林的再征服运动。同时，对古代史也非常重视。[2]

在葡萄牙，虽然政府疲敝，但是，天主教会对于初等教育和中等教育的影响比西班牙要弱不少。1895年海梅·莫尼斯（Jaime Moniz）主导的中等教育课程改革之后，历史成为课程中的重要组成部分，开始有意识地强化对于公民的爱国教育。不过，葡萄牙中等教育的社会影响还是很有限的。[3]

---

[1] See Juan López-Morillas, *El Krausismo español*: *Perfi l de una aventura intelectual* (Mexico, 1956); tr-ans. Frances M. López-Morillas as *The Krausist Movement and Ideological Change in Spain*, *1854 -1874* (New York, 1981).

[2] Boyd, *Historia Patria*, 99 - 121.

[3] Sérgio Campos Matos, *História*, *mitologia*, *imaginário nacional*: *A História no Curso dos Liceus* (*1895 -1939*) (Lisbon, 1990).

第十二章　西班牙和葡萄牙的历史书写（1720—1930 年）

自由主义史学和国家历史

　　关于国家历史的自由派观点认为，在伊比利亚历史中的主角是葡萄牙和西班牙民族。它对于历史的解读不同于天主教会。它认为，中世纪曾是一个黄金时代，一种"伊比利亚式的前自由主义"的本土传统，这种传统是建立在"城市敕令"（municipal charters）的扩张、城市政府的运作以及"议会"（Cortes，三个阶级的集合）的基础之上。这些制度被看成是对于绝对君主权力的限制，也被看成是与贵族的影响相制衡的因素。① 葡萄牙的共和派史学家同样认为，民主不是一个来自法国，移植在葡萄牙土地上的舶来物。恰恰相反，民主被看成是，从中世纪开始的葡萄牙历史价值观和特性的自然产物：在中世纪的葡萄牙，存在一种特别形式的"卢西塔尼亚式的前民主主义"（Lusitanian pre-democracy）。人类的发展进程、民主的进步和葡萄牙民族主义的成长与完善是一致的过程。②

　　根据自由派的历史观，中世纪的伊比利亚王国的特点是不同宗教群体的和平共存，这些宗教群体主要包括穆斯林、基督徒和犹太人，而伊比利亚土地上的族群多样性同样得到尊重。这一点一直持续到外来王朝来到为止：在西班牙，就是 15 世纪初击败了"自治公社"（Comuneros）的哈布斯堡王朝，或者是代表城市民主传统的最初的卡斯蒂利亚叛军；而在葡萄牙，则是在 1580 年葡萄牙王国被合并到哈布斯堡王朝之前，约翰三世国王（1521—1557）的登基。

　　在自由派的史学家的眼中，海外扩张是一个更为模糊的问题。尽管主要的伊比利亚语言的扩张意味着它们成了世界性语言，但是，巩固帝国的必要性则意味着专制主义、独裁统治的强化，以及

250

---

① 关于西班牙的具体情况请参见 José Manuel Nieto Soria, *Medievo constitucional*：*Historia y mitopolítico en los orígenes de la España contemporánea*（ca. 1750 - 1814）（Madrid, 2007）。

② 参见 Fernando Catroga, *Antero de Quental*：*História, socialismo, política*（Lisbon, 2001）。

对本土伊比利亚的资源剥削的加强,以便维持遥远殖民地上的天主教信仰。这一点破坏了商业和工业发展的任何可能性,同时强化了天主教教会的压迫力量,并且抑制了真正的伊比利亚传统——这种传统反对集权主义,对于限制专制的地方自治充满同情。但是,自由派史学家,以及后来的共和派史学家,也将在美洲的征服和殖民视作文明开化,是把这个地球上新发现的地区纳入人类进步的道路上来。18 世纪的波旁王朝,也和彭巴尔侯爵在葡萄牙推进的改革一样,促进了伊比利亚国家的现代化。在葡萄牙,自由派和民主派的史学家和他们的西班牙同行相比,对于统治自己国家的王朝更有批判精神。不过,直到反拿破仑战争和接踵而来的自由主义革命,才使"人民"(people)代表的国家走上历史舞台。这是一个新兴的、有决定性作用的角色,反对专制主义,而继承了民族传统中的精华。①

整个 19 世纪,在实现彻底民主化的民族国家的事业上,自由主义者的成就乏善可陈,这使得一些共和派史学家和知识分子认为:衰落,是伊比利亚历史上持久存在的元素。② 在 1871 年的一场演讲中,葡萄牙的社会主义作家安特罗·德·肯塔尔(Antero de Quental)认为,葡萄牙在世界范围内国家威望的丧失开始于 16 世纪早期的曼努埃尔统治时期。他将地理大发现的航行视作葡萄牙在中世纪发展的顶点。衰落的原因,既有国内因素,也有国外因素。葡萄牙由于建立海洋帝国而耗尽国力,但是最关键的原因则在于:集权式君主制、压迫式天主教会强制力,以及 1580 年葡萄牙被西班牙国王菲利普二世兼并和此后的外国压迫性统治的时

251

---

① 参见 Sérgio Campos Matos and David Mota Álvarez, 'Portuguese and Spanish Historiographies: Distance and Proximity', in Stefan Berger and Chris Lorenz (eds.), *The Contested Nation: Ethnicity, Class, Religi-on and Gender in National Histories* (Basingstoke, 2008), 339 - 366。

② 关于西班牙的具体情请参见 Sören Brinkmann, *Aufstieg und Niedergang Spaniens: Das Dekadenzproblem in der spanischen Geschichtsschreibung von der Aufklärung bis 1892* (Saarbrücken, 1999)。

代。1640 年再度实现国家独立,但是,却没能恢复这个国家此前的荣光。[①]

还有少数的共和派史学家,在"雅各宾主义"(Jacobinism)的影响下,试图建立一种独特的历史观。比如,西班牙共和派作家和革命煽动者费尔南多·加里多(Fernando Garrido),他被认为是伊比利亚工人历史的先驱。[②] 与此相似的,还有共和派史学家和随笔作家特奥菲洛·布拉加(Teófilo Braga),此人后来在 1910 年成为葡萄牙共和国的第一任总统,他热情接受法国实证主义,并将其运用于对历史的研究中。[③] 这又与"大众历史"的追求相契合:这种历史引入"族群"的元素,以求揭示贯穿数世纪之久的真正的民族精神,从而导向一种族群历史的研究路径。[④]

天主教史学和国家历史

无论是西班牙还是葡萄牙,共同的特征都是天主教史学占有举足轻重的地位,尽管到了 19 世纪晚期,天主教史学的学术影响不如浪漫主义的自由派史学家影响大了。天主教派的史学家,在西班牙有曼努埃尔·梅利·科洛姆(Manuel Merry y Colom),在葡萄牙,有若阿金·L. 卡利拉·德·梅洛(Joaquim L. Carreira de Melo)。而他们的主要代表无疑是西班牙学者马塞利诺·梅嫩德斯·佩拉约(Marcelino Menéndez y Pelayo)。他是一个有影响力的作者、随笔家,定下了西班牙传统史学的基调,而这一基调一直延

[①]　Antero de Quental, 'Causas da Decadência dos Povos Peninsulares nos Últimos Três Séculos', in id. , *Prosas Sócio-Políticas*, ed. Joel Serrão(Lisbon, 1982), 255 - 296.

[②]　参见他的 *Historia de las clases trabajadoras*(Madrid, 1870); and *La Humanidad y sus progresos*(Barcelona, 1867)。

[③]　参见他的 *História das Ideias Republicanas em Portugal*(Lisbon, 1880).

[④]　参见 Fernando Catroga, 'Positivistas e republicanos', in Reis Torgal, Amado Mendes, and Catroga(eds.), *história da História*, 87 - 115。

续到 20 世纪中叶之后。①

252　　　天主教派的史学叙述强调西班牙和葡萄牙人民天赋的宗教特性。在这两个国家,人民都是上帝的选民,从古代开始,他们的使命就是要在全球范围内维护、传播基督教的价值观。天命论对解释民族的产生来说至关重要,这一理论强调诸如西班牙的使徒圣雅各这样的宗教神话的作用。半岛民族的黄金时代,被视为境内政治和宗教统一的成果,这种统一驱逐了穆斯林及犹太人,同时因宗教裁判所和国王的宗教热忱,使得天主教信仰经久不衰。半岛历史的顶点,则是覆盖欧洲大陆和海外领土的帝国。这个大帝国先是依靠西班牙、葡萄牙国王的地理大发现的驱动,后来则是依靠哈布斯堡王朝维护天主教信仰而反对"路德宗"(Lutheranism)的努力。不论是哪种情况,这个帝国的存在都被认为是半岛统一进程的高潮,是扩张天主教信仰的机会,是和平同化海外原住民的成功伟业。②

　　伊比利亚国家在美洲、非洲和亚洲的殖民政策,因其浓厚的天主教特征与"宽容"的特征,被广泛认为是一种温和的、对皈依天主教的原住民有利的政策。1580—1640 年葡萄牙失去独立身份的时候,葡萄牙开始式微。与此相对,西班牙的天主教派史学家认为,西班牙在世界范围内的衰落,始于西班牙由一个法国谱系的王朝——波旁王朝掌权开始。波旁王朝从 18 世纪中叶开始,支持一种温和的"开明专制",同时削减"领地特权"(territorial privilege);引进新思想——这些思想或者与法国"百科全书派"(Encyclopédie)相关,或者带有一种"异国"特色;并且还驱逐耶稣会士。这些行为与西班牙王室失去欧洲大陆霸权一

---

①　Marcelino Santoveña Setién, *Marcelino Menéndez-Pelayo: Revisión crítico-biográfica de un pensador católico*(Santander, 1994).

②　来自菲律宾、古巴以及波多黎各的"爱国"历史学家很显然不会同意这种观点。有关综合概述参见 Christopher Schmidt-Nowara, *The Conquest of History: Spanish Colonialism and National Histories in the Nineteenth Century*(Pittsburgh, 2006)。

道,被视作是西班牙衰落的主要过程。这种衰落导致了拿破仑的入侵,也导致西班牙失去大部分海外帝国领土。反拿破仑战争(1808—1813 年)被认为是两股势力的对抗:一方是普通人民、神职人员与上层贵族支持的西班牙天主教传统,另一方则是受"外国"自由主义腐蚀的少数叛徒支持的法国侵略者。西班牙国家被认为等同于宗教的、民族的传统,而激进的自由主义被视作是卖国的意识形态而遭到否定。在这一点上,后来的共和主义和社会主义有同样的命运。葡萄牙的天主教史学家也提出了相似的史学观点。

　　在用伊比利亚国家的天主教观点写成的半岛历史中,19 世纪的自由主义革命被视为长久动荡的因素,并且造成了西葡大部分海外帝国的丢失,由此导致半岛国家的漫长的衰落。只有天主教的复兴和天主教的传统才能阻止伊比利亚国家的衰落,进而恢复伊比利亚在世界范围内天主教盟主的地位。如果说,国家是上帝、祖国和国王这三位一体的结合,后面两个要素显然是次于第一个要素的。在西班牙,这种史学观点的传播比在葡萄牙更广,因为西班牙国内的保守史学家得到了王家历史学院的支持。

253

区域(主义者)和地方史学

　　在葡萄牙的史学专业的发展和革新中,地方史学和区域史学发挥的作用不大。但是在西班牙,情况则相反。从 19 世纪中叶开始,就有人努力书写区域的历史。这项工作主要是由传统的史学家担任,他们试图复兴农村生活的古典形式,并将其理想化:比如,他们会构建教士和贵族引导下的社会和谐,甚至维护前自由主义的乡村"组织化民主"(Organic Democracy)。如在桑坦德省,这种企图就意味着强调该地区的大部分乡村的特殊性,将其视作是反对城市起源的现代化和自由主义的反应。代表人物,如教士马特奥·埃斯卡赫多·萨尔蒙(Mateo Escagedo Salmón),甚至开创了一所延续至 20 世纪的区域历史学校的梅嫩德斯·佩拉约也是如此。①

从西班牙政府 1844 年设立"历史遗迹委员会"开始，走出了第一步。在每个省都有一个委员会，在有些地方，这些委员会在促进区域历史的研究和恢复方面起到了积极作用，进而促进了地方认同和区域认同的发展。文化传统也得到了复兴，民族学者和地方史学家在这方面贡献甚大。很多时候，他们都和支持推广区域历史和文学的学术圈、政治圈联系紧密。最好的例证就是 1868 年至 1890 年间的一群安达卢西亚的人类学家。但是，他们的主要目的在于描述西班牙民族"有机"部分的性格。我们可以在某些地区找到与此相关的语言学讨论（如福罗拉丽亚节［*Juegos florales*]）。它们的源头，在 1859 年加泰罗尼亚的文人们关于本地方言的讨论中。1860 年在加利西亚（Galicia）、1878 年在卡斯蒂利亚也发生了类似的讨论。在这些讨论中，历史发挥了重要作用：1878—1923 年卡斯蒂利亚的争议留下的文献，若分析其中的历史资料的主要内容，可以发现，围绕区域历史的话题越来越多地成为争议的主题，而与此同时，地方的、省区的以及国家层面的话题则越来越少。文献内容突出区域历史，强调了卡斯蒂利亚对于西班牙在早期近代的辉煌的贡献。在加泰罗尼亚的争论文献中所体现的主题的演变，则显示出重要的差异：在 1898 年之前，加泰罗尼亚史和西班牙史的主题和谐共存，前者常常被视为"西班牙荣耀"的一部分。在 1898 年之后，多数主题几乎只涉及一个历史神话，即对加泰罗尼亚失去独立地位的理想化。②

在西班牙的一些非卡斯蒂利亚的地区，区域史学在 1860 年代

---

① 参见 Manuel Suárez-Cortina,'*Región，regionalismo e historia：La invención de la tradición enla Cant-abria contemporánea*'，*Historia Contemporánea*，II(1994)，215 - 240。

② 比较概述请参见 Xosé-Manoel Núñez,' The Region as *Essence* of the Fatherland：Regionalist Variants of Spanish Nationalism(1840 - 1936)'，*European History Quarterly*，31：4(2001)，483 - 518。

之后就出现了，与之并行的，还有加泰罗尼亚方言、加利西亚方言的文化复兴，同时，这一现象又与政治方面的集权主义和联邦主义之争有交互影响。地方史成为由政治上的地方主义者所利用的武器，从 19 世纪末期开始，这成为了另一种"民族历史"，与西班牙史的叙述相抗衡。

第一批区域史著作的出现，差不多与莫德斯托·拉夫恩特的西班牙史同时，其中有加泰罗尼亚的封建主义者维克多·巴拉格尔（Víctor Balaguer）写的《加泰罗尼亚与阿拉贡王室通史》（*Historia General de Cataluña y la Corona de Aragón*，1860），还有加利西亚的自由主义者曼努埃尔·穆尔吉亚（Manuel Murguía）的《加利西亚史》（*Historia de Galicia*），该书的前五卷出版于 1865 年。他们的主要目的是强调加泰罗尼亚和加利西亚的过往"事迹"，同时突出它们对于现代西班牙之形成的贡献。但是他们书中的一些部分和之前以卡斯蒂利亚为中心的西班牙民族史观相龃龉。虽然像巴拉格尔（Balaguer）、约瑟·科罗莱（Josep Coroleu）以及约瑟·佩拉·福加斯（Josep Pella i Forgas）这样的加泰罗尼亚的史学家特别注意加泰罗尼亚中世纪的历史，强调出现于阿拉贡王室的国家议会中的"原始民主"传统，认为这代表了政治多元化和地方的自由，而诸如曼努埃尔·穆尔吉亚、贝尼托·比塞托（Benito Vicetto）以及何塞·贝雷亚·阿吉亚尔（José Verea y Aguiar）这样的加利西亚史学家则声称，在前罗马时代以及中世纪的加利西亚，存在着独特的"凯尔特"民族。这两组史学家运用实证主义的方法，提出了解读西班牙历史的不同途径，强调非卡斯蒂利亚元素的作用，并且强调加泰罗尼亚和加利西亚"历史上曾经是不同民族"，而它们现在则要求在西班牙民族统一的范围内寻求某种程度上的政治和文化权利。当加泰罗尼亚的地方主义在 1898 年的"世纪末危机"（*fin-de-siècle* crisis）之后蜕变成民族主义运动时，区域史学家也写成了一部不同的加泰罗尼亚"民族"史。1916 年之后，加利西亚也发生了类似的事情。在这两个地方，地区史学转变为亚民族的民族史学的过程都是渐进的。①

　　关于巴斯克（Basque）史学的书写，也有类似的情况。当地贵族对保持"司法管辖权"（*Fueros*，巴斯克地区的领地特权）颇感兴趣，而这种特权受到自由主义政府的威胁，后者试图在西班牙全境实施普遍的法律及税务系统。巴斯克史学与贵族们的这种兴趣有直接关系。结果出现了一种"法典历史学"（*fuerista* historiography），主张巴斯克人特权的合法性，认为巴斯克人起源于史前时代，是诺亚的孙子图巴尔（Tubal）的直系后代，所以也是西班牙的"最具西班牙特征的"民众，正如残存的巴斯克语言所显示的那样，他们没有被罗马人同化。这是一种基于神话传说的天命论观点，经不住实证主义史学写作新方法的检验。所以，19世纪中叶之后的巴斯克区域史在文学和大众历史写作之间摇摆不定。这些神话的主要观点为巴斯克民族主义所采用，他们坚信，巴斯克无论在种族上、历史上还是文化上，都是一个全然不同的民族。②

伊比利亚主义和"后帝国时代"历史

　　"后帝国时代"历史在葡萄牙和西班牙的出现，在当时人看来，就是两国在殖民霸权方面衰落的一种补偿现象。当时，文明概念的出现就像是一个灰色术语，可以逃脱主流的民族历史叙述的狭隘范围，此外，文明同时还是一个史学研究的工具，能够重新强调

---

① 参见 Ramón Villares，'Nacionalismo e Historia en la España del siglo XIX'，in Fernando Garcíade Cortázar（ed.），*Nacionalismos e Historia*（Valladolid，2005），89 - 110；Justo G. Beramendi，'A visiónde Galicia na historiografía galeguista'，*Colóquio-Letras*，137 - 138（1995），201 - 205；Pere Anguera，'Nacionalismo e historiografía en Cataluña：Tres propuestas en debate'，in Carlos Forcadell（ed.），*Nacionalismo e Historia*（Zaragoza，1998），74 - 88；and Giovanni Cattini，*Historiografi a i catalanisme：Josep Coroleu i Inglada（1839 -1895）*（Catarroja and Barcelona，2007）.

② 参见 Jon Juaristi，*El linaje de Aitor：La invención de la tradición vasca*（1987；2nd edn，Madrid，1998）.

第十二章　西班牙和葡萄牙的历史书写（1720—1930 年）

欧洲中心论，并在伊比利亚语境中的民族独立与世界范围内的后帝国主义维度之间加以调和。虽然伊比利亚的史学家在民族史的现代化和"升级"写作方式方面取得了巨大成功，但他们试图重建葡萄牙和西班牙历史主流解释的努力却付之东流了。

　　在葡萄牙，运用伊比利亚文明这一概念的最具影响力的史学家是若阿金·佩德罗·德·奥利维拉·马丁斯（Joaquim Pedro de Oliveira Martins）。他是一个坚定的共和派信仰者，同时在史学方法上偏好实证主义，在民族历史的阐释方面有一些理想主义的信念，并且试图通过强调诸如自由、进步和个人自由这样的自由主义价值观来修正葡萄牙历史的主流叙述。在奥利韦拉·马丁斯的几本讨论葡萄牙史的著作中，这种倾向表现得淋漓尽致。[①] 从 1870 年开始，奥利韦拉·马丁斯在赫尔德、米什莱、普鲁东（Pierre-Joseph Proudhon）以及法国社会组织思想的主要代表的影响下，渐渐远离了实证主义，培养了一种理想主义史观。这种理想主义常常和他的实证主义方法相抵触。[②] 然而，奥利维拉最具原创性的贡献，则是他对于整个伊比利亚半岛的历史书写——《伊比利亚文明史》（*História da Civilização Ibérica*，1879）。[③] 他坚信，伊比利亚毗邻的民族国家有着更加紧密的关系。

256

　　1898 年世纪末学术危机之后，西班牙也出现了类似的进程。帝国灭亡被认为是西班牙衰落进程中的最低点，而其起源可以追溯到 17 世纪中叶。在这种背景下，一些受到最近欧洲史学潮流影响的西班牙的史学家试图书写一种全新的民族史。他们尤其受到

---

① 参见他的 *História de Portugal*（Lisbon，1879）；and *Portugal contemporâneo*（Lisbon，1881）.

② 参见 Pedro Calafate（ed.），*Oliveira Martins*（Lisbon，1991）；还有 Fernando Catroga 的分析，'História e Ciências Sociais em Oliveira Martins'，in Rei Torgal，Amado Mendes，and Catroga（eds.），*História da História*，117 - 159；and Carlos Maurício，*A invenção de Oliveira Martins：Política，historiografia e identidade nacional no Portugal contemporâneo*（1867 -1960）（Lisbon，2005）.

③ 英语版本最早出现在 1930 年，即 *A History of Iberian Civilization*（London，1930）.

法国史学实证主义的影响，特别是诸如基佐、厄内斯特·拉维斯（Ernest Lavisse）、瑟诺博斯、朗格卢瓦、勒内（Ernest Renan），以及巴克尔（Henry Thomas Buckle）的《英国文明史》（1857—1861）的影响。他们也吸收了德国的史学成果，尤其是兰克的门徒，后者强调民族"内部的"历史，认为这种历史超越了政治层面。

在拉斐尔·阿尔塔米拉·克里维亚（Rafael Altamira Crevea）身上，以上情况体现得尤为明显。他是一个共和派史学家，在西班牙外交政策中发挥了重要作用。在这一点上，阿尔塔米拉对于西班牙史学的贡献是双面的：一方面，他看到了史学方法上接替传统政治史的"爱国主义"历史前景；另一方面，他阐释了伊比利亚的"全球"史学观念，这种观点强化了西班牙和葡萄牙先前的海外殖民地的地位。在西班牙，所谓的"1898 年一代"（Generation of 1898）的作家沿用了这种策略。① 新出现的民族史认为，西班牙对于世界历史发挥了积极作用。这种历史往往强调一些人道主义的和自由主义的价值观，比如和平的推进、个人的自由和科学的进步。② 书写这种历史意味着寻求现实的合理性，这种合理性允许西班牙向政治衰落的事实妥协。西班牙在 20 世纪可以通过发展其与生俱来的学术和艺术的潜力，以寻求一条获得国家荣耀的新路。事实上，阿尔塔米拉非常热衷于将全新的民族史传播给受教育的大众，目的在于向衰落中的西班牙社会全体，灌输爱国主义思想。③

257 对于阿尔塔米拉来说，"西班牙文明"的概念所包含的要素，存在于伊比利亚和拉丁美洲的各国共同享有的那些文化、集体心理和世界观里。虽然目前它们属于不同的民族国家，但是在西班牙

---

① 有关 Rafael Altamira 的历史著作的英文介绍版本参见 John E. Fagg, 'Rafael Altamira（1866 - 1951）', in S. William Halperin（ed.）, *Essays in Modern European Historiography*（Chicago, 1970）, 3 - 21.

② Rafael Altamira, *Filosofía de la Historia y Teoría de la Civilización*（Madrid, 1915）.

③ 参见 Boyd, *Historia Patria*, 142 - 143; as well as Inman Fox, *La invención de España：Nacionalismoliberal e identidad nacional*（Madrid, 1997）, 50 - 55。

文明与盎格鲁文明的象征性的斗争中，却高举着前者的旗帜。虽然无法否认对手在物质文明和科学先进方面的力量，西班牙（以及葡萄牙）史学家还是认为，强调物质的价值观无法为一个历久弥新的文明奠定基础。与此相对，伊比利亚"精神"的特点是精神美德普遍优于物质的价值观。这种"精神"被认为是未来真正的、历久弥新的文明的基础；这种"精神"不是由经济利益、而是由思想观念所激发的。在阿尔塔米拉的著作《西班牙与西班牙文明史》（*Historia de España y la Civilización española*，1913-1929）里，文明在帝国历史中是一种用文化霸权取代军事和政治霸权的和平的替代品。这也是视为西班牙精神超越时空的连续性的优越表现。阿尔塔米拉强调历史的比较研究，由此提出伊比利亚民族对于人类发展和民主的进步做出了重要贡献。就西班牙王室 16 世纪治下的美洲原住民法典的编纂而言，这一点确实如此。这部法典与英语系国家的殖民政策不同，在某种程度上承认了原住民的地位和权利。[1]

1910 年代历史的修正性看法

想要超越民族国家的历史叙述，写出一部伊比利亚半岛的共有的历史，这一尝试失败了。葡萄牙在 1880 年纪念民族诗人路易·德·卡蒙斯（Luis de Camões）诞辰三百年，1881 年纪念彭巴尔侯爵的百年祭典，再加上葡萄牙殖民整个南非的愿望在 1890 年危机的外交最后通牒之后宣告终结，随之引起葡萄牙自由主义精英的民族主义的反弹，这些事件都加强了对于卢西塔尼亚历史的民族主义阐释。这种阐释强调葡萄牙在海外殖民的命运，强调葡萄牙史的帝国主义维度，并且强调殖民主义是民族荣耀的真正成就。这种观点在共和国时代（1910—1926）一直存在，并且延续到军事独

---

[1]　参见 Rafael Altamira 之后的著作，*Manual de investigación de la historia del derecho indiano*（Buenos Aires，1950）。

裁时期和漫长的萨拉萨尔(Salazar)政权(1926—1974)。此后,由
258 左翼的民主派史学家提出的关于国家历史的其他观点和叙述,并
没有向葡萄牙在历史上和当下的帝国主义维度提出疑问。

　　在整个葡萄牙共和国时期,历史学的明显特征就是带有民族主
义的偏见,公开辩护国家历史中的殖民主义成分,受到以直觉为基
础的知识理论——步亨利·柏格森(Henri Bergson)的后尘——的
影响,并且接受所谓民族"精神"(Volksgeist)的理念而不是理性主
义与实证主义的思想。这种殖民主义,在关于巴西历史的阐释中
表现突出,如1921—1924年出版的三卷本《葡萄牙在巴西殖民史》
(História da Colonização Portuguesa no Brasil)。这种信念甚至渗
透到了诸如海梅·科克斯塔(Jaime Cortesão)这样的社会主义趋向
的史学家的作品之中,并且在史学家和作家菲迪利诺·德·菲格
雷多(Fidelino de Figueiredo)的推动下,1914年成立了第一个国家
历史学会(Sociedade Nacional de História)。这一趋势在军事独裁政
府执政的头十年中依然持续,推行者是随着科英布拉大学的一群
保守派史学家。就在葡萄牙共和国宣布成立后不久的1911年,该
校创办了人文学系。①

　　拉斐尔·阿尔塔米拉在西班牙的贡献也很持久。1910年成立
于马德里的历史研究中心(Centro de Estudios Históricos)特别能证
明这一点。该中心是革命性的"高等研究院"(Junta de Ampliación
de Estudios)的前身。这一新兴的历史研究学院以19世纪的实证
主义为史学基础,但是同时对科学的修正主义兴趣日益浓厚,尤其
是通过历史文本研究、原始文献的严格考证及细致校勘等西班牙
史学尚显不足的工作,将博学派的史料编纂传统和西班牙史学结
合起来。更重要的是,该中心在阿尔塔米拉的文明观念的直接启
发下,同时又受到法学家和政治家爱德华多·德·伊诺霍萨

---

① Luís Rei Torgal, 'Sob o signo da "reconstrução nacional"', in id., Amado
　　Mendes, and Catroga(eds.), História da História, 219 - 239; and Élio Serpa,
　　'Portugal no Brasil: A Escrita dos irmâos desavindos', Revista Brasileira de
　　História, 20:39(2000),81 - 114.

第十二章　西班牙和葡萄牙的历史书写（1720—1930 年）

（Eduardo de Hinojosa）的影响，将其范围定位在广泛地涵盖相关学科，以便对西班牙历史做出更好的理解。

这个新机构的另一个目的，则是为西班牙的民族认同提供一个更加坚定的史学基础。在研究西班牙语系的史学家拉蒙·梅嫩德斯·皮达尔（Ramón Menéndez Pidal）的启发下，并吸收法律史、艺术史和制度史的贡献，历史语文学的研究提供了一些新的见解，构成了西班牙史学中民族主义的基础。其结果可以在该中心出版的新期刊中看到，其中包括创刊于 1924 年的《西班牙法律史年鉴》（*Anuario de Historia del Derecho Español*）。该刊由克劳迪奥·桑切斯-阿尔沃诺斯（Claudio Sánchez-Albornoz）任主编。该刊的参与者大多对比利牛斯山脉另一侧传来的新兴史学影响持开放态度，尤其欢迎德国的"文化史"（*Kulturgeschichte*），以及诸如布克哈特、兰普雷希特这样的作者。尽管这个新机构追随法国的模式，受到诸如巴黎文献学院（École des chartes）这样的研究中心的启发，但是大多数"历史研究中心"出身的西班牙史学家所受到的训练，却深受德国文化与史学的影响，在法律史和司法制度史方面，证据最为显著。不过，年鉴学派的勃兴，同样吸引力一些年轻西班牙史学家的关注。[①]

"中心"致力于书写一部新的西班牙国家史。在西班牙的民族认同受到其他亚民族民族主义兴起的严重挑战的时刻，这项任务显得非常及时。亚民族的民族主义在 1917 年至 1919 年和 1923 年中发生的一连串制度危机，显得至关重要，当时普里莫·德·里韦拉（Primo de Rivera）将军宣布了独裁政体。此外，"中心"也试图在边缘地区建立与主流相同的民族主义与实证主义传统。在加泰罗尼亚，情况更是如此，当地的加泰罗尼亚研究学院（Institut d'Estudis Catalans）的任务即在于此。此后的巴斯克地区也是这样，当地于 1918 年成立了巴斯克研究协会（Sociedad de Estudios

---

① 详见 José María López Sánchez, *Heterodoxos españoles：El Centro de Estudios Históricos，1910‑1936*（Madrid，2006）。

Vascos)。而在加利西亚,1923 年成立了加利西亚研究研讨班(Seminario de Estudos Galegos)。这三个机构加强了这种"历史的部门",它们致力于区域研究,旨在建立本地自主的史学叙述的支柱,并且促进某种区域史学书写的原型学派的出现。在西班牙内战之后,这一情形还会重新出现。①

"中心"还从大多数的传统机构中解放了整整一代西班牙史学家,其中最重要的就是王家历史学院。他们致力于建立一个和欧洲史学相联系的科学网络,并且想要构造一种新的国家历史。西班牙的历史一直被认为有着错综复杂的结构,因而,需要借助现代史学的手段来加以解释,同时又与当代欧洲的潮流息息相关。所以,一种有着科学基础的历史学的民族主义大受追捧,被认为将会取代 19 世纪的浪漫主义的国家历史,而这一点在桑切斯-阿尔沃诺斯(Sánchez-Albornoz)和阿美利哥·卡斯特罗(Américo Castro)的史学著作中,表现得非常清楚。

在新一代史学家成为历史教授之后,他们的史学理念广泛地扩散到全西班牙的大学和高中。在西班牙第二共和国(1931—1936),也就是改革时期的西班牙的学术体系中,他们的地位举足轻重。这一时期的特征是支持教育系统的现代化。尽管他们中的大多数在政治上都是温和的共和派与自由主义者,但在西班牙内战(1936—1939)中,历史研究中心及其遗产都被内战的胜利者扫荡一空。

弗朗哥一派的胜利,意味着旧式天主教史学家霸权的回归,也意味着他们的方法原则的恢复。历史研究中心出身的一些史学家被流放,其中包括桑切斯-阿尔沃诺斯,他在布宜诺斯艾利斯大学继续研究。另外还有阿美利哥·卡斯特罗,他在普林斯顿大学找到了安身之地。同样的命运也发生在老一辈的自由主义史学家身

---

① 参见 Albert Balcells and Enric Pujol, *Història de l'Institut d'Estudis Catalans* (Barcelona, 2002); and Alfonso Mato Domínguez, *O Seminario de Estudos Galegos*(Sada, 2001)。

上,比如拉斐尔·阿尔塔米拉。西班牙史学书写的革新被打断了,直至 1950 年代,在新一代史学家的努力下才得以重现。

大事年表/关键日期

1808 年　反拿破仑战争的开始
1812 年　西班牙的第一部自由宪法
1820 年　第一次葡萄牙自由革命
1822 年　葡萄牙失去巴西
1833 年　西班牙自由政体的出现
1834 年　葡萄牙内战的结束以及自由政体的出现
1868 年　西班牙"六年革命"的开始
1874 年　君主制在西班牙的复辟
1890 年　葡萄牙"最后通牒危机";南部非洲葡萄牙帝国梦想的破灭
1898 年　"美西战争";失去古巴、波多黎各,以及菲律宾
1910 年　葡萄牙共和国的建立
1923 年　西班牙普里莫·德·里韦拉独裁统治的到来
1926 年　葡萄牙军事政变;独裁统治的开始
1931 年　西班牙第二共和国的建立
1936 年　西班牙内战的爆发

主要历史文献

Altamira, Rafael, *Historia de España y la Civilización española*, 4 vols. (Barcelona, 1899 – 1911).

Altamira, Rafael, *Filosofía de la Historia y Teoría de la Civilización* (Madrid, 1915).

Balaguer, Víctor, *Historia General de Cataluña y la Corona de Aragón*, 5 vols. (Barcelona, 1860 – 1863).

Braga, Teófilo, *História das Ideias Republicanas em Portugal* (Lisbon, 1880).

Chagas, Manuel J. Pinheiro, *História de Portugal desde os Tempos mais remotos até à Actualidade*, 8 vols. (Lisbon, 1869 – 1874).

Garrido, Fernando, *Historia de las clases trabajadoras* (Madrid, 1870).

261 Gebhardt i Coll, Víctor, *Historia General de España y de sus Indias*, 7 vols. (Barcelona/Madrid, 1863 – 1864).

Herculano, Alexandre, *História de Portugal*, 4 vols. (Lisbon, 1846 – 1853).

Lafuente, Modesto, *Historia General de España*, 29 vols. (Madrid, 1850 – 1867).

Martins, Joaquim P. de Oliveira, *História de Portugal* (Lisbon, 1879).

Martins, Joaquim P. de Oliveira, *Portugal contemporâneo* (Lisbon, 1881).

Martins, Joaquim P. de Oliveira, H*istória da Civilizaçâo Ibérica* (Lisbon, 1879).

Masdeu, Francisco, *Historia crítica de España y de la cultura española*, 20 vols. (Madrid, 1783 – 1805).

Menéndez y Pelayo, Marcelino, *Historia de los heterodoxos españoles*, 3 vols. (Madrid, 1880 – 1882).

Menéndez Pidal, Ramón, *Orígenes del español* (Madrid, 1926).

Murguía, Manuel M., *Historia de Galicia*, 5 vols. (Lugo and Corunna, 1865 – 1911).

Patxot y Ferrer, Francisco, *Anales de España*, 10 vols. (Barcelona, 1857 – 1859).

Silva, Luis A. Rebello da, *História de Portugal nos Séculos XVII e XVIII*, 6 vols. (Lisbon, 1860 – 1871).

参考书目

Álvarez Junco, José, *Mater Dolorosa : La idea de España en el siglo XIX* (Madrid, 2001).

Bernstein, Harry, *Alexandre Herculano* (1810 - 1877) : *Portugal's Prime Historian and Political Novelist* (Paris, 1983).

Boyd, Carolyn P. , *Historia Patria : Politics, History, and National Identity in Spain, 1875 - 1975* (Princeton, 1997).

Calafate, Pedro (ed.), *Oliveira Martins* (Lisbon, 1991).

Catroga, Fernando, *Antero de Quental : História, socialismo, política* (Lisbon, 2001).

Cattini, Giovanni, *Historiografi a i catalanisme : Josep Coroleu i Inglada (1839 - 1895)* (Catarroja and Barcelona, 2007).

Forcadell, Carlos (ed.), *Nacionalismo e Historia* (Zaragoza, 1998).

García Cárcel, Ricardo (ed.), *La construcción de las Historias de España* (Madrid, 2004).

Juaristi, Jon, *El linaje de Aitor : La invención de la tradición vasca* (1987 ; 2nd edn, Madrid, 1998).

López Sánchez, José María, *Heterodoxos españoles : El Centro de Estudios Históricos, 1910 - 1936* (Madrid, 2006).

Matos, Sérgio Campos, *História, mitologia, imaginário nacional : A História no Curso dos Liceus (1895 - 1939)* (Lisbon, 1990).

Matos, Sérgio Campos, *Historiografi a e memória nacional no Portugal do século XI-X (1846 - 1898)* (Lisbon, 1998).

Maurício, Carlos, *A invençâo de Oliveira Martins : Política, historiografi a e identidad-e nacional no Portugal contemporâneo (1867 - 1960)* (Lisbon, 2005).

Moreno Alonso, Manuel, *Historiografía romántica española. Introducción al estudio de la Historia en el siglo XIX* (Seville, 1979).

262 Pasamar，Gonzalo and Peiró，Ignacio，*Historiografía y práctica social en España*（Zar-agoza，1987）.

Peiró Martín，Ignacio，*Los guardianes de la Historia：La historiografía académica de la Restauración*（Zaragoza，1995）.

Pellistrandi，Benoît，*Un discours national? La Real Academia de la Historia entre science et politique*（1847－1897）（Madrid，2004）.

Schmidt-Nowara，Christopher，*The Conquest of History：Spanish Colonialism and National Histories in the Nineteenth Century*（Pittsburgh，2006）.

Torgal，Luís Rei，Mendes，José Amado，and Catroga，Fernando
263 （eds.），*História da História em Portugal*（Lisbon，1996）.

喻　乐　译

第十三章 斯堪的纳维亚的历史写作

罗尔夫·托斯滕达尔

制度结构

19世纪以及20世纪早期,斯堪的纳维亚的史学有几个特点使得它不同于18世纪的史学。历史写作在当时主要是一种专业行为,而在大学之外的人员极少有能力涉足。拉丁文仍然在一些学术出版物中使用,但是本国语言渐渐成为历史著作的主导语言。制度结构发生了渐进式的变化。大学渐渐扩大学生和教授数量,而且开始出现新兴的大学。

在丹麦,哥本哈根大学长期以来都是唯一的一所大学。从1833年开始,该大学拥有三位历史学教授。直到1928年,随着奥胡斯大学(University of Aarhu)的成立,丹麦的大学系统才出现了历史学的高级职称。而历史教职方面的其他变化,直到第一次世界大战前才出现。

挪威在1811年成立了第一所大学(此前,学生们都要去哥本哈根求学),而历史学则是第一批获得教授教席的专业之一。几年之后,增加了第二位历史学教授,但是直到1872年,才任命了第三位所谓的额外教授。这三位教授和一位讲师(dosent)直到1940年一直都是大学中全部的历史学者。而在整个挪威,只在1935年于特隆赫姆(Trondheim)设立了唯一一个新的历史学教授教席。

在瑞典,1809年之后尚存的两个古老大学——乌普萨拉大学

(Uppsala)和隆德大学(Lund),各有一位历史学教授。这两位"特派"教授于 1909 年获得了正教授职位。当私立的斯德哥尔摩大学(Stockholms högskola)于 1878 年成立之际,学院中并没有历史学教授的位置,这与同样是私立学校的瑞典哥德堡大学(Göteborgs högskola)不同,后者在 1891 年创办之初就拥有一位历史学和政治科学教授。斯德哥尔摩大学在 1919 年才拥有第一位历史学教授。直到第二次世界大战,瑞典历史学教授的人数都没有发生变化。在瑞典的各所大学中,也有其他教席(比如暂时性的助手和长期的讲师),但是在严格的等级结构中,这些教席被认为是低人一等的。

264　　　　其他的重要机构,还有国立档案馆(每个斯堪的纳维亚国家各有一所)。档案馆常常任命知名史学家担任主任或国家档案馆员。教授们有时也会担任这些职位。次于教授的,则是一些享有盛名的出色的档案员。考古学家原本是从历史学家的队伍中挑选出来的。最具国际影响力的当属丹麦人克里斯蒂安·朱金森·汤姆森(Christian Jürgensen Thomsen),他是 1819 年在哥本哈根开放的"古代北欧博物馆"(Old Nordic Museum)的发起人,另外还有瑞典人布罗尔·埃米尔·希尔德布兰德(Bror Emil Hildebrand)、他的儿子汉斯·希尔德布兰德(Hans Hildebrand)以及奥斯卡·蒙特柳斯(Oscar Montelius)。这些人后来都是国家文物专家,这是一个高级职位。

　　　　经济史和社会史方面的专家必须竞争历史学教席,有时他们也会取得成功,在 20 世纪头十年机会尤多。在挪威,与大学平级的学院(Institutes,或 Colleges)都有农业史和经济史的专业教席。瑞典人伊莱·赫克舍(Eli Heckscher)因其对重商主义的研究而在国际上享有盛名。① 从 1909 年开始,他就是经济学教授,1929 年他接受了斯德哥尔摩大学经济学院的经济史教席。

　　　　大学中的次等教席的地位不断提高,研究机会也越来越多,论

----

① 　Eli F. Heckscher, *Merkantilisment*: *Ett led I den ekenomiska politikens historia* (Stockholm, 1931); trans. Mendel Shapiro as *Mercantilism*, 2 vols. (London, 1935).

文数量不断增长,而且到 19 世纪末期,已经开始建立在基础研究之上。历史学期刊也出现了,其中比较早的是 1840 年创刊的丹麦《历史杂志》(*Historisk tidsskrift*)(直到今日该杂志依然发行)。由于它是一群对历史感兴趣的人们创办的,这更增加了这份杂志的先驱性特点。与此相应的挪威版杂志创办于 1871 年,名称也叫《历史杂志》(*Historisk tidsskrift*);而瑞士版的杂志创办于 1881 年,叫作《历史杂志》(*Historisk tidsskrif*),第二个单词只带一个"s"。各国这些新创办的杂志有着非常重要的意义。此前,历史学的媒介或依赖特殊兴趣,或依赖私人的出版,但是专业史学家发起的专业协会发挥了出版新的历史期刊的作用。在史学家日益深化的竞争中,新的杂志得以创立。其中只有少数杂志发挥了长久的影响,比如 1928 年劳里茨·韦布尔(Lauritz Weibull)创办的《斯坎迪亚》(*Scandia*),以及 1920 年在挪威作为地方历史研究的一部分而成立的《黑门》(*Heimen*)。

斯堪的纳维亚史学中的国家浪漫主义(1800—1850 年)

在 19 世纪早期,三个斯堪的纳维亚国家都经历了战争(既有对外抗战也有互相的战争)与战败。瑞典在 1809 年将芬兰输给了俄国,而 1814 年丹麦在支持拿破仑作战之后失去了挪威,后者被迫和瑞典组成联盟。这几个国家都是战败者,它们 19 世纪的史学也印刻着失败的创伤。出于这些原因,三个国家的史学家们在经历过 1809—1814 年的变动之后,开始将目光投向过去那个更具英雄色彩的时代,那是一个充满传奇和早期中世纪史的时代。丹麦史学家尼古拉·弗雷德里克·塞韦林·格伦特维(Nicolai Frederik Severin Grundtvig)、瑞典史学家埃里克·古斯塔夫·耶耶尔(Erik Gustaf Geijer)以及挪威史学家鲁道夫·凯泽(Rudolf Keyser)和彼得·安德烈亚斯·蒙克(Peter Andreas Munch),当然还有其他许多人对他们的国民在古老历史中的事迹表示出新的敬仰,而他们在各自的社会中有着很大的影响力。

265

德国的浪漫主义哲学,尤其是费希特(Johann Gottlieb Fichte)和谢林(Friedrich von Schelling)的浪漫主义哲学,还有赫尔德关于连续性的概念,都对格伦特维和耶耶尔有着很大的启发。1815年,格伦特维发表了他的第一批成果:将萨克索(Saxo)的《编年史》(*Chronicle*)、斯诺尔(Snorre)的传奇《萨迦》(*Sagas*)以及《贝奥武夫》(*Beowulf*)故事翻译成丹麦文。他在说明性的文字中写道:"我们的生命强烈而隐秘地和祖先们的生命联系在一起,从各种意义上来说,我们的生命都起源于祖先的生命;就好像祖先们的事迹以一种特别隐晦而又让人怀念的童年的形式发生在自己身上".[①] 对于早期的贝奥武夫研究,他做出了重要贡献,不仅仅启发了其他人,而且他自己的心里也充满了对古代伟业的感慨。他本人受到赫尔德的启发,探讨何谓语言和人民,并且把他的研究兴趣主要放在民族上,他认为这是最根本的。虽然他没有写过丹麦史,但是却引发了一场广泛的文化运动,一种属于人民的文化,不同于学术的、精英的文化。

除格伦特维以外,1850年之前,丹麦很少有史学家会这样吸引广泛的公众注意力。大学里的教师们较为枯燥,出版的著作中尽是一些小问题。但是有一个人与众不同——图书馆员克里斯蒂安·莫贝克(Christian Molbech)。他深受浪漫主义哲学的影响,同时也认为语言和民族的关系密切。莫贝克参与考古学的辩论,同时是《历史杂志》的发起人。但是他并不如格伦特维那样被人广泛阅读。

格伦特维和他同时代的瑞典人耶耶尔有很多相似之处。他们都受到哲学和文学中的浪漫主义影响,都在各自的领域里非常活跃。但是和格伦特维不同,耶耶尔是一位历史学教授,并且耶耶尔的历史学志向只限于其本国。不过,在重新发现北方早期中世纪方面,耶耶尔和他同时代的丹麦人格伦特维相差无几。在他的《瑞典王国史》(*Svea rikes hävder*,1825)中,开端不早于萨迦时代,并且没有考虑考古证据。他试图通过冰岛的埃达以

---

① 转引自 Ellen Jörgensen, *Historiens Studium I Danmark I det 19. Århundrede* (Copenhagen, 1943),36.所有翻译都是作者自己的,除有标明处外。

及古老的萨迦文学中的神明、巨人的传说,构建一部北欧和瑞典的历史。

当耶耶尔开始怀疑其保守的信条是否正确的时候,他的历史观点在整体上被动摇了。他的第二部重要史学著作是《瑞典人民史》(*Svenska folkets historia*,1832－1836),此书是德国出版公司佩尔特斯的欧洲各国史的一部分。该书的浪漫主义色彩更淡一些,更多依赖历史事实和事件,成为了19世纪瑞典最有影响力的史学著作。它的主要影响是在学术圈中,而安德斯·弗吕克塞尔(Anders Fryxell)这种外行对它的口诛笔伐并未真正损害它的价值。弗吕克塞尔的46卷《瑞典史叙事》(*Narratives from Swedish History*,1823－1878)比起耶耶尔的著作更加大众化,是一本畅销书。他从许多方面对耶耶尔加以批评,其中的主题是,耶耶尔带有偏见,他偏好国王而反对贵族。

挪威在19世纪前半叶最重要的史学家是鲁道夫·凯泽和彼得·安德烈亚斯·蒙克,他们分别在1837、1841年成为历史学教授。凯泽的《天主教时代的挪威教会史》(*Den norske Kirkes Historie under Katholicismen*,1856－1858)和蒙克的《挪威人民的历史》(*Detnorske Folks Historie*,1851－1863)都是重要的著作,他们采取了新方法来解决老问题。这两本书都将先前研究作为基础,他们之前已经通过其学术论文为世人所知。这两位史学家都受到他们的同胞、前辈延斯·克里斯蒂安·伯格(Jens Christian Berg)的重要影响,后者的史学观点在挪威建立第一所大学之前就已经非常有影响力了。凯泽和蒙克的史学观点和研究主题都有一些相似之处,他们共有的一个基本观念就是:挪威人起源于日耳曼移民的一个分支。这些人从东部来到挪威,从波罗的海北部进入斯堪的纳维亚,或是经过奥兰群岛进入中部瑞典,甚至到达了挪威。他们也南进丹麦,在那里,遇上了早先移民过去的哥特部落。所以,根据蒙克的观点,丹麦人的灵魂既有德国祖先又有北欧祖先

266

的成分。[1] 重要的是,凯泽和蒙克在进行阐释时都运用了考古学的论证方式,将考古发现归类为三个时代系统。

凯泽和蒙克还认为,挪威人在 1397 年的"卡马尔联盟"(Kalmar Union)之前,在中世纪的斯堪的纳维亚有主导地位,并且由此拥有一段宏伟的历史。这就将挪威和挪威人与瑞典人和丹麦人对立起来了。卡马尔联盟成为了被仇恨的对象。蒙克写道,联盟的全部历史显现出的是"丹麦贵族对邻邦的神圣权利的一系列背信弃义的攻击,最终使得瑞典分离出去,以及挪威遭受到彻底的压迫"。[2] 根据凯泽和蒙克的说法,古老的冰岛文学并非斯堪的纳维亚的共有遗产,而是挪威和冰岛的文化财富。

凯泽和蒙克主导了他们那个时代的史学观点。路德维希·克里斯滕森·达阿(Ludvig Kristensen Daa)曾经和蒙克争夺大学教席,失败之后,他转而从事新闻和政治活动。他的史学观点偏向斯堪的纳维亚主义,这使得他在 1862 年成为凯泽的接班人,跻身学术界。从 1840 年代开始,他试图反驳凯泽和蒙克的移民理论。

这个时代的所有史学家都想创造自己国家的国家历史。他们的范式是人民的历史,耶耶尔和蒙克分别称自己的主要史学著作是瑞典人民史和挪威人民史,而且他们都是坚定的爱国者。尽管他们很爱国,没有哪个历史学家想要回到历史上战火连绵的状态。如果拥有了一段伟大的历史,当代人也许更能心安理得地接受当今的屈辱。

专业化、爱国主义和斯堪的纳维亚主义(1840—1900 年)

大约在 19 世纪中叶,出现了另一种应对民族危难的处理方式,这种方式从该世纪初就对斯堪的纳维亚产生了影响。"斯堪的纳

267

---

[1] John Sannes, *Patrioter，intelligens og skandinaver：Norske reaksjoner på skandinavismen før 1848*(Oslo, 1959),90.

[2] Peter Andreas Munch, *Norges，Sveriges og Danmarks Historie til Skolebrug* (Christiania, 1838);转引自 Sannes, *Patrioter, intelligens og skandinaver*, 79.

维亚主义"(在斯堪的纳维亚语言中,这个术语通常是以限定形式 *skandinavismen* 出现的)是一个学术界的文化-政治运动,1840 年代在学生和教授中非常流行。在克里米亚战争时期(当时欧洲列强都参与了这次战争),它和另一个更加直接的政治运动同时复兴;在 1860 年代又再次出现,这两次出现都和与德国可能发生的冲突相关。德国在 1848 年和 1864 年对丹麦宣战。直到第一次世界大战之前,斯堪的纳维亚主义都并未完全从学术界的讨论中消失。

在斯堪的纳维亚的各民族中,有许多史料能使他们产生一种集体情感。但是一致性非常有限,而且往往只是错觉。人们很容易注意到历史上斯堪的纳维亚内部的对立和冲突,并且当代政治上的争议也同样容易引起争论,正如政治上的统一容易产生合作一样。历史上维京人的合作,以及数世纪之后的 1391 年的卡尔玛联盟,提供了支持正反两方的史料。在卡尔玛成立的联盟,从 1840 年代开始就有关于相关文献的不同解释,数十年以来,关于该联盟特征的讨论一直是历史争议的主题之一。

斯堪的纳维亚主义在政治和学术上是一个敏感的话题。作为一种意识形态,斯堪的纳维亚主义有着自然的历史维度,但是史学家从来就不是这场运动的主导。事实上,直到 1860 年代之前,各斯堪的纳维亚国家的史学家都没有认真看待斯堪的纳维亚主义。其中就包括丹麦人卡尔·费迪南·艾伦(Carl Ferdinand Allen),他晚期的著作《北欧三国历史》(*Detre Nordiske Rigers Historie*,1864 –1870)对斯堪的纳维亚的联盟表达了极大的赞同,尽管作者本人早先曾是一个丹麦的"爱国者"。

另一位是约翰内斯·斯滕斯特鲁普(Johannes Steenstrup),他最负盛名的著作是《诺曼人》(*Normannerne*,1876 – 1882)。他在书中对维京人的遗产做出了广泛而饱受争议的概述,同时也对丹麦法(Danelagen)做出了详尽的分析(参见该书的第四卷和总结部分)。该书对北欧人民在东北英格兰留下的制度和社会影响做出了分析,虽然未被翻译成英语,因而为英国的史学家所忽略,但却

268

具有开创性。读者也许会在该书的主题中看出某种程度的斯堪的纳维亚主义，但最引人注目的则是古代丹麦人的荣光。

在瑞典，一些史学家也在斯堪的纳维亚主义发展的最后阶段参与了进来。其中一位就是克拉斯·西奥多·奥德纳（Clas Theodor Odhner），奥德纳在研究卡尔玛联盟的时候，没有采取耶耶尔在自己书中对瑞典人的描述——"看似表现一种思想的事件"，因为他认为这种理解只是联盟的次要特征。在 1860 年代和 1870 年代早期，奥德纳为一份"北欧"杂志供稿，认为瑞典和丹麦对于中世纪联盟的解释并无明显的差异。[①] 其他的史学家则持不同意见。但是，一些受到耶耶尔启发的自由主义史学家，比如弗雷德里克·费迪南德·卡尔森（Fredrik Ferdinand Carlson）、卡尔·古斯塔夫·斯泰福（Carl Gustaf Styffe）和卡尔·古斯塔夫·马姆斯特罗姆（Carl Gustaf Malmström），有时对"斯堪的纳维亚主义"持赞同态度。他们在"斯堪的纳维亚主义"上持中庸态度，但是在他们的评论中体现出了"爱国性"，崇拜诸如古斯塔夫二世·阿道夫（Gustav II Adolf）、卡尔十世·古斯塔夫（Karl X Gustav）（不太坚定地崇拜）以及卡尔十二世（Karl XII）这些瑞典国王战胜丹麦人的功绩。这并没有阻止他们——尤其是奥德纳——美化卡尔玛联盟以及玛格丽特皇后（Queen Margareta）政治决策的前瞻性。所以，联盟成了一个常讲常新的话题。

1860 年代开始，挪威出现了关于国家历史的重新认识。有几位年轻的史学家强烈反对凯泽和蒙克所认为的挪威历史的重点仅仅在于早期中世纪和近代的说法。新一代史学家质疑对挪威从属于丹麦国家这一时期的评价。迈克尔·伯克兰（Michael Birkeland）、卢德维格·达埃（Ludvig Daae）、恩斯特·萨斯（Ernst Sars），以及法律史学家托克尔·哈尔沃森·阿施豪格（Torkel

---

① Clas Theodor Odhner, ' Om Kalmar-unionens betydelse i Nordens historia ', *Nordisk tidskrift*（1869）; id. , ' Ännu några ord om kalmarunionens betydelse i Nordens historia：*Genmäle* ', *Svensktidskrift*（1872）. 引用段落来自后一篇文章。

Halvorsen Aschehoug)都是这场变革的发起人。他们的中心思想之一是：挪威在中世纪晚期是一个贫穷的国家，所以不可能有贵族阶层的基础；故此，挪威就成为了邻国，尤其是丹麦觊觎的对象。正如萨斯所说的，挪威和丹麦的合并是大势所趋，而既然是大势所趋，就不应受到谴责。卡尔玛联盟对于挪威来说有着积极意义，1537 年他们更直接地依赖丹麦，卡尔玛联盟寿终正寝，这是两者相害取其轻的结果，因为丹麦比起瑞典来说更少干涉挪威的事务。挪威依然保留自己的传统、自己的发展城市、自己发达的商业和地方政府的特别形式，作为独立的国家存在下去。萨斯认为，联盟绝不是像此前人们所认为的对挪威毫无意义的一个历史时期。[1]

中世纪的联盟在这些史学家看来是一场幸运，而此后丹麦和挪威的合并，从实现方式的角度而言，是非常合理的事情。1814 年和瑞典结成的新联盟也有其优势。因此史学界产生了某种斯堪的纳维亚主义的观点。联盟对于学术界有吸引力，或者说，至少是一种三国间紧密联系的感情。这种情感从德国对丹麦提出领土主张开始日益增长。在挪威，伯克兰和阿施豪格也接受了斯堪的纳维亚主义。[2]

但是，当挪威人进一步滋生出民族主义的观点——正如萨斯那样——并且逐步地提出挪威和丹麦的关系应当完全平等而独立的时候，新的挑战就因此出现了。这种冲突导致了 1905 年联盟的解体。尽管备受争议，但是许多学者还是对斯堪的纳维亚的概念有亲切感。在瑞典，这种情感要与多数瑞典人对居住在芬兰的瑞典人的同情这种感情相斗争。芬兰有一部分人是说瑞典语的，这部分人属于瑞典人的一部分，并且直到 1809 年他们在瑞典国会中都有议席，此后的芬兰变成了俄罗斯帝国的一个大公国。

丹麦人卡斯帕·帕卢丹-米勒（Caspar Paludan-Müller）是对

---

[1] 'Norge under Foreningen med Danmark', *Nordisk Universitetstidsskrift* (1858 - 1865).

[2] Ottar Dahl, *Norsk historieforskning i det* 19. *og* 20. *århundre* (4th edn, Oslo, 1990), 108.

1397 年卡尔玛条约的两份文献中隐藏的问题进行分析的第一人，尽管在他之前就已经有人意识到了这些文献的复杂性。从 1840 年开始，他就用拉丁文发表论文，名之为"对玛格丽特皇后主持下丹麦、瑞典和挪威之间条约的批判性研究"，并且公开为自己的观点辩护。即便他不是受到斯堪的纳维亚主义的启发，该条约对于斯堪的纳维亚的共同历史思想的形成所起的作用也是存在疑问的。帕卢丹认为，证明联盟存在的基础文献并非真正的条约，而只不过是一纸证明，到了后来才得以施行。据帕卢丹-米勒的猜测，玛格丽特并未接受卡尔玛谈判中的条件，因此条约当时并未实施。

270　　他总结道，在 1397 年之后持续了一个多世纪的真正联盟并非建立于谈判确定的条约本身之上，而是建立在丹麦人的主导权之上。瑞典反联盟运动的合理性最终导致了 1521 年瑞典脱离了联盟，这一点在帕鲁达的书中也有所体现。

　　即使帕卢丹-米勒的观点一直受到争议且从未完全地被大众所接受，但是他的研究在此后的 40 年中都占有一席之地。丹麦史学界的新星克里斯蒂安·埃斯莱乌（Kristian Erslev）在他的著作《玛格丽特皇后和卡尔玛联盟的形成》（*DronningMargarethe og Kalmarunionens Grundlæggelse*，1882）中，继承了帕卢丹-米勒的观点，认为由于玛格丽特对卡尔玛谈判的结果不满，联盟从未真正地形成过。埃斯莱乌本身已是权威，他对史料严谨的处理方式也受到赞扬。这样一来，整个中世纪流行的所谓有计划的联盟的概念就此破产。这对于斯堪的纳维亚主义是个沉重的打击。

　　瑞典教授劳里茨·韦布尔（Lauritz Weibull）因其严谨的治学方法和对证据的谨慎态度而闻名。他有一篇发表在《斯坎迪亚》（1930）上的论文《形成 1397 年卡尔玛联盟的会议》（"Unionsmötet i Kalmar，1397"），其中修改了关于卡尔玛会议文献的一些观点。他的结论是：确实形成了这样一个联盟。他的结论是建立在对史料的重新分析以及仔细研读的基础上的。他的斯堪的纳维亚主义的观点引发了一场新的辩论。韦布尔来自斯科讷（Skåne），由于直至 1658 年南部瑞典省份的历史都属于丹麦，他对于斯堪的纳维亚非常忠诚。

韦布尔在隆德大学的持民族主义的同事,高特弗里德·卡尔森(Gottfrid Carlsson)就是他的反对者之一。他的另一个对手尼尔斯·安隆德(Nils Ahnlund)属于受贾内(Hjärne)影响的历史研究学派,强调对历史事件和人物研究的移情和连贯性,安隆德是这个学派的领军人物,他是一个保守的爱国者,但却不是一个民族主义者。从 1930 年代开始,他就是一个重要的保守派史学家。他当时主要是作为研究瑞典城市发展以及某些城市历史的史学家而闻名于世的,并且在"Stockholms Högskola"(即后来的斯德哥尔摩大学[University of Stockholm])获得了教席。但是,他在 1930 年代和战争期间的大部分精力都投入到了对古斯塔夫二世·阿道夫统治的研究,并撰写了多卷本的关于阿克塞尔·奥克森谢尔纳(Axel Oxenstierna)的政治生涯的传记。[①] 在他看来,瑞典国家的历史正是从瑞典脱离卡尔玛联盟开始的。但是,我们再来看韦布尔学派,可以发现该学派还是非常成功的。深受劳里茨·韦布尔的兄弟库尔特(Curt)影响的埃里克·伦罗特(Erik Lönnroth)在 1934 年写了一篇深刻隽永的论文,从法律史的角度探究了联盟的始终,进一步阐释了韦布尔的观点。[②] 这一论证是站在反民族主义的立场上的,导致了伦罗特和安隆德之间关于某些史料如何解释的激烈争论。伦罗特强烈反对在希特勒德国影响下出现在瑞典的民族主义思想。15 世纪托马斯主教(Bishop Thomas)曾写过一首诗,诗中说自由就是民族主义的证据,这个观点曾受到高特弗里德·卡尔森的追捧[③],而伦罗特正是要反对这个观点。所以,伦罗特对于卡尔玛联盟的分析的要点并非斯堪的纳维亚主义,而是反民族主义。

271

---

①　Nils Ahnlund, *Axel Oxenstierna intill Gustav Adolfs död*(Stockholm,1940).

②　Erik Lönnroth, *Sverige och Kalmarunionen*(Göteborg,1934).

③　例如 in ' Biskop Thomas' sång om Sveriges frihet ', in *Humanistiska vetenskapssamfundets i Lundårsbok*(1941)。

爱国主义与国家的历史

挪威人恩斯特·萨斯（Ernst Sars）最初作为斯堪的纳维亚主义的发起人而开始其史学生涯,在 1867 年却出现了巨大转变:他认为,"从宗教改革时期到今天为止,我们历史的核心内容是努力修补今古之间的裂痕,消除外国的影响,以及从历史中恢复国家统一性和连续性"。① 在挪威,贵族很早就已经消失,而人民(自由农)组成了卡尔玛联盟之前的国家核心部分,并且在 1814 年再次成为国家的核心。萨斯的反君主民族主义在他的《挪威史概况》(*Udsigt over den norske historie*,1873 - 1891)中有所体现。同时萨斯又是一个自由主义者,为丹麦自由党(Venstre)提供了理论支持,他早前曾经受到奥古斯特·孔德(Auguste Comte)的影响,也读过达尔文和斯宾塞的著作,相信所有的变化都处在进步的方向上。按照萨斯的看法,挪威国家因为自由农和缺乏贵族的历史原因,在社会组织中实质上是一个民主的国家。

在丹麦,从 1840 年代开始,一些史学家就将历史改造成民族运动的工具。克里斯蒂安·莫贝克和约翰·N. 马兹维(Johan N. Madvig)有着共同的民族主义观念,而这种观点正是历史协会(Historical Association)及其期刊《历史杂志》形成的基础。丹麦人民和丹麦语组成了民族主义的基础。使用丹麦语而非拉丁语,在国家历史写作中被当做头等大事。② 这种观念在卡尔·费迪南·阿伦(Carl Ferdinand Allen)、约翰内斯·斯廷斯特鲁普(Johannes Steenstrup),以及克里斯蒂安·埃斯莱乌的著作中以不同形式体现出来。他们共同完成了七卷本的《丹麦王国史》(*Danmarks Riges*

---

① *To Foredrag om Skandinavisme og Norskhed*(Christiania,1867); quoted in Dahl, *Norsk historieforskning*, 110.

② Claus Møller Jørgensen, *Humanistisk videnskab og dannelse i Danmark i det 19. århundrede*: *Reform*, *n-ationalisering*, *professionalisering*, 2 vols. (Århus, 2000),i. 190 - 191,216 - 220,225 - 231.

Historie，1895－1906），此书被广泛传播。人民及其语言有着自身的基础，这种观念并不止出现在 19 世纪反对德国的战争时期，也出现在丹麦王室日耳曼化的历史进程中。这种观念反对丹麦王国统一各种持不同语言的地区，即丹麦、挪威以及石勒苏益格和荷尔斯泰因公国的统一。①

民族主义思想在瑞典表现得非常学术化。耶耶尔关于国王和人民的原则性统一得到了卡尔森等人的发展与升华，耶耶尔对于自由农民的观念则为哈拉尔德·贾内（Harald Hjärne）所继承。当时的保守背景使得这些观点在上层社会中非常流行，但是却也从未达到萨斯提出的民族主义的流行程度。

272

不断崛起的专业化

19 世纪，在史学家中渐渐形成了专业化的气氛，其中有两个因素至关重要。其中之一，就是以一系列的价值观和基本理论假设来培养未来的史学家（比如"国家理性"［*Staatsräson*］，亦即国家利益的作用；还有"历史主义"［*Historismus*］，亦即不同社会单元和社会实体之间相互作用并向前发展），如此一来，对历史事件的判定就有了共同的基础。另一个因素，就是方法论的发展，这与上述理论基础有着一定联系，但并不紧密。

在实现第一个条件方面，兰克做出了极为重要的贡献。他和他的学生们形成了学术群体，讨论并积极推动一个历史的学术共同体的形成，在这种共同体中，大家分享一些共同的概念和立场。当弗雷德里克·费迪南德·卡尔森年轻的时候，曾是耶耶尔寄予厚望的学生，他在欧洲游学两年，并在 1835—1836 年期间在柏林大学学习了 5 个月。在那里，他聆听了兰克（及其他人）的课程，并且参与了兰克的实践练习课和研讨班。在乌普萨拉大学任教授职位时，卡尔森将这种教育体系引入了瑞典的环境。1861 年，他在乌普

---

①　Ibid.，ii. 560－590.

萨拉大学成立了一个历史协会，并召集了几位得意门生作为协会的核心成员。这个协会和兰克的非正式研讨班有着异曲同工之妙。学生在协会中提出自己对某一问题的想法，教授则与他们讨论，形成了一个研究历史应该如何被解释的团体。[①] 挪威的凯泽和蒙克与瑞典的耶耶尔都有自己的追随者，并被视作是各自"学派"的创始人，但是卡尔森率先尝试兰克的模式，这就开始了斯堪的纳维亚的历史学专业化的转型。

史学杂志对于建立专业化团体至关重要。当丹麦的《历史杂志》于 1840 年创刊时，它吸引的是那些对历史感兴趣而有民族觉醒意识的人们。1839 年初，在一场定期举行的会议上，两位教授开始担任领导职务，一位教授成为了协会的主席，而另一位担任秘书。后者负责创办杂志。"奖学金制度"（Scholarship）是协会的一项重要功能。由此，丹麦历史协会成为欧洲各国历史协会和杂志的首个模版，成为历史学专业化的重要载体。第一期杂志刊行于 1840 年，其中包括一些历史文献。而由协会秘书克里斯蒂安·莫贝克主笔的第一篇论文，强调了历史协会对于民族主义和专业化的重要意义。[②]

另一个追随这种模式的斯堪的纳维亚国家，则在十多年之后才姗姗来迟。1870 年，挪威成立了一个历史学协会，而协会的章程表明，协会将出版一份"致力于历史学术的杂志"；事实上，挪威语的措辞使用的是一个更加犀利的词汇——"科学"（Videnskabelighed）。五位顶级的史学家被选入协会的主席团，国家档案专家伯克兰担任主席。当瑞典的历史协会于 1880 年成立时，多多少少重复了挪威的过程。同样也是成立了一个协会，声称创办杂志是协会的主要目的，并且于 1881 年出版了第一份杂志。挪威的《历史杂志》，

---

① Rolf Torstendahl，'From All-Round to Professional Education：How Young Historians Became Members of an Academic Community in the Nineteenth Century'，*Leidschrift*，25（2010），17 - 31.

② Christian Molbech，'Om Historiens nationale Betydning og Behandling'，[Danish] *HistoriskTidsskrift*，1（1840），1 - 44.

名称是"*Historisk tidsskrift*",而丹麦的《历史杂志》则是"*Historisk tidskrift*"(在这些杂志的名称中通常加上国名以作区别)。这个协会是由曾任教育部部长的卡尔森主持的,协会秘书兼杂志主编则是埃米尔·希尔德布兰德,他当时还是一所体育学校的教师,后来成为国家档案专家。

这些创始人都不曾幻想学术性研究会对大众有吸引力。他们认为新知识的传播可以分两步走,新创办的杂志成为学校教师的信息来源,继而历史学的专业化有可能会影响到大众。

关于方法论与认识论的争议(1880—1945 年)

在北欧各国的史学团体中都出现了许多争议,但是由于北欧三国的历史很大程度上交织在了一起,因此对于这段历史他们有着共同的反应。在 19 世纪和 20 世纪之交,北欧三国对于方法论和(现在所称的)专业化有过一场激烈的讨论。约翰·德罗伊森的《历史知识理论》(*Grundrissder Historik*,1867)、伯伦汉(Ernst Bernheim)《史学方法论》(*Lehrbuchder historischen Methode*,1889)和朗格卢瓦(Charles V. Langlois)和瑟诺博斯(Charles Seignobos)的《史学原论》(*Introduction aux etudes historiqu es*,1898)等著作的出现,为反思历史学的方法论及其认识论基础提供了新的标准。[1] "国际历史科学大会"(Cish Comité international des sciences historiques)则为推进历史学的新一轮专业化提供了讨论的平台。[2] 一些斯堪的纳维亚的史学家积极参与这些国际活动。哈尔夫丹·库特(Halvdan Koht)在 1926—1933 年间担任国际历史科学大会主席,而 1928 年国际历史科学大会就在奥斯陆举行。从 19 世纪开

---

① Rolf Torstendahl, 'Fact, Truth, and Text: The Quest for a Firm Basis for Historical Knowledgearound 1900', *History and Theory*, 42(2003), 305 - 331; and id. , 'Historical Professionalism: A ChangingProduct of Communities within the Discipline', *Storia della Storiografia*, 56(2009), 3 - 26.

② CISH 也常被称为 ICHS 或者"国际历史科学大会"。

始，斯堪的纳维亚史学界中专业化的议题一直得到热烈讨论，任国际历史学会主席的库特则积极参与了研究自由化的提议。[①]

有几位自 1880 年前后开始学术生涯的史学家努力促进了历史学的专业化。他们中最重要的一位就是克里斯蒂安·埃斯莱乌。他从 24 岁起，也就是 1876 年开始对丹麦的历史文献做出了系统而严谨的编纂工作。为了这个目的，他还主导成立了一个历史协会。《德意志历史文献集成》（*Monumenta Germaniae Historica*）的编辑组所推崇的方法论对他影响甚大。从 1878 年开始，他在柏林大学学习，参与德罗伊森和卡尔·威廉·尼切（Karl Wilhelm Nitzsch）的课程，并且和尼切、乔治·魏茨（Georg Waitz）一起参与实践训练，这些经历对他的影响则更大。他把所学全都带回了哥本哈根大学。他开创的讨论班，以及给学生的实践训练，逐渐有了名气。他还出版了一部关于史学方法的著名教科书，[②]其基础是在 1892 年就史学方法写的一本不见经传的小册子。[③]"史料批判"（source criticism）成为了他和他的团体的口号，并且他在创建这种观念的时候受到同胞尤利乌斯·阿尔贝特·弗雷德里卡（Julius Albert Fridericia）的不少帮助。此前已经提及，对于斯堪的纳维亚中世纪历史中某些重要问题，埃斯莱乌也曾经参与讨论。他试图将自己提倡的方法论和历史叙述结合起来，以此成为"综合"。他的想法是叙述性的，但是他的方法则被人称作"史料实证主义（source positivism）"。[④]

通过埃斯莱乌的努力，思想的传播和史学方法的训练之间的界限变得模糊起来。瑞典人哈拉尔·贾内的工作也同样如此，他对于中世纪文本的实践训练，对于自卡尔森开始在乌普萨拉大学的

---

① Karl Dietrich Erdmann, *Toward a Global Community of Historians*：*The International Historical Congresses and the International Committee of Historical Sciences*, *1898 - 2000*（New York and Oxford，2005），122 - 161.

② Kristian Erslev, *Historisk teknik*（Copenhagen，1911）.

③ *Grundsætningeer for historisk Kildekritik*（Copenhagen，1892）.

④ Jens Christian Manniche, *Den radikale historikertradition*：*Studier i dansk historievidenskabsforudsætninger or normer*（Århus，1981），205.

历史协会中持续进行的讨论来说，构成了补充作用。这种训练是指根据文本的来源对中世纪文本进行解读与理解，这是流行于《德意志历史文献集成》的学术圈中的做法。然而，贾内在史学倾向上并不强调方法论。他是一个著名的讲师，并且周围有一群自己的学生，他的学生在课后也会紧随导师聆听教诲。他的观点属于兰克学派，关注国家体系、国家的特征、东西方的差异和这一时期的其他问题。贾内逐渐成为一个公开的保守派史学家，思想带有民族主义色彩，这也就是为什么他要赞扬 17 世纪和 18 世纪瑞典所坚持的"东方的屏障"（Barrier to the East）这一角色。

275

　　这样一来，方法论成为了历史学专业化的重要部分，而不仅仅是在史学研究中运用某些方法的能力。将这些史学方法和各种政治思想结合起来是有可能的：贾内是一个保守主义者，而埃斯莱乌则是一个自由主义者，而这一点在 20 世纪中表现得越来越明显。

　　在挪威，瓦尔·尼尔森（Yngvar Nielsen）和古斯塔夫·斯托姆（Gustav Storm）使专业化的史学思想出现了显著的转变。斯托姆曾在柏林大学学习，见过德罗伊森、尼切和蒙森，以及许多其他的史学家。他将一种方法论的严谨性带回国内，这种严谨常常见诸某些暑期课程的小册子里，但是他本人则比起那些方法论理论家更具有批判性的实践经历。[1] 他和尼尔森发现了挪威中世纪历史中的一些问题，并且试图通过对史料的严谨分析而加以解决。这种对历史的态度与萨斯截然不同，后者常常遭受前者的批评。从他们的史学著作中很难看出他们的政治观点，然而萨斯则将史学写作当成是表达政治观点的一种工具。

若干辩论主题以及方法的作用

　　卡尔玛联盟并不是帕卢达-米勒在后续的讨论中唯一关注的一

---

[1]　Gustav Storm, *Indledning i Historie*（Oslo，1895）；亦可参见 Dahl, *Norsk historieforskning*，201。

项主题。另一项主题是他从 1871 年开始着手的对于 17 世纪早期手稿的研究，即《论瓦尔德马国王地簿》(*Om Kong Valdemars Jordebog*)。这份手稿讨论的是丹麦王国中的地税问题。帕卢达-米勒将其作为"历史的贵重遗赠"，给书史作练字之用。这是对这份手稿的首次充分研究，但绝不是最后一次，帕卢达-米勒就此对国家历史的传统提出了挑战。

在此之后，首位继续研究瓦尔德马地簿的学者是约翰内斯·斯廷斯特鲁普。他就这个问题写了一部著作，概览了丹麦 13 世纪的行政和社会组织，[①]但是对手稿形式及内容的技术性分析还并不深入。埃斯莱乌则做出了更具技术含量的研究，他的著作《瓦尔德马的伟大时代》(*Valdemarernas Storhedstid*，1898)对当时的统治者及其所处时代做出了全面的叙述，同时也探讨了应该如何理解瓦尔德马地簿这一问题。在该书中，他和斯廷斯特鲁普的立场相近，不过他对文献的分析更加深入。埃斯莱乌的立场在劳里茨·韦布尔的著作《丹麦书籍审查》(*Liber census Daniae*，1916)中受到挑战，该书的瑞典文副标题是"瓦尔德马国王的地簿"。韦布尔试图说明，这部登记册是由来自丹麦王国不同部分的账目组成的，说明了当时税收的征收与支付的情况。韦布尔的后继者是他之前的学生斯图雷·博林(Sture Bolin)。博林在一篇 1929 年发表的文章中，在涉及计哈兰省(Halland)部分的登记册中巧妙地尝试了数学模型的方法。[②]他细致的论证揭露了前人的不少纰漏。从某种意义上说，关于瓦尔德马国王地簿的讨论对于学术发展有着典范性作用，因为它表现了方法论和观点的逐渐精炼。不过，该问题最后应用了数学模型，却并非一种典型的史学方法。

丹麦人埃德温·耶森(Edvin Jessen)在其严谨的批判性著作《北欧古代史研究》(*Undersøgelser til nordisk Oldhistorie*，1862)中，试图奠定对萨迦这种史料的处理范式。他拒绝了以往关于萨

---

① S*tudier over Kong Valdemars Jordebog* (Copenhagen，1874).

② 'Hallandslistan i Kung Valdemars jordebok'，*Scandia*，2(1929)，161-228.

迦的传统看法，认为史学家应当完全依靠历史发生时代的史料。挪威人古斯塔夫·斯托姆则采取更为中庸的立场，并不想完全抛弃这些没有证据支撑的传说成分。在史学原则上，他倾向德罗伊森在《历史知识理论》(*Historik*)中提出的史学方法，仔细地从二手史料中提炼原始史料，以及从后世的史料中提炼发生时代的成分。但是对于后一代的史学家来说，这么做显然不够。

韦布尔在他的《对公元 1000 年前后的北欧历史的批判研究》(*Kritiska undersökningar i Nordens historia omkring år 1000*, 1911)中，认为萨迦应当被当成文学材料分析，而非历史史料。他在关于一些历史事件的描述中发现了众所周知的文学技巧，并希望对这些构成萨迦的元素进行仔细的分析。在这些萨迦中，插入了一些古代的诗歌，可能与事件是同时代的，值得单独进行研究。他在另外的几篇论文中继续了这一批判性研究，和他的兄弟库尔特进行紧密合作，库尔特从 1915 年起在论萨克索的论文中就有类似的宗旨。兄弟两人希望去除旧有的瑞典和丹麦历史观念，因为他们认为这些观念是没有事实基础的。这样，他们同时也挑战了两个国家的民族情感。

只有严谨的史学方法，还远远不够。韦布尔兄弟两人很快地建立起自己的学派，有着自己的门徒，但同时在认识论上又不同于德国史学正统。他们没有接受德罗伊森和伯伦汉的建议：史学家应当考察所有可能性，最终采取可能性最大者；事实上，他们不接受所谓的可能性。他们显然深受朗格卢瓦和瑟诺博斯的影响，并且坚信他们所说的，批判会消除那些超自然的因素，正是后者会导致神话变成可信的事物，让卡拉巴斯侯爵(the Marquis of Carabas)作为一个历史人物而存在。[①] 所以他们认为，古代的叙述中完全不存在事实。

在挪威和丹麦，20 世纪初的新旧史学家之争并不像瑞典那样集中在史学方法和认识论上，而是涉及政治观点。爱德华·布尔

---

① 有关 Langlois 和 Seignobos 的论述，参见 Rolf Torstendahl，'Fact，Truth and Text'，325 - 326。

（Edvard Bull）和哈尔夫丹·库特成为了挪威史学界的开拓者，不仅仅因为他们在治学方法的严谨上和尼尔森、斯托姆一脉相承，更是由于他们的史学中出现了唯物主义。按他们的观点，关于挪威的历史书写，阶级斗争才是中心主题。举例来说，库特将中世纪挪威的民族团结视作掌权的地主的联合——"他们建立起一个民族王国，以此作为实施他们阶级权利的工具"。[①] 通过教学和他们在学术圈的身份、名声，库特和布尔对史学界产生了直接或间接的深刻影响。库特相信历史专业需要更大的统和性，他从 1912 年起担任挪威史学协会的主席，组织了多场会议来讨论一些核心问题。他的改革并不持久，但是对于更加紧密地统和学术界有着重要作用。这样一来，方法论的专业化就和史学界的组织化、整合化同步发展。

库特和布尔对于史料的考究非常仔细，他们的著作和韦布尔的有许多相似之处。后者在 1911 年的《对公元 1000 年前后的北欧历史的批判研究》一书序言中说，"当我们去除了传说和神话之后"，7 世纪的历史只能确定一些独立的事件以及历史发展的大致脉络。但是他们的基本态度却完全不同。从历史编纂的角度来分析，库特和布尔似乎将史料批判视作维持历史唯物主义（这是他们治史的关键特征）的学术价值的一项工具。[②] 他们通过对于古代叙述性材料的批判，将史学著作的主题从战争和掌权者转移到经济、政治和制度等方面的状况上来。

在丹麦，埃斯莱乌 1911 年出版的手册《历史技艺》（*Historisk teknik*）成为了史学家的标准读物。该书在斯堪的纳维亚国家广泛

---

① 引用的此句最早出现在 1919 年的一本著作中，参见 Dahl, *Norsk historieforskning*, 247；相似的观点从此经常出现在库特（Koht）的著作中。有关库特和布尔（Bull）的唯物主义史观请参见 Dahl, *Historisk materialisme：Historieoppfatningen hos Edvard Bull og Halvdan Koht*（Oslo, 1952）。

② Dahl, *Norsk historieforskning*, 235–243; and Sverre Bagge, 'The Middle Ages', in William J. Hubbard et al.（eds.）, *Making a Historical Culture：Historiography in Norway*（Oslo, 1995）, 117–121.

传播,并且直到二战之后都出现在学校的教学中。但是,该书的观
点不仅在丹麦,还在外国受到了挑战。早期的质疑者是埃里克·
阿吕普(Erik Arup)。他从 1917 年开始在丹麦《历史杂志》担任了
七年的主编,期间发现,编辑部有许多埃斯莱乌的学生,他们想要 278
这份杂志紧密追随他们导师的方法论的教导。阿吕普的两卷本
《丹麦史》(*Danmarks Historie*,1925 - 1932)对历史进行了深刻的
研究,但由于视野涵盖了经济史的内容,使得他的研究路径与前人
完全不同。当阿吕普因为自己的见解遭到攻击的时候,他区分了
德国和法国史学方法的不同传统,并且认为埃斯莱乌的立场追随
德国传统,而自己追随法国传统。阿吕普略显草率地将自己的研
究称作"关于史实的虚构"(虚构在丹麦语中在这方面有着美学的
含义),但是他又想让自己的研究与那种把史料当成历史学中心的
研究拉开距离。①

　　在史学方法和对史料的运用方面最激烈的争论出现于德国占
领丹麦时期。起因是 1941 年阿克塞尔·E. 克里斯滕森发表了一
篇论文——《1600 年前后荷兰在波罗的海的贸易:安全通行费登
记册(Sound Toll Register)和荷兰船运记录的研究》。从标题就可
以看出,克里斯滕森使用了两组史料,因其反映了荷兰在波罗的海
的贸易信息和贸易量而对其价值加以评定。阿斯特丽德·弗里斯
(Astrid Friis)此前曾考察过"安全通行费登记册",她在一篇尖锐的
评论中试图说明,克里斯滕森像其他人一样,太过轻信记录中货运

---

① Erik Arup, review of *Religionsskiftet I Norden* by V. Grønbech,[Danish]
　 Historisk Tidsskrift,8:5(1913),108. 有大量关于阿吕普(Arup)的著作,以及
　 他和"埃斯莱乌学派"(the Erslev School)的斗争请参见 Hans Kryger, *Larsen
　 Erik Arup:en historiografisk undersøgelse af Arups videnskabsog historiesyn
　 1903 - 1916*(Odense, 1976);Erling Ladewig Petersen, 'Omkring Erik Arup:
　 struktur og grænser i moderne dansk historieforskning', in [Danish] *Historisk
　 Tidsskrift*,78(1978),138 - 182;and Thyge Svenstrup, *Arup:En biograf i om
　 den radikale historiker Erik Arup, hans tid og hans miljø*(Copenhagen, 2006)。

的数量和种类了。① 克里斯滕森则回应说，在其他的史料中也有着反映这些贸易的资料。在后续的辩论中，弗里斯承认可以确定商船的数目，但是无法确定船运的次数，但是克里斯滕森坚持自己此前的观点。② 这就激化了关于对史料的分析和正确运用史料的辩论。

阿斯特丽德·弗里斯由于是第一位丹麦女教授而闻名，她在国际学界也享有盛名。作为女性，她本来不寄希望能获得教授职位，当她 1939 年首次在奥尔胡斯（Århus）大学申请教授职位时，被另一位成就不如她的男性竞争者抢先，这位学者就是 C. O. 伯格吉尔德·安德森（C. O. Bøggild Andersen），因其人格特点中的"想象移情"（fanciful empathy）而为人所知。③ 弗里斯在六年之后于哥本哈根大学担任教授，终于一雪前耻。她的国际性声誉建立在关于早期现代经济史方面的研究上，主要著作有《阿尔德曼·科凯恩的计划以及布匹贸易：英格兰的主要商业政策》（*Alderman Cockayne's Project and the Cloth Trade：The Commercial Policy of England in its Main Aspects*，1927），这部书使得她在英国史学界闻名，托尼（R. H. Tawney）在《经济史评论》杂志中对此书也给予了好评。④

结语

1800—1945 年间，斯堪的纳维亚出现了渐进式的史学专业化过程。首先，史学家将民族主义的观念和斯堪的纳维亚主义作为

① Review of *Dutch Trade to the Baltic about 1600* (1941) by A. E. Christensen，in [Danish]*Historisk tidsskrift*，11：6(1944)，702 – 713.
② 弗里斯对于克里斯滕森著作的介绍，以及她本人对自己著作的介绍，参见[Danish]*Historisk tidsskrift*，11：1(1946)，216 – 227 and 227 – 238；528 – 539 and 539 – 549。
③ Obituary by Povl Bagge in [Danish]*Historisk Tidsskrift*，12：3(1995)，174 – 177.
④ 弗里斯女士的这本著作是关于英国 17 世纪经济状况研究的最重要的著作之一。R. H. Tawney，Review of *Alderman Cockayne's Project and the Cloth Trade* (1927) by Astrid Friis，*The Economic History Review*，2：1(1929)，155。

政治策略,以此整合史学界。早期的丹麦《历史杂志》最初就是为了这个目的而创刊的。此后,来自国际的影响,以及国内的杂志、研讨班也有助于形成史学方法和理论工具,从而塑造历史学的共同体。其中,史学方法以及认识论的前提预设,引发了激烈的争论。不同的专业观点互相对立,但是,20 世纪早期的观点和 19 世纪早期得到广泛接受的观点之间,已经有着显著的差异。每个北欧国家都出现了自己的历史学术圈,但是其中旧思想还是要和新思想进行斗争。这种斗争一直没有彻底结束。在挪威,布尔和库特领导了新观念的胜利,阿吕普在丹麦则苦苦挣扎、孤军奋战,而劳里茨和库尔特·韦布尔的学生们依然在为他们在瑞典学术圈中的地位奋斗着。

大事年表/关键日期

丹麦

1807 年	英国人对丹麦船队的袭击使得丹麦转向与拿破仑结盟
1814 年	瑞典作为反拿破仑联盟中的一员攻击了丹麦,并使后者在《基尔和平条约》(Kiel peace treaty)中割让挪威
1848—1849 年	"三月革命"为新宪法的出台铺平了道路
1864 年	与德国因争夺石勒苏益格而发起战争,最终丹麦战败
1901 年	第一届基于议会多数党的政府
1918 年	冰岛宣称同是丹麦国王领导下的一个独立国家
1940 年	德军占领丹麦

挪威

280

1814 年	挪威拒绝接受《基尔和平条约》,并以实施新法律作为与瑞典结盟的条件
1829 年	国王(卡尔十四·约翰,贝尔纳多特王朝第一代)

	希望融合挪威和瑞典的计划最终失败
1891 年	挪威总督机构被废除，建立挪威领事馆的努力开始
1905 年	和平解除与瑞典的联合，获得独立
1914—1918 年	挪威在第一次世界大战中是中立国
1920 年	斯匹茨卑尔根岛（Spitzbergen）被世界公认为是挪威的一部分
1940 年	德军侵入挪威

瑞典

1809 年	曾属于瑞典的芬兰被划归沙俄
1810 年	马歇尔·贝纳德（Marshal Bernadotte）被选为瑞典王室的继承人
1814 年	挪威被迫加入挪威-瑞典联盟，之前其一直是丹麦-挪威联盟的一部分
1865 年	"国民等级代表制"在议会中被废除
1914 年	在"庭院危机"中国王努力恢复失去的政治势力
1914—1918 年	瑞典在第一次世界大战中保持中立
1939 年	瑞典政府宣布在第二次世界大战中保持中立

主要历史文献

Ahnlund, Nils, *Axel Oxenstierna intill Gustav Adolfs död* (Stockholm，1940).

Allen, Carl Ferdinand, *De tre Nordiske Rigers Historie*，7 vols. (Copenhagen，1864 - 1872).

Arup, Erik, *Danmarks Historie*，2 vols. (Copenhagen，1925 - 1932).

Bull, Edvard, *Historie og politikk*(Oslo，1933).

Carlson, Frederik Ferdinand, *Sveriges historia under konungarne af Pfalziska huset*，7 vols. (Stockholm，1855 - 1885).

Erslev, Kristian, *Dronning Margarethe og Kalmarunionens Grundlæggelse* (Copenhagen, 1882) (first volume of his *Danmarks Historie under Dronning Margaretheog hennes nærmeste Efterfølgere*).

Fridericia, Julius Albert, *Adelsvældens sidste Dage: Danmarks Historie fra Christian IV's Død til Enevældens Indførelse* (1648 - 1660) (Copenhagen, 1894).

Fryxell, Anders, *Berättelser ur svenska historien*, 46 vols. (Stockholm, 1823 - 1878).

Geijer, Erik Gustaf, *Svenska folkets historia*, 3 vols. (Stockholm, 1832 - 1833).

Jessen, Edwin, *Undersøgelser til nordisk Oldhistorie* (Christiania, 1862).

Keyser, Rudolf, *Den norske Kirkes Historie under Katholicismen*, 2 vols. (Christiania, 1856 - 1858).

Koht, Halvdan, *Innhogg og utsyn i norsk historie* (Christiania, 1921).

Lönnroth, Erik, *Statsmakt och statsfi nans i det medeltida Sverige* (Göteborg, 1940).

Munch, Peter Andreas, *Det norske Folks Historie*, 7 vols. (Christiania, 1852 - 1863).

Nielsen, Yngvar, *Af Norges Historie* (Stockholm, 1904).

Paludan-Müller, Caspar, *Kong Valdemars Jordebog: et Stridsskrift* (Copenhagen, 1874).

Sars, Ernst, *Udsigt over den norske historie*, 4 vols. (Christiania, 1873 - 1891).

Steenstrup, Johannes, *Normannerne*, 4 vols. (Copenhagen, 1876 - 1882).

Storm, Gustav, *Kritiske Bidrag til Vikingetidens Historie* (Christiania, 1878).

281

Weibull，Curt，*Saxo*（Lund，1915）.

Weibull，Lauritz，*Nordisk historia*，3 vols.（Stockholm，1948 – 1949）.

参考书目

Alenius，Marianneet al.（eds.），*Clios døtre gennem hundrede år. I anledning af historikeren Anna Hudes disputats 1893* （Copenhagen，1994）.

Björk，Ragnar，*Den historiska argumenteringen：Konstruktion，narration och kolligation*

förklaringsresonemang hos Nils Ahnlund och Erik Lönnroth （Uppsala，1983）.

Björk，Ragnar，and Johansson，Alf W.，*Svenska historiker* （Stockholm，2009）.

Børresen，Anne Kristine，Myhre，Jan Eivind，and Stugu，Ola Svein （eds.），*Historikerne som historie：Rapport fra HIFO-seminariet 1995*（Trondheimt，1996）.

Dahl，Ottar，*Historisk materialisme：Historieoppf atningen hos Edvard Bull og Halvd-an Koht*（Oslo，1952）.

Dahl，Ottar，*Norsk historieforskning i det 19. og 20. århundre*（4th edn，Oslo，1990）.

Fulsås，Narve，*Historie og nasjon：Ernst Sars og striden om norsk kultur*（Oslo，1999）.

Gunneriusson，Håkan，*Det historiska fältet：Svensk historievetenskap från 1920-talet till 1957*（Uppsala，2002）.

Hasselberg，Ylva，*Industrisamhällets förkunnare：Eli Heckscher，Arthur Montgomery，Bertil Boëthius och svensk ekonomisk historia 1920–1950*（Hedemora，2007）.

Hubbard，William J. et al.（eds.），*Making a Historical Culture：*

Historiography in Norw-ay(Oslo, 1995).

Jørgensen, Claus Møller, *Humanistisk videnskab og dannelse i Danmark i det* 19. *Århundrede*: *Reform*, *nationalisering*, *professionalisering*, 2 vols. (Århus, 2000).

Linderborg, Åsa, *Socialdemokraterna skriver historia*: *Historieskrivning som ideologisk maktresurs 1892 - 2000* (Stockholm, 2001).

Manniche, Jens Christian, *Den radikale historikertradition*: *Studier i dansk historievidenskabs forudsætninger or normer* (Århus, 1981).

Meyer, Frank and Myhre, Jan E. (eds.), *Nordic Historiography in the 20th Century*(Oslo, 2000).

Odén, Birgitta, *Lauritz Weibull och forskarsamhället* (Lund, 1975).

Schück, Herman, '" Centralorgan för den svenska historiska forskningen": Historisk tidskrift från sekelskiftet till 1960-talets början', [Swedish]*Historisk tidskrift*(1980),92 - 139.

Schück, Herman, *Hans Forssell*: *Historiker*, *publicist*, *statsråd* (Stockholm, 2001).

Svenstrup, Thyge, *Arup*: *En biografi om den radikale historiker Erik Arup*, *hans tid og hans miljø*(Copenhagen, 2006).

Tiemroth, Jens Henrik, *Erslev—Arup—Christensen*: *Et forsøg på strukturering af en tradition i dansk historieskrivning i det* 20. *århundrede*(Copenhagen, 1978).

Torstendahl, Rolf, *Källkritik och vetenskapssyn i svensk historisk forskning 1820 -1920*(Uppsala, 1964).

282

喻 乐 译

第十四章　低地国家的历史写作

乔·托贝克

　　随着拿破仑在 1815 年的战败,低地国家在"联合尼德兰王国"的旗帜下统一起来。先前在 16 世纪独立并且构成新政府北部的共和国,在 1813 年成为一个君主国家,在此基础上加上了"南部尼德兰"。威廉一世国王(King William I)作为北部奥兰治王朝的继承者,面临的是一个艰巨的任务:他应如何将两个自 16 世纪起就已分裂且有着各自特色的地区,整合成一个中型国家,以制衡帝国主义的法国,同时又要达到内部的团结一致呢?北部和南部要怎样才能合成一个整体呢?

　　历史学在整合的政策中需要发挥作用:如果南北两部分有着共同的历史,将会大大强化它们在当代的统一。故此,在 1826 年举行的一场公开的征文活动中,威廉一世邀请了国内的史学家和文人草拟一份尼德兰通史的详细计划。① 提出最佳历史纲要的人将有权使用"国家历史作家"的称号。与此同时,也有人指出,关于尼德兰的大部分史料都尚未得到研究或处理。所以,未来还要提供资金用于查找、编纂以及出版史料。

　　1826 年的征文活动中,有许多参与者向国王强调,应该重视后一项任务:毕竟,如果史料都没有找齐,任命"国家历史作家"又有什么意义呢?有人呼吁成立一个中央委员会,或者有可能的话,成

---

① 参见 e. g. P. A. M. Geurts, ‘Nederlandse overheid en geschiedbeoefening 1825 - 1830’, *TheoretischeGesc-hiedenis*,9(1982),304 - 328。

立两个委员会,北部的设在海牙,南部的设在布鲁塞尔,以此编辑档案并且准备正式出版最具重要性的一批文献。1827 年,上述的委员会确实在布鲁塞尔成立了,当时有七名委员;但是,北部的同等机构却未能成立。至少在当时,整个计划都没有什么太大的意义:1830 年,一场带有自由主义和民族主义的革命出现在南部,并且终结了尼德兰联合王国。低地国家再次被一分为二。南部出现了一个新国家,也就是比利时王国,其元首是萨克森-科堡王室(House of Saxe-Coburg)的王储。在北部,尼德兰仍然是一个王国,其元首来自奥兰治王室(House of Orange)。在这种革命之后的背景下,史学对于国家和民族的形成依然有着重要意义。

284

　　在南部,史学写作被用于维护诞生于革命的新国家的合法性。史学家认为比利时或许是一个年轻的国家,但是比利时民族却是一个有着光荣传统的古老民族。换言之,1830 年成立的国家有着历史渊源,借此说明比利时并非那些急于承认它的欧洲列强的外交博弈的成果,而是与生俱来的民族意识的体现。如同许多其他的欧洲国家一样,爱国主义——没有人会怀疑比利时的爱国主义存在的合理性——和热忱的浪漫主义有着紧密联系。

　　在这种爱国主义和浪漫主义的兴奋中,比利时历史被看成是民族的历史。① 尽管许多历史协会(比如成立于 1838 年的"西佛兰德斯历史与文物研究协会")继续鼓励地方的、区域的或省份的史学活动,史学写作首先是民族的历史书写。② 对民族史诗的研究成为了特别的史学门类,早在 18 世纪末期就已经开始了(当时"南部尼德兰"尚处于奥地利帝国范围内)。③ 在 1830 年之后的 20 年内,出

---

① 详细介绍请参见 Jo Tollebeek, 'Historical Representation and the Nation-State in Romantic Belgium(1830 - 1850)', *Journal of the History of Ideas*, 59(1998), 329 - 353; and Evert Peeters, *Het labyrint van het verleden: Natie, vrijheid en geweld in de Belgische geschiedschrijving 1787 - 1850*(Leuven, 2003).

② Sven Vrielinck and Romain van Eenoo, *IJveren voor geschiedenis: 150 jaar Genootschap voorGeschiedenis 'Société d'Emulation' te Brugge*(Bruges, 1989).

③ 参见 Tom Verschaffel, *De hoed en de hond: Geschiedschrijving in de Zuidelijke Nederlanden1715 -1794*(Hilversum, 1998)。

现了"比利时历史"的大泛滥。西奥多·朱斯特（Théodore Juste）在1841年出版了大受好评的《比利时史》（*Histoire de Belgique*），为这个题目写了不下四万页的文字。

尽管如此，书写民族的历史并非易事。举例来说，比利时的历史是由一系列的政权交替组成的——从西班牙和奥地利的哈布斯堡王朝到法国大革命和拿破仑，再到仅存在了几年就退出历史的荷兰——这一点是无可置疑的，那么，史学家要怎样在这种历史中创造出连续性呢？还有，比利时的民族历史不可避免地涵盖了许多独立诸侯国的历史，史学家要怎样在这种历史中加入统一的概念呢？对于比利时历史中的不确定和多样性，史学家运用的手段之一就是借助于比利时历史中一再出现的主题。比如，比利时历史不就是一系列的外国统治的连续吗？① 最全面的看法则是：比利时的历史是一系列争取自由的斗争史（1830年的革命是最后阶段），而那些经济发达文化昌盛的时代则有赖于有道明君的统治（新登基的国王利奥波德一世就是最近的一位）。这种理解也有助于决定什么人能成为民族英雄。② 朱斯特和他的同僚意识到，纪念那些继承国家遗产的英雄能长久地强化民族的统一。

宏大的爱国主义和浪漫主义的历史叙述符合更广泛的历史文化：在纪念碑、纪念历史事件的游行、历史题材画作、历史小说和历史戏剧中，民族的历史不断地吸引着人们注意，并且得到神圣化。③ 比利时的历史就这样全方位地得以展现，其中，文字和图像相得益

---

① Jean Stengers, 'Le mythe des dominations étrangères dans l'historiographie belge', *Belgisch Tijdschrift voor Filologie en Geschiedenis / Revue belge de Philologie et d'Histoire*, 59(1981),382-401.

② Jo Tollebeek and Tom Verschaffel, 'Group Portraits with National Heroes: The Pantheon as an Historical Genre in Nineteenth-Century Belgium', *National Identities*, 6(2004),91-106.

③ 比如可参见 Tom Verschaffel, 'Het verleden tot weinig herleid: De historische optocht als vorm vande ro-mantische verbeelding', in Jo Tollebeek, Frank Ankersmit, and Wessel Krul(eds.), *Romantieken historisc-hecultuur*(Groningen, 1996),297-320.

彰;"比利时史"中运用的大量插图也发挥了同样的作用。^①对民族历史的视觉呈现和虚构也使得民族历史获得了广泛的大众,因此,政府也乐于促进这种历史文化。政府实行了积极的文化政策,包括委任艺术家们等一系列办法,以便让更多的比利时人专注于本民族的荣耀。

政府还开始为历史写作这一事业本身设置机构,因为民族史学既需要活力和激情,同时也需要稳定和博学。所以在独立后不久,比利时就成立了一个档案系统的组织:在活力无限的路易斯-普洛斯贝尔·加沙尔(Louis-Prosper Gachard)的主导下,"国家档案总局"(General National Archive)得以成立,史料得到编纂(并且目录也得以发表),并且向国外派出代表寻找涉及比利时历史的史料。与此同时,在1834年,政府成立了一个出版本国历史史料的委员会。^②这个"皇家历史委员会"(Royal Historical Commission)的主要宗旨最初是研究中世纪编年史,还不能和德国的同等团体相媲美,^③但是它成为了新兴的历史研究的中心。1845年,"比利时人物传记委员会"(Commission for National Biography)的设立,以及"比利时皇家科学院"(Belgian Royal Academy for Science)为本国历史设置五年一评的奖项,代表了历史研究的进一步发展。

在尼德兰,革命之后的历史写作目的和比利时有所不同:尼德兰的任务不在于维护新国家的合法性,而在于如何处理这次损失。1830年的比利时革命,使得尼德兰丧失了作为一个中型国家的地位。在这种背景下,历史写作成为了一项心理补偿的工作:尼德兰

286

---

① Tom Verschaffel *Beeld en geschiedenis*: *Het Belgische en Vlaamse verleden in de romantische boekillust-raties*(Turnhout, 1987).

② *La Commission Royale d'Histoire* 1834 – 1934: *Livre jubilaire composé à l'occasion du centième anniver-saire de sa fondation*(Brussels, 1934).

③ Walter Prevenier, 'De mislukte lente van de eruditie in België na 1830', in Jo Tollebeek, Georgi Verbe-eck, and Tom Verschaffel(eds.), *De lectuur van het verleden*: *Opstellen over de geschiedenis vande ges-chiedschrijving aangeboden aan Reginald de Schryver*(Leuven, 1998), 263 – 272。

的史学家的主要议题不是要把尼德兰(像比利时那样)描绘成一个有古老民族渊源的国家,尽管它确实成立不久,而是要把尼德兰描绘成一个虽承认自己面积小,却能以光辉历史为傲的国家。

这光辉历史的核心又是什么呢？1833 年,在威廉·比尔德狄克(Willem Bilderdijk)逝世后出版的《民族的历史》(*Geschiedenis des vaderlands*)中,这一点毫无疑义。备受重视的比尔德狄克认为尼德兰的荣耀来自奥兰治王室：在历史上——也就是在共和国时期——他们仅仅是地方总督的角色,但是他们一直和人民和谐共处。比尔德狄克是一个"坚定的君主制拥护者"。他呼吁推行专制的、神授的君主制。①

但是,这只是少数人的看法。在尼德兰失去了比利时之后,多数的史学家开始回顾 17 世纪的共和国时期,此刻,这一时期被当成是民族历史上的"黄金时代"。② 他们认为,共和国和奥兰治家族的联系,不如和摄政、经济文化精英的联系紧密,并且强调正是这一点使得尼德兰在欧洲独树一帜。对于团结在《指南》(*De Gids*)期刊周围的自由主义者,比如赖尼尔·科内利斯·巴克赫岑·凡·登·布林克(Reinier Cornelis Bakhuizen van den Brink)等人来说,17 世纪并非过去时,它与现代的联系依旧紧密。最重要的是,他们重视"黄金时代"的文学成就——这和纪尧姆·格伦·凡·普林斯泰伦(Guillaume Groen van Prinsteren)的观点不同,后者认为共和国产生于加尔文教会的信条之中——不过他们也注意到了当时的绘画。在比利时,鲁本斯(Rubens)受人推崇,而在尼德兰,伦勃朗(Rembrandt)则是他们的国家天才。1852 年,在阿姆斯特丹树立了一尊伦勃朗的塑像。但是纪念 17 世纪的例子还不仅限

---

① 参见 Joris van Eijnatten, *Hogere sferen：De ideeënwereld van Willem Bilderdijk* (*1756 -1831*)(Hilversum,1998)。

② P. B. M. Blaas, 'De Gouden Eeuw：overleefd en herleefd：Kanttekeningen bij het beeldvormingsproces in de negentiende eeuw', in id., *Geschiedenis en nostalgie：De historiografi e van een kleinenatie met e-engroot verleden. Verspreide historiografi sche opstellen*(Hilversum, 2000),42 - 60。

于此。

　　就像在比利时一样,尼德兰的史学写作也成为更广泛的历史文
化中的一环。历史绘画、戏剧、小说等都将历史中的民族英雄放到
了聚光灯下。① 其宗旨非常明显:尼德兰必须加强自己的民族认
同。17 世纪因为有着海洋英雄而在历史文化中成为重要的素材来
源。但是国家的荣耀不只在 17 世纪得以彰显,古典时代和中世纪
的人物和场景同样出现在画布和舞台上。比如,勇敢的巴达维亚
人(Batavian)反抗罗马人的故事,是一个涉及到现代荷兰的祖先的
古老的传说主题,曾多次出现在民族历史戏剧中。不过,并非所有
17 世纪的人物都能得以重现,有些受争议的英雄人物的故事,或许
带给尼德兰的不是统一而是分裂,所以关于他们的材料都得到谨
慎处理。②

　　与比利时不同,政府在这场运动中极少插手。政府对于历史就
像对其他领域一样,采取了保守的态度。政府也没有促成历史学
科中央机构的发展。这方面的进展是由私立的历史协会促成的,
他们的关注点更多集中在区域和省份的历史上,而非国家的历史。
至少在当时,尼德兰并没有成立一个"荷兰皇家历史委员会"。巴
克赫岑·凡·登·布林克熟知比利时的现代化档案处理系统(虽
然他被从编辑组中驱逐出来),并且在 1854 年成为了荷兰的国家
档案专家,他的成就还是不如加沙尔大。③

　　政府的保守和相对迟缓并不意味着在尼德兰国家对历史导向
的力量不强。正如比利时一样,在荷兰,历史在 19 世纪中叶同样
作为重新确立国家地位的工具而存在。

---

①　比如可参见 Eelke Muller, '"Liever een gordijn geschoven voor het akeligst
　　schouwtooneel..."; Demoordop de gebroeders De Witt in de schilderkunst in de
　　negentiende eeuw', De Negentiende Eeuw, 22(1998), 113 - 146。

②　Lotte Jensen, 'Helden en anti-helden: Vaderlandse geschiedenis op het Nederlandse
　　toneel, 1800 - 1848', Nederlandse Letterkunde, 11(2006), 101 - 135。

③　Pieter Huistra, 'R. C. Bakhuizen van den Brink en de moderne
　　geschiedwetenschap: Filologie, geschied-enis, archief', Tijdschrift voor
　　Geschiedenis, 122(2009), 334 - 347。

分裂和统一

从 19 世纪中叶开始，比利时和尼德兰两国都经历了内部的分裂。这和意识形态的分歧有关，意识形态的分歧为政党的分裂定下了基调。在尼德兰，自由主义者和新教徒长期以来都有摩擦。现在这场冲突之中，加上了长期以来不占优势的天主教会，他们的公众影响力逐渐增大。在比利时，天主教徒和自由主义思想家之间的剧烈对立一直升温。不论在哪个国家，1870 年代和 1880 年代，意识形态的摩擦都在围绕教育的争论中达到顶峰。

288

历史写作也反映了这种意识形态的摩擦。所有的政党都利用国家历史作为武器，以维护自身在当时的讨论中立场的正确性。这就导致了一种繁荣而极端的史学。在尼德兰，天主教史学家"对他们父辈的遗产做出主张"：他们利用史学写作，支持当代对解放的斗争，这种历史写作强调天主教徒在历史中的作为，使得他们和那些自由主义者和新教徒一样，有权称自己为"荷兰人"。1865—1870 年，身为天主教徒的博士和意见领袖 W. J. F. 内恩斯（W. J. F. Nuyens）出版了一部关于 16 世纪起义的著作。在书中，他阐述了其所属宗教团体关于民族争取自由的立场（faith community）。[①]

在比利时，出现了一种好战的而且是有派系的史学，这反映出 1830 年充满爱国精神的统一的消亡。天主教派和自由思想的史学家强化了这种分歧。[②] 他们的历史观来自街垒（barricades）。他们的结论差异的程度，可以从他们关于 16 世纪尼德兰起义的观点上略知一二。对于约瑟夫·凯尔万·德·莱藤霍夫（Joseph Kervyn

---

[①] *Geschiedenis der Nederlandsche beroerten in de XVIe eeuw*（Amsterdam，1865）. 参见 Albert van der *Zeijden*，*Katholieke identiteit en historisch bewustzijn*：*W. J. F. Nuyens*（1823 - 1894）en zijn 'nationale' geschiedschrijving（Hilversum，2002）。

[②] 参见 Fernand Vercauteren，*Cent ans d'histoire nationale en Belgique*，vol. 1（Brussels，1959），165 - 185。

de Lettenhove)这样的天主教派的史学家来说,反叛者是一帮无法无天的"乞丐",想要推翻合法的权威并欺凌教会。对于像保罗·弗雷德里克(Paul Fredericq)这样的自由主义者来说,这些反叛者则是自由的斗士、宗教宽容的卫士,合理地反抗独裁以及宗教压迫。弗雷德里克毕生研究宗教裁判所的历史,他相信,这种研究可以成为当代天主教领袖的明鉴。[①]

　　但是,这还并非比利时的唯一问题。除去意识形态的对立,比利时内部的斗争同样揭示了一些分歧。比利时的人口分为两个不同的语群:北部主要是操荷兰语的弗莱芒人(Flemings),而南部则是操法语的瓦隆人(Walloons)。早在 1830 年代,这个新兴国家中就出现了一股将法语作为官方语言的"弗莱芒运动"(Flemish Movement)。这次运动呼吁承认该国的双语体制,而保持对比利时的忠诚。随着时间的流逝,这场运动变得愈加具有火药味。自从 1860 年代以来,越来越多忠于弗莱芒的人士受到逐渐上升的弗莱芒意识的影响,而这种意识又与主流的比利时民族意识有所区别。引人注意的是,"佛兰德斯"(Flanders)这个术语不再单纯指古老的中世纪国家,或是地处国家北部而同名的两个省份,同时又指比利时整个北部的荷兰语区。[②] 这种"现代"的佛兰德斯人逐渐形成了自己的历史。但是一股尚显弱小的瓦隆人运动,抵抗着对于法语区的侵蚀。

289

　　无论是比利时还是尼德兰,日益增长的政治分歧都遭遇了新出现的、强调民族统一的历史叙述。在比利时,这主要归功于亨利·皮朗(Henri Pirenne),他是根特大学的中世纪史和经济史教授。皮朗出版了一部巨著《比利时史》(*Histoire de Belgique*),该书的第一卷出版于 1899 年,尽管存在着日益严重的焦虑,当时民族的自我

[①]　Jo Tollebeek, *Writing the Inquisition in Europe and America: The Correspondence between Henry Charles Lea and Paul Fredericq*(Brussels, 2004).

[②]　Reginald de Schryver, 'Het vroege gebruik van "Vlaanderen" in zijn moderne betekenis', *Handelingen van de Koninklijke Zuidnederlandse Maatschappij voor Taal-en Letterkunde enGeschiedenis*, 41(1987),45 - 54。

意识因为蓬勃的经济和新兴的灿烂文化而处于高潮。在这种乐观的气氛中,皮朗通过对比利时历史特色的精炼描述而开创了其民族历史的综合论述。他认为,比利时历史的特色主要来自其独特的地位:比利时源自中法兰克王国,发展成为德国和法国之间的"连字符"(*trait d'union*)。将比利时历史区别于其他国家历史的第二个因素则在于:该国的民族统一先于政治统一。皮朗认为,第三个(也是最末一个)区别的要素,是不同民族团体的和平共存:弗莱芒人和瓦隆人从未互相征伐,这与诸如波西米亚或普鲁士境内的情况截然不同。这种"比利时治下的和平"(*pax belgica*)构成了1830年的民族国家的基石——皮朗如是警告那些持共产主义观点的人。

《比利时史》就是如此,旨在解决内部的矛盾。同时,比利时的历史又需要欧洲层面的观照。比利时是拉丁语知识界和日耳曼知识界碰撞的地方,同时又是连接南北的经济重镇。其结果就如皮朗所说的那样,比利时已成为一个"西欧的缩影"、"欧洲的津梁"。这种看法给了比利时盛名,将其纳入国际平台,并且也强调了正在复苏的民族主义,——顺便说一句,民族主义在博物馆中也有所体现。1900年左右,出现了一些新建的博物馆,旨在引起大众对民族活力的关注,其中就有1897年建在布鲁塞尔附近的特尔菲伦(Tervuren)的刚果博物馆(Museum of the Congo),馆中陈列了王室以及后期殖民地的珍宝。

在荷兰,出现了一种强化民族团结和自我意识的潮流。这种潮流借助历史,希望各个派别能有共同的借鉴。历史写作必须是民族的、团结的。奥兰治王室再次被放到了一个重要的位置,因为奥兰治王室在荷兰历史上一直代表着促进统一、集权的潮流,而不像摄政那样总是将自己的利益放在首位,而使得共和国不过是一个分散的联邦——这是当时人们对摄政的看法。在和巴克赫岑·凡·登·布林克时期相比较后,共和国不再被视为民族历史上毋庸置疑的最盛时期了。

这种强调民族团结和奥兰治王室作用的史学流派,其最重要代

290

表是罗伯特·弗勒因（Robert Fruin）。莱顿大学为民族历史设立了
教席，从 1860 年开始，弗勒因担任了该学科的首任教席。[1] 在他任
教生涯的就职讲座中，弗勒因呼吁公正的历史写作。而关于这种
公正的具体内容，弗勒因用了一个莎士比亚的比喻：史学家好比
"有着一千种思想"，需要有能力理解并且明确表述各种观点。[2] 弗
勒因是在为自己接下来数十年的史学研究路径做理论上的论证，
他的史学方法将引导持不同观念的团体在意识形态领域达成统
一，在政治上达成和解（所以他也愿意倾听天主教的呼声）。这种
民族统一的努力尤其在奥兰治王室 1813 年治下的集权式国家——
荷兰得以体现；1865 年，共和国被当做是"永远消失的过渡时期"
而一笔抹杀。弗勒因似乎成为了"民族导师"，但是他并不算完全
胜任：弗勒因展现出来的渊博知识以及对于细节的刻画入微，削弱
了他的著作的影响力。[3]

　　弗勒因在莱顿大学的继承者是他的学生 P. J. 布洛克（P. J.
Blok）。布洛克在 1894 年担任了 14 岁的威廉明娜皇后（Queen
Wilhelmina）的私人教师（但是她在晚年被视为保守且自大）。布洛
克成为了民族的捍卫者，比他谨慎的老师更加勇敢。从 1892 年
起，布洛克出版了民族历史的一部综合之作，《荷兰人民史》
（*Geschiedenis van het Nederlandsche volk*），特点是民族团结、赞美
奥兰治王室。"人民"的概念至关重要，正如这个词所暗示的那样，
统一和民族认同不论何时都不会改变。所以，在这本书中不会出
现对民族分歧的讨论，也就为哀叹民族的不幸留下了大量篇幅。

---

① 参见 Willem Otterspeer，'De Leidsche School：De leerstoel vaderlandse geschiede-
　　nis，1860 - 1925'，id.（ed.），*Een universiteit herleeft：Wetenschapsbeoefening*
　　aan de Leidse universiteit vanaf detweede helft van de negentiende eeuw（Leiden，
　　1984），38 - 54.

② Jo Tollebeek，*De toga van Fruin：Denken over geschiedenis in Nederland sinds*
　　1860（Amsterdam，1990），13 - 67.

③ N. C. F. van Sas，'De mythe Nederland'，in id.，*De metamorfose van*
　　Nederland：Van oude orde naar moderniteit，1750 - 1900（Amsterdam，2004），
　　528.

后来者评论此书,"作者用维多利亚式的道德说教,以及多愁善感
的写作风格,将自己无比渊博的知识呈现给读者"。[1]《荷兰人民
史》像皮朗的《比利时人的历史》一样,是一部成功的著作。在作者
晚年,布洛克在英文版和德国版之后,又监修了第三版的修订版。
这两部对于民族历史的概论之作,虽然出版时间仓促,但是清晰地
表现出在个人主义时代之后,在世纪末已经出现了对于集体主义
的需要。

一个学科的形成

在世纪之交的数十年中,民族历史书写这种新形式关注的是消
除早期的分歧,同时,学科也在悄然形成中。在比利时和荷兰,这
种进程表现在今日我们所说的历史学科的体制化和专业化的过程
中。历史脱离了文学、哲学和神学,成为一种有着独立机构、有着
自身基础的学科,并且成为了一种有着自己准则和价值观的专业。
德国早先出现的历史学科进展成为模版,不过各国也有自己的传
承。尤其是在比利时,1830 年之后政府的创举(比如建立王家历史
学会)为其后的发展铺平了道路。这些创举使得 1870 年代之后的
快速发展成为可能。

大学发挥了重要的作用。19 世纪最后的 25 年,历史学教授人
数的快速增长体现了历史学的学科化。1875 年,在四所比利时大
学(列日、根特、鲁汶和布鲁塞尔)中,有 12 名历史学教授任教。到
了1900 年,人数增长了一倍。新一代的史学教授(其中包括皮
朗)资质相近,部分原因在于他们大多有在德国(或者法国)的经
历,能够吸收各自领域的最新发展成果。他们在比利时的大学中
引进了讨论课——"实践教程"(*cours pratiques*)——这种形式:这

---

[1] P. B. M. Blaas, 'De prikkelbaarheid van een kleine natie met een groot verleden:
Fruins en Bloks nationale geschiedschrijving', in id. , *Geschiedenis en nostalgie*,
34.

种形式是列日大学的中世纪史学家戈德弗鲁瓦·屈尔特（Godefroid Kurth）从 1874 年开始采用的。[1] 同时，他们还引进了许多其他的新方法。

在这一学术发展进程的同时，比利时的史学家还通过更广泛的基础结构来塑造这门学科。[2] 当时出现了专门化的杂志：1897 年，在科特创办了《比利时档案》（*Archives belges*），通过公布书目，让史学家了解学界的进展。当时也出现了辅助学科的工具，诸如《比利时古文书专辑》（*Album belge de paléographie*，1908），以此克服了学界过去的缺点。档案系统得到了进一步的发展：同时，在布鲁塞尔成立了国家档案总局，并且在各省首府也成立了国立的档案馆，从而在 1896 年建立了集中的档案网络。为了查找与比利时教会史关系密切的梵蒂冈档案，1902 年在罗马成立了"比利时历史协会"（Belgian Historical Institute），领导者是鲁汶大学的教授阿尔弗雷德·科希（Alfred Cauchie）。[3]

在最开始，荷兰的史学家并不像他们的比利时同行一样起步迅速，但是在 1900 年左右，他们奋起直追。他们也得益于过去的传承：在 19 世纪，荷兰已经有历史研究的基础。早在 1836 年，就出现了一份杂志《民族历史与考古文稿》（*Bijdragenvoor Vaderlandsche Geschiedenis en Oudheidkunde*），虽然一开始这份杂志还不是定期发行的。[4] 十年之后，1845 年，在乌特勒支成立了一个历史学会，这是一个私人性质的学会，最初的定位是仅限于乌特勒支本地历史的研

292

---

① 参见 *A Godefroid Kurth，professeur à l'Université de Liège à l'occasion du XXVeanniversaire de la fondation de son cours pratique d'histoire*（n. p.，1898）。

② 参见 Jo Tollebeek，'De machinerie van de geschiedenis：De uitbouw van een historische infrastructuur in Nederland en België'，in id.，*De ijkmeesters：Opstellen over de geschiedschrijving in Nederland en België*（Amsterdam，1994），17 - 35。

③ 参见 M. Dumoulin, D. Vanysacker, and V. Viaene（eds.），*Belgisch Historisch Instituut te Rome/Institut Historique Belge de Rome/Istituto Storia Belga di Roma 1902 - 2002*（Brussels and Rome，2004）。

④ Ronald Fagel，'Historische tijdschriften in Nederland（1835 - 1848）：Arnhem, Utrecht，Leiden'，*Tijdschrift voor Geschiedenis*，99（1986），341 - 366。

究,但是它逐渐具备了全国视野,在出版史料方面起到了重要作用。①

1900 年左右,一系列的新发展使得弗勒因业已创建的历史学科得以制度化和专业化。布洛克在 1885 年为大学引进了研讨班的形式(荷兰语称之为 *privaatcolleges*),当时他还只是格罗宁根大学的教授;其结果就是荷兰的学生们得到了一种更具研究导向的教学方式。② 从 1886 年开始,布洛克为了找回散落在国外的史料,对外国档案进行了系统研究。当时是由政府提供财政支持的。与此同时,历史学会在乌特勒支大学的档案学家塞缪尔·穆勒·傅兹(Samuel Muller Fz)的鼓励下,对其出版物精益求精。它的使命在不久以后就为“国立历史出版委员会”(Commission for National Historical Publications)所承担;这个组织在 1902 年由政府创办,有能力对史料做更大规模、更系统的分析。③ 两年之后的 1904 年,荷兰也在罗马建立了自己的历史学前哨。④ 与此同时,历史学科越来越专业化。在 1904 年,科隆的档案专家奥托·奥珀曼(Otto Oppermann)被任命为乌特勒支大学的讲师,讲授中世纪研究和其他历史辅助学科,这标志着一个强大的独立研究机构的渐渐形成。⑤

293

---

① L. J. Dorsman and E. Jonker, *Anderhalve eeuw geschiedenis*:(*Nederlands*) *Historisch Genootschap 1845－1995*(The Hague, 1995).

② Jo Tollebeek, 'Tien jaren: P. J. Blok als Gronings mediëvist', in id., *De ekster en de kooi*: *Nieuweopstellen over de geschiedschrijving*(Amsterdam, 1996), 203－207.

③ K. Kooijmans and J. P. de Valk, '"Eene dienende onderneming": De Rijkscommissie voor Vaderlandse Geschiedenis en haar Bureau 1902－1968', in K. Kooijmans, Th. S. Bos, A. E. Kersten, C. E. Kleij, and J. G. Smit(eds.), *Bron en publikatie*: *Voordrachten en opstellen over de ontsluiting vangeschiedkundige bronnen*, *uitgegeven bij het 75-jarig bestaan van het Bureau der Rijkscommissie voor Vaderlandse Geschiednis*(The Hague, 1985), 203－283.

④ Hans Cools and Hans de Valk, *Institutum neerlandicum MCMIV-MMIV*: *Honderd jaar Nederlands Instituut te Rome*(Hilversum, 2004).

⑤ 比如可参见 Christoph Strupp, 'Die Institutionalisierung der Geschichtswissenschaft in den Niederlanden: Otto Oppermann und das Institut für mittelalterliche Geschichte in Utrecht', *Rheinische Vierteljahrblätter*, 62(1998), 320－352。

就这样,无论是比利时还是荷兰,都广泛建立起支撑历史学科发展的基础结构,历史学被当做一门专业的学问。皮朗往往如此开始他的讨论课:首先用敏锐的目光环视一遍新生,之后说道,"各位,在此我要教给你成为一个历史学家的职业能力,而你们就是要跟随我学习这门学问"。[①] 这就意味着那些充满抱负的史学家们需要学习一些标准和价值观(比如客观和公正),同时也要学习方法和若干技巧。他们要知道如何理解史料中的信息,如何使用各种工具,现代史学家的常规做法是什么,并且要明白如何去掌握它。标准化日益成为一个重要概念。这就导致出现了一个固定的史学家团体,这个团体以历史学科为中心,普遍地遵守同样的职业道德,有着既定的史学方法以及一些人所共知的常规实践。[②]

即便如此,1900 年前后在比利时和荷兰出现的历史学科也不应被描绘得特别具备现代气息。传统的元素仍然会对历史造成影响。其中一点就是酷似传统手工业的师徒关系。另一个事实就是,史学家团体的形成过程不仅涉及学院教条和理性方法,同时也涉及许多心照不宣的技能和情感:比如对师父的忠诚和师徒角色的固定。第三点则是,虽然新兴的历史学科的发展是由大学的教授们所承担的——也就意味着历史学科的发展是一项公共事业——但是,历史学科同时又是一门以家庭为基础的学科。比如,弗雷德里克(Fredericq)就在自己家给学生上讨论课,因为他自己也是如此受教的。

另外,学院化还意味着性别上的隔离。由于史学和文学渐行渐远,而前者是和那些在大学受教育的男性专业人士联系在一起的,后者则是和书写历史小说的女性联系在一起的,这就使得女性无法参与到新兴的历史学科中。女性被留在了想象的领域,在那里不需要复杂的档案处理,也没有严格的学院标准。她们可以无视这些要求来书写历史。和布洛克(Blok)同时代,有一位荷兰作家

---

① 引自 Aurèle Looman, *Herinneringen van oudstudenten geschiedenis aan de Rijksuniversiteit Gent*(1919 - 1933)(Ghent, 1980),56。

② 关于此观点以及接下来的观点,参见 Jo Tollebeek, *Fredericq en Zonen:Een antropologie van demoderne geschiedwetenschap*(Amsterdam, 2008)。

约翰娜·纳贝尔（Johanna Naber），她的著作讨论诸如宗教改革前夜的虔诚女性以及女性文化史之类的话题。她既推广了历史写作，也继承了女性史学家的传统。[①]

主题范围的扩大

对于女性历史及其传统的兴趣，很显然，是女权运动者斗争的结果，见之于1900年前后的数十年。她们极缓慢地获得了一些教授教席，比利时的第一个女性教授苏珊·泰茜尔（Suzanne Tassier）直到1948年才得到布鲁塞尔大学的任命。但是，另一个争取解放的斗争则很快就有了成果。1900年前后，社会主义的出现和社会民主党的兴起，使得史学写作的形式更为多样化。1890年到1940年间，民主化进程进一步促进了历史写作主题的扩大。

当然，马克思主义史学并未获得广泛的赞同。在荷兰，布洛克早在1880年代就认为史学家应当是一个"社会学家"，在这个词汇最广泛的意义上关注"社会环境的发展"。但是他明确表示自己不是一个历史唯物主义者。他担心马克思主义的历史学像几十年前天主教史学那样，为民族统一播下分裂的种子。但是，年轻一代的史学家则没有那么敌视马克思主义史学，而是为史学界在统一意见下没有自由而感到遗憾。结果，评论家认为史学界呆滞而没有生气，年轻一代的史学家呼吁讨论和对抗。这种对于活力的渴望引发了和马克思主义史学家的公开对话。[②]

G. W. 科恩坎普（G. W. Kernkamp），作为年轻一代人中最为坦率的一份子，当时是阿姆斯特丹大学的教授，后来去了乌特勒支大学任教。1901年，他在阿姆斯特丹的第一门课讲的是历史唯物主义。他并不反对历史唯物主义，恰恰相反，他力劝他的同事阅读社会主义

[①] Maria Grever, *Strijd tegen de stilte*：*Johanna Naber*（*1859 - 1941*）*en de vrouwenstem in geschiedenis*（Hilversum，1994）.

[②] 参见 Jo Tollebeek，'Een hoger streven：Geschiedbeoefening en fin de siècle in Nederland'，in id.，*De ijkmeesters*，118 - 140。

著作。但是他反对众多马克思主义者那种教条式的自信,并且呼吁他们做一些实践工作。他的这种呼吁很快就有了成效:科恩坎普指导的第一个获博士学位的学生威廉·凡·拉费斯泰因(Willem van Ravesteyn),就参与了社会主义-民主化运动。他在 1906 年完成了学位论文。这篇论文是关于 16 世纪与 17 世纪早期阿姆斯特丹的经济和社会发展的,其中,档案搜索及细节考证都结合了马克思主义的信念及理论。这是马克思主义史学温和传统的开端,而这一传统最为著名的代表人物则是扬·罗迈因(Jan Romein),对他来说,1917 年俄国革命是一次名副其实的"教育体验"(Bildungserlebnis)。后来成为阿姆斯特丹大学教授的罗迈因在其著作中,列举了出现于 1934 年的、新兴的、受到马克思主义影响的民族历史著作。[1]

马克思主义史学家关注荷兰历史上的经济和社会发展,尽管他们并不一定从事经济史的研究。反言之,从事经济史研究的史学家也未必是马克思主义者。从 1910 年左右开始,经济社会史在荷兰迅速获得关注,同样受到重视的还有当代史。这种宽阔的视角,在诸如对荷兰东印度公司的研究、对共和国时期阿姆斯特丹贵族的研究,抑或是对 1903 年铁路网扩张的研究中,表现得尤为明显。自一战之后,经济社会史在大学之外的一些机构中得以体制化。荷兰经济史档案馆于 1914 年成立。紧随其后的,就是 1935 年国际社会史研究所以及国际妇女运动档案馆的成立,后者为女权运动者提供了活动空间。波斯蒂默斯(N. W. Posthumus)为这些机构的成立做出了重要贡献。他代表了一类全新的史学家。罗迈因写道,"他并非在书桌前得到内心的喜悦,而是在他创办的研究所的办公室中,在他的'员工'中得到快乐,像他这样的人才是时代的代表。"[2]但是这种管理方式并非没有政治意图,1935 年上述两个研究所的创办就说明了这一点。

---

[1] *De Lage Landen bij de Zee*(Utrecht,1934).

[2] Jan Romein,'De geschiedschrijving in Nederland tijdens het Interbellum',in P. A. M. Geurts and A. E. M. Janssen(eds.), *Geschiedschrijving in Nederland*:*Studies over de historiografi e van de Nieuwe Tijd*,vol. 2(The Hague,1981),191.

在比利时,情况也是如此。1937 年,成立了基于社会主义理念的国立社会史研究所(一直延续到 1940 年被关闭,藏书大多失窃,这些藏书直到 1991—1992 年才在莫斯科被发现)。① 但是,同样的,1890 年,史学界出现的主题范围的扩大也不完全是由于政治原因,当然更不是完全由于马克思主义。这种范围的扩大又和皮朗的促进有关。他在一战之前的名声大多来自他的《比利时史》一书。一战后人们还是主要将他看做一名研究本国史的学者:而他在 1916 年被流放到德国,则使他成为了民族英雄,同时也使他毕生都受到德国人以及和他的德国同行的反感。但是皮朗不仅仅是一名研究本国史的史学家。他受过广博的训练。比如,当他在柏林大学学习的时候,就对经济史很熟悉。所以,最初他对自己的定位是研究城市史(特别是中世纪城市史)的史学家,通过经济和社会的取径,而不一定是法律史的取径加以研究。②

296　　　一战之后,皮朗就不仅是一名本国史专家,同时也成为了中世纪经济社会史的领军人物。当他在写《默罕默德和查理曼》(*Mahomet et Charlemagne*)一书时(该书在 1937 年于皮朗逝世后出版),他的学生们继承其衣钵,成为中世纪史和城市史学者。但是他的影响不仅限于此:在这本基础雄厚的中世纪研究专著中,皮朗力求在经验的、学究式的研究和理论化之间找到平衡,无意间自己就成为了整个比利时史学界的模板。与此同时,他在比利时国外的名声也得自这本中世纪经济社会史著作。1921 年,斯特拉斯堡大学教授马克·布洛赫(Marc Bloch)和吕西安·费弗尔(Lucien Febvre)邀请皮朗担纲一种新的经济社会史杂志。《经济社会史年

---

① Wouter Steenhaut and Geert van Goethem, ' Amsab, een instituut ', in Gita Deneckere and Bruno de Wever (eds.), *Geschiedenis maken : Liber amicorum Herman Balthazar* (Ghent, 2003), 61 - 74.

② 比如可参见 Raymond van Uytven, 'Les origines des villes dans les anciens Pays-Bas (jusque vers 1300)', *Archiefen Bibliotheekwezen in België/Archives et Bibliothèques de Belgique*, 28 (1986), 13 - 26 ; and Walter Prevenier, ' Henri Pirenne et les villes des anciens Pays-Bas au bas moyen âge (XIVe-XVe siècles)', ibid. , 27 - 50.

鉴》(*Annales d'Histoire économique et sociale*)杂志的这两个发起人始终将这名根特大学的教授视作"导师"(*maître*)。皮朗并非对这项事业无动于衷,可能由于在他看来,这本杂志完全没有与德国人合作,似乎是对复苏中的"社会经济史"(*Vierteljahrschrift für Sozial und Wirtschaftsgeschichte*)的一次联合反击。[①]

　　除了皮朗之外,还有一个史学家在境外受到关注:约翰·赫伊津哈(Johan Huizinga)。他最初是格罗宁根大学的教授,自 1914 年起在根特大学任教。赫伊津哈也在国外受过广泛的训练,在学生时代就兴趣广泛。他热衷荷兰文学和历史,但是同时也花了一个学期在莱比锡大学学习比较语文学,包括梵语和古爱尔兰语。他的学位论文是关于印度戏剧中的"小丑"(*vidusaka*)戏剧形象,在完成这篇论文之后,1903 年,他作为教授印度文物和印度文学的私人教师进入阿姆斯特丹大学任教。[②] 当他成为一名历史学教授之后,兴趣依然广泛:他教授意大利文艺复兴、英国议会起源、伊斯兰教和浪漫主义,并且在这些领域都有著作发表。但是他的著作中也有统一性,正如后来的评论者所注意到的那样:"如果仔细观察,我们可以发现,他从一个语言学家转变成一个语文学家,又从一个语文家转变成一个历史学家,再从一个历史学家转变成一个文化评论者,这是一个自然而然的过程。"[③]

　　这种自然的统一性是不易效仿的,赫伊津哈也不像皮朗,他是一个"无门无派的样板"。[④] 史学对他来说,也不是有着既定规则和公式的科学。在 1900 年左右出现的"方法论之争"(*Methodenstreit*)中,他站在德国的新理念主义者(neo-idealists)一边。1905 年,他在

297

① 参见 *The Birth of Annales History*: *The Letters of Lucien Febvre and Marc Bloch to Henri Pirenne*(*1921 - 1935*), ed. Bryce and Mary Lyon(Brussels, 1991)。

② 参见 D. H. A. Kolff, 'Huizinga als privaatdocent boeddhisme in Amsterdam', *De Gids*, 168(2005), 132 - 140。

③ Willem Otterspeer, *Orde en trouw*: *Over Johan Huizinga*(Amsterdam, 2006), 38.

④ Anton van der Lem, 'Johan Huizinga(1872 - 1945): Voorbeeld zonder school', in Maria Smits (ed.), *Illustere historici*: *Werk en invloed van toonaangevende geschiedschrijvers*(Nijmegen, 1988), 104 - 130.

格罗宁根大学的就职演说上讲道,历史是一门精粹而不精准的科学,历史学中的知识不靠对批判性观察得出的事实的逻辑联系,而是借助多少有些随机的联系得出。从这个观点来看,赫伊津哈扩展他的学科主题范围,主要是致力于文化史,而不是经济史或社会史,就不太令人费解了。他试图观察"历史中的文化生活模式",并且愿意将相关学科(比如人类学)纳入思考范围。

在很长的一段酝酿之后,这种努力得出了结果,这就是 1919 年出版的《中世纪的衰落》(*Herfsttij der Middeleeuwen*)一书。这本书最早设想的是研究 17 世纪共和国文化的历史背景,但是后来发展成了一部对 14、15 世纪法国和荷兰"生活和思想形式"的研究。赫伊津哈证明,当时的那种文化并非雅各·布克哈特在《意大利文艺复兴时期的文明》(*Die Kultur der Renaissance in Italien*)中所说的北方文艺复兴。与之相反,那是一种衰败的、没落的文化。赫伊津哈在论骑士理念、论爱情、论死亡、论美的体验的各章节中,借助晚期中世纪编年史中的丰富材料指明了这一点。这本书艰涩难懂,但是确实是一本非同寻常的引人入胜的好书。

《中世纪的衰落》并不是他的唯一作品。早在 1918 年,赫伊津哈曾在皮朗的力劝下,就现代美国文化写了一本书。[①] 这本书与《中世纪的衰弱》的相似之处令人惊异:正如勃艮第文化因其过于复杂(特别是宗教生活中的复杂性)而衰落,美国文明也因为其组织能力趋于机械化而面临着失去创造力的危险。[②] 这本书展现了新文化史的研究范围,也展现了在两次大战之间史学主题范围扩展的程度。[③]

---

① *Mensch en menigte in Amerika*(Haarlem,1918).

② 比如可参见 Wessel E. Krul,'Moderne beschavingsgeschiedenis:Huizinga over Amerika',in id.,*Historicus tegen de tijd*:*Opstellen over leven en werk van J. Huizinga*(Groningen,1990),177-207。

③ 有关 1945 年以后更广泛的主体范围参见 W.W. Mijnhardt(ed.),*Kantelend geschiedbeeld*:*Nederlandse historiografie sinds 1945*(Utrecht/Antwerp,1983)。

各种新的民族历史

虽然赫伊津哈的著作是关于美国的,但是在两次大战之间,民族历史继续占据着低地国家历史写作的主要位置。这和动荡的全球的政治形势有关,当时的形势使得各国回顾自己的历史。在比利时,皮朗的本国史体系几乎无法保住自己的阵地。即使是在一战之前,他就受到一股佛兰芒运动的挑战,后者希望终结比利时历史的书写,而更关注("现代")佛兰德斯历史的书写。所以,当时也出版了最早的一批佛兰德斯历史著作。

一战之后史学界的冲突加剧,使得比利时史学家开始考虑本国历史的研究方法。当时在学界的不同阵营中出现了历史意识上的分裂。在"瓦隆运动"(Walloon Movement)中,1938 年出现了一个名为"护卫和赞美瓦隆历史学会"(History Society for the Defence and Glorification of Wallonia)的组织,开始书写瓦隆地区自己的历史。他们相信,只有用这种方式,瓦隆人才能写出一部真正的本民族历史。[①] 佛兰德斯的保皇派,是一批自从一战开始就试图分裂比利时并且建立一个独立的佛兰德斯政权的派别,该派别像战前那样,一如既往地和"官方的"比利时国家史观念唱反调。在 1936 年,也就是皮朗逝世后一年,他们出版了第一卷《佛兰德斯史》(*Geschiedenis van Vlaanderen*),在随后的岁月里这部著作成为了佛兰德斯历史的奠基之作。

瓦隆和佛兰德斯的民族史学还不是比利时国家史学所面临的唯一挑战。从 1920 年左右起,一个所谓"大荷兰"(Greater Netherlands)的历史概念得到荷兰史学家彼得·盖尔(Pieter Geyl)的大力宣传。[②] 盖尔相信,"比利时主义者"和"小荷兰主义"的史学

298

---

① Hervé Hasquin, *Historiographie et politique en Belgique* (1981; 3rd edn, Brussels, 1996), 109-139.

② 关于盖尔,以及"大荷兰"史学,可以参见 Lode Wils, 'De Grootnederlandse geschiedschrijving', *Belgisch Tijdschrift voor Filologie en Geschiedenis/Revue belge de Philologie et d'Histoire*, 61(1983), 322-366。

家错误地将现存的比利时和荷兰的状况投射到了历史之中，所以没能发现建立在共同的语言基础上的统一古已有之：佛兰德斯和荷兰曾一度形成了一个"议会"（*Diets*）民族。历史的偶然性破坏了两个政权的统一，这场历史灾难需要由"大荷兰"的政策和历史书写来补救。这就出现了一系列的文章，这些文章毫不客气地指出了皮朗在他的《比利时史》中出现的"多到无法忽视的偏差、概念错误和扭曲"①，而盖尔在自己的著作《荷兰种族的历史》（*Geschiedenis van de Nederlandse stam*，1930 年首卷出版）中，也对皮朗的错误做出了批评。但是他这部书最后并没有完成，因为盖尔的语言-民族主义的观点最终被证明是一种约束，无法很好地适应史学的写作。②

299　　　不过，"大荷兰"史学的有限成就又关系到这一事实：比利时民族历史观念在 1930 年代末再度复兴。日益增长的战争威胁，极端派别的当选，以及学界的紧张态势，使得史学家再次转向在学校还有市场的那些史学观念。对于比利时民族国家的热情再次被点燃，虽然这仅仅是表面现象。③

　　　在危机重重的时期，荷兰 17 世纪共和国的理想形象，连同赫伊津哈在内，再次受到重视，后者也在 1930 年代获得了国际声誉。就像他的许多同胞一样，他相信荷兰不存在来自其他国家的民族主义。在 1938 年，他写道："我们的国家由于流行着有益而并不过分的国际情感，相对来说，免于其他国家遭受的极端民族主义的危险。"④由于这一点，他长久以来都认为，荷兰比起其他国家，更容易

---

①　参见 Pieter Geyl, *Ik die zo weinig in mijn verleden leef*：*Autobiografie 1887 - 1940*, ed. Wim Berke-laar, Leen Dorsman, and Pieter van Hees（Amsterdam, 2009），97。

②　参见 Wim Berkelaar and Jos Palm 的估计：'*Ik wil wekken en waarschuwen*'：*Gesprekken over Nederlandse historici en hun eeuw*（Amsterdam, 2008），53。

③　Marnix Beyen, *Oorlog en verleden*：*Nationale geschiedenis in België en Nederland*, *1938 - 1947*（Amsterdam, 2002）。

④　引自 Anton van der Lem, *Het Eeuwige verbeeld in een afgehaald bed*：*Huizinga en de Nederlandse beschaving*（Amsterdam, 1997），226。

理解自己邻国——德国、英国、法国——的文化，并且可以在这些国家中扮演中介的角色。皮朗在 1900 年对自己国家的描述，充满了欧洲维度的气息。[1]

但是，日益增长的政治和社会动荡并没有放过赫伊津哈。他本人也受到了影响。1933 年，当他在莱顿大学任校长之时，他不得不在一次留学生大会上驱逐德国学生团体的领导人，因为那名学生写了一份反犹太主义的宣传册。[2] 他因为这件事而被《历史杂志》（Historische Zeitschrift）的编辑部批评，此时，颇为欣赏《中世纪的衰落》的布洛赫和费弗尔邀请赫伊津哈为《年鉴》杂志效力。[3] 与此同时，赫伊津哈试图为他所认为的身染沉疴的文化做出诊断。1935 年，他出版了他第一部文化评论的大作《在明日的阴影中》（In de schaduwen van morgen）。这部著作的核心内容是：文化的衰落源自对伦理、美学和学术的标准失去了信心，而这些正是一个健康文化所必需的基础。[4]

在这个混乱的世界中，赫伊津哈不再认为荷兰由于其在欧洲的"中心地位"，就可以或应当在国际政治中发挥关键作用。他转而研究荷兰为他带来平和和宁静的题目：17 世纪共和国，他现在将其作为一个政权，或者说是一个文明，这个文明和欧洲其他部分截然不同，并且赫伊津哈重视这种独立、超然的状态。对赫伊津哈来说，这种独特的创造不啻一种无上的奇迹。战争在 1941 年已经发生，但是他还是在《17 世纪的荷兰文明》（Nederland's beschaving in de zeventiende eeuw）一书中将此作为奇迹。毫无疑问，他是在陌生的世界中寻找平静。

300

① Jo Tollebeek, 'At the Crossroads of Nationalism: Huizinga, Pirenne and the Low Countries in Europe', *European Review of History*, 17(2010), 187 - 215.

② Willem Otterspeer, *Huizinga voor de afgrond: Het incident—Von Leers aan de Leidse universiteit in 1933*(Utrecht, 1984).

③ Marc Bloch and Lucien Febvre, Correspondance, vol. 1: *La naissance des Annales 1928 - 1933*, ed. B. Müller(Paris, 1994), 442.

④ 可参见 Léon Hanssen, *Huizinga en de troost van de geschiedenis: Verbeelding en rede*(Amsterdam, 1996), 317 - 351.

　　赫伊津哈笔下的共和国是一个遥不可及的梦想。与他同时代的那些史学家，不论是荷兰的还是比利时的，都对这个神奇事物不太感兴趣。他们也在寻找合作。1939 年开始，他们每年举行比利时-荷兰史学家大会。[①] 在这些会议中，南北低地国家的联系和共同的历史促成了一种观念，这种观念在二战之后的成果就是一种新形式的国家历史——《低地国家通史》(*Algemene Geschiedenis der Nederlanden*)，这部多卷本著作的第一卷出版于 1949 年，纪事的起点是旧荷兰，也就是威廉一世无法重振的联合王国。

大事年表/关键日期

1794 年	法国吞并"南尼德兰"
1810 年	尼德兰被吞并入法兰西帝国
1813 年	荷兰恢复独立
1815—1830 年	荷兰联合王国的建立
1830 年	革命与分裂；比利时的独立
19 世纪 30 年代	比利时佛兰德斯运动的兴起
1831 年	《比利时宪法》
1848 年	尼德兰宪法修订；天主教争取解放的斗争
1970—1980 年	在比利时以及在尼德兰有关教育方面的意识形态的对立
1914—1918 年	第一次世界大战：德军入侵并占领比利时；荷兰继续保持中立
1930 年	比利时独立百年纪念；民族间斗争的加剧（佛兰德斯运动和瓦隆运动）
1940—1944 年	第二次世界大战；德军入侵并占领比利时和荷兰

[①]　F. W. N. Hugenholtz, 'De Nederlands-Belgische Historische Congressen sinds 1939', *Theoretische Geschiedenis*, 19(1992), 186 - 201.

主要历史文献

Bakhuizen van den Brink, R. C., *Studiën en schetsen over vaderlandsche geschiedenis en letteren*, 5 vols. (Amsterdam, 1863 -1913).

Bilderdijk, Willem, *Geschiedenis des Vaderlands*, 13 vols. (Amsterdam, 1832 - 1855).

Blok, P. J., *Geschiedenis van het Nederlandsche volk*, 3 vols. (Groningen, 1892 - 1896).

Fredericq, Paul, *L'enseignement supérieur de l'histoire: Notes et impressions de voyage* (Paris, 1899).

Fruin, Robert, 'De drie tijdvakken der Nederlandsche geschiedenis', *De Gids*, 4(1865),245 - 271.

Geyl, Pieter, *Geschiedenis van de Nederlandse stam*, 3 vols. (Amsterdam, 1930 - 1959).

Huizinga, Johan, *Het aesthetische bestanddeel van geschiedkundige voorstellingen*
(Haarlem, 1905).

Huizinga, Johan, Herfsttij der Middeleeuwen: *Studie over levens-en gedachtenvormen der veertiende en vijftiende eeuw in Frankrijk en de Nederlanden* (Haarlem, 1919).

Juste, Théodore, *Histoire de Belgique* (Brussels, 1841).

Kernkamp, G. W., *Over de materialistische opvatting van de geschiedenis* (Amsterdam, 1901).

Nuyens, W. J. F., *Geschiedenis der Nederlandsche beroerten in de XVIe eeuw*, 7 vols. (Amsterdam, 1865 - 1870).

Pirenne, Henri, *Histoire de Belgique*, 7 vols. (Brussels, 1900 - 1932).

Pirenne, Henri, *Mahomet et Charlemagne* (Paris, 1937).

Roosbroeck, Robert van (ed.), *Geschiedenis van Vlaanderen*, 6 vols. (Antwerp, 1936 - 1949).

参考书目

Beyen, Marnix, *Oorlog en verleden*: *Nationale geschiedenis in België en Nederland*, *1938 - 1947* (Amsterdam, 2002).

Blaas, P. B. M., *Geschiedenis en nostalgie*: *De historiografi e van een kleine natie met een grootverleden*. *Verspreide historiografi sche opstellen* (Hilversum, 2000).

Dorsman, L. J., Jonker, E., and Ribbens, K., *Het zoet en het zuur*: *Geschiedenis in Nederland* (Amsterdam, 2000).

Gérin, Paul, 'La condition de l'historien et l'histoire nationale en Belgique à la fi n du 19e et au début du 20e siècle', *Storia della Storiografia*, 11(1987), 64 - 103.

Geurts, P. A. M. and Janssen, A. E. M., *Geschiedschrijving in Nederland*: *Studies over de historiografi e van de Nieuwe Tijd*, 2 vols. (The Hague, 1981).

Hasquin, Hervé, *Historiographie et politique en Belgique* (1981; 3rd edn, Brussels, 1996).

Koll, Johannes, 'Belgien: Geschichtskultur und nationale Identität', in Monica Flacke (ed.), *Mythen der Nationen*: *ein europäisches Panorama* (Munich, 1998), 53 - 77.

302 Krul, Wessel E., *Historicus tegen de tijd*: *Opstellen over leven en werk van J. Huizinga* (Groningen, 1990).

Lem, Anton van der, *Johan Huizinga*: *Leven en werk in beelden en documenten* (Amsterdam, 1993).

Lyon, Bryce, *Henri Pirenne*: *A Biographical and Intellectual Study* (Ghent, 1974).

Morelli, Anne(ed.), *Les grands mythes de l'histoire de Belgique, de Flandre et de Wallonie*(Brussels, 1995).

Peeters, Evert, *Het labyrint van het verleden: Natie, vrijheid en geweld in de Belgische geschiedschrijving 1787 – 1850* (Leuven, 2003).

Prevenier, Walter, 'De mislukte lente van de eruditie in België na 1830', in Jo Tollebeek, Georgi Verbeeck, and Tom Verschaffel (eds.), *De lectuur van het verleden: Opstellen over de geschiedenis van de geschiedschrijving aangeboden aan Reginald de Schryver*(Leuven, 1998),263 – 272.

Stengers, Jean, 'Le mythe des dominations étrangères dans l'historiographie belge', in

Belgisch Tijdschrift voor Filologie en Geschiedenis/Revue belge de Philologie et d'Histoire, 59(1981),382 – 401.

Tollebeek, Jo, *De toga van Fruin: Denken over geschiedenis in Nederland sinds 1860*(Amsterdam, 1990).

Tollebeek, Jo, 'Historical Representation and the Nation-State in Belgium, *1830 – 1850*', *Journal of the History of Ideas*, 59 (1998),329 – 353.

Tollebeek, Jo, *Fredericq en Zonen: Een antropologie van de moderne geschiedwetenschap*(Amsterdam, 2008).

Tollebeek, Jo, Verschaffel, Tom and Wessels, Leonard H. M. (eds.), *De palimpsest: Geschiedschrijving in de Nederlanden 1500 –2000*,2 vols. (Hilversum, 2002).

Vercauteren, Fernand, *Cent ans d'histoire nationale en Belgique*, vol. 1(Brussels, 1959).

Verschaffel, Tom, *Beeld en geschiedenis: Het Belgische en Vlaamse verleden in de romantische boekillustraties*(Turnhout, 1987).

Verschaffel, Tom, *De hoed en de hond: Geschiedschrijving in de Zuidelijke Nederlanden 1715 –1794*(Hilversum, 1998).

Wils，Lode，'De Grootnederlandse geschiedschrijving'，*Belgisch Tijdschrift voor Filologie en Geschiedenis/Revue belge de Philologie et d'Histoire*，61(1983)，322 – 366.

喻　乐　译

第十五章　俄罗斯历史写作的
黄金时代——19 世纪

久洛·斯瓦克

　　进入 19 世纪，俄国也对像其他地方一样，发生了巨大的变化。古典主义作为理性主义的分支，让位于感伤主义，后来则让位于浪漫主义。同时，像欧洲其他地方一样，俄国迎来了民族复苏的时代。① 尼古拉·米哈伊洛维奇·卡拉姆津（Nikolai Mikhailovich Karamzin），不仅人生跨越两个世纪，而且精神也影响了两个世纪，他正是这一转变的象征性人物。

　　卡拉姆津是一个农村贵族的后代，最早是一名文学作家，后来却成为了众所周知的"俄国史学之父"。到了凯瑟琳二世统治的时代，他被人视为最著名的知识分子（也许可与他媲美的就是加夫里尔·杰尔查文[Gavrila Derzhavin]）。作为一个有着广阔的欧洲视野的人，他将感伤主义介绍给俄国。他一直采取西方化的态度不曾动摇，即便经历过 1789 年至 1790 年的法国革命也是如此。在《俄国旅行者信札》（*Pis'marusskogo puteshestvennika*，1797 年出版于巴黎）的第一卷中，他注意到"德国人、法国人和英国人都领先俄国人至少六个世纪。彼得大帝以其伟大的头脑带领我们前进，几年之后我们几乎要赶上他们了。所有对俄国性格的背叛，对俄国道德缺失的哀叹，要么就只是一个笑话，要么就是源于有缺陷而不完美的观念。"在接下来的文字中，作者更加明白地指出："'民族'

---

① 关于浪漫民族主义，请参见本卷第一章。

381

的东西,在'人类'的东西面前不值一提,最重要的事情是怎样成为一个优秀的人,而不是怎么成为一个斯拉夫人。"①

这些都是 20 世纪的思想,但是在 19 世纪早期的俄国,它们却处在被废弃的边缘。当时俄国出现了"国家和进步"的口号,正在逐渐取代"国家还是进步"的困惑。俄国人从此将自己视作一个民族,并且对越来越多的人来说,这种认同来自大众文学的培养。与此同时,在法国大革命的刺激下,独裁政权采取更加严厉的镇压革命的态度。如此一来,抽象的、关于进步的口号就此从大众话语中消失不见了。但是这一切的发生并不太平。整整一代人都失去了自己的理想,在意识形态和世界观方面失去方向。公共生活中出现了知识断层。这也许可以解释,为何迄今为止"民族"一直受压抑而不能充分表达,并成为人们关心的核心主题。

史学家把 1812 年拿破仑的战争视为激起泛俄罗斯爱国主义的里程碑。在不到 20 年的时间里,当卡拉姆津出版了自己的《俄国旅行者信札》之后,他在《新旧俄国札记》(*Zapiska o drevnei I novoi Rossii*,一部题献给沙皇姐姐的论文)中写到,"我们成为了世界的公民,却在某种程度上不再是俄国的臣民了,这是彼得的过错。"②

由于《新旧俄国札记》并不是公开发表的文献,该书在很久以后才对史学思想产生影响。这本书对观念史而言非常重要,该书所概括的一些基本原则,在后来的斯拉夫派那里得到热情地拥抱。与此同时,卡拉姆津的主要著作《俄国史》(*Istoriia gosudarstva rossiiskogo*)对不同年代的史学意识做了定义(该书前八卷在 1818 年出版时,极其少见地印了 3000 本,在几周之内即告售罄)。当时,卡拉姆津是一个全职的"宫廷"史学家,每年从沙皇处获得不菲的报酬。由于这层关系,他得以接触秘密档案,故而,这部他耗时 15 年写成的奠基之作,运用资料极为丰富。但是卡拉姆津并不想

---

① Nikolai Karamzin, *Letters of a Russian Traveller*, trans. Andrew Kahn(Oxford, 2003),294.

② *Karamzin's Memoir on Ancient and Modern Russia*, trans. Richard Pipes(New York, 1966),124.

因此耽误了他的小说写作。他的治史方法是浪漫主义的：历史以文学的修辞手法写成，因此会影响读者的感官和想象。作为爱国者，他想要从看似"无生气"、枯燥的俄国史史料中，创造一个富有生气的、刺激的、引人入胜的历史，一个充满着有血有肉的、有罪过也有美德的主题的历史。这样，他继承了 18 世纪的后编年史学家（post-annalist）的做法，关注那些富有传奇色彩的人物，以王朝更替为基础，按照编年顺序组织自己的材料。这种史学写作尤其适于他那引人入胜的写作风格和心理分析的写作倾向。

几年之后，《俄国史》第九卷的出版（1821 年），获得了热烈的反响。卡拉姆津这一卷讲的是伊凡四世统治的后半段，即"特辖制"（Oprichnina）时期。作者不用过多的文字修饰，只用浓墨重彩的几笔，对这位恐惧中的沙皇进行描绘，将这位沙皇所有可怕的史实呈现给 19 世纪的读者。忠实的史学家卡拉姆津在写作的时候，听从自己的良知，无意向执政者暗送秋波。总体上来讲，他对沙皇专制抱有好感，他的确将此当做俄国历史的基础。所以，他是这样分析"伊凡的困境"的：俄国不得不忍受蒙古人的重负和专制的折磨，但是俄国还是努力承受着这些苦难，他们热爱专制，并且相信，上帝降下瘟疫与地震的同时，也派来了暴君，这也多少使得人民感到安慰。所以这位君主派史学家坚持自己的政治思想，尽管他小心地避免对伊凡四世的性格和成就进行理想化描述。

卡拉姆津没能活到完成自己著作的那一天。最后，他写到了第 12 卷——讨论"大空位时期"（Times of Trouble），但没有完成。即使在他生前，他就受到严厉的批评。这些批评主要来自日益兴起的历史专业人士。卡拉姆津没有能力将档案材料整理成一个有机整体，在他的著作中，这些档案实际是分散的。他笼统地将俄国历史描述成一个引人入胜而刺激的故事，但是档案编纂却做得不规整。卡拉姆津既是一个作家，也是一个史学家。不过，他关于俄国历史的有趣描述充满色彩，直到今天也不失为一部吸引人的著作。

305

"怀疑派"与考古探险的伟大时代

卡拉姆津的著作在受教育的大众那里很快造成了巨大的影响，但是专业的评论家将其作为一个业余史学家看待，同样也是迅速地否定了他。当时，他论伊凡四世的著作在反对沙皇的"十二月党人"中大受欢迎，引起了最著名的史学家尼古拉·塞尔盖伊维奇·阿尔齐巴舍夫（Nikolai Sergeievich Artsybashev）的强烈反响。关于后者，如果不是因为他对卡拉姆津的评论的话，我们可能对他本人一无所知。不过我们应该记住这个真正业余的史学家的名字：曾经试图写一部崭新的综合之作的尼古拉·塞尔盖伊维奇·阿尔齐巴舍夫，这部著作就是《俄国人的历史》（Istoriia Russkogo Naroda，1829-1833），体现了史学开始强调人民的历史，不过他的著作在其生前一直未受重视，在其身后也默默无闻。这种讽刺的状况造就了"怀疑派"（Sceptical School）的各种特点。该学派在 19 世纪的最初几年号称是专业史学界的唯一代表，但这一学派因为没有重要著作而缺乏读者。不过，他们代表了史学向专业化迈出的重要一步。

米哈伊尔·特洛菲·莫维奇·卡西安诺夫斯基（Mikhail Trofi Movich Kachenovskii）常常被视为是所谓怀疑派的创建者与领军人物，这么说是有其道理的，因为他是在俄国开创学派的第一人，他的弟子们都遵循同一种方法论。卡西安诺夫斯基和他的学生面临的问题，不像卡拉姆津那样是叙事上的问题，而是被等同于俄国早期历史的"故事"。卡西安诺夫斯基继承奥古斯特-路德维希·施洛泽（August-Ludwig Schlözer）的衣钵，强调施洛泽的史料批判的方法，有时更甚于他的老师。尽管在他之前已经有人尝试用语文学的方式去探讨俄国早期编年史的问题，他则试图把整个的早期东斯拉夫人历史都加以"现实主义的"的批判。和尼布尔一样，他激进地认为，"信口雌黄"的记载是不可靠的，基辅罗斯的早期历史

306

事实上并不存在。[①] 虽然尼布尔的专业性史料批判使他能够写出一部巨著,而卡西安诺夫斯基所受的训练则不足以让他完成这样的业绩。不过,他不肯盲目跟从史料,在分析史料的时候使用了比较史学的方法。这样就克服了 18 世纪的史学遗存,并且为建立 19 世纪史学传统迈进了一步。

西方史学的影响还不广泛,新的史学方法还未在俄国这块处女地上扎根。19 世纪前二三十年,俄国史学在史料的搜集和出版方面,还无力继承或是超过其前辈(主要是米勒[G. F. Miller]、谢尔巴托夫[M. M. Shcherbatov],以及诺维科夫[N. I. Novikov])的著作。当时的人认为,卡拉姆津的著作既老套又不成熟,因为他对史料和专家的文献都没有做系统的搜集和运用。

开创性的工作是由一些热情的业余史学赞助人和许多更加专业的专家完成的。鲁缅采夫(N. P. Rumiantsev)是叶卡捷琳娜时代的内务大臣,他从亚历山大一世开始就担任这个职位。他以叶卡捷琳娜时代的精神组织了这项工作。他的职务之一是监管包含外交事务的档案。他本人雄心壮志,专注于历史,组织了对俄国手稿和条约的开创性整理出版。他慷慨解囊,雇佣了当时最出色的史学家和档案专家,其中包括帕维尔·米哈伊洛维奇·斯特卢夫(Pavel Mikhailovich Stroiev),后者在数十年之间都指导了俄国的档案编辑。

1817 年,斯特卢夫发起了一项两年计划,编纂莫斯科周围修道院的档案,因此而发现了俄国历史上不为人知的史料。在这项开创性的工作中,他得到另一个出色档案专家康斯坦丁·费奥多罗维奇·卡莱多维奇(Constantine Fyodorovich Kalaidovich)的帮助,他们两人对一大批文件进行了复制和登记。在这项计划中,他们发现了一大批不为人所知的材料,如伊凡三世的法典。后来,斯特卢夫作为俄国历史和文物莫斯科学会(Moscow Society for Russian

---

① 参见 Mikhail Trofimovich Kachenovskii, *O basnoslovnom vremeni v Rossiiskoi istorii in: Uchenyezapiski Moskovskogo universiteta*, vols. 1 – 5(Moscow, 1849)。

History and Antiquity）的成员，继续他的工作。他启动了一项为时六年的计划，查阅规模最大的一批修道院的档案，发现大量新文献，再次丰富了俄国史学。比如，《历史和法律文件》（*Historical and Legal Documents*）丛书就增加了 3000 个条目，在今人看来简直是无法完成的工作量。这些努力使得原有的组织结构发生了改变：1834 年，在教育部之下设立考古学协会，通过这个部门，他们开始出版《俄国编年史全集》（*Complete Collection of Russian Annals*），直到今天这项工作仍在继续。

"官方的国民性"和斯拉夫派

在 18 世纪，史学开始苏醒的时候，当时关注点是君主制。史学家遵循中世纪僧侣的叙事传统，而怀疑论者为史学的专业化做出了重大贡献。但是他们缺乏概念化的史学方法，因此也就没有为俄国的历史做出一个可靠的解释。

俄国史的解释框架并不是来自学术界。虽然拿破仑战争迫使俄国人有了民族意识（随着俄国在国际上地位的上升，民族意识成为了荣耀的来源），对欧洲越来越亲近，却由于"欧洲宪兵"的提法，引起了俄国人对西方前所未有的质疑。在诸如 1830 年巴黎革命这样的欧洲动荡时期，俄国人的怀疑越来越强。在沙皇尼古拉的时代，这种情绪成为俄国民族认同上的一种意识形态的概括，直到 1833 年沙皇体制败落之前，在官方意识形态中都占据了主要的地位。表述这一观念的第一人是后来的公共教育部长谢尔盖·乌瓦罗夫（Sergei Uvarov），亦即所谓"神圣的乌瓦罗夫三位一体"。"东正教、专制和国民性"三位一体的公式，为将俄国区别于西方世界提供了学术上的支持。这种提法重视俄国的例外之处，能同时为克服俄国人的自卑情结提供意识形态上的支持。

这种简单而有效的公式同时也对史学写作造成了重要影响：围绕这个公式出现了一个传统上称之为"官方国民性"的学派。该运动的代表人物是米哈伊尔·彼得罗维奇·波戈金（Mikhail

Petrovich Pogodin）。他不仅仅是一名御用史学家，虽然在仕途上苦心钻营，但是作为史学家，他也试图解释俄国历史上的独特性和普遍性。① 虽然他雄心壮志，但是没有获得读者的青睐，他的书也不被当作俄国史学的基础书目。即便如此，他的思想在当时风起云涌的知识界还是有影响的。

　　波戈金将卡拉姆津和施洛泽视作模范，而卡西安诺夫斯基，对他而言则亦敌亦友。波戈金终其一生都具有两面性，他身上的社会性和学术性之间的冲突也是如此。波戈金本人有着专业史学家的资质，却只是一介农奴。他的史学观点是由这样的二分法塑造而成的：一个是军事化诺曼人的理论与民族主义，另一个则是俄国和西方发展的不同道路与对彼得一世的崇拜。这些问题，即使用他基于"中庸即是真理"的所谓"数学方法"，也无法解决。② 主要原因在于，他终其一生的研究都是在乌瓦罗夫的三位一体教条中进行的。

　　最后，用他自己的话说，波戈金很接近当时的一大意识流派——斯拉夫主义。第一批斯拉夫派是由对政治体系持异见的贵族和知识分子组成的。他们和沙皇后来的妥协，是因为执政者发生了变动，而不是因为他们自己发生了改变。但是，毫无疑问的是，斯拉夫派是地道的民族主义者，是俄国民族觉醒的产物。这一觉醒包括东正教、专制和民族主义的觉醒，正是这些东西构成了俄国历史的特征和基本价值。正是这些斯拉夫派将俄国民族觉醒和一直以来的历史哲学体系结合在了一起，不过，他们在学术上应该算是赫尔德和谢林的学生，而非乌瓦罗夫的学生。他们当中唯一真正的史学家是德米特里·亚历山德罗维奇·瓦卢耶夫（Dmitrii Alexandrovich Valuev）。但是就算是他，也没有留下一部有持续性影响的著作。他们的重要性体现在他们在俄国思想史上的特殊地

308

---

① 参见 Mikhail Petrovich Pogodin, *Istoriko-kriticheskie otryvki*, vol. 1（Moscow, 1846），57-82。

② Pogodin, *Istoriko-kriticheskie otryvki*.

位上，体现在他们对历史书写施加的直接影响上。这一流派是由一批出没于圣彼得堡和莫斯科沙龙的、有史学思想的年轻人发起的，在 1839 年左右成型。这一流派立志要通过研究俄国的过去来决定俄国的未来。后来人给他们贴上了许多标签，其中一些标签纯属恶意中伤。多数情况下，他们被简单地成为保守派，尽管这个词并不是它在欧洲的含义。后世对此评论主要是来自那些浸淫在西方语境中、对此反感的一批人。毫无疑问的是，对于斯拉夫派来说，西方模式并非基于农奴制度（他们试图摧毁农奴制度）上的专制、官僚作风体制的解决之道。西方的体制在他们看来是建立在暴力、动荡、理性主义和异端基础之上的，应当用古老的俄国精神和道德，尤其是通过东正教的升华，尽量避免西方的模式。这就是彼得一世成为人民公敌的原因，因为他使俄国人偏离了自己有机的发展。在斯拉夫派的眼中，彼得之前的俄国还不算腐朽，由于人民和政权之间的和谐关系，以及东正教的宗教纯洁性，俄国有着光明的前途。

309 　这种理想化的历史为斯拉夫派提供了现实社会的模板。他们对历史的概念由于罔顾事实，因而是非历史的：他们为成见所左右，按照个人的理解随意地选择历史事件来解释。这样，"邀请"瓦良格人定居并且统治斯拉夫的史实，在他们的理解中，就成了人民和政权之间原始而自愿的同盟。这种解释又因为 1612 年之后的"大空位时期"的叙述（这个联盟是如何重新获得巩固的）而更加有道理。尽管斯拉夫派还没有妖魔化彼得一世，但是他们完全不认可彼得一世改造俄国所做的努力。

　　所以，他们并非对历史感兴趣，而是对他们所认为适用于今日的历史"基本准则"（比如"政权"、"土地"以及前述的人民和政权之间的同盟）感兴趣。他们对俄国史学的贡献很小，但是他们提出的俄国历史发展的独特性，却成功地促成了俄国的民族自我认同，并且为此提供学术支持，影响一直延续到今日。因此，比起那些持"西方"主导的历史观念的史学家造成的影响，这些人造成的影响应该更加慎重地加以考虑。

西化派和国家派

当时,聚集在沙龙和学术学会中的思想家们所面对的,是一个远比乌瓦罗夫的教条更加宽广的思想世界。彼得·雅科夫列维奇·恰达耶夫(Piotr Yakovlevich Chaadaev)是个退休的参谋,也是 1830 年代早期著名的社会名流,同时还是一个"多余人"的典型,虽然无所事事,但是率先思考俄国历史,并且从道德的角度考量它的世界地位。他颓废的悲观主义情绪使得很多人群起响应,并且迫使俄国贵族做出反应。他起初是在沙龙中进行讨论,之后则开始写作。他断言,俄国是一个没有历史的国家。"看起来,在我们的国家中,人性的法则已经不存在了,我们是唯一的、对世界无所贡献的民族。我们甚至没有为人类思想宝库献上哪怕一点思想,没有为人类精神的进步做出贡献,而且我们还扭曲了所有得到的先进的东西。从我们的社会存在的一开始,我们就没有为人类福祉做出奉献,在我们祖国,这片肮脏的土地上,没有产生任何有益的思想;我们的社会没有产生任何的真理。"[1]

1836 年,他出版了《哲学信札》(*Filozoficheskoe pis'mo*)。这本书原本是私人信件,以手抄本的形式流传了几年,引起了大众激烈的争论,虽然很少有人真正同意其中的观点。那些将俄国命运和西方联系起来的人,主要由于恰达耶夫的强烈的天主教信仰而反对这本书,而斯拉夫民族主义者则由于作者倾心西方而加以反对。不过,他的思想"如枪响般震动俄国的夜晚"。[2] 在这些讨论中,研究俄国史的斯拉夫的和西方化的史学方法逐渐成形。

受尼古拉·果戈理(Nikolai Gogol)启发的斯拉夫派,将对手称作"西化派",这些人常常参加相似的俱乐部,讨论俄国怎样按照西

310

---

[1]　'The Philosophical Letters Addressed to a Lady: Letter 1', in *The Major Works of Piotr Chaadaev*, trans. Raymond T. McNally(Notre Dame, Ind., 1969),37 - 38.

[2]　Alexandr Herzen, *Byloe i dumy*, vol. 2(Moscow, 1982),111.

方模式改造自己。这种导向基本上来自他们的史学意识，而这些史学意识是出自德国哲学的学术基础——这种学术基础将世界历史看作一连串的普遍法则，是持续发展着的统一有机体，并如是做出描述。他们沙龙的领袖是服膺黑格尔的蒂莫菲·尼古拉耶维奇·格拉诺夫斯基（Timofei Nikolaevich Granovskii），他是受到西式教育的、在莫斯科大学教授西方世界历史的教授。格拉诺夫斯基对于第一代的西化派有着至关重要的学术影响。当时最大并且尚有影响的俄国史学流派——国家派（state school）——的意识形态就来自西化派，后者分裂成了几个互相冲突的阵营。

"国家派"这个术语的史学价值是有争议的。有时候，他们被简单地称为"国家主义者"，有时则被称为"法律的"，有时则被称为"历史法律的"。就连"国家派"这个概念的存在，也有时候受到质疑，因为尽管它们的观念大致相同，但是其典型思想代表着许多观点。不过，所有的史学家都承认，康斯坦丁·德米特里维奇·卡韦林（Constantine Dmitrievich Kavelin）、谢尔盖·米哈伊洛维奇·索洛维约夫（Sergei Mikhailovich Solov'ev），以及鲍里斯·尼古拉耶维奇·奇切林（Boris Nikolaevich Chicherin）都是这场运动的发起人，而卡韦林的《早期俄国司法生活概论》（*Vzgliad na iuridicheskii byt drevnei Rossii*）为其提供了最初的理论基础。这部著作的出发点是俄国和欧洲的决裂："欧洲和俄国共同生活在这片大陆上，为其他国家的人民阻隔而疏远对方，似乎是有意避开任何亲密接触。欧洲对我们一无所知，它也不愿意了解；而我们也不愿了解欧洲。"①卡韦林并没有否认俄国和欧洲历史的结构性差异，但是将其描绘成只有几世纪的些微不同，随着彼得一世的统治而告消失。哲学家卡韦林受到黑格尔哲学和法国史学（主要是奥古斯丁·梯叶里和弗朗索瓦·基佐）的影响，相信"法律"控制着历史，当然也包括俄国历史，并且将历史描绘成国家崛起的故事。他毕生致力于描

---

① Konstantin Kavelin, *Vzgliad na iuridicheskii byt drevnei Rossii* (Moscow, 1846), 306.

绘欧洲和俄国的共同体。他对俄国历史的三分法无疑是带有推测性和机械性的。他的观念和波罗的-日耳曼学者古斯塔夫·埃韦斯(Gustav Ewers)的氏族理论有联系,后者以德文写作,被视作国家派的鼻祖。① 奇切林比卡韦林年轻 10 岁,对丰富卡韦林的理论框架厥功至伟,在制度、法律史方面尤为如此。在他的主要著作、同时也是一部杰作《17 世纪俄国行省制度》(*Oblastnye uchrezhdeniia Rossii v XVII veke*,该书成书于 1853 年)中,作者关注的是政府机构的出现,并且认为,在俄国,国家是从上述的机构中发展而来的,而不是来自其国民的自由意志。吊诡的是,这两位国家派的代表并不是作为法律史学家的历史学者。他们观点的绝对权威性,还有赖于史学家索洛维约夫一丝不苟的著作来树立。

311

谢尔盖·米哈伊洛维奇·索洛维约夫

谢尔盖·米哈伊洛维奇·索洛维约夫(Sergei Mikhailovich Solov'ev)常常被视为有史以来俄国最伟大的史学家,并且,时间没有淡化他的影响,反而使他的名声更加鹊起。这并不是说他在世的时候默默无闻。他从波戈金手里接管了莫斯科大学的俄国史学部,其后被任命为新成立的历史系的主任,后来又成为莫斯科大学校长。他很快开始和波戈金产生分歧,这导致了他早期的著作中出现对波戈金的激烈批评。他后来的著作受到斯拉夫派和激进的西化派的攻击。一些人说他支持专制,并且有亲西方的史学观念。许多人不喜欢他那种"干瘪"的写作方式和"沉闷"的讲演风格。

在卡拉姆津的著做出现后不到一代人的时间里,31 岁的索洛维约夫发表了他的奠基之作《早期俄国史》(*Istoriia Rossii s drevneishikh vremen*,1851)的第一卷,其后每年续写一卷,直到他1879 年逝世为止(总共有 29 卷)。尽管此时卡拉姆津已被当作过

---

① 参见 Gustav Ewers, *Drevneishee russkoe pravo v istoricheskom ego raskrytii*(St Petersburg,1835),91 - 95。

时的史学家,他的作品的文学性依然受到人们的怀念。如果卡拉姆津代表的是诗歌风格,索洛维约夫就代表了专业风格。他的作品体现了俄国的史料编纂和批判的成果,反映了西方史学的新兴流派,同时表现了学者兼教授的风貌。他在课堂上、在大学职场上的那种普鲁士式的纪律和迂腐,在他的史学著作中表现得淋漓尽致。索洛维约夫是俄国新一代史学家的第一个代表人物,这种史学家的著作中集结了所有已知的史料和二手文献,没有任何的文学或哲学价值。

和当时的富裕年轻贵族和知识分子一样,索洛维约夫去了欧洲游学,阅读谢林和黑格尔的著作,并且聆听兰克、米什莱、梯也尔及其他人的课程。但是对他著作产生最大影响的是他的西化派教授格拉诺夫斯基和卡韦林,而他们则受到埃韦斯的影响。从其著作的第一卷开始,索洛维约夫就常因著作中缺少哲学体系而受到批评。这些批评是因为他们不理解历史发展到这一步,已经是一门独立的学科,不再是文学或哲学的分支了。《早期俄国史》的引言没怎么讨论观念问题来帮助读者,也没有试图对历史进行分期。这一点表明,作者是在写作中进行概括——可以说是想到哪写到哪,并且在方法论上,作者相信,全面列举史实就是最好的方法。

索洛维约夫赞同有机发展的理论,并且在书写俄国上千年历史的时候,强调了这一原则。他深信,自己祖国的历史和欧洲历史一样,有着同样的发展规律,从部落之间的联系发展到领土之间的联系,再发展到国家的缓慢崛起,再到后世的统治和辉煌。从这一点看来,与更早的俄国史学相比,作者认为本土的发展要比诺曼人和蒙古人带来的影响更大。他描绘了一条从统一的俄罗斯国家到彼得专制的道路,将其描绘成一个不断走向辉煌的故事,其中,人民和那些集权的专制者(安德烈·博戈柳布斯基〔Andrei Bogoliubskii〕、伊凡三世、伊凡四世、彼得一世)相比,很少发挥什么作用。他对"欧洲化"的沙皇的评价更加复杂,并且随着时间的推移而发生着改变。在《早期俄国史》中给出了客观评价之后,他在彼得一世的周年纪念上的文章《论彼得大帝的公开演讲》

(*Publichnye chteniia o Petre Velikom*，1872)，则颠覆了斯拉夫派的
理论。"最终，光荣的人民和他们光荣的领袖做了交易。对于领袖
热忱的爱，和领袖深刻的、坚定的信念，人民给予他前所未有的忍
耐、感激和出人意料的成功"。① 他对于伊凡四世的印象同样也是
复杂的，并且出于作为历史学家的同感，他以卡拉姆津的训诫做了
总结："在观察这个令人恐怖的人物时，并且在体会到施暴者和受
害者的黑暗的背后时，史学家无法为这样一个人辩护，只能报以
遗憾。"②

　　尽管索洛维约夫的《早期俄国史》无法达到现代史学的学术标
准，它还是因为丰富的资料而受到史学家的高度评价：这部著作可
以作为史料集来使用。本书的优点体现在对政治事务和经济事务
的描述上，因为索洛维约夫关注的是国家的事务。斯拉夫派尤其
因为作者的片面性和忽略了人民的历史而谴责作者。关于这种批
评，可说的东西很多，在他们看来，这部著作最好是被称作"俄国国
家的历史"。但是，作者关注的不仅仅是狭隘的政治史。正是索洛
维约夫把地理条件和殖民活动加入了俄国的史学中。（他的一些
言论几乎成为了箴言——比如，"自然，是幸运的西方各民族的母
亲，但对俄国人来说，自然却是一位继母。"）正是在此基础上，作者
解释了俄国和欧洲历史的不同轨迹。

313

瓦西里·奥西波维奇·克柳切夫斯基

　　19 世纪的另一位俄国史学巨擘，是瓦西里·奥西波维奇·克
柳切夫斯基(Vasilii Osipovich Kliuchevskii)。他追随索洛维约夫的
脚步，修正其片面性，并扩大其视角。正如俄国文学在 19 世纪达
到了高峰，俄国史学也同样在这一时期创造出了最好的学术成果。
普希金的时代有卡拉姆津，而托尔斯泰的时代则有索洛维约夫。

---

① *Publichnye chteniia o Petre Velikom*(Moscow，1984)，51.
② *Istoriia Rossii s drevneishikh vremion*，vol.3(Moscow，1960)，713.

19 世纪的后半部分，俄国文化和科学出现了前所未有的繁荣。当时许多人都达到了其创造力的鼎盛时期，比如德米特里·门捷列夫（Dmitrii Mendeleev）、伊凡·谢切诺夫（Ivan Sechenov）、伊凡·巴甫洛夫（Ivan Pavlov）、柴可夫斯基（P. I. Tchaikovskii）、莫杰斯特·穆索尔斯基（Modest Musorgskii）、尼古拉·里姆斯基-科萨科夫（Nicolai Rimskii-Korsakov）、伊里亚·列宾（Ilya Repin）、瓦西里·苏里科夫（Vasilii Surikov）、瓦西里·韦列夏金（Vasilii Vereshchagin），等等。如果将一般用于描述该时期的俄国文学的"黄金时代"一词同样用于描述该时期的史学的话，那么这个"黄金时代"很大程度上归功于克柳切夫斯基。

　　正如罗蒙诺索夫一样，克柳切夫斯基出身平凡，开始是索洛维约夫的学生，后来则成为了他在历史系的继任者。克柳切夫斯基尽管背景卑微，但是才华出众。他的大学毕业论文《外国人对俄罗斯国家的描述》（*Skazaniia inostrantsev o Moskovskom gosudarstve*，1865）甫一出版，就受到了公众关注，重印多次。克柳切夫斯基后来认为，这部著作只是初试锋芒，并不满意它的出版。不过即使是这部早期作品，也展示了其挖掘分析新史料和形成观点的能力。更重要的是，他是如此优雅而精湛地完成了这项工作，当时的赞美，似乎并无过分之处。

　　克柳切夫斯基继而写了硕士论文，硕士论文的成功完成，由于提出了一种新的历史概念而变得复杂。克柳切夫斯基希望据此概念来书写一部完整的俄国社会和日常生活史，使用当时尚不为人所知的史料——俄罗斯的圣徒传记。结果，这一工作是徒劳的：他查阅了将近 5000 份圣人传记的手稿，但在重构俄国生活的复杂性方面却并不适用。但是，他努力的结果产生了一部史料批判的基础著作——《作为历史资料的古代俄罗斯圣人生平》（*Drevnerusskie zhitiia sviatykh kak istoricheskii istochnik*，1871）。此外，他的几部涉及修道院社团社会与经济生活的宏大研究也依然与此课题有些关系。克柳切夫斯基在选择其博士论文题目——《早期俄罗斯的波雅尔杜马》（*Boiarskaia duma drevnei Rusi*，[1882]）时，并没有犯相同的错误。与国家派一致,他从社会生活的角度考察了俄罗斯制度体系中最重要机构——波雅尔杜马——的作用。并且,他将一个表面上与国家相关的课题呈现为一个社会史的课题,从而超越了前人的研究。他的制度史涵盖了基辅罗斯至彼得一世这一时段,写出了俄罗斯精英的历史,并且为其整体的俄罗斯历史的综合考察《俄国史教程》(*Kursrusskoi istorii*,1904-1921)提供了理论基础。

《俄国史教程》被翻译成各种主要语言,并且和《战争与和平》一样,其标题为每个俄国人所知。作为俄罗斯历史的概论,该书直至今日也未被超越。该书在展现俄罗斯历史时所体现的完整统一、概念结构圆融,以及点明要领,保证了该书的权威性和流行程度。克柳切夫斯基的名言警句在全书中处处可见。

在他的《教程》的第二讲中,克柳切夫斯基将其导师索洛维约夫的史学方法,发展为对俄罗斯历史的综合理解。他宣称,殖民是俄罗斯历史中的基础成分,并认为殖民方式的变化导致了该国历史的几个重要阶段。他将8—13世纪定义成第一阶段:"第聂伯的城市-商人的俄罗斯",紧随其后的是13—15世纪,他将其称为"上伏尔加的波雅尔与自由保有土地的"俄罗斯。15—17世纪下半叶的第三个时期,则是"伟大的俄罗斯沙皇制/波雅尔、军事和拥有土地的俄罗斯",而最后阶段,他称为"泛俄罗斯沙皇/波雅尔以农奴为基础的农业及工厂和以作坊为基础的经济",一直持续到19世纪中叶。

虽然他的时代划分有争议,但是作者显然与传统的俄罗斯史学不一样。他没有将俄罗历史上的重大转折与具体事件或国家的演化联系起来,而是将转折与经济社会的重要转折点联系起来。他将基辅罗斯阐述为城市商业的形成,这种说法已经不准确,但是依然有效地指明了东斯拉夫民族生产方式中发生的变化。当时他们从适宜农业生产的南方地区,迁徙到无法支持农业的北方。在第三阶段,他提到俄罗斯转型成集权国家,不过还是从社会史的角度来说的。他对于最后一个时期的展现,基本上就是对圣彼得堡帝国的描述,这又回到了国家派的传统上。克柳切夫斯基将彼得的改革放在一个大框架中,在文中强调:新时代随着"麻烦的时代"(Time of Troubles)的终结而到来。

在 1870 年代,克柳切夫斯基完成了他的《俄国史教程》,直到逝世之前都一直在修订这部书。他承认地理学的重要性,承认殖民的意义,也认可制度的历史,在这些方面,他是忠于国家派的。但是他决定书写一部复杂的、以问题为中心的俄罗斯历史,表示他反对传统政治史的一面之词。通过学习当时西方主要的史学家的著作(伊波利特·泰纳、甫斯特尔·德·库朗日),克柳切夫斯基掌握了社会史和经济史的观点。他的新的综合性著作成为了当时最佳学术的典范。虽然他在处理历史事件上略显草率,但是他克服了此前他指出的别的俄罗斯史学家的缺点,亦即他们的成果经不住国际史学界的考察。

克柳切夫斯基很尊崇他的职业,他认为历史能帮助世界看清当前,甚至真的能预测未来。但是他对自己所处的时代并不寄予厚望。后来,这种悲观的思想在其日记中有所体现:"我是一个 19 世纪的人,意外地来到了你们所处的 20 世纪。"①克柳切夫斯基没有活到新世纪,他预言了 20 世纪的大灾难隐约可见,但是没有亲眼看见。现在距他逝世已有百年。20 世纪并未磨损其跨时代的重要性,而他的著作会在 21 世纪继续教导我们。

专业史学的出现

1860—1880 年代一般为俄罗斯史学界视为属于自己的时代。这种说法是有理可依的。"世纪末"(*fin de siècle*)的转折是有机的变化,几乎无法察觉,以致无法用严格的分期方式来界定这一时

---

① 由 Raisa Aleksandrovna Kireeva 引用,'Za khudozhnikom skryvaetsia myslitel'', in A. N. Sakharov(ed.), *Istoriki Rossii XVIII-nachalo XX veka*(Moscow, 1996), 441。

期。另一方面,在索洛维约夫之后,俄罗斯史学进入了一个新时代。伟大的、划时代的代表,克柳切夫斯基,只是一系列伟大史学家中的一个佼佼者。

俄罗斯史学界与受到自然科学鼓励与启发的欧洲史学界并不疏离,它的活力表现在强调专业、制度化和对具体问题的专门阐述。它的样板与其说是实证主义哲学,不如说是分割问题,并且各自加以详细分析的方法。讲述俄罗斯整体历史的大故事的时代,永远地终结了。

但是这个时代,历史学却从文学和哲学中成功地"争取独立"。索洛维约夫的名望如日中天,推进了历史进入下一个发展阶段,也就意味着考古学、历史地理学和民族学成为独立的学科,并且出版了各自的基础著作。也正是在这个时代,俄罗斯的世界史学派——即使是以国际水平衡量,其成就也是高水平的——逐渐成型了。它的创立者是一位来自莫斯科的、18 世纪历史专家弗拉基米尔·伊万诺维奇·杰尔耶(Vladimir Ivanovich Ger'e)。他的学生尼古拉·伊万诺维奇·卡列耶夫(Nikolai Ivanovich Kareev)是第一个在俄罗斯为法国大革命做辩护的人,他继而凭借自己的努力成为了有影响力的史学史专家。其他的重要人物还包括两位拜占庭史学家,瓦西里·格里戈里耶维奇·瓦西里耶夫斯基(Vasilii GrigorievichVasilevskii)和费奥多尔·伊万诺维奇·乌斯宾斯基(Fiodor Ivanovich Uspenskii),一位中世纪专家德米特里·莫伊谢耶维奇·彼得鲁舍夫斯基(Dmitrii Moiseievich Petrushevskii),还有专攻中世纪英国史的马克西姆·马克西莫维奇·科瓦列夫斯基(Maksim Maksimovich Kovalevskii),以及帕维尔·加夫里洛维奇·维诺格拉多夫,其专业方向是英国史,但也传授"克柳切夫斯基学派"的知识。

历史学在社会中所享有的自信和名望,使得这门学科获得了来自政府的鼓励与支持,也赢得了显著的社会关注度。当时出现了第一份专业杂志(主要是史料编辑)和第一批专业组织,大学中的历史系得到了成长,并且有越来越多的人以历史为生。从

316

1863 年的大学改革（是次改革使得大学自治广为流布）起，至亚历山大二世被刺杀为止，历史学在这段时期得到了顺利的发展。历史专业充满自信，并且对未来充满乐观。1870 年代的这一代史学家接触到了科学思潮，并且认为"形而上学"学派是过去的遗物。当然，这并不意味着史学家无意书写俄罗斯的整体历史，但是现在他们以学术论文的形式进行着这项工作。最重要的是，他们可以借鉴同行的论文了。如今，书写俄罗斯历史不再是单个史学家的英勇行为，而是基于当代史学整体工作的综合成果。

在这个时代，对农奴的改革的期望，以及对其他有限度却意义非凡的变革的期望，遭到了保守派的抵制，引起了一系列思潮。这些政治思潮影响了当时的一流学者们。索洛维约夫仍在教学，但是即使是波戈金，也在努力恢复自己的影响。另一个一度与波戈金竞争的民粹主义的代表尼古拉·格拉西莫维奇·乌斯特里亚洛夫（Nikolai Gerasimovich Ustrialov），出版了多卷本的著作《彼得一世之下的历史》（*Istoria Tsartsvovania Petra I*，1858 - 1864），该书落后于它的时代（但是史料价值很高）。在专业史学家中，德米特里·伊凡诺维奇·伊洛瓦斯基（Dmitrii Ivanovich Ilovaiskii）凭借其教科书和主要作品《俄罗斯史》（*Istoria Rossii*），成为了当时的领军人物。不过，这部《俄罗斯史》因为其承继自卡拉姆津的概念和思想，在当时已经过时。堪与这部历史巨著匹敌的是阿法纳西·普罗科菲维奇·舍波夫（Afanasii Prokofievich Shchapov），他阐述了俄罗斯人民生理和心理上的独特性。[1] 在联邦党人尼古拉·伊万诺维奇·科斯托马罗夫（Nikolai Ivanovich Kostomarov）的著作中，人民同样发挥了重要作用。科斯托马罗夫对比了基辅-诺夫哥罗德

317

---

[1]　Afanasii Prokofi evich Shchapov, *Obshchii vzgliad na istoriiu intellektual'nogo razvitiia v Rossii：Estestvenno-psikhologicheskie usloviia umstvennogo i sotsial'nogo razvitiia russkogo naroda*, in Sochineniia, vols. 1 - 3 (Moscow, 1906 - 1908).

和莫斯科之间的区别。[①] 由于作者的出生地和意识观念都来自乌克兰,若不是因为他用俄语发表了这么多关于俄罗斯历史的著作,他应当名列乌克兰史学界。或许是其民族的偏好造就了其"艺术家式"的、充满情感的历史观念,而这在当时的俄罗斯已经过时。

虽然这些书在史学史上有着重要地位,但已无人阅读。伊万·叶戈洛维奇·扎别林(Ivan Yegorovich Zabelin)在 1872 年发表的著作《俄罗斯沙皇的家庭生活》(*Domashnyi byt russkikh tsarei*)、瓦西里·伊万诺维奇·塞米维斯基(Vasilii Ivanovich Semevskii)1882 年的著作《皇后叶卡捷琳娜二世治下的农民》(*Krest'iane v tsarstvovanie imperatritsy Ekateriny II*),以及法律史学者瓦西里·伊万诺维奇·谢尔盖耶维奇(Vasilii Ivanovich Sergeievich)稍后出版的三卷本的《早期俄罗斯法律》(*Russkie iurodicheskie drevnosti*,1890 - 1903),这些书都有着持久的影响力。但是,对当时的时代精神做出了最佳诠释的,是弗拉基米尔·伊斯梅洛维奇·梅若夫(Vladimir Izmailovich Mezhov),他在 1865—1876 年出版了一部八卷本的俄罗斯史学家传记。[②] 简而言之,史学成为了专业的、制度化的——同时也是破碎的学科。

圣彼得堡学派

关于圣彼得堡学派和莫斯科学派是否确切存在,它们各自的学者为何,抑或是其特征是什么,学界尚无定论。许多史学家将自己定位成或此学派,或彼学派,可以肯定的是,两个学派至少在地理上是不同的。后来在苏联时代,"彼得堡"和"莫斯科"学派获得了政治内涵,但是最初,它们的区别完全在于专业或方法论。

因方法论和主题的不同,历史专业可以进一步细分。研究开始

---

① Nikolai Ivanovich Kostomarov, *Istoricheskie monografi i i issledovaniia*, vol. 1(St Petersburg, 1872).

② *Russkaia istoricheskaia bibliografi ia za 1865 - 1876*, vols. 1 - 8(St Petersburg, 1882 - 1890).

由特定的问题引导，史料的出版和批判也越来越细致。在经历了早期的转变之后，以罗列事实为导向的实证主义研究方法，在此时主宰了史学界。圣彼得堡学派的史学家就是实践这些新的科学方法的先锋。

根据他们自己的描述，这些史学家都坚持原始史料的核心性，即使这意味着忽略了史学传统，抛弃了历史观念。他们在莫斯科的同事帕维尔·米留可夫（Pavel Miliukov）认为，他们的"诗歌艺术"（*ars poetica*）是受到了施洛泽的影响，但毫无疑问的是，这种"诗歌艺术"正是在国家派的内部斗争中逐渐成型的。

尽管康斯坦丁·别斯图热夫-柳明（Konstantin Bestuzhev-Riumin）并未体现彼得堡学派的全部属性，他还是常被人视为该学派的杰出代表。他的硕士论文（事实上带给了他博士学位）为俄罗斯史料批判学开创了新的时代。他研究当代史学，著述甚丰，并且在一部最终未能完成的三卷本著作《俄罗斯历史》（*Istoriia Rossii*，出版两卷，1872—1885）上花费了数十年时间。他由于其方法论的成熟和开放的个性，吸引了大批学生，这些学生成为了彼得堡学派的核心。

其中，谢尔盖·费奥多罗维奇·普拉东诺夫（Sergei Fiodorovich Platonov）最为杰出：他在世纪之交的时候成为了彼得堡学派的领军人物，同时也是为数不多的、在莫斯科学派享有盛名的学者。他至今的名望都要归功于一部专著，这部专著考察的是俄罗斯历史的一个极为重要而敏感的问题。在他的硕士论文中，他利用了涉及 16 世纪和 17 世纪的叙述材料。[①] 此后，他为早期 17 世纪——所谓的"多事之秋"——写了一部详细的社会经济史，这可被视为一种现代性的史学方法。[②] 由此，他满足了莫斯科学派和彼得堡学派两方面的期望。在他动荡而悲剧的一生里（他最终在苏维埃开

① *Drevnerusskie skazaniia i povesti o smutnom vremeni XVII veka* (St Petersburg, 1888).

② *Ocherki po istorii smuty v Moskovskom gosudarstve XVI-XVII* (St Petersburg, 1899).

始的几年死于流亡途中），他为俄罗斯写下了一部全面的历史。①

尼古拉·帕夫洛维奇·巴甫洛夫-希尔万斯基（Nikolai Pavlovich Pavlov-Silvanskii）是普拉东诺夫的同时代人，同时也是他的学生。他的生涯事业和普拉东诺夫形成了鲜明的对比：他几乎不被学界所接受，并且也从未有机会在圣彼得堡任教。尽管他的职业是一名档案专家，他还是被当作一位业余历史爱好者，仅有的例外是他讨论俄罗斯封建制的论文。② 他的这些论文认为，除了编年史上的区别，西方封建制和俄罗斯封建制并无不同。这些论文使得他在革命时期，直到苏维埃时代都享有一定名声。

对方法论颇为敏感的彼得堡学派学者亚历山大·谢尔盖耶维奇·拉玻-丹尼列夫斯基（Aleksandr Sergeievich Lappo-Danilevskii）的身后遭遇则大为不同。他提出来不同于马克思主义史学的观点，这种观点常常被视为"资产阶级唯心论"遭遇危机的极端例子。不过最近，他在史学上的重要性得到了重新发现。但是他在世的时候则受到忽视，部分原因是他个性冷淡，部分原因是他和普拉东诺夫不和——他称后者是"黑暗势力"的极端保守分子。由此，在世纪之交的时候，彼得堡学派被两个中心分成两极：经验主义者普拉东诺夫的权威在大学无人质疑，而在彼得堡学院的语文学-历史学系，重视理论的拉玻-丹尼列夫斯基显得更为卓越。自由主义的拉玻-丹尼列夫斯基不满普拉东诺夫支持的君主制；他们也在莫斯科公国的历史上有专业观点的争论。普拉东诺夫代表着实证主义——在当时实证主义饱受西方史学家的批评，而他的对手则藉由《历史方法论》（*Metodologiia istorii*，1910）开创了一种新的方法论。在康德、新康德学派和 19 世纪晚期的德国哲学家海因里希·李凯尔特（Heinrich Rickert）的学术影响下，拉玻-丹尼列夫斯基是第一个遇到本专业理论危机的俄国史学家。他试图弭平称名与表意的区别（nomothetic/ideographic distinction）；他相信历史是一门

319

---

① *Lektsii po russkoi istorii*（St Petersburg，1899）.

② *Feodalizm v drevnei Rusi*（St Petersburg，1907）.

"纯粹科学"，而同时弃绝实证主义的"三位一体"：史料、史实、概念。几代史学家都从他熟练和认真的史料编纂上获得了技术基础和方法论基础，而他的历史哲学则将自由主义的基本价值观介绍给了俄国的自由主义者。他英年早逝，未能目睹普拉东诺夫流放，亦未能看见后者在俄罗斯史学史中名列自己之上。

莫斯科学派

由于所有"莫斯科学派"的代表人物都是克柳切夫斯基的学生，加上 19 世纪晚期到 20 世纪早期的任何史学家都受到克柳切夫斯基的影响，"莫斯科学派"通常就是指克柳切夫斯基的学派。广义上，莫斯科学派更关注历史的重大问题，倾向对这些重大问题作一宏观概论。

这一点在帕维尔·尼古拉耶维奇·米留可夫（Pavel Nikolaevich Miliukov）的身上表现得尤其明显。米留可夫的才能使得他继其导师克柳切夫斯基之后，成为俄罗斯的杰出史学家。他最初是实证主义学派的杰出代表。他的学位论文由于材料充分，在研究沙皇彼得大帝方面一直是一个重要贡献（论文实际上先于答辩就在同年即 1892 年出版）。① 仅仅四年之后，他就出版了三卷本的专著《俄罗斯文化概要》（*Ocherki po istorii russkoi kul'tury*，1896 - 1903）的第一卷。由于该书在方法论、哲学、概念方面的敏锐性，开启了全新的视角，为俄罗斯史学界和知识分子提供了刺激因素。他的知识领域越来越广泛，其中涉及到俄罗斯历史。他研究过当代从康德到马克思的哲学流派，并且熟悉国际史学界。他在欧洲史方面的最初知识来自另一个老师帕维尔·维诺格拉多夫（Pavel Vinogradov），后者的研讨班培养了未来的莫斯科学派成员。

自米留可夫从经济领域到知识领域广泛地阐述了文化问题之

320

---

① *Gosudarstvennoe khoziaistvo Rossii v pervoi chetverti XVIII stoletiia I reforma Petra Velikogo*（St Petersburg，1890 - 1892）.

后,他的学位论文被视作一种解释俄罗斯历史的本质和整体性的尝试。正是由于其思想上受到的各种学术影响,米留可夫的历史是一种折中的历史。他承认他的知识来自国家派,但人们同时会发现当代的社会史家,如德国的卡尔·兰普雷希特对他的影响,甚至会发现在经济领域他受到了马克思的影响。他广博的史学方法,使他能在其所身处的欧洲世纪中探索俄罗斯的地位。这一点与国家派的做法类似。但是他以一种更加有机的眼光去看待俄罗斯历史的独特性,他强调"被病态地放大地描述"在俄罗斯历史进程中的作用。

史学家米留可夫强调了国家在俄罗斯历史上的主导作用,而作为政治的动物,作者试图对此做出纠正。在史学家之外,作者的事业使他领导了"宪政民主党"(Cadet Party),担任了临时政府的外交部长,并且最终流亡巴黎。

自从克柳切夫斯基反对米留可夫因硕士论文被授予博士学位之后,他们的关系就冷淡下来。这也许就解释了克柳切夫斯基为何选取了另一个学生亚历山大·亚历山德罗·基泽维特(Aleksandr Alexandrovich Kizevetter)作为其接班人。最终,当系主任的职位因克里舍瓦斯基的去世而空缺的时候,他的位置又被另一个学生米哈伊尔·米哈伊洛维奇·博戈斯洛夫斯基(Mikhail Mikhailovich Bogoslovskii)所接替。这两名学生都是彼得堡学派的代表,他们的论文都是严格建立在广泛的、未被发现的新史料之上。博戈斯洛夫斯基的《彼得大帝的地方改革》(Oblastnaia reforma Petra Velikogo,1902)和基泽维特的《17 世纪俄罗斯的城市公社》(Posadskaia obshchina v Rossii XVII stoletia,1903),成为了这两个话题上各自的导读性手册。这些著作都是实证主义史学的成果。而克柳切夫斯基的其他学生的研究方向和著作则反映了广泛而大规模的科学研究计划。这并不意味着这个学派是一个作坊,而说明克柳切夫斯基的学术权威深深影响着这个学派。稍年轻的吉尔吉斯·弗拉基米罗维奇·戈提耶(Iurii Vladimirovich Got'e)写的《17 世纪的萨摩斯科夫(Zamoskov)地区:试论莫斯科公国的经济史研究》（*Zamoskovnii krai v XVII：Opyt issledovania po istorii ekonomicheskogo byta Moskovskoi Rusi*，1906），马特维·库兹米奇·柳巴夫斯基（Matvei Kuzmich Liubavskii）写的《立陶宛-俄罗斯议会：试论关于国家的内部结构和外部生活机构的历史》（*Litovsko-ruskii seim：Opyt po istorii uchrezhdenia v sviazi s vnutrennim stroiem I vneshnei zhiznui gosudarstva*，1901）和《关于殖民化的俄罗斯历史地理学》（*Istoricheskaia geografi a Rossii v sviazi s kolonizatsiei*，1909），都能证明他们的学术方向：全面地描绘17、18世纪的国家体系。这一宏大的综合作品的乌托邦目标延续了下来，尽管在一些学者那里，只是口头上的声明。革命的到来，让克柳切夫斯基学生们的圈子被粉碎、打散，尽管也有一部分在1917年之后依然从事历史研究，很多人成为移民，另一些人则为苏维埃效劳。然而，他们的作品再没有延续他们的导师开创的道路。

从多元性到马克思主义

20世纪早期的俄国史学与其西方同行相比毫不逊色，其思想、发展趋势，甚至研究结果，都是欧洲式的。俄罗斯史学家和他们的西方同行紧密合作：他们四处演讲，作访问考察，参加国际组织，并在西方的期刊发表文章，其作品被译成各国语言。另外，他们也招待国外同行，评论他们的作品，并将其译成俄文。彼得堡学派和莫斯科学派间也出现了对话，不同学派之间存在着跨越党派和意识形态的合作。作为20世纪早期的集体成果，克柳切夫斯基的学生参与编写的九卷本的《19世纪俄罗斯历史》和六卷本的《三个世纪》（*Tri Veka*）丛书，成为了极佳的代表。亚历山大·叶夫根尼耶维奇·普列斯尼亚科夫（Alexandr Evgen'evich Presniakov）凭借其《大俄罗斯国家的形成》（*Obrazovanie velikorusskogo gosudarstva*，1915）而名列俄罗斯史学界；同样，斯捷潘·鲍里索维奇·维谢洛夫斯基（Stepan Borisovich Veselovskii）在整个苏维埃时代都保留了"不带个人好恶"（*sine ira et studio*）的风格。但是，谢尔盖·弗拉基米罗维奇·巴赫

321

鲁申(Sergei Vladimirovich Bakhrushin)、叶夫根尼·维克托罗维奇·塔尔(Yevgeni Viktorovich Tarle),以及鲍里斯·德米特里耶维奇·格列科夫(Boris Dmitriyevich Grekov)则屈从于大形势。

除了主流的实证主义史学,其他历史哲学和方法论也在俄罗斯史学界有着一席之地。一种专业上的多元主义精神使得讨论和争辩成为可能,这种多元主义有时和政治无关,有时则受到政治的鼓动。当时对历史专业来说是"大危机"的年代,历史学反复受到怀疑论以及新的社会学的困扰。在这种繁杂的情况下,马克思主义史学可谓仅仅是一个分支,尽管其目标伟大,而且历史唯物主义概念深深影响了19世纪末的知识界。但很快,它就成为了主流,苏维埃逐渐压制了其他的史学流派。应当指出的是,1917年以前马克思主义史学最有名的两位代表,米哈伊尔·尼古拉耶维奇·波克罗夫斯基(Mihail Nikolaievich Pokrovskii)和尼古拉·亚历山德罗维奇·罗日科夫(Nikolai Aleksandrovich Rozhkov),都是训练有素的史学家,事实上他们都是克柳切夫斯基的学生。他们的导师对于社会史和经济史的特别关注,很容易导向马克思主义史学。不过毫无疑问的是,马克思主义史学的决定性思想来自马克思主义者的信条,来自他们政治上的同情心,以及他们自身的革命志向。由此,这些受到解决具体历史问题的训练的专业史学家,通过将抽象的意识形态模式应用在具体的史料之上,引入了一种新的史学流派。

格奥尔基·瓦伦蒂诺维奇·普列汉诺夫(Georgii Valentinovich Plekhanov)的《俄罗斯社会思想史》(*Istoriia russkoi obshchestvennoi mysli*,1925),是第一部马克思主义的研究作品。该书成为马克思主义史学的一个绝佳范例。尽管普列汉诺夫是职业的革命者,而不是一个历史学家,在写过一些关于经济唯物论的理论著作之后,他写出了自己的著作《历史》。引言部分,总结了他关于俄罗斯历史的最重要的观点。他特别依赖克柳切夫斯基和米留可夫所说的国家和地理因素的作用,以及他们所说的俄罗斯经济社会条件的不发达情况。但是对于俄罗斯和欧洲的关系,他有一个全新的回答。他认为,从本质上说,俄罗斯的历史一直在东方与西方之间摇

322

摆不定，由此他引入了俄罗斯历史的"相对独特性"这一概念，这与后来的苏联马克思主义者的教条相比，更具辩证性。

罗日科夫 1899 年完成的硕士论文，题目是《16 世纪莫斯科公国的农业经济》(*Sel'skoe khoziaistvo Moskovskoi Rusiv XVI veke*)。这篇论文虽然关注的是经济进程，但采用了实用主义的方法。这种情况同样可见于他的另一部作品《俄罗斯专制的起源》(*Proiskhozhdenie samod-erzhaviia v Rossii*，1906)。该著作按照经济发展的阶段划分历史，不过是基于原理和形式的基础之上。他虽然承认俄罗斯存在封建制度，但是他对此的认识并不是马克思主义的。他也不认为阶级斗争在俄罗斯历史上有什么重要意义，而是在历史研究中更强调社会心理的存在。在他事业生涯的晚期，他才转向了"真正的"马克思主义。

在米哈伊尔·尼古拉耶维奇·波克罗夫斯基移民法国的时候(1907—1917 年)，他很少有时间进行历史研究，所以，他在书写 1917 年之前的历史著作的时候，主要借助的是记忆和历史性文学。他的四卷本《早期以来的俄罗斯历史》(*Russkaiaistoriia s drevneishikh vremen*)出版于 1910—1913 年，几年后完成的《俄罗斯文化史简述》(*Ocherki istorii russkoi kultury*，1914 - 1918)则试图改变关于历史的主流意见。在第一本著作中，作者明确反对了克柳切夫斯基，而在另一本书中则反对了米留可夫。(波克罗夫斯基自己的书在斯大林时期饱受批评，历史学家的集体记忆也是"反波克罗夫斯基"的，这真是命运和历史的讽刺。)波克罗夫斯基突出了经济，尤其是商业资本，对国家的作用，使用了社会形态的理论

323 (如巴甫洛夫-希尔万斯基的封建制概念)。作为具有革命精神的民主主义学者，他成为了沙皇的死敌。他对证据确凿的史料所具备的政治偏见和意识形态，使得他的作品有种概说的味道，有时甚至显得外表粗糙。后一种现象在 1917 年之后的史学家的宣传风潮中也可以看到。当布尔什维克掌权之后，波克罗夫斯基就放弃了历史教学，这并非偶然。不过，仍需强调的是，这还不是斯大林的历史概念。后者对于阶级斗争的解释很不一样，并且没有带上民族主义的

偏见,而且对伟大的俄罗斯民族美化历史决不妥协。

尽管马克思主义史学一直受到各种学术潮流的影响,但是,马克思主义范式(更不必说斯大林式的史学)在史学界的主导地位,并不是俄罗斯史学几个世纪以来自发发展的结果。俄罗斯的历史学是一种忠于政权的史学,而吊诡的是,这一点却反而使得它在第一代年鉴学派学者倡导的历史学复兴中,保持了一个相对独立的位置,并在事实上,它一直在走自己的路。实际上,在接下来将近 70 年的时间中,除了极少数的例外,俄罗斯的历史学成为政治的玩偶,地位无足轻重,唯一的可取之处还是过时的实证主义提供的贡献。

大事年表/关键日期

1807 年	提尔西特条约(Treaty of Tilsit)
1812 年	挫败拿破仑的进攻
1825 年	十二月党人起义
1833 年	法典(Code of Laws)
1854—1856 年	克里米亚战争
1861 年	解放农奴
1863 年	波兰叛乱;地方自治政府与司法改革
1875 年	民粹派"到民间去"运动的审判
1877—1878 年	与奥斯曼帝国的战争
1880 年	洛里斯-梅利科夫(Loris-Melikov)内阁
1881 年	亚历山大二世被暗杀
1894 年	法俄同盟成立
1898 年	社会民主党的第一届国会
1904—1905 年	日俄战争
1905 年	"血腥礼拜日"('Bloody Sunday');十月十七日宣言
1906 年	斯托雷平土地改革的开始
1914 年	俄国加入一战
1917 年	"二月革命";君主制结束

主要历史文献

Bestuzhev-Riumin, *Nikolai Sergeievich*, *Russkaia istoriia*, 3 vols. (St Petersburg, 1872).

Bogoslovskii, Mikhail Mikhailovich, *Oblastnaia reforma Petra Velikogo* (Provintsiia, 1719 – 1727; Moscow, 1902).

Chicherin, Boris Nikolaevich, *Oblastnye uchrezhdeniia Rossii v XVII veke* (Moscow, 1856).

Karamzin, Nikolai Mikhailovich, *Istoriia gosudarstva Rossiiskogo*, 12 vols. (St Petersburg, 818 – 829).

Kavelin, Constantine Dmitrievich, 'Vzgliad na iuridicheskii byt drevnei Rossii', in *Sob-ranie sochinenii*, vol. 1: Monografi ia po russkoi istorii (St Petersburgh, 1897).

Kliuchevskii, Vasilii Osipovich, *Drevnerusskie zhitiia sviatykh kak istoricheskiiistochni-k* (Moscow, 1871).

Kliuchevskii, *Kurs russkoi istorii*, 5 vols. (Moscow, 1904 – 1921).

Kostomarov, Nikolai Ivanovich, *Russkaia istoriia v zhizneopisaniiakh ee glavneishikh d-eiatelei*, 3 vols. (St Petersburg, 1873 – 1874).

Lappo-Danilevskii, Aleksandr Sergeievich, Metodologiia istorii (St Petersburg, 1910).

Miliukov, Pavel Nikolaevich, *Ocherki po istorii russkoi kul'tury*, 3 vols. (St Petersburg, 1896 – 1903).

Miliukov, Pavel Nikolaevich, *Glavnye techeniia russkoi istoricheskoi mysli* (Moscow, 1897; St Petersburg, 1913).

Pavlov-Silvanskii, Nikolai Pavlovich, *Feodalizm v drevnei Rusi* (St Petersburg, 1907; Pe-trograd, 1924).

Platonov, Sergei Fiodorovich, *Ocherki po istorii smuty v Moskovskom gosudarstve XVI-XVII* (St Petersburg, 1899).

Plekhanov, Georgii Valentinovich, *Istoriia russkoi obshchestvennoi m ysli*，3vols.（Moscow and Leningrad，1925）.

Pogodin，Mikhail Petrovich，*Istoriko-kriticheskie otryvki*（Moscow，1846）.

Pokrovskii，Mikhail Nikolaievich，*Russkaia istoriia s drevneishikh vremen*，4 vols.（Mo-scow，1910－1913）.

Presniakov，Alexandr Evgen'evich，*Obrazovanie velikorusskogo gosudarstva*（Petrograd，1918）.

Rozhkov，Nikolai Aleksandrovich，*Sel'skoe khoziaistvo Moskovskoi Rusi v XVI v*（Mosc-ow，1899）.

Sergeevich，Vasilii Ivanovich，*Russkie iurodicheskie drevnosti*，3 vols.（St Petersburg，1903－1909）.

Solov'ev，Sergei Mikhailovich，*Istoriia Rossii s drevneishikh vremen*，29 vols.（Moscow，1851－1879）.

参考书目

Illeritskaia，N. V.，*Istoriko-iuridicheskoe napravlenie v russkoi istoriografi i vtoroi polovinyXIX veka*（Moscow，1998）.

Kireeva，Raisa Aleksandrovna，*Izuchenie otechestvennoi istoriografi i v dorevoliutsionnoi Rossii s serediny XIX v.* do 1917 g（Moscow，1983）.

Lachaeva，M. Iu.（ed.），*Istoriografi ia istorii Rossii do 1917 goda*，2 vols.（Moscow，2003）.

Malinov，A. V.，*Istoricheskaia nauka i metodologiia istorii v Rossii XX veka. K 140-letiu sodnia rozhdeniia akademika A. S. Lappo-Danilevskogo*（St Petersburg，2003）.

Mazour，Anatole G.，*Modern Russian Historiography*（1939；Westport，Conn.，1975）.

Nechkina，M. V.（ed.），*Ocherki istorii istoricheskoi nauki v SSSR*，vol. 2（Moscow，1960）.

Niederhauser，Emil，*A történetírás története Kelet-Európában* （Budapest，1995）．

Pivovarov，Iu. S.，*Dva veka russkoi mysli*（Moscow，2006）．

Riasanovsky，N. V.，*The Image of Peter the Great in Russian History and Thought*（NewYork and Oxford，1995）．

Rostovtsev，E. A.，A. S. *Lappo-Danilevskii i peterburgskaia istoricheskaia shkola*（Riazan，2004）．

Rubinstein，N. L.，*Russkaia istoriografiia*（Moscow，1941）．

Sakharov，A. N.（ed.），*Istoriki Rossii XVIII-nachalo XX veka* （Moscow，1996）．

Shapiro A. L.，*Russkaia istoriografi ia s drevneishikh vremen do 1917 g*（Tver'，1993）．

Sakharov，A. M.，*Istoriografi ia istorii SSSR：Dosovetskii period* （Moscow，1978）．

Sanders，Thomas，*Historiography of Imperial Russia：The Profession and Writing of Historyin a Multinational State* （Armonk and London，1999）．

Stockdale，Melissa Kirscke，*Paul Miliukov and the Quest for a Liberial Russia，1880 – 1918*（Ithaca and London，1996）．

Szvák，Gyula，*IV. Iván és I. Péter utóélete*（Budapest，2001）．

Tikhomirov，M. N.，*Ocherki istorii istoricheskoi nauki v SSSR*， vol. 1（Moscow，1955）．

Tsamutali，A. N.，*Bor'ba techenii v russkoi istoriografi i vo vtoroi polovine XIX veka*（Leningrad，1977）．

Vernadskii，G.，*Russkaia istoriografi ia*（Moscow，1988）．

Walicki，Andrzej，A *History of Russian Thought：From the Enlightenment to Marxism*，trans. Hilda Andrews-Rusiecka （Oxford，1979）．

喻　乐　译

第十六章 中东欧的历史写作

莫尼卡·巴尔

　　至少在一定程度上,历史书写的本质无疑是受到了时代和当地环境的影响。所以,对这些条件做一审视,对于评价中东欧的史学发展是不可或缺的。在约 19 世纪中期到 20 世纪中期的这一段时间内,这一点尤为明显:民族历史成为了欧洲史学的主要传统,并使史学和政治发展之间出现了复杂的联系。更重要的特征则是:这一地区的国家边界不断变化,与欧洲的其他地区相比,中东欧出现了更多的国家、也更加分裂。① 在这些不稳定的边界的背后是极度多元化的人口,这代表存在着多种语言、宗教和风俗。一般而言,种族并不受明确边境线的限制,而是不可分割领土中的一个不可分割的群体。这些模糊的边界,部分地导致在历史文献中不存在一个中东欧的共识性定义。本章采用了或许是最主流的观点(并略加修改),即将中东欧的主要部分定义为哈布斯堡王朝旧地和波兰-立陶宛联邦,另外也要谈到拉脱维亚和爱沙尼亚的史学。

　　中东欧的历史书写的本质特征之一就是显著的解放思潮。在这种背景下必须要注意到的是,18 世纪晚期和 19 世纪早期,中东欧并非独立的政体,而是哈布斯堡、俄罗斯和普鲁士的领土。一些关键性历史事件影响了历史书写的发展。这些事件包括:1848 年、1867 年(是年出现了奥匈折中方案)哈布斯堡王朝的革命。而

---

① Louis Namier, ' The Downfall of the Habsburg Monarchy ', in *Vanished Supremacies*(London, 1962),139.

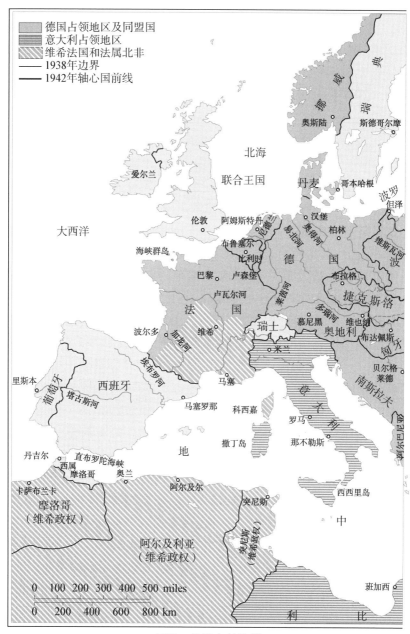

图例：
德国占领地区及同盟国
意大利占领地区
维希法国和法属北非
—— 1938年边界
—— 1942年轴心国前线

挪威
瑞典
奥斯陆
斯德哥尔摩
北海
联合王国
丹麦
哥本哈根
波罗
但泽
爱尔兰
汉堡
柏林
维斯瓦河
波
伦敦
阿姆斯特丹
易北河
大西洋
布鲁塞尔
比利时
德
国
布拉格
捷克斯洛
海峡群岛
巴黎
卢森堡
莱茵河
法
卢瓦尔河
国
多瑙河
慕尼黑
维也纳
布达佩斯
阿牙
奥地利
波尔多
加龙河
维希
瑞士
米兰
贝尔格莱德
里斯本
埃布罗河
西班牙
南斯拉夫
马塞
塔古斯河
马塞罗那
科西嘉
罗马
意
大
利
撒丁岛
那不勒斯
丹吉尔
直布罗陀海峡
地
西属
摩洛哥
奥兰
卡萨布兰卡
阿尔及尔
突尼斯
西西里岛
中
摩洛哥
（维希政权）
阿尔及利亚
（维希政权）
突尼斯
（维希政权）
班加西
利
比

0 100 200 300 400 500 miles
0 200 400 600 800 km

1938—1942 年的欧洲

1938—1942 年的欧洲

弗朗兹·斐迪南（Franz Ferdinand）大公在萨拉热窝遇刺则导致了第一次世界大战的爆发,也导致了帝国的战败和随之而来的解体, 这标志着未来关键性的转折。在俄罗斯占领的前波兰-立陶宛联邦的领土（后者由于18世纪末受到俄罗斯、普鲁士和奥地利的瓜分而在政治上消失）上,1830年和1863年的两次失败的起义成为了政治和学术的分水岭。重要的是,第一次世界大战的结局从根本上改变了整个地区。对波兰人而言,战后处置意味着祖国光复,也意味着三个波罗的海国家——立陶宛、拉脱维亚和爱沙尼亚取得了独立地位。斯洛伐克成为了捷克斯洛伐克的一部分,而克罗地亚和斯洛文尼亚则归属南斯拉夫。另外,在哈布斯堡王朝的废墟中,出现了一个脆弱的、残喘的奥匈帝国,它在国土面积上遭到大大地削弱。

各国都对战后处置感到不满,尤其是威尔逊的民族自决原则对于多民族的中东欧而言非常不适用,这很大程度上导致了在两次大战之间的中东欧的脆弱。这是因为,现实与调解者的预期不同,独立的民族国家的出现势必恶化种族-民族冲突,势必引发少数民族团体的问题,势必引发边界冲突。在德国国家社会主义政府企图通过强制移民和大规模屠杀的政策在中东欧开创一个新秩序（Neuordnung）的时候,一系列的冲突达到了顶峰。但是,即使是第二次世界大战的结局——1945年国家社会主义被盟军击败——也未能开创一个稳定和平的新秩序。东西方的意识形态冲突成为接下来数十年冷战时期的主要内容。

正如欧洲其他地方一样,19世纪中东欧的历史学家深受政治影响,相信他们的专业和政治目标有一致性。他们遇到的一些主要学术困境反映了对时代无处不在的担忧,在这方面,他们和欧洲其他地方的史学家一样,而他们的其他研究课题则或者为中东欧所独有,或者为各自民族所独有。"普世"的意义和"个别"的价值,对"西方"文明模式的接受或拒绝成为了中东欧史学家自我定位方面的重要分界线。他们也同样地在自己的社会中遭遇了愈加严重的经济和社会问题,不论他们是否将自己定位成"落后"的标志。

在这些背景之外,地方性的话语关注更个别的课题。因为众所周知的原因,波兰的史学家试图挖掘波兰被瓜分的原因,并认为这些原因造成了波兰的悲剧命运。他们也思考如何复国、采取何种政体。尽管立陶宛在过去波兰-立陶宛联邦中,跟波兰有着共同的历史,但 19 世纪后期立陶宛的史学家逐渐摆脱立陶宛历史与波兰历史的联系,并且越来越强调作为独立国家的立陶宛在中世纪的历史。

在哈布斯堡王朝的领地上,各省与奥地利、匈牙利之间的关系成 330 为了一个重要的课题。匈牙利的学者必须考虑 1848 年革命之后独立战争失败的后果,而捷克的史学家则不得不忍受 1867 年奥匈折中方案的影响,这个方案忽视了他们的诉求。在两次大战之间,捷克斯洛伐克(以及南斯拉夫)的学者们要为这个生造的政体找寻合法性,而新兴的波罗的海国家的学者们同样没想到要为民族独立寻找历史合法性。在另一方面,两次大战之间的匈牙利,历史书写的产量和旋律,受到特里亚农和约(Trianon Peace Treaty,1920 年)毁灭性后果的深刻影响,该条约极大地削弱了匈牙利的领土和人口。

启蒙运动的遗产

由于新出现的史学需求得到了规范化(例如采取了评判标准,探索此前被忽略的领域——尤其是经济和社会史),启蒙学者对历史研究的发展做出了重要贡献。一些新兴的、有时甚至是革命性的思想——例如法国大革命引发的思想——同样受到史学家的关注。但是,从中东欧整体而言,德国学界提供了最重要的动力。约翰·戈特弗里德·赫尔德(Johann Gottfried Herder)对此产生的重要影响(尽管这一影响常常被夸大)尽人皆知,而那些与哥廷根大学有联系的学者们也产生了不小的影响。其中尤为著名的是奥古斯特·冯·施洛泽(August von Schlözer),他开创性的研究有助于提升中东欧史学在欧洲学界的地位。除此之外,哥廷根大学的学者也在政治学科方面——诸如政治学(Staatswissenschaften)——影响了中东欧的学界。

在哈布斯堡王朝的领土上，玛丽亚·特蕾莎和约瑟夫二世开创的改革特别有效。这两位统治者的集权措施和同化措施，威胁了捷克和匈牙利贵族的政治经济权利，并且催生了当地的爱国主义。当地的贵族发现，他们需要新的历史描述来证明他们的自古以来的权益。另外，日耳曼化的进程强化了民族情绪，有助于本国语言的复兴，这为学术工作奠定了基础。波兰国家的独特历史进程——这种进程以波兰一度从欧洲地图上消失而达到高潮——用现实启发了波兰和国外学者们（后者包括卢梭和加布里埃尔·博诺·德·马布利［Gabriel Bonnot de Mably］）的政治-历史研究。不过，总体而言，当地学者们的历史论述主要是受地方爱国主义的影响，而启蒙运动的主要门类——基本上是指历史哲学——在这一区域尚难以发现。

在启蒙时代，历史著作主要是由神职人员所书写的，其中一部分人已经表现出对批判性分析和本国语言的偏好。第一个试图以本国语言完成历史著述的波兰史学家，亚当·纳鲁谢维奇（Adam Naruszewicz）主教，表现出了拥护王权的倾向，并且相信国家的覆灭主要是由于波兰政治体系的问题。[①] 历史研究往往被置于更广大的文化背景之中。比如，尽管波西米亚启蒙运动的两个最杰出代表阿贝·多布罗夫斯基（Abbé Dobrovsky）和约瑟夫·容曼（Joseph Jungmann）的主要贡献，在斯拉夫文献学和语言学方面，他们的活动也对历史研究产生了重要影响。克罗地亚和斯洛文尼亚的启蒙学者，既从拿破仑的入侵（1809 年至 1813 年）中，也从哈布斯堡王朝恢复统治之前法国伊里利亚保护国设置之后，短暂存在的教育体系中受益匪浅。其中，斯洛文尼亚世俗学者、共济会成员安东·托马斯·林哈特（Anton Tomaž Linhart），促成了后来卢布尔雅那（Ljubljana）的国立图书馆，并且想要写成一部"奥地利斯拉

---

① Adam Naruszewicz, *Historia narodu polskiego od początku chrześcijaństwa*, 7 vols. (Warsaw, 1780 - 1824).

夫人居住的克恩顿(Carinthia)及其他省份"的历史。① 在波罗的海国家,历史研究受到波罗的海日耳曼学者的当地爱国主义的刺激,他们首次对农民的历史产生兴趣。

浪漫主义时代的历史书写

19世纪的学者认为历史研究有特别的作用,浪漫主义时代无疑是一个"回顾过去的先知们"②的伟大时代。

虽然启蒙学者在研究社会、政府和语言方面运用了推测的、哲学的方式,而他们的继承者则于19世纪在经验主义的、历史化的、个人-国家的结构下,继续同样的研究。此外,浪漫主义的史学家旨在写出既能俘获读者内心、又能吸引读者思想的历史,而不是受到启蒙运动启发的、对知识分子有吸引力的历史。他们也设法将读者覆盖面扩大到所有(有读写能力)的国民,这就需要作者和读者的需求达成一致。在中东欧,早期的历史一般是用德语或者拉丁语写成,而大部分人口都不懂这两种语言。所以,将语言转变成本地语言势在必行。

在浪漫主义时代,史学界出现了"宏大叙事"的书写方式。这种史学方法有一定规范,通常带有目的论的色彩,在行文中,作者常常表现出对文明进程的必胜信心。在书写民族史方面,这一点最为明显。史学家们热衷展示他们民族的古老、延续性和独特性。更重要的是,他们的论证同时受到史学家当时渴望获得民族统一的影响。虽然这些主题在当代欧洲史学界随处可见,但是在中东欧——广义上还包括那些非主要的民族——的历史书写中,自有其特别关注之处。一个主要的政治和专业倾向就是寻求解放。在本国范围内,史学家们鼓吹国内的平民应该享有更大的自由。但是,

332

---

① Anton Tomaž Linhart, *Versuch einer Geschichte von Krain und den übrigen Ländern der südlichen Slaven Öesterreiches*, 2 vols. (Laibach, 1788 – 1791).

② Friedrich Schlegel 曾见此语,参见'Athenäum Fragmente: No. 80', in *Kritische Friedrich-Schlegel-Ausgabe*, ed. Hans Eichner(Munich and Vienna, 1967),176。

他们相信,如果他们的民族不像欧洲其他民族那样获得自由(无论这种自由是否是指完全独立),那么人民的自由便无从谈起。不过,要求欧洲现状发生改变,公众舆论必须有相应的变化。启蒙学者通过专业知识考察这个地区:他们将西欧视作文明的象征,而东欧则是落后的表现。① 这种图像直到 19 世纪依然存在。兰克在他的《拉丁与日耳曼民族史》(1824)中,将拉丁和日耳曼民族说成是构成了"一切现代历史的核心",这有力地证明了之前的看法。兰克公开地忽视一切处于该核心之外的事物,将其视作边缘事物,并且在这个语境中,将斯拉夫人、列托人(Lettic)和马扎尔人归为"部落民"。②

　　由于自身的存在没有得到必要的承认,中东欧的史学家必须找到存在的理由,以回应当时广为流传的一种观点:如果一个群体达到了必要多的人数,他们就会被视为一个发展成熟的民族。也许最广为人知的方式就是恩格斯将民族划分成有历史的民族和没有历史的民族。即使晚至 1849 年,恩格斯还是轻蔑地忽视了捷克人、斯洛伐克人、南斯拉夫人、特拉西瓦尼亚的罗马尼亚人和萨克森人,将其当作"从历史角度上说并不存在"的民族,认为其并无本民族历史,注定要灭绝。③ 所以,史学家渴望更大程度上的独立以及被承认,急切地强调改变现状的必要性。史学家将其国家置于欧洲文明的框架中,更加剧了他们对提升国家地位的专注:他们力图说明自己民族对人类进步的贡献。在波兰的语境中,这种思潮包括为自由和公正而共同奋斗的过程中,各民族互助团结的呼吁。这种观点认为,波兰人不单单是为了自己国家,也是为了欧洲而倾洒热血。而且,匈牙利、波兰和克罗地亚(甚至还有罗马尼亚)的史学家提出了过去所谓"基督教世界壁垒"(antemurale Christianitatis)

333

---

① Larry Wolf, *Inventing Eastern Europe* (Stanford, 1994), 9.

② Leopold von Ranke, *Geschichten der lateinischen und germanischen Völker von 1494 bis 1535* (Leipzig and Berlin, 1824), pp. iii–iv.

③ Friedrich Engels, 'Democratic Pan-Slavism' (1849), in Karl Marx and Engels, *Collected Works*, vol. 8. (New York, 1977), 367.

的说法，称自己民族的牺牲使得土耳其人无法入侵西欧。有时候，这个理由也用来解释为何这些国家会落后：这些民族正是因为几个世纪战火纷飞，所以更加落后，这个论点似乎是可行的。与此同时，这个论点也暗示了西方正是因为他们的牺牲，才安享和平的发展。

在提升民族独特性方面，当时多数史学家都在更高程度上有着普世价值观。比如，捷克史学界的卓越人物后来被称为"民族之父"的弗兰蒂泽克·帕拉茨基（František Palacký），曾经宣称："我深爱我的民族，但是我将人类和学术的福祉看得比民族的福祉更重。"[①]帕拉茨基和他的一些同事对史学贡献巨大，应该予以特别关注。简单地回顾一下浪漫主义时期中东欧著名学者的著作，是有意义的，因为这能揭示：在各种史学传统中，除了上文提到的普遍性的关注点以外，在不同的史学传统里各自占主导地位的具体问题各不相同。稍微看一下帕拉茨基的著作，我们会发现，即使在同一个史学家的一生中，其学术风格也会发生重大的转变。在事业起步阶段，帕拉茨基主要使用德语写作，他的《波西米亚史》（Geschichte von Böhmen）的第一卷就是于 1836 年他在波西米亚崭露头角时完成的。他在德国学界颇负盛名。而在 1848 年的革命年代，他受邀参与法兰克福的立宪会议（Vorparlament）。使同事们大为惊讶的是，他拒绝了这次邀请，说自己并不是日耳曼人，而是斯拉夫的捷克人。这项声明又由于他在 1848 年之后决定以捷克语继续写作而得到证实。他代表作的捷克语标题——《波西米亚和摩拉维亚的捷克民族历史》（Dějiny národu českého v čechách a v Morave，1848-1876）——表现了他这一决定的重要影响：他的著作不再是关于整个波西米亚地区的历史，而是关于一个民族——捷克民族的历史。其结果就是，（波西米亚）操德语的人口被直接排除在他的历史之外。帕拉斯基的许多原则都是当时史学家观点的典型写照。如下主张也属于此类：他的民族志从古代起就拥有民主传统，封建主义不过是他的国家的一段恶性的、异质的发展的

334

---

① František Palacky, *Gedenkblätter* (Prague，1874)，152.

表现，而且是外国人（德国人）带来的，并没有完全渗入社会内部。浪漫主义时期的史学家常常迷醉于他们眼中的本民族最辉煌的时代。与浪漫主义史学家"重新发现"中世纪的思潮一致，帕拉茨基将这个特别的时代定在了15世纪。他在研究胡斯运动方面发挥了先锋作用，将胡斯运动从一个中世纪异端，改造成一项对于整个欧洲都有重要意义的运动——这场运动预示了19世纪许多备受珍视的自由主义价值，其中包括言论自由和宗教自由。他将约翰·胡斯和胡斯派视作欧洲改革的第一个代表（前无古人！），从而书写了有鲜明新教特点的民族历史，并且证明了：即使是小民族也能对欧洲文明产生重要影响。不过，对中世纪异端的痴迷并不鲜见：在这方面，儒勒·米什莱将贞德刻画成法国民族象征，与帕拉茨基有异曲同工之妙。①

波兰当时最卓越的史学家，约阿希姆·莱莱韦尔（Joachim Lelewel）在古钱币学和历史地理学方面享有国际声誉，他的《中世纪的地理》（*Géographie du moyen âge*，四卷本，1850—1852）直到今日仍不乏读者。而且，与当时中东欧史学家不同，他也对史学理论有着独特贡献。莱莱韦尔对历史的有力解读，带有其共和民主主义的信念。他年轻时在维尔纳大学和华沙大学任教授职，不过，由于积极参与1830年的起义，被迫离开波兰，定居比利时。他写得最好的本国史，是最初以法文出版的《波兰历史》（*Histoire de Pologne*，1844）和之后的《对波兰及其人民的历史的观察》（*Uwagi nad dziejami Polski i ludujej*，1854）。这些著作超越了之前这方面历史视野的局限，不再围绕着国家的历史，而是关注不同社会阶层之间的关系。和帕拉茨基一样，莱莱韦尔也相信斯拉夫人接受基督教之前，是一个有着原始民主制度的民族，而这种民主制却被后来的德国封建化所破坏。他将波兰-立陶宛联邦（Rzeczpospolita）视作波兰历史的顶峰，而将波兰的衰落归结为国外势力的侵略，而非其政治结构不合适。根据莱莱韦尔的说法，波兰组建了欧洲唯

335

---

① Jules Michelet, *Jeanne d'Arc*(Paris，1853).

一的大型共和国,所以,他不同意共和主义只适合小国家的说法。

　　莱莱韦尔的立陶宛同行西莫纳斯·道坎塔斯(Simonas Daukantas)也研究过波兰-立陶宛联邦的历史,他是第一个使用本民族语言写作的史学家。如果将这两个人的研究方法作一比较,就能看出他们本质的不同。莱莱韦尔认为波兰代表优秀文明,所以能使立陶宛文明开化,而道坎塔斯则用殖民化和外国占领的概念,解释立陶宛和波兰建立的国别联盟。这样一来,道坎塔斯率先将立陶宛的历史同波兰剥离开,并将关注点放在立陶宛大公国的中世纪。他也通过强调(立陶宛)语言的印欧语系来源和颂扬本国无可媲美的异教传统,有力地宣示了立陶宛民族的古老。①

　　匈牙利史学界对历史制度的重视与波兰史学界如出一辙。对古代制度的崇敬和对匈牙利议会的强调,和自由主义的价值观契合,在米哈伊·霍瓦特(Mihály Horváth)的著作中,可以看见对经济社会进步、对普通人处境改善的重视。霍瓦特参与了1848年革命,而后来的独立战争则迫使他移民。直到1867年奥匈折中方案,他才获准回国。除了编写各版本国史以及率先研究匈牙利农民历史之外,霍瓦特的独特之处在于写出了两部杰出的当代史,并得以在日内瓦出版。《匈牙利历史中的25年》(*Huszonöt év Magyarország történetéböl*, 1864)是对1823—1848年之间的改革时期(Reform Period)所作的一项富有创意的、里程碑式的研究,作者将其定义成自由主义的抬头。随之而来的是1865年在日内瓦出版的《1848—1849年独立战争史》(*Magyarország függetlenségi harcának története 1848 és 1849-ben*)。该书清楚地表现了匈牙利民族对自由的向往,重新评价了失败的独立战争中那些主要的片段,并且暗示与哈布斯堡王朝和解的必要性。

　　自然而然地,并非所有的浪漫主义时期的史学家都受到自由主义的影响,只有那些最为杰出的学者受到这一影响。为了说明这

---

① 15世纪,立陶宛人皈依基督教,他们是最后一个皈依基督教的欧洲民族。Daukantas, *Budas senoves lietuviɥ, kalnenɥ ir žemaiciɥ*(St Petersburg, 1845).

一点,值得注意的是 19 世纪前半叶自由主义和民族主义的思潮是

和平共存的。另外,虽然民族历史占主要地位,有时候学者们也会超越民族历史的框架,书写当代历史发展状况。杰出的史学家,匈牙利男爵约瑟夫·厄特沃什(József Eötvös)就是这样。他写的《19世纪主要思想对国家的影响》(*A tizenkilencedik század uralkodó esz-méinek befolyása az álladalomra*,1851 - 1853)于 1854 年以德文发表,[①]该书对诸如托克维尔这样的当代的思想家产生了重要影响。根据厄特沃什的看法,19 世纪的主要意识形态是自由、平等和民族性。与认为这些思潮互相竞争、互补妥协的主流观点不同的是,厄特沃什试图在承认这三者妥协共存的前提下重新定义这三种思想。

实证主义和新浪漫主义

在 19 世纪前半叶,史学家在政治领域和学术领域取得了丰富而广泛的成就。不过,由于可用史料的限制,史学家写出全新、全面历史的希望,终于没能完全实现。当新一代史学家——通常将他们和实证主义潮流联系在一起——崭露头角的时候,对于史料编辑的需求就更加强烈。浪漫主义时期史学家的叙述虽然吸引读者,但是没有精密的方法。与此相对的是,在实证主义的影响下,史学家从批判的角度看到史料和前人的研究。正如兰克及其弟子所强调的,对"史料批判"的关注,是和史学研究专业化一致的——它要求史学家将实践和严格的方法论当成头等大事。新的目标中包括"不带想象"地书写历史,为历史而研究历史。许多史学家坚信能用自然科学中的方法进行史学研究,他们要将历史转变成一门"真正的科学"。

这种目标加快了原始史料的出版,史学家也逐渐认识到,只有

---

① József Eötvös, *Der Einfl uss der herrschenden Ideen des 19 . Jahrhunderts auf den Staat*(Leipzig, 1851 - 1854).

在适当的组织框架下的长期的共同研究,才能有所成就。以《德意志历史文献集成》和《奥地利历史文献集成》(*Monumenta Austriae Historica*)为范例,出现了一批全国性的编辑史料。其中包括1857年开始由匈牙利学院编纂的《奥地利历史文献集成》,而《波西米亚历史文献集成》(*Monumentae Historiae Bohemica*)则在1865年首次出现。另一个说明史学研究制度化的现象,则是要求建立国家档案:匈牙利这项要求出现于1848年革命的时候,而在波西米亚则是1862年帕拉茨基提出了建立波西米亚王国官方档案。

337

　　和欧洲其他地方一样,中东欧史学家逐渐不再将读者群定向为受过教育的大众,而开始书写更加专业化的专著和论文,这些专业论著只能给他们的同行阅读。专业化的著作需要专门的杂志和专业的史学协会。匈牙利历史协会及其杂志(Századok)始于1867年。紧接着,《历史季刊》(*Kwartalnik Historyczny*)于1887年在罗乌(lwow)(加利西亚)创刊,而《捷克历史杂志》(*Česk ýčasopis Historicky*)在1895年在布拉格创刊。总体来说,这说明在中东欧历史学制度化和专业化来得非常早。① 这种现象也说明了整个欧洲的历史趋势——通常"外围的"、非主流的民族文化会率先发展,没有陈旧的桎梏反而成为其优势。此外,专业机构中出现的变化也能以来支持其民族主义的目标。

　　在19世纪前半叶,史学研究大多是由私人成立的学院和协会担任的,跟国家资助的机构相比,不太能适应审查标准。当时,大学——即他们所在的地方——并不总是以学识而闻名,因为大学愿意训练忠诚的官员甚于训练饱学之士。这种情况在19世纪后半叶逐渐变化。随着史学研究的专业化,大学在学术研究中的作用更加重要,出现了越来越多的、独立的历史学教席。而且,对旧式的大学进行现代化的改革变得有必要,比如在布拉格大学,1848年到1850年之间有人想按照亚历山大·冯·洪堡的教育计划的精神进

---

① 不过,在斯洛文尼亚、拉脱维亚和爱沙尼亚,这一突破直到一战之后才姗姗来迟。

行改革。此外，除了已存在的大学，如维尔纳大学、克拉科夫大学、华沙大学、佩斯（Pest）大学和多帕特（Dorpat）大学或塔尔图（Tartu）大学以外，新的高等教育机构也成立了（如 1878 年在萨格勒布）。

在波兰，由于 1863 年反对俄罗斯的起义失败，促使史学家不再自欺欺人，转而投向新的、科学的研究方向，更加强调方法论。这一转折反对浪漫主义，在某种程度上复兴了启蒙运动的传统，是由被称为"克拉科夫学派"的一群学者率先提出的。这种方法的杰出代表约瑟夫·茨伊斯基（Józef Szujski）和米哈乌·博布任斯基（Michał Bobrzyński）都是保守派，也都非常虔诚。茨伊斯基的观点来源于其哲学的理想主义和天主教信仰。他认为历史的意义一直在变化，并且认为历史和进步不是一回事。自然而然地，茨伊斯基也谈到波兰分裂，认为这都是波兰人自己造成的。至于波兰文明和西方相比之下的落后，他认为这是由于波兰很晚才融入欧洲文明，并且自身政治发展不顺利。[①]

克拉科夫学派的最杰出代表是博布任斯基，他是一个史学家、律师兼政客，在 1908 年成为了加利西亚总督。博布任斯基的优秀著作《波兰史纲要》（*Dzieje Polski w zarysie*，1879），是要否定莱莱韦尔提出的浪漫主义庞大遗产。虽然他的前辈将波兰的问题归于国外势力，博布任斯基则将这些问题归于波兰的外部环境以及波兰自身的自满。这种自满使他们相信主导历史的普遍法则不适用于他们的国家。他还将莱莱韦尔提出的独特的早期民主制说成是一个"神话"，甚至认为日耳曼的封建主义不仅无害，反而促进了波兰的民族延续。此外，莱莱韦尔崇敬他所认为的波兰的独特共和体制，博布任斯基则相信这种共和制度生不逢时，没能产生必要的政治、社会改革，所以他更加倾向于有效的君主国家。博布任斯基发人深思的著作引发了激烈的讨论，对于"华沙学派"的主要成

338

---

① Piotr P. Wandycz，'Poland'，*American Historical Review*，97：4（1992），15；以及 Józef Szujski，*Dzieje Polski*，4 vols.（Lwów，1862－1866；Cracow，1894－1895）.

员——自由派和实证派学者产生了深刻影响。虽然华沙学派的学者批评此书,但是并不能写出旗鼓相当的著作。

捷克的学者雅罗斯拉夫·戈尔(Jaroslav Goll)和约瑟夫·佩卡尔(Josef Pekar)在很多方面都是苏伊斯基和博布任斯基的同人。戈尔在柏林大学和哥廷根大学学习,是一个新派的"专业"史学家,主要关注捷克史的欧洲方面。他在教育年轻一代史学家和创办(上述)《捷克历史杂志》方面,发挥了重要作用。佩卡尔在布拉格大学和柏林大学受教育,后来成为了布拉格大学的奥地利史教授,是当代人中最杰出的捷克史学家。他主要关注帕拉茨基提出的浪漫主义庞大遗产,其中最关注的是评估捷克和欧洲历史中的胡斯运动。当时,帕拉茨基的理论由于托马斯·加里格·马萨里克(Tomas Garrigue Masaryk,后来的首任捷克共和国总统)在其著作《捷克问题》(Ceská otázka,1895)中的阐述而广为人知。佩卡尔对胡斯时期的修正主义手法,受到其天主教信仰的影响,也受到其对三十年战争的创新性研究的支持。[①] 帕拉茨基将胡斯运动说成是现代意义上自由平等的表现,而佩卡尔则认为胡斯运动只是一场纯粹的中世纪异端运动。佩卡尔对捷克历史的原创性著作《捷克历史的意义》(Smyslceskýck dějin,1929)[②]和马萨里克的观点大相径庭——根据后者的说法,人性和民主是胡斯运动思想核心,这场运动有着普世意义。[③]

339

将"修正主义"发展的时间表和斯洛伐克的环境作比较是很有意思的:佩卡尔这样的捷克学者开始破坏从 9 世纪以来顽强的叙事手法,斯洛伐克史学家却正要对本国史学中的主流——比如斯洛伐克在匈牙利统治下的千年屈辱历史——进行大书特书。立陶宛的史学家开始将自己国家的历史看作与波兰无关,尤利乌斯·博

---

① Josef Peka r, Kniha o Kosti (Prague, 1909). 参见 Maciej Janowski, ' Three Historians', *CEU History Department Yearbook*(2001 - 2002),207。

② 德文版本是 *Von der Sinn der tschechischen Geschichte*(Munich, 1961)。

③ Richard Georg Plaschka, Von Palack y bis Peka r: *Geschichtswissenschaft und Nationalbewusstsein bei den Tschechen*(Graz and Cologne, 1955),77,82.

托（Július Botto）这样的斯洛伐克史学家也一样，通过塑造 9 世纪大摩拉维亚帝国（Great Moravian Empire）和千年之后的斯洛伐克之间的延续性，逐渐开始将自己和匈牙利的历史脱离出来。博托及其后继者们成功地构建了斯洛伐克"民族觉醒"的理想化叙述。①直到 1918 年之后，才有一些史学家对此观点表示不同意见，表示这种观点绝不是斯洛伐克人民集体渴望自由的表现，本来只是个别人的实用主义观点。

19 世纪下半叶，实证主义也在匈牙利获得反响，学者们开始探索税收史这种此前未曾触及的经济和社会史。也许这方面最多产的史学家是亨里克·毛尔曹利（Henrik Marczali）。他是一个犹太拉比的儿子，在柏林大学、巴黎大学和牛津大学接受教育。他的兴趣横跨早期中世纪直到当代史。在大学中，他为下一代培育了杰出的学者。他就匈牙利历史写了数本专著，其中之一是用英语写成的，并且一直以来都是权威之作。②匈牙利民族起源的问题，使得学者们对东方研究产生兴趣，产生了一系列杰出学者：比如在亚洲广泛游历的民族学家阿尔明·万贝里（Ármin Vámbéry），以及伊格纳茨·戈尔德齐哈尔（Ignác Goldziher），他是国际公认的现代伊斯兰批判研究的创始人。

克罗地亚史学界第一个杰出的代表当属弗拉尼奥·拉奇基（Franjo Rački）神父，他特别关注中世纪，并且关注克罗地亚在匈牙利国家中的地位问题。他研究梵蒂冈档案，并且开始编辑最为重要的一批克罗地亚历史文件。③拉奇基的遗志由克罗地亚史学界最杰出的人物费德罗·西西奇（Fedro Šišič）所发扬光大，后者深受实证主义的影响。西西奇尤其热衷克罗地亚史上的早期中世纪，同时也对南斯拉夫统一和塞尔维亚、克罗地亚之间文化关系深感

340

---

① Július Botto, *Slováci：Vyvin ich národného povedomia*（Martin，1906）.

② Henrik Marczali, *Hungary in the Eighteenth Century*（Cambridge，1910）.

③ Franjo Ra cki, *Documenta historiae chroaticae periodum antiquam illustrantia*（Zagreb，1877）.

兴趣。[1]

在实证主义的影响下,史学家们一项重要目标就是破坏前辈们所创造的神话。虽然他们站在批判的立场上,但是正是他们自己,深受浪漫主义的影响,将此作为自己的优势。因而,正是实证主义的史学家使他们前辈的遗产散发光芒。不仅如此,虽然此前的神话到如今遭到质疑,但是当实证主义史学家探寻"赤裸裸的真相"时,他们创造了自己的主流叙事和神话,而这一切都包裹在客观的科学方法的语境中。随着缺点越来越显著,19世纪晚期和20世纪早期,新一代的学者们认为实证主义史学家强调方法论的观点太过狭隘了。于是,他们不再延续前人的脚步,而是在重新发现浪漫主义遗产中找寻灵感。后浪漫主义思潮的杰出代表就是里沃夫(Lvov,今伦贝格)的西蒙·阿什肯纳兹(Szymon Askenazy),他是第一个参与编写《剑桥现代史》(*Cambridge Modern History*,1902－1912)的波兰学者。[2] 与多数前辈相同,阿什肯纳兹认为,离弃(departure)是一个分割(partitions)的问题。他强调,波兰既不是一个上帝选定的国家,也不是一个受迫害的民族。他还质疑划分波兰的特殊本质。他总结说,波兰的衰落纯粹是由于和其他民族相比太过弱小。他还相信波兰人完全有能力重获独立。

两次大战之间

两次大战之间紧张的政治、学术氛围——在政治光谱上民族主义从左翼滑向右翼,独裁国家也随之兴起——对历史写作的本质产生了不可磨灭的影响。受到德国和奥地利学界的影响,中东欧的一些史学家认为,无生命的史学方法只是工具,而非研究的终极目的,他们还相信,历史中真正重要的是精神(geist)。尽管史学家在

---

[1] Ferdo Šišic, *Povijest Hrvata u vrijeme narodnih vladara*(Zagreb,1925).

[2] Szymon Askenazy,'Poland and the Polish Revolution',in A. W. Ward, G. W. Prothero,以及 Stanley Leathes(eds.),*Cambridge Modern History*,vol. 10 (Cambridge,1907),445－474.

341　意识形态上明显地紧随精神史（Geistesgeschichte）的传统，但还是产生了不少高质量的作品。和精神史一样，中东欧的史学家也在经济和社会史上贡献良多，这主要是受到了法国学界的影响。但是，这些新潮流在学术界各领域的发展并不平均。精神史在匈牙利人颇为流行，享有盛名，而在波兰几乎默默无闻。另一方面，波兰的学者们在经济和社会史方面发挥了带头作用。

　　一战之前的史学家中有一些人在两次大战之间继续他们的工作，但是研究中常常出现一些新情况。中东欧的史学家们碰上了领土的变更，结果需要调整历史的主流叙事（master narrative）。在波兰，这一点尤为明显——史学家的注意力从解释波兰衰落的原因和过程，转向了对重新出现的波兰的思考。① 故此，史学家的兴趣开始转向当代，尤其是 19 世纪，并且试图理解波兰问题的国际背景。

　　民族的独立也改善了制度化研究的环境。使得这一领域出现了一些杰出学者，其中就有波兰学者马尔切利·汉德尔斯曼（Marceli Handelsman），他具有犹太血统，在政治上是温和的左派，坚信民主的价值观，最终于 1945 年被德国人谋杀。汉德尔斯曼的研究兴趣包括中世纪史和现代史，他的代表作是关于亚当·曹尔托里斯基（Adam Czartoryski）国王及其时代的。② 不同寻常的是，汉德尔斯曼也在方法论问题和理论问题上贡献良多。汉德尔斯曼关注波兰的少数民族，想推进民族间的互相谅解，这使得他在 1921 年创办了民族研究所。而由于对斯拉夫历史的研究，他于 1927 年在华沙成立了东欧研究学会。另一个对两次大战之间学术颇有贡献的学者是弗朗齐歇克·布亚克（Bujak），他因对经济和社会史创新性的研究而出名。布亚克相信，中世纪的经济从根本上说和现代经济运作机制不同，所以只能通过史学研究加以理解。③ 在文

---

① Wandycz, 'Poland', 1017.

② Marceli Handelsman, *Adam Czartoryski*(Warsaw, 1948).

③ Franciszek Bujak, *Poland's Economic Development：A Short Sketch*(London, 1926).

化史方面,有斯坦尼斯瓦夫·科特(Stanisław Kot)对教育史和波兰改革的研究。科特就波兰的反圣三一兄弟会(Polish Antitrinitarian Brethren)的政治社会信条所撰写的著作,也被翻译成英文。[①]

两次大战之间的捷克史学也面临着新挑战。民族的独立使得对哈布斯堡王朝遗产的叙述不再重要,但是学者们发现他们需要塑造捷克斯洛伐克的身份认同,甚至要将这一身份认同追溯至古代。即使是这一时期,胡斯运动的遗产还是吸引着学者们的注意。宗教史是雅罗斯拉夫·戈尔的学生卡米尔·克罗夫塔(Kamil Krofta)的主要关注点,他重新评价胡斯运动,认为它是进步传统的一部分。[②] 从更广泛的意义上说,捷克历史是什么这一问题最初是佩卡尔和马萨里克之间争论的焦点,而在 1930 年代获得了新的响应——当时,捷克的存亡受到德国扩张的威胁。克罗夫塔在波西米亚农民历史方面是开山鼻祖。[③] 他的同事约瑟夫·舒斯塔(Josef Šusta)同样研究经济和社会史,主要关注波西米亚作为一个经济、政治势力的崛起。[④] 兹德涅克·内耶德利(Zdeněk Nejedlý)是个多少有些古怪的学者,具有社会主义思想,在两次大战之间的捷克斯洛伐克成为重要的学者,到了 1948 年之后则更是成为了权威,在共产党掌权之后担任教育部长。内耶德利就作为史料的胡斯派歌曲写过一些开创性的论文,也研究过现代歌剧的历史。[⑤] 最后还要提到的是亚述学家贝德里奇·赫罗兹尼(Bedrich Hrozný)的重要成果。他是布拉格大学的教授,他根据博加兹科伊(Boghazköy,今土耳其哈图沙)发现的史料而对胡斯派语言进行解读,因而举世闻名。[⑥]

342

---

① Stanisław Kot, *Socianism in Poland : The Social and Political Ideas of the Polish Antitrinitarians* (Boston, 1957).

② Kamil Krofta, *Žižka a husitská revoluce* (Prague, 1936).

③ Kamil Krofta, *Prehled d ějin selského stavu vcechách a na Moravě* (Prague, 1919).

④ Josef Šusta, *Dvě knihyceskych d ějin*, vols. 1 - 2 (Prague, 1926, 1935).

⑤ Zden ěk Nejedl y, *Počátky husitského zpěvu* (Prague, 1907);以及 *Dějiny operu Národního divadla*, 2 vols. (Prague, 1949).

⑥ Bedrich Hrozn y, *Hethitische Keilschrifttexte aus Boghazköi in Umschrift, mit Übersetzung und Kommentar* (Leipzig, 1919).

可以想见的是，斯洛伐克的史学家与捷克的史学家相比较，前者更加不认同捷克斯洛伐克的历史。捷克史学家克罗夫塔在一次出访维也纳的外事活动中，在临近新成立的布拉迪斯拉发大学（University of Bratislava）做演讲，强调了两个民族在文化上的一体性。他认为两个民族共有的遗产，使得斯洛伐克更接近捷克，而非匈牙利——虽然斯洛伐克人在匈牙利已经定居了几个世纪。另一方面，两次大战之间的斯洛伐克的知名学者丹尼尔·拉潘特（Daniel Rapant）则明确地质疑"捷克斯洛伐克"历史的深意，暗示这一概念的人造本质，在 1918 年捷克斯洛伐克国家成立之前的历史中缺乏依据。[①] 这场辩论在 1939 年到 1945 年之间变得毫无意义，这段时间成立了短命的、独立的、战时的斯洛伐克国家，其官方历史旨在称颂独裁统治者安德烈·赫林卡（Andrej Hlinka），并且去除捷克的"残余影响"来"净化"斯洛伐克的历史。

343　　随着哈布斯堡王朝的解体和战败，匈牙利走上了一条和周边民族迥然不同的道路。战后处置虽然在其他地方受到欢迎，但是对匈牙利而言只意味着特里亚农条约以及布尔什维克主义的失败经验。史学家从未自这次重大打击之下恢复过来——匈牙利失去了战前三分之二的土地以及近 60% 的人口（其中超过三百万是匈牙利族）。这一打击以及补偿巨大损失的需要，使得学者们强调特别的精神价值观，并且宣称匈牙利的文化史优越于周边其他民族的。得其中三昧者当属久洛·塞克菲（Gyula Szekfü），他最初因挑战民族浪漫主义神话而贯彻实证主义精神。当时，他依然是精神史的杰出代表，其影响深远的著作《三代人：衰落时代的历史》（*Három nemzedék：Egy hanyatló kor története*，1920），评估了匈牙利在 1825 年改革到 1918 年国家解体之间的政治、精神生活。塞克菲认为，正是匈牙利自由主义的象征——主要是贵族和犹太人，导致了

---

① Daniel Rapant, 'Ceskoslovenské dejiny', in Josef Pekar（ed.）, *Od pravěku k dnešku*（Prague, 1930），531-563.

这一衰落。① 虽然他把匈牙利的失败归于天主教的奥地利和德国文化,另一个在两次大战之间声名卓著的史学家埃莱梅尔·马柳斯(Elemér Mályusz)(他开创了自己的民族历史学派)反对塞克菲对西方影响的强调。他坚信,独特、原始的匈牙利精神,对学术的发展功不可没。匈牙利历史协会(Hungarian Historical Association)的主席,同时也是 1920 年代匈牙利文化部部长的库诺·克勒贝尔斯贝格(Kuno Klebelsberg)研究了匈牙利的悲剧的深层次原因。② 富有创新精神的伊什特万·豪伊瑙尔(István Hajnal)在同时代德国社会学的影响下,就社会进程和知识、技术的作用做出了个人的设想。③

民族独立极大地推动了三个波罗的海国家的历史研究。立陶宛史学界获得了相对稳定的基础,在此基础上产生了两次大战之间的一代史学家。而拉脱维亚和爱沙尼亚的情况则有所不同,在那里专业化的研究——学会和杂志——尚未出现。波罗的海国家史学的特点在于其与民俗学研究之间的紧密关系,当学者们试图摆脱早先日耳曼系学者定下的基调时,他们可以求助于民俗学。他们的目标是用人民的历史(Volksgeschichte)取代地方的历史(Landesgeschichte),同时将其民族在历史中本来"被动客体"的地位提升至"积极主体"的地位。与此同时,他们也想创造出新的编年史,而不是传统上受制于外国势力(德国、波兰、瑞典和俄罗斯)的编年史。立陶宛的史学界在 1930 年代迎来了黄金时代。其杰出代表阿尔韦兹·什瓦贝(Arveds Švābe)试图证明立陶宛自中世纪以来就优于日耳曼文明。④ 爱沙尼

344

---

① Istvan Deak,'Hungary',*American Historical Review*,97:4(1992),1050. 在其书 *Három nemzedék és ami utána következik*(Budapest,1934)的续作中,Szekfü 本人承认了将民族历史经历加以精神化的危险,并且,在以后的生涯中,他的思想倒向左派。

② *Magyarország újabbkori forrásainak története*: *Fontes historia Hungaricae recentoris*(Budapest,1921-).

③ István Hajnal,*Azújkor története*(Budapest,1936).

④ Arveds Švābe,*Latvijas v ēsture*,*1800 -1914*(Stockholm,1958).

亚的同时代学者爱德华·拉曼（Eduard Laaman）就爱沙尼亚独立写出了自己的代表作。[①] 尽管其中包含一些反俄和反德的感情，这部著作仍不失为一部佳作，受益于相对自由的学术氛围，因此没有像后来的时代那样受到独裁政府的压制。

在两次大战之间，有两位著名的区域史学者开始了他们的事业：奥斯卡·哈莱茨基（Oskar Halecki）开始准备他的《西方文明的边疆地带》(*Borderlands of Western Civilization*)。该书在 1952 年出版时，即成为一个分水岭。哈莱茨基提醒他的读者们，中东欧处在西方和东正教的东方之间，和西方文明有着一样的历史。他的书特别提到，中东欧的全部人口超过了德国和俄罗斯的总和。哈莱茨基的捷克同事约瑟夫·马楚雷克（Josef Macůrek），也对包括拜占庭帝国在内的史学发展有着特别的兴趣。他的《东欧史学》(*Dějepisectví evrop-ského východu*, 1946)一直以来都是权威性的参考著述。

二战为中东欧带来了严重的灾难。除了数以百万的人民丧生，许多图书馆和档案馆也毁于暴行。战争的结局同样糟糕——中东欧成为苏联控制的世界，三个波罗的海国家被并入苏联。学术上出现了重要的转向，这导致了在史学研究上，马克思主义史学成为主流（当然还有其他后果）。

结论性的评论

总的来说，这一地区的史学趋势是遵循着"主流"而发展的，尽管它们非常典型地晚于"西方"。毫无疑问，这一时期的主要内容是本国史。对此，正如我们已经看到的那样，中东欧史学具有明确的解放史学"色彩"。此外，这一地区的历史除了传统的作用——维持记忆——之外，还意外地充满着悲剧性，历史写作日益成为慰藉和自卫的手段。由于史学家总是对时政充满政治的关注，很少有人会思考理论或者历史哲学。德国学者对这一地区造成的影响

345

---

① Eduard Laaman, *Eesti iseseisvuse sund*, vols. 1 – 6 (Tartu, 1936 – 1938).

最深,不过法国和俄罗斯(后者针对斯拉夫国家)的影响也不容小觑。另一方面,对英国的史学受容则相对轻微。

启蒙思潮中对领土和土地的爱国主义使得学者们首先研究其祖国的历史。浪漫主义传统所代表的不是破裂,反而是与启蒙传统一脉相承。浪漫主义史学常常回顾那些为启蒙史学家特别关注的题目上,不过并非站在普世的角度上,而是站在个人-国家的语境中。随之而来的则是概念上的变质,故此,种族的历史概念取代了领土的历史概念。在19世纪末和20世纪早期,史学家的最大宏愿就是写出本国史的奠基之作,但这目标常常不能如愿。不过这并不意味着这些著作失败了。多卷本的著作刺激了专业化史学研究的形成,与此相比,这些著作未能完成倒是次要的。历史写作的主要趋势揭示了当时这一地区的重要变化。正如我们所见,这是因为政治的困局(比如1848年和1863年的政治危机)极大地影响了史学家的思想,也影响了学术机构的运作(或是学术机构的无作为)。这就是为什么19世纪后半叶,在一些民族的语境中会出现实证主义、历史主义和新浪漫主义,而在其他民族的语境中,直到这时才刚刚出现了浪漫主义的叙述。总体来说,和学术潮流同时出现(发生)的、与"西方"史学的合流现象,只局限在几个具体的时期,这是中东欧史学的一个大致特征。

从民族的层面来说,史学中一定程度的分流持续了几十年甚至几世纪。其中当然包括波兰的保皇派史学和共和派史学。而在捷克——某种意义上还要加上斯洛伐克和匈牙利,史学界出现了信仰的——天主教和新教——的分裂。在那种语境中,天主教史学家对本国与哈布斯堡王朝共享的历史更有认同感。连续几代史学家都试图否定前辈的工作,其中一个典型的例子就是实证主义史学家否定浪漫主义的传统,而新浪漫主义学派也对实证主义的遗产采取相同的态度。总体来说,和欧洲其他部分一样,政治史构成了这一饱受争论时期的史学主要类别。

历史的制度化和专业化始于19世纪,在两次大战之间有了新的动力。至于邻近学科,民俗学和考古学也取得了特殊的地位。

346

433

尽管"民族范式"依然是主流，有时史学家也因为与斯拉夫人享有共同历史，因为与哈布斯堡帝国都有多民族的传统，因为整个中东欧有着同样的历史进程，从而使考察范围得以扩展。

大事年表/关键日期

1795 年	第三次瓜分波兰
1780—1790 年	奥地利约瑟夫二世统治时期
1815 年	维也纳会议
1830 年	波兰十一月起义
1848 年	中欧革命
1860 年	波兰一月起义
1867 年	奥匈折衷方案（Ausgleich）
1897 年	奥地利首相卡齐米尔·巴德尼（Kazimier Badeni）对捷克地区使用语言做出规定
1908 年	波黑被奥匈帝国合并
1914 年	弗朗兹·斐迪南大公在萨拉热窝遇刺（6 月 28 日）
1914—1918 年	第一次世界大战
1919 年	巴黎和会：重新划分中东欧地图；奥匈帝国解体；波兰、捷克斯洛伐克、南斯拉夫、立陶宛、爱沙尼亚和拉脱维亚独立
1920 年	霍塞将军（Admiral Horthy）掌控匈牙利实权
1926 年	约瑟夫·毕苏斯基（Józef Piłsudski）掌控波兰实权；安塔纳斯·斯梅托纳（Antanas Smetona）掌控立陶宛实权
1934 年	卡尔利斯·乌尔马尼斯（Karlis Ulmanis）掌控拉脱维亚实权；康斯坦丁·帕茨（Konstantin Päts）掌控爱沙尼亚实权
1938 年	慕尼黑协定（Munich Pact）：捷克斯洛伐克苏台德

地区被德国兼并

1939—1945 年　第二次世界大战

1945 年　　　　中东欧落入苏联势力范围；波罗的海国家失去独
　　　　　　　　立地位

主要历史文献

Bobrzy ński, Michał, *Dzieje Polski w zarysie* (Warsaw, 1879).

Botto, Július, Slováci: *Vývin ich národného povedomia* (Martin, 1906).

Daukantas, Simonas, *Būdas senovės lietuvi ų, kalnėn ų ir žemaiči ų* (St Petersburg, 1845).

Eötvös, József, *A tizenkilencedik század uralkodó eszméinek befolyása az álladalomra* (Budapest, 1851 – 1853); German trans. as *Der Einfl uss der herrschenden Ideen des 19. Jahrhunderts auf den Staat* (Leipzig, 1851 – 1854).

Hajnal, István, *Az újkor története* (Budapest, 1936).

Horváth, Mihály, *Huszonöt év Magyarország történetéböl*, 2 vols. (Geneva, 1864).

Hrozn ý, Bed řich, *Hethitische Keilschrifttexte aus Boghazköi in Umschrift, mit Übersetzung und Kommentar* (Leipzig, 1919).

Laaman, Eduard, *Eesti iseseisvuse sund*, vols. 1 – 6 (Tartu, 1936 – 1938).

Lelewel, Joachim, *Histoire de Pologne* (Paris, 1844); Polish trans. as *Uwagi nad dziejami Polski i ludu jej*, in Lelewel, *Polska, dzieje a rzeczy jej*, vol. 3 (Pozna ń, 1855), 31 – 469. —— *Géographie du moyen âge*, 4 vols. (Brussels, 1850 – 1852).

Palack ý, František, *Dějiny národu českého v čechách a v Moravě* (Prague, 1848 – 1876).

Peka ř, Josef, *Smysl českých dějin* (P rague, 1929).

347

Šišič, Ferdo, *Povijest Hrvata u vrijeme narodnih vladara* (Zagreb, 1925).

Švabe, Arveds, *Latvijas v ēsture*, 1800 – 1914 (Stockholm, 1958).

Szekfü, Gyula, *Három nemzedék: Egy hanyatló kor története* (Budapest, 1920).

Szujski, Józef, *Dzieje Polski*, 4 vols. (Cracow, 1894 – 1895).

参考书目

Baár, Monika, *Historians and Nationalism: East-Central Europe in the Nineteenth Century* (Oxford, 2010).

Brock, Peter, Stanley, John D. , and Wrobel, Piotr J. (eds.), *Nation and History: Polish Historians from the Enlightenment to the Second World War* (Toronto, 2006).

Deak, Istvan, 'Hungary', *The American Historical Review*, 97: 4 (1992), 1041 – 1063.

Dribins, Leo, 'Zum institutionellen Aufbau der Nationalhistoriographie in Lettland in der Zwischenkriegzeit', *Zeitschrift für Ostmitteleuropa-Forschung*, 50: 2 (2001), 188 – 197.

Feldmanis, Inesis, ' Die lettische Historiographie ', in Michael Garleff (ed.), *Zwischen Konfrontation und Kompromiss: Schriften des Bundesinstituts für ostdeutsche Kultur und Geschichte*, vol. 3 (Munich, 1995), 133 – 138.

Glatz, Ferenc, *Történetíró és politika: Szekfü, Steier, Thim és Miskolczy nemzetről és államról* (Budapest, 1980).

Gross, Mirjana, 'Wie denkt man kroatische Geschichte? Geschichtsschreibung als Indentitätsstiftung', *Österreichische Osthefte* (1993), 73 – 98.

Helme, Rein, 'Die estnische Historiographie', in Garleff (ed.), *Zwischen Konfrontation und Kompromiss*, 139 – 154.

Janowski, Maciej, 'Three Historians', *CEU History Department Yearbook*(2001 – 2002),199 – 232.

Koralka, Jirí, 'Czechoslovakia', *American Historical Review*, 97: 4(1992),1026 – 1040.

Krapauskas, Virgil, *Nationalism and Historiography: The Case of Nineteenth-Century Lithuanian Historicism*(New York, 2000).

Kutnar, František and Marek, Jaroslav, *Přehledné d ějinyčeského a slovenského dějepisectví*(Prague, 1997)

Macůrek, Josef, *Dějepisectví evropského východu*(Prague, 1946).

Niederhauser, Emil, *A történetírás története Kelet-Európában* (Budapest, 1995).

Plaschka, Richard Georg, *Von Palacký bis Peka ř: Geschichtswissenschaft und Nationalbewusstsein bei den Tschechen* (Graz and Cologne, 1955).

Skurnewicz, Joan, *Romantic Nationalism and Liberalism: Joachim Lelewel and the Polish National Idea*(New York, 1981).

Stolárik, M. Mark, 'The Painful Birth of Slovak Historiography in the 20 th Century', *Zeitschrift für Ostmitteleuropa-Forschung*, 50: 2(2001),161 – 187.

Vardy, Steven Bela, *Clio's Art in Hungary and in Hungarian-America*(New York, 1985).

Várkonyi, Ágnes, *A pozitivista történetszemlélet a magyar történetírásban*, 2 vols. (Budapest, 1973).

Wandycz, Piotr P., 'Poland', *The American Historical Review*, 97: 4(1992),1011 – 1025.

Wierzbicki, Andrzej, *Historiografi a polska doby romantyzmu* (Wroclaw, 1999).

Zacek, Joseph Frederick, *Palacký: The Historian as Scholar and Nationalist*(The Hague, 1970).

348

喻　乐　译

第十七章　巴尔干地区的历史写作

马里乌斯·图尔道

　　巴尔干地区的学术性历史写作出现于 19 世纪。将过去、现在和未来联系成一体的历史叙述的意义,不仅在于解释奥斯曼帝国省份转变成民族国家的复杂政治转折,也同样在于借助历史观点为这些新兴国家提供实在性和合法性。罗马尼亚的史学家米哈伊尔·克加尼西亚努(Mihail Kogălniceanu)认为:"历史,促使我们去观察那些与生俱来的一系列战争和革命;历史重新发现我们的祖先,并且连同他们的美德、激情和传统,将他们活生生地展示给我们。"另外,他还补充道,历史"将我们和永生联系起来,建立起我们和过去的联系,又联系起我们和我们的后代,我们的后代将分享我们的事迹。"①克加尼西亚努最后说道,在对自己历史无知的情况下,没有哪个国家能声称自己的延续。跟欧洲其他地方一样,正是这种原则,最能概括 19 世纪早期以来的巴尔干地区的学术性历史写作。

　　整个巴尔干地区在经历过成立国立大学的浪潮之后(最早成立的大学是 1837 年雅典的奥索尼亚大学[Othonian University]),各地的史学家都参与到复杂的民族性教育中。这种教学关注的是如何尽可能广泛地传播延续性这一主题:它是时间性的(在同一个地

---

① Mihail Kog ălniceanu, 'Speech for the opening of the course on national history, delivered at the Mihăilean ă Academy', in Balázs Trencsényi 以及 Michal Kopecek (eds.), *Discourses of Collective Identity in Central and Southeast Europe*(1770 - 1945), vol. 2(Budapest, 2007),47.

方生活了几世纪的群体），是文化的（几代人中价值观的传递），又是生物学上的（与其祖先有同样的种族特点）。这种民族性教育不仅唤起了对本国历史的兴趣，也使人们相信各国在决定其自身政治命运中的权力和能力。历史写作既为国家政治提供指导，也为其提供素材。正如希腊史学家康斯坦丁诺斯·帕帕里格普洛斯（Konstantinos Paparrigopoulos）所说的那样，"史学家并不起草政治方案，不过他们确实利用历史得出教训，而这些教训可能对政治家有用。即使这些发现不尽如人意，我们还是有必要对其做一总结，因为救赎民族的首要条件，就是对其真实国家有一准确了解。"①

　　在这种语境中，历史写作发挥了双重作用：照亮过去，并且启发其他民族去学习这些业已决定了自身命运的民族。在巴尔干地区，第一批决定自身命运的民族是希腊人。帕帕里格普洛斯认为希腊人高举自由的火炬，继承了自古典时代以来绵延不绝的希腊传统。不过，反复回归到历史延续性这一主题，不仅影响了对过去的讨论，同样重要的是，影响了对国家内涵的讨论。正如帕帕里格普洛斯所说：

　　　　如果希腊王国从建国伊始就，对它现在所反抗的各种族具备了正确的预见力和技巧的话，事情就不会像今日这样棘手了。当时，保加利亚人和阿尔巴尼亚人还不敢幻想自治，对希腊民族有亲近感，这对后者有利。后者本可以轻易地融合那些生活在伊庇鲁斯、马其顿和色雷斯的人民。②

　　当时，巴尔干地区的各群体在衡量对种族或对国家的忠诚时的犹豫不决，并不奇怪。史学家的职责是保证将各团体整合成一个国家群体，而将另一些团体排除在外。阿纳斯塔西娅·卡拉卡

---

① Constantin Paparrigopoulos, 'History of the Hellenic Nation', in Trencsényi and Kopecek(eds.), *Discourses of Collective Identity*, 79.

② Ibid. , 77 - 78.

350

西多（Anastasia Karakasidou）在充分尊重马其顿和其他巴尔干国家的前提下，注意到："历史被用于为国家利益、国家目的服务，而国家本身就是人为的、高度物化的整体。这样一来，历史也成为了商品。"[①]

本章考察巴尔干地区的历史和历史写作是如何成为商品，而为不同国家之间相矛盾的叙述服务的。这些国家虽然有着共同的文化和传统，但在19世纪和20世纪早期日益疏远。因此，巴尔干地区的学术性历史写作，应该被视为宏观上的欧洲文化、政治转型进程的一部分，这些国家在巩固其民族国家地位的关键阶段，参与了这一进程。如果将这些国家的史学做一比较，人们可以得出更具综合性的解释，同样也将注意到历史特殊性和地区相似性。所以，广义地说，通过观察巴尔干地区的史学家和其他学者所叙述的具体主题，我们可以解释历史的目的，而这一点正是19世纪初以来巴尔干地区历史写作的主流观点。

现代希腊、塞尔维亚、罗马尼亚和保加利亚都建国于19世纪；
351　不过直到1941年，独立的克罗地亚国家才得以出现。这种历史环境催生了特定的历史主题——这种历史主题的基础是不完整的国家及失败的历史人物。在本文中，历史写作被视作国家及民族建立过程的本质，可以辅助其他学科探索民族的过去。历史写作深受诸多学科的影响，延伸至考古学、史前史、文学、人类学和社会学。巴尔干地区的史学家的目标，是发展一种放之四海而皆准的关于民族的科学，这种科学借历史的发展和延续性而将民族的过去和现在以及未来联系在一起。结果，人们需要在这些民族化了的论述中，观察不同历史叙述之间更宏观的关系。

尽管巴尔干地区各种史学传统都声称以各自独特的方式观察本民族的过去，但是，依然可以看到一种普遍的、地区性的范式存在。其中一种在巴尔干地区普遍存在的范式，是关注本国语言，进

---

① Anastasia Karakasidou, *Fields of Wheat*, *Hills of Blood*: *Passages to Nationhood in Greek Macedonia*, *1870 - 1990*（Chicago，1997），p. xii.

而关注这些语言是如何转变成历史延续性及民族延续性的象征的。比如 1850 年代的希腊史学家斯皮里宗·赞比里奥斯（Spyridon Zambelios）就同时关注民谣（将其作为希腊大众文化的象征）和拜占庭历史（他将其视作希腊民族性的起源）。他认为，本国语言是最能证明历史延续性和统一性的证据。这一观点在其他巴尔干地区的史学家那里也得到共鸣。自 1860 年代开始，塞尔维亚作家也开始主张使用塞尔维亚本国语言，而不是出现于 18 世纪的斯拉夫-塞尔维亚书面语言。语言改革家武克·卡拉季奇（Vuk Karadžić）也将民族性和语言等同起来，认为塞尔维亚人、多数克罗地亚人和穆斯林都使用同一种语言（新的斯托卡维亚语 [štokavian]）。和赞比里奥斯一样，卡拉季奇也从大众的英雄歌曲和农民文化中寻找灵感，并且将其作为塞尔维亚文化身份的表现。①

但是，对本国语言和熟语的专注，是建立在民族复兴这一更加宏大的计划之上的。在这一计划中，本国语言和一个重要的历史主题结合起来了，这个历史主题就是历史延续性的观点。罗马尼亚史学家米哈伊尔·克加尼西亚努将法国大革命的政治、社会目标与文化独特性这一浪漫主义理想结合起来，正是这种观点发展的表现。克加尼西亚努受到德国史学家亚历山大·冯·洪堡和利奥波德·冯·兰克的影响，也受到俄国史学家尼古拉·卡拉姆津的影响。后者的著作《俄罗斯国家历史》（*Istoria gosudarstva Rossiikogo*，1818－1829）为民族历史提供了一个模版，这种模版关注伟大英雄和众所周知的学者。这种特点在卡拉季奇特别推崇的中世纪俄罗斯编年史中，常常可以看到。与此类似，克加尼西亚努相信民族历史应当赞美罗马尼亚的英勇的过去，以教育罗马尼亚人如何开创繁荣的未来。克加尼西亚努相信，尽管历史起源的重要性非常重要，但是史学家应当平等对待"历史真相"（来自兰克所

352

① *Songs of the Serbian People：From the Collections of Vuk Karadžić*，trans. and ed. Milne Holton and Vasa D. Mihailovich(Pittsburgh，1997).

谓"如实直书"）和史学家的民族责任（即对历史叙述有所偏向）。①

　　"英雄的历史"的呼吁，并非仅仅来自对民谣的收集，也来自对光荣的古典文明的充分讨论之中。如果现代希腊人可以追溯至古希腊，那么现代罗马尼亚人也可以将罗马帝国当成自己的发源地。虽然，哈布斯堡帝国的特兰西瓦尼亚（Transylvanian）学派主张罗马尼亚人的"纯正"拉丁起源，但是，19世纪初，瓦拉吉亚公国（Wallachia）和摩尔多瓦公国（Moldavia）中出现的反对观点，则强调罗马尼亚人的达契亚（Dacia）血统。比如，教士兼史学家的瑙姆·拉姆尼齐阿努（Naum Râmniceanu）就认为，除罗马人以外，达契亚人也对罗马尼亚人的民族形成贡献颇多。他还重新发现了17至18世纪的摩尔多瓦编年史中出现的中世纪荣耀的主题。②

　　有计划地重新认识过去，其基础是有选择地解读史料。这种重新认识激发了保加利亚史学家马林·德里诺夫（Marin Drinov）。他在其著作《保加利亚人民起源和保加利亚历史开端概要》（*Pogled varhu proizhozhdenieto na bulgarskiya narod i nachaloto na balgarskata istoriya*，1869）中认为，保加利亚人在民族形成中仅受到斯拉夫的影响。与此类似，起源这一主题也主导了19世纪晚期罗马尼亚历史写作，如波格丹·哈什迭乌（Bogdan P. Haşdeu）在其《罗马尼亚人批判历史》（*Istoria critică a românilor*，1873 - 1874）和克塞诺波尔（A. D. Xenopol）六卷本的《图拉真统治达恰以来的罗马尼亚人历史》（*Istoria românilor din Dacia Traiană*，1888 - 1893）。③ 不过，史学家尼古拉·约尔卡（Nicolae Iorga）最为成功地

---

① Barbara Jelavich, 'Mihail Kogălniceanu: Historian as Foreign Minister, 1876 - 1878', in Dennis Deletant and Harry Hanak (eds.), *Historians as Nation-Builders: Central and South-east Europe*(London, 1988),87 - 105.

② Naum Râmniceanu, 'Important Treatise', 见于 Balázs Trencsényi and Michal Kopeček(eds.), *Discourses of Collective Identity in Central and Southeast Europe (1770 -1945)*, vol. 1(Budapest, 2006),324 - 331.

③ 参见 Paul A. Hiemstra, *Alexandru D. Xenopol and the Development of Romanian Historiography*(New York, 1987).

将历史延续性和文化统一性这种关键概念,融入了罗马尼亚民族主义。作为罗马尼亚本国史学界的标志性人物,约尔卡开创并且发展了对起源的叙述,进而不断地激发罗马尼亚"想象群体"发展出其民族归属感和聚合力。这些证明当代历史延续性的努力,营造了一种新的种族-政治合法性和历史合法性。约尔卡认为,特兰西瓦尼亚属于罗马尼亚,不仅因为当地人口大多数是罗马尼亚人,更重要的是,其灵魂和精神是罗马尼亚式的。①

　　人称"现代塞尔维亚史学的元老",塞尔维亚的斯托扬·诺瓦科维奇(Stojan Novaković)也有相似的观点。② 和约尔卡一样,诺瓦科维奇擅长各种历史科目,包括历史地理学、纹章学和古钱币学。他还特别关注中世纪和19世纪的历史。这两个时代都被视为塞尔维亚历史发展的典范:前者见证了塞尔维亚国家的崩溃及被兼并于奥斯曼帝国,后者则是塞尔维亚的现代复兴。诺瓦科维奇坚持认为,虽然要赞颂过去,但是,新兴塞尔维亚国家的雄心应放在对未来的展望上。他认为,"对我们这个世纪的要求,不是要复兴中世纪的残余。我们今天回顾过去,只是为了从自己的错误中获得知识,不再重复这些错误。"③

　　在国内政治波动和国际纠纷的年代,历史写作同时具备了革命性和政治性,夹在民族精英的雄心壮志和令人沮丧的政治环境中,积极地思考民族的出路。欧洲自由民族主义的代表人物马志尼(Giuseppe Mazzini)在其1852年写的《论民族》中,将民族的原则描绘成现代世界的构成力量之一,民族是由自然要素——如语言和种族起源——所组成,需通过教育融入人民的意识中。这种民族理论是建立在如下的前提之下的,即种族是自然的固有组成部分,并融合了两种传统——民族独立的浪漫主义思想和个人平等、普遍统一

353

① Nicolae Iorga, *Desvoltarea ideii unităţii politice a Românilor*(Bucharest, 1915).
② Dimitrije Djordjevic, 'Stojan Novaković: Historian, Politician, Diplomat', in Dennis Deletant and Harry Hanak(eds.), *Historians as Nation-Builders: Central and South-east Europe*(London, 1988),51.
③ 引自 Djordjevic, 'Stojan Novaković',66。

的自由主义概念。

在儒勒·米什莱和马志尼看来，个体有一种自然的倾向——他们会根据其利益和物质条件，在更大的团体（如家庭、部落和民族）中进行交往。巴尔干地区的史学家将他们的观点和持久种族性的浪漫主义思想结合起来。[①] 民族的权力来自人的权利，个体性和普遍性是其应有之义。但是这些权力又是自然的产物，如此就受自然法则的管辖，其中包括对领土的需要和扩张的需要。在尼古拉·伯尔切斯库（Nicolae Bălcescu）的《罗马尼亚人的革命历程》（*Mersul revoluţiei în istoria românilor*，1850）中，作者通过构建革命思想的谱系，对1848年的罗马尼亚革命做出了批判性的阐述。而这种革命思想的起源，可在罗马尼亚的英雄式历史中看见。伯尔切斯库认为，罗马尼亚的历史，说明了其革命精神和对自由的热爱。伯尔切斯库相信，革命催生了民族精神，并且决定了罗马尼亚人在世界上必须完成的任务。[②]

354　　　　其他史学家，比如塞尔维亚史学家伊拉里翁·鲁瓦拉奇（Ilarion Ruvarac），对英雄主义和为民族牺牲则有不同概括。在其《论拉扎尔亲王》（*O knezu Lazaru*，1887）中，鲁瓦拉奇赋予勇敢、背叛和牺牲这些符号以重要作用。正如克加尼西亚努一样，鲁瓦拉奇认为，史学家的最终目的必然是对"历史真相"的追求。故而，他质疑对遥远中世纪的浪漫化赞美，而坚持客观知识，以及对恰当史料的运用。[③]

不过，伯尔切斯库和鲁瓦拉奇的史学叙述都基于一个共同观点——罗马尼亚人和塞尔维亚人在历史中都享有自由，并且曾经英

---

① Maurizio Viroli, *For Love of Country*: *An Essay on Patriotism and Nationalism* (Oxford, 1995).

② Nicolae Bălcescu, 'The Course of Revolution in the History of the Romanians,' in Trencsényi 以及 Kopecek(eds.), *Discourses of Collective Identity*, 467 - 472.

③ Ilarion Ruvarac, 'On Prince Lazar', in Almet Ersoy, Maciej Górny, and Vangelis Kechriotis (eds.), *Discourses of Collective Identity in Central and Southeast Europe*(1770 -1945): *Texts and Commentaries*, vol. 3(Budapest，2010),17 - 19.

勇地捍卫自由。中世纪的瓦拉吉亚和摩尔多瓦王公,尤其是勇敢的米哈伊(Michael the Brave)和拉扎尔亲王,分别被描绘成是罗马尼亚人和塞尔维亚人革命传统的光荣的捍卫者。中世纪的英雄成为了历史书写的主题,塑造了罗马尼亚人和塞尔维亚人的独特条件——它们的光辉历史、它们对外国压迫者的坚持斗争,以及它们对自主的热爱——还有对自由的普世性期望和与其他民族的和睦关系。[①]

恢复中世纪帝国的思想也激发了许多巴尔干地区政治家的想象。比如,在 1844 年,塞尔维亚的内政部部长伊利娅·加拉沙宁(Ilija Garašanin)就在《草案》(Načertanije)中,大致描绘了塞尔维亚国家对领土的期望。[②] 受到波兰和捷克流亡革命者(其中一些人在塞尔维亚避难)所提出的斯拉夫共同体的观点影响,加拉沙宁构思了一个"大塞尔维亚",以推进在巴尔干地区的斯拉夫人统一——

> 如果塞尔维亚充分考虑了此时此刻自己的身份、自己的位置和周围民族的本质,她必定会得出结论:自己尚属弱小,又不能一直弱小下去。只有通过和周边民族的联盟,她才能为自己确保未来,这必须成为她唯一的任务。[③]

在那个充满种族、宗教和语言冲突的年代,这种论调变得十分敏感。由此,历史叙述的作用被认为是将一个民族群体从周围民族中区别出来的。下面就是一个例子——1908 年希腊的地理课本是如此描绘小亚细亚部分的希腊人的:

> 那些说土耳其语——却尊崇其祖先的基督教的人,都是希

---

① Bahner Werner, *Nicolae Balcescu* (1819 - 1852): *Ein rumänischer revolutionarer Demokrat im Kampf für soziale and nationale Befreiung* (Berlin, 1970).

② David MacKenzie, *Ilija Garašanin*: *Balkan Bismark* (Boulder, Col. , 1985).

③ Ilija Garašanin, 'The Draft', in Trencsényi and Kopecek (eds.), *Discourses of Collective Identity*, vol. 2, 239.

355

腊人。小亚细亚说希腊语的穆斯林也是希腊人，他们虽然失去了祖先的信仰，但是保留了祖先的语言。至于小亚细亚说土耳其语的穆斯林，只有通过可靠的历史证据和人类学研究，才能证明其希腊血统，证明其与非希腊人穆斯林有所不同。[1]

由此，民族历史的全新阐述得以建立，这种阐述将民族和它的本体论及地理空间之间有机地结合起来。弗里德里希·拉采尔（Friedrich Ratzel）和维达尔·白兰士（Paul Vidal de la Blache）等作家对地理决定论、种族决定论这些理论加以发展，并且对巴尔干国家产生影响。比如，希腊地理学家康斯坦丁诺斯·米佐普洛斯（Konstantinos Mitsopoulos）对色雷斯和马其顿做过一些颇具影响的研究，在希腊种族优越的观点上，提出了希腊民族历史的观念。[2]由此，历史写作不仅从宗教、文化的角度定义民族，还试图从生物学和地理学的角度重新定义民族。罗伯特·尚南·佩卡姆（Robert Shannan Peckham）在研究希腊时写道："至少从 1880 年代起，地理就开始为浪漫化的希腊精神（Hellenism）这种帝国主义的愿景服务了。"[3]

20 世纪最初十年的历史写作逐渐沉浸于美化种族、为政治服务。按照约翰·科利奥普洛斯（John Koliopoulos）和塔诺斯·瓦瑞米斯（Thanos Veremis）的看法，"将现代希腊人视为古希腊的后代已是不可避免的了。这个国家的多数人都说希腊语，又是古希腊人的后裔，再加上这个时代的学术要求，都无可辩驳地证明了这种观点。"[4]科利奥普洛斯和瓦瑞米斯进一步将"历史和地理定为希腊

[1]　引自 John Koliopoulos and Thanos Veremis，*Greece：The Modern Sequel，1821 to the Present*（London，2002），255 - 256。

[2]　Robert Shannan Peckham，*National Histories，Natural States：Nationalism and the Politics of Place in Greece*（London，2001），144 - 145.

[3]　Peckham，*National Histories，Natural States*，144.

[4]　Koliopoulos and Veremis，*Greece*，242.

复活的工具,并且从 19 世纪末期开始,将民谣也定为这种工具。"①

　　希腊精神或罗马尼亚精神的复活绝非易事。在 1912—1913 年的巴尔干战争之前,在巴尔干有争议领土方面,希腊的历史写作充斥着和其他学者——尤其是保加利亚和塞尔维亚学者——之间的斗争。与此同时,罗马尼亚的史学家则在反对匈牙利作者所提出的观点。② 正如玛利亚·托多罗娃(Maria Todorova)所暗示的那样,保加利亚逐渐兴起的人类学和民族心理学(Völkerpsychologie),使得保加利亚的作家们有充分理由以民族主义的名义,对马其顿提出领土要求。③ 保加利亚的民族主义者认为,马其顿的所有讲斯拉夫语的人民都是"保加利亚人"。④ 这种要求在希腊和塞尔维亚并未得到反响。比如,塞尔维亚地理学家约万·茨维伊奇(Jovan Cvijic)在 1906 年评论"马其顿斯拉夫人种族学"的时候,就将当地人说成是"从民族角度上摇摆于"塞尔维亚和保加利亚之间。⑤ 但是,茨维伊奇进而说,语言学的证据则较难估计,因为"马其顿人"常常说两种语言。另一方面,人类学的研究则得出了重要的区别。"在马其顿南部和东部,当地人应当被认为是保加利亚人;他们脸阔、喉结明显、身材中等或低矮、胸膛宽阔、有肌肉且强壮。似乎从人类学的角度上来说,南部和东部的马其顿斯拉夫人更近塞尔维亚人。"⑥

　　与之类似,克罗地亚的民族主义者也认为波黑(Bosnia-Herzegovina)人在种族上属于克罗地亚人。早在 1908 年,克罗地

356

---

① Ibid. , 243.

② Radeff Simeon, *La Macédoine et la Renaissance Bulgare au XIXe Siècle*(Sofia, 1918).

③ Todorova Maria, 'Self-Image and Ethnic Stereotypes in Bulgaria', *Modern Greek Studies Yearbook*, 8(1992),139 - 163.

④ 参见 Theodora Dragostinova, 'Speaking National: Nationalizing the Greeks of Bulgaria, 1900 - 1939', *Slavic Review*, 67: 1(2008),154 - 181.

⑤ J. Cvijic,*Remarks on the Ethnography of the Macedonian Slavs*(London, 1906), 2.

⑥ Ibid. , 9.

亚农民党的党魁斯捷潘·拉迪奇（Stjepan Radic），就在其著作《克罗地亚对波斯尼亚和黑塞哥维纳所拥有的明确权力》（*Živo hrvatsko pravo na Bosnu i Hercegovinu*，1907）中认为，种族学的研究已经表明，波斯尼亚的穆斯林事实上是克罗地亚人，而这些地区理应属于克罗地亚。其他学者也赞同这一观点。比如在 1915 年的杰出阿尔巴尼亚作家米德哈特·弗拉谢里（Mid'hat Frashëri）就提出，伊庇鲁斯应当归属于阿尔巴尼亚国家。[1] 同年，尼古拉·约尔卡为支持其民族主义的主张，提出"属于我们民族的栖息地（l'habitat ethnographique de notre nation）"。[2] 不过，20 世纪最初 20 年间发生了一系列军事冲突，其中以 1912—1913 年间的巴尔干战争和第一次世界大战为高潮，说明了这些领土诉求并不只受到民族主义者的影响。所以，1918 年之后，随着大罗马尼亚（Greater Romania）和南斯拉夫的出现，历史写作中产生了更为复杂的论点，这也就不足为奇了。

在罗马尼亚，格奥尔基·布勒蒂亚努（Gheorghe I. Brătianu），彼得·帕纳伊泰斯库（Petre P. Panaitescu）和康斯坦丁·久雷斯库（Constantin C. Giurescu）在呼吁回归客观性、回归比较历史方面贡献颇多。早在 1931 年，他们就开办一份史学杂志——《罗曼尼亚历史评论》（*Revista istorică română*）。在这份杂志中，他们将历史方法论置于政治忠诚和民族忠诚之上，称："历史不应该被降到政治、社会斗争的层次上"，并且进而认为，"在爱国主义和客观性之间不存在矛盾。"[3]他们否定了之前的历史叙述，以及对共时性（欧洲文化）方法与历时性（罗马尼亚的过去）方法之间的人为割裂，在罗马尼亚史学界开启一股新潮流，将历史视为永远在演化着的整体。所以，本民族历史就需要新的认识范式。巴尔干地区的部分

---

[1] Mid'hat Frashëri,*Çështa e Epirit*(1915；Tirana，1999).

[2] Nicolae Iorga, *Droits des Roumains sur leur territoire nationale unitaire*(Bucharest，1919),3.

[3] 引自 Lucian Boia, *History and Myth in Romanian Consciousness* (Budapest，2001),67。

史学家在整体史的架构中认知民族历史,这一架构正是法国史学家吕西安·费弗尔和马克·布洛赫提出的。

　　但是,这种理解处在主流史学界的边缘地位。随着 1930 年代希腊、罗马尼亚和保加利亚的独裁政府的出现,并随着法西斯运动——尤其是罗马尼亚的铁卫队(Iron Guard)和克罗地亚的乌斯塔沙(Ustaša)的成功,对历史的民族主义和种族主义的阐述广为流传。整个巴尔干地区的法西斯主义者都称自己是"真正"的民族代表,是国家的权威并他们反对自由主义、反对民主、也反对犹太人。[1] 军团运动(Legionary)和乌斯塔沙运动将自己的发展描绘成罗马尼亚和克罗地亚历史的最高峰,而且是这两国历史合法性的证明,因为它们标志着富有创造性的民族——罗马尼亚和克罗地亚在这个世界上的优越性。[2] 由于两个运动都声称自己能代表本民族,因此,找到这两个运动在罗马尼亚和克罗地亚历史中的光辉先例,非常重要。更重要的是,军团运动和乌斯塔沙运动的民族主义将复兴罗马尼亚民族和克罗地亚民族,并且将这两个民族的复兴建立在种族和宗教信念之上,这正是这两个运动的鼓吹者必然要宣称的。按照第一种信念,他们提出了一种新的对民族的定义,这种定义强调种族的人类学特征,也强调这些特征与具体机制、民族认同之间的联系。[3]

　　正如当时欧洲其他部分一样,巴尔干地区的人类学"提倡客

---

[1]　Ana Antic, 'Fascism under Pressure: Influence of Marxist Discourse on the Ideological Redefi nition of the Croatian Fascist Movement, 1941 - 1944', *East European Politics and Societies*, 24: 1(2010), 116 - 158.

[2]　关于罗马尼亚,参见 Radu Ioanid, *The Sword of the Archangel: Fascist Ideology in Romania*(Boulder, Col. , 1990);关于克罗地亚,参见 Sabrina Ramet(ed.), 'The Independent State of Croatia(NDH), 1941 - 1945', special issue of *Totalitarian Movements and Political Religions*, 7: 4(2006)。

[3]　Marius Turda, 'The Nation as Object: Race, Blood and Biopolitics in Interwar Romania', *Slavic Review*, 66: 3(2007), 413 - 441;以及 Nevenko Bartulin, 'The Ideal Nordic-Dinaric Racial Type: Racial Anthropology in the Independent State of Croatia', *Review of Croatian History*, 1(2009), 189 - 219.

观、无偏向的学术风潮，虽然在事实上，意识形态、民族主义和社会性保守主义都会影响学术"。① 事实上，人类学家有意讨论民族身份，这和历史学家从 19 世纪初开始的、通过获得科学知识以研究民族的意图相呼应。②

更重要的是，人类学理论使史学家坚信，存在一个具体的人种，他们认为这一人种存在于雅典卫城（Acropolis）脚下，或是存在于第拿里山脉（Dinaric Alps），或是存在于喀尔巴阡山脉。种族的持续性则支持了这种存在着独特人种的主张——种族持续性这一观点，是由帕帕里格普洛斯及约尔卡这些史学家所阐述的，是从文化上建构历史延续性观点的一种方法。比如，这一时期的罗马尼亚史学传统中反复被提及的一个观点是：构成大罗马尼亚的领土常常受到侵略（从古典时代的罗马，到中世纪的马扎尔人，到现代的犹太人）。③ 不过，这种多灾多难的历史只是肯定了罗马尼亚民族主义者谈到本国历史时，一再强调的那些东西：只有民族本身具备种族优越性，才能在数世纪的混乱和外国统治下延续下来。种族的具体组成得到了热烈的讨论，因为评论者们在罗马人、达契亚-罗马人和达契亚-罗马-斯拉夫人这几个答案间莫衷一是。④

这些论争中，最重要的是探索民族的历史和文化地位。巴尔干地区的大多数学者在学术上倾心西欧——他们一直从西欧得到教育和认同感——西方文化生活的主导地位催生了反对的种族中心

358

---

① Georg G. Iggers, 'Foreword', in Ingo Haar and Michael Fahlbusch (eds.), *German Scholars and Ethnic Cleansing*, *1919－1945*(New York, 2005), p. ix.

② 参见 Christian Marchetti, 'Scientists with Guns：On the Ethnographic Exploration of the Balkans by Austro-Hungarian Scientists before and during World War I', *Ab Imperio*, 1(2007),165－190；以及 Christian Promitzer, 'The Body of the Other："Racial Science" and Ethnic Minorities in the Balkans', *Jahrbücher für Geschichte und Kultur Südosteuropas*, 5(2003),27－40.

③ 这一叙述的经典版本可参见 Nicolae Iorga, *Histoire des Roumains et de leur civilisation*(Paris, 1920)。

④ N. Densușianu, Dacia prehistorică(1913；Bucharest, 2000)；and N. Lahovary, 'Istoria și o nouă metoda de determinare a raselor', *Arhiva pentru știin ță și reform ă socială*,7：1－2(1937),122－173.

主义的论调，在对民族特征的讨论中表现得非常突出。以独创性和纯洁性为名，在巴尔干国家中出现了一些作品，反对普世主义和高度发展的欧洲文化的堕落。这标志着文化运动和民族主义运动的兴起，而这两种运动和它们宣称反对的欧洲同类运动一样富有原创性。早在 19 世纪末期，伯里克利·扬诺普洛斯（Perikles Giannopoulos）这样的作家，就阐述过一种精神的、美学的希腊民族主义。这种观点认为，希腊精神是一个新的民族复兴计划的中心部分，是建立在希腊人的固有价值观和道德观上的。① 其他学者，比如南斯拉夫的先锋杂志《泽尼特》（Zenit）（1921—1926 年）的编辑柳博米尔·米齐奇（Ljubomir Micic）则认为，重生的巴尔干气质，有能力在西方现代性使欧洲文化堕落与退化之后，创造出一种新的欧洲文化。② 这样，世界基本上就被想象成是一个各民族领土组成的、种族不断变化的地方。这个世界建立在"美的话语和民族的话语"③两种观点趋同的基础上，也是建立在种族不断变化的基础上的。即使传统价值观遭到破坏——比如南斯拉夫的巅峰主义者（Zenitists）想做的那样——本民族的本质依然会得到承认。米齐奇宣称："巅峰主义，是年轻的蛮族最具反叛性的行动。"④

　　如果说历史和文学提出了延续性的观点，人类学就提供了支持这种观点的证据。1948 年，希腊人类学的杰出人物扬尼斯·库马里斯（Ioannis Koumaris）认为，存在着一个"希腊种族"，这个种族的组成包括"几乎统一的生理、心理特点，并代代传递。这个种族拥

359

---

① 参见 Perikles Giannopoulos, Άπαντα (Athens，1988). See also Dimitrios Tziovas, *The Nationism of the Demoticists and Its Impact on Their Literary Theory* (1888–1930)(Amsterdam，1986),308–310；以及 Artemis Leontis, *Topographies of Hellenism：Mapping the Homeland* (Ithaca，NY，1995),119。

② 参见 Irina Subotic, 'Avant-Garde Tendencies in Yugoslavia', *Art Journal*，49：1 (1990),21–27。

③ Leontis, *Topographies of Hellenism*，120.

④ Ljubomir Micic, *Kola za spasavanje：zenisti cke barberogenija u 30 cinova* (Belgrade，1925),5. See also Irina Subotic, '"Zenit" and Zenitism', *The Journal of Decorative and Propaganda Arts*，17(1990),15–25.

有作为一个种族的基本要素的一切主要特征,这些特征虽然有许多形式,但完全是希腊式的。"①库马里斯试图说明,希腊民族身份的实质是由历史延续性所揭示的,所以他肯定地宣称:"希腊民族是在雅典卫城的岩石下形成的,任何其他的民族也不能掌握神圣岩石的本质——希腊的灵魂牢牢地和这块岩石联系在一起。"②希腊首相扬尼斯·科列蒂斯(Ioannis Kolettis)在1844年认为,希腊就是"一切和希腊历史、希腊民族有关的土地"③的共同体,读者只需想起这一观点,就能理解对希腊的作家而言,希腊民族不是像赞比里奥斯说的那样,仅仅由共同的语言团结起来的,也不是像帕帕里格普洛斯说的那样,仅仅由共有的历史团结起来的,而是像库马里斯说的那样,还因为有着共同的种族意识。

人类学家严格遵循其民族主义信念,相信他们的民族是基于领土而存在的,而领土在民族主义想象中占有中心地位,故而人类学家为历史叙述赋予了科学支持。但是这两门学科的融合并非没有偏向。正如克罗地亚的社会学者丁科·托马希奇(Dinko Tomašic)所说,像茨维伊奇这样的学者,是"塞尔维亚扩张主义的接触理论家","试图建立起第拿里人种的种族优越性,并且力证:将其他南斯拉夫族群改造成在塞尔维亚领导下的附属群体,是很有必要的。"④茨维伊奇以种族、地理的标准,对南斯拉夫人进行分类,将第拿里人种(在他的用法中,这个词基本是指塞尔维亚人)在新兴南斯拉夫国家中,置于文化、政治的领导地位。⑤

茨维伊奇等人提出的种族观点,在当时是历史大众化过程中的

① John Koumaris, 'On the Morphological Variety of Modern Greeks', *Man*, 48 (1948),126.

② Ibid. , 127.

③ Kolettis 的文本,可以参见 Th. Dimaras, *Ελληνικός Ρωμαντισμός* (Athens, 1985),405 - 406。

④ Dinko Tomašic, 'Sociology in Yugoslavia', *The American Journal of Sociology*, 47:1(1941),53.

⑤ Jovan Cvijic, 'The Geographical Distribution of the Balkan Peoples', *Geographical Review*, 5:5(1918),345 - 361。

一种公共话语。人类学家的意见进入了民族历史的叙述。不过在两次大战之间的南斯拉夫,两者却很少有一致之处。这样,塞尔维亚的种族优越性为历史学家所采纳,其中最突出的例子就是斯塔诺耶·斯塔诺耶维奇(Stanoje Stanojević)。斯塔诺耶维奇被称作"备受尊崇的战前史学家",[1]不过他依然提出了一种富有种族色彩的民族历史,声称第拿里人种"无论是生理上还是道德上"都优于他人,从中世纪以来就是"塞尔维亚种族的杰出代表,背负、阐释了整个塞尔维亚族群的优良品质。"意料之中的是,由于"塞尔维亚民族的品质有利建立国家",塞尔维亚人在南斯拉夫的突出地位自然也就是不证自明的。[2]

如果说两次大战之间的南斯拉夫的"主要思想分歧",在于"主 360 张分离的民族主义者和主张整个南斯拉夫民族融合的统和主义者之间",[3]那么,这一分歧就还应有一个明显的政治层面。"分离主义者——如克罗地亚的民族主义者们,相信塞尔维亚人、克罗地亚人和斯洛文尼亚人是三个不同的民族,他们的个体性和民族兴盛——即民族存续——只能在它们分别地、独立地建国的前提下,才能有保障。与此相对,南斯拉夫主义的支持者则认为,'塞尔维亚人''克罗地亚人''斯洛文尼亚人'这些称呼,只不过是部落的名称,共同组成了萌芽期的'南斯拉夫民族'"。[4]

克罗地亚史学家米兰·萨夫莱(Milan Šufflay)则有不同看法。他认为,克罗地亚人和塞尔维亚人在民族方面不可相容,前者是天主教徒,是"西方人",而后者是东正教徒,是"巴尔干

---

[1] Charles Jelavich,'South Slav Education:Was there Yugoslavism?' in Norman M. Naimark and Holly Case(eds.),*Yugoslavia and Its Historians*:*Understanding the Balkan Wars of the 1990s*(Stanford,2003),112.

[2] 引自 Tomašic,'Sociology in Yugoslavia',55－56。

[3] Rory Yeomans,'Of "Yugoslav Barbarians" and Croatian Gentlemen Scholars: Nationalist Ideology and Racial Anthropology in Interwar Yugoslavia',in Marius Turda and Paul J. Weindling(eds.),*Blood and Homeland*:*Eugenics and Racial Nationalism in Central and Southeast Europe*,1900－1940(Budapest,2007),83.

[4] Ibid.,83－84.

人"。① 相信民族主义的教士克鲁宾·舍格维奇（Kerubin Šegvić）走得更远，认为克罗地亚人和塞尔维亚人不一样，在血统上不是斯拉夫的，而是日耳曼的血统。在一本 1936 年出版的书中，他强调，组成"第一批克罗地亚政治性群体"的那些部落，事实上是哥特部落。② 保加利亚人类学者斯特凡·孔苏洛夫（Stefan Konsulov）也提出了相关论述。在 1937 年写的《保加利亚人的种族外观》（*Rasovijat oblik na Bălgarite*）中，他认为，保加利亚人在血统上不属于斯拉夫人，而属于北欧日耳曼人种。③ 在两次大战之间，学术讨论往往充斥着政治色彩，所以强调克罗地亚人或保加利亚人没有斯拉夫血统，而推测其来自日耳曼部落，这种强调绝非无足轻重。

诚然，多数情况下，历史写作会将种族和民族的真正"灵魂"联系起来，后者将种族传统的结构性特征和现代文明的普世性截然对立。罗马尼亚诗人兼哲学家尼基福尔·克拉伊尼克（Nichifor Crainic）融合东正教、拜占庭传统和种族主义，认为西方现代性和罗马尼亚民族特征格格不入。克拉伊尼克用"血统"和种族定义罗马尼亚的民族身份，断言现代化的民族主义有生物、精神双重维度，并且相信罗马尼亚已经在生物方面发现了自己的根源，现在需要开始精神的救赎。简言之，克拉伊尼克认为，应该有一场全面的人类学革命，以补充文化上的革命——

> 复兴的问题，应该从种族方面加以解决，（尽管）这一点受到国际主义学说的抛弃和拒绝。（种族）不仅仅是生物上的一

---

① Milan Šufflay, *Hrvatska u svijetlu svetske historije i politike*（Zagreb, 1928）.

② Kerubin Šegvić, Die gotische Abstammung der Kroaten（Berlin, 1936）；以及 id., *Die Kroaten und ihre Mission während dreizehn Jahrhunderte der Geschichte* （Zagreb, 1942）.

③ 参见 Christian Promitzer 的精彩论述, 'Taking Care of the National Body: Eugenic Visions in Interwar Bulgaria, 1905 - 1940', in Turda and Weindling（eds.）, *Blood and Homeland*, 223 - 252.

般概念，而是人类学上的具体概念。人既有身体又有灵魂。不 361
过，人并非以动物的身份出生，后来为了将人区别于动物，才
有精神进入身体。不是这样的。人从出生开始就同时有身体
和精神，两者共同地塑造了人。人既是人类学的对象，也是种
族的存在。民族复兴的思想，是由全新的种族民族主义（ethnic
nationalism）所创造。关注民族的整体、和谐的形式，其中既有
道德上的、也有生理上的。①

1936 年 9 月 6 日，希腊政治家扬尼斯·梅塔克萨斯（Ioannis
Metaxas）在塞萨洛尼基（Thessaloniki）用广播发表了一篇演讲，大
致描绘了新希腊的愿景，跟上文有异曲同工之妙。

> 如果社会是由不快乐的、处境悲惨的人民所组成的话，希
> 腊就无法在社会层次上存续。希腊人民的退化和漠然已到了
> 将威胁民族和国家的地步……所以，我重申民族视角的复兴。
> 这是因为，你们必须以希腊人的身份存续下去，以相信希腊精
> 神的希腊人身份存续下去，而且通过民族复兴，你们才能发展
> 并创造自己的文明。②

与复兴希腊民族在大众范围内的广泛传播相伴随的，是一项同
样宏大的文化事业——创造“第三次希腊文明”。梅塔克萨斯的这
种文明观，是建立在一种动态的、目的论的希腊精神之上的。这种
希腊精神将逐渐地把古典希腊文明和拜占庭东正教遗产结合起
来。这样，对即将在世界文明之林中取得民族统一和独立的希腊
民族而言，希腊精神成为了它不可或缺的思想原则。"我们的民族
是'希腊的'民族；我们的祖国是'希腊'（Hellas）；我们全体人民形

---

① Nichifor Crainic, 'George Cosbuc, Poetul rasei noastre', in id., *Puncte cardinale in haos*(1936；Bucharest, 1998),120‒121.

② 引自 Marina Petrakis, *The Metaxas Myth*：*Dictatorship and Propaganda in Greece*(London，2006),126。

成了‘希腊精神’。"①梅塔克萨斯——"民族的救主"——以典型的现代主义和法西斯主义的方式，把自己的历史任务描绘成一场与"他所谓的当代历史退步力量（堕落）的"相对抗的战斗，而方法则是"创造另一种现代性与当代性（一个‘新秩序’和‘新时代’），其基础就是民族的重生或曰新生。"②

一些作家误以为这种民族主义是"对帕帕里格普洛斯观点的讽刺"。③ 事实上，不管是1890年代的文化上的现代主义者——比如扬诺普洛斯，还是1930年代的政治上的现代主义者——比如梅塔克萨斯，都是在帕帕里格普洛斯描述的民族历史的范围内，来定义自己所谓的希腊精神的。④ 梅塔克萨斯和克拉伊尼克一样，对种族有着全新的描述，赋予民族以自然、生物学上的特质。民族的种族成分和种族塑造群体的方式，取决于一系列因素的影响，其中包括不同的人种地理（racial geography）和不同的国家地貌。他们都认为，最终将会出现新希腊、新罗马尼亚。不过，这种混杂了保守重生论和文化现代主义的观点的根源，不能只从历史中得到。

阿尔巴尼亚作家拉泽尔·拉迪（Lazër Radi）在其1940年的著作《法西斯主义和阿尔巴尼亚精神》（*Fashizmi dhe fryma shqiptare*）一书中，清楚地阐述了上述两者之间的联系。阿尔巴尼亚需要新的民族道德，即照顾家庭、母亲、孩子，并且鼓励生育。"我们民族的众多美德之一，就是特别重视培养男性，特别注意种族的纯洁，保持家庭的延续。我相信，没有哪个国家（像阿尔巴尼

362

---

① 引用同上，141。

② Roger Griffin, *Modernism and Fascism：The Sense of A Beginning under Mussolini and Hitler*(Basingstoke, 2007),181.

③ Koliopoulos and Veremis, *Greece*, 235.

④ 参见 Philip Carabott, 'Monumental Visions：The Past in Metaxas' Weltanschauung', in Keith S. Brown and Yannis Hamilakis(eds.), *The Usable Past：Greek Metahistories*(Lanham, 2003),23-37. Anthony Smith speaks of a synthesis between 'Hellenic republicanism and ethnoreligious criteria derived from a more "Byzantinist" idea of the nation',本文见其著作 *The Cultural Foundations of Nations：Hierarchy, Covenant, and Republic*(Oxford, 2008),165。

亚人)这样坚信血统的力量了。"①就这一天性,拉迪补充道,保卫阿尔巴尼亚民族是非常重要的,尤其是在那些阿尔巴尼亚民族美德还得以保留的地方(即偏远山区),更是如此。拉迪将形而上学的种族视为本质,按他的理解,阿尔巴尼亚人一向勇敢——尤其是上战场;生命中对重要的事情莫过于死得光荣,因为"光荣地死去将消解痛苦和悲伤;荣耀比死亡更加重要。"②拉迪以文化表象的方式阐述民族特征,认为其基础是民族英雄主义。这在南斯拉夫民族学学者弗拉基米尔·德沃尼科维奇(Vladimir Dvorniković)的著作中也有所表现。1939 年,德沃尼科维奇出版了《南斯拉夫人性格学》(*Karakterologija Yugoslovena*),书中他构建了南斯拉夫人的典型形象,其根据在于"第拿里"的形象,同时也提到南斯拉夫人对音乐的敏感和对历史的悲观态度。德沃尼科维奇认为,"第拿里的形象正是男性战士的典型,也许是所有白种人中最杰出的战士"。③按照这个定义,南斯拉夫民族的本质,就是与生俱来的选举精神。从生理学角度来说,在南斯拉夫国家内,这个民族有着斯拉夫民族的一切品质;从文化上来说,在东南欧的所有民族中,南斯拉夫民族的灵性天分众所周知,宗教上也最为虔诚。

　　两次大战之间还有两位杰出的保加利亚作家强调种族中心论,他们是伊凡·哈齐耶斯基(Ivan Hadzhiyski)和奈登·谢塔诺夫(Naiden Sheitanov)。与希腊精神、南斯拉夫精神、罗马尼亚精神和阿尔巴尼亚精神一样,谢塔诺夫发明了"保加利亚精神"这一术语。这种民族身份将现代保加利亚人和古希腊、古日耳曼文化联系起来,而不是将其与保加利亚当时的周边民族联系起来。④ 不过,虽

---

① Lazër Radi, *Fashizmi dhe fryma shqiptare*(Tirana, 1940),87. 译文由 Rigels Halili 提供。

② Radi, *Fashizmi dhe fryma shqiptare*, 153.

③ Vladimir Dvorniković, *Karakterologija Yugoslovena*(Zagreb, 1939),208;引自 Yeomans, 'Of "Yugoslav Barbarians"', 99.

④ Naiden Sheitanov, 'Bulgarian Worldview', in Marius Turda and Diana Mishkova (eds.), *Discourses of Collective Identity*, vol. 4(Budapest, forthcoming, 2012).

363　然希腊的、罗马尼亚相信现代主义的民族主义者接受拜占庭传统，①谢塔诺夫却拒绝接受拜占庭传统，将保加利亚的中世纪历史视为通向全新的民族主义开始的主要障碍。跟德沃尼科维奇一样，谢塔诺夫认为民族文化是一种弥赛亚式的文化。对他们两人而言，巴尔干地区是欧洲文化的新中心。在这里，南斯拉夫人和保加利亚人处于东西交界的地方，既认同西方的基督教，又因其东方的历史存在而受到削弱。

　　在所有这些著作中，都有相似的结构特征。这些著作意在探索本土文化，反复呼吁跨越时空的群体身份，达到淡化民族和普世之间的界限的主题。在希腊梅塔克萨斯阵营的一份主要杂志《新国家》($To\ N\acute{\varepsilon}ov\ K\rho\acute{\alpha}\tau os$)中，某撰稿人认为：“希腊的灵魂($\psi v\chi\acute{\eta}$)和希腊民族($\varphi v\lambda\acute{\eta}$)和谐共存。”并进而写道：“我们生于斯($\tau o\pi os$)，而斯地过去的民族孕育了人类古典文明——这绝非纯属偶然。”②关于民族想象、民族复兴的思想和各民族独特的地理形态之间的关系，阿蒂米斯·尼尔科(Artemis Leontis)将其描述成“本土性的美学原则。这是本土真实性(native authenticity)的原则。这种原则认为，文化有本土性，文化是自然的，文化是土生土长的。”③

　　因此，领土就成了民族归属感理论，以及对历史延续性要求的中心成分。正如罗马尼亚史学家彼得·帕纳伊泰斯库所说的那样：“我们不仅仅是土地的后代，我们属于更广义的民族。这民族因我们而不朽，这就是达恰民族。军团运动深深唤醒了我们的民族意识，同时将‘达恰’血统提升到一个光荣的高度。”④帕纳伊泰斯

---

① 参见 Aristotle A. Kallis, ‘Fascism and Religion：The Metaxas Regime in Greece and the “ Third Hellenic Civilisation”：Some Theoretical Observations on “Fascism”，“Political Religion” and “Clerical Fascism”’, in Mathew Feldman and Marius Turda(eds.), ‘*Clerical Fascism’ in Interwar Europe*(Oxford，2008)，17 - 34。

② 引自 Leontis, *Topographies of Hellenism*，114。

③ Ibid. , 115.

④ P. P. Panaitescu, ‘Noi suntem de aici’, *Cuvântul*, 17：38(20 November 1940)，1.

库在达恰历史的复兴中定位罗马尼亚的民族身份,认为这一民族可以成为一个包容丰富的种族认同范畴,而忽略少数民族和外界的敌人。帕纳伊泰斯库和巴尔干地区的其他史学家一样,用民族科学来探寻民族的种族特征,探寻这些特征是怎样在民族认同和分类方面发挥作用的。

这些历史写作的趋势从很多方面反映了 1930 年代独裁政权兴起时期的政治氛围。与法西斯意大利和纳粹德国一样,1940 年代的希腊、罗马尼亚、保加利亚和克罗地亚历史写作,赞同集权国家和种族纯净化的思想。所以,在第二次世界大战中,在那个政治修正主义和军事冲突到达白热化阶段的时代,这种破坏科学边界的行为,不仅对史学家而言是紧迫的问题,对一切需要决定自己民族命运的国家来说也是如此。最终,巴尔干地区的历史写作开始和其他对民族的讨论结合起来——比如文化独特性、历史命运、种族同化和种族优越性。

通过探索自 19 世纪早期以来巴尔干地区史学传统的异同,当代的史学家也许能更好地理解那些在二战之后改变了形式,却几乎未改变内容的文化力量。在半个世纪后,南斯拉夫崩溃时,人们不必费力猜测这些思想是如何重生的。因此,对 1945 年之前的历史写作做一调查,有助于我们理解为何关于语言、民族归属感和领土的观点尽管大相径庭,但是都可以通过目的论的历史解释加以统一观察。这种解释不仅将民族置于历史长河的中心地位,同时也淡化了个体、族群和国家之间的分别。

在 19 世纪和 20 世纪前半叶,巴尔干地区的历史写作促成了民族身份的形成、巩固和确定。史学家将统一、特性和延续性投射到民族历史中,前提是考虑了民族区别(从不同民族特征而言)并认为每个民族的历史都是独一无二的(从其文化传统而言)。这些问题从过去到今天一直都是描述巴尔干地区历史写作的最重要的问题。现在所需的是一个比较性的理论框架,以使关于过去的各种历史、故事浮出水面,并得到批判性的审视。

364

大事年表/关键日期

1821—1830 年	希腊独立战争
1831 年	塞尔维亚公国建立
1859 年	摩尔多瓦公国与瓦拉吉亚公国结盟
1877—1878 年	俄土战争
1878 年	柏林条约
1881 年	罗马尼亚王国成立
1882 年	塞尔维亚王国成立
1908 年	保加利亚王国成立
1908 年	奥匈帝国兼并波斯尼亚
1910 年	黑山王国成立
1912—1913 年	巴尔干战争
1913 年	布加勒斯特条约
1914—1918 年	第一次世界大战
1919—1922 年	希腊-土耳其战争
1918—1940 年	大罗马尼亚成立
1918—1941 年	塞尔维亚王国、克罗地亚王国和斯洛文尼亚王国成立
1920—1921 年	小协约国
1934 年	巴尔干协议
1941—1944 年	独立的克罗地亚国家

365

主要历史文献

Bălcescu, Nicolae, *Mersul revoluţiei în istoria românilor* (Paris，1850).

Drinov, Marin, *Pogled varhu proizhozhdenieto na balgarskia narod i nachaloto na balgarskata istoria*(Sofia，1869).

Dvornikovi ć, Vladimir, *Karakterologija Yugoslovena* (Belgrade，

1939).

Frashëri, Mid'hat, *Çështa e Epirit*(Tirana, 1915).

Garašanin, Ilija, *Načertanije*(Belgrade, 1844[1906]).

Ha şdeu, Bogdan P. , *Istoria critic ă a românilor*(Bucharest, 1873 - 1874).

Iorga, Nicolae, *Desvoltarea ideii unit ăţ ii politice a Românilor* (Bucharest, 1915).

Kogălniceanu, Mihail, *Cuvânt pentru deschiderea cursului de istorie național ă în Academia Mihăileană*(Iaşi, 1843).

Kolettis, Ioannis, Της Μεγάλης αυτής Ἰδέας(Athens, 1844).

Konsulov, Stefan, *Rasovijat oblik na Bălgarite*(Sofia, 1937).

Mantzufas, G. Z. ,Ἰδεολογία και κατευθύνσεις εις το νέον κράτος(Athens, 1938).

Micič, Ljubomir, *Kola za spasavanje: zenistička barberogenija u 30 cinova*(Belgrade, 1925).

Paparrigopoulos, Konstantinos, Ἰστορία του Ἑλληνικού Ἐθνους ἀπο των αρχαιοτάτων χρόνων μέχρι των καθ ἡμάς(Athens, 1886).

Radic, Stjepan, *Živo hrvatsko pravo na Bosnu i Hercegovinu*(Zagreb, 1907).

Ruvarac, Ilarion, *O knezu Lazaru*(Novi Sad, 1887).

Siméon, Radeff, *La Macédoine et la Renaissance Bulgare au XIXe Siècle*(Sofia, 1918).

Stanojevic, Stanoje, *Postanak srpskog naroda*(Belgrade, 1934).

Sheitanov, Naiden, *Velikobalgarski svetogled*(Sofia, 1940).

Šufflay, Milan, *Hrvatska u svijetlu svetske historije i politike*(Zagreb, 1928).

Xenopol, A. D. , *Istoria românilor din Dacia Traiană*(Iaşi, 1888 - 1893).

参考书目

Adanir, Fikret and Faroqhi, Suraiya(eds.), *The Ottomans and the Balkans: A Discussion of Historiography*(Leiden, 2004).

Banac, Ivo and Verdery, Katherine(eds.), *National Character and National Ideology in Interwar Europe*(New Haven, 1995).

366 Boia, Lucian, *History and Myth in Romanian Consciousness* (Budapest, 2001).

Daskalov, Roumen, *The Making of a Nation in the Balkans: Historiography of the Bulgarian Revival*(Budapest, 2003).

Elsie, Robert, *History of Albanian Literature*, 2 vols. (Boulder, Col., 1995).

Ersoy, Ahmet, Górny, Maciej, and Kechriotis, Vangelis(eds.), *Discourses of Collective Identity in Central and Southeast Europe* (1770 - 1945), vol. 3(parts 1 and 2)(Budapest, 2010).

Gazi, Effi, *National History: The Greek Case in Comparative Perspective*, *1850 - 1920*(Frankfurt, 2000).

Kitromilides, Paschalis M., *Enlightenment, Nationalism, Orthodoxy: Studies in the Culture and Political Thought of Southeastern Europe*(Aldershot, 1994).

Lampe, John R. and Mazower, Mark (eds.), *Ideologies and National Identities: The Case of Twentieth-Century Southeastern Europe*(Budapest, 2004).

Mishkova, Diana (ed.), *We, the People: Politics of National Peculiarity in Southeastern Europe*(Budapest, 2009).

Neuburger, Mary, *The Orient Within: Muslim Minorities and the Negotiation of Nationhood in Modern Bulgaria* (Ithaca, NY, 2004).

Norton, Claire(ed.), *Nationalism, Historiography and the (Re) Construction of the Past*(Washington, 2007).

Pettifer, James and Vickers, Miranda, *The Albanian Question*: *Reshaping the Balkans* (London, 2007).

Popov, Nebojša (ed.), *The Road to War in Serbia*: *Trauma and Catharsis* (Budapest, 2000).

Roudometof, Victor (ed.), *The Macedonian Question*: *Culture*, *Historiography*, *Politics* (Boulder, Col., 2002).

Sugar, Peter (ed.), *Eastern European Nationalism in the Twentieth Century* (Washington, DC, 1995).

Todorova, Maria (ed.), *Balkan Identities*: *Nation and Memory* (London, 2004).

Trencsényi, Balázs and Kopeček, Michal (eds.), *Discourses of Collective Identity in Central and Southeast Europe* (1770 – 1945), vol. 2 (Budapest, 2007).

Turda, Marius and Mishkova, Diana (eds.), *Discourses of Collective Identity in Central and Southeast Europe* (1770 – 1945), vol. 4 (Budapest, forthcoming, 2012).

Tziovas, Dimitris (ed.), *Greece and the Balkans*: *Identities*, *Perceptions and Cultural Encounters since the Enlightenment* (Aldershot, 2003).

喻 乐 译

光 启
———
新史学
———
译 丛

主 编

陈 恒 陈 新

编辑委员会

OXFORD

牛　津
历史著作史

从公元1800年到1945年

The Oxford History
of Historical Writing

［澳］斯图尔特·麦金泰尔　　［加］胡安·迈古阿西卡
［匈］阿提拉·波克　主编

岳秀坤　喻乐　孙琇　姜伊威　陈强　等译

第四卷（下）

上海三联书店

The Oxford History of Historical Writing: 1800-1945

published in English in 2011. This translation is published by arrangement

with Oxford University Press. Shanghai Joint Publishing Company Limited

is solely responsible for this translation from the original work and Oxford

University Press shall have no liability for any errors, omissions or

inaccuracies or ambiguities in such translation or for any losses caused by

reliance thereon.

目 录

1

第三编　欧洲的流裔

第四编　欧洲之外的文化传统

第三编

欧洲的流裔

第十八章 书写美国的历史
（1789—1945 年）

托马斯·本德

奠基者

从一开始，美国的史学就与美利坚民族的形成齐头并进。1789 年这一年不仅标志着以宪法为依据的全国性政府的开创，而且也标志着这样一个时刻，即具备全国性视野的历史作品首次得以出版。事实上，在此之前，大卫·拉姆齐（David Ramsay）在他的家乡南卡罗来纳，业已出版了一部关于革命的史书，只是一直拖延到宪法批准，他的这部《美国革命史》（*History of the American Revolution*，1789 年）才最终完全发布。平心而论，他的这部史著是一个新民族建立自我历史意识的开创之作。由是观之，这部书的贡献是巨大的，特别是它促进了国民间的民族认同。他以这样一种观察——很大程度上以一种 18 世纪的科学精神——来总结他的论述，即认为这个新国家是一场实验。如果它失败了，就像《联邦条例》（the Articles of Confederation）的情况那样，另外一种政府形式就会被设计出来。换言之，他对宪法的理解，是政治灵活且实用主义的。对他而言，这并不会变成什么神圣记录或政治奇迹。

若干年后，第二部全国性的革命史得以出版：默西·奥蒂斯·沃伦（Mercy Otis Warren）的《美国革命的兴起、进程及终结史，人物传记、政治和道德观察散论》（*History of the Rise，Progress，and*

Termination of the American Revolution，Interspersed with Biographical，Political，and Moral Observations，1805 年)。这是一部闪光的、准备经受评判的著作。与拉姆齐的著作相比,此书更倾向于哲学思考。此外,这本书有一位更为有趣的作者,她是马萨诸塞州革命领袖詹姆斯·奥蒂斯(James Otis)的姊妹。正如她自己所言,她"与那批最初的爱国者有一种天然的连接、友谊和诸多社会关系。"她对他们所做的传记素描是富于洞见且耿直无偏的。[①]这是她对早期历史编纂的特殊贡献。然而,她比拉姆齐更为担忧,

英属北美洲(1867 年以来的加拿大及其未来各省)

【地图西部】

华盛顿领地(1853 年组建)

俄勒冈(1859 年)　内布拉斯加领地(1854 年组建)　尚未组建起来的领地

加利福尼亚(1850 年)　犹他领地(1850 年组建)　堪萨斯领地(1854 年组建)　托皮卡

新墨西哥领地(1850 年组建)　德克萨斯(1845 年)　奥斯丁　纽埃西斯河　加尔维斯顿

墨西哥　格兰德河

【地图中部】

明尼苏达(1858 年)　圣保罗　威斯康辛(1848 年)　密歇根(1837 年)底特律

艾奥瓦(1846 年)得梅因　伊利诺伊(1818 年)芝加哥　印第安纳(1816 年)印第安纳波利斯

圣路易斯　密苏里(1821 年)　路易斯维尔　肯塔基(1797 年)

阿肯色(1836 年)小石城　田纳西(1796 年)孟菲斯

---

① Mercy Otis Warren, *History of the Rise，Progress，and Termination of the American Revolution，Interspersed with Biographical，Political，and Moral Observations*，3 vols. (Boston, 1805)，i. p. iii.

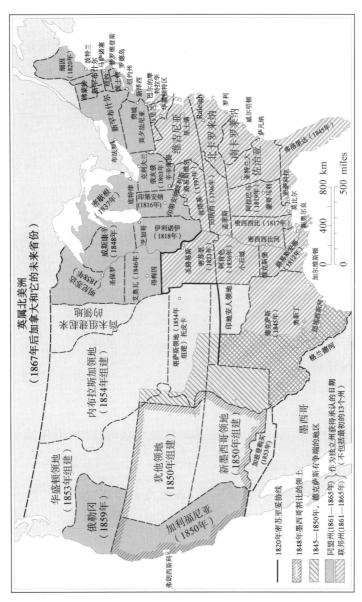

英属北美洲
（1867年后加拿大和它的未来省份）

1861 年的美利坚合众国

1820年密苏里妥协线
1848—1850年，德克萨斯割让领土
1845—1850年（作为独立州获得承认的日期）
同盟州(1861—1865年)（不包括最初的13个州）
联邦州(1861—1865年)

密西西比河　密西西比(1817 年)阿拉巴马(1819 年)蒙哥马利

亚特兰大　佐治亚　萨凡纳

莫比尔

维克斯堡　路易斯安那(1812 年)新奥尔良　彭萨科拉　弗洛里达

(1845 年)

【地图东部】

缅因(1820 年)　波特兰

佛蒙特　新罕布什尔

布法罗　纽约州　纽约　马萨诸塞　波士顿　康涅狄格　罗德岛

　普罗维登斯

克利夫兰　俄亥俄(1803 年)辛辛那提　宾夕法尼亚　费城　新泽

西　马里兰　巴尔的摩

维吉尼亚　里士满　华盛顿特区　特拉华

罗利　北卡罗来纳　威尔明顿

南卡罗莱纳　查尔斯顿

【左下方图标】

——1820 年密苏里妥协线

1848 年墨西哥割让的领土

1845—1850 年,德克萨斯有争端的地区

同盟州(1861—1865 年)

联邦州(1861—1865 年)　作为独立州获得承认的日期(不包括最

初的 13 个州)

如果这项"联邦共和国"的试验失败,各州将会面临"准暴君"的局面。这些暴君可能会将他们的权杖伸向大陆上那些尚未进入联邦的地区。①

　　关于这些首批民族史家的文献记录相当有限。大多数史著要么来自地方史料,要么就是革命中领导人物的传记。其中,帕森·

---

① Warren, *History*, i. p. viii.

威姆斯（Parson Weems）关于乔治·华盛顿的传记,伴随着樱桃树的故事,流传甚广。[①] 在这个新国家中,主要的史学活动聚焦在建立档案馆和出版基础文献的工作上。承担这项工作的,最为活跃和重要的史家是贾里德·斯帕克斯（Jared Sparks）。1838 年,他被任命为哈佛大学麦克莱恩古代和现代史教授,他在那里教授一门关于美国革命的课程。这个历史研究的首个教席,使得历史学被视为一种学术知识中的独特领域。斯帕克斯多年倾力于对美国革命史的研究,却从未完成。尽管如此,他对美国史学的事业可谓鞠躬尽瘁:他完成了《华盛顿的生平与著述》（*Life and Writings of Washington*，12 卷,1834—1837 年）,《美国革命中的外交通信》（*Diplomatic Correspondence of the American Revolution*，12 卷,1829—1830 年）,《美国革命通信》（*The Correspondence of the American Revolution*，4 卷,1853 年）,并且担任了美国传记系列文库（25 卷,1833—1849 年）的编辑者。他也奠定了重要的根基——从美国、加拿大和欧洲搜集史料。

19 世纪,为史学研究搜集并出版资料的工作曾是一项热诚的追求。位于马萨诸塞州伍斯特的美国古物收集协会、马萨诸塞州历史协会、纽约历史协会,以及后来的各州历史协会,如威斯康辛州历史协会,都开展了大量的收集活动。直到世纪末,有钱人也乐于赞助文库或手稿收集,从而支持了美国史学的学术事业。他们的赞助包括:位于肯塔基州路易斯维尔的菲尔森协会（the Filson Society，1884 年）,位于芝加哥的纽伯里图书馆（1887 年）,位于加州圣马力诺的亨利·亨廷顿图书馆（1919 年）。以 1853 年由安·帕梅拉·坎宁汉姆（Ann Pamela Cunningham）创办的弗农山女子协会为始,像档案搜集一样,历史遗址也被日渐频繁地建立起来,并经常由女性发起。

与之形成鲜明反差的是,20 世纪之前,全国性的政府在搜集史

---

① Mason Locke Weems, *The Life of George Washington*（Philadelphia，1808）。（译者注：Parson Weems 为 Mason Locke Weems 的别名）。

料上几乎没有发挥什么作用。直到 1899 年，赫伯特·帕特南（Herbert Putnam）被任命为国会图书馆馆长之后，他才将一个专门为国会提供查阅服务的规模有限的机构，改造成了一所真正的国家图书馆，以此来支持美国史学的学术研究。与此同时，创建大学研究型图书馆的浩大工程也得以推进。然而，国家档案馆则整整晚了一代人的时间，直到 1934 年才建立起来。

浪漫时代作为文学绅士的历史学家

372　　　尽管在最早的两部全国通史中，有一部写作于南方，但是在 19 世纪，新英格兰人主导了合众国的历史写作。很大程度上，随着新英格兰的扩展，美国的民族主义在这些史著中获得了表达，这也为国家向西扩疆提供了一种有益的帮助。这样一种深嵌于民族叙事结构中的观念，受到了诗人沃尔特·惠特曼的挑战。1883 年，惠特曼写了一封信给新墨西哥州圣菲市的市政领袖，回绝了他们的邀请。他们曾请他为该市成立 275 周年的纪念日庆典写一首诗。这个城市的成立比普利茅斯还早了 10 年。惠特曼拒绝了这种盎格鲁—撒克逊人的故事。

　　　我们美国人已经真正了解了我们自己的先辈，将他们归了类，并将他们统一起来。他们比过去所预期的更为丰富，并且有广为不同的来源。由此，尽管新英格兰作家和学校负责人的观点令人印象深刻，我们仍然心照不宣地抛弃了这样一种观念，即认为我们的合众国仅仅是由英伦诸岛所塑造的……这种观念是一种极大的错误。①

当然，这个与英国人绑在一起的神话以及同样虚构的边疆缔造美

---

① Walt Whitman, *Complete Prose and Poetry of Walt Whitman*, ed. Malcolm Cowley, 2 vols. (New York, 1948), ii. p. 402.

国的故事，并不容易被剔除，它在 20 世纪仍然很好地存活着。这样一种民族叙事在弗朗西斯·帕克曼（Francis Parkman）和乔治·班克罗夫特（George Bancroft）的作品中，得到光辉的阐释。这两个人都是新英格兰的贵族出身。他们也被视为一对"浪漫史家"。这种评价相当公允，尽管浪漫主义史学的吸引力，部分来自主人公迷雾般的来历和他们的脾性。班克罗夫特和帕克曼的处境是不同的。正如帕克曼在他的第一卷本第一句话中所指出的，"不同于旧世界，美国文明的诸多源泉显露于清澈的历史光照下。"①他们两人都将史学视为文学的分支，但又都试图搜索文献，将他们的史著建立在文献的根基上。

帕克曼追随沃尔特·斯科特爵士历史小说的潮流，在作品中倾注了更多的想象力，并运用他如数家珍的写作技艺来激活书中的时间、地点和人物。与之相反，在读者面前，班克罗夫特则继续将他的历史构建在文献的基础之上。然而在那一代中，文坛中的人物无不深深地受到了跨大西洋的浪漫主义潮流的触动。班克罗夫特同样也是第一批接受德国史学方法训练的美国人之一，他曾在 1818 年负笈海外，到哥廷根和柏林学习。

帕克曼和班克罗夫特还有其他方面的差异。帕克曼深受多种慢性疾病的困扰，完全忘我地投入到了历史写作中去。而班克罗夫特则是一个政治上的活跃参与者。他曾向总统建言，并担任主要的外交职务，内战前曾任驻圣詹姆斯宫廷的大使，内战后又出使普鲁士。充分利用这两次时机，他得以进入欧洲的档案馆。事实上，对他而言，政治和史学在促进自由与公正这个问题上，面临着共同的挑战。班克罗夫特的史著就是一种响亮的民主宣传，很显然，他也假定了美国共和实验能够历经考验（durability）。终其一生，他都深信民主的呼声。但是帕克曼唯一一次直接参与政治的活动，来自他在《北美评论》上的一篇文章。为了打破美国革命 100

373

---

① Francis Parkman, 'France and England in North America', in *Pioneers of France in the New World*, (rev. edn, Boston, 1899), p. ix.

周年的欢庆气氛,他发表了一篇名为《普选权的失败》①的文章,以此来表达他的民主观。

今天,班克罗夫特常被画进漫画,并伴随着一个对他在美国史中看见上帝之手的评论。事实上,他所写的关于民主的神意浮现,与托克维尔在经典诠释《美国的民主》(1835—1840 年)一书的开头,措辞上如出一辙。班克罗夫特跟托克维尔一样,都明确否认了上帝会阻碍历史。② 然而他的民族主义热情,促进了其著作的流传。由于他谨慎地运用档案材料,并在叙述中嵌入政治洞见,使得他的作品即使到了学术专业化的时代,仍经受得住考验。

这两位史家共享着一种对美国历史的深刻的新教式的解释。班克罗夫特欢庆新教教义与进步之间的神意连接,同时,帕克曼对比了北美地区新教的胜利和法国(天主教的)失败。他措辞肯定地表达了新英格兰和新法兰西之间的差异:"一方是胜利政府的子孙,另一方则是被压迫者和逃亡者;一方是罗马天主教反动势力无所畏惧的拥护者,另一方则是宗教改革的先锋队。他们各自遵循着成长的自然法则,并且走向各自的自然结局"。③ 双方的历史都有一种必然性(inevitability)——在班克罗夫特笔下,民主共和国必然胜出;在帕克曼笔下,英国新教教义和自由的政治制度必然战胜法国人和印第安人的制度。事实上,对于 19 世纪的美国人而言,帕克曼卷帙浩繁的文化作品,论证了悲惨征服和剥夺第一代美洲人的合理性,他是通过论述它们的不可避免来达到的。最后一点,两位史家为了完成他们多卷本的著作,差不多花费了半个多世纪。④

班克罗夫特的作品是将美国殖民地史和革命史以档案为基础

---

① Francis Parkman, 'The Failure of Universal Suffrage', *North American Review*, 127(1878), 1 - 20.

② 班克罗夫特的意思特别参见 George H. Callcott, History in the United States, 1800 - 1860(Baltimore, 1970), 180. 与托克维尔的比较是我自己做的。

③ Parkman, 'France and England in North America', pp. x - xi.

④ 出版史以及销售信息参见 Bert James Loewenberg, *American History in American Thought*(New York, 1972), 246。

贯穿起来的首创之作。在他眼中，美国史必须是一种整合的历史，不仅要整合进大英帝国史，还必须整合进更为宽泛的欧洲史。欧洲列强不断出现在他的叙述中。尽管合众国代表了一种自由与个人主义的，与众不同且独一无二的发展，但是 1788 年宪法的通过才使得这个国家联盟结出硕果成为可能。

一种更为显著的国际化立场体现在他的框架中，帕克曼的叙述成型于英法间的帝国竞赛。（在帕克曼和班克罗夫特笔下）尽管都是以一种国家类型来书写历史，但是每一个国家却被赋予不同的政治可能。他们相信盎格鲁—撒克逊人被指定为自由的承载者，而拉丁、天主教国家则深陷于绝对主义政治的陷阱。虽然他们常把这些文化和民族的差异特色化为一种种族特性，但是他们的措辞却与现代种族理论毫无关联。

尽管如此，这些特性也喂养了内战后的科学种族主义，它们都出现在了第一代专业化的学术型史家的写作中。这些专业人士强调美国民主的条顿起源，起先是在日耳曼人的中世纪丛林中，后来到了新英格兰的沙石地上——市镇会议——开花结果。这种科学种族主义被第一代学术型史家所吸收，使得他们无视蓄奴制度，帮助他们为剥夺印第安人以及世纪末的帝国决策做出辩护。

间奏曲

内战确认并加强了美国的民族性。带有强烈民族主题的史学繁荣发展，其果实也是多姿多彩。某些史家曾是文坛中人，另外一些则以大学时代来临前学院中的教授身份从事写作。与我们的直觉相反的是，区域性的小说繁荣。特别是在南方，表达联邦民族主义的作品受到合众国胜利的打压。那是一个具有文学色彩的史家无不与"地方色彩"写作相关联的时代。因此，地方的和区域性的写作受到热切的追求，并借助着各州历史协会的增长和扩展而得以维持，中西部地区尤其如此。与此同时，全国性的文学市场在内战中以及随后的日子里，获得巨大的扩增，其间，历史作品在其既有的发展中，继续得以出版发行。① 市场的扩增也为业余史家的出现提供了可能。不同于富有的文坛绅士，他们依靠写作为生。这要同时也培育了一个阅读史著的公众，内战后的民族主义作为一重原因，支撑了这一状况。

爱德华·艾格尔斯顿（Edward Eggleston）是一名从事地方色彩小说写作的成功作家，以《山区校长》（*The Hoosier Schoolmaster*，1871 年）一书最为出名。他同时也是一名美国早期史的作者，其最重要的作品是《17 世纪从英格兰到美国的文明转变》（*The Transit of Civilization from England to America in the Seventeenth Century*，1901 年）。这本书探寻了穿越大西洋的文化行囊以及定居者对它的改编。从概念上看，这本书更接近 20 世纪晚期的历史编纂，而与他的那个时代则相对疏远。当时，很多新组织起来的专业史家对这一视角充满敌意，其中很多人就他能当选美国历史学会（AHA）主席表示惊讶。海伦·亨特·杰克逊（Helen Hunt Jackson）同艾格尔斯顿一样，起初只是位小说家，后来，她写了一本史书对当时的美国史主流叙事构成了挑战。当时的主流叙事坚持文明的进步及其必然性，进而认为，对土生美洲社区和文化的破坏是可以接受的。杰克逊在 1881 年出版的《一个耻辱的世纪》（*A Century of Dishonor*）一书中，对此表达了毫不留情地批评。在小说《雷蒙娜》（*Ramona*，1884 年）一书中，她进一步深化了这种批评。这本书是一本畅销书，其情感上的冲击力如同《汤姆叔叔的小屋》（1852 年），②在美国人对待印第安人问题上的影响非同一般。

西奥多·罗斯福曾对西进运动抱持不同观点。但是他的第一本书却是关于海洋的，而非西部问题。早在哈佛大学读本科时，他的史著《1812 年海战》（*The Naval War of 1812*，1882 年），就是一部出色的学术作品，也许这也预见了他后来能够被任命为海军部

---

① 出版和畅销史著的发展参见 Alice Fahs，*The Imagined Civil War：Popular Literature in the North and South*，*1861 - 1865*（Chapel Hill，NC，2001）。

② 《汤姆叔叔的小屋》动员了北方反对蓄奴的观点，当时也被视为一种引发战争的原因，也许的确如此。

副部长的理由。此外,他更以一个历史学家的身份广为人知。他曾写过四卷本的《征服西部》(*Winning of the West*,1889—1896年),这是一部相当草率地构建出来的作品,目的在于庆祝盎格鲁—撒克逊文明在北美洲的成功——这也是那个时期历史编纂中最通常的主题,无论是在学术的还是非学术的写作中。

詹姆士·福特·罗德(James Ford Rhodes)以另外一种路子进入史学界。他曾抱着积累足够财富以投身历史写作的明确意图,在实业界赚了大钱。1884 年,退休后,他雇佣了研究助手,开始写作后来享有盛誉的《合众国史:从 1850 年妥协到 1877 年南方家园自治的最终重建》(*History of the United States From the Compromise of 1850 to the Final Restoration of Home Rule at the South in 1877*,1892—1906 年)。[①] 重建结束后,民族和解在政治和文化议程上意义重大。罗德的史学之所以被广为接受,部分原因也在于他的著作对此有所助益。他的解释对北方以及南方白人都是有用的。他赞成北方的分裂观以及结束奴隶制的必要性观点,但是他也支持南方对于重建(军事统治,military rule)和黑人选举权的敌视。艾格尔斯顿、罗德和罗斯福都曾当选美国历史学会主席,这表明,在 20 世纪之前,并不存在一个学术型史学研究的飞地。第一位纯粹的学术型史家获得这一主席殊荣并开始就职始于1907 年。

约翰·菲斯克(John Fiske)曾是一名宣扬达尔文进化论的科学家和哲学家。他在诸多领域皆有建树,包括推动历史语言学以及对斯宾塞社会学的发展。美国史只是他诸多事业中的一项。但是他的《美国历史的批判时期,1783—1789 年》(*The Critical Period of American History*,*1783‑1789*,1888 年)界定并解释了一个历史难题,这个难题成为探索和争论的焦点,一直被带入 20 世纪。他描述了这一时期的经济和政治环境:此时这个新生的国家因被

376

---

① 罗德斯的这部作品后来又在时限上有所延续,涵括了西奥多·罗斯福执政期间的历史,最后一卷发表于 1922 年。

《联邦条例》统治而陷于危机，因此，菲克斯把着眼点放在了制宪运动的必然性及其成效上，他视其为代议制政府在政治理念上的一种显著进步。这本书也第一次挑战了那种对早期美国史的轻率判断，即认为走向宪法的进步是命中注定的。

在这个混杂团体中，有待讨论的最后一位史家无疑是 19 世纪，或者说是到 19 世纪为止，最伟大的美国史学家亨利·亚当斯（Henry Adams）。他是一位总统的曾孙，另一位总统的孙子，林肯政府驻圣詹姆斯宫廷的大使之子。亚当斯家族的历史与国家的历史几乎密不可分。他是本节的标题"中间期"的化身。他的社会生活与班克罗夫特和帕克曼一样，并不是那种将历史学专业化然后再将其带进学院的那种人。然而毫无疑问的是，他不仅以非凡的文学天赋享有盛名，在方法上也与后来的学术型史家格外亲近。

迫于家族压力，为开创一番事业，他同意在哈佛教授历史。1870 年开始，亚当斯持续工作了七年，直到为了以一种独立文人的姿态追求史学而提出辞呈。在此之前，他在哈佛按照德国模式建立了一个研究生研讨班（seminar），并指导了哈佛第一个历史学博士。他的教书生涯始于盎格鲁-撒克逊法领域，因为他曾在德国修习法律——基于家族对他开创治国生涯的期许。所以，他对德国的史学方法非常熟悉。后来他转向了殖民地史，这是那个时代最主要的史学探求领域。尽管如此，没过多久他就把这门课程转交给了他原来的学生、后来的参议员亨利·卡波特·洛奇（Henry Cabot Lodge）。他自己则转攻现代史，教授一门涵盖 1789 到 1840 年历史的课程。时段上的转换，给他带来了一种理解历史和历史编纂的变化。他认识到，高级政治（high politics）的时代结束了。在较早的时代，政治兴趣和历史探求的关注点被设定在王朝战争和治国术上。但是在民主时代，政治史必然要扩展到社会史。他领悟到，现代史应当强调国家、宪法和议会的形成、经济发展、知识和社会生活，以及大众政治。

这种史学的新观念，塑造了他的巨著《托马斯·杰弗逊和詹姆斯·麦迪逊执政期间的美国史》（*History of the United States during the Administrations of Thomas Jefferson and James Madison*,9 卷,1889—1891 年)。在其宏大叙事的开头和结尾,有一个引人入胜的社会史和思想史篇章。当然,叙事以时间为线索,而分析的章节则以空间来编排;他将它们按照区域划分,并特别关注城市。开篇设定了舞台——一个褊狭的欠发达的社会。最后一卷他以作为一个政治系统建立起来的民主以及民主社会的演进来收尾。结束的章节特别关注文学、艺术和"美国人的特性"。通过对它们的铺排和发表,结尾的章节提议,甚至是确认了一种观念,即信仰可以转化成动机,进而影响历史,尽管在叙事中他也揭示了很多对主体能动性的限定。叙事章节囊括了广阔的地理区域,正如亚当斯将他的叙事定位于远较国家自身更为广大的国际空间一样,这本书也以多国间的档案网络为根基。

377

尽管他不太看得起哈佛的思想文化,仍然全心投入教学工作,甚至是以一种相当革新的方式。他写了一封信给哈佛大学校长查尔斯·艾略特(Charles Eliot),提议由他的前学生亨利·卡波特·洛奇讲授同一门关于 1789 年到 1840 年间的美国史的课程。这门课他自己曾经讲授过,并应当继续开设下去,以此来展现由他带入哈佛的教学理念,以及他对历史编纂学在认知上的现代性观点。他说,这将会"同时激发施教者和学生,进而抵消……漫布于学院中的身心迟钝的氛围"。他的另一个提议事实上具有哲学的深义。"他(洛奇)的观点是一种联邦党人的且保守的观点,与我的观点一样,也有权在大学中获得表达,这才能够走向民主和激进主义。"①这样一种针锋相对,可以刺激课堂讨论,甚至使学生感到震撼。其深远影响远远超出一项有效的课堂技术本身。他指明了他的信仰,即不管一个人的研究以及在阅读史料来源上多么严谨,历史学家始终是制造历史的一个因素。这种个体化的方面可以变成一种积极的因素,正如它是不可避免的一样。

---

① J. C. Levenson, 'Henry Adams', in Marcus Cuncliffe and Robin W. Winks (eds.), *Pastmasters*(New York, 1969),48-49。

学院中的专业史学

　　学术型史学的发展及其被组织化为一种专业的学术分科，这是更大范围内的美国知识分子文化重组的一部分。到了 19 世纪中叶，曾经使得一种精英文化得以组织并维持的公民文化开始衰退，文化和政治生活中的知识主张似乎将要失去其合法性。在 19 世纪的中间三分之一时间里，知识分子对他们自身的权威性和他们的听众都不那么确信了。戈德金（E. L. Godkin），《国家》（*The Nation*）的创刊编辑，知识分子中的领袖人物，试图依靠现代研究型大学和全国范围内的专业分科，来重建知识的权威，并进而将学者从粗俗的市场竞争中带出来。然而，此种知识分子生活观的实现，有待于全国范围内的研究型大学系统的建立，这个系统直到世纪末才出现。①

378　　基于德国模式的博士生教育提案在精英权威那里酝酿已久，分科学术的自身目的也在市民话语中有所提高。以培养第一代史学和社会科学研究生为目的的院系，始建于约翰·霍普金斯大学，它创立于 1876 年。1881 年，哥伦比亚学院建立了政治科学的研究生院。它面向市民，目的在于帮助年轻人开始"市政服务"的事业，或者成为"公众的记者"。总之，是为了"一般的公共生活职责"而做准备。② 虽然约翰·霍普金斯还不是那么明确，但是伍德罗·威尔逊从研究生到教授再到美国总统的经历，则代表了对这种更高知识观的期许。对威尔逊而言，追求更好的学术训练，是通向"深邃且具有公众精神的治国术"，"文学"的职业或任何一种"无偏的服

---

① 对于这一转变参见 Thomas Bender, *Intellect and Public Life：Essays on the Social History of Academic Intellectuals in the United States*（Baltimore, 1993），chs. 3 - 4.

② Columbia College, *Outline of a Plan for the Instruction of Graduate Classes*（New York, 1880），4, 11, 12, 15.

务机构"的必经之路。① 威尔逊并不是唯一的个案,进步时代有大量的记者、社会改革者和政治家,都曾经接受过那里著名的历史学研讨班的训练。

直到 1890 年代,随着哈佛校长艾略特 1869 年所发起的选修课系统的扩散,古典课程体系衰亡了。这为自然科学和社会科学的研究提供了空间。开设研究生项目的院系也重新调整了它们的工作来实现自我更新。到了 1900 年,历史学家,特别是研究美国问题的学者——在这一学科中,他们培养了十分之九的博士生——都在美国的大学中接受了训练。当时,处于领先地位的两个机构,分属于哥伦比亚大学和威斯康辛大学,其中一个是私立机构,另一个则是公立的。

到那时为止,大多数的学术专业化的基础架构都已经建成。在约翰・霍普金斯大学,第一个历史学博士学位于 1882 年授给了富兰克林・詹姆森(J. Franklin Jameson)。截至 1907 年,在这一领域已经有 16 所大学提供博士训练。② 第一个美国史教席于 1881 年设立于康奈尔大学,摩西・科伊特・泰勒(Moses Coit Tyler)是第一个担任此职务的人。他将他的角色理解为在本科生教学中服务于市民。他曾向赫伯特・巴克斯特・亚当斯(Herbert Baxter Adams)——约翰・霍普金斯博士训练的组织者——解释说:"我对过去的兴趣,主要来自我对我们的当下和未来的兴趣。我教授美国史,不仅仅是要为国家和民族培育公民和好的领袖……我还试图让我自己和我的学生产生并保持一种对真理的渴望,我们应当热爱真理甚于民族传统或党派偶像。"③通过一个由史学家领袖组成的"七人委员会",这种专业化在 1899 年下渗到了中学中。他们

---

① Ray Stannard Baker, *Woodrow Wilson：Life and Letters*, 8 vols. (Garden City, NY, 1927 - 1939),i. p. 171.

② 教育和专业化的发展参见 John Higham, *History：The Development of Historical Studies in the United States*(Englewood Cliffs, NJ, 1965)。

③ Herbert Baxter Adams, *Methods in the Study of History*(Baltimore, 1884),32 - 33.

为高中历史课程建立了一个指导方针，包括一个用四年时间学习古代、中世纪、现代欧洲、英国和美国历史的课程序列。

379 　　历史学家将自己组织起来，成立美国历史学会。它于 1884 年在华盛顿特区问世，获得了国会的特许。这一法律细节表明，历史学家们对于首都市政的影响在当时未得到充分认识。许多大学出版社也建立起来，其中第一家是 1878 年建立的约翰·霍普金斯大学出版社。《美国历史评论》(*American Historical Review*) 也在 1895 年创刊。起先它独立于美国历史学会，后来在 1915 年，美国历史学会获得了它的所有权和控制权。詹姆森在学科的专业化以及确保这一学科以档案为基础上，发挥了异常重要的作用，其中最重要的是，1934 年建立了国家档案馆。他认为世纪末的这些年属于一个准备季。他从 1903 年起，担任华盛顿特区卡内基基金会历史研究部主任，一直到 1928 年这个机构关门为止。这个职务也给他很多帮助，特别是在普查档案并公布它们的所有情况时。1910 年，他向亨利·亚当斯解释了他的雄心："我奋力拼搏来烧制砖块，尽管我还不知道今后的建筑将如何来使用它们，但是我深信再好的建筑师也不能做无米之炊。因此，我要烧制上好的砖块。"①这些砖块，以及由此被制造出来的专题论文，后来在世纪之交被哈佛大学的阿尔伯特·布什内尔·哈特(Albert Bushnell Hart)充分利用。哈特在某种意义上被视为是那代人中的学术型政客，他承担了美国国家丛书(American Nation Series)的编辑工作。这是一部二十六卷本的多人合作的集成(1904—1907 年)，展示了美国学术研究的成就，但又是面向一般读者的。

　　如果亨利·亚当斯——作为一个历史的读者——在历史中有所习得(learned)，那么这些充斥于学院中的科学严谨的史家则在史学中受到训练。这批新一代的史学家们更常想起的是他们的局限性而非他们的成就，这一点是具有实质意义的。他们建立了新

---

① E. Donnan and L. Stock, *An Historian and His World*：*Selections from the Correspondence of John Franklin Jameson*(Philadelphia, 1956),136.

的批判标准和原则。相信精确性和可验证性是他们巨大的遗产。他们还建立了一种训练历史学家的方法，在很大程度上——也许在更大的程度上——依然发挥作用。让这门学科远离帕克曼的文学信条并不容易被论证，而詹姆森这样做了。他指出，有时这一新行业应该满足于其作品，"以纯粹文学的品质而论，只是二流的水平"。为什么呢？因为，"我们的科学在当下最需要的"，正是"极好的二流作品的广泛流传——二流是从这个意义上讲。因为它在技术过程上仍亟须改进，工艺不够精湛。所以，大量的有才能的作品要比少量的文学天才的作品，作用更大。"①

哥伦比亚大学和约翰·霍普金斯大学的研究生项目最引人注目的地方，在于他们的学生是惊人地出色，甚至比他们的导师，例如约翰·霍普金斯的赫伯特·巴克斯特·亚当斯和哥伦比亚的约翰·W. 伯吉斯（John W. Burgess），更具天赋。对于有天赋的年轻人，教学质量是吸引他们参与严谨学术训练的指标。跟过去一样，即使是在今天，这些新型研究型大学因为重视教学质量而受到关注。他们的跨学科研究同样富有吸引力。在一定程度上，那个时代的社会科学既重视历史学，也重视经济学。事实上，美国经济学学会成立于美国历史学会第二次年会上，因为所有重要的学术型经济学家都是历史学行业的成员。在哥伦比亚大学，经济学家塞利格曼（E. R. A. Seligman）在政治科学的院系中发挥了中心作用，他对马克思经济利益观的自由主义简化，让查尔斯·A. 比尔德（Charles A. Beard）在对历史做出经济解释时受益良多。同样，在约翰·霍普金斯大学，特纳和威尔逊也更受到经济学家理查德·伊利（Richard Ely）而非亚当斯的影响。特纳后来在威斯康辛大学复制了这种跨学科研究，同时也将伊利招募到自己的旗下。

伯吉斯和亚当斯作为两位异常成功的教育家，都曾在德国接受训练，但又有所不同。伯吉斯受到德国理想主义（idealism）的灌输，

380

---

① J. Franklin, *The History of Historical Writing in America* (Boston, 1891), 132 - 133.

并倾向于形式主义(formalism),在政治学和历史学上倾向一种法学路径;而亚当斯在受到他的德国导师影响的同时,也受到了英格兰的爱德华・A. 弗里曼(Edward A. Freeman)的影响,跨越大西洋,带回了一种强烈的经验主义(empiricism),也许只是一种朴素的经验主义,但它有力塑造了那一时期的美国学术。那时,科学的历史学家认为他们遵循兰克的箴言,并认为兰克设定了德国历史学学术的议程。事实上,他们误解了,或者说是简单化了兰克对历史学的要求——还历史的本来面目。他们并没有认识到,兰克在何种程度上是个浪漫派的理想主义者和一个普世史(universal history)的信徒。① 美国人拒绝了任何与哲学的联系,并没能认识到对兰克而言,正是在历史中,哲学得以被理解。

如果说美国人谈论的只是砖头瓦块,那么在兰克脑中,对专题研究则另有想法。"只有普世史才能够被书写",他相信,"我们全部的努力都在阐明这一点。细节只有与整体相关联时才会更有意义。"②他同时对客观性的探求也有一个更为深刻的理解。他的那种理解与亨利・亚当斯更为接近,而非赫伯特・亚当斯。当兰克试图将历史学家置于有待解释的文献之外时,甚至奋力争取抹掉历史学家的影响时,他知道,这些接触到历史材料的历史学家其自身的背景,必然会成为叙事建构中的一部分。这不仅是不可回避的,同时也会赋予历史以价值。③ 直到第一次世界大战之后,查尔斯・比尔德和卡尔・贝克尔(Carl Becker)开始探寻这些问题时,美国的历史学家才不得不面对在客观性问题上其指导信条的复杂性。

381

科学的史学家强调连续性。殖民地曾是正在形成中的当下,这隐含了一种进化的目的论。那时,主要的研究重点放在了殖民地

---

① 参见本卷第二章。

② 引自 Loewenberg, *American History in American Thought*, 385。

③ 兰克的概念与前文提到的亨利・亚当斯的极为接近,对这一问题的分析和引人入胜的论点,参见哲学家托马斯・内格尔的论证, Thomas Nagel, *The View from Nowhere*(New York, 1986)。

时期、内战和战后重建上。在约翰·霍普金斯大学，亚当斯通常要求他的学生致力于早期美国制度的研究。他总是抱着这种观点来阐明民主的进步，这种民主的进步从中世纪德意志的条顿丛林，中经盎格鲁—撒克逊人的英格兰，在殖民地时代的美洲得以实现。

伯吉斯关注民族主义和国家。与他的学生兼同事威廉·A. 邓宁（William A. Dunning）一样，他将重点放在内战和重建上。人们可以说这批历史学家携手拥抱了一种民主的民族主义，如果再加一个形容词"白人的"，特别是"盎格鲁—撒克逊人的"，那就更确切了。这一时期的历史编纂充斥着，或者说是清楚地言明了盎格鲁—撒克逊"种族"在种族上的优越性，以及清教徒的宗教扮演了自治政府和自由的承载者。一句话，伯吉斯合理化了重建的目的，否定了印第安人、非裔美国人和许多外来移民的权益，也合理化了在菲律宾的美国帝国主义。对他而言，没有强健的（robust）民主一说，他赞誉一种"公民自由的民族化（nationalizing）"，这种民族化"由白人男性领导，其使命，……职责……和权利，在于用他们自己的双手来握住政治权力的缰绳，以促进世界文明和人类福祉。"[①]民族主义，作为一项巩固民族—国家的工作，对相当保守的伯吉斯而言，远比扩大自由更为重要。

关于重建历史的"邓宁学派"以对记忆的遗忘或者重新编排为中心，目的是能够让民族主义者走向重新联合的道路，这也要求北方和南方的和解。邓宁学派的学者一再通过专题研究，表明重建时期扩大黑人权力是错误的，恢复白人的统治是正确的。这样说来，这也就使联邦保护的目的合法化了。之前由于过于抽象，这种联邦保护曾在 1877 年奴役了南方的人民。这些论文也论证了正式的隔离，对选举权的否定，以及对数以千计的非裔美国人广泛施加私刑的合理性。然而，邓宁一点也不赞成暴力，更不会为其辩护，最差不过是将治理不善看作是重建的特色，它只是侵蚀了在前

---

①　John W. Burgess, *Reconstruction and the Constitution*（New York，1902），pp. ix, viii.

联邦中各州为非裔美国人获得完全公民权而做出的努力。

在亚当斯推动的盎格鲁—撒克逊民主的起源史中，有两条相当不同的路线彼此竞争。亚当斯的学生弗雷德里克·杰克逊·特纳（Frederick Jackson Turner）提供了一个对制度发展的更为复杂的解释，并拒斥了在学界占据主导地位的对大西洋的关注。在由美国历史学家所写就的最为知名的论文中，特纳融合了统计数据、流传的神话和诗歌的表达，据此来重塑美国史的叙事。1893 年，在芝加哥举办的哥伦布世界博览会上，他提出"边疆在美国史中的重要性""仅次于制度或宪政形式"，它应当成为历史写作的重点。在边疆，存在着"各种活力呼召这些器官（译者注：指制度和宪政形式）构成生命，并塑造了它们，使之能够应对变迁的情势。"在这些力量中，最为重要的是"大片空闲土地的存在。随着美国定居者的西进，它也在不断后退"。这解释了美国史和美国人的个性。"在这个国家的历史中，真正的观察点应当放在伟大的西部，而不是大西洋沿岸。"[1]

另一挑战指向了东部而非西部。查尔斯·麦克莱恩·安德鲁斯（Charles McLean Andrews）提出，不列颠在大西洋上的帝国制度，框定了殖民地的历史，奠定美国政治传统的创新也发源自这种历史。他否认制度从德意志丛林转移到英格兰再到新英格兰的任何表达。[2] 无论是特纳还是安德鲁斯，都忽略了亚当斯制度主义中的某些开放性，这些开放性至少可以部分地容纳他们的论点。但尽管如此，他们的鼓吹依然是娓娓动人的。

在对美国历史的解释中，更为重要的变化尚未到来。特纳以他关于美国史的第二个大观念指引了前进的道路。他对区域（sections）和区域冲突（sectional conflict）的讨论，为社会和经济因素

---

[1] Frederick Jackson Turner，'The Significance of the Frontier in American History'，in *Frontier and Section：Selected Writings of Frederick Jackson Turner*，ed. Ray Allen Billington(Englewood Cliffs，NJ，1961)，37，38.

[2] 安德鲁斯第一次言明他的这一论点是在他的博士论文中，在他后来的四卷本史著中又得到充分的说明。

开辟了道路。由他、比尔德和进步主义史学家所建构的美国史中的一种冲突模型，成为半个世纪中美国历史编纂的必要谈资，这一状况直到冷战开始才结束。爱德华·钱宁（Edward Channing）的《合众国史》（*A History of the United States*，6 卷本，1905—1925 年），是第一次由一人完成的对整个美国史的综合。这本书事实上也揭示了历史写作的阶段性。最初的几卷以一种帕克曼的风格完成，而最后的几卷则反映了特纳和比尔德的观念。

进步主义与“新史学”

“新史学家”，这是一个来自詹姆斯·哈维·鲁滨逊（James Harvey Robinson）的《新史学》（*The New History*，1912 年）一书的词语。它挑战了之前的史学，驳斥了对逐步进化、同质性、稳定性及民族和解的强调。对他们而言，历史是以变迁为动力的权力和竞争的戏剧，所以他们检视冲突。如果老一代人追溯起源，并将历史理解为这些起源的渐进展开，那么，这批新史学家们则关注环境挑战、冲突和创新。[1] 他们希望历史学能够促进并指导变迁，进而有助于 20 世纪早期的改革运动。

他们扩大了历史学的视野。某些人，尤其是鲁滨逊，特别认为知识分子和观念是一种历史的能动因素，但更多的典型意义上的进步主义史学家，则对观念持怀疑态度，将其看作是为利益效力的意识形态。也许人们不该过于在意这点，但是许多新史学家来自中西部——不仅是特纳，还有比尔德、贝克尔和鲁滨逊，以及其他重要的进步主义史学家。对他们来说，正如比尔德指出的，谈论“利益”是任何一个中西部农夫的语言。新史学家们将关注的重点从殖民地时期转向了更为迫近的历史。对他们来说，美国史始于

383

---

[1] 特纳以多种方式提出这一议题，参见'Social Forces in American History'（1911），'The Significance of the Section in American History'（1925），and 'Sections and the Nation'（1922），in *Frontier and Section*，115 - 171。

革命,他们首要关心的是这个工业时代,正如将进步主义改革视为其焦点。这就像实用主义哲学家约翰·杜威的立场——他们与杜威关系密切,他们都更对后果而非起源感兴趣。

如果特纳以他对冲突和改革的物质来源上的兴趣而成为一位先驱,那么鲁滨逊则是这一计划的代言人。然而,首要的典型还要算是查尔斯·A. 比尔德和他的代表作,令人惊叹的对宪法形成的研究——《宪法的经济学解释》(*An Economic Interpretation of the Constitution*,1913 年)。当然,这种思路暗示了国父们在他们设计的政府中享有经济利益,这也引发了更多的讨论。他的政治目的在于给宪法去神圣化,而神圣化曾被守旧的法官拿来抵消进步主义的社会立法。在他著述的开篇("合众国的历史解释"),比尔德也明确表示,他同时也有一个方法论上的观点需要澄清。他拒绝了形式主义和法学方法,这两点曾是哥伦比亚大学政治科学系的学术特色,而他曾在此获得博士学位并从事教学。形式主义者的方法论允许学者声称宪法"从全体人民中产生",却对散布于人民内部的独特性不闻不问。宪法制定及其批准过程中有关政党冲突的蛛丝马迹被遮蔽了,更别说物质利益了。"法律并不是一个抽象的事物",他坚持认为,"如果把法律与它所身处的社会和经济构造剥离开来,就不会有现实可言。因为法律在一定程度上,既受到社会和经济构造的限定,同时相应的,也会促进后者的限定作用。"①

第一次世界大战以前,他和其他新史学家们既是经验主义者也是"科学"史家。所有人都分享着进步时代的信仰,即依靠客观数据,常采用定量分析,言及公众利益。在《黑人史杂志》(*The Journal of Negro History*)中,客观数据作为一种说服力量同时也能赋予精神以活力。1916 年,这一期刊由卡特·G. 伍德森(Carter G. Woodson)创立。但令人难堪的是,南方史学界中的史家乌尔里奇·B. 菲利浦斯(Ulrich B. Philips)在《美洲黑人奴隶制》

---

① Charles A. Beard, *An Economic Interpretation of the Constitution* (New York, 1913),10,12.

(*American Negro Slavery*，1918 年）一书中，立刻呈现了一种经验主义的进步史学模式，并且对南方重建后的种族体系做出了一种种族主义者的论证。随着时间的推移，比尔德和其他人认识到，这种主观框架是任何史学作品中都存在的一部分，并且那种历史叙事将会承载特殊的力量。杜波依斯（W. E. B. Du Bois）是一位极具天赋且多产的作家。从他对《费城黑人》（*The Philadelphia Negro*，1899 年）的研究到《黑人的灵魂》（*The Souls of Black Folk*，1903 年），再到他后期的政治和学术写作，走了一条相似的道路，只是步伐迈得更快。

384

　　两部关于美国革命的进步主义史学著作深受比尔德的影响，一部是卡尔·贝克尔的《纽约的政党政治，1760—1766》（*Political Parties in New York*，*1760 - 1766*，1909 年），另一部是阿瑟·M·施莱辛格（Arthur M. Schlesinger）的《殖民地的商人与美国革命》（*Colonial Merchants and the American Revolution*，1918 年）。这两本书都对革命的起源和意义提供了一种浓重的阶级解释。随着他们的职业生涯进入两次世界大战之间的时期，他们也见证了曾经将新史学黏合在一起的那种东西的式微。贝克尔日渐转向对客观性、进步和史学的意义这些问题的哲学推理，而施莱辛格则转向相反的方向，他的著述中包括越来越多的关于社会生活的细节，以至于史学变成了一种摘要，而非一种叙事或解释。这一点由失望的比尔德在评论施莱辛格的《1878—1898 年城市的兴起》（*Rise of the City*，*1878 - 1898*）一书时提出。"他避开了所有的解释——经济的、政治的和哲学的。很显然，他认为解释是错误的，而且也是不可能的，只有印象主义的折中说能够成为当代学术的唯一避难所。"也许他是对的——比尔德深思自语。但是，如果是这样，那它也"是一种伴随深刻哲学意涵的解释。"①

　　在这里，比尔德提到了他和贝克尔在 1930 年代强调的哲学议

---

① 　Beard，Review of *The Rise of the City*，*1878 - 1898* by Arthur M. Schlesinger，*American Historical Review*，38(1933)，780.

题。随着对史学主观概念认识的提升，特别是在意大利哲学家克罗齐的呼吁下，推动了史学界对客观性问题的空前严肃的强调。如果它是可以企及的话，那么，也是一种专业化的结果。贝克尔作为其中的哲学能手，对于事实和叙事的地位，采取了一种哲学上的怀疑论。与此同时，比尔德则信仰相对主义，而非他更早信仰的实证主义。事实上，这也许为他的新—启蒙运动（neo-enlightenment）的改革议程提供了修辞上的援助。他转向了一种叙事风格，这最显著地体现在他与玛丽·比尔德（Mary Beard）合著的《美国文明的兴起》（*The Rise of American Civilization*，两卷本，1927 年）一书中。也许这部书是对美国史做出进步主义解释的著作中最为重要，当然也是阅读最多的一部。

在他们就任美国历史学会主席的各自演说中，比尔德和贝克尔以一种不同但却相关的方式，敦促历史学家就大众对史学的需要做出回应。贝克尔更新了有用的神话，而比尔德则要求他的同僚们采取一种信仰的行动，并选取一种解释框架，进而提供一条通向美好世界的道路。对他们两人而言，在战前，科学与事实已经足矣。但是，现在，在历史叙事中，价值不仅是不可避免的，而且也是必须的。

如果说哲学化的贝克尔是在转向一种被细致协调过的怀疑主义的话，那么，1930 年代的许多历史学家则转向了揭露真相。弗雷德·A. 香农（Fred A. Shannon）挑战了特纳学派的假设，后者认为边疆提供了机遇，由此构成了一种"安全阀"。[1] 然而，第一次世界大战的结局，让詹姆斯·G. 兰德尔（James G. Randall）像他的很多同时代人一样感到理想幻灭。他指出，内战并不是必需的，它无非只是"浮躁鲁莽的一代人"[2]的恶果。詹姆斯·塔拉斯洛·亚当斯

---

[1] Fred A. Shannon，'Homestead Act and Labor Surplus'，*American Historical Review*，41(1936)，637 - 651；and id.，'Post-Mortem on the Labor Safety-Valve Theory'，*Agricultural History*，19(1945)，31 - 37.

[2] James G. Randall，'The Blundering Generation'，*Mississippi Valley Historical Review*，27(1940)，3 - 28.

（James Truslow Adams），一个有钱的纽约业余史学家，其作品非常畅销，他对过度享有盛誉的清教徒进行了揭露，暗示是鳕鱼水产业，而非宗教驱使他们奉差抵达新英格兰。[①]

　　1930 年代，史学史上的一桩丑闻是针对杜波依斯的《黑人的重建》（*Black Reconstruction*，1935 年）一书出现的，如今，这本书被视为是美国历史写作中的经典。杜波依斯在开篇以一个注释的方式告诉读者，这本书假设"黑人在美国是一种正常的普通人……，然而，如果［读者］将黑人视为一种独特的劣等受造物……那么这个［读者］则需要比我所记录的事实更多的东西（来驳倒我的观点）。"[②]显然，这一情况适用于当时业已功成名就的诸多史学家，就正如《美国历史评论》并未对此书发表评论一样。

　　美国史中的比尔德解释日益受到持续的攻击，这一过程始于 1940 年代，并且在战后进一步加剧。但是，在战争即将打响的头几年以及战争期间，某些以进步主义为锁钥的最为著名和最具代表性的著作得以出版。C. 范恩·伍德沃德（C. Vann Woodward）出版了他的普利策获奖传记《汤姆·沃森：农民造反》（*Tom Watson: Agrarian Rebel*，1938 年）。与此同时，阿瑟·施莱辛格，《杰克逊时代》（*The Age of Jackson*，1945 年）一书的写作，部分来自比尔德对这个时代注释。这本书同样赢得了普利策奖。莫尔·柯蒂（Merle Curti）曾向弗雷德里克·杰克逊·特纳学习过。他接手了由鲁滨逊提出的对社会和思想史的挑战，以《美国思想的成长》（*The Growth of American Thought*，1943 年）一书获得普

---

① 相关的诸多书籍参见 James Truslow Adams, *The Founding of New England*（Boston, 1921）。需要指出的是，当在两次大战之间，亚当斯发挥重要影响时，伟大的清教主义思想史学家，文学化的历史学家佩里·米勒（Perry Miller）正开始写作能够转变他们理解的作品。参见 Perry Miller, *Orthodoxy in Massachusetts: A Genetic Study*（Cambridge, 1933）和他的 *The New England Mind: The Seventeenth Century*（New York, 1939）。

② W. E. B. Du Bois, *Black Reconstruction: An Essay Toward a History of the Part that Black Folk Played in the Attempt to Reconstruct Democracy in America*（New York, 1935），front matter.

利策奖。这是一部引人注目的、内容丰富的史著，反映了柯蒂对民主的强烈忠诚。

1940 年，美国历史学会强调了比尔德在老施莱辛格的《城市的兴起》中所发现的无条理（incoherence）问题。那一年年会，组织者邀请了历史学家、人类学家和社会学家卡洛琳·韦尔（Caroline Ware），以及其他的社会科学家来参与，讨论文化理论可以通过何种方式帮助历史学家将社会生活的不同面向，整合进一个和谐的整体。[①] 他们同样也对"民族特性"这个概念着迷，并关注了社会科学家业已进行的"文化与个性"研究。[②]

386

柯蒂和比尔德在社会科学研究理事会（Social Science Research Council）的赞助下，就一个跨学科项目展开合作。这个项目——很大程度上以一种"新史学"的精神——寻求创建一种史学，既能与社会科学联合为一，又能为各种史学提供更多不同于以往的理论上的自我意识。这次会议导致他们的报告充满了冲突，以至于当《历史研究的理论与实践》（*Theory and Practice in Historical Study*，1946 年）发表时，它的冲击力已经极其有限了。

尽管进步主义历史学家和他们的门生提出了文化和民族特性概念，但是它们与冷战的意识形态压力相结合，摧毁了他们的历史编纂的中心架构，即冲突的社会模型。文化和民族特性，提供了一揽子的和谐，这些概念也趋向于将历史均质化。需要指出的是，思想史也沿着同样的方向走下去。对于"美国心灵"、"美国思想"或"美国文明"的研究，也趋向于掩盖并不一致的区域。托克维尔变成了冷战早期最受欢迎的美国史的阐释者，尽管他的《论美国的民主》作为美国的综合式肖像，很少被进步主义历史学家们引用——因为他们专注于分歧和冲突。

---

① 参见 Caroline Ware（ed.），*The Cultural Approach to History*（New York，1940）。

② 这一学派最具影响力的学者是露丝·本尼迪克特（Ruth Benedict）和玛格丽特·米德（Margaret Mead），运用这一观念的最典型的历史学家是大卫·M.波特（David M. Potter）在 *People of Plenty*：*Economic Abundance and the American Character*（Chicago，1954）一书中。

　　理查德·霍夫斯塔特(Richard Hofstadter)在他整个光辉的职业生涯中,都在与比尔德的遗产作斗争。这开始于 1938 年他发表在《美国历史评论》上的一篇文章,那时他还只是个研究生,结束于《进步主义的历史学家》(*The Progressive Historians*,1969 年)一书,他戏谑地称之为一次"犯上"的突袭。① 1948 年,他出版了《美国的政治传统及其缔造者》(*American Political Tradition and the Men Who Made It*)。这本非比寻常的书,是一组不敬的传记素描,不仅标志着他那一代最出色的美国历史学家的出场,同时也打击了美国历史编纂中进步主义运动的核心观念。这一挑战之所以更为重要,就在于它来自一个自由主义者。它是一种来自自由主义传统内部的批评。正如许多自由主义者意识到了这个世纪中的重重灾难,霍夫斯塔特也感到美国的自由主义在维持美国的民主上是如此势单力薄。旧有的虔诚不再起作用。② 重读他的小传——应出版商要求写一个前言——可见他认识到没有什么根本冲突上的证据。相反,他认为政治文化以下几个要素为标志:"基于财产权的共同信仰、经济个人主义的哲学、竞争的价值",以及美国人对"资本主义文化中作为人之必然特性的经济美德"的认可。③

387

　　1940 年代,也流行一种新的、强烈的对"美国例外论"的信奉。这一概念认为合众国的历史与世界上其他地方的历史没有共同点。④ 尽管例外论的某些意识潜藏于美国历史开始时的清教徒心

---

① Richard Hofstadter, *The Progressive Historians*(New York, 1969), p. xiv.
② 在这一点上,他分享了莱昂内尔·特里林(Lionel Trilling)的观点,后者是他在哥伦比亚的同事和朋友。神学家莱茵哈德·尼布尔(Reinhold Niebuhr)在附近的协和神学院(Union Theological Seminary)执教,也对这种意志坚强的自由主义的发展,发挥了重要作用。
③ Richard Hofstadter, *The American Political Tradition and the Men Who Made It* (New York, 1948), p. viii.
④ Daniel T. Rodgers, 'Exceptionalism', in Anthony Molho and Gordon S. Wood (eds.), *Imagined Histories:Americans Interpret Their Past*(Princeton, 1998), 21-40.

中,但是纵观 19 世纪的历史学家,则都具有引人注目的国际性。无论是班克罗夫特、帕克曼还是亚当斯,他们都将美国历史理解为一种更大历史的一部分,即文明史的一部分。

　　第一批学术型的专业人士将美国历史视为欧洲史的延续和新篇章。即使像弗雷德里克·杰克逊·特纳这样的曾将史学的焦点转向这块大陆的伟大内陆的学者,也深信美国史位于全球史中。他解释说:"我们不能选取一块土地,然后就说我们将会把研究限定于此,因为区域史只能在整个世界史的光照下才能被理解。"①在一本历史学家手册中,他的威斯康辛的同事查尔斯·肯德尔·亚当斯(Charles Kendall Adams)提出了一个相似的观点。这里没有美国人的"天定命运"。"我们发现我们正在经历同样严谨的规律,而这个规律同样塑造了大西洋对面那些国家的命运。"②特纳的导师赫伯特·巴克斯特·亚当斯提出,在研究美国史时比较路径的重要性,因而书写美国史时应当"少一些地方上的偏狭性,多一些全球的普世性"。③ 此外,特纳后来在哈佛的同事阿尔伯特·布什内尔·哈特,也建立了他的一个基本原则:"没有一个国家的历史是不与世界其他地方相关联的:合众国,在时间点上与早先的时代相联系;在空间点上与其他文明的国家相联系。"④在对这一路径的践行上,没有人能比得上哈特那名最为杰出的门生杜波依斯。随着《美国禁止非洲奴隶贸易研究(1638—1870 年)》(*The Suppression of the African Slave-Trade to the United States of America,1638-1870*)一书的出版,他从 1896 年起就抱持这一观点,直到 1963 年去世。然而吊诡的是,在战后岁月中,合众国自身成为一种有全球性影响的力量,而历史编纂学的主流却变得更加孤立偏狭。

---

① Frederick Jackson Turner,'The Significance of History'(1892),in *Frontier and Section*,11－27.

② Higham,*History*,95.

③ Adams,*Methods in the Study of History*,38.

④ Loewenberg,*American History in American Thought*,435.

大事年表/关键日期

1776 年　　　　　独立宣言
1783 年　　　　　巴黎和约（独立）
1787 年　　　　　制宪会议　　　　　　　　　　　　　　　　388
1789 年　　　　　乔治·华盛顿就职
1800 年　　　　　国会图书馆建立
1812 年　　　　　1812 年战争
1861—1865 年　美国内战
1877 年　　　　　南方政治秩序的重建和种族体系的废除
1898 年　　　　　美西古巴战争
1898—1902 年　美西菲律宾战争
1900—1920 年　进步改革运动
1917—1918 年　美国参加第一次世界大战
1929 年　　　　　大萧条和知识分子的左倾转向
1932 年　　　　　新政开始
1941—1945 年　美国参加第二次世界大战
1940—1950 年　冷战与美国"例外论"

主要历史文献

Adams, Henry, *History of the United States during the Administrations of Thomas Jefferson and James Madison* (New York, 1890 - 1891).

Adams, Herbert Baxter, *Historical Scholarship in the United States, 1876 - 1901, As Revealed in the Correspondence of Herbert Baxter Adams*, ed. W. Stull Holt (Baltimore, 1938).

Andrews, Charles, *The Colonial Period of American History*, 4 vols. (New Haven, 1934 - 1938).

Bancroft, George, *The History of the United States of America*, from the Discovery of the Continent, rev. edn, 6 vols. (Boston, 1876).

Beard, Charles A. , *An Economic Interpretation of the Constitution* (New York, 1913).

—— and Beard, Mary R. , *The Rise of American Civilization*, 2 vols. (New York, 1927).

Curti, Merle, *The Growth of American Thought* (New York, 1943).

Donnan, E. and Stock, L. (eds.), *An Historian's World: Selections from the Correspondence of John Franklin Jameson* (Philadelphia, 1956).

Dunning, William, *Reconstruction, Political and Economic, 1865 - 1877* (New York, 1907).

Eggleston, Edward, *The Beginnings of a Nation, a History of the Sources and Rise of the Earliest English Settlements in America, with Special Reference to the Life and Character of the People* (New York, 1896).

—— *The Transit of Civilization from England to America in the Seventeenth Century* (New York, 1901).

Fiske, John, *The Critical Period of American History, 1783 - 1789* (Boston, 1891).

389 McMaster, J. , *A History of the American People of the United States from the Revolution to the Civil War*, 8 vols. (New York, 1883 - 1913).

Miller, Perry, *Orthodoxy in Massachusetts: A Genetic Study* (Cambridge, Mass. , 1933).

—— *The New England Mind: The Seventeenth Century* (New York, 1939).

Rhodes, J. F. , *History of the United States from the Compromise of 1850*, 9 vols. (New York, 1928).

Robinson, James, *The New History* (New York, 1912).

Roosevelt, Theodore, *The Winning of the West*, 4 vols. (New York, 1889 - 1913).

Turner, Frederick Jackson, *The United States, 1830 - 1850* (New York, 1935).

Woodward, C. Vann, *Tom Watson: Agrarian Rebel* (New York, 1938).

参考书目

Callcott, George H. , *History in the United States, 1800 - 1860* (Baltimore, 1970).

Cunliffe, Marcus and Winks, Robin (eds.), *Pastmasters: Some Essays on American Historians* (New York, 1969).

Fitzpatrick, Ellen, *History's Memory: Writing America's Past, 1880 - 1980* (Cambridge, Mass. , 2002).

Higham, John, *History: The Developmenta of Historical Studies in the United States* (Englewood Cliffs, NJ, 1965).

Holt, W. Stull (ed.), *Historical Scholarship in the United States, 1876 - 1901: As Revealed in the Correspondence of Herbert B. Adams* (1938; Westport, Conn. , 1966).

Loewenberg, Bert James, *American History in American Thought* (New York, 1972).

Novick, Peter, *That Noble Dream: The 'Objectivity Question' and the American Historical Profession* (New York, 1988).

Tyrrell, Ian, *Historians in Public: The Practice of American History, 1890 - 1970* (Chicago, 2005).

Tassel, D. Van, *Recording America's Past: An Interpretation of the Development of Historical Studies in the United States, 1607 - 1884* (Chicago, 1960).

孙　琇　译

第十九章　加拿大和南非的历史写作

唐纳德·怀特

克里斯托弗·桑德尔斯

无论是在加拿大还是在南非,英国人都曾征服了大量非英裔的白种人口。这些人保持了各自的认同,并最终将其自身视为一个民族。英国的统治直到 19 世纪末叶才得以扩展并囊括了所有这些现代国家。在加拿大,这些来自欧洲的定居者繁衍迅速,超过了土著人口。然而在南非,这些定居者则始终是少数派。不足为奇的是,这两个国家的历史编纂既有显著的相似性,又有极大的差异性。

加拿大

作为一块覆盖半个大洲,大得难以容忍的土地;作为一块先属于法国后属于大不列颠的殖民地;作为一个有两种不同民族主义的国家,一边是法裔加拿大人,一边是英裔加拿大人;作为一片紧邻合众国的国土——加拿大构成了一个问题。1800 年到 1945 年间,加拿大的历史写作——无论是用法文还是英文写作,无论是对业余者还是专业人士而言——是独具特色的。它不单要努力解释过去,同时也必须在当下将一个问题转化为一种答案,由此来叙述一种存在的理由、一种目的,甚至有时可以说是一种使命。

19 世纪

弗朗索瓦·格扎维埃·加尔诺（François-Xavier Garneau）虽然不是第一位写法属加拿大史的人，但却是他们中间最重要的一位。他的三卷本《加拿大史》（*Histoire du Canada*，1845—1848 年）被描述为"在加拿大用法语写成的有史以来最重要的历史编纂作品"。[①] 由于同情 1837—1838 年起义中的爱国者（*patriotes*），加尔诺分享了他们的自由派民族主义。他们的政治自由观一方面以代议制民主为形式，另一方面也捍卫了法属加拿大。在起义失败的觉醒下，以及杜伦勋爵（Lord Durham）随后建议同化法属加拿大人的背景下，加尔诺决定写一部历史来捍卫法属加拿大。面对当下的危机——上下加拿大的联合以及英国当局试图"抹掉"法属加拿大——他深信史著将会呈现民族的决心：幸存下来，或者说是"保存我们的宗教、我们的语言和我们的法律。"他的历史著作叙述了法属加拿大人在这块被称为"花岗岩长榻"的土地上的奋斗与生存。抵御易洛魁人（the Iroquois），这群"潜伏的"、"未开化的野蛮人"，他们总是"不遗余力地""袭击在他们土地上的勤奋的殖民地开拓者"；对抗英国人，他们在 1759 年的军事胜利以及随后的统治是如此"令人蒙羞"。如果要避免法属加拿大的"消失"，或者它的"日渐灭绝"，法属加拿大人必须真正保持他们的宗教信仰和"他们祖先的民族性"。他断言历史学既确保了也推进了这样一个"高贵且动人的计划"。[②]

加尔诺的民族观在他的同时代人中是独特的。例如，米歇尔·比博（Michel Bibaud）的三卷本《加拿大史》（*Histoire du Canada*，

391

---

① Fernande Roy, 'Historiography in French', *The Canadian Encyclopaedia*, 2nd edn, 4 vols. (Edmonton, 1988), ii. 992.

② François-Xavier Garneau, *History of Canada*, trans. Andrew Bell, 3 vols. (Montreal, 1860), ii. 413; i. pp. xxii, 114, 161, 155, 161; ii. 86; i. p. xxii; iii. 406; and i. pp. xxii, xxx.

1837—1878 年），就为英国的立宪君主制辩护，谴责了爱国运动，并背离了作者托利党人式的同情心。① 毫无疑问，加尔诺争得了"民族史家"的头衔，而比博则被贬斥为"一位愚忠的史学家"。② 在加尔诺的民族主义和比博的忠诚之间存在一种张力，激活了下个世纪中的法属加拿大人的历史编纂。

在英属北美洲，讲英语的诸多殖民地并未构成一个国家，无非是一些不同殖民地的集合。随着印刷厂和书店的建立，公众阅读的成长，以及文学、科学和史学学会的出现，这些都使得每块殖民地形成它们自己的认同、历史和观点成为可能。在那里有很多历史学家以及大批多卷本的历史著作，③但是却没有一位民族史家能够像加尔诺在法属加拿大那样，捕获到足够的想象力。讲英语的英属北美地区的历史写作，只是聚焦在某块特殊的殖民地上。以新斯科舍省（Nova Scotia）的托马斯·哈利伯顿（Thomas Haliburton）为例，他的历史著作展现了"受到启蒙的人们在未开化的自然中的经营运作，在这一过程中，荒原变成了硕果累累的乡村。"新斯科舍省从荒原转变为果园的关键事件，是 1749 年哈利法克斯（Halifax）作为英国人的驻防地被建立起来。扩展"大不列颠皇室统治"的范围成为了殖民地的目标。与之相伴随，对所谓"任意、凶残且弱肉强食的""野蛮人"的镇压和剥夺，以及对讲法语的阿卡迪亚人（Acadians）的驱逐，都成为了目标实现过程中的一种必需，就阿卡迪亚人而言，也可以说是"不幸"。④

1867 年，伴随着加拿大自治领的创立，它不再是英属北美洲的殖民地，在讲英语的加拿大区，日渐扩大的中产阶级成员对加拿大

---

① 第三卷在作者死后才发表。

② 参见 Guy Frégault, 'Michel Bibaud, historien loyaliste', *L'Action universitaire*, 11：2(1944-1945)，1-7。

③ 参见 M. Brook Taylor, *Promoters, Patriots, and Partisans：Historiography in Nineteenth-Century English Canada*(Toronto, 1989)。

④ Thomas Haliburton, *Historical and Statistical Account of Nova Scotia*, 2 vols. (Halifax, 1829)，i. 2；ii. 126；and i. 136,155,196.

的历史充满了兴趣——至此,加拿大(这个国家)已经建立,是来塑造加拿大人的时候了。地方或边省的历史学会得以建立;征文比赛得以组织;报纸、宣传册和书籍得以出版。历史学,按照这些男人和女人所理解的样子,揭示了加拿大不断进步的长征,从一组殖民地走向仍效忠于不列颠的一种自治统治。他们的主要叙事是加拿大的发现、探索、定居、扩展和自治政府的建立;他们的主旋律是战胜逆境、英雄主义、忠诚和宿命;他们的话题是个体探险家、效忠派、往昔的扩荒者,1812年战争,以及宪政的里程碑。这种叙事宣告了加拿大在北美的独立性,又因为它与帝国间的联系,决定了加拿大并不是另一个合众国。它是独特的。它也是不列颠的。同样也表明英裔加拿大人的历史写作主题是反征服的:法裔加拿大人和土著居民并未被征服,相反,他们也是北美大陆北半部英帝国计划的参与者。作为一种表述策略,既开脱了作者,也开脱了读者,它合法化了加拿大作为一个英属国家的概念。

当威廉·金斯福德(William Kingsford)在十卷本的《加拿大史》(History of Canada,1887—1898年)中开始"追溯英国统治加拿大的历史"时,他认识到必须先写一部法属加拿大的历史。他希望,一部单一的加拿大史能够将被语言和民族界限所分割的国土统一起来。然而,他试图书写一部"为所有地区所接受的"历史的努力却收效甚微。例如,他提出所谓的征服根本不是一种征服,它本是一种解放。他总结道:"不把加拿大从征服时期所享受的益处,与法国政府统治下所负荷的困苦、苛刻和压抑的统治进行对比,这几乎是不可能的"。作为19世纪自由主义的辉格历史学家,金斯福德相信英帝国象征了一种政治自由和物质进步。对他而言,杜伦勋爵是加拿大史中最为重要的人物之一。在加尔诺笔下,杜伦试图"抹掉"法属加拿大,而在金斯福德笔下,杜伦试图"改进(它)有缺陷的制度",并"移除通向不列颠事业的航程上的所有障碍"。①

---

① William Kingsford, *The History of Canada*, 10 vols. (Toronto, 1887 - 1888), i.
1; iv. pp. v, 503; and x. 159.

土著居民在金斯福德的历史中并没有出现，并且即使出现了也不是以他们的本来面目出现，他们要么是敌人，要么起初是法国人，然后是英国人的盟友。从这样一种居高临下的观点出发，在金斯福德笔下，1812年战争中特库姆塞（Tecumseh）的英勇奋战并非为了肖尼民族（Shawnee nation），而是为了北美英帝国的利益。一旦他们的军事力量构成了（对英帝国的）威胁，或他们的军事力量（对英帝国）不再有用，土著居民就会从史书中消失。这个故事讲述的无非就是法国或英国人在探险和定居上的进展。在金斯福德的历史中，这消失的一幕无疑可以在观念上找到它的当代根源——这一观念在19世纪的英属北美和加拿大被广泛接受——即印第安人正在消失。这是一种毫无疑问的，甚至有时是浪漫化的观念，认为土著种族不在历史的长征之中，由此他们也命中注定走向消亡。

金斯福德的历史在英属加拿大地区的影响，远远无法与加尔诺的历史在法属加拿大地区的影响相媲美。虽然他的书有5000页之多，但却充斥着重复和过于繁琐的细节。他聚焦于中加拿大，排除了西加拿大，甚至很大程度上忽略了东加拿大。纽芬兰省只是偶尔被顺便提到。如果加尔诺被誉为一名法属加拿大的民族史家，那么金斯福德则被贬斥为加拿大史学中的一位"刻板无趣的学监"。①

普劳斯（D. W. Prowse）是纽芬兰省的加尔诺。尽管效忠不列颠，普劳斯还是批评了帝国政府对纽芬兰省利益的忽视，甚至是牺牲。从这个意义上讲，他呼应了他的讲英语的加拿大——以及类似的南非和澳大利亚——的同行。然而在帝国与殖民地利益的张力之间，在帝国与民族认同之间，一个19世纪英帝国历史写作中的熟悉主题为普劳斯所采用，普劳斯使之成为一个充满生气的主题。根据他对纽芬兰省例外论的论述，纽芬兰省不能发展为一种"标准的"殖民地，因为英国政府更偏向于迁徙渔业而非定居生活。普劳

① J. M. S. Careless, ' Frontierism, Metropolitanism, and Canadian History ', *Canadian Historical Review*, 35：1(1954), 2.

斯写道：两个世纪以来，西部各省的商人以及英国政府对定居的反对，"如同对这块不幸的殖民地施加了疫病，使岛上大量资源的扩展和开发陷于瘫痪"。① 这一现象后来被称为纽芬兰省的"迟滞殖民地化"的主题。② 普劳斯的《历史》在历史上是一种安慰剂，纽芬兰省本来可能称为一片伟大的国土，也是一种坚定的信仰。考虑到它的自然资源，纽芬兰省完全可以成为一片伟大的国土。他的这一解释继续成为将近四分之三世纪中的主流解释。

专业化

在英属加拿大，历史学的专业化进程在 20 世纪上半叶展开：独立自主的历史系的发展，1920 年《加拿大历史评论》的发行，两年后加拿大历史学会的创立，研究生项目的扩展，以及对于业余和专业史家界限的划定和监管。在魁北克地区，大学发展的缓慢节奏，意味着在那里直到 1940、1950 年代，历史学才实现了专业化。③尽管史学实践不断变化，但是解答加拿大问题仍然迫切，无论是法语还是英语的史学实践，都没能给出一个答案。

1915 年，被蒙特利尔大学授予加拿大史教席之后，阿贝·利昂内尔·格鲁莱克斯（Abbé Lionel Groulx）迅速将自己确立为加尔诺的继任者。与加尔诺一样，他将征服解读为一种"超级灾难"，并对法属加拿大的生存构成压力。但是对格鲁莱克斯而言，同化（assimilation）不再化身为杜伦勋爵那样的帝国权威。他深信，同化内生于工业化、城市化、移民，以及美国大众文化这些现代、自由且原子化的方案中。格鲁莱克斯认为民族的生存依靠天主教和教

---

① D. W. Prowse, *A History of Newfoundland*(London，1895)，145.

② A. H. McClintock, *The Establishment of Constitutional Government in Newfoundland 1783 - 1832*(London，1941)，6.

③ 参见 Donald Wright, *The Professionalization of History in English Canada* (Toronto，2005)；and Ronald Rudin, *Making History in Twentieth-Century Quebec*(Toronto，1997)。

会。我们的宗教"构成了我们自身，在盎格鲁—撒克逊人的汪洋中大海中，在抵御外来同化上，即使我们不是唯一的，也是我们最好的宗教。"①魁北克不仅是一个讲法语的国家，它也是一个讲法语的天主教国家。在加尔诺对教会抱有怀疑的地方，格鲁莱克斯则认为在魁北克的历史中，教会发挥了独特的作用。作为一个社团论的民族主义者，格鲁莱克斯的民族梦想扎根于一种理想化的新法兰西、一种忠信小农、行善的教区牧师和英雄般的天主教殉道者的黄金时代。历史揭示了魁北克在北美创造并保存一种天主教社会的神意使命，历史学家的作用就是要扮演领头的牧羊人，带领他们的人民认识到这种使命。尽管简短，格鲁莱克斯甚至还想象出了一种独立的法国人的加拿大。在学术和教学活动之外，格鲁莱克斯还在 1946 年创建了法语美洲历史学会（the Institut d'histoire de l'Amérique française），1947 年创办了《法语美洲历史评论》（*Revue d'histoire de l'Amérique française*）。然而他依然是个富有争议的人物——对一些人而言，他的民族梦想使他成为了现代魁北克的精神之父；对另一些人而言，这种内外有别的种族逻辑，表明了他的民族主义立场，使他成为了一名"可鄙的小教士"和"危险的反犹分子"②——格鲁莱克斯，比其他任何人都更有资格对魁北克地区历史行业的出现负责。③

格鲁莱克斯思想上的对手——他的比博——是托马斯·沙佩（Thomas Chapais）和阿贝·阿瑟·马厄（Abbé Arthur Maheux）。他们都强调生存，却拒绝以一种灾难的论调来解读征服。他们说，征服也以政治自由和议会民主的形式带来了益处。沙佩在他的八

395

---

① Lionel Groulx, *La Naissance d'une race*（Montreal，1919），219，117. Quote translated by Donald Wright.
② Mordecai Richler, *Oh Canada! Oh Quebec! Requiem for a Divided Country*（Toronto，1992），89，81. See also Esther Delisle, *The Traitor and the Jew: Anti-Semitism and the Delirium of Extremist Right-Wing Nationalism in French Canada from 1929 - 1939*（Montreal，1993）.
③ Rudin, *Making History*，220.

卷本《加拿大历史教程》（*Cours d'histoire du Canada*，1919—1934年）的开篇，就提醒他的读者注意：在 1760 年时，法属加拿大面临着一个不确定的未来，而到了 1867 年时，魁北克获得了可以自行通过法律的立法权，这两者是多么的不同。① 在 1940 年代早期的写作中，马厄将英国人对法属加拿大的征服，比作德国人在捷克斯洛伐克、波兰和沦陷的法国的行动。1759 年以来，英国人"对法裔加拿大人已经尽了安抚之能事"。②

在英属加拿大，乔治·朗（George Wrong）致力于两大主题。③ 第一个主题是民族团结，或者说是法属和英属加拿大之间的关系。在"友好协商"（*bonne entente*）的传统中写作，朗强调共识胜于冲突。关于征服，他提出："在英国人的温和支配下，十五年的安定已经为居民带来了繁荣"，（应当）在即将到来的战争中忠于英国，反对它的美国殖民地。此外，他以一种赞赏的口吻写出了法属加拿大人的决心，"过他自己独立的生活，并追求他自己独立的理念"。④ 朗的第二个主题是加拿大与大不列颠之间的关系。当他强调自治政府的成就时，他又补充说，自治政府并不阻碍对英帝国的忠诚。"对于一般的加拿大人来说"，他写道，"即使脚下的国土获得了民族国家的身价，他依然既是一个加拿大人也是一个英国人。英国人的国旗也总是他的国旗。"⑤朗的帝国认同与民族认同彼此并不矛盾——帝国主义就是他的民族主义。如果法裔加拿大人缺少一种对英国国旗的情感联系，"理性会使他成为英属国家的忠诚国民。"⑥毕竟，对法语加拿大文化的最大保护，来自英国的自由制度。对朗而

---

① Thomas Chapais，*Cours d'histoire du Canada*，8 vols.（Quebec，1919），i. 3 - 4.

② Arthur Maheux，*French Canada and Britain*（Toronto，1942），34，1.

③ 关于英裔加拿大人历史编纂的标准参考仍是 Carl Berger 的 *The Writing of Canadian History: Aspects of English-Canadian Historical Writing 1900 - 1970*（Toronto，1976）.

④ George Wrong，*A Canadian Manor and Its Seigneurs*（Toronto，1908），63，174.

⑤ Id.，*The United States and Canada*（New York，1921），132 - 133.

⑥ Id.，'The Two Races in Canada'，*Annual Report of the Canadian Historical Association*（1925），26.

言，加拿大史学的目的在于达成民族统一，并在英帝国内实现政府自治。这种与帝国的连接，不再是陈旧的维多利亚管路系统的一截，而是一种制衡合众国的有生命力的砝码。

奥斯卡·斯凯尔顿（Oscar Skelton）尽管并不完全同意，但也基本认同朗对加拿大史的看法。他与朗分享了关于国家统一和政府自治的信条，但他对不列颠帝国主义也怀有一种由来已久的不信任。依斯凯尔顿的观点看，不列颠帝国主义阻碍了而非促进了加拿大关于国家统一、政府自治和独立自主的目标。他对加拿大问题的回答是：第一位法裔加拿大人首相威尔弗雷德·劳雷尔爵士（Sir Wilfrid Laurier），在南非战争或说布尔战争中，成功调停了法裔加拿大人的民族主义和英裔加拿大人的帝国主义。加拿大对英国的战争努力有所贡献，这满足了英裔加拿大帝国主义者的要求。但是，人员招募又是自愿进行的。曾经在南非，加拿大人由英国人武装并发放报酬，因此这也满足了法裔加拿大民族主义者的要求。斯凯尔顿笔下的劳雷尔同时在帝国联邦体系中和对英国海军的殖民地贡赋中，成功捍卫了加拿大的自主性。就斯凯尔顿看来，劳雷尔为（南非）德兰士瓦省（the Transvaal）的首相路易斯·博塔（Louis Botha）树立了榜样——帝国的力量在于其各部分的自主性。[1]

弗兰克·安德希尔（Frank Underhill）走的更远。他相信加拿大的未来在于北美洲，而非与老旧的欧洲纠缠不清。加拿大的历史，按照安德希尔的推算，也在于北美洲。受到美国历史学家查尔斯·比尔德学术思想的影响，安德希尔采取了一种经济视角来研究加拿大的政治，并得出结论，加拿大与合众国并非显著不同。

在成长过程中，这两个国家中的一个，与其母邦（mother-country）曾有一场暴力的纷争，并切断了政治上的联系，而另一个，则在没有任何此类政治裂痕的情况下日渐成长，实现独立。这种不同，相对而言并不重要……使美国人成为一种独特

---

[1] Oscar Skelton, *The Day of Sir Wilfrid Laurier* (Toronto, 1920), 292 - 293.

民族的并不是独立宣言，而是大西洋，并且加拿大也在大西洋的同一侧。[①]

正像其他的英裔加拿大历史学家一样，安德希尔对美国之于加拿大的生存所构成的威胁并非无动于衷。与第二次世界大战中加拿大和美国达成军事共识的背景不相称，他在写作中承认："我们将会花费随后一个世纪的时间，从1940年奥格登斯堡和海德公园协议，直至2040年左右，对美国维持我们自身的独立。"[②]但是，他也相信，这个故事将会是另一个更早故事的变种——实现对不列颠的独立。依照安德希尔的观点，对加拿大问题的回答是，加拿大既要独立于不列颠，也要独立于美国。

哈罗德·英尼斯（Harold Innis）并不同意上述观点。他在《加拿大的皮毛贸易》（*The Fur Trade in Canada*，1930年）中，首次阐明他的主要主题是：加拿大的经济，它的制度，甚至它的疆界，都受到跨大陆、跨海洋的持续不断的主要商品贸易的影响。首先是捕鱼，然后是皮毛、木材、小麦和矿产。在他原创性的著述中，有两个中心结论。首先，加拿大是一种自然的而非人工的创造物。"自治领的出现并非与地理无关，而正是因为地理的原因"，他得出结论，"皮毛贸易的重要性也存在于地理框架的决定作用中。"其次，尽管加拿大的地理轴是东西向的，而非南北向的，不列颠作为大都会的中心，与美国以及南北向的大陆主义牵制并存。不同于朗，英尼斯并不为不列颠而伤感，他只是感激它在维持加拿大在北美洲保持独立上的重要性。"加拿大"，他写道，"尽管贸易自由，但仍是英国人的，这主要是因为她继续作为一个主打产品的出口国，供给了日渐工业化的母国。"[③]

397

---

① Frank Underhill, 'O Canada, Our Land of Crown Corporations', *Canadian Forum* (December 1929).

② Id., 'Goldwin Smith', reprinted in id., *In Search of Canadian Liberalism* (Toronto, 1960), 102.

③ Harold Innis, *The Fur Trade in Canada* (New Haven, 1930), 393, 385.

英尼斯的才华启发了一代学者，其中包括唐纳德·克赖顿（Donald Creighton）。在《圣劳伦斯的商业帝国》（*The Commercial Empire of the St Lawrence*，1937 年）中，克赖顿对劳伦斯主题做了最清晰的表述，他提出圣劳伦斯河与大湖，使得加拿大的存在成为可能。作为唯一能够渗透到大陆中心的水道，它引领了东西向横跨大陆和横跨大西洋的商业和领土帝国。正是圣劳伦斯河河谷和大湖平原，这个劳伦斯盾牌（the Laurentian Shield），将加拿大区隔出来。克赖顿故事中的英雄们是蒙特利尔的商人。几十年来，他们试图认识到在这个大规模的商业和领土帝国上，河流是一种前提条件。尽管真正的英雄是河流本身，但这也呈现了加拿大所追求的目标——在北美地区成为一个独立的政治存在。如果圣劳伦斯河是反对大陆主义的一重论据，克赖顿也提醒他的读者，北美地区的南北向牵制的威力还是很大的，不列颠对加拿大，还是有影响的。他对 19 世纪的结论是："如果脱离帝国联系来谈加拿大，事实上是毫无意义的。"[①]这一结论同样也适用于 20 世纪。

对英尼斯和克赖顿而言，富于创造力的中心是大都市。弗雷德里克·杰克逊·特纳所坚持的边疆对美国历史提供了最具形塑性影响的判断，已经被颠覆。但是劳伦斯主题的局限也是显而易见的。它无法解释西加拿大地区的独特历史经验。在一篇发表于 1946 年的重要文章中，莫顿（W. L. Morton）指出："西部是地方主义的，正如魁北克的法国民族主义或安大略的英国民族主义那样，已经被加以合法化了，其区别只不过是用了不同的说法。"他说，西部必须"制作出它自己的历史经验"。[②] 这种"制作"正在进行。在《西部加拿大的诞生：瑞尔叛乱史》（*The Birth of Western Canada：A History of the Riel Rebellions*，1936 年）中，乔治·斯坦利

---

① Donald Creighton，*The Commercial Empire of the St. Lawrence*（New Haven，1937），357.

② W. L. Morton，'Clio in Canada：The Interpretation of Canadian History'，reprinted in Carl Berger（ed.），*Approaches to Canadian History*（Toronto，1967），47.

(George Stanley)试图对 1869—1870 年以及 1885 年的梅蒂人叛乱（Métis rebellions）做出新的解释。他提出，它们并非法国天主教的魁北克与英国新教的安大略的对决这场东部戏剧，在西部舞台上的重现。这两个叛乱都是"边疆的问题，也可被称为是原始民族和文明民族之间的冲突。"作为一个"原始"民族，梅蒂人装备不佳，无法与"白人文明"相竞争，面临灭绝的危险，他们为了自身的生存而战斗。作为一个边疆问题，这些叛乱也不同于南非和新西兰"原始与文明民族间的冲突"。① 将这种叛乱归类为边疆问题，斯坦利也就小心谨慎地避免了一种特纳式的结论，即路易斯·瑞尔（Louis Riel）并非安德鲁·杰克逊（Andrew Jackson），他是为了生存，而非民主而斗争。②

398

劳伦斯主题的局限性，同样也表现在，它不能解释当两种极为不同的人——欧洲人和土著人——在这一主题得名的地区上相遇时，到底发生了什么。阿尔弗雷德·贝利（Alfred Bailey）将此问题作为他第一本书的聚焦点，即《欧洲与东阿尔岗昆文化的冲突，1504—1700 年》（*The Conflict of European and Eastern Algonkian Cultures, 1504-1700*，1937 年）。由于对土著人抱有一种同情的观点，这部族群史学（ethnohistory）的先驱性著作，并没有用对待许多正在消失的印第安人的方式来对待阿尔岗昆人。相反，这本书的主题是同化和湮灭，它的议题包括降低天花的影响，对酒精的悲剧性引入，以及东阿尔岗昆人社会的解体。当他检视土著人为了加拿大能够实现其假定的命运——即在日不落帝国中政府自治的自治领能从海洋延伸到海洋——而付出的代价时，贝利避免了内在于劳伦斯主题中的不容回避的教条。

尽管受到英尼斯对历史的经济解释的启发，马克思主义史学家斯坦利·赖尔森（Stanley Ryerson）拒绝了劳伦斯主题，因为它不能

① George Stanley, *The Birth of Western Canada*: *A History of the Riel Rebellions* (London, 1936), p. vii.

② Id., 'Western Canada and the Frontier Thesis', *Annual Report of the Canadian Historical Association* (1940), 110.

强调生产中的社会关系。在《1937 年：加拿大民主的诞生》（1937：
The Birth of Canadian Democracy，1937 年）一书中，赖尔森指出，
格鲁莱克斯是个法西斯主义的历史学家，他将叛乱误读为一种"与
民主毫无关系的种族战争"，[①]而克赖顿是个保守反动的历史学家，
他赞颂了蒙特利尔的商业寡头制。"多伦多的托利党和魁北克的
社团主义者在一个共同立场上达成共识：敌视具有民主精神的人
民运动，[并且]否认我们的民主遗产。"[②]在赖尔森看来，1837—
1838 年间，上、下加拿大的叛乱（rebellions）是资产阶级的民主起义
（revolts）。如果说它们代表了一种军事上的溃败，那么它们也代表
了一种政治上的胜利：它们为尽责的政府、工业资本主义和"最终
的独立国家地位（ultimate nationhood）"[③]，或说是社会主义革命的
必要前提，开辟了道路。一场社会主义革命，而非最终的独立国家
地位，是赖尔森对加拿大问题的回答。

又过了三四十年，历史学家才开始跟随贝利在族群史学上的引
领，以及赖尔森的马克思主义分析。在 1945 年之前的时段中，这
种从殖民地到国家的叙事依然是残缺不全的。阿瑟·洛厄（Arthur
Lower）的一卷本加拿大史《从殖民地到国家》（*Colony to Nation*，
1946 年）一书的标题，呼应了赖尔森的主张，即过去与帝国的联系
在维持加拿大在北美地区的独立至关重要；同时这也回应了安德
希尔的看法，即加拿大的当前利益在于北美地区，而非欧洲。但对
洛厄来说，加拿大的目标不仅仅是要实现在政治上独立于英国和
美国，还要实现一种独特且持久的家园感。因为独立国家地位，并
不能以"种族、语言、宗教、历史和文化"这些传统标准为根基，它必
须奠基于土地自身。地理环境是所有加拿大人——无论是法国人
还是英国人，东部人还是西部人——所共享的。"加拿大，必须从
土地中获得加拿大的灵魂。"[④]从洛厄的写作开始，回答加拿大问题

---

① Stanley Ryerson, *1837：The Birth of Canadian Democracy*（Toronto，1937），52.
② Id.，*French Canada：A Study in Canadian Democracy*（Toronto，1943），36.
③ Id.，*1837*，127.
④ Arthur Lower，*Colony to Nation：A History of Canada*（London，1946），560.

的尝试采取了新的方向,并包含了多种声音,然而大多数历史学家都会接受洛厄的结论是对的,即无论如何,"加拿大是一种信仰上的至高行动"。①

南非

19世纪和20世纪早期,这些书写南非历史的人们,无论是在1910年南非联邦成立之前还是之后,无论是操英语还是荷兰语/阿非利卡语(Afrikaans),大部分都具有欧洲血统。然而他们却生活在一个欧洲出身的人口总是占少数的国土上。情况跟加拿大一样,在许多南非历史学家所书写的历史书中,土著居民自身似乎并没有什么重要的历史,因而,这一时期几乎所有的历史写作仍旧是欧洲中心论的。然而与加拿大不同的是,这些年中,以及后来,南非历史写作的中心主题,是白人是如何同占大多数的黑人展开互动。这种写作中的大部分内容都是高度政治性的,并且与当代的争论也紧密相关。同样真实的情况是,另外两个内在相关的主题也赫然矗立在南非的历史写作中:生活在南非的欧洲大陆的后裔与英国人之间的关系,以及阿非利卡人(Afrikaners)和讲英语的白人之间的关系。

直到1910年为止,对这块大陆的最南端而言,"南非"只是一种地理的表述。1652年起,白人的统治从最西南端开普半岛的桌湾(Table bay)逐渐延伸,到了19世纪的最后数年,最终并入联邦(the Union)的一片区域,也已经被白人控制。自从18世纪末占领开普地区(the Cape)以来,英国人分阶段地扩大了它的统治,直到20世纪初,现在被称为南非的所有区域,都已经被划入了英帝国的版图。1910年后,讲英语的白人失去了政治势力。正是在这一年,开普和纳塔尔地区以及两个前布尔人的共和国走到了一起,形成统一的南非,但(讲英语的白人)在文化上依然

400

---

① Ibid. , 561.

处于主导。

1820 年代晚期开始,有关这个国家过去的首场书面争议是,1652 年以来,定居人口是如何对待原住民的。在《南非研究》(*Researches in South Africa*,1828 年)中,约翰·菲利浦(John Philip),这个苏格兰出生的伦敦传道会(London Missionary Society)驻开普地区的首脑,特别详细地记述了殖民者是如何剥夺土生科伊桑人(Khoisan),并将他们变成事实上的奴隶。[①] 这在开普敦的报纸上激起了愤怒的回应。一群殖民者支持出版了一组文献。这组文献由一个名叫唐纳德·穆迪(Donald Moodie)的官员汇编整理,并被命名为《记录》(*The Record*,1838—1841 年),希望借此表明:菲利普是错的,殖民者对那些不值得信任的野蛮人在行事上是光明磊落的。在 1840 年代和 1850 年代,这些书写过去的人们之所以如此,要么是鼓励其他人从不列颠移民到开普和纳塔尔地区,要么就是论证他们自己在这些殖民地出现的合理性,并对那些讲荷兰语的人在 1830 年代从开普地区长途跋涉大量进入内陆提出批评,认为这切断了他们同不列颠的联系。在这些业余史学家中,最引人注目的是约翰·森特利弗·蔡斯(John Centlivres Chase),一位菲利普的批评者,他先是汇编了两卷本的纳塔尔地区的史著,后来又与另一位殖民地官员亚历山大·威尔莫特(Alexander Wilmot)合写了第一部开普地区的史著。[②] 早在 1840 年代,卫斯理循道会(The Wesleyan Methodist)传教士威廉·C. 霍尔登(William C. Holden),就已经率先把关于非洲黑人史的零散研究汇集了起来,但是他的《非洲黑人人种的过去与未来》(*The Past and Future*

---

① Andrew Bank, ' The Great Debate and the Origins of South African Historiography', *Journal of African History*, 38(1997),261 - 281.

② J. C. Chase, *The Natal Papers... a History of Events from Its Discovery in 1498 to the Mission of the Hon. H. Cloete, LL. D. etc.* (1843); and A. Wilmot and J. Chase, *History of the Colony of the Cape of Good Hope*(Cape Town, 1969).

of the Kaffir Races)直到 1866 年才出版。①

跟在加拿大一样,某些英国出身的人,尽管对在开普地区建立英国的制度表示欢迎,但却批评随之而来的英国政府并不能站在定居者的利益上进行统治。据说,英国人针对原住民和奴隶的政策过于受到人道主义考虑的影响,以致忽视了当地的现实情况。从 19 世纪中叶开始,这种对英国人政策的批评立场在南非历史写作中变得越发强烈。为了抵制这种政策,有些人甚至离开了开普地区,到内陆去定居。亨利·克卢蒂(Henry Cloete),一位英国化的律师,后来成了一名纳塔尔地区的政府官员,在公开出版的演说词中试图寻找关于布尔人在此定居的反神话(counter myths)。②然而,在这些后来以阿非利加人著称的人中,并没有出现加尔诺式的人物。直到 1870 年代中期,生活在开普敦附近的杜托伊特(S. J. du Toit),以荷兰语的变体出版了他们族人的首部史著。在这个世纪的最后几十年,内陆的布尔共和国中,另有几位作家对英国在次大陆的统治采取了一种更为批判的视角。这类写作在南非战争前夜出版的一本充满争议的书中达到了顶峰——《一个不义的世纪》(*Eene eeuw van onrecht* [*A Century of Wrong*],1899 年)。这本书见证了 19 世纪里英国政策的背信弃义和两面派作风,并且南非史学在那一整个世纪中也充满了对布尔人的不义。③

401

泰瓦尔和他的继任者

后来,有一个加拿大来的人,于 1860 年抵达东开普地区,成了南非的金斯福德。他就是乔治·麦考尔·泰瓦尔(George McCall

---

① 他同样是 *A History of the Colony of Natal*,*South Africa*(London,1855)一书的作者。

② Henry Cloete, *Five Lectures on the Emigration of the Dutch Farmers*(Cape Town, 1856).

③ *A Century of Wrong*(London,1900),首次以 *Eene eeuw van onrecht*(Pretoria, 1899)之名发表,与 J. Roos 和 J. C. Smuts 合作完成。

Theal),那个世纪所能见到的最为多产的历史学家。他出版了第一部从欧洲人到来之前一直延续到当下的多卷本史著,除此之外,还有大量的其他作品和许多文献汇编。[①] 1870 年代早期,当他在边疆地区的一所传道学校教书时,就已经接受了传教士的视角来看待他所移居的这个国家,这也是菲利浦的视角,(这个视角)批评了定居者以及他们对待黑人的方式。[②] 1870 年代晚期移居到西开普地区之后,那是一个英国人大举干预次大陆的时期,泰瓦尔的观点发生了变化,他开始采取一种定居者的视角来看待这一区域的过去。由于声称自己是客观且无党派之私的,他对居住在南非的英国和荷兰出身的人们都表达了同情之心,他接受了这样一种观点,即英国的政策经常是灾难性的。由此,泰瓦尔在南非联邦创立前,就已经促进了一种白人共同的南非主义观念。他具有殖民色彩的民族主义视角,包含了一种对白人统治次大陆的深入辩护。他描绘了一幅图景:白人进入落后之人或常说的野蛮人居住的土地,并指出 1820 年间在内陆和祖鲁兰地区土著人大规模自相残杀的争斗已经为那些移民先锋们(Voortrekkers)扫清了道路。事实上,在内陆,他们如同踏入无人之境。[③]

在泰瓦尔着手写作 11 卷本的《历史》(*History*,1897－1919 年)一书之前,在南非并没有基于档案研究的严肃的历史学学术研究。他并没有接受过史学的正式训练,但他却凭借在开普敦和欧洲档案馆中的深入研究支撑了他的定居者解释,尽管他很少引述文献来源。在他的写作中,他明确回答了这样一个问题:南非是否会成为另一个加拿大还是澳大利亚,抑或是另一个印度。尽管黑

---

① 包括 *Basutoland Records*,3 vols. (Cape Town,1883);*Records of South-eastern Africa*,9 vols. (London,1898－1903);和 *Records of the Cape Colony from 1793 to 1838*,36 vols. (London,1897－1905)。

② 参见他的 *Compendium of South African History and Geography* (Lovedale,1874)。

③ Deryck Schreuder,'The Imperial Historian as Colonial Nationalist:George McCall Theal and the Making of South African History',in G. Martel(ed.),*Studies in British Imperial History*(London,1986),95－158.

人占人口的多数,他深信,南非过去曾是,并且今后也应当是一个"白人的国家",而且由于他对过去的看法充满了粗糙的社会达尔文主义者的假设,这就进一步加固了(上述他所深信的)这种观念。

乔治·科里(George Cory),一名化学教授后转为历史学家,分享了泰瓦尔的基本观点。他是收集口述证词的先驱,这些口述证词并不仅限于白人。[1] 从 1910 年起,他出版了多卷本的《南非的兴起》(The Rise of South Africa),尽管书中的标题大多聚焦在东开普地区的定居者身上。这种关于过去的泰瓦尔—科里式的解释,以白人的定居活动曾经带来益处这一观念为根基,几十年间,在学校教科书以及通俗写作中不断被复制。虽然早在 1920 年代,专业历史学家就着手挑战了这一解释,但是它依然是大多数白人公众话语中的主导,甚至延续到了我们的时代。

就像在加拿大,土著人主要是通过口述的方式来记忆和解释过去。[2] 但在南非,这里有一些由黑人业余历史学家写作历史的例子,他们以自己的视角完成了引人注目的作品。弗朗西斯·佩雷格里诺(Francis Peregrino),在不列颠长大,大量引证泰瓦尔的观点完成了他的《南非土著部族简史》(Short History of the Native Tribes of South Africa,1899 年),这本书是由黑非洲血统的人所完成的讨论南非的第一部史著。但在他的书中毫无泰瓦尔反黑人偏见的影子。20 世纪早期两部由黑人作者完成的通史并未流传下来。[3] 第一次世界大战期间,所罗门·T. 普拉杰(Solomon T. Plaatje),南非本土国民大会(South African Native National

---

[1] George Cory, The Rise of South Africa, 5 vols.(London,1910 – 1930).关于 Cory 参见 J. M. Berning(ed.),The Historical 'Conversations' of Sir George Cory(Cape Town,1989)。

[2] 诗歌中赞颂早期首领的历史文献,参见 Jeffrey Opland,Xhosa Poets and Poetry(Cape Town,1998),esp. 46 – 47。

[3] Alan Kirkland Soga 的 The Problem of the Relations of Black and White in South Africa 一书手稿的前言和目录藏于土著保护协会(the Aborigines Protection Society)文件中,Rhodes House,Oxford. 这本书没有存世的抄本,Walter Rubusana'的'History of South Africa from the Native Standpoint 同样如此。

Congress)的一位领袖成员，完成了一部《欧战与布尔叛乱前后南非的本地生活》(*Native Life in South Africa before and since the European War and the Boer Rebellion*，1916 年)。他的朋友塞拉斯·莫蒂日·莫勒玛(Silas Modiri Molema)，当时还是一名苏格兰医学院的学生，出版了《班图人，过去与现在：对南非本土种族的一种民族和历史研究》(*The Bantu，Past and Present：An Ethnographical and Historical Study of the Native Races of South Africa*，1920 年)。马戈马·M. 福兹(Magema M. Fuze)的《阿班图阿巴亚纳》(*Abantu Abamnyana*，1922 年)呈现了祖鲁地区的祖鲁人看待过去的观点。同时还有约翰·哈德森·索加(John Henderson Soga)的《东南班图人》(*The South Eastern Bantu*，1930 年)，尽管这本书是用方言写成的，但为了出版也被翻译成了英文。① 两位业余白人史学家在 20 世纪早期写出了关于非洲黑人的重要作品。②

专业化

403　　业余史学家不断写出重要的书籍，20 世纪早期最引人注目的一本是由年轻的扬·霍夫梅尔(Jan Hofmeyr)完成的关于他的政治家先辈的传记《扬·亨德里克·霍夫梅尔》(*Jan Hendrik Hofmeyr*，1913)。从 20 世纪初开始，南非的历史学家开始到海外接受训练。作为战争的直接产物，第一个历史学教席在南非战争期间设立于后来成为开普敦大学的学校里。在南非史学研究专业化的发展中，两位关键性人物都曾在牛津大学攻读历史学：开普敦教席的第二位掌门人艾瑞克·沃克(Eric Walker)和在格雷厄姆斯

① J. H. Soga 的 *The Ama-Xosa，Life and Customs*(Lovedale，1932)一书部分是人类学著作，部分是史学著作。
② James Stuart，一位殖民地官员，写了 *A History of the Zulu Rebellion*(London，1913)，Arthur Bryant，一位传教士，引用口述证词汇编了 *Olden Times in Zululand and Natal*(London，1929)。

敦（Grahamstown）执掌一个教学岗位的麦克米兰（W. M. Macmillan）。羽翼未丰的南非历史学会在沃克到来后的数年中曾一度活跃，但却没能在一战中渡过难关。史学的专业化依然非常零散，不同大学的历史学家鲜有联络。以开普敦和斯泰伦博斯（Stellenbosch）大学为例，它们相距不远，甚至也是如此。没有什么能跟在这一时期出现的《加拿大历史评论》（*Canadian Historical Review*）相提并论的专业期刊。多产的沃克在 1922 年完成了南非第一部历史地图集，之后又写了有关这个国家政治史的详细学术综述，又在 1945 年之前发表这个国家唯一一一部最重要的通史。[①] 1930 年代，他在牛津大学发表的关于南非边疆传统的一次演说中，把弗雷德里克·杰克逊·特纳的观念应用到了南非案例上，提出隔离和种族主义都发源于边疆。由于强调边疆的作用，沃尔在某些方面成了南非的乔治·斯坦利，但是在南非却没有哈罗德·英尼斯或唐纳德·克赖顿式的人物，来推进一场对边疆主题的大挑战。直到 40 年后，沃克的观念才受到系统的反驳。[②] 麦克米兰率先引领了社会史研究，写就了一种开创性研究《南非农业问题及其历史发展》（*South African Agrarian Problem and Its Historical Development*，1919 年）。后来，在新成立的威特沃斯特兰德（金山）大学（University of the Witwatersrand，Wits）里，他拿约翰·菲利浦的论文来支持这样一种解释：在黑人成为殖民侵略的受害者之前的一个世纪，传教士就已经推进了这种侵略。麦克米兰的《开普的有色人种问题》（*The Cape Colour Question*，1927 年）和《班图人、布尔人和不列颠人》（*Bantu，Boer，and Briton*，1929 年），可被视为两次世界大战之间最为重要的史学专著。

---

① Eric Walker, *Historical Atlas of South Africa*（Cape Town，1922）；and id.，*History of South Africa*（1928；2nd edn，London，1935）. 他同时还写了 Lord de Villiers（London，1925）和 W. P. Schreiner（Cambridge，1937）的传记，以及他所谓的浪漫主义进行同情式研究的 *The Great Trek*（London，1934）。

② Martin Legassick in Shula Marks and Anthony Atmore（eds.），*Economy and Society in Pre-Industrial South Africa*（London，1980）.

其他学者也挑战了关于南非历史的泰瓦尔—科里式的观点。同样曾在牛津受训的阿加·汉密尔顿（J. A. I. Agar Hamilton），在《移民先锋的本土政策》(*The Native Policy of the Voortrekkers*，1928 年)和后来的《通向北方之路》(*The Road to the North*，1937 年)中，表明了布尔人的劳动力系统与奴隶制无异。[①] 这一时期，致力于南非史的最重要的综合性作品是《剑桥英帝国史》(*Cambridge History of the British Empire*，1936 年)中的第八卷。尽管由两位杰出的英国历史学家担任主编，但在这卷书中，也包含了后来用英语写作的最杰出的南非历史学家执笔的篇章。

与业余史学家不同，这批历史学家关注起因与后果，并且他们分析了事件的重大作用。麦克米兰，以他自己的方式对种族隔离抱有强烈的批判。他提出过去在南非，种族间有大量的经济和其他接触，应当把不同种族之间的互动视为南非历史的中心主题。但是遗憾的是，他关注的仍然只是白人对黑人做了什么，而不是相反，黑人对白人做了什么的历史。其他学者，虽然不是专业的史学家，也为历史知识增添了素材。这中间包括：最有名的埃德加·布鲁克斯（Edgar Brookes），他的《内政史》(*History of Native Policy*)出版于 1924 年；经济学家古德费罗（D. M. Goodfellow），他写了这个国家的第一部经济通史（1931 年）；罗伯逊（H. M. Robertson），他是一篇关键性文章《150 年间黑人和白人的经济接触》[②]的作者。麦克米兰的明星门徒，德·基威特（C. W. de Kiewiet）在《剑桥史》他执笔的章节里发展了这一主题。他早年还发表了他在伦敦大学的博士论文《英国的殖民政策与南非共和国》(*British Colonial*

---

① Agar-Hamilton 的通史，被命名为 *South Africa*（London，1934），并未引人注目。在比勒陀利亚大学，他因是一位讲英语的学者而被围攻：F. A. Mouton（ed.），*History*，*Historians and Afrikaner Nationalism*（Vanderbijlpark，2007），ch. 2。

② D. M, Goodfellow, *A Modern Economic History of South Africa* (London，1931）；and H. M. Robertson, '150 Years of Economic Contact between Black and White', *South African Journal of Economics*，2：4（1934），403 - 425 and 3：1（1935），3 - 25。

Policy and the South African Republics，1929 年），并继续针对英国政策进行写作，在他看来这是"极具驱动力且值得进行到底的"。①后来，在他的大作《南非社会与经济史》（*History of South Africa Social and Economic*，1941 年）中，他又回归了社会经济主题。尽管此书缺少政治细节，几十年间仍被视为关于南非历史的最好的导览性作品。由于它文辞优雅且风格活泼，直到今天在南非的历史文学中也保持了无与伦比的地位。另一名史学大家，澳大利亚人汉考克（W. K. Hancock），在将南非与加拿大和澳大利亚进行比较的路上比德·基威特走的更远，他对两次战争之间经济政策的调查做出了一种原创性的贡献。②

　　随着麦克米兰的离去以及后来沃克的转赴英国，他们都不再曾写出关于南非的任何重要作品，南非的史学行业损失惨重。当时，德·基威特已经去美国教书，曾经申请过开普敦大学的教席，但却未被任命。玛格丽特·霍奇森（Margaret Hodgson），已经发表了关于霍伊人（the Khoi）的原创性文章，③也同样未能获得金山（Wits）大学麦克米兰的职位。当她结婚后，对她的提名也被终止了。之后她进入了议会，直至退休才重新写作历史。④ 1940 年代早期，在南非继续执教的杰出历史学家是马雷（J. S.［Etienne］Marais），他跟随麦克米兰和阿加·汉密尔顿挑战泰瓦尔，先是在大规模历史调查中完成《有色人种》（*The Coloured People*）一书，然后是更为直接地将焦点收窄，放在《梅尼耶和第一布尔共和国》（*Maynier and*

405

---

① *The Imperial Factor in South Africa*（Cambridge，1937），5；and cf. Christopher Saunders，*C. W. de Kiewiet: Historian of South Africa*（Cape Town，1986）.

② W. K. Hancock，*Survey of British Commonwealth Affairs*，vol. 2：*Problems of Economic Policy 1918 - 1939*，Part 2（London，1942），144 - 163. David Fieldhouse 在'Keith Hancock and Imperial Economic History'，in F. Madden and D. K. Fieldhouse，（eds.），*Oxford and the Idea of Commonwealth*（Oxford，1982）中同样批评了这一点。

③ M. L. Hodgson，'The Hottentots in South Africa: A Problem in Labour and Administration?' *South African Journal of Science*，21（1924），594 - 621.

④ M. Ballinger，*From Union to Apartheid*（Cape Town，1969）.

the First Boer Republic,1944 年)上。其他专业历史学家在这些年中少有发表,其中最主要的例外是阿兰·哈特斯利(Alan F. Hattersley),他对纳塔尔地区的英国定居者做了具有政治色彩的写作。[①] 更为重要的作品还有经济学家希拉·冯·德·侯思特(Sheila van der Horst)的先锋史著《南非的本土劳工》(*Native Labour in South Africa*,1942 年),这本书在相关领域长期被视为一种关键性文本。这一时期,南非并没有历史学家遵循赖尔森的道路以马克思主义者的视角写作。只有一个接受植物学训练的前共产党员爱德华·鲁(Edward Roux)这样做了。1930 年代开始,他写了一些从黑人视角出发的关于黑人史的文章。1944 年,完成了一部共产主义领袖的传记后,他论文汇编为《光阴长于锁链:南非黑人争取自由史》(*Time Longer Than Rope*:*A History of the Black Man's Struggle for Freedom in South Africa*,1948 年)一书。这是第一本对南非的过去采取如此观点的书。[②]

第二次世界大战结束后,南非的大学中历史学系依然很小,教员们将大部分时间花费在教学上。随着战争的终结,联邦战争史的写作开始兴起,这类写作吸收了之后十年成为南非杰出历史学家的那批年轻学者的活力。[③] 1945 年之后,过了 20 年,专业历史学家们才开始跟随鲁,把非洲黑人社团及其抵抗的历史当成一回事。[④]

到 1945 年为止,阿非利加人的历史写作并不像所设想的那样

---

① 最著名的是 A. F. Hattersley, *Portrait of a Colony*(Cambridge,1940)。

② Edward Roux, *S. P. Bunting*(Cape Town,1944); and id., *Time Longer than Rope*(London,1948). 这本书的第二版由威斯康辛大学出版社于 1964 年出版,也第一次为它带来了更大的阅读面。

③ 这些人包括:阿加·汉密尔顿、罗伯森和埃里克·埃克尔森(Eric Axelson)。谦逊的阿加·汉密尔顿成为了联邦战争史的主编。战争期间,他离开了比勒陀利亚大学,加入了南非军方历史记录办公室(the Historical Records Office)的团队。

④ 关于 J. Omer-Cooper, *The Zulu Aftermath*(London,1966),L. M. Thompson (ed.), *African Societies in Southern Africa*(London,1969),以及 *The Oxford History of South Africa*(Oxford,1969)。第一卷本的重要性参见 Saunders, *The Making of the South African Past*(New York and Cape Town,1988),150-159。

单一，民族主义的写作只是其中的一部分。南非的大学中，使用阿非利加语教学的某些受过欧洲训练的专业史学家相信，历史学应当是一门客观的科学。他们的写作经常是如此贴近档案文献，以至于他们几乎成了古物学家。① 在他们细致构想的研究中，有一些是关于早年荷兰人定居开普地区以及 19 世纪内陆地区的阿非利加人的。从 1938 年开始，其中最优秀的史家开始出版南非历史丛书中的档案年鉴。② 在这一代人中，最具创新性的阿非利加史学家是冯·德·米卫（P. J. van der Merwe）。从 1938 年起，他开始在斯特伦博斯大学发表演说，开创了特里克布尔人（the trekboers）的社会经济史，呈现了环境对其发展的重要性。③ 一名记者，古斯塔夫·裴勒（Gustav Preller），基于对过去的愤愤不平，率先协助建构了阿非利加人的民族主义。裴勒以一种英雄的论调描绘了大迁徙

---

① 关于斯泰伦博斯（历史）系的情况参见 P. H. Kapp(ed.)，*Verantwoorde Verlede*：*Die Verhaal van die Studies van Geskiedenis aan die Universiteit Stellenbosch*，*1866 - 2000*（Stellenbosch，n. d.［2004］）；和 cf. A. Grundlingh，'Politics，Principles and Problems of a Profession：Afrikaner Historians and their Discipline，c. 1920 - c. 1965'，*Perspectives in Education*，12：1（1990），6 - 14. L. M. Thompson 在南非的历史写作中辨识出了一种英国学派，参见 Robin Winks（ed.)，*The Historiography of the British Empire-Commonwealth*（Durham，NC，1966），212 - 236. Floors van Jaarsveld 区分了早期的"殖民"学派和 19 世纪晚期的"帝国"学派，F. A. van Jaarsveld，*The Afrikaner's Interpretation of South African History*（Cape Town，1964）.

② 这些包括：E. C. Godee-Molsbergen，*Jan van Riebeeck en zijn tijd：een stuk zeventiendeeeuws Oost-Indie*（Amsterdam，1937）和 A. J. Böeseken，*Nederlandsche commissarissen aan de Kaap 1657 - 1700*（The Hague，1938）。

③ P. J. van der Merwe，*Die Noordwaartse Beweging van die Boers voor die Groot Trek*（Den Haag，1937）；id.，*Die Trekboer in die Geskiedenis van die Kaapkolonie*（Cape Town，1938）；and id.，*Trek*（Cape Town，1945）. 他的一个学生完成了一篇有关 19 世纪晚期西开普地区科伊人的首创性的学位论文，H. J. le Roux，'Die Toestand，Verspreiding en Verbrokkeling van die Hotttentotstamme in Suid Afrika，1652 - 1713'，unpublished MA thesis，University of Stellenbosch，1945。

(the Great Trek)中反抗英国人和反抗黑人的领袖人物，①而把南非战争中主要阵营里的其他人物视为英国倒行逆施的主要例证，或者，换言之，他以一种民族主义的立场来解释了阿非利加人的1914年叛乱。② 列奥·福凯（Leo Fouche），比勒陀利亚大学的史学带头人，被当做是一个叛徒，因为他不支持民族主义者的运动。1934年，当他辞去在比勒陀利亚的教席转赴金山大学时，还遭到了围追堵截。③ 在他的继任者博斯曼（I. D. Bosman）的执掌下，比勒陀利亚大学历史系一心扑向阿非利加人的历史。波斯曼是一位未曾写过什么重要著述的、充满热情的、阿非利加人的民族主义者。*Volksgeskiedenis*（民众史），"血泪史"④，被看作是维持阿非利加人独特认同的要素，并哺育了1948年取得胜利的政治运动。

结语

407 　　加拿大和南非的历史写作沿着一条大致相似的路线发展，从欧洲中心论的业余史著发展出了由专业史学家所完成的更具批判性的作品。这两个国家中，使用不同语言的专业历史学家在写作上鲜有互动。南非的历史编纂学并未发展到同一时期加拿大史学写作的深度和成熟水平，但是它关注白人和土著人之间的关系，这一点在加拿大只有阿尔弗雷德·贝利做到了。与加拿大不同的是，在南非有一些历史著作是由土著人的后裔所完成的。同样有别于加拿大，南非的很多杰出历史学家出于政治的原因，离开了这

---

① 特别参见 Gustav Preller, *Piet Retief*（Cape Town，1920）；and id., *Andries Pretorius*（Johannesburg，1937）。

② E. g. J. A. Coetzee, *Politieke Groeprering*（Johannesburg，1941）；G. D. Scholtz, *Die Rebellie*（Johannesburg，1942）；and cf. L. M. Thompson, *The Political Mythology of Apartheid*（New Haven，1985）。

③ 他的主要作品是 *Die Evolutie van de Trekboer*（Pretoria，1909）。

④ Van Jaarsveld, 'Geskiedenis van die Departement Geskiedenis, Universiteit van Stellenbosch', in *Die Afrikaner se Groot Trek na die Stede and Ander Opstelle*（Johannesburg，1982），260-261。

个国家。尽管南非和加拿大的历史写作存在差异，但这两个国家的历史学家都把史学作为一种理解当下的方式。两国的历史写作经常既具有一重存在主义的目的，也有一重民族国家的目的。

大事年表/关键日期

加拿大

1608 年	法国人在魁北克建立殖民地
1759 年	征服魁北克
1837—1838 年	上下加拿大叛乱
1867 年	加拿大自治领建立脱离英属北美州

南非

1795 年	英国人第一次占领开普地区
1820 年	第一批大规模的英国殖民者到来
1835—1840 年	阿非利加人大迁徙进入内陆
1853 年	开普地区有了代议制政府
1910 年	南非联邦成立
1939 年	南非参加第二次世界大战

主要历史文献

Bailey，Alfred，*The Conflict of European and Eastern Algonkian Cultures*，*1504 –1700*（Saint John，1937）.

Chapais，Thomas，*Cours d'histoire du Canada*，8 vols.（Quebec，1919）.

Creighton，Donald，*The Commercial Empire of the St Lawrence*（Toronto，1937）.

De Kiewiet，C. W.，*British Colonial Policy and the South African Republics*（London，1929）.

408

523

—— *The Imperial Factor in South Africa* (Cambridge，1937)．

—— *A History of South Africa Social and Economic* (Oxford，1941)．

Fouche，Leo，*De Evolutie van de Trekboer* (Pretoria，1909)．

Garneau，François-Xavier，*Histoire du Canada*，3 vols. (Quebec，1845–1848)；trans. Andrew Bell as *History of Canada*，3 vols. (Montreal，1860)．

Groulx，Lionel，*La Naissance d'une Race* (Montreal，1919)．

Haliburton，Thomas，*Historical and Statistical Account of Nova Scotia* (Halifax，1829)．

Innis，Harold，*The Fur Trade in Canada* (New Haven，1930)．

Kingsford，William，*The History of Canada*，10 vols. (Toronto，1887)．

Lower，Arthur，*Colony to Nation*：*A History of Canada* (London，1946)．

Macmillan，W. M. ，*Bantu*，*Boer*，*and Briton* (Oxford，1929)．

Marais，J. S. ，*The Coloured People* (London，1939)．

—— *Maynier and the First Boer Republic* (Cape Town，1944)．

Moodie，Donald，*The Record*，*or a Series of Official Papers Relative to the Condition and Treatment of the Native Tribes of South Africa* (Cape Town，1838)．

Philip，J. ，*Researches in South Africa* (London，1828)．

Prowse，D. W. ，*A History of Newfoundland* (London，1895)．

Roux，Edward，*S. P. Bunting* (Cape Town，1944)．

—— *Time Longer than Rope* (London，1948)．

Ryerson，Stanley，1837：*The Birth of Canadian Democracy* (Toronto，1937)．

Skelton，Oscar，*The Day of Sir Wilfrid Laurier* (Toronto，1920)．

Stanley，George，*The Birth of Western Canada*：*A History of the Riel Rebellions* (London，1936)．

Underhill，Frank，*In Search of Canadian Liberalism*（Toronto，1960）.

Walker，Eric，*History of South Africa*（Cape Town，1928）.

—— *The Great Trek*（London，1934）.

参考书目

Berger，Carl，*The Writing of Canadian History：Aspects of English-Canadian Historical Writing 1900 – 1970*（Toronto，1976）.

Gagnon，Serge，*Quebec and Its Historians：1840 –1920*（Montreal，1982）.

—— *Quebec and Its Historians：The Twentieth Century*（Montreal，1985）.

Lipton，M.，*Liberals，Marxists and Nationalists*（London，2007）.

Rudin，Ronald，*Making History in Twentieth-Century Quebec*（Toronto，1997）.

Saunders，Christopher，*C. W. de Kiewiet，Historian of South Africa*（Cape Town，1986）.

—— 'Liberal Historiography before 1945'，in J. Butler *et al.*（eds.），*Democratic Liberalism in South Africa：Its History and Prospect*（Middletown and Cape Town，1987），34 – 44.

—— *The Making of the South African Past*（New York and Cape Town，1988）.

Smith，K.，*The Changing Past：Trends in South African Historical Writing*（Johannesburg，1988）.

Taylor，M. Brook，*Promoters，Patriots，and Partisans：Historiography in Nineteenth-Century English Canada*（Toronto，1989）.

Thompson，L. M.，'South Africa'，in R. W. Winks（ed.），*The*

Historiography of the British Empire-Commonwealth：Trends，Interpretations，and Resources(Durham，NC，1966)，212 – 236.

Van Jaarsveld，F. A.，*The Afrikaner's Interpretation of South African History*(Cape Town，1964).

—— *Omstrede Suid-Afrikaanse Verlede*(Johannesburg，1984).

Worger，William H.，'Southern and Central Africa'，in R. W. Winks(ed.)，*Oxford History of the British Empire*，vol. 5：*Historiography*(Oxford，1999)，513 – 540.

Wright，Donald，*The Canadian Historical Association：A History*(Ottawa，2003).

—— *The Professionalization of History in English Canada*(Toronto，2005).

孙 琇 译

第二十章 澳大利亚和新西兰的历史写作

斯图尔特·麦金泰尔

澳大利亚和新西兰是欧洲海外扩张的后期产物,由 19 世纪 410 4500 万人的远程航行所最终形塑。与其他的欧洲人定居区域不同,这两个国家的殖民经验并未曾被帝国竞争所打断。它们起初就在英国的统治之下,然后英国的制度和实践适应了当地的情况。它们都成长为一种独立国家,并不断与大不列颠维持了贸易、投资、移民、国防、宗教、教育、文化及情感上的联系。直到 1945 年,两个国家在地理上的接近、互动以及共同的奋斗,都强化了两国历史和历史写作的相似性。

当然,两国之间的历史写作同样也具有根本性的不同。英国人定居澳大利亚开始于 1788 年在这块广阔大陆的东南海岸线建立的一块流放地。因犯运输的遗产和控制险恶环境的挑战,塑造了多种艰辛、忍耐与救赎的叙述。以商人、传教士和官员为代表的欧洲人不久就在澳大利亚以东 2000 公里气候更为温和的群岛上出现,但是直到 1840 年正式被吞并之前,新西兰作为一块自由定居点在行政上是独立的。

英国人享有新西兰主权的宣称,是伴随着一个与土著居民的条约而出现的,这与先前获取澳大利亚的情况并不相同,澳大利亚并没有这样一种条约。原住民占据澳大利亚已经超过四万年;他们依靠狩猎和采集为生,在这片土地上轻松地生活,他们有自己的社会结构,但已经无法辨认,仅存一些抵抗剥夺的地方行动。在欧洲人之前的一千年之内,毛利人进入新西兰岛,他们带来了蔬菜园艺,养育了更高稠密度的人口。在 1860 年反抗 20,000 名英国人和殖民武装的战争中,他们的才能得以彰显。定居者的社会通过排除或吸纳原住民的存在,来处理关于它们起源的遗产:在确立民族国家历史的过程中,大多数澳大利亚作家将原住民摒弃为异类或边缘人,他们的历史从白人定居活动开始。然而,他们的新西兰同行却在"毛利—白人一家亲"(Maori-Pakeha harmony)的故事中,将原住民同化为英勇且具骑士风度的敌人。

国家构建计划强化了这些不同。从 1850 年代起,那时澳大利亚和新西兰的殖民地变成了政府自治的民主政体,他们也变得更为关注各自独立的目标。1890 年,新西兰代表出现在第一次澳洲殖民地联邦会议中,但 1901 年澳大利亚联邦的最终形成却确认了一条独立的道路。这个更大的民族—国家在国家主导的发展规划中野心勃勃,其民族主义的呼声也更为尖锐。澳大利亚和新西兰的历史写作风格具有显著的相似性,他们为历史的学术研究所创造的条件,史学行业出现的方式以及随后的规范,都很相似。然而,这两个国家的历史却在行进中走上了不同的道路。

殖民地的起源

历史书写始于第一代定居者。阿瑟·菲利普(Arthur Phillip),一位在 1788 年指挥 11 艘舰艇进入悉尼港的海军舰长,作为新南威尔士的首任地方长官,与他的诸多同僚一样,发表了一组其活动的报道。[①] 这些报道和其他早期作品为英国读者提供了有关这块新土地的种种信息:它的地貌和气候,动植物,原著居民的生活模式,以及与他们的首次交往,这些都成为了目标明确的叙事活动的一部分。新西兰的相似报道从 1807 年开始出版,并伴随着一种对探险、旅行和建立更远定居点的描述。

---

① Arthur Phillips, *The Voyage of Governor Phillip to Botany Bay* (London, 1789).

这种奠基性的叙述很快就让位于一种新型的写作：关注殖民地体验和帝国政策之间的较量。最引人瞩目的是澳大利亚人的例子，其中包括威廉·查尔斯·温特沃斯（William Charles Wentworth）的《新南威尔士殖民地的统计、历史和政治描述》（*Statistical, Historical and Political Description of the Colony of New South Wales*，1819 年）。写作这本书时，他正作为自由定居者的代表在英国游说，抗议流放体制所施加的管制。詹姆斯·麦克阿瑟（James Macarthur）作为富有牧民的代表，在《新南威尔士：当下状态与未来展望》（*New South Wales: Its Present State and Future Prospects*，1837 年）中呈现了相似的论述，当时他向英国议会中一个正在调查囚犯运输的委员会提供了证据。然而，长老会牧师约翰·邓莫尔·朗（John Dunmore Lang）的《新南威尔士的历史和统计记录》（*A Historical and Statistical Account of New South Wales*，1834 年）一书，则是声援移民的一种呼吁，这是他在苏格兰征召任务中的一项内容。①

这些作品习惯于谈论当地官员恶劣统治的后果。这些作品在英国出版并以改变殖民当局的政策为目标。因此，麦克阿瑟保证说："如果现在能够采取英明的手段，那么，过去失败的措施将会得以挽回。"这些作家采取了政治和制度史的辉格党模式，期待古典自由的扩展和随之而来的收益。由此，温特沃斯看到了"另一个世界中的新不列颠"。由于缺乏一个具有支撑性的文献说明部分，他们必然依靠个人证词和他们自身的权威，但是真实性却让位于一种有争议的目的。事实上，爱德华·吉本·韦克菲尔德（Edward Gibbon Wakefield）在《悉尼来信》（*A Letter from Sydney*，1829 年）中所提出的有计划的定居是在伦敦监狱中构想出来的，并且也谈及了这块他从未涉足过的土地的不幸。这本书以一种极端的方式

412

---

① John Ritchie, *The Wentworths: Father and Son*(Melbourne, 1997); J. M. Ward, *James Macarthur: Colonial Conservative, 1798–1867*(Sydney, 1981); and D. W. A. Baker, *Days of Wrath: A Life of John Dunmore Lang*(Melbourne, 1985).

表达了这样一种假设：此类成功实现殖民化的殖民地的历史，是母型社会整个横截面上的变调。[1]

1840 年代，相似的史学作品也在新西兰写就。这个国家丰富的潜能与伦敦无知的官员所施加的禁令，以及独裁的地方官以一日三变的热情所强制执行的法规，构成了一种对比。在这些出版物中，值得注意的是由新西兰公司成员所记录的文献。作为一群投机者，他们从毛利所有者手中购买土地，沿着韦克菲尔德线建立新的定居点，并很快陷入了与传教士、行政官员和殖民当局的纷争。在《新西兰的探险》（*Adventure in New Zealand*，1845 年）中，韦克菲尔德的儿子，爱德华·杰宁汉·韦克菲尔德（Edward Jerningham Wakefield）将"英国人英勇的殖民活动"描述为不畏险阻，"扎根沃土"。大约十年后，阿瑟·汤姆森（Arthur Thomson），一位军中的外科医生，写了一部史书，抓住了这种殖民化野心的尺度："以一种均衡相称的方式依其不同层次来移植英国社会，把法律、习俗、社团、习惯、礼貌，以及除了土壤和气候以外的一切，都输送过来。"[2]并不限于英国业已控制的地区，相同的原则不仅适用于南岛苏格兰自由教会殖民地，而且还南下适用于被命名为达尼丁（Dunedin）的首个城镇。

在澳大利亚，这种有争议的历史路线随着两部由废除流放制度的大众运动所激发的作品的面世，而达到顶峰。把囚犯运到大陆在 1840 年就结束了，但是在这一时代的末期，它的短暂复活又激发了福音派的朗博士对共和国的呼吁。他的历史小册子《澳大利亚金色土地的自由与独立》（*Freedom and Independence for the Golden Lands of Australia*）1852 年首版于伦敦，其扩充后的悉尼版

---

[1] Philip Temple, *A Sort of Conscience：The Wakefields*(Auckland, 2002).

[2] E. J. Wakefield, *Adventure in New Zealand*, 2 vols. (London, 1845), ii. 529 - 530; and Arthur S. Thomson, *The Story of New Zealand*, 2 vols. (London, 1859), ii. 13. 参见 Peter Gibbons, 'Non-Fiction', in Terry Sturm(ed.), *The Oxford History of New Zealand Literature in English*, 2nd edn (Auckland, 1998), 38 - 41; and James Belich, 'Colonization and History in New Zealand', in Robin W. Winks(ed.), *The Oxford History of the British Empire*, *vol*. 5：*Historiography*(Oxford, 1999), 182 - 183。

在随后的 1857 年出版。同时,约翰·韦斯特(John West),一位公
理会牧师和报纸编辑,开始写作《塔斯马尼亚的历史》(*History of Tasmania*)。这本书成为阻止将罪犯运输到岛上殖民地这场运动中的一部分,并在其胜利前夕的 1852 年问世。韦斯特的历史,第一部在地方上发表的重大作品,持续谴责了流放系统的罪恶后果,以及对塔斯马尼亚土著人的处理。

　　韦斯特并不是唯一一位承认伴随殖民占领带来暴力剥夺的澳大利亚史学家。亨利·梅尔维尔(Henry Melville),一位塔斯马尼亚人的前辈,对在 1830 年以戒严法(martial law)宣布而达到顶峰的大屠杀深表痛惜。詹姆士·邦威克(James Bonwick),梅尔维尔在 1840 年代的同事,后来写出了关于这场"黑暗战争"的内容翔实的报道。在 19 世纪史学中最具野心的是乔治·罗思登(George Rusden),他谴责了关于屠杀的国家记录,并认为这场屠杀是"任何了解澳大利亚历史轨迹的人都不能否认的"。① 罗思登的断言受到了愤怒的拒绝。当时,这一时期出版的日记、期刊、故事和回忆录包含了对冲突和杀戮的公开记录,殖民者抵制历史记录中所出现的包含土著人的内容。那时有一种人种志描述的兴趣,传教士所记录的土著人的语言和信仰,成为他们改宗努力的一部分,但是其结果却是令人失望的。强迫土著人与殖民计划合作,并将他们在定居地区人口的大幅减少理解为对其原始落后状态的一种确认。他们被看作是不受时间影响的、毫无变化的剩余物,在孤立中残存下来,却又不能具有适应性,因而命中注定将要灭绝。甚至邦威克对他们早期生活方式的同情,都以这样一种判断为前提,即"他们并不知道过去,也不期待未来"。②

　　贬低土著的过去,强化了殖民者的一种确信:澳大利亚缺少历

---

① Henry Melville, *The History of the Island of Van Diemen's Land* (Hobart, 1835);James Bonwick, *The Last of the Tasmanians*(London, 1870); and G. W. Rusden, *History of Australia*,3 vols. (London, Melbourne, and Sydney, 1883), i. 127.

② James Bonwick, *Daily Life and Origin of the Tasmanians*(London, 1870),1 - 2.

史。新来者以一种浪漫主义的多愁善感来看待这片土地，发现其缺乏熟悉的社团。袋鼠和鸭嘴兽作为自然的怪诞变异而出现，大片土地上的桉树呈现了千篇一律的单调。可辨识的过去的缺席，可以通过对未来成功的许诺而得以补救。澳大利亚诗歌的第一卷宣称："期许（anticipation）之于一个年轻的国家而言，正如古物之于一个古老的国家那样，意义是一样的。"由此，砍斧的声音打破了这片原始森林不受时间影响的独处，这成为了叙述者的一种标准手段，借此可以想象文明将会如何出现。[①] 这种空旷的空间算得上是田园牧歌式的天堂，此间，勤奋的移民能够发现平静、快乐与繁荣。[②] 但是，澳大利亚的自然依然严酷而无情。囚徒生活的恐怖，正如小说家马库斯·克拉克（Marcus Clarke）所描述的那样，被"古怪阴郁"的灌木丛所加重。[③] 拓荒移民与干旱、火灾和洪水进行斗争，在广为流传的历史神话中，强调痛苦、灾难和损失中的挣扎、勇气及生存。这种征服土地的挣扎，替代了新来者和土著民族间的冲突。尽管还有关于捕获的故事，特别是白人女性落到土著手中，但是关系逆转了。[④]

新西兰的历史学家们更善于接受土著文化，正如毛利人对白种人（Pakeha）反应更敏感。乔治·格雷（George Grey），1843—1853年以及1861—1867年间的地方长官，雇佣了阿拉瓦人（the Arawa）酋长（Wiremu Maihi Te Rangikaheke），完成了一部内容丰富的作品集《新西兰人种中的波利尼西亚神话和古代传统史》（*Polynesian Mythology and Ancient Traditional History of the New Zealand Race*，1855年），由他自己署名出版。紧随其后，受总理委派的约

414

---

① Barron Field, *First Fruits of Australian Poetry*(Sydney, 1819).

② Coral Lansbury, *Arcady in Australia*: *The Evocation of Australia in Nineteenth-Century English Literature*(Melbourne, 1970).

③ Marcus Clarke, *His Natural Life*(Melbourne, 1874); and id., preface to Adam Lindsay Gordon, *Sea Spray and Drift Smoke*(Melbourne, 1876).

④ Kate Darian-Smith, Roslyn Poignant, and Kay Schaffer, *Captured Lives*: *Australian Captivity Narratives* (London, 1993); and see Ann Curthoys, 'Expulsion, Exodus and Exile in White Australian Historical Mythology', *Journal of Australian Studies*, 61(1999), 1-18.

翰・怀特(John White)更深入地收集了各种传统,以两种语言出版
了六卷本的《毛利人的古代史》(*The Ancient History of the Maori*,
1887—1890 年)。这些书改变了丰富多彩的口头传统,运用故事、
诗歌、宗谱和谚语,传播了祖先流传下来的知识。毛利人的起义,
开始于 1860 年,并持续了十年之久,由此产生了一些深远的影响。
由定居者和商人弗雷德里克・曼宁(Frederick Maning)完成的一部
早期的《新西兰北部战争史》(*History of the War in the North of
New Zealand*,1862 年),描述了毛利人对《怀唐伊条约》(the Treaty
of Waitangi)所带来的结果的不满,这种不满由于对土地抱有根本上
不同的态度而进一步恶化。事实上,曼宁还曾建议毛利酋长反对签
署这一条约,但是这本史书的奇妙之处在于,他虚构出一位"老酋
长"来作为讲述者,而把他自己呈现为一个"白人毛利语"翻译。①

"白人是外来者,毛利人是土地之主",这两句韵诗预示了殖民
者如何回应这种挑战。尽管不情愿承认毛利人的委屈,或是承认
他们军事上的勇猛,白人作家还是称赞了被征服的敌人具有勇气
与骑士气概。② 从新西兰战争之中产生出一种期待,即认为毛利人
能够彻底改变,并且变得文明。关于毛利人史的新作品进一步促
进了这种期待。测绘总长珀西・史密斯(Percy Smith)提出,毛利
人曾经借助他们自己的大船队,探索新西兰,并在此定居。退役士
兵爱德华・特里吉尔(Edward Tregear)进一步推演认为,他们是印
度—雅利安人海外流散中被遗忘的一支。由此意味着新西兰被赋
予了独特的历史,新近的欧洲移民转变为一种"家族重聚"。③ 这与

---

① Alex Calder, 'Introduction', to F. E. Maning, *Old New Zealand and Other Writings*(London, 2001), 1 - 14.

② James Belich, *The New Zealand Wars and the Victorian Interpretation of Racial Conflict*(Auckland, 1986).

③ 这一术语来自 James Belich, 'Myth, Race and Identity in New Zealand', *New Zealand Journal of History*, 31 (1997), 17. S. P. Smith, *Hawaiki*: *The Original Homeland of the Maori*(Christchurch, 1910);和 Edward Tregear, *The Aryan Maori*(Wellington, 1885). 参见 K. R. Howe, *Singer in a Songless Land*: *A Life of Edward Tregear 1846 -1931*(Auckland, 1991)。

415

乔治·罗思登在《新西兰史》中将澳大利亚抬高的认知形成对比。1882年,这个暴躁的保守主义者从墨尔本退休后回到了英国。他的三卷本澳大利亚和新西兰史在次年面世。他对土著人内部关系的批评在澳大利亚受到了抛弃,甚至在塔斯曼海的另一边,也激起了愤怒的谴责。一名新西兰议会成员提议,政府应当为起诉这个作家而出资,而前内政部长在一次诽谤诉讼中赢得了一大笔赔偿金。

追忆往昔,展望未来

有少数声音反对19世纪后半叶作为进步颂歌来书写的史学。罗思登是其中的一员。1850年代,殖民地实现自治统治,政治组织也急速民主化。同一时代的淘金热,开启了一个迅速且持续增长的时期。繁荣的出口工业允许殖民政府提高贷款,改善交通和通讯,赞助中心城市兴建市政设施,并创建了全民教育体系,进而扩大了能够阅读的公众。大量的史著复述了这种进步的记录,有时是直接针对英国听众,以此来吸引资金和移民,更多的则经常是在地方上的发表,以认可这种成就。正如在商人威廉·韦斯特加斯(William Westgarth)的《大洋洲人半个世纪的进步》(*Half a Century of Australasian Progress*,1899年)和统计学家科格伦(T. A. Coghlan)的《19世纪大洋洲的进步》(*The Progress of Australasia in the Nineteenth Century*,1903年)中所说的,进步是依照牲畜和作物、砖块和泥浆,以及它们可能创造的文明来测量的。

这种文明的特点继续对殖民史学家发挥影响。就像其他的欧洲移民社会一样,这里有一种模仿祖国标准的强烈欲望。新西兰,更小且更独立,1880年代,通过引入冷藏运输收紧了它与不列颠的经济联系,并作为一个忠诚的自治领而繁荣起来。它的历史学家们强调连续性和改进。一种典范型的新社会,其人口、制度遗产和指导性的价值观都是英国人的,但又比英国人有更好的可供选择的储备、农业优势和改良能力。这些特质，与毛利—白人和谐观、种族同质论（racial homogeneity）一起，将新西兰与澳大利亚、美国和其他新世界中的国家区别开来。1890 年代，在基于社会改革的自由派政府中，威廉·彭伯·里维斯（William Pember Reeves）在移居伦敦前曾担任代总理（Agent-General），他构建了一种"世界的社会实验室"的史学。其书名《白云悠悠：新西兰》（*The Long White Cloud：Ao Tea Roa*，1898 年），采取了毛利人对新西兰的一个流行称号。①

　　罗思登宣称，"最成功的殖民地化，在于能够在海外建立一个与母国相似的社会"。② 他的澳大利亚同行们则更倾向于强调这之间的差异。常见的史学主题包括探险考察，颂扬人们"不可战胜的勇气、英雄式的自我牺牲和顽强的不屈不挠"。这些人在史诗般的旅程中，冒着风险，甚至牺牲生命，穿越了无路可寻的荒野，遭遇了充满敌意的土著。③ 另外一个受到青睐的主题是丛林逃犯，起初他们是从看守所潜逃出来的罪犯，后来却成为在乡村穷人中间获得了一种合法性和支持的亡命之徒。在民谣和民俗故事中，后来在小说和流行的史著中，丛林逃犯被赋予了男子气概的独立、勇敢和对同伴的忠诚。他违抗残暴的当权者，同时，他的丛林生存技能和本土主义的价值观，将其标识为与众不同的澳大利亚人。内德·凯利（Ned Kelly），最为知名的丛林逃犯，在 1880 年被捕获并处决后，他成为了许多出版物的主人公，同时也是 1906 年第一部澳大利亚故事片的主角。④

　　澳大利亚在民族主义上更为坚决，对帝国的所作所为更无法忍受。无度的借贷刺激了投机的激增。1890 年代早期，这一泡沫破

---

① 　Keith Sinclair，*William Pember Reeves：New Zealand Fabian*（Oxford，1965）.

② 　Rusden，*History of Australia*，iii. ch. 16.

③ 　Ernest Favenc，*The History of Australian Exploration*（Sydney，1888）.

④ 　George E. Boxall，*The Story of the Australian Bushrangers*（London，1899）；and Charles White，*History of Australian Bushranging*，4 vols.（Sydney，1900 – 1903）.

灭，损害了国家的信誉也使得移民停顿了十年。出口生产商试图降低工资成本。导致罢工和停产，这就进一步加剧了困境。这种环境塑造了一种激进传奇的形成，在随后的数代依然保持了强有力的吸引力。那就是边疆的传奇，由城市知识分子创造，他们从城市文化的衍生物转向内地真实的澳大利亚，它比北美的内地更为严酷且原始。澳大利亚人的版本汇集了先前的囚徒和丛林逃犯，汇集了围着矿区营火的发掘者，顽强的牲畜贩子和剪羊毛工的种种经历，并将他们的奋斗整合进了新形成的劳工运动的激进思潮中。为了赞颂流动丛林工人的独立、平等，以及散逸出的男性气概，这些激进的民族主义者向不公、势利和约束性的道德观说不，并将后者与殖民驯服联系在一起。①

与这种游牧丛林人的激进传奇相伴随的，还有一种更受肯定的传奇，即拓荒者的传奇。在最初的用法上，拓荒者这个术语被用于所有早期定居者而不管他们属于哪个批次。到了19世纪结束时，它开始专门来指那些首次定居于一块土地，并清理和改良土地的人。他们忍受孤寂和不幸，将荒野变成了一片富饶的祖传产业。伴随着一种流行且肤浅的民主精神，拓荒者传奇对一种理想化的和共识性的乡村过往，表达了极度保守的敬意。它以回忆录和追忆的形式，在地方上不断被写作，通过纪念碑和纪念仪式被推销，在校园读者中被反复灌输。②

19世纪晚期，拓荒史学作为一种庆祝官方移民50周年的殖民主义视角，在新西兰繁荣起来。那时，他们已经距离拓荒时代足够遥远，以至于感觉有必要来纪念它；也距其足够接近，以至于参与者还能够回忆起来。拓荒者和早期定居者学会形成了一种推动力，这也是历史学会形成的推动力，这种推动力是一种在它们永久

417

---

① Vance Palmer，*The Legend of the Nineties*（Melbourne，1954）；and Russel Ward，*The Australian Legend*（Melbourne，1958）.

② J. B. Hirst，'The Pioneer Legend'，*Historical Studies*，18（1978），316－337；and Graeme Davison，*The Use and Abuse of Australian History*（Sydney，2000），ch. 11.

消失前纪录这些拓荒者记忆的紧迫感。不同于正规的历史写作，这是一种集体性的活动，借助社会记忆来确认一种共享的认同。建立在业余的博物学家所运用的收集和分类方法的基础上，拓荒者史学家忠诚地汇集信息。作为回忆地方上的里程碑和旧认同之间联系的线索，首先是大量的最早的人名列表。这些汇编者通常并不声称将会创作史著。事实上，他们经常把他们的收集工作描述为向未来历史学家提供原材料，但是他们坚持了这种原材料的真实性。这些材料只是精密的细目，然而，将这些拓荒者变成国家建构者的修辞，却允许把他们的个人回忆整合进国家层面的历史叙事中。并且，这些民族史学的作者也在召唤同样的真实性：阿尔弗雷德·桑德斯（Alfred Saunders）在他的《新西兰史》（History of New Zealand，1898 年）开篇宣称，他是"从第一艘进入纳尔逊湾的移民船上登陆的首位定居者"。①

　　同样的驱动力在区域历史学会的活动中也发挥了作用。自 1850 年代起，新西兰就有了一个全国性的政府，但是原来的殖民地（现在的省）仍保留了强烈的自我认同。在澳大利亚，广布的殖民地在 1901 年才汇聚成一个联邦政府（当时殖民地变成了州）。正是这种地位的变化，刺激了一种有意识的努力，即为他们的殖民地起源提供一种真实的报道。随着一场关于老悉尼教堂奠基石的年份争议而形成了一个历史学会。因为"迅速推进的文明正不断……横扫过去的历史纪念碑"，那里有了一种真实记录的需要。这个学会在随后完成了《澳大利亚史大事年表》（Calendar of Events in Australian History，1933 年）。② 相似的学会于 1909 年在维多利亚，1913 年在昆士兰成立。在总督的赞助下，这些组织将

① 引自 Fiona Hamilton，'Pioneering History：Negotiating Pakeha Collective Memory in the Late Nineteenth and Early Twentieth Centuries'，*New Zealand Journal of History*，36（2002），66 - 81；并参见 Chris Healy，*From the Ruins of Colonialism：History as Social Memory*（Cambridge，1997）。

② K. R. Cramp，'The Australian Historical Society：The Story of Its Foundation'，*Australian Historical Society Journal and Proceedings*，4（1917 - 1918），1 - 14.

418

拓荒家庭的后代、神职人员和其他专业人士召集起来，讨论了有关奠基性事件的论文。其中，詹姆士·库克1770年登陆的准确地点在哪里，让悉尼历史学会的成员大伤脑筋。①

这些学会活跃于收集、保存并纪念历史遗存领域。但起初这些努力却被一种现实情况所羁绊，即大部分有关殖民化的官方记录都存储在伦敦。1883年，昆士兰政府委派詹姆士·邦威克——那时他已经回到英国——复制公共档案馆的材料。1885年和1886年，他也为南澳大利亚和维多利亚的政府完成了相似的工作。作为百周年庆的一部分，新南威尔士政府出版了以他的抄本为基础的两卷本史书，然后继续雇用他来完成了八卷本的《新南威尔士历史记录》(*The Historical Records of New South Wales*，1892—1901年)。这成为一项更雄心勃勃的项目的先例。遵照联邦政府的嘱托，33卷本《澳大利亚历史记录》(*Historical Records of Australia*，1914—1925年)由一位性情暴戾的外科医生，弗雷德里克·沃森(Frederick Watson)大夫编辑。这些文献被形容为"一个国家的出生证"。沃森是个不遗余力的古物收藏者。"我现在已经写了21本书"，他在1912年说，"但是却从未推进过一种理论。与此同时，我已经怀疑过无数的理论并探索了许多所谓的事实。"②在新西兰，罗伯特·麦克纳布(Robert McNab)在编辑《新西兰历史记录》(*Historical Records of New Zealand*，1908—1914年)时，经历了相似的思虑，并有一个相似的定位："读者只是被给予了作者研究工作的结果，而非其思考的硕果。"③

---

① Macintyre, 'The Writing of Australian History', 17; and see Tom Griffiths, *Hunters and Collectors*: *The Antiquarian Imagination in Australia* (Melbourne, 1995), ch. 9.

② Ann M. Mitchell, 'Dr Frederick Watson and Historical Records of Australia', *Historical Studies*, 20(1982), 171-197.

③ Robert McNab, *The Old Whaling Days*: *A History of Southern New Zealand from 1830 to 1840* (Christchurch, 1913), p. iii; 并参见 Chris Hilliard, 'Island Stories: The Writing of New Zealand History 1920-1940', MA thesis, University of Auckland, 1997, ch. 4。

就在同一时期,国家担负起了之前由私人团体所肩负的对历史材料的责任。在悉尼隐居的大卫·斯科特·米切尔(David Scott Mitchell)以政府提供一个合适的建筑来保存为条件,将他的手稿和60,000卷的收藏赠送给了新南威尔士政府。米切尔图书馆于1910年对外开放。[1] 在惠灵顿,他的同侪,亚历山大·特恩布尔(Alexander Turnbull)于1918年将一批相似规模的收藏留给了新西兰政府,这批收藏成为了国家收藏的"核心"。[2] 与附近收藏政府档案和官方出版物的联合大会(国家议会)图书馆一起,特恩布尔图书馆为史学社团提供了根据地。约翰尼斯·安德森(Johannes Andersen),第一任特恩布尔图书馆馆长,出版了大量的毛利人的史书;盖伊·斯科菲尔德(Guy Scholefield),一名曾执掌联合大会图书馆的前新闻工作者,完成了第一本全国范围内的传记词典;林赛·别克(Lindsay Buick),一名前国会议员和《怀唐伊条约》(1914)的作者,被雇佣来校对历史记录;詹姆士·考恩(James Cowan),另一名前新闻工作者,写就了两卷本的官方史书《新西兰战争》(The New Zealand Wars,1922—1923年)。[3]

419

尽管米切尔图书馆对其自有的作家圈极具吸引力,但澳大利亚却缺少同样的史学研究的中心机构。全国范围内的收藏始于联邦议会图书馆,但在1927年,它随着议会从临时政府驻地墨尔本搬到了刚建成的新都堪培拉后,就再也没有以任何目的收集过手稿,直到第二次世界大战。[4] 1920年代,创建一所体面的联邦档案馆的一个提案准备就绪,但却未能贯彻,直至同样的推动因素一再用

---

[1]　David J. Jones, *A Source of Inspiration and Delight*(Sydney,1988).

[2]　Rachel Barrowman, *The Turnbull*:*A Library and Its World*(Auckland,1995),1.

[3]　Chris Hilliard, *The Bookmen's Dominion*:*Cultural Life in New Zealand 1920 - 1950*(Auckland,2006),ch. 3.

[4]　Andrew and Margaret Osborne, *The Commonwealth Parliamentary Library, 1901 - 1927*,and *the Origins of the National Library of Australia*(Canberra,1989);and Peter Cochrane(ed.), *Remarkable Occurrences*:*The National Library of Australia's First 100 Years*,*1901 -2001*(Canberra,2000).

力。澳大利亚在资助战争史上更具野心——战时通讯员查尔斯·比（Charles Bean）写就了六卷内容翔实的《1914—1918 年战争中的澳大利亚官方史》（*The Official History of Australia in the War of 1914 -1918*，1921—1942 年），此外还编辑了另外六卷，然而只有较薄的四本在新西兰面世。但是，除此之外，国家赞助的史学活动则是落后的，其中一个原因在于澳大利亚的历史写作中心正在向大学转移。

学院派史学的出现

1850 年代，在悉尼和墨尔本建立了第一批大学，到了 20 世纪早期，六个州的每个首府都有了一所。新西兰的奥塔哥和坎特伯雷省分别在 1869 年、1873 年建立了自己的大学，同时南岛的中心，奥克兰和威灵顿，也在 1882 年、1899 年紧随其后创办了大学。从一开始，殖民地的大学都把教授史学作为文科学位的一部分。早期的教授从英国招募，并经常负责教授数门课，带领大学生完成一组古代、中世纪和现代历史的传统课程。英国史的课程，有时采用西利（J. R. Seeley）的《英格兰的扩张》（*The Expansion of England*，1883 年）这类教科书。如果迫于压力，地方上的教授有可能会用西利的话当借口，这种训练是培养"治国之才的学校"必需的。最早的一批学术出版物出自法学教授之手，他们是当地宪法和政治制度的建立者。[①]

420   澳大利亚史在 20 世纪头些年被两名占据教席的英国人引入悉尼和墨尔本的大学。乔治·阿诺德·伍德（George Arnold Wood），1891 年被悉尼大学任命，之前曾在曼彻斯特大学和牛津大学受训。他从威廉·斯塔布斯（William Stubbs）那里，吸收了深入研究原始

---

① Edward Jenks, *The Government of Victoria* (London, 1891); id., *The History of the Australasian Colonies* (Cambridge, 1895); Sir Harrison Moore, *The Constitution of the Commonwealth of Australia* (London, 1902); and J. Hight and H. D. Bamford, *Constitutional History and Law of New Zealand* (Christchurch, 1914).

资料的方法；又从公理会的背景以及兰开夏自由主义那里，获得了一种情操高尚的人本主义。伍德的主要作品《澳大利亚的发现》（*The Discovery of Australia*），耗去了他在世纪初年的时光，直到1922年才出版。从1905年起，他的教学内容围绕"体现人类奋斗的最高质量"的那些榜样人物来建构，并扩展到了澳大利亚史。他最得意的门生到他毕业的巴里奥学院继续深造，并在回国之后获得了其他大学的教席。①

比伍德小两岁的欧内斯特·斯科特（Ernest Scott），在1913年赢得墨尔本大学教席的任命时，还没有任何资历。他与他的未婚妻，安妮·贝赞特（Annie Besant）的女儿，一起来到澳大利亚。在婚事告吹前，只是简要编辑过一本关于神智学的期刊。作为一名汉萨德学会（Hansard）的通信员，斯科特写了一系列经过仔细调查并且论证紧凑的法国人和英国人的探险研究。他的《澳大利亚简史》（*Short History of Australia*，1916年）也历经了随后的多次修订。斯科特的教学特色在于重视原始资料，以一种历史的解释来训练学生，并日渐注意在一个比较的殖民框架中，来教授澳大利亚史。② 他的一些毕业生中，最出名的是基斯·汉考克（Keith Hancock）。汉考克继续到了巴里奥学院深造，其他人也在别处获得了更高的学位。他们同样也回到了澳大利亚并开始了学术生涯，由此，这种学术行业成为了一种地方自发的现象。伍德的职位在1929年由斯科特的学生斯蒂芬·罗伯茨（Stephen Roberts）接任，斯科特在1937年被伍德的学生麦克斯·克劳福德（Max Crawford）接替。悉尼和墨尔本独特的课程和教学风格，在全国范围内获得了采纳。③

① R. M. Crawford, '*A Bit of a Rebel*'：*The Life and Work of George Arnold Wood*（Sydney，1975）.

② Stuart Macintyre, *A History for a Nation*：*Ernest Scott and the Making of Australian History*（Melbourne，1994）.

③ Id. and Julian Thomas（eds.），*The Discovery of Australian History*，*1890 - 1939*（Melbourne，1995）.

新西兰史学花费了更长的时间形成类似的学术成果。英国学者占据了四分之三的教席。却没有人熟悉历史研究的惯例，而这些惯例现如今已经是牢不可破的原则：对原始资料的严格审视，方法论上的科学主义与解释说明的艺术技术的综合。这些惯例由詹姆士·罗瑟福德（James Rutherford）引入，他是一个英国人，1934年在被任命为奥克兰大学的教授时已经获得了密歇根大学的博士学位。阿诺德·伍德的儿子弗雷德，1936年，带着牛津大学的文凭获得了威灵顿的教席。新西兰人比格尔霍尔（J. C. Beaglehole）凭着一个伦敦大学的博士学位，同年在那里被任命为讲师。这三个人都开始研究新西兰的材料，并将这一学科转变为一种当代的学术实践。[①] 新西兰史的教学花费了更长的时间建立起来，部分原因在于大学体系阻碍了某一个单位的创新（这四大基地是新西兰大学联邦中正式的独立学院），部分原因也在于其成员更坚守传统的课程设置。

421

"是时候了，联邦的历史应当以一种系统和科学的方式被研究，而实现这一目标的机构是大学。目前那里的史料工作只是一种预备，必须在研究中得以完成。"[②]讲这番话的人是乔治·亨德森（George Henderson），伍德的学生，他在1905年填补了阿德莱德的教席。他在1911年的澳大利亚科学促进会的会议上发表演说，这也是史学第一次在这一组织中出场。亨德森的宣言表明了一种主张：承认史学作为一种研究学科与自然科学具有同等的地位。在学术界中，这种争取对等尊重的斗争由来已久。对于研究的支持仍很微弱，澳大利亚的教授如果能有几个助教来分担教学的重担，那么他就算是幸运的了。对专业化技能的认定盖过了未经训练的活动，外行从业人员也变得富有争议。最终成功创造出了一批艰苦工作的教授，他们在很大程度上是从受过大学教育的公众中衍

---

① Hilliard, 'Island Stories', ch. 5.

② G. C. Henderson, 'Colonial Historical Research', *Report of the Thirteenth Meeting of the Australasian Association for the Advancement of Science* (Sydney, 1911), 373.

生出来的。

　　早期的学者宣称他们坚持档案研究的严格规程，以此来将自己同那些存在不精准越轨行为的先辈区分开来。正如斯科特在他第一本关于法国人航行到澳大利亚的书中所表明的，他寻求的是"查明到底发生过什么"。在随后的叙述中，他回避了假想，"我们在得出结论之前更有决心占有材料"。他的门生斯蒂芬·罗伯茨提出，"不能以预想的观念来扭曲事实"。同时，乔治·亨德森说："我尽可能地克制，不阅读已经出版的作品，以此来使我的心灵远离先入为主的偏见"。以一种科学和系统的方式来从事史学研究，意味着要把有可能影响客观性的不相干的考虑放到一边。斯科特以一种最为生动的方式，提出了他的主张，他说："所有史学探寻的对象"都是要"弄清真相"，真相是不受嫉妒和偏见捆绑的，正如海鸟的粪便在澳大利亚海域的岛屿上聚集变硬，我们很难触及层层堆积的鸟粪之下的坚固岩石。（嫉妒和偏见并不会改变真理的成形和石化。）①

　　更引人注目的是，这些历史学家对其主题的浪漫化处理。在探险史中，科学与浪漫走到了一起，产生特殊的效果。他们把探险史作为一种手段，用来论证英国人占用澳大利亚的合理性。其他的欧洲国家也到太平洋中探险，但只有英国人具备科学的好奇心和充满想象的自我意识的必要混合，来把握新土地的潜力。由此，斯科特在他的结论中喜不自禁地说："我们与南欧人（Dons）、西班牙人（Dagoes）和法国人毫无关系"，澳大利亚是"留给知道如何以情感追求她，以科学和意志征服她的种族"的。打个比方，澳大利亚是一片正在沉睡的大陆，通过知识之吻而获得生命，变成"一个美丽耐看的存在，且格外讨人喜爱"。如果说这个奠基性的神话试图炫耀一种关于征服、探险和受孕的性的隐喻，那么也许它最明显地

422

————————

① Ernest Scott, *Terre Napoléon*: *A History of French Exploration and Projects in Australia* (London, 1910), pp. v, 123, 127; Stephen H. Roberts, *History of French Colonial Policy* (London, 1929), p. vii; and G. C. Henderson, *The Discovery of the Fiji Islands* (London, 1933), 281.

逃避之辞，就是对土著居民的视而不见。在斯科特的版本中，澳大利亚被唤醒前，"在无法计数的年月里，是一处荒凉的居所和人迹罕至的苗圃，只保留了无数海鸟的尖叫声，或者，偶尔零星可以听到赤身露体的野蛮人在歌舞会上的呼喊。"罗伯茨在他关于定居地的历史中几乎不曾提到土著人，这也就省去了"黑人、洪水、火灾、干旱和事故"所带来的困难。伍德也只是简单谈到，他们展示出了"世界上最恶劣的教养和习俗"。①

明显构成反差的是，一篇关于欧洲人在新西兰定居的早期学术论文令人欣慰地表明："在不对当地的种族赶尽杀绝的情况下，建立一个英国人的殖民地被证明是可能的。"②毛利人的合作依然是民族历史编纂的一块基石，这一点把新西兰和澳大利亚区分开来。

新西兰人对探险的历史不是那么感兴趣，特别是斯科特所实践出的那种唯我独尊的个性。约翰·比格尔霍尔在 1930 年代着手这一主题。随着深入研究的继续，在詹姆士·库克的传记上，他的成就达到顶点。然而他感兴趣的是，作为一项科学事业和文化交锋的太平洋上的探险，而不是作为一种生产活动。③ 他在伦敦大学的博士论文写的是英国的殖民政策，这也是莫雷尔（W. P. Morrell）在牛津，哈罗普（A. J. Harrop）在剑桥的选题。当时罗瑟福德用帝国史学的方法来阐释了《怀唐伊条约》。④ 在澳大利亚，历史学界将新的研究方法应用于国家的诉求；在新西兰则是再次确

---

① Ernest Scott，'English and French Navigators on the Victorian Coast'，*Victorian Historical Magazine*，2（1912），145；id.，*The Life of Captain Matthew Flinders*，*R. N.*（Sydney，1914），64，122；Stephen H. Roberts，*History of Australian Land Settlement*（*1788 - 1820*）（Melbourne，1924），181；and G. Arnold Wood，*The Discovery of Australia*（London，1922），20 - 21.

② A. J. Harrop，*England and New Zealand*：*From Tasman to the Taranaki War*（London，1926），311.

③ *The Exploration of the Pacific*（London，1934）；并参见 Tim Beaglehole，*A Life of J. C. Beaglehole*：*New Zealand Scholar*（Wellington，2006）.

④ W. P. Morrell，*British Colonial Policy in the Age of Peel and Russell*（Oxford，1930）；and James Rutherford，*Hone Heke's Rebellion 1844 - 1846*：*An Episode in the Establishment of British Rule in New Zealand*（Auckland，1947）.

认了殖民地的起源。

　　这些作品展现出了学术论文中与众不同的特点：以一种史料批判的评判标准对细致勾勒的主题做深入的检查，关注它们的出处和语境，对引用和引证做精准的文献考订，这都证明了拒绝党派偏私的研究的客观性。大学的历史学家并不将自身限定于一种风格。1930年代，他们展现出一种作为公共知识分子的日益高涨的自信，他们可以阐释国家本身。1926年，在基斯·汉考克从牛津回到阿德莱德的史学教席上时，他全身心地投入到准备一场深入解释的工作中去，完成了《澳大利亚》（*Australia*，1930年）。1930年，约翰·比格尔霍尔从伦敦归来时，却并不那么幸运。在两个评选委员看来他过于激进了，这些困难影响了他的《新西兰：一部简史》（*New Zealand：A Short History*，1936年）的面世。它被称为简史，就像汉考克的那本一样，因为它拒绝了通常的叙事路径，而是对潜在的主题做了一个更为宽泛的探索。

　　概括地说，这两位作者在处理主题时，都将这种传统的叙事看作是一种从婴幼儿般的殖民地发展为健壮国家的进步：探险、移民、开荒、自治政府、经济成长和社会改善。他们更加关注这个移民社会的缺陷和派生的特色。这两名历史学家都对新世界例外论的迷思缺乏耐心，批评民主的过度，并直觉地诉诸于国家行动。他们以一种显而易见的不敬来写作，运用似是而非的箴言和警句来削减他们国家的威望。汉考克可以把《澳大利亚》一书形容为"关于一个年轻人的无礼之书"。这本书面世时，他只有三十二岁，当时比格尔霍尔发表他的著作时也只有三十五岁，两人都倾向于炫耀他们的都市做派。① 但是，他们对英国遗产的提醒有一个更严肃的目的：移民社会经历了一种浮躁的自给自足，因而缺少历史视野，导致了社会的不完整。由此，汉考克的判断是："澳大利亚人的

423

---

① 　W. K. Hancock, *Country and Calling* (London, 1954), 125；并参见 Stuart
　　Macintyre, '"Full of Hits and Misses"：A Reappraisal of Hancock's Australia', in
　　D. A. Low (ed.), *Keith Hancock：The Legacies of an Historian* (Melbourne,
　　2001), 33 - 57。

种族自满远胜于对国家的爱"。这一评价呼应了比格尔霍尔的陈述,即新西兰白种人并不存在"对国家的深情厚谊"。[①]

在批评将国家视为一种"巨型公共事业"的澳洲人的习惯时,汉考克征引了经济学家爱德华·尚恩(Edward Shann)的警告,对于一个弱小的、暴露于国际市场中的出口经济而言,存在一种国家社会主义的危险后果。尚恩的《澳大利亚经济史》(*Economic History of Australia*)同样面世于1930年,当时他的大胆预测已经应验并扩展为一种争论,即集体主义会定期的歪曲并削减市场的运作。新西兰经济学家康德利夫(J. B. Condliffe)在他的锐利之作《正在形成的新西兰》(*New Zealand in the Making*,1930年)一书中,也得出了相似的教训,并且这种遏制的气氛也同样出现在了1933年出版的《剑桥英帝国史》中的澳大利亚和新西兰卷中。欧内斯特·斯科特负责澳大利亚卷,詹姆士·海特(James Hight)负责新西兰卷,他们召集了资深学者和公共事务人员的团队来追溯这些英国自治领的进步,同时他们也日渐察觉到"独立国家在获得权力的同时也承担了相应的义务"。[②]

在这两个国家,史学行业的出现都是弱小且排他的。教授都是男性,而单身是女性担任辅助性学术职位的受雇条件。他们都来自新教中产阶级,大多数都出身牧师之家,只有一小部分作为爱尔兰天主教徒可以记录他们自己的经历。他们都是地方精英,与多种专业组织中的公共事务人员擦肩而过,对民族史学样式的异见者缺乏同情。通过控制进入大学的公共考试,他们在学校中的历史课上发挥了重要作用。其中一些人追随斯科特写作教科书,陈明了一种审慎的渐进主义。

另类形式的史学在学术圈以外实践着。布莱恩·菲茨帕特里克(Brian Fitzpatrick),一名自由职业的史学家和公民自由的拥

424

---

① W. K. Hancock, *Australia* (London, 1930), 66; and J. C. Beaglehole, *New Zealand: A Short History*(London, 1936),159.

② *The Cambridge History of the British Empire*, vol. 7, part 1 (Cambridge, 1933),624.

护者,以对澳大利亚资本主义经济形成的两项主要研究回应了尚恩。他将澳大利亚资本主义经济的形成呈现为帝国扩张和地方创新的过程。在更畅销的《澳大利亚劳工运动简史》(*Short History of the Australian Labour Movement*,1940年)中,他解释说:"我采取了这样一种观点,即澳大利亚人民的历史以有组织的富人和有组织的穷人之间的斗争史为中心,其他的事都据此展开。交战双方的通常目标都是维持或赢得经济和政治力量。"[①]新西兰的公务员萨奇(W. B. Sutch)在《新西兰的贫困与进步》(*Poverty and Progress in New Zealand*,1941年)中做出了相似的论述。

　　萨奇的研究,作为标志着这个国家百周年庆的野心勃勃的历史出版计划的一部分,受到了新西兰第一届工党政府的委托。他的作品预期标题是"国家如何帮助了新西兰人",但是他的论证却未能有助于这个主题,这也导致了这本书从书系中退出并独立出版。这部总共11卷本的书在1940年面世,并且扩展了新西兰史的范围。尽管计划出版的毛利人卷没有完成,但是它们却包括了第一次处理女性的经验,第一次处理文化史的内容。百周年纵览被计划为一种既具有学术性又具有通俗性的作品。他们将詹姆士·考恩(James Cowan)这样的业余史家和比格尔霍尔这样的专业人士聚集起来,他们都隶属于内务部的百周年庆机构,并促成了这一机构转变为部里的常设史学机构。周年庆机构中的一位官员提出了一种新的关联:"新西兰史学总是深受热情的业余爱好者之苦。他们的研究所完成的有价值的部分,现在将要借助受过训练的大脑来作一个更为严格的评判,那种难以捉摸的实体,历史真相

---

① 　Brian Fitzpatrick, *Short History of the Australian Labour Movement*(Melbourne, 1940);id. , *British Imperialism and Australia 1788-1833*(London, 1939);id. , *The British Empire in Australia: An Economic History, 1834 - 1939* (Melbourne, 1941);并参见 Don Watson, *Brian Fitzpatrick: A Radical Life* (Sydney, 1979)。

425

正在走向一种标准化。"[1]

这与1938年的澳大利亚一百五十周年庆并无大的差异。那里的庆典由新南威尔士政府组织，其样板是对悉尼湾首次登陆的一次重演，所有关于囚犯的部分被省略。一群土著人（在悉尼抵制这一事件的那群人）被从远方带来以模拟他们的默许，同时由演员来扮演执政官菲利普宣读一份演说（由州历史学会秘书长创作），宣称这一事件是"不列颠不曾有过的最有价值的收获"。米切尔图书馆馆长反对这一虚构，历史小说家弗洛拉·爱德肖（Flora Eldershaw）也同样反对，虽然她为这一活动编辑了一套女性写作集。但是历史学界的业内人士并未参与其中。[2]

次年，在科学促进会中的澳大利亚和新西兰学会历史分会，墨尔本大学的新任历史学教授麦克斯·克劳福德发表了主席演讲，提出了一项更具野心的议案，进行一项新的且更严密的研究来"从内部解答社会中复杂和无规律的活动的本性"。[3] 随着第二次世界大战扩展到太平洋，克劳福德被借调到外交部门服务，并且随后认识到澳大利亚已经不能再依靠英国的保护。他关于历史教学和研究的计划被搁置了。在离开之前，他创办了《澳大利亚和新西兰历史研究》（*Historical Studies Australia and New Zealand*）。这是第一本学术刊物，为迅速扩张的专业领域和新型历史写作提供了主要的论坛。如果说两次世界大战之间的学术驱动力偏向于一种更

[1] Chris Hilliard，'A Prehistory of Public History：Monuments，Explanations and Promotions，1900‑1970'，in Bronwyn Dalley and Jock Phillips（eds.），*Going Public*：*The Changing Face of New Zealand History*（Auckland，2001），33；and Chris Hilliard，'Stories of Becoming：The Centennial Surveys and the Colonization of New Zealand'，*New Zealand Journal of History*，33（1999），3‑19.

[2] Julian Thomas，'1938：Past and Present in an Elaborate Anniversary'，*Australian Historical Studies*，23（1988），83.

[3] R. M. Crawford，'The Study of History，A Synoptic View'，*Record of the Australian and New Zealand Association for the Advancement of Science*（Canberra，1939），124；并参见 Fay Anderson，*An Historian's Life*：*Max Crawford and the Politics of Academic Freedom*（Melbourne，2005）.

大的帝国主义视角的话,那么1945年之后,更大程度上的自给自足,则会促进一种更强烈的民族国家视角。

大事年表/关键日期

约公元前50000—前4000年	土著人占领澳大利亚
约公元1000年	毛利人占领新西兰
1642年	第一位被确认的欧洲人艾贝尔·塔斯曼(Abel Tasman)登陆新西兰
1770年	詹姆士·库克探索了澳大利亚东海岸
1788年	澳大利亚第一块英国殖民地建立;直到1837年后来的殖民地纷纷建立
1790年代	第一个欧洲人出现在新西兰
1840年	《怀唐伊条约》随着英国殖民地在新西兰的建立而签订
1850年代	澳大利亚和新西兰殖民地(除了西澳大利亚)获得了政府自治的许可
1860年代	新西兰爆发毛利人和白人之间的战争
1901年	澳大利亚联邦建立
1914—1918年	澳大利亚和新西兰军(澳新军团)参加第一次世界大战
1929年	严重的经济大萧条开始
1941年	随着日本进入第二次世界大战,澳洲在太平洋上的势力收缩

426

主要历史文献

Beaglehole, J. C., *New Zealand：A Short History*（London，

1936）.

Bonwick，James，*Daily Life and Origin of the Tasmanians*（London，1870）.

Buick，T. Lindsay，*The Treaty of Waitangi：How New Zealand Became a British Colony*（New Plymouth，1933）.

Condliffe，John Bell，*New Zealand in the Making：A Survey of Economic and Social Development*（London，1930）.

Cowan，James，*The New Zealand Wars：A History of the Maori Campaigns and the Pioneering Period*，2 vols.（Wellington，1922 – 1923）.

Fitzpatrick，Brian，*The British Empire in Australia 1834 – 1939*（Melbourne，1941）.

Hancock，W. K. ，*Australia*（London，1930）.

Lang，John Dunmore，*An Historical and Statistical Account of New South Wales*，2 vols.（London，1834）.

Maning，F. E. ，*Old New Zealand：A Tale of the Good Old Times... By a Pakeha Maori*（Auckland，1863）.

Reeves，W. P. ，*The Long White Cloud：Ao Tea Roa*（London，1898）.

Roberts，Stephen H. ，*History of Australian Land Settlement (1788 – 1820)*（Melbourne，1924）.

Rusden，G. W. ，*History of Australia*，3 vols.（London，Melbourne，and Sydney，1883）.

Scott，Ernest，*Terre Napoleon：A History of French Exploration and Projects in Australia*（London，1910）.

Shann，Edward，*An Economic History of Australia*（Cambridge，1930）.

Tregear，Edward，*The Aryan Maori*（Wellington，1885）.

Thomson，Arthur Saunders，*The Story of New Zealand：Past and Present—Savage and Civilized*（London，1959）.

West，Revd John，*The History of Tasmania*，2 vols.（Launceston，
1852）.

参考书目

Australian Dictionary of Biography，17 vols.（Melbourne，
1966－ ）.

Beaglehole，Tim，*A Life of J. C. Beaglehole：New Zealand
Scholar*（Wellington，2006）.

Belich，James，*The New Zealand Wars and the Victorian
Interpretation of Racial Conflict*（Auckland，1986）.

—— 'Colonization and History in New Zealand'，in Robin W.
Winks(ed.)，*The Oxford

History of the British Empire*，vol. 5：*Historiography*（Oxford，
1999），182－193.

Carter，Paul，*The Road to Botany Bay：An Essay in Spatial
History*（London，1987）.

Crawford，R. M. ，'*A Bit of a Rebel*'：*The Life and Work of
George Arnold Wood*（Sydney，1975）.

Curthoys，Ann，'Expulsion，Exodus and Exile in White Australian
Historical Mythology'，*Journal of Australian Studies*，61
（1999），1－18.

Davison，Graeme，*The Use and Abuse of Australian History*
（Sydney，2000）.

—— Hirst，John and Macintyre，Stuart（eds.)，*The Oxford
Companion to Australian History*，rev. edn(Melbourne，2001）.

Dictionary of New Zealand Biography，5 vols.（Wellington，1992－
2000）.

Gibbons，Peter，'Non-Fiction'，in Terry Surm(ed.)，*The Oxford
History of New Zealand Literature in English*，2nd edn

(Auckland，1998)，31－118.

Griffi ths，Tom，*Hunters and Collectors：The Antiquarian Imagination in Australia*(Melbourne，1995).

Hamilton，Fiona，'Pioneering History：Negotiating Pakeha Collective Memory in the Late Nineteenth and Early Twentieth Centuries'，*New Zealand Journal of History*，36(2002)，66－81.

Healy，Chris，*From the Ruins of Colonialism：History as Social Memory*(Cambridge，1997).

Hilliard，Chris，'Island Stories：The Writing of New Zealand History 1920－1950'，MA thesis，University of Auckland，1997.

——*The Bookmen's Dominion：Cultural Life in New Zealand 1920－1950*(Auckland，2006).

Howe，Kerry，*The Quest for Origins：Who First Settled and Discovered New Zealand and the Pacific Islands?*(Auckland，2003).

Macintyre，Stuart，'The Writing of Australian History'，in D. H. Borchardt and Victor Crittenden(eds.)，*Australians：A Guide to Sources*(Sydney，1987)，1－29.

——*A History for a Nation：Ernest Scott and the Making of Australian History*(Melbourne，1994).

——and Thomas，Julian(eds.)，*The Discovery of Australian History*，*1890－1939*(Melbourne，1995).

Sharp，Andrew and McHugh，Paul(eds.)，*Histories，Power and Loss：Uses of the Past—A New Zealand Commentary*(Wellington，2001).

孙　琇　译

第二十一章　墨西哥的历史写作：三大周期

D. A. 布拉丁

　　1800—1945 年间,这一时期的墨西哥的历史写作主要是由叙述国家动荡的政治经历所构成。1810 年起义和 1821 年独立的实现,1855—1867 年间的自由改革和法国干涉,以及 1910—1920 年间的墨西哥革命,构成了一系列戏剧化的轴心事件,由此产生了历史编纂的三大周期。在每一事件中,目击报道和简要年鉴的出版,都依据了一种标准的叙事方式,一般都带着党派视角而写就。然而,一般说来,直到几十年后,修正主义者的解释才开始出现。以墨西哥革命为例,直到 1960 年代,第一部学术性的研究才开始面世,而这已经超出了本章所关注的范围。然而,尽管伴随着当代政治的困扰,依然存在一种坚韧但却微弱的学术传统,致力于前西班牙文明和西班牙征服的研究。这种传统在对以手抄本形式保存的16 世纪编年史的编辑和印刷过程中表达出来。为了获得灵感,19世纪的大部分墨西哥历史学家都向法兰西看齐,特别因为他们自由派—天主教势力的分野,也与那个国家的派系纷争产生了共鸣。尽管他们对欧洲史有全面的了解,墨西哥人还是将他们自己限定于自身历史,或者说是"祖国历史"(*historia patria*)的写作中。

　　1813 年,第一部由墨西哥人完成的政治史在伦敦出版,此即由流亡的多米尼加人富瑞·萨万多·特丽萨·德·米尔(Fray Servando Teresa de Mier)撰写的《新西班牙前阿纳瓦克革命史》(*Historia de la revolución de Nueva España antiguamente*

Anáhuac）。他追溯了由受人尊重的地区教长米格尔·伊达尔戈（Miguel Hidalgo）所领导的民众起义的第一阶段。伊达尔戈为乡村大众提供了一幅我们自己的瓜达卢普圣母（Our Lady of Guadalupe）的形象，她是新西班牙的主要庇护者，也成为了人们反抗的象征。在他记录的起义派和保皇派势力的斗争中，米尔痛斥了西班牙的统帅们，认为他们的残忍镇压比得上埃尔南·科尔特斯（Hernán Cortés）以及其他 16 世纪征服者的罪恶。他引用巴特洛梅·德·拉斯·卡萨斯（Bartolomé de Las Casas）著名的传单《摧毁印第安人的最简洁记录》（*Brevísima relación de la destrucción de las Indias*，1552 年），作为反复出现的西班牙人暴行的证据，尖锐批评了讲故事的堡尔（Pauw）和他的助手罗伯逊（Robertson）对拉斯·卡萨斯的诽谤。在一篇令人窘迫的附录中，他提出在美洲大发现之前，墨西哥本地人就已经皈依了基督教。这得益于使徒圣托马斯（St Thomas the Apostle）领导的传教活动，他后来被印第安人尊为羽蛇神（Quetzalcoatl），带羽毛的大蛇。[①] 由此，米尔借助历史和神话论证了墨西哥从西班牙统治下解放出来的合理性。

430

独立

1821 年下半年，在前保皇党上校奥古斯丁·德·伊图尔维德（Agustín de Iturbide）成功赢得墨西哥独立之后，有一位参加了由何塞·玛利亚·莫雷洛斯（José María Morelos）领导的起义第二阶段的律师，卡洛斯·玛利亚·德·布斯塔曼特（Carlos María de Bustamante），发表了他的连载作品《美洲墨西哥人革命的历史素描》（*Cuadro histórico de la revolución de la América mexicana*，1823—1827 年）的头十二页。随后，又不定期出版了小册子，后

---

① 关于米尔的论述参见 D. A. Brading, *The First America：The Spanish Monarchy，Creole Patriots，and the Liberal State，1492 - 1867*（Cambridge，1991），583 - 602。

约 1830 年的拉丁美洲和加勒比地区（含独立日期）

来，以三卷本的形式再版。他引用了目击证人的叙述、官方档案和他个人生动的回忆，向他的读者呈现了反叛领导人的肖像，他为这些社会出身纷繁多样的人们创造了一个为全民族争取自由的相似外观（semblance）。正如米尔作为一位伟大的爱国者受到尊重，他也通过提及西班牙征服的罪恶，来论证起义作为一项从邪恶和暴政的遗产中解放出来的事业而具有合理性。由此，以一种戏剧化的方式，他描绘了科尔特斯、皮萨罗（Pizarro）和阿尔瓦拉多（Alvarado）的阴影。他们为其同胞在瓜纳华托（Guanajuato）被墨西哥叛军屠戮而哀哭切齿，只有他们自己应该受到美洲精神的严厉谴责，同胞的死亡提示了他们曾经犯下的种种暴行。采取同样手法的是，当他形容伊图尔维德的胜利游行贯穿于墨西哥城的街巷时，布斯塔曼特仿佛在他的身上看见古代墨西哥帝王的身影正在他们的坟墓中升起，引领了队列。①

布斯塔曼特在记录 1813 年召开的奇尔潘辛戈国民大会（the Congress of Chilpancingo）时，提及 16 世纪的历史，这种方式是为了证明独立是所能看到的最好的选择。在那次会议中，何塞·玛利亚·莫雷洛斯，从一名乡村教区牧师转变而来的起义领袖，宣称："我们将要重建墨西哥帝国并改善它的统治。"在布斯塔曼特的一篇文章中，莫雷洛斯后来继续说道：

蒙特祖玛（Moctezuma）、卡卡马辛（Cacamatzin）、瓜特穆辛（Cuauhtimotzin）、西科特那凯尔（Xicotencatl）和卡特祖兹（Catzonzi）的精神，正是你们遭受阿尔瓦拉多背信弃义之剑屠戮的那场盛宴上所庆祝的。现在，庆祝这一快乐的时刻吧。在此刻，你们的子孙已经联合起来，向对你们所犯下的罪恶和暴行复仇，并将他们自己从暴政的钳制以及试图永远抓住他们的迷信中解放出来。从 1521 年 8 月 12 日一直持续到 1813 年 9 月 14 日。在那一天，我们作为奴隶的锁链在墨西哥的特诺奇提特兰（Tenochtitlán）被系紧。在今天，在奇尔潘辛戈的快乐村庄中，它们将被永远打碎。

在这一演说中，我们遇到了提前出现的民族主义的修辞，蒙特祖

431

① Edmundo O'Gorman, *Guía bibliográfi ca de Carlos María de Bustamante*（Mexico, 1967）,39 - 51. 五卷中包含 151 封"书信"，参见 Brading, *The First America*, 577 - 581,634 - 638。

玛和瓜特默克（Cuauhtémoc），最后的墨西哥帝王，与伊达尔戈和莫雷洛斯在爱国者的先贤祠中团结起来。具有讽刺意味的是，当伊图尔维德在 1821 年 9 月 28 日宣传独立法案时，它呼应了奇尔潘辛戈宣言，声称："墨西哥民族，三百年来失去了自己的意志，也无法发出自己的呼声。今天，将要摆脱它所经历的压迫了。"①

独立后的两位自由派史学领袖，洛伦佐·德·萨瓦拉（Lorenzo de Zavala）和何塞·玛利亚·路易斯·莫拉（José María Luis Mora），都批评了伊达尔戈，认为他所发动的一场大众运动已经被证实是对所有权的大规模破坏，缺少政治规划，而非只是驱逐西班牙居民（那么简单）。事实上，萨瓦拉写道："瓜达洛普圣母万岁是他发动这场运动的唯一根据。她的形象被印在国旗上以及伊达尔戈的法典和制度上。"至于布斯塔曼特，萨瓦拉轻蔑地驳回了他的起义编年史，将其视为一种"错误、荒谬和愚蠢真相"的混杂。② 这两位自由派都没有对墨西哥在西班牙征服前的历史表现出任何兴趣，只是把当时的宗教视为未开化的，把当时的政府形式视为专制的，而不予考虑。在《墨西哥及其革命》（México y sus revoluciones，1836 年）中，莫拉对西班牙的殖民政策做了一番回顾，他得出结论，对印第安村庄共有土地保有的保护，已经否定了其居民个人经营的收益，并将他们从西班牙混血儿（Hispanic-mestizo）的群体中分离了出来。与之相反，他也批评了大土地庄园对大量条状领地的事实上的垄断，这导致他将墨西哥比作爱尔兰。最后，莫拉探索了教会大量积累的财富，以及传说中它对教育的恶性控制，因为教

① Ernesto Lemoine, *Morelos：Su vida revolucionaria a través de sus escritos y de otros testimonios de la época*（Mexico，1991），365 - 369；and Felipe Tena Ramírez, *Leyes fundamentales de México 1808 - 1967*（Mexico，1967），122 - 123。

② Lorenso de Zavala, *Ensayo critic de las revoluciones de México desde 1808 hasta 1830*，ed. Manuel Gozáles Ramírez（Mexico，1969），7，48. 关于 Zavala 参见 Evelia Trejo, *Los límites de un discurso：Lorenzo de Zavala，su 'Ensayo histórico' y la cuestión religiosa en México*（Mexico，2001）。

育不断灌输了一种经院式的思考方式。在实际效果上，这些反教权的自由派在后殖民地时代的墨西哥并无价值，其大部分价值在于他们对变革的强烈要求。①

432 　　"事实上"，布斯塔曼特写道，"唐·卢卡斯·阿拉曼（Don Lucas Alamán）是共和国最伟大的政客"。他同样也是后殖民地时代最伟大的历史学家。作为一名瓜纳华托富有矿主家庭的儿子，阿拉曼见证了那座城市被伊达尔戈攻陷并险象环生。他在墨西哥城的矿业学院接受了教育，然后到了欧洲，在 1820 到 1821 年间担任马德里议会中的墨西哥代表，回国后成为了外交大臣。后来，在 1830—1832 年间，他控制了阿纳斯塔西奥·布斯塔曼特（Anastasio Bustamante）总统的内阁。在这些年间，阿拉曼吸引了大量英国人投资矿业，并建立了一家政府银行来资助纺织工业的机械化。抛开政治偏好，他出版了《论文集》（Disertaciones［Dissertations］，1844—1849 年），谨慎地赞颂了埃尔南·科尔特斯，并批评了布斯塔曼特的反西班牙修辞和对阿兹特克帝国的理想化。阿拉曼坚持说："征服……已经最终创造了一个全新的国家，在这个国家里所有过去的遗迹都已被抹掉：宗教、习俗、语言、民族——来自被征服者的一切。"此外，共和国三分之二的版图都处于墨西哥王国（Mexica realm）的控制之外。②

　　作为埃德蒙·柏克（Edmund Burke）和约瑟夫·德·迈斯特（Joseph de Maistre）的忠实读者，阿拉曼也是一名天主教的西班牙保守派。他把墨西哥在与美国交战中的溃败看作是一重证据，说明这个国家需要一位欧洲的君主来重建秩序和进步。在他的五卷本《墨西哥史》（Historia de Méjico，1849—1852 年）中，他把 18 世纪晚期定义为一个开明统治的时期，当时矿业生产激增，国家享有繁荣、和平以及良好的治理。与此形成对比的是，起义则带来了经

---

① 参见 José María Luis Mora, *Obras completas*, prologue by Andrés Lira, 8 vols., 2nd edn(Mexico, 1994), esp. vols. iv-vi.

② 参见 José C. Valadés, *Alamán : estadista e historiador*(Mexico, 1977); and Lucas Alamán, *Disertaciones*, 3vols., 5th edn(Mexico, 1969), i. 103, 109。

济上的破产和政治上的混乱。他写道："连年的战事不过是有教养的人和财产所有者的努力，他们与西班牙政府协同一致，以此来镇压一场可能会危害这个国家文明的打砸抢式的革命……实际上，这场革命是无产者反对所有财富和文化的一场暴乱。"但是，后来，阿拉曼也认为由瓦拉和莫拉所支持的格雷罗（Guerrero）和戈麦斯·法里亚斯（Gómez Farías）的激进政府，也同样破坏了所有权和公共秩序，并特别反对他们对教会的攻击。在他随后各卷的观点中，阿拉曼提供了包含大量统计数据和官方档案的极为宝贵的诸多附录。内战年间，他征引了其同父异母兄弟，一位墨西哥天主教大教堂的教士，所收藏的详细的事件日志。在第五卷和最后一卷，他回顾了1840年代后期墨西哥的糟糕情形。当时，超过一半的国土已经被美国吞并，军队的威望已经被粉碎到无法修复，联邦政府的国库事实上已经破产。教会几乎成为幸免于难的唯一机构。这导致他把天主教信仰定义为"在一切灰飞烟灭时，唯一可以团结墨西哥人的共同纽带。"①

　　尽管阿拉曼坚持墨西哥民族的西班牙根基和特色，在独立前后的几十年，他却见证了一系列有关这个国家土著人口的系列作品的出版。作为对启蒙历史学家高乃依·德·堡尔（Corneille de Pauw）、纪尧姆·雷纳尔（Guillaume Raynal）和威廉·罗宾逊（William Robertson）的回应（他们都将阿兹特克人视为未开化之人或最多不过是上等野蛮人而弃之不论），弗朗西斯科·哈维尔·克拉维杰罗（Francisco Javier Clavijero），一名流放的墨西哥耶稣会士，用意大利语出版了他的《墨西哥古代史》（*Historia antígua de México*，1780—1781年）。用一种考虑周全的新古典主义散文体，克拉维杰罗写就了一个《印度群岛君主制》（*Monarquía Indiana* [Monarchy of the Indies]）的摘要。这个有关古代墨西哥的经典文本，由一位圣方济各会修士胡安·德·托尔克马达（Juan de

433

---

① Lucas Alamán, *Historia de Mejico*, 5 vols. , 4th edn (Mexico, 1968), iv. 461, v. 568.

Torquemada)在 1615 年首次出版，这本书汇集了先前托钵僧的编年史、本地人的年代记和混血儿的叙述故事。然而这位圣方济各会修士将特诺奇提特兰城，描绘为由撒旦自己建立的金光闪闪的巴比伦城。这个耶稣会士将阿兹特克人比附为古罗马人和希腊人，并要消灭所有提到的魔鬼。此外，克拉维杰罗还留下了一组引发争议的专题论文。在这些论文中，他尖锐批评了美国启蒙历史学家们的气候理论、对历史的歪曲和种族主义。①

1790 年，两块前西班牙时代的巨石在墨西哥城的主广场上被挖掘出来，其中一块是刻有立法的轮盘浮雕的太阳石，另一块是覆盖着膨胀的头颅和相互纠缠的毒蛇的科亚特利库埃（Coatlicue）女神像。两年后，安东尼奥·德·莱昂-伽马（Antonio de León y Gama），一名克里奥尔（Creole）官员，纳瓦特人和数学专家，出版了他的《两块石头在历史上和编年史中的描述》（*Descripción histórica y cronologica de las dos piedras*，1792 年）。这部作品后来被形容为"墨西哥可宣称的首部和唯一一部严格说来算得上严密的考古学调查。"因为莱昂-伽马表明这块石制圆盘上呈现出了土著人的历法，并解释了阿兹特克太阳历：由 18 个月构成，每个月 20 天，十三年而非十五年有一次周期（indiction），52 年循环一次。还有一种习惯的阴历，以不同的方式数算月份。事实上，这位克里奥尔学者证实了克拉维杰罗的说法：墨西哥拥有本土的资料来源，其古代历史的精确年表可以据此得以重建。在时间中，太阳石被视为一种民族的象征。②

独立一经实现，一帮精挑细选的墨西哥学者就开始着手一项伟大的使命：出版并阐释有关他们历史的手抄本资料，这主要是指本

---

① Juan de Torquemada, *Monarquía indiana y los veinte y un libros rituales*, ed. Miguel León-Portilla, 7 vols. , 3rd edn (Mexico, 1975 - 1983); and Francisco Javier Clavijero, *Historia antigua de México*, prologue by Mariano Cuevas, 2 vols. (1780-1781; Mexico, 1945,1964).

② Antonio de León y Gama, *Descripción histórica y cronológica de las dos piedras* (1792,1832; facs. edn, Mexico, 1978),未加页码的导言。

地人的刻本和托钵僧的编年史。在此，他们受到了亚历山大·冯·洪堡（Alexander von Humboldt）的协助。洪堡在他的《科迪勒拉山脉的风景与本土美洲民族的丰碑》（*Vues des cordilleres et monuments des peoples indigenes de l'Amerique*，1810）一书中，呈现了米特拉（Mitla）和霍奇卡尔科（Xochicalco）两地墨西哥人雕塑的素描，并复制了墨西哥刻本的一份样本。这些资料中的数种都是前西班牙时期的史料，且散布于维也纳、罗马和马德里的图书馆中。在评论中，洪堡接受了克拉维杰罗的观点：美洲印第安人"在发展他们的智力能力和走向文明的道路上"，遵循着"一条特殊路径"。然而，可以肯定的是，他的一项推测是经不起推敲的，即认为羽蛇神也许曾经是一名移民来的佛教僧侣。①

新英格兰历史学家威廉·希克林·普雷斯科特（William Hickling Prescott）在他的《墨西哥征服史》（*History of the Conquest of Mexico*，1843）中，提供了一种对阿纳瓦克战士和西班牙人相遇的浪漫故事叙述。在标题为《阿兹特克文明观》的导论部分，普莱斯科特选择了一条介于罗宾逊和克拉维杰罗之间的中间路线。他得出的结论认为："阿兹特克人和特斯可可人（Texcocan）人的种族在文明上远远领先于北美游牧民族……在程度上并不亚于我们的撒克逊祖先在阿尔弗雷德大帝统治下的文明。"但是他依据文字史料，对本地刻本的价值却持怀疑态度，猜想它们的意义将无法被破解。尽管他为特斯可可的统治者内萨瓦尔科约特尔（Nezahualcoyotl）绘制了一种哲学王式的肖像，然而在特诺奇提特兰他并没有发现壮丽奢华的宫廷，也没有发现斯特可可对"亚洲和埃及专制主义"的缅怀，更没有谴责他们的沉迷人牲（human sacrifice）。此外，当他开始陈述征服事件时，普雷斯科特将科尔特斯呈现为故事的英雄，一位"骑士精神消亡时代"的代表，而蒙特祖

434

---

① Alejandro de Humboldt, *Vistas de las cordilleras y monumentos de los pueblos indígenas de América*, ed. Jaime Labastida(Mexico, 1974),6-9,97-112,146-185,370.

玛则被形容为在个性上"女性般的软弱"，"他的胆怯源于他的迷信"。这种评价与西班牙历史学家安东尼奥·德·索利斯（Antonio de Solís）的观点形成共鸣。[①]

在墨西哥，普雷斯科特的浪漫史学风格广受欢迎且传播迅速。但在1844年的修订版中，卢卡斯·阿拉曼却提醒读者要警惕美国人的反天主教偏见，并在附录中插入了米尔关于圣托马斯—羽蛇神的专题论文。更重要的是，何塞·费尔南多·拉米雷斯（José Fernando Ramírez），一位古物学者和政治家，补充了一条评论。他批评了普雷斯科特"种族上的蔑视"，因为在所有交战场景中阿兹特克人都被描述为野蛮人或凶残之人，总是尖声叫出他们的战斗呼喊。美国人已经将那瓦特语（Nahuatl）描述为一种不着调的语言，拉米雷斯则质疑一种习惯于北佬儿歌（*Yankee Doodle*）曲调的人怎能评判他从未听过的一种语言的音调。他同样也抱怨了普雷斯科特对本土历史资料的不信任。米拉雷斯认为，依靠刻本（codices）和征服之后的年鉴，几个世纪的印第安历史可以重建。正是因为普雷斯科特对这些资料的视而不见才导致他无视蒙特祖玛的信仰，即科尔特斯是羽蛇神返回阿纳瓦克的报信者。[②]

435　　正是拉米雷斯，在1853年剪辑了刻本。直到那时，刻本一直被假定描述了墨西哥人从他们的北方故土阿兹特兰移民到特诺奇提特兰的过程。拉米雷斯对每个象形文字都做了严密的分析，不仅引用托尔克马达，也同样引用赫尔南多·阿尔瓦拉多·塔斯可穆克（Hernando Alvarado Texocomoc），蒙特祖玛的一个孙子的作品，他在墨西哥城的圣方济各会女修道院图书馆发现了他们的手抄本书籍。他展示了局限于中央山谷内部的有计划的迁徙。在

---

① William Hickling Prescott, *History of the Conquest of Mexico* (New York, n. d.), 21,33,52,91,103,223.

② Id. , *Historia de la conquista de México*, annotated by Don Lucas Alamán with notes and clarifications by Don José Fernando Ramírez, ed. *Juan A. Ortega y Medina* (Mexico, 1970),657-699.

此，重要的不是结论而是方法，即一种文字记录紧随其后的象形文字间的细致比较。拉米雷斯是个悲情人物，他既目睹了 1847—1848 年间美国人对墨西哥城的占领，也见证了 1856—1863 年间在首都大修道院中自由派的解体。作为马克西米利安大帝的外交使节，1867 年，他出版了迪亚哥·杜兰（Diego Durán）关于本地宗教和历史的珍贵手抄本研究的第一卷，这项研究以本地史料为根基。[①]

自由派改革

自由派改革（1855—1857 年）、三年战争（1858—1860 年），以及法国干涉（1862—1867 年），这些戏剧性的事件催生了一个政治上的历史编纂周期，并一直持续到 1910 年。然而，不同于有关起义的历史编纂周期，原初目击者的记录质量是有限的，且完全缺乏布斯塔曼特的通俗气韵。最快出现的当代史料是里程碑式的著作《制宪会议史》（Historia del Congreso Constituyente），一种自由派集会上发表的演说副本或释义，由弗朗西斯科·扎尔科（Francisco Zarco）记录，并断断续续发表于一份很有影响力的时评刊物《19 世纪》（El Siglo XIX ［The Nineteenth Century]）上，后来以两卷本的形式在 1857—1861 年出版。[②] 它的出版形式说明，在这一时期，政治性的新闻报道至关重要。在这些叙事中，安塞尔莫·德·拉·波蒂拉（Anselmo de la Portilla）的《墨西哥革命史》（Historia de la revolución de México，1856 年）描写了反对桑塔·安娜（Santa

---

① José Fernando Ramírez, 'Tira de la peregrinación mexicana', in Ernesto de la Torre Villar(ed.), Obras, 5 vols. (Mexico, 2001), i. 241 - 281. 关于 Ramírez 参见 Enrique Krauze, La presencia del pasado (Mexico, 2005), 63 - 74. 并参见 Diego Durán, Historia de las Indias de Nueva España, 2 vols. (Mexico, 1867, 1800)。

② 参见 Francisco Zarco, Historia del Congreso Constituyente (1856 - 1857), preliminary study by Antonio Martínez Báez(Mexico, 1956)。

Anna）最后独裁的自由派叛乱；何塞·玛利亚·伊格莱西亚斯（José María Iglesias）的《法国干涉的历史回顾》（*Revistas históricas sobre la intervención francesa*，1862—1864 年）为贝尼托·胡阿雷斯（Benito Juárez）政府提供了一种半官方的辩护；弗朗西斯科·德·保拉·阿兰贡兹（Francisco de Paula Arrangoiz）的《1808—1867 年的墨西哥》（*México desde 1808 hasta 1867*，1871—1872 年）提供了一种本质上属于保守派的编年史。一个西班牙人佩德罗·普鲁内达（Pedro Pruneda）在他的《墨西哥战争史（1861—1867）》（*Historia de la Guerra de Méjico，desde 1861 a 1867*，1867 年）中，提供了对法国干涉的最完美的记录。内战和外国势力入侵的经历，同样在胡安·A. 马特奥斯（Juan A. Mateos）的小说《山地战役》（*El cerro de las campañas* [Mountain Campaigns]）和《五月的太阳》（*El Sol de Mayo*）中得以探索。两本书都出版于 1868 年。到目前为止，对这一时期最具指导性的回忆是《诸多战役》（*Algunas campañas*，1884—1885 年）一书。在书中伊雷内奥·帕斯（Ireneo Paz），一位多产的记者，以一种流行的回忆录的形式谈及了他参与的叛乱，首先是反对马克西米利安大帝，然后是反对贝尼托·胡阿雷斯难以平息的总统独裁。[①]

尽管内战造成了混乱，许多学者依然继续探究 16 世纪墨西哥史学资源的丰富遗产。当自由派消解了宗教秩序，解散了重要的女修道院图书馆时，也使得一位富有的地主，虔诚的天主教徒和博学的学者华金·加西亚·伊卡兹巴尔瑟塔（Joaquín García Icazbalceta），获得了内容广泛的后征服时代的手抄本，既有书信也有编年史。那时，他已经在以十卷本形式出版的《历史和地理通典》（*Diccionario Universal de Historia y Geografía*，1853—1856 年）一书中，提供了很多史学研究的切入口。在随后的 1858 年，他又在自己的家里安置了一台印刷机，并在 1866 年出版了随后的两

---

① Ireneo Paz, *Algunas campañas*, prologue by Antonia Pi-Suñer Llorens and 'postfacio' by Octavio Paz, 2 vols. (Mexico, 1997).

卷,定名为《墨西哥历史档案集》(*Colección de Documentos para la Historia de México*)。其中包括未加编辑的科尔特斯和拉斯·卡萨斯的书信,以及其他诸多 16 世纪的材料。然而,由"莫特林尼亚"贝纳文蒂的富瑞·托里维奥(Fray Toribio de 'Motolinia' Benavente)完成的《新西班牙印第安人史》(*Historia de los indios de Nueva España*),伴随着何塞·费尔南多·拉米雷斯的初步研究,吸引了人们的注意。因为这里面有一份记录,是由第一批抵达新西班牙的十二名圣方济各会教士中的一名留下的,他是一名以热诚献身且同情印第安人而著称的僧侣。第三卷印刷于 1871 年,完全献给了赫罗尼莫·德·门迭拉(Jerónimo de Mendieta)的《印度群岛教会史》(*Historia eclesiástica indiana*)。这本书在 1590 年代以清晰易懂的散文形式写成。依据这些成就,1881 年,加西亚·伊卡兹巴尔瑟塔出版了一本关于富瑞·胡安·德·祖玛瑞加(Fray Juan de Zumárraga)生平的著作。他是墨西哥第一任大主教。在这本书中伊卡兹巴尔瑟塔单刀直入地驳斥了普雷斯科特对高级教士的批评。伊卡兹巴尔瑟塔表明,圣方济各会修士应当为在 1536 年创办的圣克鲁兹·克特拉特洛可学院负责,本地权贵的子弟可以在那里接受教育,学习拉丁文,并在后来担负起了他们社区统治者的角色。祖玛瑞加还有一台印刷机被带到了墨西哥城。早在 1539 年,就曾被用来印刷简单的《基督教教义》(*Doctrina Cristiana*),既向西班牙人也向那瓦特人分发。1886 年,加西亚·伊卡兹巴尔瑟塔出版了他的杰作《16 世纪墨西哥文献索引》(*the Bibliografía mexicana del siglo XVI*)。这部作品被伟大的西班牙批评家马赛里诺·梅内德斯·佩拉约(Marcelino Menéndez Pelayo)赞誉为"任何一个国家所能拥有的在其领域内最完美且上乘的作品"。这是一部装帧精美的书籍,充满了带插图的标题页,有 179 种带摘要和翻译的名目列表。这部文献索引最引人注目的特征在于,它还带有极大数量的墨西哥本地语言的语法和字典。这都是由托钵僧在他们本地信徒的帮助下完成的。尽管加西亚·伊卡兹巴尔瑟塔自己对本地的过去鲜有研究,但他却为未来的墨西哥土著文化研究者

437

提供了一个无价的目录,成为他们展开研究的基本工具。①

作为何塞·费尔南多·拉米雷斯的主要门徒和加西亚·伊卡兹巴尔瑟塔出版物的受惠者,一位一贫如洗的公职人员和具有献身精神的学者曼纽尔·奥罗斯科·贝拉(Manuel Orozco y Berra),终其一生的工作由四卷厚实的《古代史和墨西哥征服》(*Historia antígua y de la conquista de Mexico*,1881 年)构成。开篇,他赞扬了拉米雷斯,既包括他对刻本上的象形文字的解释,也包括他对本土语言的深入了解。在各方面,奥罗斯科都引证了大量西班牙人和那瓦特人的多种资料,并在他的叙述中列举出来。他明确表示,事实上,此书所采用的在胡安·德·托尔克马达《印度群岛君主制》(*Monarquía indiana* [Monarchy of the Indies])中无法检索出的全部材料,都是后来被辨认出来才得付梓的。有时,他会谨慎地平衡那些与他观点相左的材料,正如他接受了羽蛇神也许正是一个爱尔兰或冰岛传教士的说法。不管怎样,他还是严厉批评了科尔特斯和阿尔瓦拉多在乔卢拉和特诺奇蒂特兰所犯下的,对印第安人的不义屠杀,也是在那时批评了蒙特祖玛允许西班牙人进入城池的决策。他宣称,"正是最愚蠢的迷信,把这位低能的君主葬送在了入侵者的脚下"。尽管他把这场征服刻画为本地民族的"一重大灾难",无疑也承认了正是这件事将墨西哥整合进了欧洲和天主教文明。②

---

① García Icazbalceta 的著作列表参见 Manuel Guillermo Martínez, *Don Joaquín García Icazbalceta:su lugar en la historiografía mexicana*(Mexico,1950),147 - 153(关于 Menídez Pelayo 的赞誉参见 p. 62)。并参见 Agustín Millares Carlo (ed.), *Bibliografía mexicana del siglo XVI*, 2nd edn (Mexico, 1954); and Rafael Aguayo Spencer and Antonio Castro Leal (eds.), *Don fray Juan de Zumárraga primer obispo y arzobispo de México*,4 vols. , 2nd edn (Mexico, 1947)。关于 Garcia Icazbalceta 自身经历参见 D. A. Brading, *Mexican Phoenix*, *Our Lady of Guadalupe:Image and Tradition Across Five Centuries*(Cambridge, 2001),258 - 268,285 - 286。

② Manuel Orozco y Berra, *Historia antígua de la conquista de México*, prologue by Angel María Garibay Kintana and bio-bibliography by Miguel León-Portilla, 4 vols. (Mexico,1960),i. 80 - 87,339; ii. 138 - 145,380.

第二十一章　墨西哥的历史写作：三大周期

1880 年,墨西哥进入了一个以外资开发铁路和充满活力的出口经济大发展为基础的繁荣阶段。与此同时,波菲里奥·迪亚兹(Porfirio Díaz)将军,一位反对法国干涉战争中的英雄,在 1884 年再次当选为总统,并履行职务一直到 1911 年。1887 年,一座阿兹特克末代君王瓜特穆斯(Cuauhtémoc)的雄伟雕塑。在首都的主干道解放大道(Paseo de la Reforma)上揭幕。基座浮雕上描绘了这位帝王所经受的来自科尔特斯的折磨。同年,紧邻国家宫(the National Palace)的国家博物馆开放了一个展室,在这里,前西班牙时期的所有巨石得以展出。其中最显著的位置留给了太阳石。前西班牙时期的文明曾经达到的高度,被看作墨西哥的古典历史。这一点在 1889 年再度被展示。当时,巴黎万国博览会的墨西哥展馆的建筑风格是新阿兹特克式的,摆满了和平的神祇和英雄们的雕塑,例如瓜特穆斯的雕塑。①

对于巩固政治权力和繁荣的历史表达,可以在《穿越诸世纪的墨西哥》(*México a través de los siglos* [Mexico Across the Centuries],1884—1889 年)一书中看到。五卷配有丰富插图的对开本,以金色太阳石复制品为纹章装饰的猩红色纸板做封皮,全部都在巴塞罗那印刷。此书的第一卷由奥罗斯科-贝拉的一位朋友,阿尔弗雷多·夏瓦罗(Alfredo Chavero)写就,呈现了一种关于纳瓦霍(Nahua)和玛雅文明的概要式观点,反映了当时的知识水平。但是却被作者的推测所玷污,那种推测认为纳瓦霍人的祖先来自巴斯克移民,玛雅人和奥特米人(Otomies)来自中国定居者。最后三卷涉及从 1800 年到 1861 年间的时段,为读者提供了一个关于共和国史的标准的自由派陈述。它将起义和改革呈现为两大阶段:民众斗争将国家从西班牙统治下解放出来,以及颠覆天主教教士

438

---

① Carlos Martínez Assad, *La patria en el Paseo de la Reforma* (Mexico, 2005), 33 - 39; and Mauricio Tenorio-Trillo, *Mexico at the World's Fairs*: *Crafting a Nation* (Berkeley and Los Angeles, 1996), 64 - 79, 223 - 232.

和军事武装两个特权阶级的权力。[1]

《穿越诸世纪的墨西哥》(*México a través de los siglos*)第二卷的主编和作者是维森特·里瓦·帕利西奥(Vicente Riva Palacio),一名小说家、士兵以及 1876—1880 年的发展(西班牙语 *Fomento*)大臣。他当时负责委托制作瓜特穆斯的雕塑。在他调查新西班牙的总督职权时,里瓦·帕利西奥引用了加西亚·伊卡兹巴尔瑟塔的出版物,并称赞了祖玛瑞加和拉斯·卡萨斯两人对印第安人自由的杰出辩护,尽管后来他也强调了宗教裁判所的专制程序,并谴责了耶稣会士对财富的追求和可怕的社团纪律。他决定性的创新之处在于,提出了一个独具特色的墨西哥民族性理论。在此背景下,里瓦·帕利西奥讨论了新近出版的欧内斯特·勒南(Ernest Renan)的演说《什么是民族?》(*Qu'est-ce qu'une nation?*,1882 年)。在这篇演说中,民族被定义为"一种活着的灵魂",是由"记忆的遗产"和"共同生活的欲望"所连接起来的"一种道德意识"。但是里瓦·帕利西奥以这样一种宣称做出了回应:"很多民族,如同很多个人,应当具有一种精神,一种民族灵魂,但是同样又是一种躯体,一种等同于民族国家的物质有机体"。作为查尔斯·达尔文的读者,他接受了"生存竞争"的原则,并主张经过三百年殖民时期,"一种新种族的内核",墨西哥混血种族已经缓慢出现。事实上它最初被看作是贱民(pariahs),是西班牙征服者和印第安女子的后代,后来缓慢融合,形成了一种具有其自身独特个性的新民族性的基础。这也是一种在 20 世纪早期构成墨西哥民族主义主要成分的理论。[2]

439　　1877 年,贾斯托·塞拉(Justo Sierra),一位青年诗人,被任命为国立预备学校(the National Preparatory School)的通史教授。这一机构由奥古斯特·孔德的墨西哥信徒加比诺·巴雷达(Gabino Barreda)创办。为了与他的职位和薪水相称,塞拉在 1879 年迅速

---

① Vicente Riva Palacio(ed.), *México a través de los siglos*, 5 vols. (Mexico and Barcelona, 1884 - 1889), i. 62 - 73.

② Riva Palacio, 'El virreinato', ibid., ii. 471 - 479,896.

出版了一份古典历史纲要，随后又在 1891 年出版了一部西方文明通史。此外，他还写了大量在学校中使用的历史教科书，包括《民族史纲要》（*Elementos de historia patria*，1893 年），这本书直到1920 年代仍不断再版。作为一名新潮作家，塞拉在他的教科书中还收录了各个时期相关英雄的素描。在论著《墨西哥：社会与政治》（*México social y político*，1889）中，他回应了古斯塔夫·勒庞（Gustave Le Bon）将拉美的"私生子人群"（bastard populations）视为不具备进化或文明能力的毁谤性观点。塞拉将"混血家庭"辨识为一种"我们历史中的动力要素"，由此，他拥抱了自由主义的新观念，打破了根深蒂固的教会和军人势力的传统观念。事实上，塞拉将混血儿定位为一种社会中充满活力的阶层，他们介于大量印第安村民和克利奥尔地主（Creole landowners）的惰性等级制之间。[①]

　　1900—1904 年，塞拉承担了编辑《墨西哥：它的社会革命》（*México：Su evolución social*）的繁重任务。这个三卷本大部头的出版，是为了宣传墨西哥当时所获得的有效治理和经济进步。它要求塞拉提供一种对这个国家政治史的记录，这种记录随后单独出版，并填满了他作品集成中的一整卷。开篇，他仓促地将阿兹特克帝国编排为一种无法容忍的神权专制统治，并将新西班牙谴责为由经院哲学和宗教裁判所所主宰的"巨大的思想上的禁闭回廊"。在对待共和国时期的问题时，他将起义和改革定义为国家演进中的"两种急剧加速"，这一过程随着"国民，正是国家自身的主人"这一观念的创制而达到顶点。改革法、政教分离，为共和国完成"完全的自我统治……具备一个世俗国家的最终制度"扫清了主要障碍。1863 年，当法国人占领墨西哥城时，国家的命运依赖于贝尼托·胡阿雷斯，他后来成功建立了一个切实可行的中央政府。塞拉由此得出结论：在英勇抵抗法国人期间，自由党成为了国家的象征，"在那时起，改革、共和国和祖国（the Patria）成为了一码

---

① Justo Sierra, *Obras completas*, 17 vols. (Mexico, 1948 - 1996), ix. 191 - 194, 126 - 148.

事"。① 由贝尼托·胡阿雷斯谱写的这篇颂词深深激怒了弗朗西斯科·布尔内斯(Francisco Bulnes),一位前参议员和工程师,他在1904—1905年出版了《真实的胡阿雷斯》(*El verdadero Juárez*)和《胡阿雷斯与阿尤特拉革命与改革》(*Juárez y las Revoluciones de Ayutla y de Reforma*)。文中他试图模仿伊波利特·泰纳(Hyppolite Taine)对法国大革命的批评,主张胡阿雷斯无论是在三年战争中还是在法国干涉中,都只是一个傀儡,尽管他总是试图保留政治权力。改革是一整代知识分子、政治家、将军和地方首领的工作,胡阿雷斯只是利用了这些人,然后在他们不再有用时抛弃他们,所以"在他的整个总统任期内,人们看到的是他将真正有价值的人耗尽并贬低为无用之才,……只因那些人被视为质疑最高权力的敌人。"布尔内斯抱怨胡阿雷斯曾被欢呼作"一位政治巨人(a political colossus)",并如同他是"一位萨波特克人(Zapotec)和活菩萨"而受到尊崇。布尔内斯将他的神化归结为墨西哥人民的天主教残留,"总是指望一种异象,一种狂热,一种对社会情感的虔诚。"②由此,在1906年充满政治纷争的胡阿雷斯100周年诞辰庆祝时,这种攻击激发了广泛的愤怒。

正是贾斯托·塞拉,那时的墨西哥第一教育部长,在他的《胡阿雷斯:他的工作与时代》(*Juárez:Su obra y su tiempo*,1906年)中,完成了一次针对布尔内斯的令人振奋的反击。在这样一部威严但又并不完整的作品中,他援引了自己的回忆录和他与前代领导人的交谈。塞拉解释说,他的目的在于"让那些阅读此书的人能够看到我所看到的,领会我所领会的,在这些曾帮助过我的壮观场

---

① 关于塞拉的论述参见 Claude Dumas, *Justo Sierra y el México de su tiempo 1848 - 1912*,2 vols. (Mexico, 1986);并参见 Justo Sierra(ed.), *México:Su evolución social*, 3 vols. (Mexico, 1900 - 1902)。关于 Sierra 的 *Evolución política del pueblo mexicano* 参见他的 *Obras completas*, xii. 117,250 - 252,354 - 358。

② Francisco Bulnes, *El verdadero Juárez y la verdad sobre la intervención y el imperio*(Mexico, 1965),652,840 - 844;and *Juárez y las revoluciones de Ayutla y de Reforma*(Mexico, 1967),477,483.

面前不被打断"。在这里，他模仿了米什莱而非泰纳。他以托马斯·卡莱尔（Thomas Carlyle）在《论英雄，英雄崇拜和历史上的英雄业绩》（*On Heroes*，*Hero-Worship and the Heroic in History*，1841 年）一书中对克伦威尔的生动描绘为蓝本，完成了对胡阿雷斯的刻画。这本书在情感和意识形态上的聚焦点，在于处理 1861—1863 年间。三年战争之后，胡阿雷斯进入墨西哥城，他发现当时他的政府事实上在首都的疆域之外毫无势力可言。塞拉将胡阿雷斯绘制为一个有吸引力的形象：面无表情，习惯沉默，面对权力无法平静，但又在政策上很灵活。总之，他决心维持并重建墨西哥国家的独立与权威。同时，该书还唤起了人们对充满激情的国会演说的回忆。那一时期，杰出的知识分子占据了内阁职位，在国会中论辩各种事务。当然，作者也承认，"直到帝国之后，胡阿雷斯统治时期，墨西哥才真正地受到了治理（governed）"。塞拉的陈述倾注了对那一时期的大量怀旧之情。当时，他还是个小男孩，进入了墨西哥城并聆听了胡阿雷斯最初在国会的一些演说。①

墨西哥革命

墨西哥历史编纂的第三大周期，是欢庆 1910—1920 年的革命，这一运动的势能，直到 1940 年才耗尽。它所支持的农业民族主义，在安德烈斯·莫利纳·安立奎（Andrés Molina Enríquez）《伟大的民族问题》（*Los grandes problemas nacionales*，1909 年）一书中，找到了意识形态上的支撑。安立奎谴责这个国家的大地产本质上是种封建制度，植根于西班牙征服的倒行逆施。他鼓吹在多种有产阶级中间重新分配他们的土地，尽管私有制农场主两翼还存在着印第安社区的共同所有制。受到欧内斯特·海克尔（Ernst Haeckel）的启发，作为一名社会达尔文主义者的莫利纳·安立奎，同样受惠于奥古斯丁·孔德和西奥多·罗斯福。他将克里奥尔土

441

---

① Sierra，*Obras completas*，xiii. 293,296 - 297,541 - 542.

地所有者、工业家和教士，贬斥为无可救药的外来世界主义者，效力于北美或欧洲的帝国主义者。相反，印第安村民展示出了一种地方主义的爱国心，却不对国家表示认同。真正的墨西哥人由此只能是混血农民、技术工人、专业人士和政治家。当胡阿雷斯破坏了克里奥尔的教会保守派势力时，也开启了墨西哥史上的国家时期，特别是当他创造了总统独裁时，因为"对印第安人和混血族群来说，这种自发的且追求实利的政府，就是一种独裁。"[1]

在 1932—1936 年间出版的五卷插图本《墨西哥农业革命，1910—1920 年》(*La revolución agraria en México，1910－1920*) 中，莫利纳·安立奎追溯了这一巨大变动的轨迹，将受大众欢迎的混血儿领袖艾米利亚诺·萨帕塔(Emiliano Zapata)和弗朗西斯科·维拉(Francisco Villa)，赞誉为其真正的精神典范。相反，他痛斥了胜利一方的领袖弗朗西斯科·马罗迪(Francisco Madero)、阿尔瓦罗·奥布雷贡(Alvaro Obregón)和贝努斯蒂亚诺·卡兰萨(Venustiano Carranza)，称他们作为克里奥尔人背叛了这场运动在种族上的、民族主义的目标。尽管如此，莫利纳·安立奎还是与卡兰萨和奥布雷贡合作，积极建构了 1917 年宪法的第 27 条修正案，赋予墨西哥国民对所有国家领土上的土地的继承权利，并正式宣布禁止大庄园制(latifundia)的继续存在。相反，小所有者和印第安村民的私有权利受到了明确的界定和保护。事实上，莫利纳·安立奎是一位激进的民族主义者，他援引历史分析来表明，将印第安人和混血儿从大征服与自由派改革的经济与社会遗留问题中解放出来，是必要的。[2]

---

[1] Andrés Molina Enríquez, *Los grandes problemas nacionales*(1909) *y otros textos, 1911-1919*, prologue by Arnaldo Córdova(Mexico，1978)，3-4，17，346-348，484-498，439.

[2] Andrés Molina Enríquez, *La revolución agraria de México 1910-1920*, prologue by Horacio Labastida Munóz, 5 vols. (1932-1936；facs. edn，Mexico，1986)，iv. 13，v. 184-193；and Agustín Basave Benítez, *México mestizo：Análisis del nacionalismo mexicano en torno a la mestizofi lia de Andrés Molina Enríquez*, prologue by Carlos Fuentes，2nd edn(Mexico，2002).

革命期间，反复困扰墨西哥人的历史上的印第安人问题，完全整合进了革命的民族主义意识形态。1912 年，曾在哥伦比亚大学与弗朗茨·博厄斯（Franz Boas）一起学习考古学和人类学的曼纽尔·加米奥（Manuel Gamio），在墨西哥谷地实施了发掘工作，运用地层分析来判定居住的次序。1917 年，他被任命为考古遗迹总指挥，并配备了充足的资金来使他得以发掘并复原特奥蒂瓦坎（Teotihuacan，繁盛于公元 1—600 年）的仪式中心区。在这一过程中，他发掘出了羽蛇神庙。以两座大金字塔为主体，这一遗址的威严程度立刻激发了与古埃及的对比，展现了中美洲文明的辉煌。加米诺写作了一部观光指南以吸引游客，并试图复兴工匠制造业，特别是纺织、制陶和金属锻造。这些需要雇佣印第安人和殖民地技工的手艺，同时也能够兜售给观光客。为了表彰他的这项工作，米加奥被哥伦比亚大学授予了博士学位。[1]

墨西哥革命是一组戏剧化的、并常常陷于混乱无序的事件，这使它成为摄影界的热门对象，吸引了国外的记者和本土的小说家。其中最早出版的叙事是《八千公里的征程》（*Ocho mil kilómetros en campaña*，1917 年），由阿尔瓦罗·奥布雷贡将军汇编。这位未来的总统，在书中运用了他的官方报告和个人回忆，并充满了各种作战计划，呈现了他胜利征程的第一手记录。在《起义的墨西哥》（*Insurgent Mexico*，1914 年）中，一位美国记者约翰·里德（John Reed）描绘了一幅生动的画面，对比了充满活力的大众人物潘乔·维拉（Pancho Villa）和围绕着自称革命军第一统帅的贝努斯蒂亚诺·卡兰萨的腐朽集团。[2] 这些目击记录中最有成就的是《鹰与

----

[1]　Gamio, *La población del Valle de Teotihuacan*, 3 vols.（Mexico, 1922）. 关于 Gamio 参见 David A. Brading, 'Manuel Gamio and Official Indigenismo in Mexico', *Bulletin of Latin American Research 7*（1988）, 75 - 89。

[2]　Alvaro Obregón, *Ocho mil kilómetros en campaña*（2nd edn, 1959; 3rd edn, Mexico, 1973）. John Reed, *Insurgent Mexico*, ed. Albert L. Michaels and James W. Wilkie（New York, 1969）. 并参见 Jim Tuck, *Pancho Villa and John Reed*（Tucson, 1984）。

蛇》（*El Aguila y la Serpiente*）一书，出版于 1928 年的马德里。书中马丁·路易斯·古兹曼（Martín Luis Guzmán）运用现代小说技法，讲述了他与革命领袖们的相遇。在这些领袖中，他的首选是维拉，尽管有一种警告指出，维拉"不是常人而是一头美洲虎"，可能会突然地发怒。十年后，古兹曼又写了他的《回忆潘乔·维拉》（*Memorias de Pancho Villa*［Memoirs of Pancho Villa］，1938 年）。书中他采取了一种文学上的腹语（ventriloquism）形式，使他的英雄对墨西哥公众更具吸引力。[①] 同一个十年中，《艾米利亚诺·萨帕塔和墨西哥的农业改革》（*Emiliano Zapata y el agrarismo en México*）的头几卷也面世了。此书由希尔达多·马加纳（Gildardo Magaña）将军写就，他曾做过莫雷洛斯的农民领袖，并对那个州的农业问题做出了一种冷静的评估。[②]

至此，对革命最具戏剧化的自传式控诉是《克里奥尔的尤利西斯》（*Ulises criollo*［Creole Ulysses］），由何塞·瓦斯孔塞鲁斯（José Vasconcelos）在 1936—1939 年出版的四卷回忆录起头。瓦斯孔塞鲁斯曾任教育部长，先是在维拉和萨帕塔支持的协约政府（Convention government）中，1921—1930 年间又在总统阿尔瓦罗·奥布雷贡手下。他是一位浪漫的知识分子，在先知和哲学家之间转换。他重建了墨西哥国立自治大学（National Autonomous University of Mexico），呼召年轻一代的学子为革命效力并协助国家的转型。他允许壁画派画家在公共建筑的外墙上覆盖上革命的图象。然而，1929 年，他的总统竞选活动却被残忍地击败了。瓦斯孔塞鲁斯沦落到流亡的境地，随后他指责统治体制的腐败及其对竞选的操纵。在《宇宙的种族》（*La raza cósmica*）中，他大胆宣称美洲的混血种族，无论是拉丁混血还是西班牙混血，将会成为人类的第五大种族，在即将到来的第三时代（the third age）即爱与美统治

443

---

① Martín Luis Guzmán, *Obras completas*, 2 vols.（Mexico, 1984），i. 229；ii. 1 - 800.

② General Gildardo Magaña, *Emiliano Zapata y el agrarismo en México*, 5 vols.（Mexico, 1951）.需要注意的是最后两卷由 Carlos Pérez Guerrero 写成。

的时代,注定享有普世的优势。然而,在怨恨的流亡途中写成的《墨西哥简史》(*Breve historia de México*,1936)中,他把科尔特斯赞颂为把印第安人从他们的苦难中拯救出来的另外一位羽蛇神,但却谴责胡阿雷斯和革命领袖无非是北美帝国主义的听差。[①]

革命的政治体制对反教权主义的滥用,在1926—1929年间激起了墨西哥教会的公开反抗。当时天主教叛乱的乡村团伙,被称为克里斯特罗斯(Cristeros),他们与封建军队开战,造成大量人员伤亡之后,最终成功说服了政府降低对教会的搜刮。与此同时,《墨西哥教会史》(*Historia de la Iglesia en México*,1921—1928年)一书面世,这部五卷本的作品由马里亚诺·奎瓦斯(Mariano Cuevas)写就。他是一位曾在西班牙、鲁汶和罗马接受教育的墨西哥耶稣会士,也曾在欧洲的档案馆中从事过深入的研究。他赞颂了16世纪托钵僧在印第安人改宗上的工作,捍卫了耶稣会的声誉,将墨西哥起义界定为一种本质上受到天主教启发的事件,并向作为墨西哥独立开创者的伊图尔维德喝彩。与之形成对比的是,他对胡阿雷斯和自由派改革的激烈批评。这种激烈程度显然反映了当时教会和国家冲突酷烈。一位法国学者罗伯特·理查德(Robert Ricard)在他的《墨西哥的精神征服》(*Conquête Spirituelle du Mexique*,1933年)中,展现了新西班牙托钵僧活动的非凡特性。他们不仅习得了当地的语言,还能在他们建造的教堂中开展礼拜仪式,从事系统的布道。同时,理查德也灵活的承认:建立在对本土宗教的解构上,这里也存在一种强迫的皈依,并且由于没能成功招募到本土的教士,(传教活动)也在一定程度上出现了背离。[②]

[①] José Vasconcelos, *Memorias*, 2 vols., 2nd edn(Mexico, 1982) includes reprints of *Ulises criollo*, La tormenta, El desastre, and El proconsulado. 关于 Vasconcelos 参见 David A. Brading, *Mito y profecía en la Historia de México*, 2nd edn(Mexico, 2004), 186 - 204。

[②] Mariano Cuevas, *Historia de la Iglesia en México*, 5 vols., 5th edn(Mexico, 1946). 正是 Cuevas 发现了原始的西班牙文版的 Clavijero 的 *Historia antígua de México*, published by Editorial Porrúa in 1945。

直到 1930 至 1940 年代,墨西哥的历史学家才开始从事档案研究,特别是对于殖民地时期的研究,出现了在学术上可以接受的作品。这一先驱是希尔维欧·萨瓦拉(Silvio Zavala)。他在 1930 年获得马德里大学法学博士学位,在大学里曾与一位领先的法律史家拉斐尔·阿尔塔米拉(Rafael Altamira)一起学习。在随后的二十年间,萨瓦拉出版了大量有影响力的文章和书籍。其中,他对大授地制(encomiendas)和庄园大农场制(haciendas)做了一个清晰的区分,表明了西班牙皇室保留其印第安臣民的个人自主与活动自由的决心,追溯了债务奴隶的起源,并点明了托马斯·莫尔的《乌托邦》一书,对西墨西哥圣菲教区瓦斯科·德·基罗加(Vasco de Quiroga)主教所颁训令的影响。1938 年,萨瓦拉在马德里创办并编辑了《美洲历史评论》(Revista de Historia de América),并与玛利亚·科斯特卢(María Castelo)一起编辑了八卷本的《新西班牙劳工史资料》(*Fuentes para la historia del trabajo en Nueva España*),这是一部档案材料的汇编。萨瓦拉主导了不止一代人的墨西哥殖民史写作。[①]

1938 年,拉萨罗·卡德纳斯(Lázaro Cárdenas)总统为超过两万名内战中的西班牙避难者提供了政治庇护,进而对充实墨西哥的知识分子生活发挥了不可估量的作用。特别是国立大学随着科学家、文人和历史学家的大量涌入,而受惠良多。能够聘用到他们,同样也得益于丹尼尔·科西欧·比列加斯(Daniel Cosío Villegas)提供的便利。他在 1934 年创办了经济文化基金会(Fondo de Cultura Económica),这家独立的编辑部很快就将其出版内容扩展到了多个领域。1938 年,科西欧同样也在墨西哥创立了西班牙之家(Casa de España),两年后发展为墨西哥学院(Colegio de México),由一位杰出的文学批评家阿方索·雷耶斯

① Silvio Zavala, *Estudios indianos*(Mexico, 1948);并参见他的 *La 'Utopia' de Tomás Moro en la Nueva España y otros estudios*, *introduction* by Genaro Estrada (Mexico, 1937); and the preface by Rafael Altamira in Silvio Zavala, *The Political Philosophy of the Conquest of America*(Mexico, 1953)。

(Alfonso Reyes)担任首任院长。尽管所有这些机构都得益于西班牙移民，重点更多的是在文学研究而非历史研究上，但它们同样成功吸引了新一代的墨西哥历史学家。科西欧·比列加斯自己就发起了一项集体合作的研究计划，首先是复原 1867—1876 年的共和国，然后是 1876—1911 年间的波菲里奥·迪亚斯时代(Porfiriato)，这项研究的第一卷在 1955 年面世。由于在美国接受了社会学家的训练，科西欧采取了一种实证主义的方法来处理其团队合作人员所遇到的各种史料。[1]

　　最具影响力的西班牙移民历史学家是何塞·高斯(José Gaos)，一位何塞·奥特加-加塞特(José Ortega y Gasset)的学生和马丁·海德格尔(Martin Heidegger)作品的译者。作为一名国立大学的讲师，他吸引了很多有才华的学生。特别是他鼓励了莱奥波尔多·赛亚(Leopoldo Zea)写作了《墨西哥的实证主义：诞生、顶点和衰落》(*El positivismo en México：Nacimiento，apogeo y decadencia*，1943—1944)。此书对波菲里奥·迪亚斯体制期间知识分子的论辩及这些学说的政治意义，做了一番回顾。此后的数年间，赛亚试图构建一种"我的墨西哥"(*Lo Mexicano*)哲学框架，并追溯实证主义在南美的影响。[2] 更显而易见的是，高斯对埃德蒙·欧戈尔曼(Edmundo O'Gorman)的影响。在《历史科学的危机与未来》(*Crisis y porvenir de la ciencia histórica*，1947 年)中，欧戈尔曼发起了一场对列奥波德·冯·兰克的"科学历史学"的尖锐攻击。他宣称，这种科学历史学导致了对于这些想象实体，如民族、纪元和文明的拟人化，甚至是最终的僵尸化。相反，欧戈尔曼信奉一种"存在论的历史主义"(existential historicism)，过去被看作是一种依

445

---

[1] 参见 Enrique Krauze，*Daniel Cosío Villegas：una biografía intelectual*(Mexico，1980)，94 - 136。

[2] Leopoldo Zea，*El Positivismo en México：Nacimiento，apogeo，y decadencia*(Mexico，1968).

然会影响历史学家个人生活的"经验的沉积"。① 欧戈尔曼的思想立场部分地来自他对当时依然主导墨西哥文化生活的狭隘民族主义的反感。在实践上，他写作了一系列关于 16 世纪编年史的批判研究，其中他推断"美洲"从来都不是被发现的，而是一种入侵其海岸线的欧洲人的发明。欧戈尔曼同时还在 1945 年编辑了富瑞·萨万多·特丽萨·德·米尔的作品选，这是他对这位异端造反历史学家痴迷一生的开始。② 与他的同侪不同，欧戈尔曼避开了政治事务和大学行政的干扰，成为了 20 世纪最具影响力的墨西哥历史学家之一。

大事年表/关键日期

1519—1521 年	西班牙征服
1810 年	米格尔·伊达尔戈起义
1821 年	独立宣言
1824 年	联邦共和国宪法（the federal republican constitution）
1846—1848 年	美西战争
1857 年	自由宪法（The Liberal Constitution）
1859 年	政教分离没收教会财产
1858—1872 年	贝尼托·胡阿雷斯（Benito Juárez）任总统
1862—1867 年	法国和奥地利马克西米利安大公帝国（Empire of Archduke Maximilian of Austria）的干涉
1876—1880 年	1884—1911 年波菲里奥·迪亚斯（Porfirio Díaz）将军任总统

---

① Edmundo O'Gorman，*Crisis y porvenir de la ciencia histórica*（Mexico，1947）. 这本书是献给"永远的大师与挚友何塞·高斯"的。

② 参见同上，*The Invention of America：An Enquiry on the Historical Nature of the New World and the Meaning of Its History*（Bloomington，1961）。

1910—1920 年　墨西哥革命

1917 年　　　宪法修订

1934—1940 年　拉萨罗·卡德纳斯（Lázaro Cárdenas）任总统以及农业改革的推广

主要历史文献

Alamán，Lucas，*Historia de Méjico*，5 vols.（Mexico，1845 - 1853）.

Bulnes，Francisco，*Juárez y las revoluciones de Ayutla y de reforma*（Mexico，1905）.

Bustamante，Carlos María de，*Cuadro histórico de la revolución de la América mexicana*，3 vols.（Mexico，1823 - 1827）.

Gamio，Manuel（ed.），*La población del Valle de Teotihuacan*，3 vols.（Mexico，1922）.

García Icazbalceta，Joaquín，*Bibliografía mexicana del siglo XVI*（Mexico，1886）.

Humboldt，Alexander von，*Vues des cordilleres des peuples indigenes de l'Amerique*（Paris，1810）.

Mier，Servando Teresa de，*Historia de la revolución de Nueva España antiguamente Anáhuac*，2 vols.（London，1813）.

Luis Mora，José María，*Méjico y sus revoluciones*，3 vols.（Paris，1837）.

Orozco y Berra，Manuel，*Historia antigua y de la conquista de México*，4 vols.（Mexico，1880）.

Prescott，William Hickling，*The History of the Conquest of Mexico*，3 vols.（New York，1843）.

Riva Palacio，Vicente（ed.），*México a través de los siglos*，5 vols.（Mexico，1885 - 1889）.

Sierra，Justo，*Juárez，su obra y su tiempo*（Mexico，1906）.

—— *Evolución política del pueblo mexicano*（Mexico，1910）.

Zavala，Lorenzo de，*Ensayo crítico de las revoluciones de México desde 1808 hasta1830*，2 vols.（Paris，1831；New York，1832）.

参考书目

Brading，D. A.，*Prophecy and Myth in Mexican History*（Cambridge，1984）.

—— *The First America：The Spanish Monarchy，Creole Patriots，and the Liberal State*，*1492 – 1867*（Cambridge，1991）.

Castelán Rueda，Roberto，*La fuerza de la palabra：Carlos María de Bustamante y el discurso de la modernidad*（Mexico，1997）.

Domínguez Michael，Christopher，*Vida de Fray Servando*（Mexico，2004）.

Fell，Claude，*José Vasconcelos：Los años del Aguila*（Mexico，1989）.

Hale，Charles A.，*The Transformation of Liberalism in Late Nineteenth-Century Mexico*（Princeton，1989）.

Krauze，Enrique，*Mexicanos eminentes*（Mexico，1999）.

—— *La presencia del pasado*（Mexico，2005）.

Moya López，Laura Angélica，*La nación como organismo：México su evolución social 1900 – 1902*（Mexico，2003）.

O'Gorman，Edmundo，*Seis estudios históricos de tema mexicana*（Jalapa，1960）.

—— *La supervivencia política novo-hispana*（Mexico，1969）.

Ortiz Monasterio，José，*México eternamente：Vicente Riva Palacio ante la escritura de la historia*（Mexico，2004）.

孙 琇 译

第二十二章　巴西的历史著作与民族建构

西罗·弗拉马里翁·卡多苏

起点：如何建构一个巴西民族

在《殖民史散论》(*Capítulos de História Colonial*)一书的结论部分,巴西历史学家若昂·卡皮斯特拉诺·德·阿布雷乌(João Capistrano de Abreu)总结了葡萄牙人的殖民化在三个世纪以来的作用。在阿布雷乌看来,依据五个"人种集团"(ethnographic groups)所创立的五大区域并未形成一个社会整体,尽管他们拥有一种语言和一种宗教;在殖民地时期的末期,这五大区域在"厌恶或蔑视葡萄牙人"这一点上达成了一种共识。[1]

从 18 世纪以来,有一个问题始终让学者们聚讼纷纭,即如何把葡萄牙帝国如此异质多样的地区结合成一种象征性的或意识形态上的整体。政治上独立(1822 年)之后,在一种更加现代的(也就是说自由的)思路下,从葡萄牙人那里继承了帝国观念的巴西学者们,[2]希望能够将多样且分散的五大区域结合成为阿布雷乌所指的那样一个民族。这些区域——北部、东北部、东部、南部和中西

447

---

[1]　João Capistrano de Abreu, *Capítulos de História Colonial*(*1500－1800*)(Rio de Janeiro, 1907), 216.

[2]　Eduardo Romero de Oliveira, 'A idéia de império e a fundação da monarquia constitucional no Brasil(Portugal-Brasil, 1772－1824)', *Tempo*, 18(2005), 43－63.

部——相互并不协调；部分原因，是葡萄牙的殖民策略在数世纪以来造成的结果，但是，更为重要的是，这也是内陆人口过于稀疏的后果，因为巴西的人口都集中在海岸沿线。①

448　　　巴西是一个多种族的国家，其中少数的白人（或那些被看作是白人的人）统治了大多数黑人（奴隶和自由人）、印第安人（从 18 世纪中叶起，理论上都是自由的）以及混合人种（混血儿）。早在独立之前，政治领袖何塞·博尼法西奥·德·安德拉达-席尔瓦（José Bonifácio de Andrada e Silva）在 1813 年就认识到：事实上，将这些组成部分联合为一种类似于民族国家的东西是一项困难的任务。② 1822 年之后，弱小的巴西精英就认识到了自身在统治、规训和开化大量无知且具有潜在危险的野蛮人上所肩负的重担。③ 这种观点并不被看作是对自由观念的抵触，因为公民权总是被当作一种社会地位，有选择性地赋予。还需要考虑时间的问题，当所有目不识丁的君王的属民都能够受到教化时，他们才会变成全权的公民。在帝国结束，共和国开始的 1889 年，大约 80% 的巴西人口（那时已经达到约一千四百万人）依然是目不识丁的。同样真实的是，在帝国体制中，文学上的浪漫主义，依照一种反葡萄牙人的逻辑，编造了一种表述，其中过去的印第安人被描绘为相当正直的中世纪骑

---

① 就 19 世纪和 20 世纪早期巴西最重要的历史学家看来，1808—1889 年间的政治体制成功地将分离的各省（殖民时代的领地）联合为一片连贯的国土，在那一时期的结尾，结束了奴隶制，在很长时间内，那也被视作是巴西经济和社会唯一可能的支柱：João Capistrano de Abreu, *Ensaios e estudos*（Rio de Janeiro, 1938），127。

② 参见 Afonso Carlos Marques dos Santos, 'A invenção do Brasil：um problema nacional?' *Revista de História*，118（1983），5。

③ 对精英当然是存在危险的。当黑人奴隶制还存在时，对"海地主义"的恐惧，即暴力的奴隶起义，在自由人中依然非常强烈。约翰·阿米蒂奇（John Armitage），一位早期的研究巴西的英国历史学家，相信如果没有围绕巴西独立的那些境遇，没有在某些时刻引导到一种帝国的、一元的体制上，那么一场内战将会打响，其间，奴隶将会叛乱并武装起来，进而最终毁坏这个国家。参见 John Armitage, *História do Brasil desde o período da chegada da Família de Bragança em 1808 até a abdicação de D. Pedro I em 1831*，3rd edn（Rio de Janeiro, 1943），314。

士，然而，这只是一种文学和意识形态上的伎俩，对 19 世纪巴西印第安人的现实境遇并无影响。

奴隶制是经济与社会的中心支柱；同样，君主制也是政治系统的中心支柱。这两大特色使得巴西区别于大部分 19 世纪西属美洲新近独立的国家；此外，这两种制度也对巴西的历史学产生了重要的影响。它们是两种相继迅速消失的制度：1888 年，废除了奴隶制，1889 年，巴西帝国终结了。据此应用于巴西的历史学，为独立的巴西历史划分阶段也是可能的，亦即分为帝国阶段和共和国阶段。此外，因为"旧共和国"（与此前一元的帝国构成强烈对比的联邦体制）直到 1930 年才终结，致力于培养专业历史学家的制度紧随其后，出现得相当晚，这也同样使得把来自巴西政治史的相同分期应用于历史编纂的历史中成为可能。这就产生了三大主要时段：（1）1808—1889 年；（2）1889—1930 年；以及（3）1930—1945 年。① 第一个较长的时段包括：在里约热内卢定居的葡萄牙宫廷，后来的所谓葡萄牙和巴西的联合王国（United Realm of Portugal and Brazil，1815 年），以及最终独立的巴西帝国（Brazilian Empire，1822—1889 年）。将这一时段视为一个整体，是可以成立的，因为 1822 年并不标志着一种尖锐的断裂：两位独立后统治巴西的帝王都是葡萄牙皇室的子孙；1808 年之后，里约热内卢自诩拥有了所有我们期望在一个独立国家的首都可以找到的制度，也包括外国使馆。

为巴西历史研究建立制度框架

当葡萄牙宫廷跨越大西洋并在 1808 年定居于里约热内卢时，正面临着法国人可能入侵葡萄牙的威胁，由此，曾经在巴西被禁止

---

① 涉及本章节所考虑的全部时段，对巴西历史编纂最概括的记录是：José Honório Rodrigues，*A pesquisa histórica no Brasil*（Rio de Janeiro，1952）；and Francisco Iglésias，*Historiadores do Brasil*：*Capítulos de historiografi a brasileira*（Belo Horizonte，2000）。

的高等教育和图书印刷终于成为了可能。一开始，推进历史写作的机构大多位于首都里约热内卢。皇家图书馆（Real Biblioteca）创立于 1810 年，始于葡萄牙宫廷从里斯本带来的书籍和手稿收藏；图书馆在 1814 年向公众开放，1878 年变为国家图书馆。馆内的公共区域也发挥了功用，时常会举办展览，例如 1881 年的首次巴西历史展，借此编目、组织并出版了一个全面的巴西文献索引，其中也包括手稿。《国家图书馆刊》（*Anais da Biblioteca Nacional*）经常出版并评论有关巴西史的原始材料，这些材料大部分收集于欧洲的档案馆和图书馆，以及来自在巴西的部分省份开展研究的成果。这份刊物同样也出版了殖民地编年史和其他难以见到的文本。公立档案馆（Arquivo Público），后被称为国家档案馆（Arquivo Nacional），其创立来自 1824 年帝国宪法的决策；受到不列颠主要档案组织的启发，而实际上英国的公共档案馆建立于 1838 年。1838 年 10 月，巴西历史与地理研究所创立，这是 19 世纪巴西最重要的历史研究中心，出版一份学术期刊《巴西历史与地理学会评论》。研究所的各类会议上的论文也在此发表（其中有些已经达到了成书的规模，且包含着严肃的档案研究），此外还有知名巴西史家的短文、传记，以及带有学术注释和评论的原始资料或古代编年史。从一开始，研究所就致力于汇集大量历史资料来充实收藏，并通过在巴西、欧洲和西属美洲档案馆中的研究得以实现；这一事业受到了皇帝的支持，并获得了巴西外交机构中工作人员的协助。其他的历史机构也出现在某些省份，例如伯南布哥（Pernambuco）、塞阿拉（Ceará）、巴伊亚（Bahia）和圣保罗大河洲（后被叫作南大河州）。[①] 尽管在一段时间内，大学中的历史教学并未开始，但是里约热内卢的佩德罗二世殿下帝国学院（Imperial Colégio de Dom Pedro

---

① Lorenzo Aldé，'Os inventores do Brasil'，*Revista de História da Biblioteca Nacional*，39(2008)，56 - 59. 无疑，在 19 世纪时，这一研究所至关重要，与巴西历史编纂学的草创相称，但在后来，许多历史学家都将巴西历史与地理学会及其刊物视为一种保守势力的营垒：例如参见 Manoel Maurício de Albuquerque，*Mestre-escola bem-amado*，*historiador maldito*（Rio de Janeiro，1987），30。

II,创立于 1838 年)很快就成为了另外一个历史教学和研究的中心。皇帝本人偶尔也会出席这批学者的演讲。他们的志向就是要成为巴西最重要的学校中的教师。

将 19 世纪的巴西各主要机构为支持历史研究而采取的行动列出大事记,与许多西属美洲国家进行对比,我们可以发现,巴西帝国政府所做的努力是多么领先和深入:这就证明了,政府对于历史研究和教学的襄助,对于促进一个国家性的共同体的发展来说,是多么重要的一种资源。

由于缺乏印刷书籍甚至是报纸的设备,大学的发展,这一项不得不由国家承担的任务,直到 1808 年还是迟滞的,在这一点上不同于西班牙统治下的美洲殖民地。整个 19 世纪,大部分由巴西作者所写的书籍依然不得不在欧洲出版,他们自己国家的出版业的能力是相当有限的。综合性大学,不同于单独的学院或研究所,在 1930 年代中期之前并未出现——也就是在我们这一章所讨论的时段的结尾。直到那时,才有可能在巴西的某些城市获得史学专业训练。之前,所有巴西历史学家都是记者、律师、文学作家或从事其他类似的职业,是自学成才的历史学家。在 19 世纪和 20 世纪上半叶,大多数巴西历史学家同时也是文学或戏剧批评家,或者他们自己也进行文学写作。例如,历史学家阿丰索·德艾斯克拉格诺莱·陶奈(Afonso d'Escragnolle Taunay)的第一部书就是一本小说——《阿维拉的利奥诺》(*Leonor de Ávila*);他的职业是工程师,后来在 1929 年成为巴西文学院的成员,数年之后,成为新建立的圣保罗大学教授历史的首批巴西学者之一。在 19 世纪,关于巴西文学的图书除了讨论小说和诗歌,也发表对历史文本的评论。[①]

一张非常成功的蓝图

1818—1820 年,德国博物学家卡尔·弗雷德里克·菲利浦·

[①]　例如,参见 Joaquim Caetano Fernandes Pinheiro, *Historiografia da literatura brasileira: textos inaugurais*(1873; Rio de Janeiro, 2007),421 - 425。

冯·马提努斯（Karl Friedrich Phillipp von Martius），曾经与另外一位博物学者约翰·巴普蒂斯特·冯·斯皮克斯（Johann Baptist von Spix）在巴西进行过一项科学考察。1843年，在巴西历史和地理学会资助的征文竞赛中，冯·马提努斯赢得了大奖。这一竞赛希望征求一篇可以指导巴西历史写作的论文。[①] 尽管考虑到独立后的巴西是葡萄牙帝国的一种延续，这位德国学者提出，它的历史应当从呈现于巴西民族中的"三个人种"——即欧洲人、印第安人和黑非洲人——的立场来书写。这三个种族中的每一种都应当分别研究，但同时也应考虑它们各自的遗产与巴西社会的关系。冯·马提努斯认为，发展巴西印第安人的语言和人种志研究将是非常必要的。他对黑非洲人的关注很少，也许因为奴隶制依然在巴西存在着，并且还将一直延续到1888年。只是到了20世纪，在讨论巴西的民族时，黑人才被当作一回事。冯·马提努斯同时建议，巴西各省份和区域的历史应当受到研究，但这并不是说，要以牺牲一个整体的巴西历史为代价，而制造一些各自独立的省份化的论述；因此，最好是考虑在历史和地理上的相互关联，将各省按照组合来研究。例如圣保罗、米纳斯吉拉斯州（Minas Gerais）、戈亚斯州（Goiás）、马托格罗索州（Mato Grosso），这些省份在历史上与殖民者的金矿发掘联系在一起。然而，马腊尼昂州（Maranhão）和帕拉州（Pará），则是南美洲北部的葡萄牙殖民地，曾在相当长的时间里与巴西分离。

像在19世纪的其他地方一样，巴西也有一些民族主义者正在积极活动，冯·马提努斯提出的主张与他们正相契合，因而，他为书写巴西历史所做的规划获得了长久的成功；这种影响可以从那个世纪中两位最著名的巴西历史学家弗朗西斯科·阿道夫·德·瓦恩哈根（Francisco Adolfo de Varnhagen）和若昂·卡皮斯特拉诺·德·阿布雷乌的写作中发现，此外，其他不那么著名的历史学

450

---

① Karl Friedrich Phillipp von Martius，'Como se deve escrever a História do Brazil'，*Jornal do Instituto Histórico e Geographico Brazileiro*，24(1844)，381 - 403.

家也同样深受其影响。

历史学家与热带天堂

　　检点 19 世纪的历史作品,无论作者是在国外还是在巴西,可以发现,将巴西视为热带天堂的那种意识可以说无处不在。一块异常富庶的土地,也许在某个不确定的未来,你就会大发横财。就帝国时代(1822—1889 年)的许多巴西历史学家来说,他们最关心的问题是在国家精英中强化民族情感,这就助长了一种既自大又幼稚的浮夸态度。这种极端民族主义的产物之一,就是相信每一项努力,都应当毫无例外地集中于构建巴西的历史编纂学,任何其他形式的历史学都不值得浪费时间。即使到今天,这种态度仍持续存在,并引导了许多历史学家的观念,例如,在巴西,从事古代史和中世纪史研究,完全是一种应受谴责的浪费。如果其他的史学领域也要研究的话,那么,首要的一点就是,这些领域的研究必须是对民族史学有支持作用的。在帝国时代,专注于里约热内卢的研究,汇集了大量的一手资料,有原件也有抄本,在帮助构建巴西历史编纂学这项任务方面确实非常成功。与之形成鲜明对比的是,即使是在 19 世纪结束时,在里约热内卢或巴西的其他地区,依然不可能找到一家图书馆能够订阅满足由(大部分是欧洲的)专业历史学家编辑的主要的国际出版期刊。少量了解情况的巴西学者强烈感受到,这是一种严重的障碍。然而他们只能为他们的私人图书馆获得这些期刊,或是通过频繁地通信——这一点是 19 世纪知识分子的标志之一——来维持与他们所崇拜的欧洲历史学家的接触。

　　在巴西,长期以来与"巴西史学"相对的,是所谓"通史"(general history)。在里约热内卢或其他地方,人们在公立图书馆中所能找到的"通史"这一领域里的材料,无非是些葡萄牙译本的汇编。它们卷帙浩繁,但是作为史学作品其价值颇受争议,例如由塞萨尔·坎图(Cesare Cantù)和威廉·翁肯(Wilhelm Oncken)捐赠

452

的文献。（即便后来某些捐赠者具有较高水准，如爱德华·梅耶〔Eduard Meyer〕，情况也是如此）。这种分割为两个范畴——"通史"和"巴西史"——的史学认知，不仅仅是一种词汇的问题，它们作为完全分离的主题被教授给巴西的学生，完全无助于将民族史学放在一种不那么地方性的视野中来观察。

这种民族主义的另一种后果是，宣称巴西民族曾经长久存在，只是因为外部因素和葡萄牙人的压迫才中断。在脆弱的证据支撑之下，巴西过去的历史被想象为在殖民时代中呈现的几番"民族主义运动"（*movimentos nativistas*）。

从殖民时代起，巴西继承的唯一一部可被视为巴西通史的作品，是由塞巴斯蒂昂·达·罗沙·皮塔（Sebastião da Rocha Pita）的《葡属美洲史》（*História da América Portuguesa*〔History of Portuguese America〕），1731 年出版。在 19、20 世纪的批评者眼中，这本书含混不清，貌似一种编年史，又像是散文诗，甚至是历史小说。尽管如此，它对帝国时代许多巴西历史学家产生了影响，这一点是不容否定的。在这个民族主义的阶段，吸引他们的是皮塔的著作，在书中巴西是一个富足的热带天堂，一个值得尊敬的种族的祖国。

考虑到这样一种职责，即要对那些终将领导巴西"民族"的帝国精英进行教化并传授历史，起初对巴西通史，而非专题论文，有相当大的需求。大量的通史著作是由外国人书写的。英国诗人和历史学家罗伯特·骚塞（Robert Southey），在 1810—1819 年间写成了一部三卷本的《巴西史》（*History of Brazil*），但直到 1863 年，它才被翻译成葡萄牙语。尽管对这些外国人在巴西研究领域中的早期努力，仍然有一些民族主义的反感情绪，这部书对巴西的历史学家发挥了一定的影响。骚塞有个叔叔，曾经在葡萄牙生活过很长一段时间，并且在不列颠拥有有关葡萄牙语内容的最好的藏书室。骚塞的著作是一种非常传统的史学，对它的一种公允批评在于它缺乏任何可以辨识出的方法，更别说是一个总体的计划了。然而，它坚持了文献上的诚实不阿，在这点上是有益的，并且它同样也包含了某些有价值的洞见。例如，这样一种观点，即巴西史应

当留意围绕西属美洲的那些区域。将巴西看作是一种热带天堂的
观点在骚塞那里非常强烈,尽管他并没有将本土印第安人呈现为
高贵的典范,但是,那些巴西的浪漫派,包括历史学家和文坛作家,
不久就会这么做了。其他的史著,由阿方斯·德·比彻姆
(Alphonse de Beauchamp)、约翰·阿米蒂奇(John Armitage)和戈特
弗里德·海因里希·亨德尔曼(Gottfried Heinrich Handelmann)来
写就。[1] 最后这位作者是第一批质疑巴西天堂传统的人之一,他相
信巴西应当通过鼓励勤恳的欧洲农民移民来预备它自身的未来。

　　第一位书写巴西通史的巴西历史学家,是弗朗西斯科·阿道
夫·德·瓦恩哈根。尽管只是局限于殖民的世纪,《从葡萄牙分离
出来之前的巴西通史》(*História geral do Brasil antes de sua
separação de Portugal*)一书以两卷本的形式出版(1854—1857
年)。书中他依然采取了一种葡萄牙入侵前的整体视野。他的作
品是多年研究的结果,大多材料都来自巴西、西班牙和葡萄牙的档
案馆。在后来的修订版中,由卡皮斯特拉诺·德·阿布雷乌和鲁
道夫·加西亚(Rodolfo Garcia)做注。在很长一段时间内它是巴西
殖民史的主要参考书目,同时也是由巴西作家完成的真正意义上
的学术写作中的第一部范例。瓦恩哈根的写作受到了冯·马提努
斯1843年所设立规划的影响;他的作品同时也表明,他接受了地
理学家卡尔·里特(Karl Ritter)的某些观念。卡皮斯特拉诺·
德·阿布雷乌,无疑是19世纪巴西最重要的历史学家,批评了瓦
恩哈根对历史缺少任何理论或概括的观点。[2]

　　1883年,若昂·卡皮斯特拉诺·德·阿布雷乌凭借一篇关于

[1] Alphonse de Beauchamp, *Histoire du Brésil, depuis sa découverte en 1500 jusqu'à
1810*, 3 vols. (Paris, 1815); John Armitage, *The History of Brazil, from the
Period of the Arrival of the Braganza Family in 1808, to the Abdication of Don
Pedro the First in 1831*, 2 vols. (London, 1836); and Gottfried Heinrich
Handelmann, *Geschichte von Brasilien* (Berlin, 1860).

[2] João Capistrano de Abreu, *Ensaios e estudos (crítica e História)*, 2 vols. (Rio de
Janeiro, 1931), i. 193-217.

16世纪葡萄牙人对巴西的发现和殖民化的专题论文，赢得了佩德罗二世殿下帝国学院的巴西史教席。阿布雷乌生于东北部的塞阿州（Ceará），是巴西史学界中"方法"（methodical）学派中最为重要的一员，当然也是其中最具原创性的一位。这得益于他的一种观念，即史学解释也应当借助于社会学、地理学、政治经济学（古斯塔夫·冯·施莫勒、卡尔·毕歇尔）、心理学（威廉·冯特）和人类学。方法学派将史学视为一种客观的、归纳总结的事业，理论和假设的建构是令人生厌的，通过对大量原始资料的批判来建立历史"事实"才是最高的目标。他们重视专题研究，而舍弃那些前景不明的全面综合之作。应当注意的是，列奥波德·冯·兰克并没有对19世纪的巴西史学家发挥重要影响，至少是没有直接的影响。

　　年轻的时候，卡皮斯特拉诺·德·阿布雷乌跟随导师雷蒙多·安东尼奥·德·罗沙·利马（Raimundo Antônio da Rocha Lima），受到了孔德和斯宾塞的影响。利马来自东北部的累西腓（Recife，即Pernambuco），是一位实证主义者，后来变成进化论学者。这种影响并不持久。阿布雷乌可以流畅、大量地阅读英文、法文和德文。他自己认为，他身为历史学家的使命，来自对泰纳、巴克尔、瑞士美籍自然主义者让·路易·鲁道夫·阿卡锡（Jean Louis Rodolphe Agassiz）的阅读。此外，他还阅读、翻译，并在自己的作品中运用了很多德国人类学家保罗·埃伦赖希（Paul Ehrenreich）和其他几位德国地理学家的文本，如瓦帕奥伊斯（J. E. Wappaeus）、拉泽尔（Friedrich Ratzel）和阿尔弗雷德·基什霍夫（Alfred Kirchoff））。关于对阿布雷乌产生影响的欧洲知识分子，主要是法国人还是德国人，这一问题在巴西历史学者中存在争议。然而这样一位多才多艺的人，首先表现出的是作为一名学者的素养，而不具有折中主义的偏好。① 与瓦恩哈根的案例一样，在他事业的前半

---

① 对此持相反观点的总结参见 Pedro Moacyr Campos，'Esboço da historiografi a brasileira nos séculos XIX e XX'，in Jean Glénisson，*Iniciação aos estudos históricos*（São Paulo，1977），276 - 277。

期,有一种确定的影响来自冯·马提努斯在 1843 年提出的关于巴西史应当如何书写的计划。正如冯·马提努斯向巴西史学家所建议的那样,阿布雷乌甚至学习了印第安人的语言。然而,我们也应当看到,在 20 世纪最初的一段时间,阿布雷乌在这方面的信仰暂时被搁置一旁。在他写作他最重要的文本时,他的事业采取了一种别样的视角。

帝国时期同样见证了一批有价值的区域或地方史学作品的面世。这些作品经常是以编年史的形式组织,由自学成才的各省学者写就,他们中的大多数对欧洲史学写作的潮流知之甚少。这些书作为信息来源,依然非常有用。其中最重要的,是由安东尼奥·拉迪斯劳·蒙泰罗·巴埃纳(Antônio Ladislau Monteiro Baena)完成的《帕拉省各时代选集》(*Compêndio das eras da Província do Pará*)(1838 年)一书。在某些案例中,这种省份的作品产生了富有成效的史学。若阿金·费利西奥·多斯·桑托斯(Joaquim Felício dos Santos)就是这样一位学者。1862 年,他在一份省里的期刊上发表了他的《迪亚曼蒂努大区的回忆》(*Memórias do Distrito Diamantino*),一部米纳斯吉拉斯州的史书。这一区域在殖民地时代盛产钻石。桑托斯以他共和主义者和自由派的偏好而著称于世,带有一种强烈的反葡萄牙人的情绪,并且出人意料地具备现代史学的视角。其他值得注意的作家,其写作更多地局限于涉及特别主题的专题论文:1860 年,若阿金·诺尔贝托·德·索萨·席尔瓦(Joaquim Norberto de Sousa Silva)的研究,试图加固米纳斯吉拉斯州在 18 世纪末叶脱离葡萄牙后的独立地位;若昂·弗朗西斯科·利斯博阿(João Francisco Lisboa)全心投入于南美洲从巴西分离出去的一块葡萄牙人殖民地(Estado do Maranhão e Grão-Para)的行政史;坎迪多·门德斯·德·阿尔梅达(Cândido Mendes de Almeida)是一位从法律和制度的视角探究教会史的研究者。此外,若阿金·纳布科(Joaquim Nabuco)是巴西第一批进入历史传记

455

领域的作者之一。①

使用各种手法的历史学

　　彼得·伯克在本卷中讨论的那种"业余史学"（lay history），这里不想多做涉及，不过，在巴西确实有一种对历史学应用的兴趣在日渐升温，其中包括对某些对帝国时代中所产生的象征物的跨学科分析。有两个案例可以说明这一点。第一个是历史绘画。1841年，佩德罗二世皇帝加冕礼在两幅不同的绘画中得以呈现，一位是由巴西艺术家曼纽尔·德·阿劳若·波尔图·阿莱格雷（Manuel de Araújo Porto Alegre），同时也是巴西历史和地理协会的一位重要成员完成，另外一幅出自法国画家弗朗索瓦 - 勒内·莫罗（François-René Moreau）之手。莱蒂西亚·司曲福（Leticia Squeff）的一项研究解释了为什么波尔图·阿莱格雷的作品尚未完成，而且被人迅速遗忘了，原因在于皇帝本人异常偏好莫罗所展现的构想，他订购了莫罗的绘画并悬挂在位于里约热内卢市中心（Paço da Cidade）的王宫御座厅里。司曲福的分析是有政治考量的，同时也关注了绘画内容和形式的表现："在19世纪艺术政治化的氛围下，一幅历史题材的绘画必须具有一种客观的功能：它应当作为一种可视的证言来发挥作用，同时也作为一种指导'公众'的手段。"通过选择莫罗的版本，年轻的皇帝同时也为他的加冕礼选择了可视的定义，他就不再像他过去所见到的那些帝王像一样，作为巴西君

---

① 　Joaquim Norberto de Sousa Silva, *História da Conjuração Mineira：Estudos sobre as primeiras tentativas para a independência nacional brasileira baseados em numerosos documentos impressos e originaes existentes em varias repartições*（Rio de Janeiro，1873）；Francisco J. Lisboa, *Crônica do Brasil colonial：Apontamentos para a História do Maranhão*，new edn（Petrópolis，1976）；Cândido Mendes de Almeida, *Mudança de século，mudança da Igreja*，new edn（Rio de Janeiro，1978）；and Joaquim Nabuco, *Um estadista do Império：Nabuco de Araujo，sua vida，suas opiniões，sua época，por seu filho Joaquim Nabuco*，3 vols.（Rio de Janeiro，1897）.

王的一种合成品而被公开展览。①

　　第二个例子，是巴西作曲家安东尼奥·卡洛斯·戈梅斯（Antônio Carlos Gomes）关于巴西主题的两部意大利风格的歌剧，《瓜拉尼》（*Il Guarany*）（1870 年）和《奴隶》（*Lo Schiavo*［The Slave］）（1889 年，创作始于 1883 年）。这两部作品都构思于意大利，并且依照当时流行的异域文学和歌剧作品的传统，面向欧洲观众。《瓜拉尼》在米兰首次登台并获得声名，《奴隶》出乎作者的预期，在里约热内卢首演。这些歌剧，特别是第二部，由一位忠诚的君主制拥护者完成，都对巴西及其君主制做出了间接的陈述。他们试图用夸张的手法，与"温顺"的欧洲进行对比，以此来呈现巴西极具热带风情的富丽堂皇，并且还加入了对巴西印第安人的英雄浪漫主义的想象。《奴隶》这部歌剧是献给帝国公主伊莎贝尔的，她在 1888 年签署了条约废除了巴西的奴隶制。剧中的主人公自诩代表了一名真实存在的印第安首领，他在 16 世纪造了葡萄牙人的反（1567 年）。然而历史事件往往被粗暴地扭曲，以便适应意识形态的需要。②

天堂的失落

　　在所谓"旧共和国"（1889—1930 年）的四十年中，巴西变成了一个更为复杂的国家。奴隶制和帝国体制不再存续，每年有成千上万的欧州移民抵达巴西的港口（1891 年达到峰值，当时有 215,239 名移民进入这个国家），他们中的大多数定居在了巴西南部。城市化、资本主义金融业，甚至某些地方工业，已经改变了土地的面貌。20 世纪初，里约热内卢通过卫生和城市改革发生了深刻的变化。几十年后，圣保罗也通过移民和工业化而发生了变化，

456

---

① Leticia Squeff, 'Esquecida no fundo de um armário: a triste história da Coroação de D. Pedro II', *Anais do Museu Histórico Nacional*, 39(2007), 105-127.

② Ciro Flamarion Cardoso, 'A construção da "brasilidade" na ópera Lo Schiavo (O Escravo), de Carlos Gomes', *Revista Sociedade em Estudos*, 1(2006), 113-134.

进而取代了里约，成为巴西如何变成为一个更"现代"国家的标志或模型。伴随着欧洲移民的大量涌入，社会主义者和无政府主义者以及他们的运动，在巴西的一些城市扎下根来。这些城市中的行业工会和城市社会运动日渐成长。经历了 19 世纪末叶的一次严重的咖啡出口危机后，坎波斯·赛尔斯（Campos Sales，1898－1902 年）总统领导下的巴西政府，需要筹募一笔"周转借款"（founding loan）来应付它的外债，并不得不接受国际资本主义所施加的某些严苛且丢脸的条件。

如果对所有神话传说中的印第安人不予考虑，在帝国统治下的巴西民族，理所当然地可被看作是一个现代的和某种"欧洲人"的民族。这样的话，许多学者就开始发问：到底有没有一个巴西民族？考虑到异质的人口和社会，以及巴西大部分是农业经济的片面性，这个民族在资本主义世界中是否会成为可能？并且如果它存在，这个民族到底是什么？它一定不同于欧洲的民族，也不同于美利坚合众国，后者是一种极具影响力的范式，特别是在第一次世界大战后。对这些问题的回答，受到一度猖獗的种族主义理论的塑造。在很多案例中，这些回答伴随着一些想要对现如今被视为457 民族难题的那些东西提供解决之道的提议。很多情况下，这种解决之道就是通过大量欧洲移民和种族通婚，来"白人化"巴西的人口。[1]

这一时期，正如较早的帝国时代一样，后世的历史学家可以在其中捕捉到一股强烈的来自法国的影响。这种影响的确存在，但是这种影响有时并不是那么重要，至少在那些更为引人注意的人物那里是这样。让我们以哲学家、记者、文学批评家和历史学家，以及民族学研究者西尔维奥·罗梅罗（Silvio Romero）为例。尽管

---

[1] Dain Borges, '"Puffy, Ugly, Slothful and Inert": Degeneration in Brazilian Social Thought, 1880－1940', *Journal of Latin American Studies*, 25 (1993), 239－241; and Thomas Skidmore, *Black into White*: *Race and Nationality in Brazilian Thought* (Durham, 1993).

他最著名的书，一本巴西文学史，出版于帝国体制结束的 1888
年，①他的某些观点更能代表巴西第一共和国时期的思想。罗梅罗
在多国作家的作品中阅读了戈比诺（Arthur de Gobineau）、弗雷德
里克·勒·普雷（Frédéric Le Play）、泰纳和巴克尔，并从阅读中受
到某些影响。他的思想经常是相互矛盾的。开始是强烈的民族主
义者。他担心不列颠的经济帝国主义，以及这样一个事实，即巴西
南部有大量德国移民，那一地区已经开始讲德语，而非葡萄牙语
了。同时，他认定为了要"教化"巴西人中的劳动力大军，欧洲移民
在巴西应该受到更高的尊重。在文学方面，他批评了法国浪漫主
义对巴西文学的持续（在他看来，还有些渐行渐远的）影响，同时还
捍卫了自然主义，并宣扬一种观点，即民俗研究是一种加固"纯正
的"巴西文化的方式。罗梅罗渴望在这个国家中看到一种特殊类
型的社会阶层的发展，也就是现代社会阶级和一种不那么异质的
社会，并希望看到一种集体性"意图"的出现，以此让巴西与德国、
英国、法国或美利坚合众国更为相似。然而，与此同时，作为年轻
人的他，被看作是反对废除奴隶制的。严格意义上说，这并不真
实。事实上，随着废奴运动在巴西的展开，他才开始日渐反对废
奴。他渴望借助一种特殊的经济进程来终结奴隶制，但却不受支
持。在共和国的体制下，他捍卫了葡萄牙人的（和帝国的）中央化
的政治体系，因为他认为，联邦主义与巴西的传统和特色并不相
配。尽管在多国作家中，他拜读了法国作家的作品，并吸收了他们
的影响。但在他的主要观点中，并不存在特殊的"法国观点"，正如
这些观点在某种程度上也是相互矛盾的。相反，这些观点预示了
未来的学者。他们会更具气魄，但也与罗梅罗一样会被那些矛盾
所困惑，渴望一种美国式的资本主义能够在巴西扎根。若泽·本
托·蒙蒂罗·洛巴托（José Bento Monteiro Lobato）在他的第一阶段
的表现，就是这样一个例子。这是一种在那个时期内典型的社会
意识，当时巴西的学者不再相信，他们的国家是一种热带天堂，极

---

①　Silvio Romero，*História da Litteratura Brazileira*，2 vols.（Rio de Janeiro，1888）．

为富足，肥沃多产，并且注定有一个光明的未来。

某些活跃于旧共和国时期的作家，在帝国统治下开始了他们的事业。所以在共和国的头几十年中，巴西的历史学并没有显著的不同。撇开一个相当独特的、更为悲观的世界观（*Weltanschauung*）不论，这种世界观与实证主义的繁荣并存。实证主义，在巴西，是始于 1870 年左右的一股强烈的思想潮流，如今在大多数圈子里都很盛行。我们可以说，由若昂·卡皮斯特拉诺·德·阿布雷乌实践、教授并宣讲的重视"方法"的史学研究，如今在巴西更是无处不在。从事这种研究的学者的名字可以列举如下：阿布雷乌自己、鲁道夫·加西亚、若昂·潘迪亚·卡洛格拉斯（João Pandiá Calógeras）、欧热尼奥·德·卡斯特罗（Eugênio de Castro），以及阿丰索·德艾斯克拉格诺莱·陶奈。

若昂·卡皮斯特拉诺·德·阿布雷乌是一位不知疲倦的历史学家、教师和书信作者。他的书信是了解巴西知识分子趋向的一种重要来源。它们跨越了相当长的一个时期，从 1880 年一直到他去世的 1927 年，由若泽·奥诺里奥·罗德里格斯（José Honório Rodrigues）编辑出版。[①] 阿布雷乌最重要的作品，是他的《巴西殖民史散论》（*Capítulos de História Colonial* [Chapters of Brazil's Colonial History]），出版于 1907 年。直到谢世，他一直都很活跃。在他事业的后半段，他完全抛弃了对巴西印第安人的兴趣。关于这点，他在给一位年轻的巴西研究者的书信中说，坚持这种研究将是浪费时间。

就像过去一样，对许多旧共和国的巴西历史学家而言，历史和文学依然是双胞胎。基于这种原因，现代艺术周（Semana de Arte Moderna，Week of Modern Art）于 1922 年在圣保罗召集，并在文学和艺术圈内引发了一场地震，对那些专注于研究巴西政治和社会"现代化"如何生效的历史学家而言，也构成了一桩重要事件。这

---

① José Honório Rodrigues(ed.)，*Correspondência de Capistrano de Abreu*，3 vols. (Rio de Janeiro，1954-1956).

次会议的赞助者和参与者是一位历史学家保罗·普拉多（Paulo Prado），卡皮斯特拉诺·德·阿布雷乌的朋友，他本人也写作史著。他的《巴西肖像》（*Retrato do Brasil* [Portrait of Brazil]）出版于1928年，是一种反罗沙·皮塔的作品，对巴西做了消极的想象，迥异于其他作家所支持的天堂观，（把巴西想象为）一种平庸、落后的，应当接受欧洲范式的社会。[①]

在大学中讲授的历史学

在最后一个时期，1930—1945年，人们终于看到了真正的大学在圣保罗（1934年）和里约热内卢（1935年）得以创建。这是在巴西发生1930年革命之后，经历了权力重组，在更加中央集权化的联邦政府治下，由部长弗朗西斯科·坎波斯（Francisco Campos）实施教育改革（1931年）的成果之一。正是在1931年后决定，历史学要在"教育、科学和文学系"来教授，过了一段时间后，改称为"哲学系"。

共和国体制开始之初，大学的创立以及它们的公立或私立地位就已经成为讨论的问题。1930年革命之后，当它们建立时，其目的在于确认构建一种民族国家的计划，尽管如今巴西社会处于一个全新的背景和更为复杂的环境之中。这项计划与过去所预想的并无太大差异，在帝国统治下，这曾是知识分子所追求的目标。"教育、科学和文学系"曾被看作是新成立的大学的核心。这些教师在新知识分子阶层的形成中，发挥了中心作用，也为一个扩展了的基础和高等学校网络提供了师资。为了巴西的民族和国家，他们通过对中产阶级的恰当教导，传播了一种现代化和高效的计划，进而确保了社会的稳定性。[②]

459

[①] Paulo Prado, *Retrato do Brasil*, 8th edn（São Paulo, 1997）.

[②] Elza Nadai, 'O projeto republicano de educação superior e a Universidade de São Paulo', *Revista de História*, 115（1983）, 3‑16.

　　由此，对专业历史学家的训练最终开始在巴西出现了。差不多在 1934—1944 年间，随着大学"使团"来到巴西，无论是在圣保罗还是里约，一股来自法国的直接影响不容置疑。这批学者包括历史学家、地理学家和其他社会科学家，其中大多数人都对巴西的历史学家产生了重要影响，例如克洛德·列维－施特劳斯（Claude Lévi-Strauss）、费尔南·布罗代尔（Fernand Braudel）、让·格莱尼松（Jean Glénisson）、查尔斯·莫拉泽（Charles Morazé）、罗歇·巴斯蒂德（Roger Bastide）、弗朗索瓦·佩鲁（François Perroux）、皮埃尔·蒙贝格（Pierre Monbeig）、埃米尔·库纳厄特（Emile Coornaert）、亨利·奥塞尔（Henri Hauser）、让·加热（Jean Gagé）、欧仁·阿尔贝蒂尼（Eugène Albertini），等等。这些杰出教授中的一部分人，与巴西籍的教授一起，形成了巴西史学行业中的第一代人。巴西高等学校中历史教学的积极效果迅速地显现出来，而学术和研究的益处，则让他们感觉来得略显缓慢。考虑到新型大学中的职业位置和资助历史研究手段的缺失，本可较过去有所改善（但实际上并非如此），史学中的科研基金更为滞后。多年来，圣保罗的新一代学者们汇聚在历史研究协会（Sociedade de Estudos Históricos，1942 年成立），围绕在欧里庇得斯·西蒙斯·德·保拉（Eurípedes Simões de Paula）、佩德罗·莫阿西尔·坎波斯（Pedro Moacyr Campos），以及其他的领导者们周围。这些学者努力想要成为"先锋知识分子"中的一员[①]而勤勉地工作，力图创造一种现代的史学研究氛围。这种类似的努力也在里约热内卢表现出来。但这项任务被证明是艰巨的、困难的。大约到了 1945 年之后，巴西专业历史学家在观念和方法上的转型才变得显而易见，他们的著作才能够与当时欧洲或美国的著作相提并论。即使是在圣保罗大学，一种更传统的重视"方法"的史学依然非常流行，例如像阿丰索·德艾斯克拉格诺莱·陶奈所表现的那样。

---

① Carlos Antonio Aguirre Rojas, *América Latina*：*História e presente*（Campinas，2004），60，67－68．

这一时期还见证了另外一种重要的创新,巴西经济史的起步,由罗伯托·西蒙森(Roberto C. Simonsen)和若泽·若比姆(José Jobim)的作品所开创。[①] 小卡约·普拉多(Caio Prado,Jr.)是致力于借助经济史来理解巴西的马克思主义学者中的最重要的一位。[②]

自 1930 年之后出现的这种新型的"关于巴西的解释",较之前出版的任何作品都更加前后一致、生动有趣且引人思考,其中很多是由非历史学家的学者写就的。这些作品中最著名的是吉尔贝托·弗雷(Gilberto Freyre)的第一本书《主人与奴隶》(*Casa Grande e Senzala*),首次出版于 1933 年,并且自此之后就不断重印,并被翻译成多国语言,享誉世界。某些人也许会说,这部书的面世可被看作是东北地区糖业贵族传统的挽歌。在那一时期,糖业贵族受到了两方面的影响,一方面是 1929 年危机后世界经济大萧条对巴西的影响,另一方面是作为 1930 年革命后果之一的新型中央集权国家在巴西的出现。这种新的秩序在外省精英的权力和特权方面,并不比帝国体制和旧共和国(尽管每个时期具有非常不同的方法和风格)时的更经得起推敲。然而,弗雷作品中的许多观点业已在一篇论文的结论中呈现。那篇论文完成于 1922 年,当时他在美国学习社会科学(先在德克萨斯,后来在纽约的哥伦比亚大学)。1900 年生于累西腓(伯尔南布科)的弗雷,经常被看作是一位社会学家,但是他写作的性质却是相当难以捕捉或定义的。从某一点上看,《主人与奴隶》是一部社会学和人类学的书,然而,它也包含了很多非经验的假设,从这个意义上说,这些假设是不能被证实的。弗雷也许是思考现代奴隶制这一取向中的最重要的成员。采取这一取向的,还包括弗兰克·坦嫩鲍姆(Frank Tannenbaum)和斯坦利·埃尔金斯(Stanley Elkins),他们相信在美洲存在两种不同类型的黑人奴隶制,导致了两种不同的种族关系。这种类型学被

① Roberto C. Simonsen, *História Econômica do Brasil*, 1500–1820, 2 vols. (São Paulo, 1937); id., *A evolução industrial no Brasil* (São Paulo, 1939); and José Jobim, *História das indústrias no Brasil* (Rio de Janeiro, 1941).

② 例如,参见 Caio Prado, Jr., *História econômica do Brasil* (São Paulo, 1945).

用来将巴西与美利坚合众国的南方相比较。也许的确如此，当首次出版时，这部书在巴西被当做某种令人耳目一新的新事物和激发热烈讨论的读物来读。

结语

思考 1808 年以后的巴西历史学到底发生了什么，可以得出的一个结论就是：由帝国体制所关注的史学写作、阅读和教学，构成了以民族主义的意识形态教化国家精英这项努力中的重要内容。主要通过相对迅速地确立制度框架，这一体制推进了多项工作，并为促进史学研究提供了坚实的支持。由此，在 19 世纪，巴西出现了一个重视"方法"的史学派别，跻身于那一时期欧洲学术研究的最佳传统之列。

461　　然而，将巴西同西属美洲地区相比，后者的大学在殖民地时代就存在了。人们会看到真正意义上的大学在巴西的缺失，直到 1930 年代依然是个严重的障碍。这也是其中一个原因，解释了为什么经历了帝国体制和旧共和国的最初数年，历史研究迅速发展之后，巴西史家却花费了那么多的时间来吸收 20 世纪头十年以来，主要是在欧洲出现的历史理论和研究的新趋势（事实上，直到 1970 年左右，那已经超过了这一章所关注的时段）。

大事年表/关键日期

1808 年	葡萄牙皇室宫廷从里斯本迁到里约热内卢
1822 年	巴西从葡萄牙那里获得政治上的独立：巴西帝国开始
1881 年	"第一届巴西历史展览"在国家图书馆开幕
1888 年	巴西废除了黑人奴隶制
1889 年	巴西开始共和制的政治体制
1922 年	"现代艺术周"（Semana de Arte Moderna）在圣保

<table>
<tr><td></td><td>罗召集,这次大会对巴西的艺术家和知识分子的生活发挥了相当重要的影响</td></tr>
<tr><td>1930 年</td><td>所谓的 1930 年革命开始通过一种新的政治体系和更为中央集权化的体制来改变巴西共和国</td></tr>
<tr><td>1934—1935 年</td><td>巴西第一批真正的大学在圣保罗(1934 年)和里约热内卢(1935 年)建立这对巴西历史学家而言促成了史学专业的形成在这两所大学中都有来自法国的教授入驻(大多从 1934 年到 1944 年间)</td></tr>
</table>

主要历史文献

Abreu，João Capistrano de，*Capítulos de História Colonial*（Rio de Janeiro，1907）.

—— *Os caminhos antigos e o povoamento do Brazil*（Rio de Janeiro，1930）.

—— *Correspondência de Capistrano de Abreu*，ed. José Honório Rodrigues，3 vols.（Rio de Janeiro，1954 - 1956）.

Calógeras，João Pandiá，*A política exterior do Império*，3 vols.（Rio de Janeiro，1927 - 1930）.

Freyre，Gilberto，*Casa grande e senzala*（Rio de Janeiro，1933）.

Holanda，Sérgio Buarque de，*Raízes do Brasil*（Rio de Janeiro，1936）.

Prado，Jr.，Caio，*Formação do Brasil contemporâneo：Colônia*（São Paulo，1942）.

—— *História econômica do Brasil*（São Paulo，1945）.

Prado，Paulo，*Retrato do Brasil*（São Paulo，1928）.

Santos，Joaquim Felício dos，*Memórias do Distrito Diamantino*（Minas Gerais，1862）.

Simonsen，Roberto，*História econômica do Brasil*，2 vols.（São Paulo，1937）.

462

Southey，Robert，*History of Brazil*，3 vols.（London，1810 – 1819）．

Taunay，Afonso d'Escragnolle，*História Geral das Bandeiras Paulistas*，11 vols.（São Paulo，1924 – 1950）．

—— *História do café no Brasil*，11 vols.（Rio de Janeiro，1939 – 1941）．

Varnhagen，Francisco Adolfo de，*História Geral do Brasil antes de sua separação de Portugal*，2 vols.（São Paulo，1854 – 1857）．

参考书目

Aguirre Rojas，Carlos Antonio，*América Latina：História e presente*（Campinas，2004）．

Aldé，Lorenzo，'Os inventores do Brasil'，*Revista de História da Biblioteca Nacional*，29（2008），56 – 59．

Borges，Dain，'Puffy，Ugly，Slothful and Inert：Degeneration in Brazilian Social Thought，1880 – 1940'，*Journal of Latin American Studies*，25（1993），239 – 241．

Campos，Pedro Moacyr，'Esboço da historiografi a brasileira nos séculos XIX e XX'，in

Jean Glénisson（ed.），*Iniciação aos estudos históricos*，2nd edn（São Paulo，1977），250 – 293．

Galvão，B. F. Ramiz（ed.），*Catálogo da Exposição de História do Brasil realizada pela Biblioteca Nacional do Rio de Janeiro，a 2 de dezembro de 1881*，2 vols.（Rio de Janeiro，1881）．

Holanda，Guy José Paulo de and Assis Barbosa，Francisco de，'A historiografi a do Brasil'，in *Enciclopédia Mirador Internacional*（São Paulo and Rio de Janeiro，1979），5776 – 5779．

Iglésias，Francisco，*Historiadores do Brasil：Capítulos da historiografi a brasileira*（Rio de Janeiro，2000）．

Lacombe, Américo Jacobina, *Introdução ao estudo da História do Brasil*(São Paulo, 1973).

Lapa, José Roberto do Amaral, *A História em questão*(Petrópolis, 1976).

Mota, Carlos Guilherme, *Ideologia da cultura brasileira , 1933 - 1974*(São Paulo, 1990).

Nadai, Elza, ' O projeto republicano de educação superior e a Universidade de São Paulo', *Revista de História*(São Paulo),115 (1983),3 - 16.

Queiroz, Teresa Aline Pereira de and Grícoli Iokoi, Zilda Márcia, *A História do historiador*(São Paulo, 1999).

Rodrigues, José Honório, *A pesquisa histórica no Brasil : Sua evolução e problemas atuais*(Rio de Janeiro, 1952).

—— *História e historiadores do Brasil*(São Paulo, 1965).

—— *História e historiografia*(Petrópolis, 1970).

—— *A pesquisa histórica no Brasil*(São Paulo, 1978).

—— *Teoria da História do Brasil : Introdução metodológica*(São Paulo, 1978).

—— *História da história do Brasil*(São Paulo, 1979).

Vianna, Helio, *Capistrano de Abreu : Ensaio biobibliográfico*(Rio de Janeiro, 1955).

孙　琇　译

第二十三章　西属南美洲的历史学家：中心与边缘的相互参照

胡安·迈古阿西卡

　　这一章的目的在于呈现 19 世纪和 20 世纪上半叶西属南美洲（Spanish South America，SSA）历史编纂学的全貌。本章并非对九个国家进行个别化的处理，而是将这一区域作为一个整体当做分析的单位。① 之所以如此，是因为美洲的这一部分在所讨论的时段内出现了一个共同的知识市场，文人共和国（la república de las letras），其规模和复杂性皆有所成长。事实上，在殖民地时期的晚期，一种观念和知识产品的交换业已发生。尽管交换的密度在独立后才大幅提高。他们处理了多样的主题：政治的、军事的、经济的、文学的和历史学的。这一章将会单独处理最后一个主题。

　　历史写作中的共同市场观念，是在 20 年前，由赫尔曼·科梅纳雷斯（Germán Colmenares）在他的《反文化公约：19 世纪西属美洲历史编纂学散论》（*Las convenciones contra la cultura：Ensayos sobre la historiografía hispanoamericana del siglo XIX*，1987 年）中提出的，但却并没有进一步发展。在书中，他写道："讲西班牙语的美洲历史学家不断提到欧洲人。他们都从一些相同的作家那里获得灵感，其中大部分是法国人……但是，他们之间也进行了相互的参照。意识形态上的连结、代际间的亲近感、流放、共同的经历，抑或势不两立，

---

① 这些被讨论的国家包括：阿根廷、乌拉圭、巴拉圭、智利、玻利维亚、秘鲁、厄瓜多尔、哥伦比亚以及委内瑞拉。自始至终我都将它们称为 SSA，它们的历史学家都被称为 SSA 历史学家。

真实抑或想象,皆使得这些参照成为可能。"①直到最近,约瑟普·巴尔纳达斯(Josep Barnadas)才更加理直气壮地提及了这些相互间的参照。他写道:"应当被记住的是那些通常被遗忘了的事:西班牙裔美洲精英在其自身的知识、政治和经济联系中被哺育,这种哺育远比来自欧洲和美国的哺育更为深入。"②本章将会扩展并阐发相互参照的观念,由此以一种新的眼光来审视西属南美洲的历史学家。

465

　　从这一视角出发,文人共和国在西属南美洲中并非个整齐划一的领域。在 19 世纪初期,有两个史学生产和传播的中心,地位远超其他城市:智利的圣地亚哥和阿根廷的布宜诺斯艾利斯。尽管它们是两个不同国家的首都,但是它们应当被看作是一种单一的实体,因为它们在知识话语上紧密相连。此处并无足够的篇幅来具体解释这些联系是如何出现的。足够说明问题的是:阿根廷的政治状况造成了一代青年知识分子的流亡,他们发现在智利,出乎他们的意料,当地的政治精英成功地组织了一个稳定的政体。在他们伴着盛誉抵达之后,很快就被智利政府召唤,在政治和文化领域中献计献策。作为回报,客居之邦不仅让他们得以安身立命,而且还让他们出版了政治、法律、文学和历史方面的突破性作品。在1830—1840 年,智利和阿根廷的知识分子发展出了一种紧密的合作,一直延续到了这个世纪剩下的岁月,甚至在后者永远回到他们的祖国之后,这种联系依然延续。③

---

① Germán Colmenares, *Las convenciones contra la cultura*: *Ensayos sobre la historiografía hispanoamericana del siglo XIX*(Bogotá,1987),41 - 42,102 - 103.

② Josep Barnadas, *Gabriel René Moreno* (1836 - 1908): *Drama y Gloria de un Boliviano*(La Paz, 1988),68. 参见 J. R. Thomas, 'The Role of Private Libraries and Public Archives in Nineteenth-Century Spanish American Historiography', *The Journal of Library History*,9：4(1974),334 - 351。

③ Sol Serrano, 'Emigrados argentinos en Chile(1840 - 1855)', in Esther Edwards (ed.), *Nueva Mirada a la historia*(Santiago, 1996),111 - 126. 参见 María Saenz Quesada, 'De la independencia política a la emancipación cultural', ibid. , 91 - 105；和 Rosendo Fraga, 'Argentina y Chile entre los siglos XIX y XX(1892 - 1904)', ibid. , 143 - 165。

第二次世界大战期间的拉丁美洲和加勒比地区

　　南锥体（the Southern Cone）之所以能被视为一个文化中心，显然是基于如下的事实：来自委内瑞拉、哥伦比亚、厄瓜多尔、秘鲁和玻利维亚的文人，首先汇聚到了圣地亚哥，然后是布宜诺斯艾利斯，他们要么是出于个人的意愿，要么就是被各自的政府流放而来。① 在谈及 19 世纪最杰出的玻利维亚历史学家雷内·莫雷诺（René Moreno）时，巴尔纳达斯写道："智利对许多阿根廷人、玻利维亚人和秘鲁人，以及哥伦比亚人，甚至中美洲人而言，发挥了一种避难所的功能；考虑到莫雷诺选择将它作为自己的第二祖国，我们可以确信，他定居在这块大陆上最为重要的文化震中了。"② 由此，本章标题中的"中心"并非指欧洲，而是指创造了一块势力范围的知识发展的一个集中点，它开始于 1840 年，在这一世纪剩余的时间以及随后的日子里，覆盖了整个西属南美洲。通常，人们会天然地将中心—边缘的关系想象为一种根本上的剥削关系。但这却并不适用于此。相反，对大部分地区而言，这里是一种合作的关系。"中心"，由此指的是南锥体历史学家从 1840 年代到 1940 年代间的合作工作，而"边缘"则指的是其他西属南美洲历史学家的产出，在某种程度上，它以某种方式与圣地亚哥和布宜诺斯艾利斯的历史编纂学的发展相关联。

習惯上，对 19 世纪以及 20 世纪早期的西属南美洲历史写作，人们通常有两个认识。第一，它是有权势的人为了权势的目的而书写的关于权势的作品。第二，它在很大程度上是派生出来的，因

---

① Barnadas，Gabriel René Moreno，68. 南锥体作为一种文化中心的兴起参见 Daniel Larriqueta，'Chile y Argentina：indianos diferentes'，in Edwards（ed.），*Nueva Mirada a la historia*；Jeremy Adelman，*Republic of Capital：Buenos Aires and the Legal Transformation of the Atlantic World*（Palo Alto，Calif.，1999）；José Moya，'Modernization，Modernity and Trans/Formation of the Atlantic World in the Nineteenth Century'，in Jorge Cañizares-Esguerra and Erilk R. Seeman（eds.），*The Atlantic in Global History*，*1500 - 2000*（Don Mills，Ont.，2007）；and Lyman L. Johnson and Zephyr Frank，'Cities and Wealth in the South Atlantic：Buenos Aires and Rio de Janeiro before 1860'，*Comparative Studies of Society and History*，48（2006），634 - 668.

② Barnadas，*Gabriel René Moreno*，68.

为其知识框架主要借自于欧洲历史学家。[1] 对于第一个认识，我并不提出异议，尽管必须坚持如下的告诫。从一开始，这一特征就不仅适用于西属南美洲的历史编纂学，同时也适用于 19 世纪欧洲的历史编纂。同样不应忘记的是，也有少数白人西属南美洲历史学家们书写了有关美洲印第安人的作品。最具学术性和影响力的是维森特·洛佩斯（Vicente López）的《秘鲁的雅利安种族：他们的语言，他们的宗教，他们的历史》（*Les Races Aryennes du Perou：Leur langue，leur religion，leur historie*，1871 年）以及塞巴斯蒂安·洛伦特（Sebastian Lorente）的《秘鲁文明史》（*Historia de la civilizacion peruana*，1879 年）。然而，整体而言，1840 年代到 1940 年代间存留下来的历史作品都是由白人作家用西班牙语写就，并反映了拉美混血儿（*criollo*）的世界观。[2]

转向第二个认识，这种西属南美洲历史学家都是外国模式"模仿者"的观念，被布劳特（J. M. Blaut）称为"欧洲扩散主义"，这一认识反映了一种根深蒂固的信仰，即欧洲民族创造了历史（以及其他各种）知识而欧洲以外的人民，包括拉丁美洲人，只是借助微小的

---

[1] 例如参见 E. Bradford Burns，*The Poverty of Progress：Latin America in the Nineteenth Century*（Berkeley，1983），ch. 3；Colmenares，*Las convenciones contra la cultura*，13，27，137；以及，更晚近的 Ana Ribeiro，*Historiografia Nacional*，1880 - 1940：*De la épica al ensayo sociológico*（Montevideo，1994），15。

[2] 在 19 世纪上半叶，少数本地作家试图提出他们自身的视角，但是据我所知，其中最好的也无法同这一时段内的其他视角相比。这也是为什么美洲印第安作家的作品并没有在本章中被刻画的主因。参见 Vicente Pazos Kanki 的 *Memoria histórico políticas*（London，1834）和 Justo Apu Shuaraura，的 *Recuerdos de la Monarquía peruana o bosquejo de la historia de los Incas*（Paris，1850）。第一本书是一项未曾完成的多卷本的作品，由一位玻利维亚的艾马拉人（Aymara）主持，他业已变成了一位狂热的共和主义者。第二本，不是一个历史文本，而是一个印加帝王的谱系，由一位体面的印加祭祀汇编而来。他曾暗示其目的在于将他自己呈现为可以在秘鲁恢复印加君主制的某种人。这一关联参见 Catherine Julien，'Recuerdos de la monarquía peruana'，*Hispanic American Historical Review*，84：2（2004），344 - 345.

第二十三章 西属南美洲的历史学家:中心与边缘的相互参照

修改而采取拿来主义。[①] 这一观点必须受到拒斥。西属南美洲历史学家不仅是外国观念的消费者,他们也是创新者。由此,除了提供一种西属南美洲历史写作的概观外,这一章还将提出证据来支持这一争论。

为了满足这两大目标,本章将分为三部分。第一部分,将检视19世纪发生于南锥体中的三场关于西属南美洲共和国的历史应当如何书写的争论。这些争论的两大后果,就是这一区域历史写作的制度化和工具装备的汇编,目的在于以一种革新的方式把握西属南美洲的历史现实。第二部分,将从方法转向内容,并辨识出西属南美洲历史学家在处理他们各自的民族史时的创造性。最后,第三部分,以阿根廷为一个实例,检视20世纪上半叶开始发生的历史学的专业化。在阿根廷发生的也在这一区域的其他地方发生了,尽管时间上略迟,程度上略浅。

西属南美洲共和国的历史应当如何书写(1840—1910年)

在19世纪抵达智利的最杰出的外国人中,除了查尔斯·达尔文以外,就是安德烈斯·贝略(Andrés Bello)了。他是一名委内瑞拉人,在1829年受雇于政府,并用其余生效力于这一国家。作为一名博学者,他在1840年代和1850年代达到了权力的高峰,并将圣地亚哥变成了一个历史研究的中心。通过组织教育系统以赋予过去的研究以重要意义,通过直接或间接地教育智利和阿根廷的第一代业余史学家,通过发起关于如何书写智利史的公共争论,并通过影响新近独立的讲西班牙语的美洲国家,他做到了这点。[②] 这些争论在整个区域的历史写作中发挥了重要的影响。

1844年,遵循智利政府的指示,当时在贝略的任期内,智利大

---

① J. M. Blaut, *The Colonizer's Model of the World*: *Geographical Diffusionism and Eurocentric History*(New York,1993),8 - 17.

② Iván Jaksic,*Andrés Bello*: *Scholarship and Nation Building in Nineteenth-Century Latin America*(Cambridge,2001),第 2 章和第 5 章。

学发起了一个年度征文竞赛,教师们必须提交一篇与民族历史有关的专题论文。在随后的 1844 年到 1918 年间,陆续出版的《报告》(*Memorias*)受到了严格的定期审核,激起了一些值得注意的争论。① 最值得注意的一场争论,牵涉到了大学校长和何塞·维多利诺·拉斯塔里亚(José Victorino Lastarria),他是校长的学生,也是新入职的教员。为了探寻"智利的历史应该如何书写?"这个问题,拉斯塔里亚提交了一篇论文,名为《智利的大征服与西班牙殖民体系的社会影响调查》(*Investigaciones sobre la influencia social de la conquista y del sistema colonial de los españoles en Chile*),以此公开挑战了大学校长关于历史编纂的观点。贝略做出了回应,很快在智利的知识分子圈里,首先是在圣地亚哥,后来在布宜诺斯艾利斯,也熊熊燃起了一场持续几十年的争论。一言以蔽之,这场争论

468 宣扬了一拨人的观点,他们推进了叙事史学(*ad narrandum*);反对另一拨人的观点,他们捍卫了阐释史学(*ad probandum*)。贝略支持了第一个阵营,而拉斯塔里亚支持第二个阵营。

　　对贝略而言,历史学家在智利这样一个新国家中的首要任务,是建设公共档案馆和图书馆,并提交汇编的史料,进行批判研究。一旦它们的真实性得以确认,下一步就是借助多种认知方法来研究它们的意涵,语文学批判的方法只是其中的一种。只有到了那个时候,历史学家才可以在按照时间先后排列起来的叙事中运用它们,认知的方向可以在文献自身中得以发现。与此同时,任何一种书写的历史都应被看作是暂时的,并将经受内容和方法的校验。为了向读者传达原始资料的重要性,他提出,要在叙事中插入原始文献。因为这并非只是一种真实性的问题,而是对读者把握瞬间的独特性,感悟有生命的经历至关重要。目标在于从内部理解智利的历史进程,尽可能地不对其做出歪曲。只有这样一种历史写作,贝略提出,才能产出关于智利人民、他们的土地和他们的时代

---

① Cristian Gazmuri, *La historiografía chilena*, 1842–1920(Santiago, 2006), ch. 4.

的可靠知识，没有这些知识，这个新兴国家的构建将不具有可能性。①

相反，对于拉斯塔里亚而言，历史并非对所有事实的记录，而只是对其中最重要事实的记录：由此，在总体解释中选取它们并运用它们的标准至关重要。拉斯塔里亚指出，事实之所以在历史上能够引人注目，是因为它们在程度上可以为进步的长征提供证据。避开法国人的浪漫主义，他更倾向于一个世纪前的伏尔泰，以及他的同时代人弗朗索瓦·基佐（François Guizot）所提出的看待历史的视角。这是一种解释性的史学，其目的不仅是要追溯欧洲，而且要追溯整个世界的文明的展开。它与智利以及西属美洲的新兴国家特别相关，拉斯塔里亚宣称，因为殖民主义的镣铐业已被摧毁，这些国家都在寻找一种新的秩序。由此，历史学仅仅追求全真和全足并不足以赋予过去以生命；更为重要的是要推进一种共和国的未来，时刻记挂着其他地区人类的进步。②

第一轮交流之后，其他人也加入了进来，并使得辩论更为微妙。贝略提出了一组附加的观点值得注意。第一，他宣称两种方法，叙事史学和阐释史学，在拥有成熟的历史编纂学的国家里应当各有其位置，但在智利却并非如此，因为智利的史学机构并不存在。在这样一种环境下，他坚持认为，叙事的方法是必不可少的第一步。第二，他建议智利的年轻人抵制对欧洲屈从式的因循。"年轻的智利人！"他敦促道，"学会如何来评判你自己！追求自由的思想。"③他警告说，在这一问题上的失败将会促使欧洲人说：

美洲还没有挣脱她的锁链，她的双眼还蒙着绑带，追随着我们的脚步，在她的作品中，没有独立思想的意识，没有原创性，没

---

① Andrés Bello，*Selected Writings of Andrés Bello*，*ed*. *Iván Jaksic*（Oxford，1997），154 - 184.

② Gazmuri，*La historiografía chilena*，81 - 85.

③ Bello，*Selected Writings*，183.

有特色。她模仿我们的哲学形式却并没有掌握其精神实质。她的文明是一种来自异国的物种，尚未能吸收供给它的土地的元气。①

然而，他对走向另一个极端并沉溺于叙事主义也保持了警觉，因为可以用欧洲的教训为戒："让我们来研究欧洲的历史；让我们来观察这特殊的场景，每一个场景都是欧洲历史的发展和总结；让我们接受它们所包含的这些范例和教训，也许这些正是我们很少考虑到的一些方面"。② 但是，他坚持独立性与创造性的首要性：

> 在每个研究领域，将他人的观点变化为自己所确认的观点是必须的。只有通过这种方式，一门科学才能够被习得。只有通过这种方式，智利的青年才能把握由欧洲的哺育所提供的知识之流，并且能够在有一天有所贡献，丰富它并使其更为美丽。③

在 1840 年代早期的西属南美洲，他们还并不知名，但等到了这一时代的末期，贝略和拉斯塔里亚已经变成了家喻户晓的名字。

第二场争论，1860 年代从布宜诺斯艾利斯开始，焦点是如何书写西属南美洲共和国的历史。巴特洛缪·迈特（Bartolomé Mitre）的《贝尔格拉诺的历史》（*Historia de Belgrano*）一书在 1859 年出版，引发了这一争论。这是一部由 1840 年代生活并工作于智利的记者和政客所写的作品，它提出了这样一个主题，即曼纽尔·贝尔格拉诺（Manuel Belgrano）将军是阿根廷独立运动的设计师和化身。他的这一地位表明：首先，这一进程在很大程度上借助于贝尔格拉诺所出身的沿海省份的干预而完成；第二，理解阿根廷历史的最好

---

① Ibid., 184.
② Ibid., 182.
③ Ibid., 174.

第二十三章　西属南美洲的历史学家：中心与边缘的相互参照

方式是透过研究大人物的生平而非普通人来完成的。

自然地，许多来自内陆的阿根廷人并不同意这一观点，达尔玛西欧·贝莱斯·萨斯菲尔德（Dalmacio Vélez Sarsfield）就是其中的一位。作为一名知名的律师、记者和公众人物，他的作品在内容和方法上继承了迈特的工作。考虑到第一点，他指出这种将阿根廷的独立主要归功于沿海精英的观点，是"一种对内陆人民的伤害和毁谤"。[①] 他后来罗列证据表明，没有内地的贡献，阿根廷将不会赢得她的独立。关于方法，他声称，一个国家的历史不能单单通过列出大人物的历史就能被讲述，因为领导者的历史和被领导者的历史是不能分割的。此外，他继续说，迈特的《贝尔格拉诺的历史》主要是基于政府的官方材料写就的。正因为如此，它反映了拥有权力的各派系的担忧和行动，上层阶级内部的争斗，以及沿海的利益诉求。其中所缺失的，是内地的历史以及平常人的历史。在最后的分析中，贝莱斯·萨斯菲尔德得出结论，迈特的史学只是一种"官方史学"，而非一种民族史学。为了书写一部民族史学，他应当超越政府档案，深入发掘流行文化的材料，例如传说、习俗和口述传统。[②]

迈特马上做出了回应。他说，正是因为领导者的历史和被领导者的历史是合一且相同的，人们必须赋予前者以特权，因为他们是塑造大众并给予大众以方向感的一群人。他嘲笑了将大众文化作为一种历史写作来源的观念，因为在那里并不存在已知的方法来评估其认知的有效性。然而政府的材料、印刷品或手稿，都可以通过批判的方法来检查，口述史则不能。据此，只有那些经过真理——价值检验的档案才能成为构筑信史的砖块。关于阶级和区域偏见的指责，他对其弃之不理，因为以他的观点看来，史学家的任务并非对所有的社会行动者给出一个穷尽的记录，而只是对那些对民

<aside>470</aside>

---

① Dalmacio Vélez Sarsfi eld, *Rectificaciones históricas*：*General Belgrano-General Güemes*，附录于 Bartolomé Mitre, *Estudios históricos sobre la Revolución Argentina*：*Belgrano y Guemes*（Buenos Aires，1864），218。

② Sarsfield, *Rectificaciones historicas*，217 - 262，particularly 227 - 288 and 233 - 235.

族具有重要性的社会行动者做出记述。① 这一轮交流一直延续到了下一个十年,其影响也超出了阿根廷的疆界。

第三场争论,同样发生于布宜诺斯艾利斯,从 1880 年代早期开始。它牵涉到了 1877 年迈特的《贝尔格拉诺的历史》第三版的出版。得益于 1860 年代早期贝莱斯·萨斯菲尔德的批评,迈特在新版中对其作品进行了深入地修正。尽管如此,它还是引发了一场热烈和持久的争论。这一时期的主角是维森特·菲德尔·洛佩兹(Vicente Fidel López),一位阿根廷律师和业余史学家,他像迈特一样,生活在 1840 年代的智利。为了对一本充满注脚、宣称说出了真相同时除了真相什么也没有的书做出回应,洛佩兹进行了反击,并提出一种史学,即使其中的每个部分都是真实的,但以其整体性进行思考时,它依然可能是虚假的。仅仅看穿个体事实的真实—价值,并将它们拼接在一起并不足以构成一种叙事。更为重要的是将它们结构化为一种整体,这一整体的意义超过了各部分意义之和。以他的观点看,要做到这一点仅靠批判的方法是不够的。需要的是一种综合及审美的视角,在很多方面就类似于艺术家所做的那样。作为海登·怀特(Hayden White)之前的一位先行者,他似乎想要提出:事件的模式需要依赖某种东西,就像是文学的规则。他得出结论,只有这样的史学才有能力捕捉阿根廷历史经验的原创性和丰富性,此外,召唤并引导读者将过去经历的事移植到他们的记忆中。②

471　　就像之前一样,迈特的反应也是敏捷的,他同意一种历史作品可能在每个特殊的实例上是真实的,但在整体上却是虚假的这一论断。然而他继续指出,这正是因为作者像洛佩兹那样将选择和

① Mitre, *Estudios históricos*, 3-16,32-42,47-61,63-72,73-85,130-133,139-151. 对于这一争论的记载参见, Abel Cháneton, *Historia de Veléz Sarsfield*, vol. 2(Buenos Aires, 1937),478-482。

② Vicente Fidel López, *Debate Histórico*: *Refutación a las comprobaciones históricas sobre la Historia de Belgrano*, 3 vols. (1882; Buenos Aires, 1921), i. 83-112; ii. 197-263; iii. 323-350.

解释的标准强加于经验材料，而并非从档案自身产出所造成的后果。他承认，史学在部分上是一种艺术的工作，但是"行动的统一性、人物的真实、戏剧化的利益（冲突）、运动、场景的色彩……作品的哲学和道德精神"，必须来自经过良好校验的原始材料。如果不这样，就会允许多种预想悄然混入，进而歪曲历史叙事的真实性。[1]然而，洛佩兹将史学视为一种艺术形式，迈特却将其在根本上看做一种科学。

　　尽管南锥体中还发生了其他的争论，但这三场争论在西属南美洲边缘中最能引发共鸣。首先对于第一场争论，如果人们检视 19世纪下半叶出现在西属南美洲中的那些最著名的作品，就会发现，很明显那一区域的大部分历史学家都倾向于贝略叙事史学的方法。这些最重要的历史学家的名单里包括：智利的迭戈·巴罗斯·阿拉纳（Diego Barros Arana）、阿根廷的巴特洛缪·迈特，玻利维亚的加布里埃尔·雷内·莫雷诺（Gabriel René Moreno）、秘鲁的马里亚诺·帕斯·索尔丹（Mariano Paz Soldán）、厄瓜多尔的冈萨雷斯·苏亚雷斯（González Suárez），以及哥伦比亚的何塞·曼努埃尔·格鲁特（José Manuel Groot）。[2]尽管属于明显的少数派，阐释史学一边同样有拥护者，以阿根廷的洛佩斯（V. F. López）、智利的曼纽埃尔·比尔瓦奥（Manuel Bilbao），以及秘鲁塞巴斯蒂安·洛伦

---

① Bartolomé Mitre, *Comprobaciones históricas*：*Primera Parte*（Buenos Aires, 1916），11‐15，196‐208，347‐368；*Comprobaciones históricas*：*Segunda Parte*（Buenos Aires，1921），15‐36，387‐390. 对于这一争论的更充分的分析参见 Ricardo Rojas，'Noticia Preliminar'，in Mitre，*Comprobaciones*：*Primera Parte*，pp. ix‐xxxix.

② 他们最为重要的作品如下：Diego Barros Arana, *Historia Jeneral de Chile*（Santiago, 1884‐1893）; Bartolomé Mitre, *Historia de Belgrano y la independencia Argentina*, 2 vols.（Buenos Aires, 1859）; Gabriel René Moreno, *Ultimos días coloniales en el Alto Perú*（Santiago, 1896）; Mariano Paz Soldán, *Historia del Perú independiente*（Lima, 1868）; Federico González Suárez, *Historia de la República del Ecuador*（Quito, 1890‐1893）; and José Manuel Groot, *Historia eclesiástica y civil de la Nueva Granada*（Bogotá,1869）。

特（Sebastián Lorente）最为著名。[1]

与 1840 年的争论不同，1860 年的这场关于"大人物还是人民"的争论并没有立刻发挥出影响。这多少令人惊讶，因为这是一个"民主改革"正在被从委内瑞拉到合恩角的多个政府所接受的时代。然而对这一问题的简单解释是：在这十年里，政治动乱使得历史学家无法安坐于书桌旁来记录这一争论。一旦到了 1860 年代后期，政治动乱尘埃落定，这场受到质疑的争论的影响也开始变得引人注目。在赞赏迈特处理事实材料的方式的同时，在这一区域中，一群杰出的历史学家则开始偏离一种史学，即个人是唯一的历史能动者的史学，开始走向另一种史学，在那种史学中诸多个人是集体的实体：总体上的人民，或者特殊的社会或种族团体。阿根廷的维森特·菲德尔·洛佩兹、秘鲁的塞巴斯蒂安·洛伦特，及玻利维亚的加布里埃尔·雷内·莫雷诺，代表了这一趋势。[2]

最后，1880 年代的关于"科学还是艺术"的争论，为反思如何书写新共和国史添加了一个全新的维度。尽管它的影响还没有被研究，现存的证据表明它是有显著意义的。迈特的科学主义直到世纪之交一直处于至高的统治地位。然而，正是从那以后，洛佩兹的美学观点才开始获得立足之地。新一代历史学家接受了这一事业，并在 20 世纪初将其发展为一场文化民族主义的运动。其中，一些最初的发起者，包括阿根廷的里卡多·罗哈斯（Ricardo Rojas）、智利的尼古拉斯·帕拉西奥斯（Nicolás Palacios）、秘鲁的里卡多·帕尔玛（Ricardo Palma），以及玻利维亚的弗朗茨·塔马约

---

[1] Vicente Fidel López, *Historia de la República Argentina*（Buenos Aires，1883 - 1893）；Manuel Bilbao, *La sociabilidad chilena*（Santiago，1844）；and Sebastián Lorente, *Historia de la civilización peruana*（Lima，1879）.

[2] 这类作品中最具代表性的是业已被提及的：López, *Les Races Aryennes du Perou*；Lorente's, *Historia de la civilización*；和 Moreno's, *Ultimos días coloniales*。

（Franz Tamayo）。[1]

这三场争论，连同同时发生于南锥体的其他争论一起，造成了西属南美洲国家内部以及跨越民族国家边界的类似于学派式的联盟，这预示着对西属南美洲历史学家作品的传统分类已经不再有效。这一现象典型地可以用来自"外国影响"的一系列术语来概括：理性主义者、浪漫主义者、实证主义者、兰克派、生机派（vitalists）、马克思主义者等。[2] 然而，依照科梅纳雷斯和巴尔纳达斯的思路，我所开始探寻的这种相互参照意味着一种内生而非外生的发展。用后者取代前者，这并不构成一个问题。两者都很重要。然而，后者让西属南美洲历史学家成为了"模仿者"，前者则让我们看到了他们在工作坊中与他们的同侪展开了富于创造性的对话。在那里这种对话的确发生了，这是毫无疑问的：乌拉圭、巴拉圭和玻利维亚的历史学家们，在整个学术生涯中，都与他们的阿根廷和智利同行展开通信，并交换原始的和二手的资料。对于秘鲁、厄瓜多尔、哥伦比亚和委内瑞拉的历史学家而言，他们紧密追踪了南部地区史学活动的产出，并且反之也是如此。[3] 国家内部和国家之间相互参照的增长，带来了一种全新的知识分子间的社交，这种社交以多种方式促进了史学写作的发展。

在1840—1890年间，业余史学家在没有基础设施和机构支持的情况下展开工作。在缺少档案馆和设施健全的图书馆的情况下，他们收集并组织了他们自己家乡的资料。此外，因为专业化的期刊还不存在，他们也会用报纸和综合期刊来发表他们的研究。

[1] Ricardo Rojas, *Historia de la Literatura argentina*（Buenos Aires，1917‐1921）；Nicolás Palacios, *Raza chilena*（Santiago，1904）；Ricardo Palma, *Tradiciones Peruanas Completas*（Madrid，1957）；and Franz Tamayo, *Creación de la pedagogía nacional*（La Paz，1910）.

[2] 例如，参见 Edberto Oscar Acevedo, *Manual de historiografía hispanoamericana contemporánea*（Mendoza，1992）。

[3] 这项研究仍在进行。本章只是对我第一阶段发现的初步报道。

最后，由于史学研究还没有变成一门专业的职业，他们同时还有自己的工作，可能是记者、小说家、教育家、政客、部长、外交官、军队工作人员，甚至是总统。在这样一种情况下，西属南美洲的作者们还不具备物质的或规范的手段来保护他们的作品不受来自他们的种族、阶级、宗教、政党以及无处不在的欧洲模式的意识形态的干扰。

受到这些争论的刺激以及国家的支持，这些手段在世纪末得以创制。历史学家开始以学会、社团、小集团、学院以及类似的机构来创造他们自己的空间。当然，这些组织中的一部分在这个世纪早期的时候就出现了；然而，大多数都在 1880 年代到 1920 年代间涌现出来。按照年代顺序排列，最重要的组织包括：智利的智利历史地理协会（Sociedad Chilena de Historia y Geografía，1839 年）；阿根廷的国家历史地理研究所（Instituto Histórico y Geográfi co Nacional，1843 年）；玻利维亚的历史地理协会（Sociedad Geográfi ca y de Historia，1886 年）；委内瑞拉的国家历史学会（Academia Nacional de Historia，1888 年）；阿根廷的历史与古钱币学会（La Junta de Historia y Numismática，1893 年）；哥伦比亚的哥伦比亚历史学会（Academia Colombiana de Historia，1902 年）；秘鲁的秘鲁历史研究所（Instituto Histórico del Perú，1904 年）和秘鲁历史学院（Academia de Historia del Perú，1906 年）；厄瓜多尔的厄瓜多尔美洲历史研究协会（Sociedad Ecuatoriana de Estudios Históricos Americanos，1909 年）和国家历史学院（Academia Nacional de Historia，1920 年）；乌拉圭的乌拉圭历史地理研究所（Instituto Histórico y Geográfi co del Uruguay，1915 年）；以及巴拉圭的巴拉圭历史研究所（Instituto Paraguayo de Investigaciones históricas 'Dr Francia'，1937 年）。与此同时，在这一世纪上半叶始创的国家档案馆得以翻新，并且，新的档案馆也组建起来：1821 年在阿根廷、1868 年在哥伦比亚、1886 年在智利、1895 年在巴拉圭、1914 年在委内瑞拉、1923 年在秘鲁、1926 年在乌拉圭，以及 1938 年在厄瓜多尔。[1]

　　拥有了自己的空间后，业余史学家就在 1880—1920 年代之间开始构建一个更加同质化的学术共同体。然而早些年的学术共同体吸引了各种行业的文人学士，而新近成立的这个则日渐强调要将对历史感兴趣的人们汇聚到一起。这样做的一个后果就是围绕历史写作的关键议题出现了一致和分歧。在方法论的三个原则上发展出了一个相对广泛的共识：第一，在历史叙事中原始材料要优先考虑；第二，需要运用阐释学的技术，例如哲学和批判的方法来评估这些材料的真实—价值；第三，将文本视为一种开放的，能够经受恒常事实和认知修正的文本。[2]

　　然而，这里同样还有些问题在业余史学家那里存在分歧。它们涉及捕捉这些新兴西属南美洲国家历史经历的一些最佳认知策略："叙事史学与阐释史学"，"大人物的历史与人民的历史"，以及"科学的史学与艺术的史学"。可以确定的是，这些分歧在同一时期的欧洲和其他地区也曾讨论过；但是这一事实并不预示着西属南美洲历史学家的活动具有一种派生的本性。很像南锥体中的争论，这些讨论以地方历史资料为根基，并回应了地方上的需要，它指出了这一事实，即在这一区域中，大多数有造诣的历史学家都致力于一项共同的努力来配置一个工具箱，进而适应他们最急切的需要——理解从殖民地走向民族国家过程中的痛苦难忘的旅程。

　　这并不是为了要驳回或贬低外国影响的重要性。依据贝略的报告，西属南美洲历史学家付出了大量的努力，向外国作者学习。但是他们的阅读是有选择性的。由于要急切地论证从西班

474

---

[1]　关于这些国家档案馆，参见 R. R. Hill, *The National Archives of Latin America* (Cambridge, Mass. , 1945)。

[2]　G. H. Prado, 'Las condiciones de existencia de la historiografía deminonónica argentina', in Fernando Devoto, Gustavo Prado, and Julio Stortini (eds.), *Estudios de historiografía argentina*, vol. 2 (Buenos Aires, 1999), 66 - 69. 粗略说来，普拉多对阿根廷历史编纂学的评述同样适用于西属南美洲的其他地区。

牙独立出来的合理性，以及他们对共和国生活方式的偏好，这使得他们阅读了研究罗马的伟大历史学家们的作品，例如李维、塔西佗、尼布尔和蒙森的作品。[①] 他们同样对各自时代的共和国的命运表示担忧，特别是法国人备受煎熬的经历。这也是其中的一个原因，说明了他们为何在 1860 年代和 1870 年代转向阅读基佐和米什莱，以及在这个世纪的随后日子里阅读了泰纳的作品。

然而，就大多数地区而言，西属南美洲历史学家阅读外国作家的作品是出于方法的目的。因为他们中很少有人懂德语，兰克范式一直到 1940 年代才被直接了解，在那时，兰克的作品才最终被翻译成西班牙文。[②] 与此同时，它的不同版本通过多种路径抵达西属南美洲。一个是法国史学中的实证主义，它在 1870 年后颇具德国色彩。[③] 另一个路径是世纪之交面世的大量讨论方法的书籍得以出版，并将兰克的立场通俗化，例如 1889 年出版的伯伦汉的《史学方法论》、1897 年出版的朗格卢瓦和瑟诺博斯的《史学原论》、1899 年出版的亚历山德鲁·迪米特里·克塞诺波尔（Alexandru Dimitrie Xenopol）的《史学基本原理》（*Les principes fondamentaux de l'histoire*），以及 1904 年出版的拉斐尔·奥尔塔米拉（Rafael Altamira）的《历史学的现代议题》（*Cuestiones modernas de historia*）。[④]

然而，德国范式的影响是短命的。在 20 世纪的头二十年，在克罗齐、兰普雷希特、斯宾格勒、吕西安·费弗尔、马克·布洛赫和卡

---

① 对于委内瑞拉第一代知识分子的形成参见 Lucia Raynero, *Clio frente al espejo*：*La concepción de la historia en la historiografía venezolana*, 1830 - 1865 (Caracas, 2007). 在整个 19 世纪里，西属南美洲知识分子对罗马共和国的兴趣广泛流行。

② Guillermo Zermeño Padilla, *La cultura moderna de la historia*：*Una aproximación teórica e historiográfica*, 2nd edn(Mexico, 2004), 147 - 154.

③ 例如 Gabriel Monod's Revue Historique，它创刊于 1876 年。

④ J. H. Stortini, 'La recepción del método histórico', in Devoto et al., *Estudios de historiografíaargentina*, ii, 75 - 100.

尔·马克思那里，出现了充满竞争力的模式，这些模式更具有吸引
力。兰克将史学实践限定在政治史之中，而其他的方法则指向经
济、社会甚至是整体史。[①] 为了回应时代的需要，从 1840 年代到世
纪之交，西属南美洲的历史著作生产专门是关于政治主题的。这
一状况在 20 世纪最初的二十年开始发生变化，当时经济和社会现
代性的问题成为了最主要的问题。[②]

　　除了史学流派以外，西属南美洲历史学家在 20 世纪上半叶也
形成了他们自己的方法。书写这群在 1920 年代的阿根廷为自己
赢得声誉的史学家的新学派时，罗慕洛·卡比亚（Rómulo Carbia）
提出，"新学派的目的在于创造一种美洲的，并且特别是一种阿根
廷的方式，以此来重构历史事件。为了这一目的，依照最为严格的
伯伦汉的方式，来展开文献和书籍目录的研究……并且像克罗齐
所期待的那样复活过往。"[③] 同时，在秘鲁，这一区域的边缘，何塞·
卡洛斯·马里亚特吉（José Carlos Mariátegui）将马克思、列宁、乔
治·索雷尔（Georges Sorel）和安东尼奥·拉布里奥拉（Antonio
Labriola）集合起来，形成了一种新的解释框架。[④] 根据何塞·阿瑞
克（José Aricó）的说法，正是因为这样做了，拉布里奥拉不仅是篡改
了欧洲的范式，他也"重铸了它"，并由此创造了"拉丁美洲的马克
思主义"。[⑤] 这并非孤立的创造性事件。对北美和欧洲事物日渐增

---

① 墨西哥是拉丁美洲唯一一个受兰克范式的持久影响一直延续到这一阶段结束
　　的国家。参见 Zermeño Padilla, *La cultura moderna de la historia*，第五章。

② 例如，参见 Sergio Villalobos, 'La historiografía económica en Chile: Sus
　　comienzos', *Historia*, 10(1971), 7-55。

③ 引自 Julio Stortini in 'La recepción del método histórico en los inicios de la
　　profesionalización de la historia en la Argentina', in Devoto et al., *Estudios de
　　historiografía argentina*, ii. 96。

④ 不仅作为历史学家，也作为散文家，马里亚特吉试图更好地把握秘鲁的过去，以
　　此来理解当下，并对未来提出一个行动的计划。

⑤ José Aricó, 'Marxismo latinoamericano', in Norberto Bobbio et al. (eds.),
　　Diccionario de Política, 6th edn(Mexico, 1991), 950. 同时参见 *Mariátegui y los
　　orígenes del marxismo latinoamericano*(Mexico, 1978)，导论和第 5、6 章。

长的不宽容,^①通过墨西哥革命(1910—1920 年)和斯宾格勒《西方的没落》(*Der Untergang des Abendlandes*,1918 年)一书的出版而有所强化。基于这样一种情况,1920 年代以来,普通的拉美人,尤其是西属南美洲作家们,都渴望找到他们自己的思想认同。这并非选择逃避而走向一种偏狭和迂腐的本土主义。相反,其明确的目的在于达到一种综合,这种综合介于方法和元方法(meta-method)之间,前者寻求特殊性,而后者包含了一种正在演进中的普世规律中的多种原则。

这一新学派的兴起,以及这些马里亚特吉(Mariátegui)的出现,并不仅仅是对当下的环境做出回应,他们同时也是一种漫长传统的产物。他们是 1860 年代和 1880 年代的迈特、贝莱斯·萨斯菲尔德和洛佩斯捕捉西属南美洲历史经验的原创性努力的延续。他们复活了 1840 年代贝略对智利历史学家的殷切希望,当时他敦促他们能够为了争取知识分子的独立和创造性而奋斗。他们甚至回溯到 18 世纪晚期,当时的欧洲作家,例如孔德·德·布丰(Comte de Buffon)、纪尧姆·雷纳尔(Guillaume Raynal)、威廉·罗伯森(William Robertson)、科尼利厄斯·德·帕(Cornelius de Paw)等人对美洲发起的批评,拉丁美洲的历史学家为了捍卫他们的土地、他们的社会以及他们独特的文化而写作,进入到一种被豪尔赫·卡尼萨雷斯·艾斯克拉(Jorge Cañizares-Esguerra)称为"爱国主义认识论"(patriotic epistemologies)的发明进程中。^②

共和制国家的发明(1840—1910 年代)

西属南美洲历史学家不仅通过方法上的争论来学习书写历史,

---

① 这种在 1890 年代到 1930 年代间强加给加勒比和中美洲的"自由帝国主义"(imperialism of liberty)激怒了拉丁美洲人。不管怎么样,第一次世界大战中的大屠杀让他们坚信欧洲的理性只是肤浅的。

② Jorge Cañizares-Esguerra, *How to Write the History of the New World*: *Histories of Epistemologies and Identities*(Stanford,2001),第 4 章。

第二十三章　西属南美洲的历史学家：中心与边缘的相互参照

同时也笔耕不辍，通过书写各自的国家来习得这一技艺。因为这些国家当时还并不存在，可以说是他们发明（invented）了这些国家，或者说这些国家成就了他们。

从西班牙获得独立以后，这些西属南美洲的居民倾向于创造一种新的经济、社会、政治和文化秩序。这就要求一种全新认同的发明。在殖民地时代，由于环境所限，他们将自己认同于波旁王朝，或天主教信仰，或美洲。此外，他们同时也将自己视为种族团体的一员——如安达鲁兹人（Andaluz）、瓦斯科人（Vasco）、盖丘亚人（Quechua）、艾马拉人（Aymara）、瓜拉尼人（Guarani）、阿非利加人；一种社会阶层；或是一种地域（locality）。麻烦之处就在于，这些认同都与新的民族—国家相关。一种介于两者之间的认同是必须的，一种帕特里亚—梅迪亚纳（patria mediana）（译者注：前者为秘鲁古巴的地名，后者为西班牙地名），它在规模上有阿根廷、智利、玻利维亚等国那么大。复杂之处在于，它不仅是一个量的问题，也是一个质的问题：这种新认同必须是共和制的。由此，在19世纪伊始，西属南美洲人不能被简单划一地想象为一种民族国家的共同体，同时它也是一种共和制的共同体。[①] 业余史学家在发明这种混合自我时发挥了关键作用，并且必需的概念和情感装备也与之相伴。鉴于他们喜好争辩的习性，他们在这个主题上争辩不休。这些争辩中有两场是值得注意的。第一场争辩是关于民族国家起源的问题；第二场是关于他们所期待的想象共同体的现代性的类属。不同于主要在南锥体中讨论的方法问题的争论，民族国家认同的争论在这一区域的每一个单一国家内都进行了热烈的讨论。正是基于这一原因，讨论这一区域时，需要立刻将中心—边缘模式放到一边，并可以从北到南自由地探索，只是在那些认同书写的优秀范例上停留，这些值得关注的范例是可以被找到的。

[①] 最近的研究表明，这种民族国家的和共和制的认同在一种复杂的相互关系中同时演进。参见安东尼·麦克法兰（Anthony MacFarlane）和爱德华多·波萨达·卡尔沃（Eduardo Posada-Carbo）主编的 *Independence and Revolution in Spanish America：Perspectives and Problems*（London，1998）。

共和制民族国家的起源常会以"时间"和"空间"的术语来被讨论。尽管这些方面经常一起出现，但单独处理它们也是有用的，因为在每个案例中争论上的推进是不同的。从时间观的着眼点看，这种交锋高于"断裂还是延续"，而从空间上看，这种交锋也高于"欧洲还是西属美洲"。

477

这种"时间的争论"有三重维度：代际间的，意识形态的和地理的。在 19 世纪中叶，第一代西属南美洲历史学家提出独立标志着一种新认同的诞生。这预示着将西属殖民地的过去放到一边并重新开始。它同时也意味着从西班牙语文化传统中转移出来，并跟随北大西洋国家，如法国、英国和美国的价值观。在这一世纪的后半叶，这一态势变化了。第二代历史学家在对待他们的殖民地历史上软化了他们的立场，并赞同一种有选择性地延续的观念。在这一案例中，民族国家的起源应当被合法地追溯到殖民地时代，因为存在一些要素是可以从中取出二次利用的。委内瑞拉的拉斐尔·巴拉尔特（Rafael Baralt）、哥伦比亚的何塞·曼纽尔·雷斯特雷波（José Manuel Restrepo）、玻利维亚的曼纽尔·何塞·科尔特斯（Manuel José Cortés）都是第一代历史学家的杰出代表；智利的迭戈·巴罗斯·阿拉纳（Diego Barros Arana）、秘鲁的塞巴斯蒂安·洛伦特（Sebastián Lorente）以及厄瓜多尔的费德里科·冈萨雷斯·苏亚雷斯（Federico González Suárez）是第二代的代表。[①]

"断裂还是延续"争论的意识形态版本，涉及到贯穿于这一区域内的自由派和保守派间的冲突。一般而言，自由派谴责了西班牙式的价值观，包括经济的、社会的、政治的和文化的，并由此倾向于断裂。而保守派则不然，他们发现，西班牙式的价值观不仅以他

---

① 展现第一代观点的作品是：Rafael Baralt, *Resumen de Historia de Venezuela* (Paris, 1841)；José Manuel Restrepo, *Historia de la revolución en la República de Colombia* (Paris, 1841)；and Manuel José Cortés, *Ensayo sobre la historia de Bolivia* (La Paz, 1861)。与之相对应的第二代的作品是：Mitre, *Historia de Belgrano*；Barros Arana, *Historia Jeneral de Chile*；Gonzáles Suárez, *Historia de la República del Ecuador*；and Lorente, *Historia de la civilización peruana*。

们自身的权利来看是可宝贵的，而且也是组织新的共和国必不可少的要素。这样一种冲突在哥伦比亚表现得最为明显，在那个国家，意识形态在定义认同上发挥了一种非常重要的作用，特别是在19世纪后半叶。在这一国家中，见证了自由主义的兴起，何塞·安东尼奥·普拉萨（José Antonio Plaza）和何塞·玛利亚·桑佩尔（José Maria Samper）著书立说来捍卫这种趋势并鼓吹一种自由的民族认同的强化。何塞·曼纽尔·格鲁特（José Manuel Groot）和塞尔希奥·阿沃莱达（Sergio Arboleda）抗议并谴责了这些史著及其背后的意识形态。为了代替一种自由主义的民族国家认同，他们提出了一种保守主义的民族国家认同，这种认同植根于西班牙的价值观和一些天主教教会。①

　　第三个维度以及"时间争论"的最后一个版本是地理上的。这次的主角是所有自由派历史学家，根据他们在哪里写作，他们对认同主题的提取也不尽一致。这些来自南锥体的历史学家们并不将殖民地时期看作是完完全全的灾难。诚然，他们毫无保留地谴责了西班牙的统治，但是作为旁观者，他们将殖民地看作是正在发育的民主社会的胚胎，也就是说，一种伴随着西班牙势力被清除出去而开始繁荣的社会。由此，对于像巴特洛缪·迈特和迭戈·巴罗斯·阿拉纳这样的人而言，对于未来的繁荣，这既是一种断裂，也是一种延续和可能。然而，在西属南美洲的北部，在这里并没有可以免受责难的殖民地的过往。大都会所扮演的角色是完全消极的，并且殖民地没有能力为自己找到其他出路。当时，对于北部的自由派历史学家来说，持续性并不是一个选项。他们民族性的未来依赖于他们拥抱北美大西洋现代性及其文化和政治附属物的能

478

---

① 自由派一边的作品是：José Antonio Plaza, *Memorias para la historia de la Nueva Granada desde antes de su descubrimiento hasta el 20 de Julio de 1810*（Bogotá, 1850）; and José Maria Samper, *Ensayo sobre las revoluciones políticas*（Paris, 1861）。保守派一边的作品是：José Manuel Groot, *Historia Eclesiástica y civil de la Nueva Granada*（Bogotá, 1869）; and Sergio Arboleda, *La república en la América Española*（Bogotá, 1868 - 1869）。

力。这一立场最好的明证可以在哥伦比亚人何塞·曼纽尔·雷斯特雷波的作品中发现。[①]

"关于空间的争论"为起源问题提供了一种完全不同的视角。对于大多数"欧洲还是西属美洲"冲突的参与者而言，新兴国家曾经是并且也应当是欧洲的延伸，至少在文化上如此。然而，对于少数参与者而言，这些新兴国家真正的文化根源可以在西属南美洲自身发现。这一分歧被文明还是野蛮（Civilización versus Barbarie）的二分所包围着，这一程式从 1840 年代开始就被广泛地运用。第一代历史学家中，这一程式的伟大捍卫者是阿根廷人迈特和智利人巴罗斯·阿拉纳；第二代中则是阿根廷人维森特·菲德尔·洛佩兹，秘鲁人塞巴斯蒂安·洛伦特，以及玻利维亚人海梅·门多萨（Jaime Mendoza）。需要注意的是，野蛮对于后者而言并非指一种天生的情况，而是一种殖民剥削的恶果。毕竟，早在欧洲人到来之前，南美洲地区多种文明都曾繁荣过，包括印加和艾马拉文明都跻身于其他多种文明之中。数世纪的沉睡之后，他们最终可以被唤醒并整合进拉丁美洲的生活方式中去，这种生活方式是多种不同方式的合并，最好的欧洲方式与最好的美洲印第安方式的合并。[②]

在 19 世纪的第四分之三部分里，随着新的担忧越发紧迫，起源的问题开始退居到背景中去。随着经济上和社会上的现代性在整个区域内的肇始，这些担忧是以这样或那样的方式必然要出现的。历史学家对这些担忧有大量阐述。

西属南美洲与现代性的第一次相遇发生在 19 世纪的头十年，

---

① 迈特和巴罗斯·阿拉纳分别在 *Historia de Belgrano* 和 *Historia Jeneral* 中发展了他们各自充满自信的观点。而雷斯特雷波的悲观主义，参见 *Historia de la revolución en la República de Colombia*。

② 这一观点，即独立后讲西班牙语的美洲是欧洲的后裔，可以在迈特的书 *Historia de Belgrano* 以及巴罗斯·阿拉纳的书 *Historia Jeneral* 中找到。他们在这一立场上的敌人是写作 *Les Races Aryenne* 的维森特·菲德尔·洛佩兹和写作 *Historia de la civilización peruana* 的塞巴斯蒂安·洛伦特。

当时他们开始组织"理想的共和国"。他们不断进行努力直到 1860
年代。在随后的两个十年中精疲力竭，他们便将他们的雅各宾主
义放到一边，并倾向于实际的共和制（República práctica），这也被称
作可能的共和国（República posible）。是什么引发了这一变化呢？
一种追赶上各种事件的努力造就了这一变化。事实上，在 19 世纪
最后的 25 年里，整个区域开始在经济上、社会上、政治上，甚至文
化上发生变化。经济上，它开始与国际经济相连接；社会上，新的
经济制度开始培育出新的富人、新的穷人和新的中间阶层；政治
上，自由已经不再是议程中的头等大事，它被秩序所取代；文化上，
伴随着一种开放的经济和流动的社会，紧随其后的是这一区域经
历了一段深刻的世界主义影响的阶段，这一阶段也激发了同等深
刻的民族主义的回应。在这一背景下，一种优先权的转化发生了。
在 1830—1870 年代之间，这一区域民族国家的计划被假定为：政
治现代化首先到来，经济、社会和文化的进步，以及民族性的意识
将会不可避免地随之而来。在 1880 年代，这一序列被翻转了，并
且经济现代性较其他领域的现代性更具有优先权。同时，正是因
为这一进程需要花费时间，由此国家为了保持平稳可以被交托到
一种铁腕中去：进而，"秩序与进步"的格言被这一区域的所有国家
所接受。

479

　　在这些情境下，寻找认同的形式是什么呢？考虑到新的担忧，
起源的问题被搁置，人们开始反思经济现代化所要求的是何种民
族国家的认同。就这一主题，一系列争论爆发出来，其中最为引
人注目的是关于"自由还是秩序"和"白种人还是非白种人"的
争论。

　　有人提出，对西属南美洲人而言，一种共和制的认同与一种民
族国家的认同是同等重要的。这一点可以在 1890—1920 年代间
的激烈冲突中得以验证，在这一时段内，有一些人将秩序看作是一
种进步的手段，而另一些人，并不屈从于权宜之计，捍卫了个人权
利和古典共和主义。这种强调"秩序"的历史学家将考迪罗
（caudillos）和独裁者看作是大众主权的西属美洲版本。他们同样

将其视为转型期中必须的宪兵，并且，最终，将其视为新的经济和社会秩序的创造者（demiurge）。相反，强调"自由"的历史学家因他们作为个人化和派系忠诚的创造者身份出场而表示遗憾，这阻止了真正的现代意义上的政治、经济和社会精英的发展。尽管这样一种对抗发生在西属南美洲的各个角落，只是在委内瑞拉，在本领域具有重要意义的作品才得以付诸笔端并出版。从 1890 年代起，赫苏斯·穆尼奥斯·德巴尔（Jesús Muñoz Tebar）和拉斐尔·费尔南多·赛哈斯（Rafael Fernando Seijas）提出要为依法统治而斗争，并以嘲笑的方式攻击了类似古斯曼·布兰科（Guzman Blanco）这样的独裁者。何塞·希尔·福托尔（José Gil Fortoul）和劳雷亚诺·巴列尼利亚·兰斯（Laureano Vallenilla Lanz）提出反对意见。他们坚持认为自由（freedom）并不是某种可以通过法律就能获得的东西，因为从根本上讲自由是社会力量（如环境、种族、物质进步、社会境遇和文化参照）的产物。利用这些力量的积极方面将会最终将其转化为政治现代性。劳雷亚诺·巴列尼利亚·兰斯的《民主的恺撒主义》（*Cesarismo democrático*，1919 年）是这样一种思考路线的最佳表达。[1]

480　　　"白种人还是非白种人"的争论是一场关于 SSA 国家中现代性的"理想型"能动者的冲突。对于大多数作者而言，白种人是一个现代民族国家显而易见的"承载者"。黑人和印第安人，特别是后者，被视为一种障碍，这种障碍必须以某种方式中和或消除。目的是要在南美洲建立欧洲样式的民族国家，既是生物学上的也是文化上的。然而，这里还有少部分人，对他们而言，民族国家基因的承载者应该是黑人、印第安人、混血儿和白种人的混合。并非认同于欧洲，这些民族发明了他们自己的认同，即一种讲西班牙语的美洲的和现代的认同。的确，"白种人还是非白种人"的二分在每个

---

① 立宪论立场的是：Jesús Muñoz Tebar, *El personalismo y legalismo：estudio político*（Caracas, 1890）；和 Rafael Fernando Seijas, *El Presidente*（Caracas, 1891）。其反对立场参见 José Gil Fortoul, *Historia constitucional de Venezuela*（Berlin, 1907‑1909）。

第二十三章　西属南美洲的历史学家：中心与边缘的相互参照

西属南美洲国家都有不同的逻辑，这取决于它们各自地理上的混合。玻利维亚的案例特别有价值，因为它产出了在该区域具有重要意义的作品。起初只是试探性的，后来越发明显，阿尔西德斯·阿格达斯（Alcides Arguedas）提出，印第安人和混血儿是玻利维亚民族国家统一及其进入现代性的一种障碍。对他而言，民族性和进步只有通过种族和文化上的欧洲化才能实现。海梅·门多萨，一位内科医生、律师和历史学家，想的却正相反。由于深信经济繁荣、政治自由和发展教育可以复兴玻利维亚的印第安人并且能够激活混血人口，他将这两种人视为其国家中主要的和最有希望的社会行动者。在 20 世纪的头二十年中，阿格达斯的观点占据主导地位。只是到了 1930、1940 年代，门多萨的思想观点才日渐获得根基。[1]

民族国家历史的书写是如何为西属南美洲历史学家提供了一种工具箱的呢？它是以多种方式来实现的。特别与民族国家这个概念所遭遇的事情相关。不是依照欧洲历史主义的说法将民族国家视为一种内在统一的实体，如同无窗口的单子（windowless monads）在时间中发展。[2] 西属南美洲历史学家开始将它们设想成一种宏大的计划，这种计划将会在一个给定的疆域内，最终一起带来长期陷于冲突的各种文明、各种种族特征、各大区域和各个阶级。由此，西属南美洲历史学家所引入的范畴至少有三大维度。公认的问题是：一种激进的异质性的存在，从这种异质性中一个全新的实体不得不被铸造出来，并且（这种异质性）向民族国家的缔造者们摆出一种问题的姿态。同样可以辨识出的是：考虑到文化、

---

[1] 阿尔西德斯·阿格达斯的主要作品是 *Vida Criolla*（La Paz, 1905）；*Pueblo Enfermo*（Barcelona, 1909）；*Raza de Bronz*（La Paz, 1919）；和 *Historia General de Bolivia*（La Paz, 1922）。海梅·门多萨在他的 *El factor geográfi co en la nacionalidad boliviana*（Sucre, 1925）和 *El macizo boliviano*（La Paz, 1935）中捍卫了他的观点。

[2] Dipesh Chakrabarty, *Provincializing Europe：Postcolonial Thought and Historical Difference*（Princeton, 2000），23.

语言和种族的不同,以及统治它们的相互冲突的社会关系的多样性,例如奴隶制、农奴制、土生的社区生活、共和国的公民权、城—乡差别,以及中心—边缘的关系,将这种异质的混合体转变为一种客观知识是困难的。最后但同等重要的是,尽管存在所有这些问题,西属南美洲的民族国家概念其目的在于,将这些离心力打通为一种全新的标准秩序,这种全新的标准秩序将既是共和制的也是民主的。然而历史主义者的民族国家概念为了探求其合理性以及自然中的有机性而向后追溯其起源,西属南美洲的版本在这个问题上具有一个乌托邦式的内核并且公开依赖社会工程学。

　　除了方法论以外,西属南美洲历史学家同样对民族国家形成的实际过程有所助益。帕特里亚—梅迪亚纳在 1800 年代早期还尚未存在,它的出现在很大程度上要归功于西属南美洲历史学家们。历史学家们为了划定他们国家的自然疆界在并不友好的档案中长期耕耘。历史学家们虚拟了一种充满英雄与英勇事迹的集体记忆,以此来填充特定空间中的历史内容。最终,在 20 世纪上半叶,从政治史向经济和社会史迁移,历史学家提出了"社会问题",并整合进了穷人、黑人、印第安人和其他外来者所构成的民族国家的褶皱中。[1]

　　正像世界的其他地区一样,在西属南美洲,民族国家的史学被利用并滥用。各种类型的考迪罗、政治党派、天主教教会、军队以及富人,在他们争夺权力和利益的反复斗争中充分利用了史学。这种利用并滥用的绝佳实例可以从委内瑞拉找到。在这个国家里,独裁者胡安·维森特·戈麦斯(Juan Vicente Gomez)和巴列尼利亚·兰斯也是《民主的恺撒主义》的作者,在追求其国家的"秩序与进步"中紧密合作。[2]

---

① 关于"社会公正"在治理经验中的作用参见 Villalobos,'La historiografía económica en Chile',16 - 32。

② John Lombardi, *Venezuela*:*The Search for Order*,*the Dream of Progress* (Oxford,1982),260;and Nikita Harwich Vallenilla,'Venezuelan Positivism and Modernity',*Hispanic American Historical Review*,70:2(1990),342 - 344.

第二十三章　西属南美洲的历史学家：中心与边缘的相互参照

意识形态在这一区域的历史写作中发挥了一种关键的作用。事实上，从 19 世纪开始它渗透到了西属南美洲生活的方方面面中。将独立战争合法化并发挥指导作用的主导的信仰体系，民族国家形成的进程以及对现代性的探索都是自由主义的。由此，并不意外的是：在 1840 年代到 1900 年间，绝大多数西属南美洲历史学家都具有自由派信仰。[1] 考虑到他们几乎在每个地方都是社会和政治精英中的成员，那就预示着他们的作品主要表达了他们的阶级和种族利益。[2] 这些陈述通过学术上的分析并不能站得住脚。然而，这些案例中的大多数当然还是真实的。事实上，在 20 世纪初，西属南美洲的史学制度还没有发展到能对其史学作品的正直无私起到必要保障的程度。正是为了要解决这个问题，新一代的史学家们开始在 20 世纪的头几十年采取必要的步骤来专业化它们的技艺。

史学专业化（1920—1945 年）

回到我们的中心—边缘模型，正是在南锥体，特别是在阿根廷，第一波走向专业化的持续努力开始出现。在谈及这一国家在 20 世纪上半叶历史写作中的一般性状态时，约瑟夫·巴拉格尔（Joseph Barager）写道："1920 年后的四分之一个世纪中，史学研究在阿根廷的发展，也许并没有超越甚至无法与拉丁美洲的其他国家比肩。"[3] 我自己的研究进一步确认了这一评价，需要附加说明的是，阿根廷的专业化的努力事实上开始于更

482

---

[1] Juan Maiguashca, 'Latin American Historiography (excluding Mexico and Brazil): The National Period, 1820 - 1990', in Daniel Woolf (ed.), *A Global Encyclopedia of Historical Writing*, vol. 2 (New York and London, 1998), 542 - 545.

[2] Burns, *The Poverty of Progress*, ch. 3.

[3] Joseph R. Barager, 'The Historiography of the Rio de la Plata Area since 1830', *Hispanic American Historical Review*, 39 (1959), 602.

早的十年前。

1908年，拉普拉塔大学请两名知名的业余史学家里卡多·罗哈斯和欧内斯托·克萨达（Ernesto Quesada）准备报告，讲授欧洲和美国的大学是如何以一种先进的水平教授历史并从事史学研究的。罗哈斯的报告名为《民族主义的复归》（La Restauración nacionalista），其中调查了法国、德国、英格兰、意大利、西班牙和美国的大学，这份报告面世于1909年。克萨达则去了德国，访问了22所大学，并写就了《德国大学中的历史教学》（La Enseñanza de la historia en las universidades alemanas），出版于1910年。从那时起，史学课堂成为了阿根廷大学中受到关注的中心，以下这些先后出现的事件也说明了这点。在1910年，应校长之邀，拉斐尔·奥尔塔米拉，一位知名的西班牙历史学家，在拉普拉塔大学引入了史学方法的教学。1912年，布宜诺斯艾利斯大学在它的文科院系中创立了一个史学门类，并雇佣了年轻且大有前途的学者艾米利奥·拉维尼亚尼（Emilio Ravignani）来教授。第二年，另一位年轻且大有前途的知识分子里卡多·莱文（Ricardo Levene）加盟了拉普拉塔大学，并出版了他的《阿根廷历史教程》（Lecciones de Historia Argentina），这是在这个国家面世的首本经过细致研究的教科书。后来在1914年，莱奥波尔多·鲁格尼斯（Leopoldo Lugones），一位诗人、历史学家和教育家，执掌了国家教育部，并开始竭力推动各个层面的历史教学。两年后，前面提过的里卡多·罗哈斯，他同样也是一位伟大的教师，以一种明确地配合教学的意图，出版了《阿根廷人》（La Argentinidad）一书。基于坚实的原始资料，这部作品第一次检视了阿根廷的历史，不仅是从布宜诺斯艾利斯，也是从内陆的视角进行了这种检视。这一时代结束于大学改革运动的1918年，这项运动的主要目的是在总体上将阿根廷的大学教学现代化。这一运动也扩散到了拉丁美洲的其他地区，特别是智利、秘鲁、委内瑞拉、墨西哥和古巴，并对拉丁美洲一项独特的制度——拉丁美洲大学的自治状态——造成影响。受到法律的尊奉，"大学自治"原则使得这些机构免受政府的干涉。经年累月间，这一原则的实施有一种喜忧参半的效果。尽管如此，有证据表明，从整体上看，它捍卫了学术工作，其中也包括历史写作。[①]

到了 1920 年代早期，阿根廷大学中的历史教学水平获得了显著的推进。里卡多·莱文、艾米利奥·拉维尼亚尼、迭戈·路易斯·莫利纳里（Diego Luis Molinari）、罗慕洛·卡比亚、路易斯·玛利亚·托里斯（Luis Maria Torres）、里卡多·凯列特-博伊斯（Ricardo Caillet-Bois），以及其他人，所有这些新一代业余史学家中的成员，都充分利用这一时机发起了一场史学专业化的运动。新学派（La Nueva Escuela），伴随着这一群体的出现而知名，这一群体并非具有明确宣言的前后一致的群体。相反，它是个体的集合，经常彼此冲突，努力以其各自的方式将史学变成一门学术的专业。[②]为了这一目标，他们发起、指导并参与了一系列多样的活动，其中最重要的是：通过学习明纳尔的方式训练新的史学家并创立史学教席；将常规的行政档案转变为史学研究的档案；印刷并发行经过细致注释的原始档案；创办专业化的期刊；以及出版原创性作品；所有这些活动都便利了档案研究。这股运动并非仅限于布宜诺斯艾利斯，有大量证据表明各个省份也都参与了进来。[③]

在阿根廷史学研究的发展中，这一进程积累到了一种质变的

---

① 参见 Leopoldo Zea，'La autonomía universitaria como institución latinoamericana'，in *Universidad Nacional Autónoma de México：La autonomía universitaria en México*，vol. 1（Mexico，1979），317 - 334。

② 关于新学派的起源参见 Rómulo Carbia，*Historia crítica de la historiografía argentina*（Buenos Aires，1940），157 - 165。

③ 关于阿根廷史学专业化的更多信息，参见 Fernando Devoto（ed.），*La historiografía argentina en el siglo XX*，2vols.（Buenos Aires，1993 - 1994）；Devoto et al.，*Estudios de historiografía argentina*，*ii*；Nora Pagano and Martha Rodriguez（eds.），*La historiografía rioplatense en la posguerra*（Buenos Aires，2001）；Fernando Devoto and Nora Pagano（eds.），*La historiografía académica y la historiografía militante en Argentina y Uruguay*（Buenos Aires，2004）；and Fernando Devoto and Nora Pagano，*Historia de la historiografía argentina*（Buenos Aires，2009）。

程度。事实上,除了以上所列出的创新之处以外,新学派还引入了一种学术共同体以争取其在大学和其他机构中的自治空间。这是一个不同的共同体,而非 1880—1910 年间出现的那个。尽管各种博学者跻身于那个古老的史学共同体,这个新的共同体则由一些简单将自身视为历史学家的人构成。这个新的共同体的其他特征在于它有一种持续的努力,以此来达到自给自足和自我规制。由此,大学开始为历史学家的教学和研究工作买单。

484 同样重要的是,这种新的共同体开始辨识出一些标准和规则,以此来评价构成这种新职业的重要部分的教学、研究和其他活动的资质。此外,新的共同体通过从政府或私人部门获得拨款来作为多种手段资助他们的产出。相对 1880 年代而言,质变的进一步指标可以在拉维尼亚尼的职业生涯中发现,可以说他是这一时段中最具代表性的历史学家。尽管他曾是激进公民联盟(Union Civica Radical)中的好战分子,在他的史学作品中并没有他政治立场上的痕迹。很显然对拉维尼亚尼而言,同时做一位学者和一项政治事业的鼓吹者是可能的,尽管这两种活动是相关的,但它们并不是一种,也不可混为一谈。换言之,在这一时期的阿根廷,一套可以确保专业化的责任心的行为准则业已发挥作用。至少在这里,看上去这种对意识形态的滥用业已受到了节制。[①]

不幸的是,新学派在方法上、制度上以及产出上的统治地位是短命的。在 1930 年代和 1940 年代早期,它曾占据主导地位,[②]随后日渐隐退,受到大萧条以及政治动荡和独裁出现的影响而被边缘化,这些危机断断续续,持续了几十年。

在阿根廷所发生的是,专业化的兴起以及它的第一次危机在程

---

① Barager, 'The Historiography', 603.

② 巴拉格尔写到"1930—1945 年这段时期可被视为是阿根廷历史编纂的黄金时代",ibid. , 606。

度上都远低于智利，甚至还不如西属南美洲的其他地区。[1] 创造一种自治的、专业化的历史学家共同体的任务，再次郑重其事地展开，但只存在于 20 世纪最后的四分之一时间里。然而，在那时，文人共和国包括了中美洲、墨西哥和加勒比地区。在这种新背景下，成长的两极发展出来：南部的阿根廷和北部的墨西哥。这两个国家成为了今天西属美洲史学生产和流通的主要中心。

　　总之，1840—1940 年代，西属南美洲历史学家的主要特征是什么呢？"落后的模仿者"，"背信弃义的翻译者"，这些长期以来被用来描述他们的格言并不适用。以本章所呈现的证据来看，一组更为准确的格言应该是——"具有创造力的模仿者/忠实可靠的翻译者"。

大事年表/关键日期

485

1811—1830 年	关于巴拉圭、阿根廷、智利、大哥伦比亚、秘鲁、玻利维亚和乌拉圭独立的日期参见地图"拉丁美洲与加勒比地区 c. 1830 标注有独立日期"（本卷第 429 页）
1824 年	智利废除奴隶制
1830 年	厄瓜多尔退出大哥伦比亚并成为了一个独立

---

[1]　除了阿根廷和乌拉圭以外，其他国家的史学专业化还没有得到研究。关于这一主题的零散信息存在于如下的作品中：关于智利，Gazmuri, *La historiografía Chilena*, vol. 1；关于乌拉圭，Ana Ribeiro, *Historiografía nacional*, 1880 - 1940: *De la épica al ensayo sociológico*(Montevideo, 1994)；关于玻利维亚，Josep Barnadas, *Dicionario histórico de Bolivia*, 2vols. (Sucre, 2002)；关于秘鲁，Manuel Burga, *La historia y los historiadores en el Perú* (Lima, 2005) 以及 Alberto Flores Galindo, 'La imagen y el espejo: la historiografía peruana 1910 - 1986', *Márgenes*, 2: 4 (1988), 55 - 83；关于厄瓜多尔，Rodolfo Agoglia, *Historiografía ecuatoriana*(Quito, 1985)；关于哥伦比亚，Jorge Orlando Melo, *Historiografía colombiana: Realidades y perspectivas*(Medellín, 1996)；关于委内瑞拉，Germán Carrera Damas, *Historia de la historiografía Venezolana: Textos para su estudio*, 3vols. (Caracas, 1997)。关于巴拉圭，我还没有找到一份可靠的材料。

	的民族国家；哥伦比亚和委内瑞拉同样如此
1833 年	智利通过了一部保守的宪法以确立政治上的稳定性，这种稳定性一直持续到了世纪末
1836—1839 年	智利和秘鲁—玻利维亚联盟间的战争
1849 年	在哥伦比亚，何塞·伊拉里奥·洛佩斯（José Hilario López）在选举中胜出，开创了一个热烈的自由主义改革的时代，这些改革也扩散到了西属南美洲的其他地区
1851—1854 年	废除奴隶制：哥伦比亚（1851 年）、玻利维亚（1851 年）、秘鲁（1854 年）、厄瓜多尔（1854 年）和委内瑞拉（1854 年）
1853—1918 年	采取普选：哥伦比亚（1853 年）、委内瑞拉（1857 年）、厄瓜多尔（1861 年）、秘鲁（1861 年）、巴拉圭（1870 年）、智利（1874 年）、阿根廷（1912 年）和乌拉圭（1918 年）
1853 年	哥伦比亚的瓦莱斯省在美洲第一次简洁地确保了女性的选举权；阿根廷发布了一部在政治上组织国家的宪法，一直适用到世纪末
1862 年	在阿根廷，巴特洛缪·迈特一位自由派历史学家结束了他在布宜诺斯艾利斯的任期后成为了统一后的阿根廷的第一位总统
1864—1866 年	西班牙反对秘鲁和智利的战争
1865—1870 年	三国联盟战争（War of Triple Alliance）（阿根廷、乌拉圭和巴西反对巴拉圭）
1879—1884 年	太平洋战争（智利反对玻利维亚—秘鲁联盟）；智利在南美洲的太平洋上建立了霸权
1880—1920 年	这是一个政治上相对稳定并且借助出口经济经济大增长的时期，这一时期以"秩序和进步"著称
1909—1935 年	在委内瑞拉，"秩序与进步"的设计师胡安·

	维森特·戈麦斯(Juan Vicente Gómes)统治了这个国家三十年
1914 年	第一次世界大战:阿根廷、智利、巴拉圭、哥伦比亚和委内瑞拉保持中立;巴拉圭、玻利维亚、秘鲁和厄瓜多尔断绝了同德国的外交关系
1915—1930 年	ABC 公约:阿根廷、巴西和智利,南美洲最有势力的三个国家签署了一份正式的条约。这份条约强调合作互不侵犯,并实行仲裁,以此来抵御美国对这一区域的影响
1918 年	阿根廷的大学改革运动提倡大学的现代化和民主化;这项运动由学生活动家们领导散播到了拉丁美洲的其他地区
1928—1935 年	查科战争(玻利维亚反对巴拉圭)
1929—1946 年	妇女的选举权在厄瓜多尔(1929 年)和乌拉圭(1932 年)获得保障
1929 年	大萧条结束了西属南美洲的出口繁荣
1930—1945 年	一个社会动荡的时期,军人政府,以及平民主义的兴起遍及整个区域

486

主要历史文献

Arguedas, Alcides, *Historia General de Bolivia*(La Paz, 1922).

Bello, Andrés, *Obras completas*, 26 vols. (Caracas, 1981 – 1986).

Baralt, Rafael, *Resumen de historia de Venezuela*(Paris, 1841).

Barros Arana, Diego, *Historia General de Chile*, 16 vols. (Santiago, 1884 – 1882).

Báez, Cecilio, *Resumen de la historia del Paraguay*(Asunción, 1910).

Bauzá, Francisco, *Historia de la dominación española en el*

Uruguay, 3 vols. (Montevideo, 1880 – 1882).

Carbia, Rómulo, *Historia crítica de la historiografía argentina* (Buenos Aires, 1929).

Gil Fortoul, José, *Historia constitucional de Venezuela*, 2 vols. (Berlin, 1906 – 1909).

González Suárez, Federico, *Historia general de la república del Ecuador*, 7 vols. (Quito, 1890 – 1903).

Groot, José Manuel, *Historia eclesiástica y civil de la Nueva Granada* (Bogotá, 1869).

Lastarria, José Victorino, *Bosquejo histórico de la constitución del gobierno de Chile durante el primer período de la revolución desde 1810 hasta 1814* (Santiago, 1847).

Levene, Ricardo, *Lecciones de historia argentina*, 2 vols. (Buenos Aires, 1913).

López, Vicente Fidel, *La revolución argentina: su origen, sus guerras y su desarrollo político hasta 1830*, 5 vols. (Buenos Aires, 1881).

Lorente, Sebastián, *Historia de la civilización peruana* (Lima, 1879).

Mendoza Jaime, *El factor geográfico en la nacionalidad boliviana* (Sucre, 1925).

Mitre, Bartolomé, *Historia de Belgrano y de la independencia argentina*, 4 vols. (4th and definitive edn, 1887).

Moreno, Gabriel René, *Ultimos días coloniales en el alto-Perú: Documentos inéditos, 1808* (Santiago, 1897).

Ravignani, Emilio, *Asambleas constituyentes argentinas*, 6 vols. (Buenos Aires, 1937 – 1939).

Restrepo, José Manuel, *Historia de la revolución de la república de Colombia*, 10 vols. (1827; 2nd edn, Bogotá, 1858).

Vallenilla Lanz, Laureano, *Cesarismo democrático* (Caracas, 1919).

第二十三章　西属南美洲的历史学家：中心与边缘的相互参照

参考书目

Acevedo, Edberto Oscar, *Manual de la historiografía hispanoamericana contemporánea*(Mendoza, 1992).

Agoglia, Rodolfo, *Historiografía ecuatoriana*(Quito, 1985).

Barnadas, Josep, *Dicionario histórico de Bolivia*, 2 vols. (Sucre, 2002).

Burga, Manuel, *La historia y los historiadores en el Perú*(Lima, 2005).

Carrera Damas, Germán, *Historia de la historiografía Venezolana*, 3 vols. (Caracas, 1997).

Colmenares, Germán, *Las convenciones contra la cultura: Ensayos sobre la historiografía hispanoamericana del siglo XIX*(Bogotá, 1987).

Devoto, Fernando and Pagano, Nora, *Historia de la historiografía argentina*(Buenos Aires, 2009).

Gazmuri, Cristián, *La historiografía chilena, 1842 – 1920*, vol. 1 (Santiago, 2006).

Halperin Donghi, Tulio, *Ensayos de historiografía*(Buenos Aires, 1996).

Melo, Jorge Orlando, *Historiografía colombiana—Realidades y perspectivas*(Medellín, 1996).

Ribeiro, Ana, *Historiografía nacional*, 1880 – 1940: *De la épica al ensayo sociológico*(Montevideo, 1994).

Thomas, Jack Ray, *Biographical Dictionary of Latin American Historians and Historiography* (Wesport, Conn., 1994).

孙　琇　译

第四编

欧洲之外的文化传统

第二十四章　中国和日本的
史学转型

阿克塞尔·施耐德
斯特凡·田中

我们以罗米拉·塔帕(Romila Thapar)在谈及早期印度时所观察到的那种窘境(dilemma)为开篇,[①]亦即当非西方地区与西方相遇时,它们没有历史(history)。在中国和日本,同样如此,最着迷于将西方的观念和制度带到他们的国家中来的这些人不得不面对他们自身的过去,而这种过去并非是历史。例如,在一段相当出名的引述中,欧文·贝尔茨(Erwin Baelz)在1876年重申了一种日本人很熟悉的立场:"我们没有历史。我们的历史开始于当下。"[②]当然,这并非意味着在那块大陆或群岛上,没有过去或者关于过去的书写。在这两个地方,对过去的记录曾经占据着一个中心位置。

中国和日本的历史编纂传统紧密相联,中国最初对日本施加了一种构成性的影响。在中国,理想的社会—政治秩序概念已处于

[①]　Romila Thapar, 'Historical Traditions in Early India: *c.* 1000 bc to *c.* ad 600', in Andrew Feldherr and Grant Hardy(eds.), *The Oxford History of Historical Writing*, *vol.* 1: *Beginnings to AD600*(Oxford, 2011), 533 - 576.

[②]　引自 George Macklin Wilson, 'Time and History in Japan', *American Historical Review*, 85(1980), 570。

统治地位的家族及其祖先崇拜为中心。① 作为一种天命而理性化，统治家族的合法性取决于它是否能够通过神圣的仪式和道德的垂范成功实现理想秩序。由此，天命为统治家族提供了合法性，但同时也成为王朝更替的理据。它代表了一种信仰，即人们能够且事实上可以偏离理想秩序，实际状况与所期许的状况之间的差距构成了人类境遇的一部分。为了弥合这种差距，建立并维持一种尽可能接近于理想秩序的政体是统治家族和政治精英的使命，并且为后世子孙记录这些努力也是历史编纂者的任务。据此，历史编纂者获得了一种非同寻常的权势地位。这一地位进一步通过中国文化中的这一事实所强化，即理想秩序并不能通过一种神圣启示的行为来被感知，而是要通过史学才能够被测量。由此，史学因为能够提供一种通向上天真理的路径而获得了一种中心地位。② 中国文化中记录历史的中心性转化为了帝国官僚制内史学编纂的制度化，这一进程在唐朝建立史馆时达到顶点。③ 在日本群岛上，与官僚制相联系的官员们也在汇编各种史书。《六国史》(*The Six National Histories* 或 *Rikkokushi*)，从神话起源一直写到887年，就是在天皇的命令下完成的。④ 这些文本直到19世纪晚期之前都被当作是权威的记述来接受。

历史编纂者由此实现了两种互补性的功能，这两种功能紧密相关但又不是没有内在的张力：他以一种历史编纂的方式来记录历

---

① Benjamin I. Schwartz, 'History in Chinese Culture: Some Comparative Reflections', *History and Theory*, 35:4(1996), 23-33. 并参见 On-cho Ng and Q. Edward Wang, *Mirroring the Past: The Writing and Use of History in Imperial China* (Honolulu, 2005)。

② Masayuki Sato, 'The Archetype of History in the Confucian Ecumene', *History and Theory*, 46(2007), 218-232.

③ Denis C. Twitchett, *The Writing of Official History under the T'ang* (Cambridge, 1992).

④ 这些文本是 *the Nihon shoki*(beginning to 679), *Shoku nihongi*(679-791), *Nihon kōki*(792-832), *Shoku nihon kōki*(832-850), *Nihon buntoku tennō jitsuroku*(850-858), and *Nihon sandai jitsuroku*(858-888)。

史,尽可能真实地为后世留下关于过去的记录,但他也通过表达褒贬来言明一种理想秩序。由于具有赞许或谴责的权力,历史编纂者发现他自身处于一种暴露的政治位置上,有时为了实现伊夫·施维叶(Yves Chevrier)所说的史学责任而要冒生命的危险。[①]

正像在《牛津历史著作史》前几卷中所看到的,在这两个地方,前现代的历史编纂在数世纪中变化巨大,但在这些时段的大多数时间里,它在道德和政治上的中心地位却是显而易见的。将 19 世纪中叶西方帝国主义的入侵视为推动变迁的触媒,这是一种误解。中国传统的历史编纂学业已经历了细微的,但以后世观之极为重要的变化。在清代早期,汉学(Han Studies)或考证学(evidential scholarship)的发展,导致了一场借助文本研究的精深方法对经典著作展开的前所未有的细致考辨。这种发展是否代表了将历史编纂学从经学中解放出来,并进而可以解释为迈向现代科学的第一步,[②]或者,它是否仅仅是通过批判性的文本研究方式来揭示经书中黄金时代的理想政体的另一途径,这是存在争议的。[③] 但是,汉学学者对批判性文本研究方法的强调,成为了 20 世纪中国史学家在中国的过去中搜寻现代科学史学的先驱的重要参照。[④]

在德川时代的日本,一种相似的方法"考证"(kōshō)也在新儒学内部传播。为了将过去从定位于中国古代圣贤的道德理想中日渐分离出来,这一方法发挥了至关重要的作用。在现代史学的兴起中,尤为关键的两个学派是古学派(kōgaku, ancient learning)和

493

---

① Yves Chevrier, 'La servante-maîtresse: condition de la référence à l'histoire dans l'espace intellectuel chinois', *Extrême-Orient, extrême-occident*(1987),117 - 144.

② Benjamin Elman, *From Philosophy to Philology: Intellectual and Social Aspects of Change in Late Imperial China*(Cambridge, Mass. , 1984).

③ Michael Quirin, 'Scholarship, Value, Method, and Hermeneutics in Kaozheng: Some Reflections on Cui Shu(1740 - 1816) and the Confucian Classics', *History and Theory*, 35: 4(1996),34 - 53.

④ 一个著名的例子参见傅斯年,《历史语言研究所工作之旨趣》,《中央研究院历史语言研究所集刊》,1：1(1928),重印于《傅斯年全集》,7 卷本,(台北 1980 年),iv. 263 - 266。

国学派(kokugaku, nativist learning)。例如,荻生徂徕提出,以这些理念为根基的制度和伦理,都是后人的创制,并非圣贤所为。与这种分离同样重要的,是将日本的过去与古代中国相分离这种观念的出现,此处我们不能细究。期待的视域依旧是在过去,荻生依旧是心倾中华。在 18 世纪中,在荻生的历史观的基础上建立起来了国学派,他们加剧了这种分离。本居宣长转向日本群岛的古代文本,特别是现存最早的记录《古事记》(*Kojiki,Record of Ancient Matters*,完成于 712 年)。他的作品的重要性在于,将起源从古代中国的道德理想转移到日本群岛自身的首批先民上。第三派学者,主要是与德川家族旁系的一支水户藩相关的学者,也在 17 世纪开始汇编了一部日本史——《大日本史》(*the Dai Nihon shi,Great History of Japan*)。在某种程度上,《大日本史》完全突破了圣贤的道德理想;它的目标是要表明主体的道德行为走向了一种帝国路线。由此,我们开始获得了一种全新的主体,一种日本的理想。当然,这部史著在形式上依然遵循着中国史著的传统。

在 19 世纪上半叶,与西方帝国主义者相遇所触发的发展,远远超出了清代早期和德川时代的变迁。商人、传教士、捕鲸者和海军军官带来了一种不同的"文明"概念。支撑这种文明的,是更先进的科学和技术的工艺,同时还有政府宣扬的一种全新的交往系统,即所谓的国际法。这两个社会中的精英瞬时受到了"西方"的吸引和排斥。这些亚洲以外的人也带来了一种别样的对过去和当下关系的理解,那时流行于欧洲的是"普世史"(universal history)。日本知识分子在中国学者之前接纳了这些观念,然而,他们也面临着一个相似的窘境。首先,他们需要决定是否采取进步和启蒙的观念,这样做的话,如果这些观念是可分的,那将要采取哪一部分呢?第二,即使他们接受了这些观念,他们不得不面对的结果是,他们的文化变成了落后的东西,而他们的过去是一种时代错误(anachronistic)。第三,那时他们也要面对这种进程中的矛盾境地,一方面他们需要维持那种如今看上去已经落后了的过去,以此来形成一个民族国家,另一方面他们又要参与到国际体系中去,成为其中的

494

一部分。

有趣的是,这是一个充满着矛盾需求的进程:为了参与到所谓的普世体系中,他们必须在普世主义的框架之下书写一部民族史学,而不用反过来,通过书写他们自己的历史来表达普世主义的理想。

日本

今天,明治维新(1868年)标志着德川时代的终结和现代日本的兴起。[1] 然而,以这一日期来标注一种现代历史编纂学的开始将会是一个错误。正像对《大日本史》的讨论所表明的,历时几十年,甚至数世纪,知识分子才再次获得了对过去的理解。(那项计划的最终版本在1906年出版。)新的领袖们的确认识到了某种历史的必要性,并借此来合法化其对权力的获取。1869年,他们颁布了一道帝国法令,开始是这样说的:"历史编纂是一项永远不朽的国家仪式,是我们祖先的一项神奇功绩。"[2]这项法令颁布之后,随之成立了收集史料和编写国家历史的机构,这个机构的任务是汇编一部从《六国史》中止之处开始的编年史,将新的政权同旧的帝国连接起来,让它们看起来是连续的整体。[3] 正是从这一刻开始,知识分子们释放出了各种彼此冲突的需求和矛盾:他们既要实现书写一种唯一的、世界的、普世性的历史的理想,又要完成一种民族国家的历史,而且在这一历史中有着多种相互竞争的群体。

对于一种依照欧洲流行的普世法则而写就的史学的期待是强

---

① 维新(*Ishin*)经常被翻译为复原(restoration),尽管更新(renewal)看上去更为准确。对维新这个词被翻译为复原的问题的讨论参见 Tetsuo Najita, 'Japan's Industrial Revolution in Historical Perspective', in Masao Miyoshi and H. D. Harootunian(eds.), *Japan in the World*(Durham, NC, 1993), 13–20。

② 引自 Margaret Mehl, *History and the State in Nineteenth-Century Japan*(New York, 1998), 1。

③ 这个机构在1793年由塙保己一(Hanawa Hokiichi)发起建立以收集档案,并获得了幕府的赞助。

烈的。进步和发展的观念是极具诱惑的,但要实现它却是困难的。此外,在 1870—1880 年代,地理学和考古学上的发现,查尔斯·达尔文的进化论,以及赫伯特·斯宾塞将进化论引入社会领域,这些都促使知识分子将其视域从一种理想道德的过去转向一种具有进步意义的更好的未来。基佐的《欧洲文明史》(1828 年)和巴克尔的《英国文明史》(1857—1861 年)都是极具影响力的史著,好比是提供了一种路线图。从这些史著中获得了灵感,将日本带入到了普世领域的两部较早期的著作,是福泽谕吉(Fukuzawa Yukichi)的《文明论概略》(1875 年)和田口卯吉(Taguchi Ukichi)的《日本开化小史》(1877—1882 年)。这些启蒙史学家通常被刻画为引介西方观念的自由知识分子。福泽极具影响力的《文明论概略》,与其说是一部日本史,不如说是一种要将群岛并入普世的进步长征的呼吁,这本书所带来的后果是将群岛转变为一个整合的且"文明化的"日本。田口卯吉是第一位试图在那些被认为能够指导人类进步的固定的原则中,对日本的过去做出定位的人。他们两人都关注于制定一种日本的、本民族的历史,然而事与愿违,他们的叙事都表明了在世界舞台上启蒙观念的窘境。例如,为了将日本放入那种进步的道路上,田口提出日本大约在 6 世纪时偏离了这条道路。与之类似,福泽写道:"在几乎贯穿了 25 个世纪的全部日本史中,政府一直在原地踏步;正如读书,同一本书读了一遍又一遍。"[①]在这两人的作品中也有一些重要的差异。最显著的是,田口试图将其历史的主体定位于日本人民的活动,而非其政治的展开。为了让日本与这种启蒙史学同步,这两位学者都对所有以往被记录下来的过去不予理会。这就是上文所提及的窘境,即日本没有历史,特别是当一块非西方地区要变为这种普世史的一部分时,它必须否认它的过去。显而易见的是,两人都没有再写一部日本史;此外,其他的启蒙历史学家,例如三宅米吉和那珂通世,曾经尝试过

① Fukuzawa Yukichi, *An Outline of a Theory of Civilization*, trans. David A. Dilworth and G. Cameron Hurst(Tokyo, 1973),142.

但却没能完成他们的史著。一直到了 1890 年代,这样一种史著才得以写成。

这种需要疏远过去以变得现代的窘境,以及将过去变为现代的一个单元的叙事,需要一种更为复杂的形构,而非仅是从旧到新的转型。在这一点上,标准的历史编纂学上的说法,是将启蒙史学家(如福泽和田口)和更保守的传统,即经验主义的考证学者,并排放在一起看待。考证学者从新儒学的古典学训练出发,关注材料和事实,但是"没什么希望,他们既不能起而实行,也没有参与政治的激情"。① 但是在那时,许多知识分子和政治家都认识到,旧的东西依然有用。

在早些年间,很多"旧的事物"已经被抛弃、毁坏或出卖,以此来给"新的事物"腾出空间。但是,对过去的兴趣以及对它的保存热情依然是很高的:在 1871 年的第五个月里,政府发布了一条法令,反思对古旧事物的贬损;1872 年,它还委托展开了一项历史遗址的调查;1880 年代间,政府通过法律来保存艺术品;像《旧事谘问录》(*Kyūji shimonroku*)和《江户旧事考》(*Edo kyūji kō*)这样的汇编得以出版;1882 年,东京大学的学者建立了皇典讲究所(如今的国学院大学)。

496

无疑,在这项工作中有古物收集者和浪漫主义的兴趣所在。我们同样也应该认识到,保存过去的某些事物是现代性必然的组成部分,而非简单地是一种保守派对现代性的反动之举。在群岛转型为日本(或者说是非西方地区转型为民族国家)的过程中存在一种有趣的对照。历史的缺席,以及我们将其特色化为一种无时间性的传统的出场,变成了日本人落后的证据;当然,为了满足与自由资本主义的国际领域步调一致的需要,他们必须既要从那种知识体系中分离出来以表明进步,又要拥抱它以建立民族。关于过去之种种的有趣衍变发生了。学者们依然需要整理出哪些过去需

---

① Peter Duus,'Whig History,Japanese Style:The Min'yusha Historians and the Meiji Restoration',*Journal of Asian Studies*,33(1974),419-420.

要保存（并如何保存），哪些需要忘记，并且哪些需要转化为历史。

一部日本近代史出现于这种归档计划中，以此来构想出一种有用的过去。托马斯·理查德斯（Thomas Richards）将归档作为一种组织知识的方式来书写："档案馆并非只是一幢建筑，更不仅仅是文本的收集，而是一种集体想象出来的各种已知或可知知识的汇聚点，一项认识论上宏大计划的奇妙表达，一种大都市和帝国中异质的地方性知识的实际聚焦点。"①今天，我们经常忘记证据和数据正是这种转型历史中的一部分。② 正像启蒙历史学家的问题所在，档案馆绝非仅是收集材料。

对过去的材料进行归档的主要组织开始于"史料编辑国史校正局"（the Office for the Collection of Historical Materials and the Compilation of a National History）。③ 这种归档计划有一种简单的，看上去直截了当的目标，即收集所有关于群岛的材料来填充这个新地方——日本——的内容。但在这一点上，这种全新的集体性的非凡事业依然没有一种结构。以下这一点可以说明"史料编辑国史校正局"距离现代史学还是多么遥远：这一机构特别关注的议题包括：14 世纪帝国宫廷分裂的南北朝时代、德川时代、维新时代，以及各种地方地理（local topographies）。到了 1881 年，这些主题被整合进一种中国风格的编年史，从 1392 年到 1867 年间的日本史，用中文写成。这部《大日本编年史》一直未能最后完成。④ 总之，即使是在这项书写过去的"全新"努力中，早期的作品依然很像过去的编年史，捡起了他们本想要戒除掉的方法。

一种必要的转变是数据从空间向时间的转移。起初，这种档案

---

① Thomas Richards, *The Imperial Archives: Knowledge and the Fantasy of Empire*(London, 1993), 11.

② Constantin Fasolt, *The Limits of History*(Chicago, 2004), 12-15.

③ 这一部门历经多次变化，直到 1895 年，它才被重组为一种历史编纂机构。为了叙述的简单，我们称它为修史局（the Office of Historiography），它曾多次用过这个名字。对这个机构历史的详细阐述，参见 Mehl, *History and the State in Nineteenth-Century Japan*。

④ 《大日本编年史》在 1893 年修史局被关闭后也停止了编写。

馆有一个史学部和一个地貌学（topography）部。在德川时代，地貌信息（chishigaku）曾是地方执政者重要的数据来源。这些地貌信息组织起来并提供了关于过去的讯息，包括社会经济状况、关于生产的信息和数据，以及对当地居民的描述。最初计划准备一部多卷本的作品《大日本地形测绘》（类似于《大日本编年史》）。但是这类信息形式后来变得越来越不重要，并最终被史学和统计学的信息形式所取代，地貌学部也被弃置，最终并入了历史编纂部。其数据脱离了它们当地的情境并重新按照时间来加以归类。地方信息不再在区域框架中具有重要意义，但是却日渐成为为日本这一民族国家服务的数据。

与之类似，过去的意涵也发生了变化。由修史局主任重野安绎（Shigeno Yasutsugu）在 1879、1884 和 1886 年所写就的一系列文章表明了这种转型。[①] 在他的第一篇文章中，重野做出了一个史学转型的广泛呼吁，与启蒙史学家并无差异，通过批评现存的史学方法，特别是中国编年史的风格，他提出要采取来自西方的史学方法。重野提出，后面这类（指采取中国编年史风格的）历史编纂者过于局限于个体和特殊性，并不曾书写出日本自身，特别是它的政治和经济变迁。他引用了奥古斯都·芒西（Augustus Mounsey）的《萨摩叛乱》（*The Satsuma Rebellion*，1879 年），认为这本书可以作为一种范例来遵循。重野的论调在后来的两篇文章中发生了变化。他将像《太平记》（*Taiheiki*，14 世纪中叶）和《大日本史》这样的权威记述批评为一种歪曲、粉饰和造假。以更多材料为武装，并运用日期的权威性，他细致比较了对各种英雄和事迹的不同记述，发现了日期和事件中的不符之处。基于这些"不精确"，他质疑了这些被假定的人物的高贵行迹的真实性，例如楠木正成的行迹，甚至是后醍醐天皇的皇族侍臣川岛高德是否存在。由于他的勤劳苦

---

① 这些散论是'Kokushi hensan no hōhō o ronzu'，'Sejō rufu no shiden oku jijutsu o ayamaru'，和'Shi no hanashi'，刊载在 Tanaka Akira and Miyachi Masato(eds.)，Rekishi ninshiki(Tokyo, 1991)，213 - 221，339 - 355。

干,他成为了知名的研究湮灭者的专家。他的同事久米邦武,作为岩仓使团中的一位历史学家曾在 1871—1873 年间游历美国和欧洲,也同样毫不留情。之前所有权威史著中的讯息和记述都被宣称是不精准、不完整的歪曲和造假:例如,像《古事记》和《六国史》这样的早期年代记,以及后来像《太平记》、《源平盛衰记》(*Genpei seisuiki*,1247—1249 年)《平家物语》(*Heike monogatari*,约 13 世纪中叶)以及《大日本史》这样的记述和故事。久米甚至称这些叙述为儿戏之作。其他历史学家,如 1896—1904 年间担任东京帝国大学中国史教授的那珂通世(那珂在其早期生涯中应当被归类为启蒙史学家),提出了一种对《日本书纪》(*Nihon shoki*,完成于 720 年)中所记载的早期天皇编年的修正。在这篇修订于 1897 年的文章中,他提出,对最早的十八位天皇的记述是不可靠的,大约有六百年应当被删去。[①]

498

　　这一简要记述表明,历史研究涉及到对过去的关键性的重构,这种重构到了这样一种程度,以至于当时的权威记录,如今被视为一种谬误(或者更礼貌地说是神话)而被弃置。在这些案例中,通过被重新分类为历史材料、神话、迷信或虚构,过去日渐从当下中分离出来。将过去重新定位于材料中,进而寻求对日本发展的叙事,这改变了对来自过去的信息的使用。作为一种材料的归档,它成为了一种为过去负责的历史编纂的责任。归档和编年的目的不再是摧毁过去,而是将一种日本的过去稳定下来并送进档案馆,用理查德斯的话说,那样就可以与国际秩序同步了。

　　史学的制度化开始于 1880 年代中期,这再次表明了关于过去的不确定性和争鸣。1883 年,来自东京大学和史学编纂机构的学者创立了日本明治时期第一个史学协会(Shigaku kyokai),并出版了期刊《史学协会杂志》(*Shigaku kyōkai zasshi*)。其中的两位核心人物是日本和中国文学系教授小中村清矩和内藤驰走,他们都曾负责指导关于过去的学问。这些来自国学院的学者们哀叹于一部

---

① 　Naka Michiyo, 'Joseinenki kō', *Shigaku zasshi*, 8(1897),747 - 778,884 - 910, 997 - 1021,1206 - 1231.

日本史的缺席，特别是一部用日文而非中文写成的史著的缺席。小中村认识到了进步的概念和新近变迁的重要性，并提出史学在激发爱国主义、理解政府和公民权、并在创制民族自身的史著（而非由外国人或用外语写成的史著）中都至关重要。关于历史编纂的一些职责，他有不同的看法，认为唯有经典中的价值观念才能让各种变化趋于稳定。史学协会在 1885 年解散，但是它提出的很多目标，作为"历史"（rekishi），在史学的制度化的过程中仍将会发挥关键作用。[①]

1885 年，日本和中国文学系分裂为日本文学系和中国文学系，从而将日本的过去从中国的过去中分离出来。负责日本历史、文学和典籍的教授是小中村、内藤和物集高见。1886 年，大学重组为东京帝国大学，第二年，历史学系建立，雇佣了一位年轻的德国历史学家鲁道夫·利斯（Rudolph Riess，列奥波德·冯·兰克的再传弟子）。1888 年，修史局转入这所大学，其研究人员久米、重野和星野恒被任命为日本史教授。1889 年，日本史学系正式建立，日本文学系更名为国文学系，同时中国文学系变成了中国研究（kangaku）系。1889 年，另一个史学协会，日本的史学会（Shigakkai）得以建立，重野任第一任主席。499

这些改革确立了历史编纂部门精密的档案工作，并且受到了从利斯那里习得的西方史学"科学的"方法论（来自兰克）的声援。在一份提出建立日本史的专门院系的备忘录中，这所新建大学的校长渡边弘毅（Watanabe Kōki）支持将国家作为史学的主要研究议题，肯定日本史院系在其中的作用：

> 最近，我们业已认识到了政治、法律和经济是受到每块土地上的气候和每个国家的人民所支配的。为了澄清时间和空间的关系，我们将热切遵循着那种奠定了那一空间中史学根基的研究方法，并以这种方式来使得历史探寻的方法得以改观。今天，为了理解一个特定时空中的社会现象，我们收集这些时

---

① *Shigaku* 和 *rekishi* 在英语中都被翻译为历史。*Rekishi* 更接近于 Geschichte（译者注：实际发生过的历史），而 *shigaku* 则介于 historie 和 Geschichte 之间。

代中的典籍、手工艺品和其他的人工制品；解剖并分析它们；辨明它们的质量；并且正如科学研究使用实验室一样，我们也在图书馆中研究这些物件。在此之后，我们才第一次获得了一种探寻历史的科学方法。最终，我们能够将所有的事务——政治上的、法律上的和经济上的——都交付于学术的检测，并相应地做出决断。①

也正是在这个时候，一种科学的历史编纂方法和理解方式得以制度化。史学变成了一种精密的、机制化的方法论，它倡导对数据——来自已死的过去的不可改变的数据——的解剖、分析，并串联为日本(这个集合性的单数)政治经济发展的编年叙事。更为重要的是，考证学经历了一种相当大的演变，从细致的文本注释到理解文本中真正的意图，再到痴迷于可验证的数据。由此，当时像圣德太子这样的历史学家就提出：此类历史学家忽视了"历史意识的基本精神"，正是因为机械化的方法论作为一种解决之道阻隔了基本精神，历史学与民族国家之间的结合才被人接受。②

500　　随着民族文学的出现，一方面来说，像小中村和内藤所赞同的原则，即史学的目的是机械地记述过往，"运用准确的事实来探究变迁的因果，并澄清我们的国家盛衰兴亡的遗迹"。③ 另一方面，他们也提出，民族文学的作用是要重新整合感知力——人类、观念、敏感性和想象力——这种感知力曾被知识的机械化形式所诋毁："文学存储于一种原初的精神中；更为重要的是，正是这种精神影响了政治、宗教、感觉和习俗。"④在试图解释这一领域的一部更早的文本中，芳贺矢和立花铣三郎发问："我们应该如何提出并发展一种具有此类价值的经久不衰的文学？只有通过回归到文学的起源才行，只有在那里，我们才能看到我们种族的特性是如

① *Tokyo teikoku daigaku gojūnenshi*(Tokyo，1932)，1297.

② Ienaga Saburō，*Nihon no kindai shigaku*(Tokyo，1957)，85.

③ Mikami Sanji and Takatsu Kuwasaburō，*Nihon bungakushi*(1890；Tokyo，1982)，22.

④ Ibid.，2.

何沿着世界和自然法的方向行动并发展出来的。"①这是一种迷人的论述,展现了民族文学在这一领域中的补充性。这种语言是要回归并保存一种原初的日本。但是这一框架是现代社会抽象法则的框架:自然法则,与一种世界史的同步化,以及在一种发展叙事中时代的优先性。总而言之,民族文学重构了一种媒介,将本应当广为人知的事物转化为了一种全新的学科,为了另外一种真实——情感、伦理和民族理想,而让渡了精确性与客观性。国文学和史学,文学和历史,彼此支持了对方的发展。早先作为争鸣的双方化解成了一种彼此间的共存,事实上是彼此间的依赖。因为文学(以及其他学科,例如艺术史)为政治范畴提供了概念上的根基,史学才成为可能;这两个学科都有助于国家的稳定,强化其不变的特征、情感和精神,而史学还专门负有检视政治人物在那些关键境况下的作为的责任。换句话说,国文学要放慢节奏,为国家确立概念上的位置;而史学使用编年法,唯有如此,才能为空间中的活动——亦即进步——赋予时间性。

　　有趣的是,在没有学者对这种区分和解决之道积极作为的时候,这种相互依存变得制度化了。1891年,重野从教席上隐退,成为了修史局主任;1892年,久米被解聘;1893年,修史局被关闭。同样是在1891年,小中村从他在国文学的教席上隐退,并且内藤也被辞退。② 1895年,在作为历史编纂机构的修史局的重开过程中,这种全新的重构过去的制度化过程变得显而易见。在重开档案馆的立法中,国会明确规定其成员应来自国文学系,而非历史系。星野、田中吉成和三上参次被任命为史料编纂官,历史档案汇编也是这个机构的主要任务。星野成为了名义上的主编,但因健康原因,三上事实上承担了主编的工作。直到1899年,他成为正式的主编,并一直担任此职到1919年。

　　三上是史学制度化中的中心人物。除了主编的职务外,1926

501

① 　Haga Yaichi and Tachibana Sensaburō, *Kokubungaku dokuhon shoron*, in Ochiai Naobumi, Ueda Kazutoshi, Haga Yaichi, Fujioka Sakutaro shū, ed. *Hisamatsu Senichi*(Tokyo, 1989),199.

② 　*Tokyo teikoku daigaku gojūnenshi*,1318 - 1322.

年之前,他也是帝国大学的史学教授。国会指令以及他的升迁表明,神圣或现代的神话方式是这项历史计划的中心所在,但却被客观性概念所遮蔽。① 三上,作为一名研究德川历史的专家,曾是利斯和坪井粂藏的学生;在开始研究生学习之前,他曾与小中村和内藤共事。他声称他最受内藤的影响,并将其写作《日本文学史》(Nihon bungakushi)的时期视为其职业生涯成型的时刻,而非是对早期生涯的一种越轨。1938 年,休·伯顿(Hugh Borton)指出,在大正时期(1912—1926 年,三上之后的那一代人),日本的历史学家有一种从政治到文化的研究转型。② 他的同事和后继者,如黑板胜美、辻善之助和平泉清志,延续了这种看法,进一步确认了国家和正统史学之间有一种亲密联系。

通常,关于现代日本的史学史研究倾向于为这些从事学术研究的史家开脱责任,褒奖他们在方法论上的热情,轻描淡写地说他们的史学不关心政治,尽管他们与帝国的联系是显而易见的。黑板、辻善和平泉强化了这种联系——黑板本人在撰写《国体之本义》(Kokutai no hongi,1937 年)的委员会中任职。其他人,例如那珂,认识到了精确的史学和作为民族信仰体系之基础的史学之间的冲突,并选择将两者区分开来。然而,方法论上的严苛,只是表面的声誉;有一则关于三上与井上靖(当时的研究生,后来成为 1930 年代后期以及战后日本历史学家中最具影响力的一员)会面的轶闻,井上"被触怒并感到愤慨,他断定这位杰出的教授试图向日本人民传授谎言"。③

这一点并非要贬低这些历史学家;恰恰相反,要强调的就是学科之间的共谋,在此处,历史学中的方法论——亦即编年史和经验主义——遮盖了史学和国家信念之间的关联。这种分裂在战前就困扰了很多历史学家,今天仍然在给日本制造麻烦(我们相信其他

---

① Michael C. Brownstein, 'From Kokugaku to Kokubungaku: Canon-Formation in the Meiji Period', *Harvard Journal of Asiatic Studies*, 47: 2(1987), 435–460.

② Hugh Borton, 'A Survey of Japanese Historiography', *American Historical Review*, 43: 3(1938), 489–499.

③ John S. Brownlee, *Japanese Historians and the National Myths*, 1600–1945 (Vancouver, 1997), 145.

国家也是如此）。在我们讨论由于过去的碎片化而出现的争论之前，我们应当转向这种新的史观所造成的国际性的困境。

将过去组织成一种历史，这就"证明"了日本作为一个民族国家，同时也能够展现进步和文明的永恒地位。但是，从国际上看，它遮盖了一种冲突，甚至到今天，这种冲突都格外令非西方地区感到恼火。那就是，书写出一种通往现代的线性的变迁叙事，过去是必然需要的，但是，与此同时，这一过去（"传统的"和"原始的"）却将这些地区的地位降格，它们总是落后于西方。

亚洲史的研究，是解决这一矛盾的一项主要努力。从 1890 年代起，知识分子开始从中文经典研究（*kangaku*，汉学）转向一种发展性的叙事（*tōyōshigaku*，东洋史学），从而设计了新的路径，将日本与大陆相联系，乃至超出大陆，以一种相似的思路，与欧洲建构的东方相连接。[1] 最早的主要陈述之一出现在 1891 年，当时，东京帝国大学的哲学教授井上哲次郎出版了一组论及东洋史（oriental history，*tōyōshigaku*）重要性的论文。他接受了东方和西方之分，但却因在欧洲屈尊俯就的经历而感到困扰。他提出，东洋史的研究因有两重理由而变得必须：第一是向欧洲人介绍日本，第二是使得日本人能够知晓自身。[2] 在史学意识发展的早期时刻，亚洲（特别是中国）正在成为日本的过去。这种书写一种"世界"（或者说是欧亚）史的努力表明：在随后的十年中，随着白鸟库吉在东京帝国大学培育了所谓的东洋史领域，以及内藤湖南在京都帝国大学以支那学来与之抗衡，日本，也像欧洲一样，获得了史学上的深度。白鸟提出了他的南北二元论，而内藤以文化中心的变迁来表述进步。对白鸟而言，中国从古代走向了中世纪，然后不断延续（或者更准确地说是停滞）下去，而内藤的支那学则描述了一种在晚唐和宋朝前后向现代性的推进，随后则是 20 世纪的持续衰落。两人都提出，富有生命力的中心是在当代的日本。

---

[1] 当然，我们要谈到爱德华·萨义德的经典《东方学》（纽约，1978 年）。日本的东方构想参见 Stefan Tanaka, *Japan's Orient: Rendering Pasts into History* (Berkeley, 1993)。

[2] 'Tōyōshigaku no kachi', *Shigaku zasshi*, 3(1892),10.

与这种历史相关的是，随着史学在西方的发展以及向日本的传输，知识分子认识到了史学内部的局限或说是矛盾。在解决这一矛盾的过程中，日本的知识分子写出了一种史学来解决他们自身的问题；他们建立了一种叙事来呈现一种亚洲的发展，并将日本置于其顶峰。他们并没有认识到（或说是选择忽略了），在他们的东洋中，他们创造了一种平行的等级制的模式。他们的中国或亚洲并不等同于他们所描述的这些地方。例如，约书亚·弗格尔（Joshua Fogel）描绘了内藤对围绕五四运动而展开的改革运动的惊愕："中国人不仅刺激了作为日本人的他，也刺激了他对中国文化的认知。"①这种将亚洲视为日本的东方的做法合理化了日本在亚洲的领导地位（帝国主义），但也进一步将他们从专家（历史学家）所声称知晓的地区中分离出来，正如日本人所声称的那种不准确的说法：他们是属于东方的一部分，但又"不是"东方。

至此，我们业已关注了历史学的基本原则和学术规范在日本的出现。这些历史学家凭借科学以及大学的声望，宣称要准确地认识并描述这些过去；在他们手中，史学是一种批判工具，可以整合群岛上充满异质性的各个地区，进而对日本和日本人做出定义。尽管他们宣称是为全部人代言，但是他们的史学依然是以国家和通过国家来得以定义的民族为中心。此外，随着历史编纂机构以及由三上所领导的史学系的复兴，历史学仍然保持着与古代神话的联系。

继续沿着这一路径来处理充满问题的过去，将过去分段放入史学和文学，这样做并不能说明，历史和神话相结合，作为"共同体的历史中的关键问题"，其位置何在。② 这种神话和历史的重叠之处，正是新政府的帝国观念的重心所在。政府把（从神武天皇开始的）帝国的系统视为现实，其中，当代与神话、历史混合为一。早期试图用新的史学来接续《六国史》的愿望，就是这种联系的明证。政

---

① Joshua Fogel, *Politics and Sinology*：*The Case of Naitō Konan*（1866 - 1934）（Cambridge, Mass., 1984）, 273（italics in the original）.

② Joseph Mali, *Mythistory*：*The Making of a Modern Historiography*（Chicago, 2003）, 4.

府也竭力将统治权的观念灌输给公众：明治维新就是庆祝统治权"复归"天皇；用统治来为时代命名，将其视为一种"传统"；重新安排纪年方式，自神武天皇登基开始计算（用这种方式，1869年，或者是明治二年，变成了2529年）；当采用公历并依靠二十四小时的钟表来调整时间的时候，以往与月亮和农事周期相关联的节日也随之改变，变更为对前任和现任天皇的纪念；明治天皇在全国各个区域参加种种活动，以此使人民能够"目睹"并认识天皇。正像大正时代很久之后的史学动向，史学与吉恩·科马洛夫（Jean Comaroff）所说的"对于过去的仪式化的纪念"之间，界线是暧昧不明的。[1]

　　成为一个民族的宣称，使得这种史学对于国家中的所有成员都是公开的，并且是可以使用的。1890年代公众对过去兴趣高涨，出现了一种"史学的繁荣"。[2]公众对于（古老的或是最近的）过去的讨论日渐增多。例如，有两位公共知识分子三宅雪岭和山路爱山，就曾试图对抗大学对史学日益增长的领导权。三宅并没有写过史学专题论文，但却撰文说，史学应该定位于大众。在1890年的著名文章《真、善、美》以及另一姊妹篇《谎言、罪恶、粗俗》[3]中，他提出，日本和日本文化应当被视为是群岛内一种时空的累加，它是一个民族在与斯土斯乡的互动过程中，各种习俗与情感的累加。山路同样也不是一个学术型史学家，他为重要的期刊如《国民之友》《中央公论》和《大洋》撰稿，并在其职业生涯的后期，撰写过日本大人物的历史传记。山路提出，由大学历史学家所撰写的历史是一种死历史（*shinda rekishi*），它建立的那种民族认同，只是权力的面具——为帝国体系歌功颂德，以服从为美德，

---

① Jean Comaroff, 'The End of History, Again? Pursuing the Past in the Postcolony', in Ania Loomba et al. (eds.), *Postcolonial Studies and Beyond* (Durham, NC, 2005),125 - 144.

② Margaret Mehl, 'The Mid-Meiji "History Boom": Professionalization of Historical Scholarship and Growing Pains of an Emerging Academic Discipline', *Japan Forum*, 10(1998),67 - 83.

③ 这些论文刊载在：Miyake Setsurei(ed.), *Miyake Setsurei Shu*, *Gendai nihon bungaku zenshu*(Tokyo, 1931),p. v.

直接服务于国家。相反，他提出，"历史要谈的不是过去，而是鲜活的当下。"①在 1897 年的一次论述中，山路回忆了福泽的叹息，表明在二十年中历史学的根基发生了极大变化，他写道："两千五百年的日本史是一种地狱的记录，人民为了政府而牺牲的生命和鲜血令人战栗。"②

　　这种不同的声音，清楚表明了史学之于公众的重要性，以及一些把史学变成日本人自己的史学，而非为日本服务的史学的努力。但是，历史学这种公众角色的其他不同面向也出现了，亦即作为公共仪式的一部分的符号化的过去，而不是真正的过去。在这方面的争鸣，早期迹象可以在重野的作品中看到，并且他为此而赢得了一个湮灭者博士（Dr. Obliterator）的绰号。1891 年，久米在《史学杂志》上发表了一篇论文，提出神道教并非一种宗教，而是一种敬天仪式的累积，这在世界上的许多其他文化中也能找到。③ 这篇论文在流行的刊物《史海》（Shikai）上转载后，久米被指责为玷污了帝国制度。最终，政治上的压力导致他在 1892 年从帝国大学史学系的岗位上辞职，并在 1893 年关闭了修史局。

505　　尽管在明治时代，过去被符号化早已不是新鲜事，还是有一些事件导致历史学家与大众流行观念（特别是那些涉及皇室的观念）相对抗的程度受到了限制。久米是其中之一。对久米论文的反应与那珂对年表的修订（出版于 1897 年）构成鲜明对比。久米给出的是一种具有潜在破坏力的论证：皇权并不能追溯到神武天皇（如今大家都知道那是一位神话人物），而且关于最早的十八位天皇的记录也是不可靠的。吉田东乡试图解释其间的不同。他写道："《日本编年史》中的年表是被所有的帝国的主题广泛采用的公开年表。修订后的（那珂）年表是一份私人的年表，仅作为参考的目

---

① Yamaji Aizan, 'Rekishi no hanashi', *Kokumin shimbun*, 29 April 1894, in *Meiji bunka zenshū*(Tokyo, 1965), xxxv. 264.

② Id., 'Nihon no rekishi ni okeru jinken hattatsu no konseki', *Kokumin no tomo*, 9, 16, 23 January 1897, ibid., 314.

③ Kume Kunitake, 'Shinto wa saiten no kozoku', *Shigaku zasshi* 2. 23 - 25 (October-December, 1891).

的而使用。"①人们可以用这一说法来证明,史学家与公众是疏离的。的确,这是一种标准的解释,这些实证主义的历史学家被描述为不关心政治的,且没有任何企图;但是,这种解释忽略了史学在描述正在形成的、未来的民族国家的过程中所发挥的关键作用。②此外,还有两个值得注意的事件,同样发生于这一公众高度关注皇权的时段内。首先,在1911年,一位帝国大学的研究生和教育部的雇员喜田贞吉修订了1904年的教科书,延续了先前编者的叙事,认为皇族一脉在14世纪分裂为南北两个朝廷。这一事件潜在地反驳了自神武天皇以来未被打断的皇族统治的说法,但更为密切相连的是,随后发生的大逆事件,二十四人被定罪为发动叛乱、谋杀天皇。第二件事是,1940年,一位早稻田大学的历史学家津田左右吉被指控犯上,因为他在1913年的论文中提出,最初的十三位天皇是被发明出来的,目的是支持大和族对其对手具有宗主权的说法。③津田提出,日本直到公元5世纪才得以统一,而非是公元前660年神武天皇开始他的统治。1942年,他以犯上被定罪。

　　这些历史学家的答辞是,他们只是重申了事实。但是,其间差异只是在于一种信仰,即历史的叙事自身不是政治。它忽视了现代史学的出场是与这些新神话相伴随的,最近的一些历史学家也曾经召唤天皇体系。在今天的日本,相似的问题依然在发生着。

　　在战前,最重要的大变化就是将马克思和马克思主义的观念引入了史学界。20世纪早期的日本,为批判剥削与日益严重的不公的各种系统观念的发生提供了丰厚的沃土。人们关注的重点是政府和国家建设相关的各种制度,而不是人民;同时,政府强调的是工业的发展,而不是普通公民的福祉。从1890年代起,大量活动家、政治家和知识分子力图为这些社会问题而申言,特别是日渐加剧的贫困和不断扩大的平民窟。然而,情况并没有改善。在1910

506

---

① John Young, *The Location of Yamatai*: *A Case Study in Japanese Historiography* (Baltimore, 1958), 95.

② Duus, 'Whig History, Japanese Style', 419 - 420.

③ Tsuda Sōkichi, *Shindaishi no kenkyū* (Tokyo, 1913).

年代,经济学家开始将马克思主义的观念引入他们的分析;1922年,日本共产党成立,并随即被宣布为非法。在 1920 年代的后半段,出现了两所讲授马克思主义史学的学校:讲习所和农工学堂。讲习所由像野吕荣太郎、羽仁五郎、山田盛太郎和平野义太郎这类学者所领导,这里是追随共产国际的讲台。他们提出,明治维新是一场流产的革命,在此封建残余(天皇、武士和领主)与进步势力结盟,创造了一种特殊的"绝对主义"国家。农工学堂的领导者是大内兵卫和土屋乔雄等人,他们认为,维新是一场成功的资产阶级革命。依照主流的解释:在讲习所里,问题被定位于封建残余;而在农工学堂中,问题被定位于垄断资本主义。与他们正统的同仁一样,这些历史学家在一种线性的和唯物论的史学观中劳作,并集结了细节化的皇族研究来支撑他们的论述;事实上,在讲习所和 1960年代后日渐处于主导地位的由美国领导的现代化理论之间存在着很多相似之处。两种解释都使得国家经济状况成为现代史的一项中心内容,强化了史学中普通民众(尽管主要是劳工和农民)的重要性,并使得明治维新作为日本现代史中的一场原初运动而得以曝光。在第二次世界大战之后的最初几十年中,马克思主义史家主导了日本的史学研究。

中国

第一次鸦片战争(1839—1842 年)前后,中国历史编纂者(historiographers)的地理视野超出了原有的限定,向外扩展,也囊括了西方的地理知识。此时有魏源的《海国图志》(1843 年)这类著述出版。随后,西方的科学、进步的观念,以及线性、抽象的时间概念,开始对中国人的思想产生影响。[①] 史学,从传统上说,曾与经学研究紧密相连,如今,也沿着现代西方的道路,开始经历一种专

---

① 中国对线性时间观的接受,参见王汎森,《近代中国的线性历史观——以社会进化论为中心的讨论》,《新史学》,19:2(2008),1-46;以及 Luke S. K. Kwong, 'The Rise of the Linear Perspective on History and Time in Late Qing China c. 1860-1911', *Past and Present*, 173(2001),157-190。

业化和制度化的过程。脱离了与认知、规范和政治方面议题的紧密联系之后（当然，这类联系并非都能得以清晰地区分），史学转而成为了研究历史的一门学科，与哲学、政治学比邻而立，而又有所不同。作为一门学科，它应该关注如下问题：方法论问题，建立在可验证的证据基础之上的真相其客观性如何，专业出版物的新形式和新类型，以及在教育中应承担的新任务。

507

在这一过程中，中国史家所面临的各种新挑战和新任务也是多重的。西方式的历史观念，其基础是普世的；目的论的进步观念，其核心是以国家作为历史的主体。以西方的历史观为背景，中国的历史学家不得不形成一种认识，其中，中国史既是国家的历史，又是朝向进步的世界历史的一部分，从而把中国作为平等的一员，纳入新的民族国家的世界之林。唯有避开进步史观的陷阱，才能实现这一目标。也就是说，后发国家总是陷入被锁定在永远落后状态的风险，始终在追赶先进的西方，却永远不能真正赶上。

尽管这种新型的、民族的、进步的史学视角使得突破传统史观和历史编纂成为必需，然而中国史家为了能为中国人的认同提供一种根基，激发民族意识，也不得不保卫某种历史上的延续性，并由此为构建一个现代中国人的民族国家而做出贡献。

采用一种新的历史观与捍卫连续性，这二者之间的紧张，还可以见之于史学研究的理论与方法、历史学家应承担的使命等多元层次的问题上。现在要按照对于历史的新理解，重新设计新的历史书写概念，以及重新组织历史学这门学科。与此同时，历史学家仍然带有在中国史学之中处于核心地位的传统印记，他们和新的学科面临着直面新挑战、新任务的巨大压力。在致力于现代的、价值中立的史学研究和担负起拯救中华民族的责任之间，许多现代的中国史家处在被撕裂的境地。

大约在 20 世纪之初，对历史的进步主义的、目的论的理解首先体现在康有为的写作中，他是 1898 年维新运动中的文人领袖之一。[①] 他鼓吹一种以晚清的今文经学为基础的史观。长期以来

----

① Hsiao Kung-chuan, *A Modern China and a New World：K'ang Yu-wei, Reformer and Utopian，1958–1927* (Seattle and London，1975).

作为一种占据主导地位的学派，古文经学将孔子视为一位记录过去事实的史家。相反，今文经学代表了一种将孔子视为申言者的理解，具体说，就是他在经文中表达了他对理想的未来社会的一种设计。在著名的《大同书》（1935 年）中，康有为鼓吹一种普世的历史发展理论——三世说：从据乱世阶段开始，经过升平世，走向历史的归宿，即最终的太平世。他规划了一种走向理想化的、近似于乌托邦的全球社会的统一进程，使得西方和中国的不同并行不悖，在古代中国的文本中搜寻未来理想社会的蓝图，并由此将中国整合进一种全球历史框架，并力图为中国收回领导权。

作为 1898 年维新运动的灾难性后果，许多中国的维新派知识分子离开中国，负笈日本。从那时起，直到第一次世界大战前后，他们深受日本最先进的知识潮流的影响，并吸取了自 1880 年代以来塑造了日本历史编纂的新型史观和路径。作为一名多产的作家和现代中国的先锋报人和知识分子，梁启超对中国历史写作的发展发挥了深刻的影响。[1] 受到进化的史学概念的影响，他和其他人，如夏曾佑和柳诒徵，[2] 采取了西方古代、中世纪和现代史的三阶段划分，将历史设想为以民族国家为其主体的一种进程。中国由此屹立于民族国家之林，加入了由彼此争竞的民族国家所构成的全球世界。身处其中，中国必须为了生存而奋进，并据此证明自身。

在体现其精髓的作品《新史学》（1902 年）中，梁启超将历史刻画为一种进步的、且受因果律统治的、能够为人所理解的事物；这使得梁启超能够把中国整合进普世的历史路径中去，并进而预测未来，为他和他的同侪提供政治行动上的明确指导。然而，没过多久，这种进步主义观点的消极面向日渐清晰。将中国整合进一种普世的和决定论的历史路径引发了多重问题。如果所有民族都沿

---

[1]　Chang Hao, *Liang Ch'i-ch'ao and Intellectual Transition in China*, 1890–1907 (Cambridge, Mass., 1971); and Joseph R. Levenson, *Liang Ch'i-ch'ao and the Mind of Modern China*(Cambridge, Mass., 1953).

[2]　Tze-ki Hon, 'Cultural Identity and Local Self-Government: A Study of Liu Yizheng's History of Chinese Culture', *Modern China*, 30: 4(2004), 506–542.

着这种相同的，或多或少具有决定论色彩的历史线路前进，某些走得更快，某些落在后面，并且如果这种历史路径受到一种普世的统一因果律的辖制，那么，中国如何能够克服它的落后性，并奋起赶上呢？它不是在宣判一种永恒的落后性吗？此外，一个中国的民族认同，如今业已成为历史普世进程中的一部分，也就很难站得住脚。援引那些代表普世历史路径的民族英雄，并不足以为一种特定的中国人的认同提供根基。[1] 什么构成了中国性（Chineseness），以及新的民族应当采取何种政治形式，这类问题是很难回答的。[2]

　　与他的新史观相一致，梁启超批评了中国的传统历史编纂，认为它过于关注帝王的宫廷和统治家族，并不能超越对帝王言行的记载，是一种帝王家谱而非一种现代的民族史学。这种书写传统由此无法在百姓中激发民族自豪感。与那个时期的许多知识分子一起，梁提倡一种以公民权、主权在民和立宪君主制等普世观念为根基的新型民族史学，而非一种以某一特定种族或文化为标准的史学。[3] 换言之，他将中华民族设想为在种族上不加区分，通过清朝的政治及其所继承的领土而界定的范畴；从本质上说，梁的中华民族观在关于民族国家的观念中是占据主流地位的。

　　在 20 世纪初，章太炎作为梁启超的同时代人，受到古文经学的影响，呈现出了一条极为不同的路径。[4] 大约在梁出版《新史学》的时候，章太炎并不把历史视为一种受到因果律和进步辖制的普世统一的进程，相反，将其视为一块无法被归于普世法则之下的人类活动的领域，将其视为一种以偶然事件为特色，并最终具有独特性的进程。历史对每个民族而言，都是独特的，并且无法通过运用普世的法则而得以研究，也无法被整合进世界历史的

509

[1]　Tang Xiaobing, *Global Space and the Nationalist Discourse of Modernity*：*The Historical Thinking of Liang Qichao*（Stanford，1996）.

[2]　Axel Schneider, *Wahrheit und Geschichte*：*Zwei chinesische Historiker auf der Suche nach einer modernen Identität für China*（Wiesbaden，1997）.

[3]　Chang, *Liang Ch'i-ch'ao and Intellectual Transition in China*.

[4]　Wang Young-tsu, *Search for Modern Nationalism*：*Zhang Binglin and Revolutionary China*，*1869 - 1936*（Hong Kong，1989）.

图式中。① 历史研究，与社会科学研究极为不同，因而，无法为未来的政治行动提供明确的指导。②

与运用普世历史发展的一般图式不同，章太炎要求使用清朝早期汉学研究中的考证方法，并将其运用于史学。当然，这样做也使他超越了汉学研究的目的。作为一个真正的偶像破坏者，他的目的并非是要将经典恢复到其原初状态，而是要将它们彻底地历史化，将其视为一种史料来源，而非一种规范性来源。此外，他超越了正统儒学，扩宽了中国文化的范围，以至于包含了一些异端思潮，例如关于周朝王官的说法。

然而，数年之后，章太炎经历了一场本质上的转向。他是首批激烈怀疑现代西方线性进步观的中国史家之一。受到唯识派佛教的影响，他以"如是"或"真如"概念为依托。"如是"指明了绝对的"现实"，超越了现象世界中的多重形式。所有的现象都被视为是虚空的，并由此没有实体、运动或演进。从这一视角出发，作为一种业力过程的历史以苦难为特色，苦难由欺骗性的冲动和苦恼所引发，应当予以克服。由此，在 1906 年章太炎最终否定了历史。③

510 以这样一种对历史本质的理解为根基，章太炎的中华民族被种族特性以及植根于其中的、特殊的、历史中成长起来的文化所定义。章太炎反对清朝，指责满族人抑制了中华民族的成长，泯灭了其历史记忆，并由此剥夺了它的活力。有时候，看起来他的革命概念无非与传统中求变的天命观相类似，比如他要求推翻清王朝并重建一个汉族王朝——明王朝。④

与早期系统地同西方历史理论和历史编纂或衔接、或拒斥的现象同时出现的，是中国学者写出来第一批现代的史学著作。由于大多数都改编自日本的出版物，这些教科书最先尝试的领域是中

---

① 章太炎，"印度人之论国粹"（1908 年），重印载《章太炎全集》，六卷本。（上海，1982—86 年），iv. 366‑367。

② 章太炎，"中国通史略例"（1902 年），重印载《章太炎全集》，iii. 328‑332。

③ Viren Murthy，'The Myriad Things Stem from Confusion: Nationalism, Ontology and Resistance in the Philosophy of Zhang Taiyan', Ph. D. dissertation, University of Chicago, 2007.

④ 王汎森，《章太炎的思想及其对儒学传统的冲击》（台北，1985）。

国通史,它们采取一种全新的风格,在结构上以典型的西方三段分期法为模型而写成。柳诒徵的《历代史略》(1902 年)就是那珂通世的《中国通史》(1899 年)的一部改编本,与夏曾佑的《中学中国历史教科书》(1906—1907 年)①一起,都是在新式学堂和中国现代大学(在 1898 年维新运动的觉醒中得以建立)的历史系中被广泛采用的教科书。

在第一次世界大战以及随后的日子里,国内和国际上的学术与政治发展激发了国人在概念和历史编纂实践上的变革,步入了新的阶段。随着新史料的发现,中国的新文化运动(大约从 1915 年开始一直延续到 1922/1923 年),对西方新观念的日渐接受,作为第一次世界大战的后果,中国人在一定程度上对西方不再心存幻想,加之 1920 年代革命运动觉醒中的社会问题变得越发重要,这些因素都深刻改变了历史编纂的面貌。

自 19 世纪后期以来,许多新型文字和物质史料被发现,并由此为研究开辟了全新的道路。在 1920 年代考古学学科的建立,进一步加强了这方面的发展趋势,并导致了特别是在中国古代史领域的影响深远的重新阐释。② 新的文字史料包括:追溯到商代的甲骨卜辞(公元前 18—前 11 世纪),大部分来自汉朝的竹简,敦煌经卷,以及明清之际的大内档案,同时还有之前未能引起注意的用北方和中亚民族语言写就的许多史料。这些新材料使得中国史家得以着手研究一些重要的问题,例如殷商时代诸王准确地编年(这一问题由享有盛誉的王国维依据甲骨卜辞得以破解),③或者是傅斯年对殷都地理迁移的重构。④

511

---

① 夏曾佑的《中学中国历史教科书》后来以《中国古代史》之名出版(上海,1933 年)。

② Philip L. Kohl, 'Nationalism and Archaeology: On the Constructions of Nations and the Reconstructions of the Remote Past', *Annual Review of Anthropology*, 27(1998),223 - 246.

③ Joey Bonner, *Wang Kuo-wei: An Intellectual Biography* (Cambridge, Mass., 1986),177 - 190.

④ 傅斯年,《夷夏东西说》外篇 I,《庆祝蔡元培先生六十五岁论文集》,(1935),1093 - 1134. 关于傅斯年,参见 *Fu Ssu-nien: A Life in Chinese History and Politics*(Cambridge, 2000); Schneider, *Wahrheit und Geschichte*。

　　受到前一代像章太炎这样的具有批判精神的历史学家的激励，以及五四运动中破除偶像观念的感召，青年一代的历史学家们，依照那时他们对中国历史的理解，以一种前所未有的气势发起了对中国历史的质疑。这场在顾颉刚的领导下，不久就以疑古学派之名而著称于世的运动，解构了作为一种虚构的继承而来的中国古史观。[①] 顾颉刚发展了他的层累形成的古史理论，宣称后来的历史编纂者伪造了文献，提出历史是通过一层又一层地作伪而得以堆积而成的。后来的历史编纂者为了服务于他们主人的政治需要，会添加上新的、看上去较先前的虚构更为古老的版本，由此导致了中国人的历史不断向更为遥远的过去延伸。通过解构这类作伪，疑古学派继续了他们先辈的工作，破除了曾经被奉为高度标准化的黄金时代的神话，而这个神话两千年来被视为是儒家政治和社会理想的历史参照点。

　　尽管顾颉刚随后也遭到了批评，认为他草率使用史料以及为了建构理论而在很大程度上依据猜测，但是，很快顾颉刚就超越了对史料的文本批判。他通过将其理论与涉及的社会团体的政治利益相关联，进一步发展了他的理论，提出正是那些官方学者捍卫了他们以及朝廷的利益。与这种反精英主义的史观一脉相承的是，顾颉刚也成为了民间文化的人种学研究的奠基人之一（例如，收集百姓的歌谣）。他的中华民族是植根于历史中的，正像他的许多先辈所做的那样；然而，那也是一种极为不同的历史，因为顾在很大程度上提及了大众以及一再征服中国的野蛮部落的积极贡献，它们都为其历史做出了重要的贡献。尽管不是一个共产主义者，然而顾是同情左翼历史学家的，并在 1949 年共产党接管政权后依然留在了大陆。[②]

　　作为先前在五四运动中为破除旧习而并肩战斗的战友，胡适和

---

① 　Lawrence A. Schneider, *Ku Chieh-kang and China's New History：Nationalism and the Quest for Alternative Traditions*（Berkeley, 1971）；关于这些文章，参见顾颉刚，《古史辨》，七卷本（上海，1926 - 1940 年）。

② 　Ursula Richter, *Zweifel am Altertum：Gu Jiegang und die Diskussion über Chinas alte Geschichte als Konsequenz der 'Neuen Kulturbewegung'* ca. 1915 - 1923（Frankfurt, 1992）。

他的学生傅斯年后来与顾颉刚分道扬镳了，两人都极为强调史学研究中精确的科学方法，要求历史学家应当与政治保持距离，进而捍卫历史学的独立性和客观性。胡适的整理国故运动发起了一次借助现代科学方法对中国过去的重估。① 作为约翰·杜威的门生，胡适采用了这种师承而来的方法，研究事情是如何在历史上发生的。相较杜威实用主义中的其他宗旨，他更青睐于实验的方法，例如对真实诉求的相对性和历史性的强调。胡适将现代史学研究中的方法论与清代早期的考证学联系起来，坚持认为历史学家应当大胆地提出假设，然后再小心地求证。他自己也运用这种师承来的方法来研究中国哲学，排除了很多缺乏可靠证据的、曾被视为是早期中国哲学精华的要素。②

　　身为胡适的门生，后来成长为一位极具影响力的历史学家和学术管理者的傅斯年传播了一种史学研究的路径，即著名的史料派。这一学派在1949年之前的大陆占据中国历史编纂学的主导地位，并在1970年代早期之前主导了台湾学界。傅受到了实证主义的影响，并依据一种历史理论，将研究限定于对史料的收集和定量分析上。③ 他反对任何形式的哲学推理或阐释性的结论，坚持纯粹关注于史料的研究路径。受一些西方学者的影响，例如兰克或特赖奇克的德国史学，④巴克尔研究历史的地理气候路径，以及清代早期的考证学，傅要求历史学家让材料自己说话，这一点后来为他赢得了中国的兰克的声誉。⑤ 傅斯年继承章太炎的观念，强烈反对学

---

① 胡适，《研究国故的方法》，《东方杂志》，18：16(1921)；以及胡适，《整理国故与"打鬼"》，《现代评论》，119(1927)，13—15。

② 胡适，《中国哲学史大纲》(上海，1919年)。

③ 傅斯年，《性命古训辨证》(1940年)，重印于《傅斯年全集》，ii. 491—736。

④ 傅斯年，《历史语言研究所工作之旨趣》，载《中央研究院历史语言研究所集刊》，1：1(1928)；以及傅斯年，《"史料与史学"发刊词》(1945)，载《傅斯年全集》，iv. 1402—1404。

⑤ 关于西方历史理论的接受，特别重要的两本书是：Ernst Bernheim, *Lehrbuch der historischen Methode und der Geschichtsphilosophie* (Leipzig, 1908)；Charles Victor Langlois and Charles Seignobos, *Introduction aux études historiques* (Paris, 1898)。关于巴克尔的影响，参见李孝迁，《西方史学在中国的传播，1882—1949》(上海，2007年)，第二章。

术和政治间的任何关联。

对傅斯年而言，正像对胡适那样，客观的科学和民主代表了那个时代正确的价值观和潮流。只有采用这两者，中国才有希望实现现代化，并成为民族大家庭中平等的一员。然而，傅斯年和胡都是强烈的民族主义者，这一点可以在傅斯年反复参与民族主义政治而看到，尽管他呼吁一种客观性。全新的理念与传统的史家的中心性，这两者间自身的紧张对峙，也体现在日本人侵略满洲的事例上。为了驳斥日本人所宣称的对满洲的合法统治，作为民族主义者的傅斯年极为仓促地编订了一部满洲史，其中他致力于证明这一地区数世纪以来都是中华帝国的一部分。[①] 然而，很快他就受到了攻击，因为他依赖了有谬误的史料，并依据单薄的证据而跳跃到结论。[②] 他曾因他的民族主义感受而被带入歧途。这项计划不得不过早地被终结，并且傅斯年再也没有冒险涉足更大的历史编纂计划。

1920—1930 年代，傅斯年在史学研究的进一步制度化和专业化上也发挥了重要的作用。1928 年，他成为中央研究院历史语言研究所的创始所长。这个研究所是一所国立的研究机构，依法国和德国的范本为榜样。在这个职位上，他监督了对安阳附近的殷都开天辟地的发掘活动，以证明商代的历史性，同时也发起了许多其他的考古和历史项目。

1920 年代，有许多种学术期刊创刊。此外，在业已存在的历史系之外，中国历史和文化的研究机构也在许多大学中建立起来，如北京大学、清华大学和中山大学。接受现代训练的历史学家从日本、美国、德国、法国和英国回到中国，人数日见增多。研究论文和研究生的产出也在 1930 年代达到了一个引人注目的比重。

然而，这一发展并没有导致一种统一的历史编纂领域的出现。伴随着五四运动的觉醒，以及一战期间和一战之后在中国人中日渐增长的对西方势力的幻灭感，一种"保守"的和左翼倾向的历史

---

① 傅斯年，《东北史纲》（北京，1932 年）。

② 缪凤林，《评傅斯年君东北史纲卷首》，《中央大学文艺丛刊》，1:2(1934)，131—163。

编纂趋势获得了发展,并影响了 1920 年代后的历史书写。

从 1922 年到 1940 年代早期,诸多历史学家开始书写中国史,他们依据中国传统文化的多重面向来划定中华民族的中心所在。1926 年,柳诒徵发表了《中国文化史》连载中的第一部分;1940 年,在陈寅恪关于隋唐史著述的出版之后①,钱穆出版了他的《国史大纲》。在谈及中国传统文化的面向时,这三本著述所采取的方式极为不同。柳诒徵扩宽了儒家文化视野,包括了其他的面向,并使之成为中国人民而非只是少数圣贤创造性的产物;钱穆在很大程度上依据正统的儒学来为中华民族划定疆界;而陈寅恪则将三纲五常的儒家社会伦理与对中华民族精神的辨识相联系。

从试图保存甚至是复原过往的社会政治秩序的角度看,这三人都不能被称为是保守派。三人都意识到了中国业已发生了变化,并致力于用一种不同于主流现代化者的术语来定义中华民族,而那些主流的现代化者首要关注的是政治(现代民族国家,有时也被称为民主的民族国家)和领土(例如清朝的疆域)的面向。三人都强调作为一种现代的中华民族认同的根基,中国的历史和文化具有独特性,并随后发展了一种历史研究中的阐释学方法,在某些方面,与 19 世纪晚期欧洲的历史主义在理论和方法上产生共鸣。②这些历史学家设想了一种共享的人类本性(柳诒徵),或是对移情式理解和共享的既存经验的需要(陈寅恪),试图拯救这些备受珍视的中华传统文化的要素,并将它们整合进当下和未来的中华民族的视野中。

在这批历史学家之中的某些人最早对现代西方的进步主义线性史观提出了根本性的批判,他们既渴望保护某些传统文化的要素,又感受到它们正在遭受被历史进步行程破坏的危险。早在 20世纪初,章太炎就以唯识派佛教的信条为依据,表达了一种对线性

514

---

① 陈寅恪,《隋唐制度渊源略论稿》(地点不详,1942 年),以及陈寅恪,《唐代政治史述论稿》(n. p. , 1943)。

② 关于陈在方法论上的论述参见他的《冯友兰中国哲学史上册审查报告》(1930年),载《陈寅恪先生文集》,5 卷本(台北,1982 年),ii. 247—249,250—252。关于钱穆,参见他的《国史大纲》(长沙,1940 年)。关于柳诒徵,参见他的《国史要义》(上海,1948 年)。

历史的深入批判,揭露其为一种错觉。历史学家鲜有能够表示赞同的。1920年代,受到新康德主义和佛教影响的梁启超否定了他自己早期的观点,宣扬一种否定决定论的史观,并且,将进步限定为诸民族在一个自由和平等的世界之中的发展。在人类活动的所有其他领域,他对进步和因果性表示怀疑,反而强调自由意志。[①]然而,他依然是一位民族主义者,坚决地致力于建构一个强大且现代的民族国家,有其特殊的中国文化。

就像梁启超一样,柳诒徵也对进步主义做出了批判。梁启超将历史重新形构为特定文化和民族的一种非进步的、非线性的历史,而柳诒徵更进一步,追溯到传统的儒家文献以及《易经》,不仅质疑了将历史视为一个线性、进步的进程的现代西方观念,甚至摧毁了它的本质,亦即历史是一种非人性的进程,人类的命运由其来决定,或者至少是被其限定。他取消了将历史视为集体单数的现代历史观念(亦即,大写的 History),代之以前现代的历史概念,亦即历史是一种道德性的宇宙秩序的展开。在现实的人类社会中,这一秩序的实现属于历史学家也要在其中做出自己贡献的任务,在此过程中,历史学家需要自我教育提升,并且恰当地记录历史。[②]柳是一个在根本上反对现代史观的极少见的,而且边缘性的例子;然而,他的著作却影响了后来的中国人关于西方历史哲学的研究,特别是关于黑格尔的历史哲学的研究。

马克思主义者代表了那一时期的历史观和历史编纂的第三种趋势。在新文化运动中,马克思主义史观在中国被接受,但在那时却并没有对政治行动产生相关的影响。只是在1920年代,伴随第一次国共合作的觉醒以及北伐中革命的加速,马克思主义史观才开始获得了更多的政治关联性。当探讨正确革命道路的问题变得

---

① 梁启超,《中国历史研究法补编》,载《饮冰室专集》,10卷本(台北,1972年),i.
　1—176。

② 参见柳诒徵,《国史要义》(上海,1948)。对柳的历史编纂学的分析,参见 Axel
　Schneider, 'Nation, History and Ethics: The Choices of Post-Imperial Chinese
　Historiography', in Brian Moloughney and Peter Zarrow (eds.), *Transforming
　History: The Making of a Modern Academic Discipline in Twentieth-Century
　China* (Hong Kong, forthcoming).

越发紧迫时,作为历史分析范畴的社会和大众,也获得了一种全新的紧迫感。①

　　起初,马克思主义史观的五阶段论(每个阶段皆以一种不同的生产方式为特色)被相当僵硬地采纳,并应用于中国史的解释。马克思主义史学家试图将中国历史安排进由历史唯物主义所表达的普世图式中,这一图式规定,历史由生产力的发展所驱动,并以一种走向下一种生产方式的因果的、线性的进步为特色。这一观点赋予了中国的马克思主义者以权力,因为它提供了一种对历史的全面理解(囊括经济、社会、政治和意识形态),这种解释看上去能够允许他们辨识出当下发展阶段中的革命潜能,并预测未来。由此,以他们所解释的历史理论为手段,马克思主义史学家带着一种明确地为政治服务的目的而展开工作。

　　这种观点在中国的具体应用,发生于 1920 年代中期开始的中国社会史论战中。领导马克思主义解释的是郭沫若,他致力于古代中国史研究,目的在于辨识出远古时代中国所经历的历史发展的准确阶段。在他的《中国古代社会研究》(1930 年)中,他力图证明商朝和周朝早期的社会曾是一个奴隶主的社会,并且紧随其后的周朝后期是封建主义的社会。后来被人批评误读史料,他不得不修正这种解释,把中国封建社会的开始放在汉代早期。乍看起来,这是一个非常细小的更改,但是因为它们关系到当下中国社会的性质的持续论战,这些解释性的细节就很重要了。当时,斯大林坚持中国依然处在封建社会阶段,并由此首先要经历一个统一战线政策的阶段,由此来对抗帝国主义。托洛茨基则提出,中国是一个已经进入资本主义阶段的社会,并需要一种推翻资产阶级的社会主义革命。

　　在对中国历史的理解中,不那么具有决定性,但同样受到马克思主义观念和范畴影响的,是一些与左翼民族主义相关联的历史学家。陶希圣在他的《中国社会之史的分析》(1929 年)一书中,和另外一些人一起,在对中国史的理解上更具弹性,并将中国历史视

516

---

① Arif Dirlik, *Revolution and History: the Origins of Marxist Historiography in China, 1919 - 1937* (Berkeley, 1978).

为是对马克思主义正统的历史五阶段论的偏离。他们并没有提出一个僵硬的、以阶级为基础的分析，而是将中国社会的过去和当下视为不同生产方式的混合，并以不同社会力量的复杂联盟为特色。他们将中国社会解读为贸易资本、土地拥有者和官方学者的结合体，这一结合体与帝国主义形成了联盟。从马克思主义的观点出发，他们深信正是这一古怪的联盟应当成为民族主义革命的靶子。[①]

正统的马克思主义者和这些左翼历史学家的不同，同样表现在他们各自对理论的作用和历史学家的看法上。郭沫若代表了一种相当具有决定论色彩的历史发展模式，并且他分配给历史学家的主要任务是通过他的预见能力来引发社会变革，这种预见能力以正确的理论和对过去的研究为基础。相反，陶希圣坚持的一种立场是：将马克思主义理论视为一种解释上和方法上的启发源头，他并不那么希望让中国特殊的过去臣服于抽象的模型，在他看来，那个模型也是不适用的。

所谓马克思主义的中国化问题，也就是，它对中国特定的历史、社会和政治条件的适应。不久之后，这一问题成为了毛泽东关注的中心，他不仅有意要将自己树立为中国共产主义革命的领袖，也想要挫败苏联在理论领导和政治主导上的诉求。范文澜极具影响力的《中国近代史》（权威版本是1949年版，但大部分内容是在1940年代早期写成的）就是这种中国化过程的一部分。这种中国化的过程由理论上的担忧所驱动，这种担忧就是马克思主义的普遍理论如何与中国的现实相结合的问题。[②]

随着1949年中国革命的成功，历史学的面貌再次发生了根本性变化。大多数自由派和实证主义历史学的头脑们离开了大陆，要么去了美国，要么去了台湾。直到几十年后，他们在大陆的同行才受到了新近的西方史学研究的直接影响。马克思主义历史学家继续就普遍性的马克思主义理论同特殊性的中国历史之间的关系

---

① 陶希圣，《中国社会与中国革命》（上海，1931）。

② Li Huaiyin，'Between Tradition and Revolution：Fan Wenlan and the Origins of the Marxist Historiography of Modern China'，*Modern China*，36：3（2010），269 - 301.

展开论证,在大部分时间里,他们被直接卷入政治斗争。文化上更趋保守的历史学家,与民族主义者的左翼相联系的左派历史学家,他们的阵营被打散了。某些留在大陆的历史学家命运坎坷,也有人或早或晚地离开了,去了香港、台湾,或是西方。[①]

大事年表/关键日期

中国

1839—1842 年	鸦片战争
1895 年	第一次中日战争(甲午中日战争)
1898 年	百日维新
1900 年	义和团运动
1905 年	革命的同盟会建立　民族主义者的先锋
1911 年	1911 年革命
1919 年	五四运动
1921 年	中国共产党成立
1924—1927 年	第一次国共合作
1927/1928 年	北伐
1931 年	九一八事变
1937—1945 年	第二次中日战争(抗日战争)

日本

1868 年	明治维新
1881—1884 年	自由民权运动
1889 年	明治宪法的颁布
1904—1905 年	日俄战争
1910 年	吞并朝鲜
1912 年	大正时代开始
1922 年	日本共产党建立(并随即被宣布为非法)

518

---

① 参见 Susanne Weigelin-Schwiedrzik, 'Chinese Historical Writing Since 1949', in Axel Schneider and Daniel Woolf (eds.), *The Oxford History of Historical Writing*, vol. 5：*Historical Writing Since 1945*(Oxford, 2011),615 - 636。

1925 年	成人普选
1925 年	《治安维持法》
1926 年	昭和时代开始
1932 年	"满洲国"建立

主要历史文献

陈寅恪，《冯友兰中国哲学史上册审查报告》(1930)，载《陈寅恪先生文集》，5 卷本（台北，1982 年），ii. 247—299，250—225。

范文澜，《中国近代史》（上海，1949）。

傅斯年，《历史语言研究所工作之旨趣》，载《中央研究院历史语言研究所集刊》，1：1(1928)，重印载《傅斯年全集》，卷四（台北，1980），263—266。

郭沫若，《中国古代社会研究》（上海，1930）。

胡适，《整理国故与"打鬼"》，《现代评论》，5：119(1927)，13—15。

Ienaga Saburō, *Nihon no kindai shigaku* (Tokyo，1957).

Iwai Tadakuma, 'Nihon kindai shigaku no keisei', in *Iwanami Kōza: Nihon rekishi*, vol. 22(Tokyo，1963).

Kokutai no Hongi: Cardinal Principles of the National Entity of Japan, ed. Robert K. Hall, trans. John Owen Gauntlett(Tokyo，1974).

梁启超，《新史学》，《新民丛报》，1，3，11，14，16，20(1902).

——《中国历史研究法补编》(1926/7)，《饮冰室专集》，卷一（台北，1972），1—176。

柳诒徵，《中国文化史》，《学衡》，49—54，56，58，61，63—64，67，70，72，75(1926—1931)。

——《国史要义》（上海，1948）。

Mikami Sanji, *Meiji jidai no rekishi gakkai* (Tokyo，1992).

Noro Eitarō, *Nihon shihonshugi hattatsushi* (Tokyo，1930).

Ōkubo Toshiaki, *Nihon kindai shigaku no seiritsu* (Tokyo，1988).

Ōuchi Hyoei and Tsuchiya Takao, *Meiji zenki zaisei keizai shiryō shūsei* (Tokyo 1931‒1936).

Ozawa Eiichi, *Kindai nihon shigaku no kenkyu：Meiji hen*（Tokyo，1968）.

钱穆,《国史大纲》(长沙,1940年)。

Shigakkai(ed.), *Honpō shigakushi ronsō*,2 vols.（Tokyo，1939）.

Tanaka Akira and Miyachi Masato(eds.), *Rekishi ninshiki*（Tokyo，1991）.

Tokyo teikoku daigaku gojūnenshi（Tokyo，1932）.

Tōyama Shigeki，*Meiji ishin*（1951；Tokyo，1991）.

参考书目

Blussé, Leonard, 'Japanese Historiography and European Sources', in P. C. Emmer and H. L. Wesseling（eds.）, *Reappraisals in Overseas History*（Leiden，1979），193 - 222.

Brownlee, John, *Japanese Historians and the National Myths, 1600 - 1945*（Vancouver，1997）.

Chevrier, Yves, 'La servante-maitresse：condition de la référence à l'histoire dans l'espace intellectuel chinois', *Extrême-Orient, extrême-occident*（1987），117 - 144.

Conrad, Sebastian, *The Quest for the Lost Nation：Writing History in Germany and Japan in the American Century*, trans. Alan Nothnagle（Berkeley，2010）.

Dirlik, Arif, *Revolution and History：The Origins of Marxist Historiography in China，1919 - 1937*（Berkeley，1978）.

Harootunian, Harry, *Overcome by Modernity：History, Culture and Community in Interwar Japan*（Princeton，2000）.

Hill, Christopher L., *National History and the World of Nations*（Durham, NC，2008）.

Huang, Chun-Chieh, 'The Defi ning Character of Chinese Historical Thinking', *History and Theory*,46（2007），180 - 188.

Keirstead, Thomas, 'Inventing Medieval Japan：The History and Politics of National Identity', *The Medieval History Journal*,1：1

(1998),47-71.

Mehl, Margaret, *History and the State in Nineteenth-Century Japan*(New York, 1998).

Numata Jiro, 'Shigeno Yasutsugu and the Modern Tokyo Tradition', in W. G. Beasley and E. G. Pulleyblank (eds.), *Historians of China and Japan*(Oxford, 1961),264-287.

Sato, Masayuki, 'The Archetype of History in the Confucian Ecumene', *History and Theory*,46(2007),218-232.

Schneider, Axel, *Wahrheit und Geschichte: Zwei chinesische Historiker auf der Suche nach einer modernen Identität für China*(Wiesbaden, 1997).

Schneider, Lawrence A., *Ku Chieh-kang and China's New History: Nationalism and the Quest for Alternative Traditions*(Berkeley, 1971).

Schwartz, Benjamin I., 'History in Chinese Culture: Some Comparative Refl ections', *History and Theory*,35:4(1996),23-33.

Tanaka, Stefan, *New Times in Modern Japan*(Princeton, 2004).

Tang, Xiaobing, *Global Space and the Nationalist Discourse of Modernity: The Historical Thinking of Liang Qichao*(Stanford, 1996).

Wang, Fan-sen, *Fu Ssu-nien: A Life in Chinese History and Politics*(Cambridge, 2000).

Wang, Q. Edward, *Inventing China through History: The May Fourth Approach to Historiography*(Albany, 2001).

Young, John, *The Location of Yamatai: A Case Study in Japanese Historiography*(Baltimore, 1958).

孙 琇 译

第二十五章　学术型史学写作在
印度的诞生

迪佩什·查卡拉巴提

"印度人"史学的殖民地和民间起源

印度现代史学写作的起源与这样一群作者密切相关：他们既有欧洲人也有印度人，在殖民统治的开端伊始，他们就将不同的流派混合在了一起。然而，直到20世纪初期，学术型的史学家才开始让他自己初露锋芒，挑战了业余史学家的统治地位。印度学术型和通俗型史学间的关系，可以说既密切相关又充满张力。

早期东印度公司的官员记录下了印度某些特殊区域的历史，往往是出于一种好奇心和追求良政的混合考虑。他们的写作经常要依靠业已存在的各种类型的关于过去的叙述，并将其吸收进他们自己的叙事之中。以传说中的印多尔女王（Queen of Indore）阿哈莉亚·巴伊（Ahalya Bai）为例，约翰·马尔科姆（John Malcolm）曾在《中印度的回忆》（*Memoirs of Central India*，1823）第一卷中对她花费了三十八页的篇幅。马尔科姆发现，在现代历史编纂学中，正如众所周知的农民一般，这位女王更多的时候是被记忆的，而非是被记录的。[①] 这一事实使得马尔科姆成为现代印度史学中最早

---

① 我的论述如果成立，那么需要说明的是，即使是在印度内部，许多不同的文献编制传统都占据统治地位。例如穆斯林统治者就经常编制完备的档案。阿哈莉亚·巴伊也被编制了档案，但是马尔科姆好像并没有发现相关的档案。

使用一类专门史料的学者之一，这里所谓专门史料指的是，他确切知道这是一些"传奇"、"逸闻"，是"口述"材料，或说得更好听一点，是"记忆"。[①] 与之类似，詹姆士·格兰特·达夫（John Grant Duff）的《马拉地人史》（*History of the Marathas*，1826）也在很大程度上依据了阿卜杜·侯赛因·卡泽（Abdool Hoosain Qazee）所提供的信息，他是一位可敬且明达的长者，如今是比贾布尔（Beejapore）最受尊重的人。达夫写道："他熟谙掌故。在高耸的拱顶和坍塌的宫殿中，与这位奇妙之境最后的居民面对面谈话，可以令人浮想联翩。"[②] 相似的评论也出现在詹姆斯·托德（James Tod）的代表作《拉贾斯坦邦的年鉴与古迹》（*Annals and Antiquities of Rajasthan*，1884）中，在这本书中，关于欧洲中世纪史的知识以及拉其普特（Rajput）部族游吟诗人的诗歌和民谣，被他同样地借用。[③]

这些早期殖民地的官员型历史学家的写作以及 19 世纪许多英国执政者在学术上探究这一国家过去的广泛兴趣，导致诸多印度人开始写作或汇编关于一些区域或地方的历史，或者至少是为此提供资助。著名的《维尔·维诺德》（*Vir Vinod*，1886）（一部关于拉贾斯坦邦梅瓦尔王朝史的汇编）一书的作者卡维瑞·施雅马尔达斯（Kaviraj Shyamaldas），也在托德的《年鉴》中获得了灵感。他在 20 世纪的后继者——史学家戈里尚卡尔·希拉钦得·欧嘉（Gaurishanker Hirachand Ojha）也是如此。[④] 格兰特·达夫所运用

---

① Major-General Sir John Malcolm，GCB，KLS，*A Memoir of Central India Including Malwa，and Adjoining Provinces，with the History and Copious Illustrations of the Past and Present Condition of That Country*，2 vols. (1823；3rd edn，London，1832)，i. 183 n.，192 - 193.

② James Grant Duff，*History of the Marathas*，3 vols. (1826；Bombay，1878)，i. 82 - 84 n.

③ 参见 Sukumar Bhattacharya，'James Tod'，in S. P. Sen(ed.)，*Historians and Historiography in Modern India*(Calcutta，1973)，416 - 423。

④ G. N. Sharma，'Kaviraj Shaymaldas'，in Sen (ed.)，*Historians and Historiography in Modern India*，281 - 290；and M. S. Jain，'Gaurishanker Hirachand Ojha'，ibid. ，291 - 304.

的英国人到来前的马拉地年鉴（*bakhars*）到今天依然是历史学家研究马拉地历史的参考文献之一。① 孟加拉古物学家拉真达拉·米特拉（Rajendralal Mitra）在他的整个职业生涯中都在与殖民地官员型的学者展开对话。旁遮普省的西塔·拉姆·科莉（Sita Ram Kohli）将他获得的灵感归功于在英国杰出历史学家拉姆齐·缪尔（Ramsay Muir）的带领下在 1913—1914 年间对拉哈尔展开的一次访问。② 1906 年，官员型学者爱德华·加蒂（Edward Gati）出版的《阿萨姆邦史》（*History of Assam*）对年轻一代的阿萨姆历史学家们的学术研究和想象力都发挥了巨大的影响。③ 这样的例子不胜枚举。

　　然而，在 20 世纪，民主主义分裂了英国和印度的历史学家，他们各自沿着可想而知的两条道路发展。艾瑞克·斯托克斯（Eric Stockes）曾经写道，即使是 19 世纪印度最出色的英国官员的学者也都具有两个目标：第一是"质疑关于印度史的辉格派解读，这一解读认为英国统治的奠基者们被贪婪、欺诈和无辜者的鲜血所玷污"；第二是"表明英国的统治是长期发挥作用的力量的结果，是欧洲和大不列颠历史不可分割的一部分"。④ 这"继续成为了之后官员历史学家文森特·史密斯（Vincent Smith）和档案研究者福斯特（Foster）、福里斯特（Forrest）、希尔（Hill）、洛维特（Lovett），亦即参与撰写 20 世纪《剑桥印度史》（*Cambridge History of India*）的同

---

① 参见 Sumit Guha, 'Speaking Historically: The Changing Voices of Historical Narration in Western India', *American Historical Review*, 109：4(2004), 1084 - 1103。

② Fauja Siingh, 'Sita Ram Kohli', in Sen(ed.), *Historians and Historiography in Modern India*, 250 - 264. 关于 Rajendralal Mitra 参见 Kalyan Kumar Dasgupta, *Indian Historiography and Rajendralal Mitra*(Calcutta, 1976), 特别是第 2 章。

③ Arupjyoti Saikia, 'History, Buranjis, and Nation: Suryya Kumar Bhuyan's Histories in Twentieth-Century Assam', *Indian Economic and Social History Review*, 45：4(2008), 473 - 507.

④ E. T. Stokes, 'The Administrators and Historical Writing in India', in C. H. Philips(ed.), *Historians of India, Pakistan and Ceylon*(London, 1961), 403。

522 事们的主流思想。"①由此，出版于 1930 年代的亨利·多德维尔
（Henry Dodwell）的《剑桥印度史》第四卷前言，可以将 1857 年大起
义——这次起义业已开始被印度人看作是他们的"第一次独立战
争"——只是视为印度对英国统治所带来的"乐善好施的变迁"的
第一次［忘恩负义的］回应。"归根到底，这次运动是婆罗门对反抗
的一种影响，这种影响可以让这个国家的心态、道德和社会状况都
发生革命，而且是自由施加的。"②与之类似，弗尼·洛维特爵士（Sir
Verney Lovett）的畅销书《印度民族主义运动史》（*A History of the
Indian Nationalist Movement*，1920）如此驳斥了甘地的不合作运
动："这场运动由这么一群人所引导，他们熟谙如何利用大众可怜
但又不加批判的轻信，可以轻而易举地激起受过教育的阶层中年
轻人的激情……他们的目标是为了推翻最近由法律所建立的，在
中央和地方上的英国人与印度人联合（British-cum-India）的政府和
议会。"③

事实上，斯托克斯将这种围绕民族主义做出的区分视为某种不
可避免的事："当整个情势都在反对［英国历史学家］显而易见的偏
见时，并且民族上的先入为主之见业已出现，这也表明：在这一国
家，除了民族上的傲慢与偏见外并无其他的更为充分的选择能够
让人对印度史的活跃兴趣保持生命。"④斯皮尔（T. G. P. Spear）和
巴沙姆（A. L. Basham）在他们讨论现代印度史学的作品中也做出
了类似的评论。⑤ 巴沙姆援引文森特·史密斯的案例，他曾在

① Stokes，'The Administrators and Historical Writing in India'.

② H. H. Dodwell(ed.)，*Cambridge History of India*，*vol*. 6：*The Indian Empire*，
1858 - 1918（1932；Delhi，1964），pp. v - vi.

③ Sir Verney Lovett，*A History of the Indian Nationalist Movement*（1920；London，
1968）；preface to the 3rd edn 第三版前言（1921），没有页码标注.

④ Stokes，'The Administrators and Historical Writing in India'，403.

⑤ A. L. Basham，'Modern Historians of Ancient India'，in C. H. Philips（ed.)，
Historians of India，*Pakistan and Ceylon*（London，1961），260 - 293；and T. G.
P. Spear，'British Historical Writing in the Era of the Nationalist Movement'，
ibid.，404 - 415.

1869 年到 1900 年间效力于印度内政部，他的书《印度早期史》（*Early History of India*，1904 年首版，1908 年和 1914 年，第二三次修订版，在他死后，1924 年，第四次修订版）、《印度和锡兰的美术史》（*History of Fine Art in India and Ceylon*，1911）以及《牛津印度史》（*Oxford History of India*，1919）都是关于印度的流行文本。史密斯赞许客观性的价值，但他在这个问题上也仍然有一种"令人惋惜的失败"，因为他有一种不变的信仰，即印度内生的走向混乱的趋势只有通过一种专制的力量，例如英帝国的力量，才能得以节制。[①] 在同一文献中，巴沙姆还提到党派史学，即民族主义者为印度具有民主自治的一种古老能力而申辩的论述，例如在杰斯沃（K. P. Jayaswal）取得巨大成功的《印度教的政体》（*Hindu Polity*，1918）和《150 年到公元 350 年间的印度史》（*History of India*，150 to A. D. 350，1933）中，或在穆克吉（R. K. Mukerjee）的《印度的航运和海事活动》（*Indian Shipping and Maritime Activity*，1912）、《印度的基本统一性》（*Fundamental Unity of India*，1914）、《古代印度的地方政府》（*Local Government in Ancient India*，1919），以及班纳吉（R. D. Banerji）的《笈多帝国的岁月》（*Age of the Imperial Guptas*，1933）中。[②] 党派之争同样也经常出现在 1930 年代到 1940 年代激增的多种多样的种姓制的、区域的、印度教或穆斯林的史学中。[③]

523

这种 20 世纪的历史编纂学及其错误的路线业已在多本著作和论文集中获得了充分的讨论和分析。[④] 在此，我将不再赘述这些努

① Basham，'Modern Historians of Ancient India'，268，271. 并参见 R. C. Majumdar 的文章'Nationalist Historians'，在同一卷的第 418 页，有民族主义者对史密斯的批评。

② Basham，'Modern Historians of Ancient India'，283 – 284.

③ 参见，例如：Peter Hardy，'Modern Muslim Historical Writing on Medieval Muslim India'，in Philips（ed.），*Historians of India*，*Pakistan and Ceylon*，295 – 309。

④ 参见，例如：Philips（ed.），*Historians of India*，*Pakistan and Ceylon*；S. P. Sen.（ed.），*Historians and Historiography in Modern India*（Calcutta，1973）；and A. R. Kulkarni（ed.），*History in Practice*（New Delhi，1993）。

力。我将要问另外一个问题：印度史的写作是如何获得一种学术地位，并将其自身从通俗领域中区分开来的？

最近，据说"现代印度社会经济和政治的思考与论争场所并非在大学中"，而是在一般的公共生活中，因为殖民地的大学，按照这一论述的理论来看，主要是为了"专门有助于确立西方文明的认知权威"，并被动散布西方生产的知识而创立的一种机构。据此，印度人认为，社会和社会科学由公共生活的非正式性所形塑。① 虽然这种陈述在广义上讲是真实的，但是同样需要看到的是：有一个问题，人们鲜有反思，即没有所谓的大学制度的看护，名副其实的学术主题在现代世界中是无法出现的。在印度，直到第一次世界大战之后，研究生层面的史学研究才成为一项大学中的科目。1919 年，第一所研究现代和中世纪史的研究生院创立于加尔各答大学，并且大多数本科层面的史学院系在 1920—1930 年代间也在其他大学中建立起来。在其早期阶段，这一专业朝不保夕的性质反映在如下的事实中：在印度，代表这一学科的唯一一份期刊《印度史杂志》（*Journal of Indian History*），最初在 1921—1922 年间出现在阿拉哈巴德大学（University of Allahabad），在其面世的第三个年头，因为"缺乏当局的支持"，经营陷于困顿。之后迁址到马德拉斯，由马德拉斯大学（University of Madras）的一位人类学家克里希纳斯瓦米·艾扬加博士（Dr S. Krishnaswamy Aiyangar）编辑，才得以幸存。②

在这一学科进步的道路上，还有另外两重障碍。英国的大学直到 20 世纪后半叶才开始对印度史表现出极大的兴趣。并且，直到

---

① Sabyasachi Bhattacharya, 'Introduction: New Approaches to Indian Thought in Relation to the Social Sciences in Modern India', in Sabyasachi Bhattacharya(ed.), *Development of Modern Indian Thought and the Social Sciences*, vol. 10, D. P. Chattopadhyyaya(gen. ed.), *History of Science, Philosophy and Culture in Indian Civilization*(Delhi, 2007), pp. xxvii - xxviii. 第五部分。

② 'Ourselves', *Journal of Indian History*, 4: 1 - 3(1926), 1.

那时,殖民地政府才愿意开放官方记录,以供研究印度史的印度学者使用。

民间的与"科学的"史学

在印度,对"科学史学"的崇拜开始于 1880 年代,并在 1900 年间变得更为严肃,这一时期被一种气氛所包围,这一气氛只能被描述为公众"对历史的热情"极为高涨。"对历史的热情"这种表达并非我自己的发明。诗人泰戈尔(Rabindranath Tagore)曾在一篇写于 1899 年、刊载于文学杂志《巴拉蒂》(Bharati)上的文章中使用了这一说法。来自孟加拉北部拉杰沙希(Rajshashi)(如今的孟加拉国)的阿克谢库玛尔·弥勒(Akshaykumar Maitreya,一位先锋派的业余历史学家)创办了一份名为《历史的花絮》(Oitihashik chitra [Historical Vignettes])的期刊,对这一决定,泰戈尔表示热烈欢迎。[①] 泰戈尔对其时代的描述是准确的。一大群年轻的孟加拉学者开始对过去充满兴趣,并以一种辩论的方式走入过去:阿克谢库玛尔·弥勒、迪内希钱德拉·森(Dineshchandra Sen)、拉真达拉·米特拉、拉克哈尔达斯·班迪欧帕哈亚(Rakhaldas Bandyopadhayay)、贾杜那斯·萨卡尔(Jadunath Sarkar)等等,这些人的名字可以列出很多。同样,这里还有一群"业余学者",对西印度的区域史表现出活跃的兴趣,如拉杰瓦德(V. K. Rajwade)、帕拉斯尼斯(D. B. Parasnis)、哈雷(V. V. Khare)、萨内(K. N. Sane)、班达卡尔(R. G. Bhandarkar)、萨尔德赛(G. S. Sardesai)等人。他们的工作建立在多种史料的基础之上,其中包括,从古老的文学作品到家族谱系,再到雕塑和钱币;他们彼此就研究过去的"科学"方式展开辩论;他们都是新型的历

524

---

① Tagore 引自 Prabodhchandra Sen,*Bangalir itihash shadhona*(Calcutta,1953/4),36。

史科学的信徒。① 历史应当成为一种"研究"对象,特别是对"研究"自身的认知,——这些都是一种全新的概念。② 英语单词"research",事实上在 20 世纪第一个十年中才被翻译进孟加拉语和马拉地语,并且并入到相关组织的名称中,例如 1910 年在拉杰沙希建立的瓦南得拉研究社团(Varendra Anusandhan Samiti)以及同一年在浦那(Poona)建立的印度史研究者协会(Bharat Itiahas Samshodhak Mandal)。孟加拉语中的"*anusandhan*"一词,是一种对英语词"research"做出文学化翻译的旧词新意,而在马拉地语中,"*samshodhak*",意思是"研究者"。③ 1914 年,杰斯沃与其同侪发起了比哈尔和奥里萨邦研究社团(Bihar and Orissa Research Society)——即后来的比哈尔研究社团。④ 瓦南得拉研究社团启发了阿萨姆邦一个相似的史学研究团体的创立,即创立于 1912 年的 Kamrup Anusandhan Samiti。⑤

最近的研究表明,毫无疑问的是在他们新奠定的对历史的热情中,许多 19 世纪晚期和 20 世纪早期的作家经常将文学和其他的流派结合起来,产出一种浪漫主义的且富有感情的对于印度不同

---

① 参见 Tapati Guha-Thakurta, *Monuments*, *Objects*, *Histories*(New York, 2004),第四和第五章;Prachi Deshpande, *Creative Pasts*: *Historical Memory and Identity in Western India*, *1700 – 1960*(New York, 2007);Shyamali Sur, *Itihash chintar shuchona o jatiyotabader unmesh*: *bangla 1870 – 1912*(Calcutta, 2002);Gautam Bhadra, *Jal rajar golpo*(Calcutta, 2002);and Kumkum Chatterjee, 'The King of Controversy: History and Nation-Making in Late Colonial India', *American Historical Review*, 110:5(2005),1454 – 1475。

② Arjun Appadurai 眺望了研究观念史的兴趣。

③ 关于这两个组织的历史参见 Nirmalchandra Choudhuri, *Akshaykumar Maitreya*: *jibon o shadhona*(Darjeeling, 1984?),第一章 Varendra Research Society。关于 the Poona Mandal 参见 Jadunath Sarkar 的简短评论,载于他的 *Maratha Jaitya Bikash*(Calcutta, 1936/7),44;和 Deshpande, *Creative Pasts*,117 - 119。

④ B. P. Sinha, 'Kashi Prasad Jayaswal', in Sen(ed.), *Historians and Historiography in Modern India*, 83.

⑤ Saikia, 'History, Buranjis, and Nation', 481.

群体光辉过往的记录。① 古哈(Guha)已经证明：马拉地语中被称为 Bakhars 的书写历史年代记的传统，这种叙事起源于英国统治西印度之前"关于可继承财产的司法争议"这一背景下，在叙事中混合了谱系神话、王朝盛迹与事实材料；在 19 世纪，这种传统如何被改编，并产生出关于马拉地人及其居住的区域的史学。② 赛基亚(Saikia)援引研究现代阿萨姆邦人史的老前辈叙里亚·库玛·布扬(Suryya Kumar Bhuyan)(大约是他去伦敦师从多德维尔[见下文]教授攻读印度史博士学位之前的 10 年)，在 1926 年声称，"研究 buranji[传统的阿萨姆人的宫廷年代记]的目的，应该是敦促我们将过去的光荣介绍给文明开化的世界"。③ 查特吉(Chatterjee)记录了 20 世纪早期孟加拉学者中的一派(例如马宗达[R. C. Majumdar]和拉克哈尔达斯·班迪欧帕哈亚[Rakhaldas Bandyopadhyay])与另一派(例如迪内希钱德拉·森[Dineshchandra Sen])之间的斗争，其中，前者否认知名家族的诗化的谱系可以被当作是历史写作的可靠来源，而后者则继续借助文学所激发的感情，以及关于过去的其他表征(从中体现"真正的"民族主义者与历史的联系)。④

在借由整个次大陆这种通过爆发式的文学活动来表达历史的热情中，学术型史学出现了，其风格混合着新与旧，并且在 20 世纪

---

① 参见 Guha, 'Speaking Historically'; Chatterjee, 'The King of Controversy'; Saikia, 'History, Buranjis, and Nation'; and Rosinka Chaudhuri, 'History in Poetry: Nabinchandra Sen's *Palashir Yudhha* and the Question of Truth', *Journal of Asian Studies*, 66: 4(2007), 897 - 918. Prachi Deshpande's *Creative Pasts* 和 Kumkum Chatterjee's *The Cultures of History in Early Modern India: Persianization and Mughal Culture in Bengal*(Delhi, 2009)对这一主题做出的长篇累牍的处理。

② Guha, 'Speaking Historically', 1090, 1097 - 1101.

③ Saikia, 'History, Buranjis, and Nation', 490.

④ Chatterjee, 'The King of Controversy', 1464. 同时参见我的'Romantic Archives: Literature and the Politics of Identity in Bengal', *Critical Inquiry*, 30 (2004), 654 - 83。

上半叶，在知识分子之间辩论不休。我的观点是：学术型的史学并不能将其自身完全与通俗型史学撇清，尽管两者彼此之间存在着一种永恒的张力。在这一章的结尾，我将试图通过关注孟加拉和马拉地历史学家间的通信来表明这一点。但在转向那一故事之前，我试图简要地触及某些更大的限制状况，这些条件影响了印度学术型史学的发展。

英国学术界对印度史的忽略

526   在 1900 年到 1950 年这个时段中，欧洲大陆或不列颠鲜有合适的学术型史学家从事印度史的写作。1922—1938 年间，伴随着五卷本《剑桥印度史》（计划中的第二卷未付梓）的出版，这一主题才获得了一定程度上的重视。但是，这些作品几乎都是来自老印度之手：曾在印度服务过的英国执政官，并且他们要么就是已经回国，要么就是退休以后才转为学者。① 涉及古代史部分的第一卷，在路径上并非历史学的。编辑这一卷的拉普森（E. J. Rapson）是剑桥大学梵语教授，在这一卷中很大程度上关注的是语文学问题。陆军上校沃尔斯利·黑格爵士（Lieutenant-Colonel Sir Wolseley Haig）曾筹划第四卷，但在其付梓之前他就去世了。此外，他也编辑并写作了第三卷中关于"土耳其人和阿富汗人"的二十三章中的十七章。他是一位退休的军队官员，后来在伦敦大学东方研究院中担任波斯语讲师。第五卷和第六卷的主编亨利·多德维尔教授，曾在印度教育部工作，并在退休后被任命为首位东方研究院亚洲英国统治区的历史与文化教授。真正出身于印度的两位历史学家，是第四卷里的贾杜那斯·萨卡尔爵士，以及印度史兼考古学教授、马德拉斯大学的教员克里希纳斯瓦米·艾扬加，他曾为第三卷

---

① 关于这一卷为何没能出版的历史，参见 British Library（BL），Mss. Eur. D 863/27,863/19, and 863/20A。

写了一章。①

　　西里尔·菲利浦斯爵士（Sir Cyril Philips）是 20 世纪英国学术型印度史家中的先驱，在二战后曾被提拔为伦敦大学校长。他的自传以及其他著述明确表达了这么一种感觉，即在两次世界大战之间，印度史在英国是多么的边缘化。"在英国，自 17 世纪以来剑桥和牛津就有了阿拉伯教席"，菲利浦斯在伦敦大学东方与非洲研究院简史中说道。② 梵语和中文在 19 世纪中叶以来就开始被教授，然而印度史直到 1917 年东方研究院（从 1938 年起，开始称为"东方与非洲"研究院）形成后，才在英国的大学中开始被教授。当时，"曾在印度教育部的分支机构服务过的"丹尼森·罗斯（Denison Ross）博士被任命为首位导师。③ 在那里——也可以说是在英国人中——印度史的首位教授是亨利·多德维尔，他同时也曾担任过印度马德拉斯档案馆馆长，他写过一本关于杜普雷克斯（Dupleix）和克莱武（Clive）的书，并出版了档案精选。

527

　　剑桥至少在 20 世纪早期就有了一个印度史的讲师。④ 但是，其地位以及这一主题都是边缘化的。此外，不列颠产出的印度史并不意味着就是印度人民的历史。它们无非只是英国人及其在印度作为的历史。例如，在 1913—1920 年，威廉·霍尔顿·赫顿（William Holden Hutton）就抱持了这一观点。可以说，除了对《剑桥史》中关于 18 世纪晚期的印度贡献了两章外，赫顿对这一主题的唯一一项原创性贡献，出现在印度统治者丛书中的一卷《威尔斯利侯爵》（*Marquess Wellesley*，1893）中。他后来转任剑桥三一学院教会史讲师，并出版了多卷与印度主题无关的著述。⑤

　　菲利普斯说，从 1920 年到 1930 年代，在东方研究院中工作的

---

① *Cambridge History of India*，vols. 1，3 - 6（Cambridge，1922 - 1938）.

② C. H. Philips, *The School of Oriental and African Studies*, *University of London 1917 - 1967：An Introduction*（London，n. d. ），10.

③ Ibid. ，14.

④ 牛津出身的历史学家 Tapan Raychaudhuri 告诉我，这一职位源自印度史研究。

⑤ 参见讣告，载 *The American Historical Review*，36：2（1931），460.

大多数研究型学者都是印度人，"他们只是没有被职员们当作二等公民来对待"。① 他曾提供一则深具说服力的逸闻来表明，当他曾经试图将一系列亚洲和非洲史的研讨班合并时所遇到的困难，这一系列研讨班由"伦敦历史研究会主任加尔布雷斯教授"主持，并且这个人，按照菲利普斯看来，是其中"最具影响力的人物之一"。事与愿违，与菲利普斯的提案针锋相对，这位教授据说曾这样发问："你将会带来多少学者？""大约 60 个。"菲利普斯回答。对话的剩余部分是：

> "（他们是）从哪里来的？""主要是亚洲和非洲"，我回答说。就在此时，他的面孔涨得通红，他跳起脚来喊道："你们将会淹没我们，不管怎样，我不希望任何嗜血的黑鬼出现在这里！"

菲利普斯离开了，"懊悔地接受"这样一个事实，即"关于亚洲和非洲的研讨班在那一时期，在任何程度上，都不得不依然局限于我自己的学院里"。②

后来，事实上是迟至 1950 年，菲利普斯才动员了他"在［非洲研究院］的年轻同事……加入到他的《东方历史指南》（*Companion to Oriental History*）的准备工作中来"，他期待能将这本书作为享有盛誉的皇家历史学会手册系列中的一本，这正是为了要将"亚洲史坚固地放置在史学研究的英国框架传统中"，但是他的努力"一无所成"。③ 这样一幅 1950 年代早期的图景，通过去剑桥攻读印度史博士学位的塔班·瑞肖德赫利（Tapan Raychaudhuri）的回忆进一步得到确认。④

---

①   C. H. Philips, *Beyond the Ivory Tower*: *The Autobiography of Sir Cyril Philips* (London and New York, 1995), 45.

②   Ibid. , 163.

③   Id. (ed.), *Handbook of Oriental History*(London, 1951), p. vii.

④   Tapan Raychaudhuri, *An Obscure Don*(forthcoming), typescript, 124.

殖民地政府与史料问题

20 世纪,"科学的"史学以原始档案为根基的观念变得日益流　528
行。普拉萨德(Ishwari Prasad)在阿拉哈巴德大学的博士学位论文
发表于 1936 年,附有对《剑桥史》作者——丹尼森·罗斯、沃尔斯
利·黑格、拉什布鲁克·威廉姆斯(Rushbrook Williams)——的致
谢,并在前言和标题中都表达了对"原始史料"的强调——前言为
"主要依赖原始史料",标题为"印度的卡劳纳土耳其人史(以原始
史料为基础)"。[①] 1920 年,当沙法阿特·艾哈迈德·汗(Shafaat
Ahmad Khan)接替拉什布鲁克·威廉姆斯,担任阿拉哈巴德大学
教授,以及新近组建的现代史学系领头人时,他已经获得了都柏林
大学的博士学位,他创办的致力于印度史的第一份研究型期刊《印
度史杂志》(Journal of Indian History),在 1921 年首次面世。在
其整个生涯中,艾哈迈德将"科学的"史学家的"根本任务"理解为
"对材料的收集并对其进行充满热情的考辨"。[②] 这一刊物的最初
几期包括对历史手稿研究的定期报告,这一研究由汗自己以及他
的一些同事:潘迪特·拉姆(Pandit Ram)、普拉萨德·特里帕蒂
(Prasad Tripathi)、本尼·普拉萨德(Beni Prasad)教授和格提·文
卡特·劳(Gurti Venkat Rao)一起开展。在介绍这些报告时,汗评
论了印度研究者所面临的困境:他们的主要困难并不比因为我们
民族所保有的大多数最为珍贵的收藏处于一种令人困惑和杂乱无
章的状态而更令人轻松……如果他不想激起历史档案喜怒无常的
托管人和中立的所有者的怀疑,那么他在行事上就必须谨小

---

① Ishwari Prasad, *A History of the Qaraunah Turks in India* (*Based on Original Sources*)(Allahabad, 1936), pp. v - vi.

② Shafaat Ahmad Khan 的话引自 M. M. Rahman, *Encyclopedia of Historiography* (Delhi, 2004),315 - 316. 关于汗生平中的细节同样取自这本书。

慎微。"①

　　但是，关于记录的可用性也存在许多问题，并非仅是殖民政府抵制创建某些像公共档案馆这样的机构这么简单。在 1858 年受到印度的正式指控不久，英国人形成了一种论调，即要求对其日常运作做出一种历史存档的意识。② 但是直到 1914 年，当皇家委员会（Royal Commission）关于公共记录的报告在英国发表时，开放英属印度中央和各省政府记录的问题才被提出。印度事务办公室（The India Office）希望印度政府能够担负起研究者运用其自身记录的责任。③ 1913 年，伦敦印度事务办公室负责印度一方的国务委员克鲁侯爵（the Marquess of Crewe）与马德拉斯执政官之间的通信清楚地表明，至少在考虑到印度的行政管理时，让研究者进入殖民记录储藏室的观念并未引发紧张不安。④

529

　　在 1914 年 2 月，当克鲁再次写信给印度总执政官（the Governor General of India）时，敦促他将记录向研究者开放，同时指出，伦敦的记录"在很大程度上就是在印度的这些记录的副本"，并且人们不想看到的是，在［印度］当局所采取的实践与历史研究者在印度所获取的记录之间存在出入。⑤ 加尔各答帝国档案部负责管理记录的一位官员斯科菲尔德（A. F. Scholfield）表达了强烈的反对。在一份日期注明为 1914 年 4 月 28 日，地址是其同事和上司的便条上，斯科菲尔德针对克鲁的来信说："印度事务办公室由

---

① Shafaat Ahmad Khan, 'Search for Historical Manuscripts in Indian Libraries', *Journal of Indian History*, 1：2, Serial No. 2(1922), 345 - 370.

② *Indian Historical Records Commission* (hereafter *IHRC*) *Retrospect* (Delhi, 1950), 1.

③ Ibid. , 2.

④ 印度国家档案，德里，（下文简称 NAI），帝国记录部（下文简称 IRD），Apr. 1914，会议记录（下文简称 Proc.）日期标注为 1913 年 12 月 5 日的第 53 号信函由印度事务办公室发给议会中杰出且完全值得褒奖的执政官，收藏于圣乔治要塞，马德拉斯（Fort St. George[Madras]）。

⑤ NAI, IRD, Apr. 1914, Proc. No. 53, 日期标注为 1914 年 2 月 27 日的信函由印度事务办公室发给其杰出且完全值得褒奖的议会中的印度总执政官。

692

记录所阐发的论点是华而不实的。如果伦敦的记录与加尔各答的这些记录是一样的,那么(它所面对的)'公众'也是不同的。"在他看来,对印度学者而言,他们"并不知道什么是证据,更不知道应该如何利用它"。"这是在印度,"他写道,"没有博学多才的贵族,没有教授史学的学校;历史研究,科学地运用证据,批判性的学术活动在此是很难被理解并从未有过成就。"[①]一封日期注明为 1914 年 2 月 4 日,寄给克鲁大人并由总执政官和数个省份的执政官联署的官方信函声明说,毫无疑问,将手头所有的公共[档案]交付给史学研究"在印度尚还处于初始阶段"。[②]

最终,迫于压力,印度政府决定于 1919 年在印度设立一个与任何英国人的公共记录办公室都不同的"印度历史记录委员会"(Indian Historical Records Commissions),这一机构由政府官员以及"被印度政府任命为'一般会员'的四位历史学家"共同构成。[③] 这一状况持续了几十年。1940 年前后,随着德里政府在允许印度研究者向档案托管方查询档案这个问题上态度的日渐松动,创立于 1890 年代的帝国记录部直到 1947 年独立之后,才得以并入印度国家档案馆。

在公共档案缺席的情况下,历史学家和业余历史档案收集者都转而寻找印度历史上的古老家族所拥有的各种文件,包括土邦(Princely States)所掌握的那些材料。《印度史期刊》第一卷中有一篇文章报道了"沙法阿特·艾哈迈德·汗博士用了总共七周的时间巡览了印度各邦的记录办公室"。[④] 与浦那的印度史研究者协会(Bharat Itihas Samshodhak Mandal, BISM)相关的历史学家们,拉

530

---

① AI, IRD, Apr. 1914,Proc. No. 53,由 A. F. Scholfield 标注日期为 1914 年 4 月 28 日,更多关于 Alwyn Faber Scholfield 的情况参见 IHRC Retrospect, 48 - 52。

② NAI, IRD, June 1915, Proc. No. 94, and IRD, April 1918, Proc. No. 47, Appendix.

③ 印度政府,教育部,(总)第 77 号决议,日期标注为 1919 年 3 月 21 日,作为附录 A 复制于 *Indian Historical Records Commission*, *Proceedings of the Meetings*, *vol. 1*, *First Held in Simla*, *June 1919*(Calcutta, 1920)。

④ *Journal of Indian History*, 1: 2, Serial No. 2(1922),371 - 372.

杰瓦德、帕拉斯尼斯、哈雷等人，走遍了乡村去寻找家族文件。他们收集并在他们自己的，以及 BISM 的刊物上出版了这些文件，但是他们对这些文献的编辑和编排经常是不能令人满意的。然而，哈雷还是因他对一手史料来源的搜集而获得广泛的赞誉，他自己的史书，马哈拉施特拉（Maharashtra）的伊切尔格伦吉（Ichalkaranji）邦的历史，是一种他"忘却了历史学家的条条框框而像一位诗人一般"写就的文本。[①] 帕拉斯尼斯的刊物《历史汇编》（*Itihas Sangraha*）在 1907—1916 年间出刊，他在这份刊物上重印了古老的历史档案。[②] 维斯瓦纳特·卡希纳特·拉杰瓦德（Viswanath Kashinath Rajwade）也许是印度 20 世纪早期最引人注目的历史档案收集者，他在 1898 年到 1921 年间出版了二十二卷的历史记录。[③] 当然，正像一位现代评论者所指出的，他只是有时将他史料的出处做出细致的交代，而在另一些时候则保持"完全的沉默"。"例如"，这个评论者写道，"事实上，他的第九、第十二，以及第十五到二十二卷，在导读中不置一词。"[④] 关于他收集和保存史料的方法，贾杜那斯·萨卡尔在一篇悼词中指出："在他拯救并出版这个国家历史的激情中，他对有关所有权的法律弃置不顾……通过祈求、借入甚至是偷窃（或更准确地说是从无知的乡民处骗取）而来的成捆的历史文件，用他自己的肩膀扛运，并将其存放在一个他精挑细选的秘密庇护所中。"[⑤]

但是这种保密心态并非拉杰瓦德所独有。有些历史学家主要使用一般可以在本地各邦中获取的、古老家族所收藏的史料，他们与特别利用马哈拉施特拉地区史料的历史学家之间经常存在着一

---

① A. M. Vairat, 'Vasudeo Vamanshastri Khare', in Sen (ed.), *Historians and Historiography in Modern India*, 218.

② V. G. Khobrekar, 'Dattatray Balwant Parasnis', ibid., 209.

③ G. H. Khare, 'Vishwanath Kashinath Rajwade', ibid., 201.

④ Ibid., 203.

⑤ Jadunath Sarkar, 'The Historian Rajwade', *Modern Review* (February 1927), 184.

种强烈的敌对感。蒂克卡(S. R. Tikekar)指出，浦那协会满怀妒意地看守着它的历史发现，"当某人在协会中阅读了一份关于［BISM收藏的档案］文件时，这一行为就导致在协会出版这份文件前，任何人都不能采用这份文件中的内容的结果……学人们阅读文献时做笔记也是被禁止的。"①同样引人注目的是，在相互的通信中经常出现的是：萨卡尔和萨尔德赛都会强调警惕是必须的，并且古老档案的踪迹都要向他人保密。②

学术型史学论文的诞生

业余史学家的写作是为了表彰某些身份认同，而像贾杜那斯·萨卡尔这样的历史学家则试图赋予历史一种知识形式上的尊严，这两种状态混然杂处、相互交叠，从中逐渐形成了客观的、学术型的历史学的原则。然而这一图景并非轮廓清晰的。在这方面，保存于加尔各答国家图书馆中的萨卡尔-萨尔德赛通信给了我们一个特写镜头，据此我们可以看到两条路线之间的紧张关系，最终因早期印度人在史学性质上的争议分道扬镳。毕竟，这两位学者中较为年长的一位，萨尔德赛，是一位以马拉地人的身份而骄傲的历史学家。正如他在他的英文作品《马拉地人新史》(The New History of the Marathas)最后一卷中所说："长久以来，马拉地人受到了其对手的误判……似乎他们在信誉上一无是处。"③他与萨卡尔的关系是亲密的，但却并不轻松。萨卡尔是两人中更具影响力

---

① S. R. Tikekar, *On Historiography：A Study of Methods of Historical Research and Narration of J. N. Sarkar, G. S. Sardesai and P. K. Gode* (Bombay, 1964),39.

② 印度国家图书馆(下文简称 NLI)，贾杜那斯·萨卡尔文件(下文简称 JSP)，1931年8月14日，来自萨卡尔的第168号信函，收藏于大吉岭。并参见我的'Bourgeois Categories Made Global：The Actual and Utopian Lives of Historical Documents in India', *Economic and Political Weekly*，25(2009)，69 - 75。

③ 引自：Vasant D. Rao, 'Govind Sakharam Sardesai', in Sen(ed.), *Historians of India, Pakistan and Ceylon*, 230。

的一位。他对客观性的坚持以及其个性上的显著优势,有时会压倒那位年长的朋友。然而,萨卡尔既发挥、也限制他的那种优势;萨卡尔有时也会向后撤退,但却并不在其学术原则上屈服。

今天阅读他们之间的大约 1300 封通信,萨卡尔和萨尔德赛彼此所说的话,人们可以看到在他们的争论中,关键的各种原则要点是什么。我的重点并不是要对他们二人的看法做出评断,在每一点上找出谁对谁错。不过,通过像他们这样的一些争论(在私人友谊中),人们可以看到,在印度历史写作的历史中,历史客观性的规则是如何显现出来的。

萨卡尔以反对凭门第之见来解读史料而著称于世。他经常发现业余史学家在处理史料时被各种各样的政治认同所驱动,从民族主义的自吹自擂到地方上的骄傲自大,他发现这些都与历史学家真正的职业要求相违背。由此,在 1940 年他写信给萨尔德赛,反对民族主义历史编纂的过度膨胀:"杰斯沃的写作,尽管包含了一小部分原始档案,但百分之九十九都纯粹是民族主义者的吹牛和空想,你应当谨慎稳妥地与他的理论划清界限。"[①]

这些争论中切中要害的一个绝佳案例,正是关于 17 世纪马拉地王希瓦吉(Shivaji)的历史。此人既是马拉地民族主义的英雄,也是 20 世纪早期马哈拉施特拉地区非婆罗门教(Non-Brahmin)运动中值得骄傲的偶像。在浦那的 BISM 中,业余史学家拉杰瓦德和哈雷等人,以他为骄傲,并将其称许为印度教帝国(Hindu Pad Padshashi)的缔造者,以此反对来自德里的帝国统治。他们大部分的证据都出自 18 世纪马拉地人的《年鉴》(Bakhars)、民谣和其他档案。萨卡尔自己也在 1919 年出版过一部有关这个王的传记,无

532

---

① NLI, JSP, 632 号信函,由萨卡尔写给萨尔德赛,加尔各答,1940 年 7 月 30 日。1957 年,当萨卡尔由印度总统任命,就任负责书写这个国家民族史的委员会主席一职时,他也做出了相似的评论。他说:"史学家无法压制民族性格的缺陷,但却能更高质量地加入他的描绘,两者齐心协力,有助于构建一个完全的个体。"引自:Jagadish Narayan Sarkar, 'Thoughts on Acharya Jadunath Sarkar', *Indo-Iranica*, 25:1-2(March-June 1971),13。

论是在私下还是公开的场合，他都激烈批评了他们对这样一种史料的运用。萨卡尔的批评也与如下现象所带来的问题相关联：时代错置，考辨史料不充分，对待带有偏见的、不同种类的史料不加比较和对勘，诸如此类。换言之，他提出了史料批判的原则。我们来看 1927 年他对与这个王相关的一份梵语文本 *Shivabharat* 的细致批判：

> 这个文本是令人失望的：它止步于 1661 年，并且其中很多部分无疑是想象的……我倾向于接受某些章节，因为在这些章节上，我们拥有波斯史料来作为一种平行的参照，通过与后者进行对比可以确认其准确性……1670 年后不久，这首诗歌表面上由贝拿勒斯（Benares）的一位婆罗门朝圣者写就（或口授）。从什么史料中他可以准确给出指挥战役的双方统帅的冗长列表？这些战役只要是在贾汗吉尔（Jahangir）在位以及沙·贾汗（Shah Jahan）统治早期就一直进行着……他必须通过想象或回忆某些更为晚近的战役来完成他的列表——或者这首诗在 18 世纪晚期脱胎于《坦焦尔》（*Tanjore*），当时，穆哈穆德王朝前的波斯历史都是可取的。即使是从叙事的部分看，它也不是一份当代的记录。[1]

然而，当开始写作《马拉地人新史》时，萨尔德赛也曾求助于相同的史料，在某种程度上，他也出于与拉杰瓦德、帕拉斯尼斯等人相似的动机而写作。因此，他曾希望采用这份在 1917 年被萨卡尔谴责为伪作的文本"希瓦迪格维杰"（Shivadigvijay），他说："现在，我被说服了，即希瓦迪格维杰是一份现代的伪作，但它也许是以某些古老材料为基础的。"[2] 在 1940 年归还这份文本时，萨尔德赛写信给萨卡尔：

---

① NLI，JSP，第 71 号信函，萨卡尔写给萨尔德赛，大吉岭，1927 年 10 月 3 日。

② NLI，JSP，第 14 号信函，萨卡尔写给萨尔德赛，大吉岭，1917 年 6 月 12 日。

> 你草率地否定了"希瓦迪格维杰"，以及希瓦吉写给马卢吉·葛培德（Maloji Ghorpade）的信。这些信，我在"希瓦吉纪念"（Shivaji souvenir）中业已全部翻译出来……我想要求你再仔细研读，并告诉我你为什么否定了它们……当然这部《年鉴》中有很多毫无价值的想象部分，但这却并不能阻止我们接受那些可触及的真实部分。①

533

萨卡尔的回复是毫不含糊的："依赖于任何'希瓦迪格维杰'中的观点对你而言都是一种致命的错误。这也违背了历史证据的原则。去借一本乔治的《历史证据》（Historical Evidence）来通读一下。法定的原则是'一步走错，全盘皆输'，并且这种证词是完全被否定的。"②

整个 1940 年代，随着《马拉地人新史》不同卷次纷纷面世，他们的争论依然在私下进行。面对萨卡尔对其使用史料的持续批评，萨尔德赛有时会借助一种想法，即他所写作的并非科学的史学，而是一种更为古老流派的文本，例如，*kaifiyat*，或一种辩解文（apologia），以此来逃脱困境。"我并非有目的地要将外国作家所预期的某些东西附加到希瓦吉身上，"他在 1944 年 7 月写道，"马拉地人长期受到来自外国的各方面的攻击。我的作品是一种本质上的马拉地人的辩解文。"③萨卡尔在 1945 年 12 月回信说，他并不"赞同"萨尔德赛草拟的导论中的"论调或风格"。"它太像来自某些政治野心家的现代政治舞台上的雄辩，毫无一位真正历史学家所具有的冷静公正的精神气息。"他"大量兜售"了他的告诫，并乐意反复重写。④萨尔德赛礼貌地拒绝说："我不愿让你陷于过多的

---

① NLI, JSP, 第 804 号信函, 萨尔德赛写给萨卡尔, 大吉岭, 1944 年 6 月 13 日。
② NLI, JSP, 第 807 号信函, 萨卡尔写给萨尔德赛, 加尔各答, 1944 年 7 月 4 日; 并参见 JSP, 第 938 号信函, 萨卡尔写给萨尔德赛, 加尔各答, 1947 年 8 月 19 日。
③ NLI, JSP, 第 809 号信函, 萨尔德赛写给萨卡尔, Kamshet, 1944 年 7 月 22 日。
④ NLI, JSP, 第 864 号信函, 萨卡尔写给萨尔德赛, 加尔各答, 1945 年 12 月 30 日, 夜。

劳累中。"①

随后的两年中，萨卡尔继续他的批评。"真正的阐释（interpretation），"他写道，"应当依据作者的个性而有所不同；但是结论的基础必须是毫无疑问的事实（正如最新的研究所确立的）……此外，这种解释必须能够说服一个中立的观察者。"这句话来自一封信，他曾要求萨尔德赛："在读完这封来自一位真诚朋友的信后，请将其销毁。"②他在阅读"你第三卷书中最后章节"的草稿时，曾充满了"绝望"，特别是在读到萨尔德赛"关于品达哈里斯（Pindharis，习惯于依附于马拉地人部队并在唤醒其行动后也参与劫掠和抢夺的一些团体）的'英勇'作用"的章节时："由此，我并不试图从我自己的观点出发去修改或校正它们。"③1947年，他再次写道："最令我痛心的是你对历史证据和某些政治理论的态度。"④

这个故事的结论表明，两种史学写作模式是如此紧密交织，一种骄傲地卷入某种特定的认同中，另一种则热切地想要某种普世的客观性原则。人们可以看到，有意思的是，一直到最后，萨尔德赛依然抱着希望，给他关于马拉地人的历史解释某些抵制客观史学的外衣，如辩解书、席间漫谈（table talk）等。即使是在萨卡尔正式告诫，"史书意味着是要永久存放在图书馆的架子上的，它并不是……席间漫谈"，他依然如故。⑤为了纠正不蒙他悦纳的一个特殊的句子，他给萨卡尔寄去了一份手稿，"以此告别他的最后一卷"。他起初将他的作品描述为"席间漫谈"，但后来又将那个词删掉。正是由于为了保持两人之间的友谊，萨卡尔在萨尔德赛的要求下，彻底修订了那个特殊的句子，使得"席间漫谈"留在那里。萨尔德赛起初写道："我并不自称为一名学者，更别说是一位受过训

534

---

① NLI，JSP，第867号信函，萨尔德赛写给萨卡尔，Kamshet，1946年1月13日。

② NLI，JSP，第882号信函，萨卡尔写给萨尔德赛，Dehra Doon，1946年6月19日。

③ NLI，JSP，第934号信函，萨卡尔写给萨尔德赛，加尔各答，1947年7月27日。

④ NLI，JSP，第938号信函，萨卡尔写给萨尔德赛，加尔各答，1947年8月19日。

⑤ NLI，JSP，第925号信函，萨卡尔写给萨尔德赛，加尔各答，1947年4月6日。

练的历史学家了，而只是一位热切且孜孜不倦的研究者。如果你喜欢，可以将这部我最终的作品称为一位话多的长者无尽的席间漫谈。"后来，他自己又删除了"席间漫谈"的表达，并将其改为："我并不自称为一名学者，更别说是一位受过训练的历史学家了，而只是一位热切且孜孜不倦的研究者。如果你喜欢，可以将我这部最终的作品称为一颗火热的心的无尽的情感流露。"这就是萨卡尔如何修订这个句子的——也许怀着一种复杂的感觉，同时将"席间漫谈"的表达复位到其原初的位置：

> 我并不自称为一名学者，更别说是一位受过训练的历史学家了，而只是一位热切的［由 JS 圈出］且孜孜不倦的［由 JS 划掉］认真的［由 JS 插入］工人。如果你喜欢它［由 JS 先划掉后恢复］，可以将这部［由 JS 用铅笔圈出］我最终的作品称为一位话多的［由 JS 划掉］研究者［由 GSS 下划线，由 JS 划掉］终生追求知识者［由 JS 插入］冗长［由 JS 先插入后划掉］无尽［由 JS 划掉］的席间漫谈。[①]

正是这个由萨卡尔修订的版本，如今保留在萨尔德赛的书中。

萨卡尔的客观性立场与萨尔德赛偏向于马拉地民族主义的多愁善感，这两者间的相互包容，在我看来，也许可以被解读为一种进程被压缩后的寓言，透过这种进程，学术型史学的原则在殖民地时代的印度诞生。这种学术型史学总是与通俗史学保持距离，甚至反对它，但也总是不断与之展开对话。通俗史学也在力争获得史学上的承认，无论这种历史书写是为了作为一个民族的印度人，还是为了某些团体的种姓或宗教身份，总之，它们希望有可能的话在那些承诺要生产学术型史学的作品中仍然留有自己的印记。

---

① NLI，JSP，第 973 号信函，萨尔德赛，Kamshet，未标注日期。萨卡尔在信上（第 48 页）标注："发出于 Kamshet，9 月 3 日"，"1948 年 9 月 17 日收到"。

大事年表/关键日期

1757 年	孟加拉的普拉西之役
1765 年	东印度公司成为旧莫卧儿政治结构中孟加拉省、比哈尔省和奥里萨邦的收税人
1818 年	马拉地人的溃败
1843 年	英国征服信德省
1848—1849 年	吞并旁遮普省
1858 年	皇室统治印度
1885 年	印度国民大会第一次会议
1892 年	印度议会法案
1906 年	穆斯林联盟建立
1914 年	甘地从南非回到印度
1919 年	印度政府法案
1920—1922 年	不合作运动和基拉法特(Khilafat)运动
1931—1932 年	公民不服从运动
1935 年	修正印度政府法案
1937 年	各省建立民族主义的政府
1947 年	印度和巴基斯坦独立

主要历史文献

Elphinstone, Mountstuart, *The History of India* (London，1841).

Nilakanta Sastri, K. A. , *The Colas*, 2 vols. (Madras, 1935 – 1937).

Rushbrook Williams, L. F. , *An Empire Builder of the Sixteenth Century*：*A Summary Account of the Political Career of Zahr-ud-din Muhammad*, *Surnamed Babur* (London，1918).

Sarkar, Jadunath, *History of Aurangzeb*,5 vols. (Calcutta, 1912 – 1952).

—— *Shivaji and His Times*(London，1920).

—— *Fall of the Mughal Empire*(Calcutta，1932 – 1950).

Smith，Vincent A.，*The Oxford Student's History of India*(Oxford，1908).

—— *Akbar，the Great Mogul*(Oxford，1919).

Tod，James，*Annals and Antiquities of Rajasthan；or，The Central and Western Rajpoot States of India*(Calcutta，1832).

主要历史文献

Anand，Sugam，*Modern Indian Historiography：From Pillai to Azad*(Agra，1991).

Banerjee，Tarasankar(ed.)，*Sardar K. M. Panikkar：The Profile of a Historian：A Study in Modern Indian Historiorgraphy*(Calcutta，1977).

536 —— *Historiography in Modern Indian Languages：Report of a National Seminar Held at Santiniketan from 11th March to 13th March 1985*(Calcutta，1987).

Dilwar，Hussain M.，*Nineteenth-Century Historical Writing in English：The Works of William Wilson Hunter，Henry Beveridge，and Henry Ferdinand Blochman*(Calcutta，1992).

Grewal，J. S.，*Muslim Rule in India：The Assessment of British Historians*(Calcutta，1970).

Gupta，H. R.(ed.)，*The Life and Letters of Sir Jadunath Sarkar*(Hoshiarpur，1957).

Kulkarni，A. R.(ed.)，*History in Practice*(New Delhi，1993).

Philips，C. H.(ed.)，*Historians of India，Pakistan and Ceylon*(London，1961).

Sen，S. P.(ed.)，*Historians and Historiography in Modern India*(Calcutta，1973).

Srivastava, S. K. , *Sir Jadunath Sarkar: The Historian at Work* (Delhi, 1989).

Syed, Muhammad Aslam, *Muslim Responses to the West: Muslim Historiography in India, 1857 - 1914* (Islamabad, 1988).

Tikekar, S. R. (ed.), *Sardesai Commemoration Volume* (Bombay, 1938).

—— *On Historiography: A Study of the Methods of Historical Narration of J. N. Sarkar, G. S. Sardesai, and P. K. Gode* (Bombay, 1964).

孙　琇　译

第二十六章 东南亚的历史写作

安东尼·米尔纳

　　在 1800—1945 年的东南亚,过去以如此之多的不同方式被书写,也就不可避免地提出来这样一个问题——"什么是历史?"对于过去事件的记录,里面不仅包括了各种激烈对抗的意图(而且是出自激烈对抗的视野),而且还有关于时间和真理的本质的各种差别极大的前提预设,以及所研究的五花八门的主题。这种对立不能简化为西方和本土的冲突。在这一区域发生急剧变迁的时段中,不同类型的知识越发深刻地缠绕在了一起(其中包括研究过去的不同路径,如果允许我们以最为开放的定义来使用"历史"这个词的话,过去亦即"历史")。事实上,到了 1945 年,这里已经有了一些极具影响力的学者(其中既有当地人也有西方人,作为现代历史学家而写作并且经常借助于其他学科),他们关注的首要问题就是要为这一区域的历史变迁确立真正的东南亚视角。

　　当然最重要的是,正是欧洲殖民势力的推进造成了 19、20 世纪东南亚的全面变迁;以这样或那样的方式,欧洲的扩张为探究过去提供了新的驱动力。在 1800 年代,几乎整个区域都陷于西方统治之下;在随后的百年里,这些寻求从欧洲以及美国势力中独立出来的民族,也受到了伴随着殖民主义而来的知识转型的塑造。殖民地行政管理进程自身也需要关于过去的知识,借助这些知识来判断,是否寻求王位或某种形式的所有权的诉求值得重视,或者决定各个统治者、酋长或家族间论资排辈的事务;并且,这样一种知识经常会需要一种欧洲人与当地传统相遇(或纠结)的历史叙事。

对于那些想要治理东南亚的欧洲人而言,这里的年代、文化、社会生活和地理是如此之复杂,想要搞清楚,任务十分艰巨。英国人在马来半岛和婆罗洲(伊斯兰教对这一地区有重要影响)就面临这一任务,并且在阿瓦(Ava,一个小乘佛教的王国,占据了后来被定义为"缅甸"的大部分领土)也是如此。法国人将他们的势力扩展到受到汉语影响的民族,也就是今天的越南,以及小乘佛教的缅甸王国和老挝(一起被称为法属印度支那);荷兰人接管了由穆斯林占据优势的群岛(如今的"印度尼西亚")中的大部分地区,而美国人则接管了北部大部分的基督教区域,以及之前被西班牙人统治的岛屿群("菲律宾群岛")。小乘佛教的暹罗(后来被重新命名为"泰国"),保留了它的国家主权,但领土却陷于法国人和英国人之手,并深受欧洲(包括欧洲人的历史观)的影响。

538

在 1800 年之前的三个世纪里,在这一区域从事贸易并建立据点的欧洲人业已记录下了这一区域的诸多王国、各样习俗和多种产品。① 1800 年后,大规模殖民国家的创建更是加深了对这种数据的需要,并且由此所产出的史学著作,不论它们的实际目的是什么,都理所当然地受到了同时代的思想热点的影响。这些热点在根本上与当地文本中的重点并不相同,虽然欧洲人有时会将当地文本作为其研究的资料来源。欧洲人和当地人记录的反差,在某种程度上,可以说是认识论的差异。

与今天的民族—国家相比,散布于这一区域中,有数量极为繁多的君主(某些只是些小君主),其中的许多君主都拥有王室的年代记(chronicles)。据说阿瓦(缅甸)宫廷在 1800 年时,就有"一座收藏丰富的图书馆(除了年代记,其收藏也包括历史作品),这是从多瑙河沿岸一直到中国的疆界,没有任何权贵能够比得上的",②甚至到了 20 世纪,年代记依然被不断汇编着。1829 年,阿瓦的君主

---

①　Francois Valentijn 的八卷本 *Oud en Nieuw Oost-Indien*(Dordrecht, 1724 - 1726)也许是最具野心的汇编。

②　Michael Symes, *An Account of an Embassy to the Kingdom of Ava*(London, 1800),383.

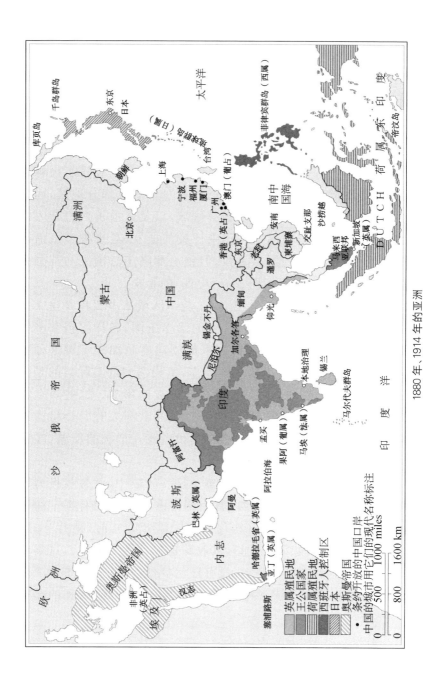

1880 年、1914 年的亚洲

建立了一个委员会,来书写后来广为人知的"玻璃宫年代记"(Glass Palace Chronicle),其任务与之前的年代记一样,都是调查整理因行政和宗教目的而写就的铭文(inscriptions)。年代记不仅涉及统治中的王朝,也向前追溯了辉煌的蒲甘时期(Pagan period,11—13世纪)。

　　正像大多数历史写作一样,这种年代记有助于建构当下(并且在某种意味上有助于未来),特别是因为,他们关注的是君王——而非国家、种族特性或社会。在一种长期延续的写作传统中,他们在一种王权的意识形态内给事件定位,并且关注统治家族的起源和活动,以及为他们提供的服务。他们倾向于展示一位统治者的社会地位,以及其臣民的社会地位的等级,进而经常树立正确的行为楷模。一部年代记,几乎可以说,就像让一个王国成为现实,成为整个的世界。研究孟邦(今天的泰国和缅甸地区)文学的一位专家曾经如此描述年代记:年代记这种语言能够将一种"静止不动的世界概念"与另一种"几乎完全相反"的东西整合在一起,后者以后将是"任何可以称之为'历史'的东西必不可少的前提条件"。① 年代记除了缺乏发展的时间感(亦即时间是一种连续的、线性的进程)以外,还经常夹杂神话材料,这些特点将其与1800年的欧洲历史编纂潮流区别开来,并进而遭致那些想要搜寻可靠材料的欧洲学者的蔑视。例如,约翰·克劳弗德(John Crawfurd)就把"马来纪年"(Malay Annals,对马六甲—柔佛王朝〔Malacca-Johor sultanate〕的记录)称为"经常援引印度和阿拉伯神话的杂乱的寓言材料"。②

　　当地年代记的某些特征对欧洲人而言是熟悉的,例如设计用来启发读者(或听众)的关于贵族事迹的故事,欧洲人也有他们自己的关于叙事史学的古老传统。但到了1800年,启蒙话语的要素——拒斥迷信、关注理性和可提供证据的真相、关于时间之中的

541

① H. L. Shorto, 'A Mon Genealogy of Kings', in D. G. E. Hall(ed.), *Historians of South East Asia*(London, 1961),71.

② John Crawfurd, *A Descriptive Dictionary of the Indian Islands and Adjacent Countries*(London, 1856),250.

结构和进步变迁的假设，以及对人类某些范畴的阐述与分级——日渐嵌入到了欧洲人研究东南亚的史学路径中。像威廉·马斯登（William Marsden）、托马斯·斯坦福德·莱佛士（Thomas Stamford Raffles）和约翰·克劳弗德这样的官员历史学家，在为他们受命去统治的这些王国建立编年记录时，也在测试卡尔·林奈（Carolus Linnaeus）、威廉·罗伯森（William Robertson）、亚当·斯密和亚历山大·冯·洪堡（Alexander von Humboldt）等人关于人类分类及其发展的"科学"理论是否可靠。

　　年代记的传统并没有在19世纪随着欧洲势力的扩张而终止，许多欧洲历史学家依然继续谨慎地援引这种作品。在处理欧洲人在这一区域定居（葡萄牙人在1511年征服了马六甲）以来的时段时，本土的文本同样也可以被葡萄牙语、荷兰语、法语或英语的记录所补充，并且有时候还直接与它们形成比照。然而，在我们讨论的这一时段的尾声，存在一种颇具影响力的观点，尤其以荷兰语言学家和历史学家伯格（C. C. Berg）的陈述为代表，即本地的年代记应当放在其自身的文化背景中来解读，并且不应预先假定它们可以跟同时代的欧洲叙事构成类比。例如，一位爪哇年代记的作者可能会被比附为一名高级祭司，代表他的皇室主人参与一种草药魔法活动，——在这一案例中，他的文本在事实细节上被看作是不可靠的，但却充满了更早时期的思想世界的证据。[①]

　　除了在爪哇和暹罗（泰国）继续进行年代记的汇编以外，1903年在柬埔寨也开始了一项野心勃勃的工作，其前言阐明：之前的这类工作包含很多失误，并且如果"日期是混乱不清的，而且各种统治并无恰当的次序"，那么王朝将会"衰落"。[②] 在越南，年代记同样也聚焦于君王和他们的宫廷，阮氏王朝在1850年代下令编辑了一

542

① C. C. Berg, 'Javanese Historiography—A Synopsis of its Evolution', in Hall （ed.）, *Historians of South East Asia*, 13‐24.

② Michael Vickery, 'The Composition and Transmission of the Ayudhya and Cambodian Chronicles', in Anthony Reid and David Marr（eds.）, *Perceptions of the Past in Southeast Asia*（Singapore，1979），130‐155.

种崭新的"全史"（标题如此）。到了 20 世纪，某些马来皇室的《传》（*hikayat*）受到了欧洲方法论的影响。例如，柔佛（Johor）国家的年代记（1908 年）所关注的，就是被定义为独立实体而非仅仅是君主的柔佛国家，并且在这一文本的前言中解释说，这种叙事是"从被证明是真实的多种回忆和报告中汇编而来"。应该指出，它的作者曾经在 1880 年代在英国统治下的新加坡的莱佛士学院（Raffles Institution）受过教育。① 在爪哇，19 世纪的宫廷诗人让噶瓦斯塔（Ranggawarsita）也同样对西方学术圈有所回应，并对"写作在风格和主题上不再完全围绕王权展开"做出了贡献。②

佛教徒的宗教叙事是另外一种长期存在的史学写作形式。受到斯里兰卡《大史》（*Mahavamsa*）（亦即"锡兰的伟大年代记"）的影响，他们讲述了佛、佛教、特别是佛教文物的历史，并且，极为重要的是，强调了皇室对信仰的赞助。这样一些史著在 19、20 世纪继续出版：一份 1923 年版的泰文文本，写作于 1700 年代末，包含将年代记描述为"佛教史和王国史相结合"的一篇导言。③ 定位于佛教时期的一种年代记，向前追溯了数千年以溯及佛祖，并向后延续到佛之为佛（Buddhas-to-be）；不过，其中所描述的事件并非遥不可及。正如克雷格·雷诺兹（Craig Reynolds）所评论的："遥远过往的同时代性（contemporaneity）是（本土的）东南亚历史编纂学的标志。"④

在对本土写作和正在兴起的欧洲路径进行对比时，关于时间的理解是至关重要的。欧洲人对于时间的动态观点是显而易见

---

① Anthony Milner, *The Invention of Politics in Colonial Malaya* (Cambridge, 2002),199 - 201.

② Tony Day, 'Ranggawarsita's Prophesy of Mystery', in David K. Wyatt and Alexander Woodside(eds.), *Moral Order and the Question of Change: Essays on Southeast Asian Thought* (New Haven, 1982),156.

③ Craig J. Reynolds, 'Religious Historical Writing and the Legitimation of the First Bangkok Reign', in Reid and Marr(eds.), *Perceptions of the Past in Southeast Asia*, 94.

④ Ibid., 103.

的，例如迈克尔·赛姆斯（Michael Symes）在 1800 年写道，当缅甸在"东方国家中从规模上迅速崛起时"，他们的"封建体系"对"文明和进步"扮演了一种"抑制作用"；莱佛士也看到了荷兰的商业政策在群岛中对于"推进文明和全面进步"发挥了一种迟滞的作用；克劳弗德偏好"文明进步"的阶段。除了试图判定他们所研究的民族在哪些地方可以跻身进那一时期流行于欧洲写作中的特定的文明规模，这些历史学家同样也为哲学上的争论做出了贡献，亦即，到底是关于哪些因素推进或延迟了一个民族的进步。克劳弗德引用洪堡对新西班牙的研究而提出建议，绝对主义的政府（被视为一种相对发达的政府形式）出现于"以农业为主要追求"的地区，并且支持这样一种观点，即饮食是至关重要的。他写道："如果只能吃劣等的食物，人们似乎就无法取得进步以求改善。"①

乍看起来，让人吃惊的是，马斯登、莱佛士和克劳弗德所记录的"各种历史"——以及他们被称为"史学"的书——看上去对历史叙事鲜有关注。莱佛士在他的《爪哇史》（History of Java，1871年）中，只把十一章中的两个章节用于叙述爪哇人的过去。就像马斯登的《苏门答腊史》（History of Sumatra，1811 年）和克劳弗德的《印度群岛史》（History of the Indian Archipelago，1822 年）一样，莱佛士在《瓜哇史》的其余部分讨论了地理、农业、制造业、商业、社会福利和健康，同时还有各种不同的范畴、特性、宗教、法律和民族习俗。从那个时代对"史学"一词的理解来看，这种全面的

① Symes，*Kingdom of Ava*，122‐123；Thomas Stamford Raffles，*The History of Java*，2 vols.（1817；Kuala Lumpur，1965），i. 230；and John Crawfurd，*History of the Indian Archipelago*，3 vols.（Edinburgh，1820），ii. 286，395，24；iii. 9；i. 15.关于 18 世纪历史编纂学的背景参见 J. G. A. Pocock，*Barbarism and Religion*，*vol. 2*：*Narratives of Civil Government*（Cambridge，2000）；and Diana Carroll，'William Marsden and his Malayo‐Polynesian Legacy'，Ph. D. thesis，Australian National University，2005。

探寻——在那个时代的"科学"文献中是很常见的[①]——对"史学"是至关重要的。所有这些材料都被看作能够提供帮助,有助于形成促进人类进步的不同要素的推理,这样一种推理,在东南亚重要的历史学家那里,被认定是有所助益的。与约瑟夫·班克斯爵士以及皇家协会的其他成员都有联系的马斯登,希望能够"用事实作为推理的数据,进而完善哲学家们的工作,这些哲学家们的劳作直接指向对大写的人的历史的探寻。"[②]莱佛士研究了爪哇居民的"思想和道德特点",以及他们的制度和政府,以此来帮助他的读者对这些居民"在文明社会规模上的层级形成某种预测"。[③]为了理解这些民族为什么能够上升到他们特殊的层级上来,这就需要知道莱佛士和他的同事所提供的关于气候、饮食以及其他形式的多种数据。

在 19 世纪里,历史学家开始日渐减少对人类进步的程式性法则的关注。[④]但是从长时段看来,作为运动和进步的时间观念无疑是很有影响力的,支撑了欧洲人和当地人的历史写作,以及宏大的"发展"叙事,这种叙事是 20 世纪构筑后殖民国家的中心所在。"理性"所偏好的对"事实"的确认,对"寓言"和"神话"的拒斥,以及可提供证据的验证依旧是对这一地区建立可靠历史记录的深远计划的基础。

殖民地的官员继续贯彻这项计划。赛姆斯指出:"东印度公司的赞助曾经扩展到这样一些人身上,他们能够为东方的(Oriental)议题提供有用的信息。"[⑤]但是,执行的水准平淡无奇。第一部用英国人的语言写成缅甸史(1883 年)的亚瑟·费尔(Arthur Phayre)曾说,他唯一的目的是提供一种"连续的历史",展现"君主及其人民

544

---

①　Mary Quilty, *Textual Empires*: *A Reading of Early British Histories of Southeast Asia* (Clayton, 1998), 22 - 25.

②　William Marsden, *The History of Sumatra* (1783; 3rd edn, London, 1811), p. vii.

③　Raffles, *The History of Java*, i. 244.

④　R. G. Collingwood, *The Idea of History* (1946; London, 1963), 131.

⑤　Symes, *Kingdom of Ava*, p. xiv.

的崛起和进步"，进而解释各个事件间的关系。[①] 致力于研究其他诸多王国和民族的历史学家，包括受过西方训练的当地人，例如研究亚齐（Aceh）的印度尼西亚专家侯赛因·查亚迪宁拉特（Husein Djajadiningrat）或缅甸人佩茅丁（Pe Maung Tin）以及欧洲人，呼应了这种貌似谦卑的意图，并一致认为这项任务并不轻松。为了建立一个更为基础性的年代记，这经常要求检查在棕榈树叶、纸张上，以及石头或青铜上，用多种不同语言和字迹写下的编年记录。中国人的史书和旅行者的记录同样可以提供帮助，并逐渐得以翻译出版。此外，1500 年以后的这一时期，有了欧洲人的大量档案记录，大部分是葡萄牙语、荷兰语和英语的。当然，为了同时代人的实际需要，而非专门为现代历史学家所书写的所有这些史料，都充斥着偏见，有视角和解释上的问题。有时还存在直接冲突的案例，例如在缅甸的皇家年代记和 12 世纪铭文上对统治者的描述就存在矛盾。非文字记录的材料，如考古遗迹（包括中国的陶片和印度的宗教雕像）和建筑方面的纪念碑（爪哇的婆罗浮屠、柬埔寨的吴哥窟和缅甸的蒲甘城），也同样具有关键意义。例如，法国的历史学家可以通过分析庙宇浮雕上装饰风格的变化来增加对吴哥窟年代学的理解。

皇家巴达维亚艺术协会（the Royal Batavian Society for the Arts，建立于 1778 年）、皇家亚洲协会的海峡（后来的马来）分会（the Straits［later Malayan］Branch of the Royal Asiatic Society，1878 年）、法兰西远东学院（the École française d'Extrême-Orient）以及缅甸研究协会（the Burma Research Society），所有这些协会都有学术期刊。[②] 在这些研究协会的帮助下，一个更宽泛的超越统治者列表的时序结构在这一区域的大部分地区日渐被完善。首先，印度影响的主导优势在早期的建筑遗存、语言、手迹和文学中是显而

① Arthur P. Phayre, *History of Burma*（London, 1883）, p. vi.

② J. D. Legge, 'The Writing of Southeast Asian History', in Nicholas Tarling（ed.）, *The Cambridge History of Southeast Asia*（Cambridge, 1992）, i. 12-13.

易见的。宏伟的庙宇和神龛给欧洲的探险家和历史学家留下了如此深刻的印象，以至于他们经常将其假定为印度殖民者而非本地人的作品。除了深受中国文化影响的越南外，这一区域的大部分地区都被看作曾经经历过一个印度时期（an Indian age），这一时期从公元后的最初几个世纪，也许一直延续到 15 世纪。期间，某些历史学家开始在大陆区域（从今天的缅甸到老挝）辨别出了一种独特的开始于 12—13 世纪的小乘佛教时期，法国历史学家乔治·戈岱司（George Coedes）称之为"印度对僧伽佛教（Singhalese Buddhism）形式的新贡献"。戈岱司提出，这种宗教形式并没有局限于精英中间，而是渗透到了"大众"中。[1] 在随后的一到两个世纪里，群岛接受了伊斯兰教，从很早开始，这就被视为一个新时代的到来。莱佛士在《爪哇史》中的两个章节倾力于爪哇史的叙事，第一章一直写到"伊斯兰教的建立"为止，第二章则从那个时间点开始继续故事的讲述。在荷属东印度，克罗姆（N. J. Krom）的主要文本，《印度—爪哇有限公司》（Hindoe-Javaansche Geschiedenis，1926年），以穆斯林统治者在爪哇的出现为结束。[2] 进入 16 世纪，历史学家强调葡萄牙人和西班牙人，然后是荷兰人、英国人、法国人和美国人的到来，这些欧洲人的先锋将会建立一种区域霸权。

　　关于这些历史变迁，包括印度化、小乘佛教和伊斯兰教的到来、欧洲势力在东南亚的扩张，在 1800—1945 年间，相关分析发生了很大的差异，并且其分析的方式具有政治上、思想上的重要意义。长期以来，东南亚的社会在其自身历史中被视为被动的行动者，只是方便欧洲人利用的工具，而欧洲人是这些民族的掌控者。莱佛士提出，婆罗浮屠是由在印度菩提迦耶建造佛塔的同样

----

① George Coedes, *The Indianized States of Southeast Asia*(Honolulu, 1968)；orig. pub as *Histoire ancienne des etats hindouises d'Extreme-Orient*(Hanoi, 1944)，253.

② Fruin Mees 的 *Geschiedenis van Java*（1922）有两卷。第一卷关注印度教时期，第二卷关注穆斯林时期。

一批人建造的。① 荷兰学术界同样强调"印度教的殖民者"在这一文明成就中的作用，例如 1870 年代开始写作的亨德里克·克恩（Hendrik Kern）。② 最初研究领域为柬埔寨和印度尼西亚的乔治·戈岱司，以一种里程碑式的概括之作纵览了整个区域（初次发表于1944 年），将东南亚描写为在与印度的互动中"纯粹的接受性角色"。这一区域"只有被印度文明化的部分才算是进入了世界历史"。③

在这一时期，欧洲学家所关注的本土社会，经常被他们赞许地拿来与 19 世纪的东南亚社会进行对比。在东南亚的岛屿上，这种对遭受殖民统治历程的民族的诋毁有时会与另一种意见相结合，即业已被察觉到的退化是由伊斯兰的影响造成的。在此，这些外邦人被刻画为输入了拙劣的教义，进而破坏了进步，并倾向于对欧洲人带有敌意。由此，莱佛士写到，在伊斯兰的统治建立之前有一种"更高的文明"，并且"默罕默德的制度"阻碍了人民境遇的"改善"。他说，正是由于英国人的关心，"阻止了阿拉伯影响的扩增"：正如他（和相当多的荷兰学者）对情况的观察，"阿拉伯人"和"穆罕默德教"与欧洲的影响形成了竞争态势。④

在我们考察的这一时期的最后几十年中，一种另类的政治上的担忧影响了早期的东南亚学术界：一些现代印度历史学家时常会将这一区域称为"大印度"（Greater India），并在 1926 年创建了一个大印度学会。通过翻译铭文并分析宗教雕塑，马宗达（Majumdar）、沙布拉（Chhabra）和尼拉坎塔·萨斯特里（Nilakanta

---

① Raffles，*The History of Java*，ii. 62 - 63；并参见 Crawfurd，*Indian Archipelago*，ii. 224。

② J. G. de Casparis，'Historical Writing on Indonesia(Early Period)'，in Hall(ed.)，*Historians of South east Asia*，124.

③ Coedes，*The Indianized States of Southeast Asia*，252.

④ Raffles，*The History of Java*，i. 57，235；Syed Muhd Khairudin Aljunied，*Raffles and Religion*(Kuala Lumpur，2004)；and Casparis，'Historical Writing on Indonesia'，124.

Sastri)等人对早期王国(包括今天越南的占城)研究做出了实质性的贡献。但是,他们的研究都倾向于带有一种印度民族主义的色彩,经常将印度人刻画为政治和文化上的殖民者,而对东南亚人的能动性从未进行认知。虽然他们自身也遭受着殖民主子的管制,但其中某些印度学者为其祖先所创立的印度殖民帝国的声誉而申辩。用马宗达的话说:"远离祖国的一个新印度的崛起自身具有一种史诗般的宏伟。"[1]

　　外来行动者在东南亚作用的突出表现在欧洲渗透时期的记载中再明显不过了,这一渗透的时期开始于16世纪。这一时期的伟大主题通常等同于欧洲人在亚洲的崛起。伊莉莎·内切尔(Elisa Netscher)的《在柔佛和西亚克的荷兰人》(De Nederlanders in Djohor en Siak,1870年),以及德·扬(J. K. J. de Jonge)的多卷本《荷兰势力在东印度群岛的崛起》(De Opkomst van het Nederlandsch Gezag in Oost-Indie,1862—1865年),二书都包括了17—19世纪以来的关于群岛政治的诸多信息,但是他们真正的关注点是荷兰势力的推进和成就。在印度支那,法籍作者普洛斯珀·卡彻(Prosper Cultru)的《从起源到1883年间的交趾支那史》(Histoire de la Cochinchine française des origines à 1883,1910年),检视了法国统治在交趾支那(南部)的起源与发展。

　　有些人将欧洲在亚洲的扩张视为历史宿命的展开,即进一步的"提升"或"进步"。莱佛士将在东方的英国人刻画为"让昏昏欲睡的心灵复苏的春风,能够令其在蒙昧与沉闷的冬日中复活"。[2]贺瑞斯·圣约翰(Horace St John)在他的《印度群岛:它的历史与当下状态》(The Indian Archipelago:Its History and Present State,1853年)中发展了这一主题,提出"将其统治扩散到东方是西方的

---

[1]　R. C. Majumdar, *India and South east Asia*(1940;Delhi, 1979),16;并参见 R. C. Majumdar, *Champa*:*History and Culture of an Indian Colonial Kingdom in the Far East 2nd-16th Century A. D.*(1927;Delhi, 1985).

[2]　Sophia Raffles, *Memoir of the Life and Public Services of Sir Thomas Stamford Raffles*(1830;Singapore, 1991),appendix, 38.

547　宿命"，[①]并在其论述的细节上传达了这种不可避免性。以菲律宾为例，美国人大卫·巴罗斯（David Barrows）在为地方学校系统撰写的一本教科书（1905 年）中，坚持认为西班牙人之所以在那里失势，正是因为他们试图钳制"本地人口的进一步发展"。他说，取代他们的美国人装备精良，为讲菲律宾语的种族带来了这些启蒙的价值观，例如自由、平等、友爱和民主。在刻画东南亚的历史发展时（以此来唤醒经济和社会的进步），有时会看到这样一种意见，即历史正在重复其自身，无论是巴罗斯对菲律宾的刻画，还是莱佛士对爪哇的刻画，都认为它们必然会沿着（或者已经潜在地沿着）欧洲过去的发展道路前行。[②] 在它们最新的历史阶段中，东南亚人正走出欧洲人曾经历过的"黑暗时代"，并且也将继续走向西方殖民势力的托管之下。

　　除了这种贯穿于时间中的进步感（与殖民的要求合拍），以及一种日渐专业化的确立历史事实的路径（正如这一路径过去所经常表现出的那样天真）之外，19 世纪的欧洲历史学家同样也传播了全新的分析范畴，包括社会组织的各种单位。日渐受到强调的"种族"（race）就是一个重要例子，这引发了一种远较我们今天所熟知的更为激进的转型。当莱佛士构建他的历史叙事时，他详尽地引用了皇家年代记，检视了像谏义里（Kediri）、满者伯夷（Majapahit）和锦石（Gresik）这样的政体。但是与皇家年代记的作者不同，他没有用国王和王国的方言来写，而是采取了更为宽泛的"爪哇"和"爪哇人"的概念：他将他的"史学"著述描述为处理"爪哇的历史"，并且，是爪哇人的历史，而不是那些具体的王国或它们的臣民。他关注的是种族，并且他把爪哇人书写为一种"分离而独特的种族"，一般而言是"比邻近岛屿上的部族肤色更黑的农业种族"，并且他们的

---

① Horace St John, *The Indian Archipelago: Its History and Present State*(London, 1853),i. 274.

② Reynaldo C. Ileto, *Knowing America's Colony*(Hawaii, 1999),3 - 7, quote at p. 3; and Quilty, *Textual Empires*,47,63.

体型"尽管不如马来人出色,但(也较邻近岛屿上的部族)更好"。①

正如地方年代记的作者长期以来致力于构建一种君主的世界,莱佛士则倾心于始发于 19 世纪初叶欧洲学术界中的以种族为基础的"对人类的图绘"(mapping of mankind)。② 被莱佛士大加赞赏的马斯登的《苏门答腊》一书,同样也推广了"种族"范畴。马斯登说,专注于辨识出切割了苏门答腊的诸多小政权与国家的多样性,这几乎是没完没了的,而且也将是一件"徒劳无功的事";相反,他决定以"米南卡保人"(Menangkabau)、"马来人""亚齐人"(Achinese)和"巴塔斯人"(Battas)这样"概括的区分"来处理这些民族。在书写"马来人的起源"以及他们的移民时,马斯登赋予了种族范畴以历史的内容。③ 在随后的数年中,被马斯登和莱佛士归入"马来人"的很多民族才开始以这种方式来认识他们自己。"马来种族"的泛群岛观念是通过多种方式而进行的一种建构。例如,就婆罗洲的沙捞越(Sarawak)来说,"马来"这个术语只是因为到了 1841 年,才由沙捞越未来的白人王公(Rajah)詹姆斯·布鲁克(James Brooke)"从(莱佛士)关于新加坡的著述中引入",此后才开始被广泛应用。④

依照莱佛士和马斯登的路数,欧洲人对群岛政体的诸多记载——经常援引以君主为中心的地方年代记——继续被限定于"马来种族"的无所不包的历史中。除了那些专门为了外国人、欧洲听众所写的书(关于"马来人"的习俗、法律和文学的概览)以外,这些研究越来越多地发布在《皇家亚洲社团海峡分会杂志》(*Journal of the Straits Branch of the Royal Asiatic Society*,后来改称 *Journal of*

548

---

① Raffles, *The History of Java*, 56 - 59.

② C. A. Bayly, *The Birth of the Modern World*, 1780 - 1914 (Oxford, 2004), 110.

③ Marsden, *The History of Sumatra*, 40 - 41, 325, 327.

④ Robert Pringle, *Rajahs and Rebels: The Ibans of Sarawak under Brooke Rule*, 1841 - 1941 (Ithaca, 1970), p. xix; and Anthony Milner, *The Malays* (Oxford, 2008).

the Malayan Branch of the Royal Asiatic Society）上。此外，历史著作书写了不同的伊斯兰君主领地，由于运用了殖民政府的档案以及马拉人的语言材料，专业化达到一种全新的程度，这是显而易见的。威尔金森（R. J. Wilkinson）将不同国家的叙事汇聚到一起，成为他称之为"马来半岛"的"历史"（1908 年）；①在 1918 年，理查德·温斯泰德（Richard Winstedt），与一位当地学者达因·阿普杜勒·哈米德（Daing Abdul Hamid）合作，出版了第一部现代马来语的"马来史"。②

就阿瓦（缅甸）而言，欧洲人一再改订他们援引自地方史料的材料。赛姆斯，在书写阿瓦的末代（贡榜）王朝时，关注于"伯曼人"（Birmans）和"皮谷尔人"（Peguers）（通常被称为孟族）之间的对抗，而非仅是王公与王公的争议。③ 费尔的《缅甸史》（1883 年）运用皇家年代记作为其"主要的权威（依据）"，同时，以一种根本不同的视角进行书写，并继续沿用了种族的主题。王朝故事以"种族"（主要是缅甸人、孟族人和掸人）而非君主的术语来叙述，尽管费尔承认年代记自身也可以处理君王，但是"（他自己）却并不熟知这种血缘关系"。这本书以一种对所谓的缅甸民族形成的记载为开篇，种族情感的力量灌注于其中：贡榜王朝的奠基者应该"从未向一位（孟族）国王宣誓效忠过"，并且"整个缅甸民族"都以他为中心团结了起来。甚至在描述 1852 年英国人征服所谓下缅甸地区时，这本书也提供了一种种族论证的形式。费尔解释说，君主现如今只剩下对北部干旱地带的统治，"这片土地在历史上是缅甸种族远古的家园"。④

---

① R. J. Wilkinson, *Papers on Malay Subjects*（1907 - 1916；Kuala Lumpur, 1971），11.

② Richard Winstedt and Daing Abdul Hamid bin Tengku Muhammad Salleh, *Kitab Tawarikh Melayu*（Singapore, 1918）.

③ Symes, *Kingdom of Ava*, 487, 3, 5.

④ Arthur P. Phayre, *History of Burma*（1883；London, 1967），pp. vii, 150, 153, 104 - 105, 260.

19 世纪欧洲历史学家的概念、成见与知识理论通过多种方式与当地的作者形成交流，并且开始对他们书写过去的方式发挥影响。我们看一下英属马来亚的例子。在 19 世纪早期的马六甲和新加坡，阿卜杜拉·本·阿卜杜·卡迪尔（Abdullah bin Abdul Kadir）（经常被称为蒙什·阿卜杜勒［Munshi Abdullah］）既认识莱佛士，也认识克劳弗德，并熟悉在这两个殖民城市所能获取的新知识。受到一位欧洲朋友的鼓励，阿卜杜勒撰写了关于他自己生活的故事，并在其中记录下了他自己亲眼见证的重要事件。在他的写作中，作者的声音不断被呈现：他以个人的身份向读者展示自己，以个人化的方式来证明他所描述的事件的真实性——这本身就是对马来写作的一种激进的背离。与之相反，古老的马来年代记（《传》，*hikayat*）是以一种非个人化的方式来陈述的：只是在王公贵族那里，缤纷多样的故事和传说似乎才获得了统一性和真实性。阿卜杜勒的自传同样也传达了一种时间感，这种时间感是与出现于《传》中的"世界是静止"的观点相冲突的。阿卜杜勒谈及了"世界的巨变"，并警告他自己的同胞，其他种族正在"向前进"，并"越发变得强大与聪明"。阿卜杜勒描述其自身共同体的方式，以及他对自己著述的听众的概念化同样是具有革新性的。他并非为了皇家宫廷而写作，而是为了欧洲人以及他所谓的"崭新的一代"而写作——想来"这崭新的一代"正是这样一些"马来人"，他们因为与英国定居者在生活方式和教育上的相遇而深受其影响。[1]

对于阿卜杜勒以及和其他受到了新型知识的影响的人来说，古老王国的叙事作品日渐失去了权威性的光环，因为它们接受奇迹，关注的是君王而非人民，以及缺失线性的进步观。在由殖民势力所带来的新世界里，"古代故事的残存越来越多地被呈现为信仰和迷信，而非知识"。[2] 例如，一位在英国受训的马来历史学家曾指责一部皇家年代记"以一种并不合时宜的语言""伪装了"老旧的"令

---

[1] Milner，*Invention of Politics*，chs. 2 - 3.

[2] H. M. J. Maier，*In the Center of Authority*（Ithaca，1988），128.

人迷惑的故事"，其目的只是为了"取悦读者的耳朵"。[1] 对于这种"杂乱的寓言"的退场，约翰·克劳弗德将会拍手称快。

　　新一代的本地历史学家，比如本章前面所引用的 20 世纪早期柔佛的年代记作家，把重点放在只用那些业已"被证明是真实"的史料来源。他们同样也会调用古老的材料，甚至是半传奇色彩的人物，来实现其全新的目的——特别是书写种族的历史而非王国的历史。由此，马六甲的英雄汉都亚（Hang Tuah），在老旧的年代记中曾以一位君主的忠诚仆从而著称，现如今却被刻画为"马来"种族的英雄；并且，"种族"历史学家们将曾经被称为"王侯谱系"的马六甲伊斯兰领地的《传》重新命名为"马来纪年"也是合适的。[2] 在这样一个新时代里，甚至是先锋的报纸也表达了一种新奇且具有动感的历史理解。正像时常所指出的，"西方"随着"东方"的衰落而兴起，但是如今后者同样也进入了一种通向现代性的长征。这样一种观点的出现并非仅是与殖民教育体制所宣传的历史发展图式对话的结果，它同时也是一种来自中东的新的影响所导致的结果，中东在长久以来就是东南亚伊斯兰教在宗教和文化观念上的来源。在这些具有革新观念的思想家中，例如埃及的穆罕默德·阿布都（Muhammad Abduh），他曾经阅读了弗朗索瓦·基佐的《欧洲文明史》（1877 年被翻译成阿拉伯语），并向他的穆斯林同胞传达了进步观念，大众接触到此类作品之后，"被推着向前……改变他们的境遇"。特别是在新加坡和槟榔屿，宗教学者开始使用阿拉伯的词语"*tarikh*"（过去这个词只是表示"日期"）来表示人类运动与创新的观念。[3]

　　在 20 世纪，部分是受到殖民势头受挫的影响，欧洲人关于东南亚的书写也出现了变化。在 1800 年代，欧洲人的殖民计划一般都

---

[1]　Abdul Hadi, ibid. , 127.

[2]　Milner, *The Malays*, 159, 12.

[3]　Albert Hourani, *Arabic Thought in the Liberal Age*, *1798 - 1939* (Cambridge, 1983), 114 - 115; and Milner, *Invention of Politics*, 173.

是用一种积极的术语来描述的,[①]而到了随后的百年里,批评越发常见,其中也包括美国人的著述。维吉尼亚·汤普森(Virginia Thompson)的《法属印度支那》(*French Indochina*,1937 年)和鲁珀特·爱默生(Rupert Emerson)的《马来西亚:一项直接和间接统治的研究》(*Malaysia:A Study in Direct and Indirect Rule*,1937 年,其中包括对荷属东印度以及英属马来亚的分析)就是两个例证,两者都是由学者写就的。爱默生得出结论,"帝国主义政府被定义为异己,没有哪一个这样的政府能够保持与一个民族的亲密联系","拥有自治势力"对于"争取经济和文化生存的斗争"是至关重要的。[②]

　　由一位前殖民官员写的、对殖民统治的批评著作,在学术界中发挥了深远的影响,这本书就是英国人弗尼瓦尔(J. S. Furnivall)的《尼德兰的印度》(*Netherlands India*,1939 年)。弗尼瓦尔是一个费边社会主义者,并受到了荷兰"热带经济学家"伯克(J. H. Boeke)的影响,19 世纪早期,他在莱佛士和其他人的启发下,开始从事哲学性的历史研究。当时莱佛士深受亚当·斯密学说的教诲,弗尼瓦尔引用伯克的观点指出,"西方的经济学原理,对于热带的依附关系而言,至多也不过是一种有限的应用"。他在书中对于荷兰殖民当局致力于管理"整个社会生活"的方式做了同情地分析。相反,在英国控制的社区中,西方经济学关于"经济过程的自由运作"假设占统治地位,反而起到了一种破坏性的影响。[③]

---

① 一个重要的例外就是关于荷兰殖民政策的争议:除了莱佛士的批评之外,某些荷兰作家(包括小说家爱德华·道维斯·戴克尔[Eduard Douwes Dekker])也坚决予以谴责。

② Rupert Emerson, *Malaysia:A Study in Direct and Indirect Rule*(1937;Kuala Lumpur,1964),521.

③ J. S. Furnivall, *Netherlands India*(1939;Cambridge,1967),261,460,462. 并参见 Adrian Vickers, 'The Classics in Indonesia:J. S. Furnivall, *Netherlands India*'(Paper presented to the 15th conference of the Asian Studies Association of Australia, August 2004), coombs. anu. edu. au/SpecialProj/ASAA/biennial-conference/2004/Vickers-A-ASAA2004. pdf, accessed 27 April 2009.

551   在历史编纂方面，缓慢发展起来的一个特征，是对于更早时期文化和心态框架的探讨。许多官员型学者都熟悉瓦尔特·斯科特对苏格兰和英格兰的人类经历变迁的浪漫主义研究。但是，尽管斯科特关注于辨识"封建时期的情感与偏见"之类问题，[1]研究东南亚的欧洲作家却很少关注欧洲殖民统治之前的数十个世纪甚至更长时间内人类意识的可能的转型。[2] 也许只是在 20 世纪早期，伴随殖民主义潮流而来的现代社会的巩固，欧洲的历史学家相信他们已经有条件来反思这种转型，他们中的某些人当时已经是在一种专业化的学术环境下写作。同样也是到了这个时期，人类学发展为一门学科，它所关注的心态与社会组织，开始影响到了年鉴学派和其他学者关于欧洲史的写作。曾在 1940 年代担任剑桥大学人类学协会主席的哈维（G. E. Harvey），在他的《缅甸史》（1925）中，也明确意识到了他所书写的是一种正在逝去的时期。他明白学科化的史学想象是非常有必要的，无论是重建曾支撑了蒲甘宏伟庙宇的建设的那种"宗教热情"，或者是欣赏在"人民日常生活"中严禁奢侈的法令的意义。[3] 在荷兰学者中间，正如所指出的那样，伯格（C. C. Berg）试图精确地理解爪哇人的文本书写背后的原因，并且他们的作者为何"那样书写（它们）"——这种问题意识受到了瑞典哲学家欧内斯特·卡西尔（Ernst Cassirer）反思早期心态视野的研究的影响。[4] 在印度支那，保罗·马斯（Paul Mus）以拆解"亚洲季风区"（Monsoon Asia）文化中万物有灵论的逻辑为目标，在他看来，这一逻辑的运行受到了外来的印度信仰体系的支配。[5] 在 1945 年之后的时期里，这种类型的探寻以多种方式展开，并且在一

① Walter Scott, *The History of Scotland*, vol. 1(Philadelphia, 1830),75.
② B. J. O. Schrieke 坚持认为："1700 年前后爪哇的结构与 700 年前后的爪哇相当不同",in *Indonesian Sociological Studies*, 2 vols. (The Hague, 1957),ii. 4.
③ G. E. Harvey, *History of Burma*(New York, 1925),331 - 332,170。
④ C. C. Berg, 'Javanese Historiography', 18;与彼得·沃斯利（Peter Worsley）的私下沟通,2009 年 5 月 28 日,谈及卡西尔的影响。
⑤ Paul Mus, *India Seen from the East*(1933; Clayton, 1975).

定程度上获得了一种政治上的显著意义。

历史学家在写作中，暗中将未来以及过去加以结构化，关于这一点，我已经在前面提到了在阐释"种族"的历史时欧洲人的作用；特别是在 20 世纪，他们同样对塑造东南亚这样一个"区域"观念有所助益，亦即，这是超越于各种君主和种族之上的一个地理范围。"下风向的人民"是一种长期影响了东南亚本土思考的概念，与在西南季风的"上风向"居住的、印度和阿拉伯的人民区分开来。莱佛士指向的是这样一块"地域"，它位于"富裕且繁荣的"中国与印度两块大陆之间，"被世界上最为平缓的洋流所冲刷"，其中包括交趾支那、东京（越南）、阿瓦、暹罗、柬埔寨以及群岛。[①] 马斯所使用的"亚洲季风区"概念，包括印度、"边缘的太平洋岛屿"以及南中国，还有印度尼西亚和印度支那；涉及到他所谓的一个"文化统一体"（cultural unity），并且他认为，早在这一区域出现"印度宗教"和"中国宗教"之前，就有横跨"亚洲季风区"的宗教信仰的交流。[②]

由印度学者所使用的"大印度"表达了一种明显的主张，即文化可以作为一种统一的力量；并且其他诸多学者的研究，也为作为一种"印度化"区域的东南亚，概括出一些特征。法国、荷兰和英国的历史学家们相互引征彼此的作品，表明在柬埔寨、爪哇、缅甸和泰国诸王国间的文化和其他方面的联系，证据可以见之于碑文、年代记和艺术作品。在 1800—1845 年这一时段结束时，乔治·戈岱司总结这方面的研究，指出"在父邦印度文明的多样性之下……有着印度天才的印迹"，这种印迹赋予这些国家"一种家族相似性"。[③] 戈岱司概览性著作的第一版（1944 年），覆盖了从室利佛逝（Srivijaya，以南苏门答腊为据点）到马塔兰（Mataram，爪哇），到蒲甘（Pagan，缅甸），并横跨了吴哥和印度化的占婆（在今天的越南）的区域整体，他的这本书被命名为《远东印度教国家古代史》

---

① John Bastin, *The First Printing of Sir Stamford Raffles's Minute on the Establishment of a Malay College at Singapore*(Eastbourne, 1999).

② Mus, *India Seen from the East*.

③ Coedes, *The Indianized States of Southeast Asia*, 256.

（*Histoire ancienne des etats hindouises d'Extreme-Orient*），强调宗教和文化的统一性。[1] 太平洋战争之后，这种跨区域的历史研究受到了区域建设的诸多进程的襄助（包括 1967 年东南亚国家联盟的建立），许多后殖民时代的民族国家参与其中，这些进程致力于促进一种共同的认同感和共同体的形成。

比形成一个区域概念更为重要的是，无论欧洲还是当地的历史学家都在致力于建构后殖民时代的民族国家。费尔的《缅甸史》（1883 年）、哈维的《缅甸史》（1925 年），以及巴罗斯的《菲律宾史》（*A History of the Philippines*，1905 年），就是其中的范例。其他的作品，例如斯韦特纳姆（Swettenham）的《英属马来亚》（*British Malaya*，1907 年）、施塔珀尔（Stapel）的《尼德兰印度史》（*Geschiedenis van Nederlandsch Indie*，1930 年）、布朗热（Boulanger）的《法属老挝史》（*Histoire du Laos Française*，1930 年），以及布莱尔和罗伯逊的多卷本《菲律宾岛屿》（*The Philippine Islands*，1903－1919 年），著作的结构都是围绕着殖民国家这个中心，但是方向都是最终要有助于建构一个边界清晰的民族国家的观念。

在欧洲学者对种族的强调之后，在 20 世纪开始书写民族史学的那一代东南亚当地学者中，对于何谓证据提出了更新的标准。在 1900 年代早期的越南，潘佩珠（Phan Boi Chau）受过儒家教育，但也受到了日本学界对社会达尔文主义的解读的影响，他将古老年代记风格的王朝史放在一边，转而关注越南人的种族史以及建构一个国家的使命，这个国家不是以统治者—臣民关系为基础，而是以公民与领土为基础。[2] 在曾经被叫作暹罗的这一地区，作为这一国家为从欧洲统治中独立出来所推行的全面改革的一个方面，出现了全新的史学发展，就 1800—1945 年间的这一区域来看，它

553

---

[1] 参见 Paul H. Kratoska, Remco Raben, and Henk Schulte Nordholt (eds.), *Locating Southeast Asia*：*Geographies of Knowledge and Politics of Space* (Singapore，2005)。

[2] David G. Marr, *Vietnamese Tradition on Trial*，*1920－1945* (Berkeley，1981)，255－256.

的地位是独特的。学者型官员丹龙亲王(Prince Damrong),虽然当时还在继续拥护君主制,但也开始建构一种可以与同时代的欧洲史学相媲美的民族史学。他在 1917 年发表的著作《我们与缅甸人的战争》(*Our Wars with the Burmese*),旨在促进暹罗人民之间的统一感。在书中,他呈现了战争是在不同民族之间,亦即泰国人和缅甸人之间发生的,而不是在王国之间。这种对于促进形成民族国家的泰人种族的强调,在后来的历史学家的作品中可以看得更为清晰,比如銮·威集瓦他干(Luang Wichitwathakan),他从事写作的时期是一个转型时代,种族的定义被浓缩为这一国家的新名字"泰国"。在他的作品中,君主制受到贬低,法国的帝国主义也受到谴责,而且都是从泰国人种族的视角出发的。①

随着东南亚进入殖民统治的最后阶段,毫不意外的是,无论是欧洲人还是当地的历史学家都开始强调他们社会自身中的动态力量,在这儿我们再次发现他们延伸到了社会科学的领域。在 1927 年书写苏门答腊的施里克(B. J. O. Schrieke)充分运用社会学的洞见,例如,借鉴马克斯·韦伯来解释资本主义的到来如何创造了一场"精神革命"。② 特别是荷兰学者,如今开始致力于针对关于东南亚的消极话语的写作,后者认为这一区域的特征就是外部施加的文明的霸权。甚至在探讨早期历史的时候,他们也赋予了东南亚人更大的自主性。博施(F. D. K. Bosch)曾在 1916—1936 年间领导荷属印度的考古机构,在他的解释中,他认为发动了群岛的印度化进程的,不是来自次大陆的人,而是当地人自身。他们追求一种

---

① Charnvit Kasetsiri, ‘Thai Historiography from Ancient Times to the Modern Period’, in Reid and Marr(eds.), *Perceptions of the Past in Southeast Asia*, 166 - 167.

② Schrieke, *Indonesian Sociological Studies*, i. 99;并参见澳大利亚历史学家斯蒂芬·罗伯特斯(Stephen Roberts)在他的 *History of French Colonial Policy* (London, 1929)中对印度尼西亚经济变迁的道路促进了个人主义和"国家概念"的评论:讨论载 Anthony Milner, ‘Southeast Asian Studies in Australia’, in Anthony Reid (ed.), *Southeast Asian Studies:Pacific Perspectives* (Tempe, 2003),119 - 140。

超自然的力量，并派朝圣者去印度朝圣，以获取这种力量。[1]

莱顿大学训练的官员冯·李尔（J. C. van Leur）同样也坚持认为，是地方精英成员开启了将印度宗教观念带入东南亚的运动，并借此试图赋予印度尼西亚的历史以统一性和连续性。他被这样一种论证所吸引，即来自印度的"外国因素"被"改编"和"整合"进了一种"民族化的爪哇特性"中。以采纳伊斯兰的案例为例，他承认每个穆斯林都是"一位信仰的宣传者"，但也坚持认为，在爪哇，"贵族的政治驱动和策略考量也引发了伊斯兰化"。伊斯兰并没有带来一种"更高的文明"；事实上，"大多数的印度教—印度尼西亚文化传统"都是经过加工的。看上去，最令冯·李尔感到不满的是，先前的历史学家对欧洲人抵达这一区域这一问题的处理：同样，太关注外来者，特别是将他们作为变革的驱动者。冯·李尔谴责那些基于欧洲人观点的历史写作，就好像是"在（欧洲）船只的甲板上，在要塞的堡垒里"写的一样。他对以往关于荷兰对印度尼西亚影响的过高估计保持警惕，并且受到了马克斯·韦伯以及关于印度尼西亚人习惯法的人种学研究的影响，强调"事物的自主性和内生性的秩序"，重视"印度尼西亚人民长期持续的独立的历史'发展'进程"。[2] 同样的反思，也反映在了保罗·马斯对"亚洲季风区"的万物有灵论的研究之中。

关注地方社会，包括关注东南亚人创造其自身历史的能力，必然会吸引当地的历史学家。他们中的部分人在高等教育机构中受了训练，或者与西方知识分子，如冯·李尔，或缅甸的佛尼瓦尔，保持了亲密的私交。到了1920年代，他们有可能在缅甸进入仰光大学，师从卢斯（G. H. Luce，蒲甘时期的专家）和霍尔（D. G. E. Hall，他曾因研究英国殖民档案而获得博士学位，并在1949年成为

[1] F. D. K. Bosch, *Selected Studies in Indonesian Archaeology* (The Hague, 1961), 18-19; and Casparis, 'Historical Writing on Indonesia', 156-157.

[2] J. C. van Leur, *Indonesian Trade and Society* (The Hague, 1955), 261, 114-115, 95-96; and Legge, 'Southeast Asian History', 7-9.

伦敦大学东南亚史的第一位教授）。1930 年代，法国人改善了河内大学的条件，由此可以部分减少学生远赴法国的机会，从而避免他们与激进思想接触。1920 年代，讲法语的东京互助指导协会（Tonkin Mutual Instruction Society）促进了对越南人历史的研究。[1]通过官方档案馆的系统发展（例如，为了英国人、荷兰人和法国人的殖民服务而建立的那些档案馆），以及对藏于巴黎、伦敦和莱顿的主要图书馆（以及藏于殖民地当地的）的大量东南亚手稿材料的收集和归类，史学研究也获得了便利，并实现了专业化。

伴随着这种强调本土活力的新型历史编纂的发展，銮·威集瓦他干的"泰人民族"如今可以被理解为实现了他们的命运；孔拉多·贝尼特斯（Conrado Benitez）的《菲律宾史》（*History of the Philippines*，1926 年）也将菲律宾人（Filipinos）视为一种具备"吸收并同化外国文化有益因素"，并"成长为在社会和政治上成熟"的一种人的能力，——此书仍然落入"种族"和"进步"的话语。[2] 在印 555 度尼西亚，民族主义领袖苏加诺（Sukarno）立志要以其辉煌过去的典故来激发他的人民，此人实际上曾在很短的一段时间内教授过印度尼西亚史。在 1940 年代，印度尼西亚历史学家穆罕默德·亚敏（Muhammad Yamin）书写了关于 14 世纪满者伯夷帝国副首相日惹·马达（Gadjah Mada）的作品，指出他的成就在于统一群岛，——此人曾在雷希特斯霍格学校（Rechtshogeschool，未来的印度尼西亚大学法学院的前身）受过训练。他同时也赞许了 19 世纪反抗荷兰人的爪哇亲王蒂博尼哥罗（Diponegoro）的斗争。在越南，史学著作的发表异常活跃，参与反抗外来者（中国人、法国人）的统治运动的人物传记也同样很流行，他们为未来提供了楷模。正是在此处，既强调历史是一种过程，也将其强调为一种辩证。陶继英（*Đào Duy Anh*）《越南文化史纲要》（Viêt Nam văn hóa su' Cu'o'ng，1938 年）将文化视为"不断发展的事物，而非是一种不受时间影响的可供取

---

① 　Marr, *Vietnamese Tradition on Trial*, 40‐41.
② 　Ileto, *Knowing America's Colony*, 8.

用的仓库，要么喜欢，要么厌恶"，正如大卫·马尔的解释一样。[1]

一些当地历史学家的写作是为了支持以某些殖民领地为据点建立的民族—国家，例如贝尼特斯写的菲律宾史；也有另外一些人，通常是受到了一种"种族"观的影响，渴望提升另外一种共同体。爪哇和苏门答腊都是被研究和赞颂的对象。[2] 在一本 1925 年发表、写于英属马来亚的《马来世界史》（Sejarah Alam Melayu）中，阿卜杜·哈迪（Abdul Hadi）提倡一种群岛范围的"马来"观，甚至将爪哇当做"马来"来处理。这是一种为了未来的、以种族为基础的国家而写的历史，作者是一所教师培训学院（这所学院由一位英国人为了促进历史学发展，以及马来社会的现代化而创办）的讲师，这种史学在观念上超越了欧洲人对当时的英属马来亚和荷属印度的区分。[3] "阶级"同样变成了一种分析单位，特别是对那些深受马克思主义意识形态影响的人而言。印度尼西亚人谭·马六甲（Tan Malaka）谴责了先前的君主是封建式的，并期待创立一个从各种奴役中解放出来的印度尼西亚民族。正如我们在许多越南人的历史写作中所看到的，马克思主义对于历史进程的解释，不仅说明了欧洲帝国主义的兴起，而且也为反殖民斗争的未来的命运带来了一种乐观感受。

尽管"民族主义""种族"和"进步"（以及"阶级"）在很大程度上都是外来输入的概念，而且这一区域民族的各种历史（甚至是在由这些本土历史学家所写就的作品中）经常是以一种重述欧洲史的方式被建构的，但是，对于"泰国性"或"印度尼西亚"（或更为宽泛

---

①   Marr, *Vietnamese Tradition on Trial*, 275.

②   Anthony Reid, 'The Nationalist Quest for an Indonesian Past', in Reid and Marr (eds.), *Perceptions of the Past in Southeast Asia*, 281-298.

③   Anthony Milner, 'Historians Writing Nations: Malaysian Contests', in Wang Gungwu(ed.), *Nation Building: Five Southeast Asian Histories* (Singapore, 2005), 140-141; and Soda Naoki, 'Indigenizing Colonial Knowledge: The Formation of Pan-Malay Identity in British Malaya', Ph. D. thesis, Kyoto University, 2008.

的"马来"统一体)的期望,能够唤起一种东南亚的能动性和自主性
的感觉。正是为了要建立"事物的自主性、内生性秩序",才要求大
量的研究以及推理;这一渴望也预示着一种可能,即这一区域的人
民也许不仅会获得政治上的,而且也会获得文化上的独立性。在
1945 年之后,外来的与本地的历史学家决心肩负起这样一种起初
被称为是东南亚社会"自律的历史"的理想,如今他们的写作越来
越以大学为据点,而且新兴民族国家已经巩固。

大事年表/关键日期

1786 年	英国在槟榔建立一个据点
1816 年	荷兰势力重新占据爪哇(在拿破仑战争期间,英国人曾一度占领这一区域);直到 20 世纪初,荷兰势力继续在群岛上扩展
1824 年	英国袭击缅甸
1862—1867 年	越南的南部省份割让给法国人
1863 年	法国人的保护在柬埔寨全境建立起来
1868—1910 年	改革派暹罗国王朱拉隆功(Chulalongkorn)在位
1874 年	邦咯州(Pangkor)与霹雳州(Perak)达成共识:马来半岛上的英国人的大推进运动(British Forward Movement)开始
1884 年	法国人的受保护领地在安南和东京地区(越南)建立
1885 年	英国人征服上缅甸地区并终结了贡榜王朝(the Konbaung dynasty,1752—1885 年)
1886—1907 年	暹罗割让领土给法国人
1896—1902 年	菲律宾革命(反抗西班牙人)以及美国征服菲律宾群岛
1908 年	第一个有影响力的政治组织在印度尼西亚创建(Boedi Oetama)

主要历史文献

Barrows, David P., *A History of the Philippines* (Indianapolis, 1905).

Benitez, Conrado, *History of the Philippines* (1926; Boston, 1940).

557　Blair, E. H. and Robertson, J. A. (eds.), *The Philippine Islands, 1493 – 1898*, 55 vols. (Cleveland, 1903 – 1919).

Bosch, F. D. K., *Selected Studies in Indonesian Archaeology* (The Hague, 1961).

Coedes, George, *The Indianized States of Southeast Asia* (Honolulu, 1968); orig. pub. as *Histoire ancienne des etats hindouises d'Extreme-Orient* (Hanoi, 1944).

Crawfurd, John, *History of the Indian Archipelago*, 3 vols. (Edinburgh, 1820).

Cultru, Prosper, *Histoire de la Cochinchine française des origines ¨ ☒ 1883* (1910; Ithaca, 1980).

Prince Damrong Rajanubhab, *Our Wars with the Burmese* (1917; Bangkok, 2001).

Fruin-Mees, W., *Geschiedenis van Java* (Weltevreden, 1922).

Furnivall, J. S., *Netherlands India* (1939; Cambridge, 1967).

Harvey, G. E., *History of Burma* (New York, 1925).

Krom, N. J., *Hindoe-Javaansche Geschiedenis* (The Hague, 1931).

Van Leur, J. C. , *Indonesian Trade and Society* (The Hague, 1955).

Majumdar, R. C. , 'Ancient Indian Colonization in the Far East', in *India and South east Asia*(1940; Delhi, 1979).

Marsden, William, *The History of Sumatra* (1783; 3rd edn, London, 1811).

Mus, Paul, *India Seen from the East* (1933; Clayton, Victoria, 1975).

Netscher, E. , *De Nederlanders in Djohor en Siak*(Batavia, 1870).

Phayre, Arthur P. , *History of Burma*(1883; London, 1967).

Raffl es, Thomas Stamford, *The History of Java*, 2 vols. (1817; Kuala Lumpur, 1965).

Schrieke, B. J. O. , *Indonesian Sociological Studies*, vols. 1 – 2(The Hague, 1955,1957).

Stapel, F. W. (ed.), *Geschiedenis van Nederlandsch Indie*, 5 vols. (Amsterdam, 1938 – 1940).

Symes, Michael, *An Account of an Embassy to the Kingdom of Ava* (London, 1800).

参考书目

Carroll , D. J. , 'William Marsden and his Malayo-Polynesiam Legacy', Ph. D. dissertation, Australian National University, 2005.

Cowan, C. D. and Wolters, O. W. (eds.), *Southeast Asian History and Historiography*: *Essays Presented to D. G. E. Hall*(Ithaca/ London, 1976).

Hall, D. G. E. , *Historians of South East Asia*(London, 1961).

Herbert, Patricia and Milner, Anthony(eds.), *South-east Asia*: *Languages and Literatures*, *A Select Guide*(Honolulu, 1989).

Ileto，Reynaldo C. ，*Knowing America's Colony*(Hawaii，1999).

Legge，J. D. ，'The Writing of Southeast Asian History'，in Nicholas Tarling (ed.)，*The Cambridge History of Southeast Asia*，vol. 1(Cambridge，1992)，1 – 50.

Marr，David G. ，*Vietnamese Tradition on Trial*，*1920 – 1945* (Berkeley，1981).

558 Milner，Anthony，'Southeast Asian Studies in Australia'，in Anthony Reid (ed.)，*Southeast Asian Studies：Pacific Perspectives*(Tempe，2003)，119 – 140.

Quilty，Mary，*Textual Empire：A Reading of Early British Histories of Southeast Asia*(Clayton，1998).

Reid，Anthony and Marr，David(eds.)，*Perceptions of the Past in Southeast Asia*(Singapore，1979).

Reynolds，Craig J. ，'A New Look at Old Southeast Asia'，*Journal of Asian Studies*，54：2(1995)，419 – 446.

Soedjatmoko(ed.)，*An Introduction to Indonesian Historiography* (Ithaca，1965).

孙 琇 译

第二十七章　奥斯曼帝国晚期与
土耳其共和国早期的
历史书写①

杰马尔·卡法达尔

哈坎·T.卡拉泰凯

　　奥斯曼人编纂人名辞典的传统源远流长,其涉及的范围很广,从诗人到学者、从政治家到园艺师无所不包。然而,直到 1843 年才首次编纂历史学家的人名辞典。当时,被委以此任的是麦赫迈德·杰马莱丁(Mehmed Cemaleddin),他是奥斯曼帝国的官办报纸《时务报》(*Taqvim-i veqayi/Calendar of Events*)的编辑和校勘。麦赫迈德·杰马莱丁坦承,自己难以考察所有那些存放在手稿图书馆里的、未刊布的史著,也很难搞清那些名不见经传的作者,因此,他决定仅仅收入那些其作品被广泛阅读的作者,他最终收录了46 位史家,涵盖的时间从 16 世纪到 19 世纪 40 年代。② 麦赫迈德只做了一项明确的分类,即把那些当过帝国史官的作者作为一组(vaqanüvis),其余的作为另一组(müverrih)。虽说第一组中的史家们从国库里领取俸禄,但第二组里的那些人也不是自由职业

---

① “奥斯曼的”历史书写肯定要包括奥斯曼帝国的所有臣民以任何语言——包括阿拉伯语、亚美尼亚语、波斯语或塞尔维亚语——所写的史著。尽管应该对奥斯曼帝国领土上所有的历史书写做一个比较性的考察,但出于实际考虑,本章仅考察那些以土耳其语写作的历史学家。

② Mehmed Cemaleddin, *Osmanlı tarih ve müverrihleri*: *Âyine-i zurefa* (Istanbul, 1314/1896 - 1897),4;新版参见 M. Arslan(Istanbul, 2003),25。

者。直到 19 世纪，奥斯曼人的大部分历史著述要么是由朝廷直接委派的任务，要么就是由作者本人呈递给当朝大员，以期获得金钱的回报或专业的认可，写史者或与朝廷关系密切，或就是在朝为官。在 19 世纪以前，一个人很难独立地专业修史而生活无虞；更多情况则是，史家在伊斯坦布尔一个当朝官员的资助下著述。

560　　　这就造成了两个显著的后果。其一，帝国意识形态成为 15 世纪以后历史书写的一般性框架，其最突出的特征就是避免伤及国家的根本原则，如奥斯曼帝国确保"世界秩序"（*nizam-i alem*/ *world order*）的那些统治信条，也不去触碰帝国当下的政策，否则，就可能危及到通常所说的"宗教与国家"的大厦，亦即现政府。有几个众所周知的例子，说的就是史官向朝廷献出一部作品后被建议回去重写某些部分，尤其是那些与时政直接相关的记载。[①] 然而，对于政府政策的批判性评论确实还是会渗透在很多作品中，这些或者源于史家本人（如 18 世纪早期的奈玛［Naima］）的批判性思维，或者来自史家对于不能实现的前景的挫败感（如 16 世纪末的阿里［Âli］），或者是源自史家与统治阶层某些成员之间的个人性的冲突或不满（如 19 世纪早期的库什玛尼［Kuşmani］）。尤其是在 16 世纪晚期之后，那些带有批判视角的人将很多事情解释为失序和衰落的迹象，并将其与从穆罕默德二世（Mehmed II）到苏雷曼一世（Süleyman I）的伟大时代相对比；这种充斥于分析和论辩之中的衰落-改革话语，曾引起强烈共鸣。随着前苏丹们的政策在当下的政治和思想语境中的过时，帝国的编年史家们也能够直接或间接地批评这些前苏丹。史家们也会用这种策略来拐弯抹角地批判现政府。其二，由于大部分史家都是在朝为官或者为朝廷写作，这样，他们的作品就往往是以伊斯坦布尔为中心的，并且是从帝都的视角来著述的。伊斯坦布尔是世界的中心，所有的地方性事件，仅当其与帝都的事件相关时才

---

① 引自 Bekir Kütükoglu，'Vekâyinüvis'，*İslam ansiklopedisi*，13（1982），282。

会被提及。

在奥斯曼的文学传统中,诗歌总是一种比散文更著名的体裁。与普遍的中东传统一致,诗歌被视为原创性想象力(original imagery/bikr-I mana)的沃土,而且,创造性的确是一个成功诗人的基本前提之一。这也就是为什么在文人当中只有诗人被认为值得拥有独立的传记辞典,这不是因为职业身份,只是因为他们的写作体裁。由此,直到 19 世纪才为史家编纂独立的传记辞典,这并不必然意味着对于历史著述本身缺少兴趣。17 世纪以后,作为历史叙述的一种媒介的奥斯曼诗歌衰落了,到 19 世纪,诗歌已经让位于更为"理性的"散文体。

奥斯曼帝国的历史书写是由明确的期待所主导的。不管是要准确地叙述材料,还是要访谈事件见证人,经验主义尤其是对于档案资料的运用至关重要。然而,对于确切证据的系统使用,如铭文或硬币,还不是司空见惯的方法。很多作品,尤其是那些帝国编史者所写的作品,完整地转录了重要的文献,这显然是一个优点。然而,对于国家档案的批判性评价还不常见。诗歌具有保护性机制用以预防对意象的剽窃,但史家们却可以随意地转录大段的文献而无需注明出处。不过,确实有人注意到了这个问题,有几个史家已经谨慎地确认了其资料来源。一个作者的风格、分析技巧和作品的组织架构——更不用说其机敏——是作品质量的决定性因素,但几乎没有人关心原创性。由于事件不可能是创造性想象的产物,而是被看见或被记载的,一旦被记录下来,这些记载就会被当成是共有的财产。

帝国的编年史

自 18 世纪早期以来,奥斯曼朝廷就会常规性地聘用帝国史官,整个帝国编年史的开端是 17 世纪,中间有几年是空白,因为当时帝都发生了叛乱,苏丹阿卜杜哈米德二世(Abdülhamid II, 1876 –

561

1909 年间在位）统治的大部分时期没有来得及书写。[①] 一个惯常
的规矩就是，一旦被任命，史官就会从他前任停止的地方开始继续
记载。这就可能要求他来处理之前时代的事件，理想的做法是根
据其前任的记载并使用国家档案。他也被期待记载当下的事件，
对此，他会整合成一个内在一致的叙述并呈送给朝廷，抑或留下来
作为其继任者的材料。

帝国史官通常是从当朝官员中遴选，更经常地是从著名的宫廷
书吏（hacegan）中选择，或者是来自乌莱玛阶层的成员（不管是法学
的或者职业的背景）。他们通常是受过很好的文献学、宗教学和其他
学科训练的学者，但不一定是历史学。实际上，文献学技能和书信体
写作的技巧往往是被任命为史官的基本条件。在 19 世纪，还可以发
现另外一种做法：尽管仍然是根据其文献学技能来遴选的，但帝国
史官现在是从官方报纸《时务报》（1831 年出版的第一期）的作者和
编辑中任命的。除了艾赫迈德·杰乌代特，19 世纪所有的帝国史官
都在该报任过职。（关于 19 世纪的帝国史官名录，见表格 27.1）

562

表 27.1　19 世纪的帝国史官及其作品涉及的年限

史家	在职时间	作品涉及年限
艾赫迈德·瓦瑟夫 （Ahmed Vasıf）	1799—1806	1800—1804
麦赫迈德·派尔泰武 （Mehmed Pertev）	1807（5 个月）	留下一些零散笔记
厄迈尔·阿米尔 （Ömer Amir）	1807—1808（3个月）	留下一些零散笔记

[①] 比如，1142/1729—1730 与 1201—1202/1787—1789 这两个时间段的记载已经
丢失了。参见 Mehmed Ârif, 'Silsile-i vukuat-ı Devlet-i aliyyeden zabt edilmeyen
1142 senesi hadisatı', *Tarih-i Osmani Encümeni mecmuası*, 1(1328/1910), 53 -
64; Christoph K. Neumann, *Das indirekte Argument: ein Plädoyer für die Tan
zīmāt vermittels der Historie: die geschichtliche Bedeutung von Aḥmed Cevdet
Paşas Ta'rīḥ* (Münster, 1994), 32;还可以参阅 Kütükoglu, 'Vekâyinüvis', 271 -
287。

续　表

史家	在职时间	作品涉及年限
艾赫迈德·阿瑟姆 （Ahmed Asım）	1808—1819	1805—1808 年 7 月
沙尼扎德 （Şanizade）	1819—1825	1808 年 7 月—1821 年 8 月
麦赫迈德·艾萨德 （Mehmed Esad）	1825—1848	1821 年 9 月—1825 年 7 月
莱扎伊·麦赫迈德 （Recai Mehmed）	1848—1853	作品未知
纳依尔·麦赫迈德 （Nail Mehmed）	1853—1855	作品未知
艾赫迈德·杰乌代特 （Ahmed Cevdet）	1855—1866	1774—1826*
艾赫迈德·鲁特菲 （Ahmed Lutfi）	1866—1907	1825 年 8 月—1876 年 5 月 （1876—1908 年这一段丢失）
阿卜杜拉赫曼·赛莱夫 （Abdurrahman Şeref）	1909—1919	1908 年 7 月—1909 年 8 月**

＊不是原先编年史的继续；

＊＊他很可能还有更多作品

　　在 19 世纪，奥斯曼帝国对编年史家有一个通用称号（vaqanüvis），其字面意思就是"记事人"（event-writer）。某种类型的事情可以够得上是一个典型的事件，比如宫廷的、外交的以及军事的事务与职务任命，以及死去的重要人物的传记。有一些史家非常清楚如何利用更多的细节使叙事生动起来。艾赫迈德·杰乌代特写的传记，巧妙地穿插着一些更为严肃的政治事件，还有娱乐性。在导论部分，讨论历史书写的哲学和方法论也并非罕见。事件被按照编年顺序以一种线性的、单向度的风格来记述，按月和年来组织，尽管也不乏倒叙。有时，当事件本身延续到第二年，叙事就会中断，然后会在下一年的标题下接着写。

　　大部分编年史家的影响力是有限的。他们的作品还处于未经编辑的状态，他们的历史著述的根本特征还没有受到相应的学术重视。有一个突出的例外是艾赫迈德·杰乌代特，他写了十二卷的历史，跨越的年代是 1774—1826 年，由于出版得早，而且作者写得很流畅，这一作品对后来关于该时期的历史研究影响很大。[①] 然而，杰乌代特只能算是个另类，因为他没有把自己的作品写成过去的帝国编年史的续集。最初，是科学院（Academy of Sociences/Encümen-i daniş）任命他从事一项重估改革时代的任务，只是后来他才被任命为史官。此外，他的出名不是因为他的历史著述，而很可能是因为他那诙谐且八卦的笔记（Tezakir/journals），在当帝国史官期间他一直保持着这一习惯。

艾赫迈德·鲁特菲（Ahmed Lutfi）当了四十余年（1866—1907 年）帝国史官，他因为用《时务报》作为主要资料而饱受批评[②]，但考虑到这一官方报纸的特性，对他的批评也不是完全立得住。《时务报》或多或少是作为事件的"博客"出现的，与日志（ceride-iyevmiyyes/daily journals）并没有太大的区别，这是史官们习惯于保留的，主要是作为原始材料传给继任的史官用。如我们所见，这份报纸的几个作者和编辑都是帝国史官。因此，有理由相信《时务报》几乎被当成是同时代的编年史。它不可避免地被视为历史书写的一种新媒介，并且是在悄悄地表达着国家对事件的立场。《时务报》的出版者在第一期中提到，有时候可能要等二三十年人们才能看到对近来事件的历史书写，而这份报纸的目的之一就是为人们提供直接的历史记载。报纸中所能够被称为"新闻"的事件与帝国的编年史中所囊括的事件没有多大差别。

---

① Ahmed Cevdet, *Tarih-i Devlet-i aliyye*, 12 vols. (Istanbul, 1854 – 1884).

② 比如可以参见谢立夫（A. Şeref）对艾赫迈德·鲁特菲的《历史》（*Tarih*, Istanbul, 1906, 3）第八卷的导论, 3；Mükrimin Halil Yinanç, 'Tanzimattan Meşrutiyete kadar bizde tarihçilik', in *Tanzimat I* (Istanbul, 1940), 575；and Ercüment Kuran, 'Ottoman Historiography of the Tanzimat Period', in Bernard Lewis and P. M. Holt(eds.), *Historians of the Middle East* (London, 1962), 423。

第二十七章 奥斯曼帝国晚期与土耳其共和国早期的历史书写

艾赫迈德·鲁特菲有他自己的不满。显然,他在自己所负责的时期里没有得到足够的资料,查阅档案对他来说也不方便。然而,他不满的最主要原因似乎是帝国史官之重要性和名望的消退。19世纪中期出现了对编年史书写传统的批评。莱扎伊·麦赫迈德(Recai Mehmed)在1848年被任命为史官,他一上任就给大维齐递上了一封情真意切的请愿书,这表明,即使是帝国史官本人也在这个节点上发现了上述传统的问题,[①]莱扎伊要求给自己派个助手,他顺便提出,传统做法不可避免地制造了片面的历史记载,如果能够使用那些从不同视角(比如,与奥斯曼国家处于冲突中的政治实体)写下的基本材料的话,就会形成更为平衡的看法。莱扎伊·麦赫迈德由此认为他的前任们的著述的主要缺点就是材料的单一性。[②]

在之后关于历史书写的讨论中,针对早期修史的这种类似不满几乎已经成为某种标准线,而在腔调上也变得更为严厉和轻蔑。史官们再次成为被攻击的目标,但批评的重点已经不一样,大部分批评是围绕着史官们的述而不论,即他们只是按照时间顺序记录了事件,但没有阐释事件之间的因果关系;他们著史主要就是为了使权贵们的行为合理化。在1910年代,一个名叫麦赫迈德·穆拉德(Mehmed Murad)的来自达吉斯坦的移民,他指责备受欢迎的历史学家艾赫迈德·莱菲克(Ahmed Refik),说他过分地为前任大维齐的政治行为做粉饰,当然也包括其他的一些事情,艾赫迈德·穆拉德说莱菲克的态度就像是个"老气横秋的史官"。针对这些指责,莱菲克说自己与任何编年史书写的传统都没有关系;在比较他所讨论的事件的两个材料时,莱菲克显然对18世纪的史家拉什德(Raşid)不屑一顾,相反,他称赞了德国历史学家威廉·比格

---

① 这被记录在 Mehmed Cemaleddin, *Osmanlı tarih ve müverrihleri*, 105 – 111; Arslan edn, 99 – 103。

② 相似的批评也出现在哈伊鲁拉的书中(Hayrullah Efendi's *Veqayi-i Devlet-i aliyye Osmaniyye*, Istanbul, 1856 – 1875)。

(Wilhelm Bigge)。[1]

随着历史书写发展成为一个学术的和研究性的学科,很多新一代历史学家们痛惜他们前辈的奥斯曼史学家和修史者们没有写出分析性的专著。围绕编年史之价值的争论,对土耳其的历史学有重要影响。现代历史学与这些记事之间存在矛盾:一方面,在编年史中,除了战争、官方的任命或者苏丹的活动之外,几乎没有什么别的信息;另一方面,大概是由于编年史的记载连续不断而且容易获取,现代史学又广泛地利用了编年史的材料,这样,编年史也就继续塑造着关于奥斯曼帝国的现代历史学。

独立的历史

直到 19 世纪,模范的历史叙事仍然是那种广为流传的、冗长的、有声望的历史,它是由朝廷所生产的,或者就是献给某个朝中大员的。即使是在那个时候,通过复制或摘录,历史作品也可以得到进一步传播,甚至可以说,那时的叙事技巧和历史方法存在某种统一性。自那以来,尤其是在 19 世纪后半期,历史著作的数量迅速增长,其涉及的主题以及所用方法的多样性也在增加。随着历史书写的民主化,宫廷和中央官僚不再是历史作品的唯一中心,作为范式设定者的这种悠久的传统历史日益失去了吸引力。出现这一趋势有几个原因。作为 19 世纪教育政策的结果,受教育人口的比例——除了那些作为官方书记员在宫廷接受教育者或者在麦德莱赛(medreses,指宗教学校)接受教育的——大大增加了。新的学校体系造就了新的历史写作者,并扩大了读者群。随着历史学家之教育背景的变化,越来越少的出身于乌莱玛(ulema)的史学家还在以传统的波斯和阿拉伯的历史书写形式著述。还有一个趋势,

565

---

[1] 关于这个争论的具体内容可以参见 Christoph Herzog, *Geschichte und Ideologie*: *Mehmed Murad und Celal Nuri über die historischen Ursachen des osmanischen Niedergangs*(Berlin, 1996),83-87。

第二十七章　奥斯曼帝国晚期与土耳其共和国早期的历史书写

就是一些来自俄罗斯帝国的讲突厥语的移民进入了奥斯曼帝国。在奥斯曼帝国末期和共和国早期的几个著名历史学家都是在沙俄接受的教育。最后，报纸在 19 世纪中期已经开始为政治讨论提供新的平台，苏丹阿卜杜哈米德二世以铁腕实行统治，书报审查使很多公共知识分子转向历史书写，这是政治评论的避难所。[1] 19 世纪末 20 世纪初的主要政治意识形态的理论基础——也就是奥斯曼主义和土耳其民族主义——主要就是通过历史书写建立起来的。

一个成熟的奥斯曼作家一般至少会运用三种经典的伊斯兰语言，即土耳其语、阿拉伯语和波斯语。此外，还有人能够阅读书面的希腊文和拉丁文作品，也有一些人能读德文作品以及日益增长的法文作品。人们越来越渴望运用来自当时西欧的推理与治学方法，这随之塑造了历史书写和其他的文学与科学生产。这一趋势的一个更大的推动力就是逐渐与波斯和阿拉伯的历史传统决裂。

欧洲历史作品被译成土耳其语或者直接作为未经翻译的资料来源，是引进新的历史学方法的途径之一。这个时期，土耳其的历史书写对于非奥斯曼的历史书写没有做出什么原创性的贡献：所有关于非奥斯曼历史的作品要么是直接从欧洲作品翻译过来的，要么就是别的编译。约瑟夫·冯·汉默-普格斯塔（Joseph von Hammer-Purgstall）的巨著《奥斯曼帝国史》（*Geschichte des Osmanischen Reiches*，10 卷本，1827—1835 年出版）是发挥了广泛影响的主要作品之一。汉默的作品受到毫不犹豫的欢迎，跟约翰·津克森（Johann Zinkeisen）的同样令人印象深刻的七卷本奥斯曼国家史（1840—1863）不一样，后者只是运用了欧洲资料，故几乎没有被接受。[2] 一个重要的原因应该是汉默对土耳其语的掌握以及他对奥斯曼资料的广泛运用（有些甚至还早于土耳其的历史学者）。哈伊鲁拉的《奥斯曼国家史》（1856—1875），在其刊行的那些

---

① Neumann, *Das indirekte Argument*, 5.

② Johann Wilhelm Zinkeisen, *Geschichte des osmanischen Reiches in Europa*, 7 vols. (Hamburg, 1840‑1863).

年是相当被人推崇的，该书显然也是深受汉默全部作品的法文译本的影响。其他的著名历史学家们，不管是严肃的还是通俗的，像是纳默克·凯末尔（Namık Kemal）、卡米尔·帕夏（Kamil Paşa）以及阿卜杜拉合曼·谢立夫（Abdurrahman Şeref）也都受到汉默作品的影响，他们经常从其作品中引述观点和段落。[①]

奥斯曼帝国的历史书写在传统上将自身以及它的主要对象——奥斯曼王朝——视为内在于伊斯兰历史的一个篇章。在19世纪，并没有出现基于特别材料的、开创性的伊斯兰历史。艾赫迈德·杰乌代特的《先知们的传说与哈里发们的历史》一书广受欢迎，主要是因为其清晰晓畅的语言。很多19世纪之前的"普世"历史的叙事，有一些以创世开始，之后往往会写伊斯兰教的兴起，进而就是对奥斯曼帝国历史的详细叙述。历史被认为是向着其不可避免的终点前进的（尽管不一定就是"进步"），那个终点就是世界末日或审判日，而不朽的奥斯曼帝国——如其所称——被视为伊斯兰历史的最后一个重要时期。对于东西方历法、君主的称号或帝王谱系的区别处理确实存在，但是，非伊斯兰的历史在任何的奥斯曼普世史中都不突出，或者涉及很少。但19世纪开始出现对普世主义的全新理解。新一代历史学家对早期的传统不屑一顾，他们转向了主导性的、以西欧为中心的历史书写。像穆斯塔法·杰拉莱丁（Mustafa Celaleddin）这样的民族主义历史学家，他希望能够给土耳其人在世界历史民族之林争得一席之地并拥有"真正的"历史，因此他力图证明土耳其人是白种的雅利安人。即使是在民族主义话语兴起之前，艾赫迈德·杰乌代特的《历史》已经将奥斯曼历史视为世界史的一部分和重要一块，这样的世界史当然是以欧洲为中心的。哈伊鲁拉也在其《奥斯曼国家史》中采取了类似的图式，该书是在1856年开始出版的。在其于1886年出版的《现时代全史》（*Mufassal tarih-i qurun-ı cedide*）中，艾赫迈德·米德哈特（Ahmed Midhat）——一个多产的记者和通俗历史作者——坦率地

---

① Yinanç, 'Tanzimattan Meşrutiyete kadar bizde tarihçilik', 577.

第二十七章 奥斯曼帝国晚期与土耳其共和国早期的历史书写

批判了早期奥斯曼史家,主要关注的就是他们没有处理伊斯兰文明之外的其他文明。较早的时候,米德哈特已经倡议出版一套叫"世界"("The Universe")的历史丛书系列,计划是先在他的报纸上发表,然后再出版十几卷。第一部分(欧洲)包括了现代欧洲各民族国家的历史,而第二部分(亚洲)只有一卷得以出版,是献给奥斯曼帝国的。米德哈特的这项出版事业可能主要也不是作为优秀的历史作品来规划的,因为它们实际上是从法文翻译过来的,但它们倡导了新的世界观。

通过翻译的作品,奥斯曼人原本不熟悉的历史分期开始出现。 567 艾赫迈德·希尔密(Ahmed Hilmi)是编译局的助理办事员,他在威廉·钱伯斯(William Chambers)的作品(奥斯曼土耳其语中最早的被翻译过来的"世界史",1866—1878 年出版)的编译前言中提到了历史分期的差异。① 第一卷中以埃及文化开始,有很多古代文化遗迹的插图,后面是腓尼基人、亚述人及其他文明。艾赫迈德·希尔密提到一种历史分期(当然是奥斯曼式的),把历史划分为如下三个时期:从亚当被创造到穆罕默德的迁徙(希吉拉,从麦加到麦地那,事在公元 622 年——译注)的古代、从希吉拉到征服君士坦丁堡(事在 1453 年——译注)的中世纪、从征服君士坦丁堡后到译者生活的时代。然而,如译者所言,钱伯斯用了不同的事件来标志相同的分期:从亚当被创造到罗马帝国的陷落、从罗马帝国的陷落到新世界的发现、从新世界的发现到作者自己生活的时代。艾赫迈德·希尔密并未具体讨论这一差异,这种历史分期甚至延续到20 世纪,当时关于世界历史的欧洲中心论开始主导土耳其史学。

很多较小的作品,有些是在不同的省份写成的,大部分可能作为手稿都消失了,剩下的就是通过印刷扩散的。更为简单的发表方式是把作品在报纸或杂志上连载。一个典型的代表是克里特的

---

① *Tarih-i Umumi*, 6 vols. (Istanbul, 1866 - 1878). 苏格兰出版商威廉·钱伯斯和他的兄弟出版了不少的大众参考书,包括 *Chambers's Encyclopedia* (1859 - 1868)。我们无法确认到底用了他们的哪本书,但导论显示确实来自钱伯斯。

阿特夫·穆罕默德(Atıf Mehmed of Crete),他的《原理的起源》是在当地的一份叫《觉醒》的报纸上发表的,并不是什么重要的历史作品。[①] 关于一些重要的事件或军事行动都会有不少的小册子和专著发表。由于跟所记载的事件离得太近,现代学者一般会将这些作品视为调查报告(经常带有明显的倾向性)。奥斯曼人将这些作品统统划在历史主题下。此外,也有一些内乱的见证者写的东西,有一些就是当地人或者当差的官僚自己写的。比如1769年苏雷曼·派纳写的《莫拉地区反叛史》,作者本人就是莫拉地区的会计,再比如,拉希德于1874年写的《关于贝尔格莱德与塞尔维亚惊人事件的历史》,作者就是一个地方官。其他被视为史著的作品还包括出于下列目的而写的书:论证一个政治职位的合理性,赞美军事行动或者表赞官员。引人注目的例子是那些1808年苏丹塞里姆三世被推翻和谋杀后所写的作品、关于克里米亚战争的作品(1853—1856)以及1826年时消灭禁卫军的记载。关于消灭禁卫军,有几本歌功颂德的作品,其中一本是由帝国史官麦赫迈德·艾萨德(Mehmed Esad)写的,标题是《胜利的本质》,就是在禁卫军被消灭的那年由官方出版的。

19世纪,一些关于奥斯曼帝国治下阿拉伯领土的作品,更接近于民族志。作者们的写法通常代表了欧洲东方学的延伸,尤其是他们的主要目的是结束这些地区的动乱,并让那些引起叛乱的人名誉扫地。艾玉卜·萨伯利(Eyyub Sabri)在希贾兹待了几年,是一个高级军官,他写了一本关于瓦哈比运动的书,在书中有几部分他提到了当地人的"奇异的风俗",这些人后来成为该派别的成员。[②] 在其他几本历史著作中,也门也是一个充满异域情调的边远地区,这些书经常表现出某种殖民者的视角。艾赫迈德·拉希德(Ahmed Raşid)也是一个军官,他写了一本信息量比较大的《也门

① 我们无法找到这份报纸的全部内容,上述信息是根据 Mehmed Tahir, *Osmanlı Müellifleri*, 3(1925),110。

② Eyyub Sabri, *Tarih-i Vehhabiyyan*(Istanbul, 1878).

与萨那史》(*Tarih-i Yemen ve Sana* [History of Yemen and San'a], 1874)，在书的结尾他相当真诚地描述了当地人民的某些风俗，说那是因为无知和缺乏教育造成的。还有一个叫穆斯塔法·哈密(Mustafa Hami)的军官也写了一本"带插图的"专著，不过没有出版，他的文本和插图主要是关于当地的奇风异俗和军事事务。

关于制度的历史总是令人着迷的，尽管那主要是制度与规则的汇编。然而，19世纪的时候可以发现一种对此主题的不同处理方式。作为一个在内宫长大的内部观察者，麦赫迈德·阿塔(Mehmed Atâ)创作了一部五卷本的历史，部分是人名辞典，部分是文选，部分也是制度与轶事的历史。[1] 显然，该书关注的中心是宫廷，关于宫廷生活与礼仪的部分是基于作者本人的亲身经历。此外，关于军事制度的一些作品也在此时期出现了。通过运用大量的资料和档案，艾赫迈德·杰瓦德(Ahmed Cevad)的《奥斯曼军事史》(1882)第一卷巧妙地处理了禁卫军的体制、组织和历史，其十卷中的两卷还作为手稿保存在伊斯坦布尔大学图书馆。

在奥斯曼史学中，当地的城市史令人惊讶地罕见。比如，一些早期关于伊斯坦布尔的描述，也是以某种历史视角讲述的，比如，艾乌利亚·切莱比·柯缪尔珠岩(Evliya Çelebi Kömürcüyan)[2]，或者是以传奇汇编的形式，比如《君士坦丁堡与圣索菲亚的历史》，但实际上这些都算不上城市史。有几本书是关于重要建筑与铭文的，其中著名的比如有艾宛萨拉伊(Ayvansarayi)的18世纪晚期的《清真寺的花园》，该书主要是汇编了清真寺的信息，但也有关于清真寺周边建筑的描述。19世纪的时候，撒特贝伊(Satı Bey)对该书做了相当程度的补充和重编。穆斯塔法·瓦泽(Mustafa Vazıh)的书《阿玛西亚事件花园中不动的夜莺》(*Belabilü'r-râsiye fi riyazi*

569

---

[1]　Tayyarzade Ataullah, *Tarih-i Ata*, 5 vols. (Istanbul, 1876).

[2]　Eremya Çelebi Kömürcüyan, *İstanbul tarihi: XVII. asırda İstanbul*, trans. Hrand Andreasyan(Istanbul, 1952); and *Evliya Çelebi Seyahatnâmesi: Topkapı Sarayı Bağdat 304 Yazmasının transkrip-siyonu, dizini*, 10 vols. (Istanbul, 1996–2007).

mesa'ili'l-Amasiyye [Immovable Nightingales in the Garden of Affairs of Amasya]）是关于阿玛西亚城的，该书完成于 1824 年，至今还未被编辑。不过，该书在形式上是问答式的，而不是历史，提出的问题是关于阿玛西亚的生活的，该书提供了关于该城市的各种信息，比如矿泉、城墙、游戏以及城市的传说。地方城市史的其他例子来自 19 世纪后二十五年，这是在世纪之交后这种风格盛行之前的大约三十年时间，著名的作品有胡赛因·胡萨麦丁（Hüseyin Hüsameddin）的《阿玛西亚史》（*Amasya tarihi* [History of Amasya]，1914）、哈利勒·艾德海姆（Halil Edhem）的《开塞利城》（*Kayseri şehri* [The City of Kayseri] 1915）。沙克·谢福凯特（Şakir Şevket）在 1877 年出版了他的《特拉布松史》（*Trabzon tarihi* [History of Trabzon]），是有关特拉布松的历史，该城位于黑海沿岸历史悠久的蓬托斯地区，该书的写作动机显然受到另外一个作者的激发，即当地一位名叫萨瓦斯·爱奥尼德斯（Savvas）的人在 1870 年出版了一本历史书，该书主要是当地希腊人关于这个有争议地区的权利诉求，而且还在奥斯曼帝国的希腊人学校中被使用。[①] 尽管《特拉布松史》中关于奥斯曼帝国之前的该城历史的信息来自希腊和亚美尼亚的资料，但该书中的传奇和传闻值得注意。这大概是第一本使用奥斯曼宫廷记录作为材料的历史著作。

19 世纪后期出现了围绕现代奥斯曼认同的不同说法，这不可避免地扩展了历史思考的领域，并且产生出了以现代学术方法完成的历史作品。为了准备 1873 年的维也纳世界博览会，奥斯曼朝廷下令完成了一部《奥斯曼的建筑》（*Usul-i Mimari-i Osmani* [Ottoman Architecture]），该书制作精美，有很多高质量的插图，负责编纂该书的是一个由多种族构成的委员会，该书不只是展示了奥斯曼的，而且还包括塞尔柱的与拜占庭的主题，当然都是放在奥

---

① Savvas Iōannidēs, *Historia kai statistikē Trapezountos* (Constantinople, 1870)；and cf. Şâkir Şevket, *Trabzon tarihi*, ed. İsmail Hacıfettahoglu (Trabzon, 2001)，130.

第二十七章　奥斯曼帝国晚期与土耳其共和国早期的历史书写

斯曼帝国建筑传统的框架下。同样地,作为历史意识发展的结果,对考古遗迹的特别兴趣也开始发展起来。570

奥斯曼·哈密迪贝伊(Osman Hamdi Bey)是一个画家、考古学家,他是出身于精英家族的学者,他在托普卡珀宫的花园建立了帝国博物馆。博物馆的收藏不只是包括来自奥斯曼时代的工艺品,还包括希腊-罗马时代的。其中一个值得注意的物件是"亚历山大大帝的石棺",是于 1877 年在黎巴嫩的西顿地区的古遗址发现的。

家庭史起先发现得很少,一个有名的例子是迈奈门齐奥卢·艾赫迈德(Menemencioglu Ahmed)于 1861 年完成的作品。尽管作者在一般意义上承认历史书写的价值,但是,他没有将在一个省或者一个地方朝廷发生的"琐事"视为有价值的历史知识。因此,这本书要将自身的叙事加以合理化,就是要说明写这些"琐事"的好处,尽管这只是对那个家族的后代有益。艾赫迈德的初稿显然是经他儿子之手润色过,后者是当朝一个出色的文官。该书包括了迈奈门齐奥卢家族的三代人,该家族从 1750 年代到 19 世纪中期居住在安纳托利亚南部的曲库洛瓦(Çukurova)地区,随着离作者生活的时间越近,细节就越丰富。《迈奈门齐奥卢族人史》(*Menemenciogullari tarihi* [History of Menemenciogullar])中包含着其他奥斯曼资料所无法提供的关于当代事件的叙述和观点。它记载了政府官员与当地人的关系,并且对埃及的易卜拉欣·帕夏(Ibrahim Pasha)统治的八年时间(1832—1840)给予了正面评价,显然,该家族是易卜拉欣·帕夏在安纳托利亚推进的支持者,当然是以牺牲奥斯曼人的利益为代价的。毫不奇怪的是,这个作品的手稿流传不广,而且直到最近还没有出版。

在奥斯曼帝国的最后 70 年时间里,至少成立了两个学术团体,它们的目的主要是把历史作品翻译成土耳其语,以及利用新的方法从事历史研究。短命的科学院成立于 1851 年,其任务是编写历史教科书,以及用新方法写历史,比如艾赫迈德·杰武代特与哈伊鲁拉的史书。在科学院成员的历史作品中,有一本《法兰西民族皇帝拿破仑·波拿巴的历史》(*Tarih-i Napoleon Bonapart'e*,

Imparator-u ahali-yi Fransa［History of Napoleon Bonaparte, Emperor of the French People］），出版于 1855 年，是从胡赛普·瓦尔坦岩（Hovsep Vartanyan，又名瓦尔坦帕夏）的法语和英语研究中汇编的，是以亚美尼亚字母的土耳其语出版的。有证据表明，一些讲土耳其语的穆斯林知识分子也阅读亚美尼亚-土耳其文的出版物。

奥斯曼历史研究所（*Tarih-i Osmani Encümeni*）成立于 1909 年，当年在苏丹麦赫迈德五世（Mehmed V）的倡议下建立了宪政。在这个时期，政府阻止帝国分裂的策略仍然是通过奥斯曼主义的理念来整合不同的民族元素。该研究所宣称其目标是出版与奥斯曼历史有关的文件、小册子和记事，最重要的是，编纂一部全面的奥斯曼史，目的是要创造一个奥斯曼的民族意识。1913 年，计划出版的历史的大纲发布后，在该所之外的历史学家中引发了热烈的讨论。批评主要是指向了该作品偏重政治叙述，忽视了事件的社会与经济方面，以及奥斯曼历史没有被作为总体性的土耳其历史的一部分。

这部历史的第一卷被认为是整部作品的导论，基本上都是关于安纳托利亚之前的突厥、拜占庭与塞尔柱时期，第一卷出版于 1917 年，也就是研究所成立八年之后。之所以延迟这么长时间，主要是因为研究所的成员无法协调工作及和谐共处；然而，研究所之所以不能有效工作，还有另外一个因素。在 1912—1913 年的巴尔干战争期间，奥斯曼帝国失去了大片领土，奥斯曼主义的政策显然已经不可行，政府的导向快速地转为土耳其民族主义。因此，这个时期研究所存在背后的那些推动原则改变了。围绕这部史书的内容的争议不断地在研究所内部爆发。在其成员中，有土耳其民族主义者，比如奈吉布·阿瑟姆（Necib Asım），但也有艾赫迈德·莱菲克（Ahmed Refik）这样的坚持秉笔直书的史家。由于没法形成可行的工作方案，研究所的成员修改了其章程中有关撰写历史的使命这个条款，使得整个计划流产了。尽管研究所的努力并没有完成或者制造出一部全面的奥斯曼史，但是，它对于土耳其的历史学传

第二十七章　奥斯曼帝国晚期与土耳其共和国早期的历史书写

统产生了重要影响。该研究所的双月刊《奥斯曼历史研究所学刊》（*Tarih-i Osmani Encümeni Mecmuası*）第一期出版于 1910 年 4 月，他们坚持出版了 13 年，之后刊名改为《土耳其历史研究所学刊》（*Türk Tarih Encümeni Mecmuası*），又坚持了 10 年。杂志上发表过大量颇有价值的学术文章、资料汇编与史料，最终独树一帜。在传播扎实研究的方法论方面它发挥了重要作用；因此，在建立土耳其学术性历史写作的新形式方面，它发挥了重要影响。

　　奥斯曼人把历史书写视为一种"科学"（*ilm-i tarih* 或 *fenn-i tarih*），尽管只是在 20 世纪初之后关于学术性专业历史写作和通俗写作的形式才区分开来。新一代历史学家对旧式的、以王朝为中心的历史学的拒斥，是一种更为宏大的、实证的、祛魅的、反君主制世界观的历史趋势的一部分，这种世界观是在 19 世纪形成的。从这种世界观的转变中产生的现代历史书写，有不同的政治倾向，但其决定性特征是对于过去的那种关怀和解释模式的去神秘化。比如，它不再容忍宿命论的历史解释或者靠占星术来解释事件。

共和国早期的历史书写

　　在土耳其共和国早期（1923—1946），历史书写需要在文化革命的语境中来理解，当然，文化革命的种子是在帝国时代晚期播下的。土耳其的文化革命不是俄国或者中国的那种灾难性的动荡，从其对世界其他地方的影响来看，也没有那么重要，但它有其自身的激进方案，比如 1928 年时从阿拉伯字母改为拉丁字母。这是使新政权及其公民尤其是新生代与奥斯曼-伊斯兰的过去疏离的众多步骤之一，但是，它并非如有些人所说的那样是一个彻底的断裂。一方面，共和国的文化革命，对于旧政权是保持了一定的距离，甚至是傲慢的，但它具有解放的作用：在"我们的过去"是一种压迫之重的意义上，它使人们摆脱了"历史的缺点"（*Nachteil der Geschichte*）。另一方面，在其最坏的意义上，它将历史作为一种意识形态操控的工具，服务于民族国家间的竞争，以及不同程度地与

572

奥斯曼-伊斯兰传统的连接或剥离。大部分的学院派历史学家在这些极端之间施展技艺，但并不一定完全受其影响或完全免疫。

尽管有这些意识形态上的纷扰，共和国时代还是见证了现代历史书写的巩固与体制化，这产生了大量的原创性研究，包括很多关于奥斯曼和土耳其-伊斯兰历史的研究，有些是开创性的。尽管存在明显的政治差别，共和国的知识分子们对于霸权性的欧洲历史学是一致反对的。尤其是在土耳其共和国建立之前的十年，欧洲史学质疑了土耳其人要在世界现代民族之林寻求受尊敬的位置的合法性。鉴于西方历史书写中经常将土耳其人蔑视为野蛮人，以及要在（不一定是讲土耳其语的）数百万来自已经消亡的帝国之不同边远地区的穆斯林难民中创立一种民族认同，这些时代的紧迫需求促成了一种渴望，即要证明土耳其人是古老且文明的民族。

晚期帝国时代丰富的思想环境，尤其是在 1908 年重新立宪之后，已经激发了很多优秀的、有影响的研究，包括一些对前奥斯曼和前伊斯兰突厥人历史的研究，为后来进一步的研究打下了基础。但是，新建立的共和国必须以一种严格的方式进行它自身的民族建构计划。1923 年，土耳其人邀请美国人杜威（John Dewey）来从事一项关于新生的土耳其共和国教育政策的研究，并撰写报告，他在土耳其待了两个月；土耳其民族独立战争（1919—1922）的英雄、新共和国的总统（执政到 1938 年去世）穆斯塔法·凯末尔·阿塔土尔克（Mustafa Kemal Atatürk）与杜威进行了交谈，尤其是询问了历史教育的方法。从 1925 年开始，学生们被派往欧洲，不只是学习自然科学，也包括学习历史、考古、艺术史以及相关学科。他们有些人以及他们在欧洲不同大学的教授们，是经凯末尔亲手挑选的。比如，阿菲特·伊楠（Afetinan）被两次派往瑞士（1925—1927 年与 1935—1938 年），第二次是师从尤金·皮塔尔（Eugene Pittard）。1930 年，阿菲特·伊楠已经是一个委员会的重要成员，在与凯末尔的密切合作下，他们完成了《土耳其历史纲要》（*Türk tarihinin ana hatları*）。这成为新教科书的基础，并在 1930 年代制造出官方史观。

573

第二十七章　奥斯曼帝国晚期与土耳其共和国早期的历史书写

共和国还建立了一些别的机构，用以实验新思想、培训历史学家和历史教师，以及在民众中形成新的历史意识。1930 年，在凯末尔的支持下，土耳其历史学会（Turkish Historical Society，THS）建立。在他那传说中的餐桌上，很多历史思想被争论，在场的人中经常包括那些迫切地想塑造新的政权及其精神的知识分子。土耳其历史学会的创立标志着一个渐进的但明确的体制化过程，这是通过大会和学术出版（1937 年开始的《通报》）实现的。头两次大会是在凯末尔本人在场和赞助下举办的。第一届是在 1932 年，地点是安卡拉新建立的人民之家（People's House），这个地方非常适合当时的目的，即"旨在解释看待历史的新图式以及向教师和民众传授历史的新方法"①。人民之家在全国各地建立起来，行使社会和教育功能，动员民众学习共和国的理想和意识形态原则，包括新的历史观。有些人民之家还自己出版刊物，内容包括很多地方史的新发现以及资料选编。第二届大会是在 1937 年举办的，地点是多尔玛巴赫切宫（Dolmabahçe Palace），是一场国际会议，更具学术性。大会的主题是土耳其历史的分类和材料编纂。之后，大会就每隔三五年召开一次，直到今天（2011 年）。

与新历史观密切相关的是对考古学、艺术史和历史语言学的强烈兴趣。1935 年，在土耳其历史学会的支持下，第一次考古挖掘在阿拉扎贺玉克（Alacahöyük）进行，这儿是一个与赫梯人有关的地方。这次挖掘是大工程的一部分，这个大工程的目的就是要证明安纳托利亚是土耳其人的古老故乡。在 1932 年的土耳其历史学会大会上，阿菲特·伊楠宣布："也必须好好地承认，古代的赫梯人就是我们的祖先，它们是今天我们这个国家最早的和土著的居民与主人。"②1930 年代之后，在共和国不同机构支持下的历史学、考古学和语言学研究，最终变得更为冷静，但并不一定就摆脱了国家

---

① 这是我们的译文。土耳其历史学会的官网是：http://www.ttk.org.tr/index. php? Page=Sayfa&No=1(2009 年 9 月 6 日)。

② 'Tarihten evel[!] ve tarih fecrinde', *Birinci Türk Tarih Kongresi*, 2 July 1932, 41(authors' translation).

574 "事业"的影响。它们深受安纳托利亚主义和土耳其主义不同变种
的影响。随着赫梯人祖先的淡出（当然仍有个别团体是例外），关
于土耳其人内亚故乡的想象继续保持着其吸引力。但是，突厥人
伊斯兰化及迁徙到安纳托利亚之后的故事仍然是历史学家和民众
的最重要关切，对于后者来说这是"我们的故事"。诚如考古学家
莱米兹·乌古斯·阿勒克（Remzi Oguz Arık）所言："拜占庭人、希
腊人和亚述人甚至赫梯人只是根据自己的需要开发了安纳托利
亚，他们对这里进行殖民，而只有土耳其人是唯一（在 1071 年曼齐
凯特战役后）将安纳托利亚变成自己祖国的民族。"[①]这一理解标志
着对安纳托利亚塞尔柱人研究的深刻且持久兴趣的萌芽，这是缪
柯利敏·哈利勒·耶南赤（Mükrimin Halil Yınanç）开拓的独立
领域。

十月革命后，前帝俄领土上发生的冲突导致又有一批学者移民
到土耳其，其中就有最好的突厥学家。例如，泽奇·威利狄·托甘
（Zeki Velidi Togan）是从欧亚的视角看土耳其历史的。尽管他对土
耳其官方史官的批评使其饱受争议且被迫出走维也纳，但是，他在
1939 年又回到土耳其，并写出了几部颇有影响的著作，包括 1946
年出版的不朽之作——《突厥通史导论》（*Umumi Türk tarihine
giriş*）。1930 年又有一波移民从德国到来，当时土耳其正在调整其
高等教育机构。1933 年土耳其创建了欧式大学。在新的大学里开
始建立很多新的研究领域，包括那些跟研究土耳其民族特性有直
接关系的学科，比如汉学、苏美尔学，分别是以著名的艾伯哈德
（W. Eberhard）教授与古特伯克教授（H. G. Guterbock）为代表。
一些来自德国的学者积极参与土耳其的学术生活，他们培养了像
第一个土耳其汉学家巴赫丁·厄盖尔（Bahaeddin Ögel）这样的学
生，对巴赫丁·厄盖尔及其同事来说，对非突厥学领域的运用总体
上还是仅限于跟土耳其人历史有关的方面。

在两次世界大战期间，历史学学术的普遍标准已经在大学中建

---

① *Cografyadan vatana*（1956；Ankara，1969），6.

立起来。托甘在 1929 年开了一门方法论的课,参考了英文、法文、德文与俄文的相关作品,最终他的讲义被编成一本书,现在仍然是很多历史老师的课程参考书。[①] 它触及了一些历史学的基本问题,比如评述、对材料的批判、分析、综合与解释。脚注和参考文献以及一手和二手资料的区分等,已经确立了标准,尤其是在 1930 年代以后,不同大学的学报已经确立了严格的编辑规范。历史教育通常都包括对主要欧洲语言的学习,尽管从实践看效果远不够完美,但是,阿拉伯语和波斯语已经从课程中取消,这标志着在奥斯曼历史研究中,其与中世纪的伊斯兰语境之间的关系已经没那么重要。欧洲语言的历史学著作的翻译猛增,一些土耳其的学者甚至开始用欧洲语言发表作品,尤其是法文。比如,富阿德·科普卢律(Fuad Köprülü)的《奥斯曼帝国的起源》一书出版于 1935 年,这是他在索邦大学讲座的成果,但直到 1950 年才有土耳其文版。对奥斯曼帝国档案的现代组织可以追溯到 1846 年,当时受到伦敦的公共档案馆(Public Record Office)的启发,到帝国晚期和共和国早期,这项工作加速发展,编目之后的文献向研究者开放,尽管起初的数量很少。

　　1940 年代以来,对于档案的运用成为奥斯曼史研究的有机的甚至可以说是占主导地位的部分。尤其是经济史自成一家,主要就是因为日益系统地运用财政和人口方面的档案文献。厄梅尔·鲁特菲·巴尔坎(Ömer Lutfi Barkan)是最多产和最有影响的奥斯曼经济史学者,在 1937 年亚历山大·鲁斯托(Alexander Rüstow)领导的经济学部创立的时候,就是由厄梅尔担任经济历史与地理的教席。1950 年代,厄梅尔的作品得到布罗代尔(Fernand Braudel)的赞赏,这使其与年鉴学派发生了重要的联系,但是,即使是更早时期的土耳其史学界对法国社会科学界也并不陌生。

　　在社会科学领域,社会学独占鳌头而且对历史书写产生了不可

---

① *Tarihde usul* (Istanbul, 1950).

磨灭的影响。1910 年代,齐亚·格卡尔普(Ziya Gökalp)及其同事与学生(如科普卢律)就已经介绍了涂尔干的思想,在广泛的意义上,这启发了社会史在土耳其的萌芽。科普卢律是一个文学史家,但他也是首先在社会学影响下从事文学的社会史与政治传统研究的人,他有一个目标,就是力图证明突厥的传统而不是拜占庭或阿拉伯-波斯的影响是塞尔柱人和奥斯曼人取得重大历史成就的原因。他有两个学生——奥斯曼·图兰(Osman Turan)与哈利勒·伊纳尔哲克(Halil İnalcık),这两人最终分别成为最有成就的塞尔柱史和奥斯曼史专家。在毕特福·纳伊利·波拉塔夫(Pertev Naili Boratav)的手上,民俗史成为一个充满活力的领域。毕特福运用严格的历史学方法,部分地受到了马克思主义方法论的启发,他研究的是中古时期的突厥史诗、谚语等。1948 年,他"因为传播共产主义"被从大学开除,之后他在土耳其之外也取得了巨大成就。早期德国社会学的影响可以追溯到移民学者的到来,但是,直到 1951 年,才有学者能够在研究土耳其历史的过程中成熟地运用马克斯·韦伯(Max Weber)与维尔纳·桑巴特(Werner Sombart)的问题与思想,这就是萨伯利·余尔盖纳(Sabri Ülgener)关于"中世纪土耳其行会思想"的精彩研究。[①]

576　　　到 1945 年的时候,土耳其历史学的主流趋势和视角已经出现了,只是要被二战后新的全球秩序重塑。到 1950 年,政治领域中多党竞争制的引入,原来几乎垄断了政府的政党最终失去了权力(指的是土耳其国父凯末尔所创立的共和人民党以前几乎垄断了所有权力,而在民主化之后失去了权力——译者注),这些变化使人们开始纠正对奥斯曼历史的批评,或者说,新的政治环境提供了一个机会,使得一种对帝国更为欣赏的态度开始浮出水面。在 1950 年代早期,大众杂志开始大量地发表关于"我们奥斯曼的过去"的内容,奥斯曼主题的电影也被拍摄,但这些并不代表着某种复辟主义

---

① Sabri Ülgener, *İktisadî inhitat tarihimizin ahlâk ve zihniyet meseleleri*(Istanbul, 1951).

的或者君主主义的历史运动。在体制的层面上，共和国早期的一些政策被逆转。1951 年的时候人民之家被关闭了，在同一年已经可以看到人们公开庆祝"被继承的传统"，这是一种复兴。比如，在马尼萨（Manisa），新政府恢复了"数百年来"每年一度的庆典，这是为了纪念一位 16 世纪的苏菲以及由他所调制的春药，这个当地庆典在 1926 年时被新生的共和国取缔，理由是它是"王朝政权的余孽"。

大事年表

1821 年	希腊从奥斯曼帝国独立
1851 年	科学院创立
1854—1856 年	克里米亚战争
1876 年	第一部奥斯曼宪法颁行
1908 年	奥斯曼帝国第二次立宪
1909 年	奥斯曼历史所建立
1912—1913 年	巴尔干战争
1919—1922 年	土耳其独立战争
1923 年	土耳其共和国建立

主要历史文献

Ahmed Cevad, *Tarih-i askeri-i Osmani*, vol. 1: *Yeniçeriler* (Istanbul, 1882).

Ahmed Hilmi, *Tarih-i umumi*, 6 vols. (Istanbul, 1866–1878).

Ahmed Midhat, *Kainat*, 15 vols. (Istanbul, 1871–1881).

Ahmed Raşid, *Tarih-i Yemen ve Sana*, 2 vols. (Istanbul, 1874).

Asım, Mütercim, *Tarih-i Asım* (Istanbul, 1868).

Halil Edhem, *Qayseriyye şehri: Mebani-i İslamiyye ve kitabeleri* (Istanbul, 1915).

Hayrullah Efendi, *Veqayi-i Devlet-i aliyye Osmaniyye* (Istanbul,

1856－1875）．Hüseyin Hüsameddin，*Amasya tarihi*，4 vols.（Istanbul，1912－1928,1935）．

Kamil Paşa，*Tarih-i siyasi-i Devlet-i aliyye*（Istanbul，1907）．

Mizancı Murad，*Tarih-i Ebü'l-Faruq*（Istanbul，1907－1913）．

Mustafa Hami，*Sevq el-asker el-cedid der ahd-i Sultan Mecid*（Berlin，Staatsbibliothek zu Berlin，MS. or. fol. 4066）．

Mustafa Vazıh，*Belabilü'r-râsiye fi riyazi mesa'ili'l-Amasiyye*（Istanbul，Istanbul University Library，MS. TY 2574）．

Raşid，*Tarih-i vaqa-i hayretnüma [-yı] Belgrad ve Sırbistan*（Istanbul，1874）．

Şakir Şevket，*Trabzon tarihi*，2 vols.（Istanbul，1877）．

Usul-i Mimari-i Osmani/L'architecture ottomane（Constantinople，1873）．

参考书目

Akbayrak，Hasan，'Tarih-i Osmanî Encümeni'nin "Osmanlı Tarihi" Yazma Serüveni'，*Tarih ve Toplum*，42(1987),41－48．

Arıkan，Zeki，'Osmanlı tarih anlayışının evrimi'，in *Tarih ve Sosyoloji Semineri 28－29 Mayıs 1990: Bildiriler*（Istanbul，1991),77－91．

Babinger，Franz，*Geschichtsschreiber der Osmanen und ihre Werke*（Leipzig，1927）．

Kuran，Ercüment，'Ottoman Historiography of the Tanzimat Period'，in Bernard Lewis and P. M. Holt(eds.)，*Historians of the Middle East*(London，1962),422－429．

Kütüko glu，Bekir，'Vekâyinüvis'，*İslam ansiklopedisi*，13 (1982),271－287．

Lewis，Barnard，'History-Writing and National Revival in Turkey'，

Middle Eastern Affairs，4(1953)，218 - 227.

Neumann，Christoph K.，*Das indirekte Argument：ein Plädoyer für die Tan zīmāt vermittels der Historie：die geschichtliche Bedeutung von Aḥmed Cevdet Paşas Ta'rīḫ*(Münster，1994).

——'Bad Times and Better Self：Definitions of Identity and Strategies for Development in Late Ottoman Historiography(1850 - 1900)'，in Fikret Adanır and Suraiya Faroqhi(eds.)，*The Ottomans and the Balkans：A Discussion of Historiography*(Leiden，2002)，57 - 78.

Yınanç，Mükrimin Halil，'Tanzimattan Meşrutiyete kadar bizde tarihçilik'，in *Tanzimat I*(Istanbul，1940)，573 - 595.

昝　涛　陈　功　译

第二十八章 阿拉伯世界的历史书写

玉素甫·M.舒埃里

本章的内容包括：现代阿拉伯历史学是如何在现代性来到阿拉伯世界的背景下诞生的，以及它在有教养的精英层面所引发的反响。这些反响包括了改革的思想、对新体制和概念的采纳，目的都是要弥补失去的时间，赶上欧洲社会的进步。历史学是这一更广泛的努力的一部分，它将清晰的民族忠诚观念的表达视为国家生存与民族复兴的政治前提。

粗略地说，这个时期可以分为两个阶段：前现代和现代，现代阶段可以再分为业余时期和职业历史学开始扎根的第二个时期。在1800—1850年间，阿拉伯历史学在方法论和材料组织上都是前现代的。有时候，以在一个特定国家发生的事件为基础所进行的历史写作，属于民族性历史的雏形，然而按照编年顺序排列事件——经典的穆斯林历史学的特征——仍然是史学规范。这些作品在本质上是编年史，而不是历史著作。1850年后新的阿拉伯历史学学派才诞生，按照年份或是月份顺序排列事件的做法已经让位给以总体性的叙事框架为基础的清晰的历史分期。这一现代学派的研究单元通常是一个领土性的实体，它拥有自身的民族性模式以及独特的政治、社会事件领域。由于前现代的、原型民族时期与现代时期的一些特征有所重合，这里要讨论的主要限于19世纪早期阿拉伯民族史学诞生的前夜。

原型民族时期的历史学家在很多阿拉伯国家都有，比如黎巴嫩、埃及、突尼斯等。① 一些因素促进了这类历史书写在这些国家的兴起。这些因素包括这些国家相对发达的社会结构以及根深蒂固的地方自治领导人的持续存在,这些领导人急于增强他们的合法性,致力于与外部世界的贸易和其他联系。这些阿拉伯国家的上述因素有助于本土历史学派的产生。虽然摩洛哥可能被认为处在相同的位置上,拥有本土王朝和独立,但是它不够发达的社会结构和有限的对外开放阻碍了类似历史书写的出现。② 此外,摩洛哥从没有和阿拉伯世界大部分地区一样,被奥斯曼征服或是吞并。因此,当 18 世纪末奥斯曼改革运动开展之时,摩洛哥远远落后了,直到很晚才试图追赶。阿拉伯半岛也是如此,特别是今天被称作沙特阿拉伯的核心区域。所以历史书写并没有在同时或是以相同的速度在所有阿拉伯国家诞生。换句话说,上文所说的方程式中缺少了一个或两个因素,这解释了民族史学的雏形出现的早与晚。

因此,埃及历史学家贾巴尔提(al-Jabarti)、黎巴嫩历史学家埃米尔·海达尔·谢哈比(Amir Haydar Shihabi),以及突尼斯历史学家伊本·阿比·迪亚夫(Ibn Abi al-Diyaf)的作品,就是伴随相对发达的社会结构出现的代表性案例。此外,摩洛哥编年史家艾哈迈德·纳西里(Ahmad al-Nasiri)也应该被算在其中,如果不考虑他晚期的编年史创作。他在 19 世纪末写出的多卷本摩洛哥史《远西国历史探究》(*Kitab al-Istiqsa li-Akhbar Duwwal al-Maghrib al-Aqsa* [Explorations of the History of Moroccan Dynasties])明确表达了新生的摩洛哥认同。

阿卜杜·拉赫曼·贾巴尔提(ʿAbd al-Rahman al-Jabarti)是马穆鲁克王朝行将就木时期与王朝有密切联系的一位宗教学者。更为重要的是,他从他在开罗的住所直接见证了拿破仑征服埃及和之后法国在 1798—1801 年的占领,以及一位新的自治的奥斯曼领袖

---

① 黎巴嫩是 1697—1840 年的谢哈布家族,埃及是 19 世纪穆罕默德·阿里的王朝所替代的马穆鲁克政权,突尼斯是 1705—1957 年的侯赛因王朝。

② 关于 19 世纪的摩洛哥,参见 Abdallah Laroui, *Les origines sociales et culturelles du nationalisme Marocain*,1830 - 1912(Paris,1980)。

穆罕默德·阿里（1805—1848）的崛起。贾巴尔提的主要著作《伟人及其事迹中的奇迹》(*Aja'ib al-athar fi al-tarajim wa al-akhbar* [Wondrous Legacies of Men and Their Deeds])是四卷本的编年史，包含了 1688—1821 年间埃及的历史事件和名人传记。[①] 他的另外两本短篇编年史只与法国占领的主题有关。这两本书分别是写于公元 1802 年的《法国人政权终结中的神圣意志》(*Muzhir al-taqdis bi dhahab dawlat al-faransis* [The Demonstration of Divine Will in the Demise of the French State])，以及写于 1798 年，在 1838 年出版的《法据埃及时期历史》(*T'arikh muddat al-faransis bi misr* [History of the French Presence in Egypt])[②]。在这三本著作中，贾巴尔提主要关注埃及的事件，根据源远流长的编年史方法论将事件按照时间顺序配合伊斯兰历的各个月份进行排列。在他的编年史框架中，他展示了对细节的高度关注和对再现原始档案的强烈追求，比如，在远征开始时拿破仑发表的《拿破仑告埃及人民书》(Napoleon's Proclamation to the Egyptians)的阿拉伯语版。此外，传统穆斯林历史学家倾向于再现所有能找到的关于同一事件的描述，不考虑描述之间的矛盾，也不冒险支持其中哪一种，与此不同的是，贾巴尔提用他自己的方式对最能代表埃及利益的人进行判断，表达偏好，而且他不惮对某些人和局势变化进行嘲讽和表示反感。在这一意义上，他的英雄是他的宗教学者同事——逊尼派"乌莱玛"间的情谊。这些"乌莱玛"在他第一本著作的导言部分被明确地定性为"先知的继承者，精英中的精英，真正神圣律法的追随者"。[③] 换句话说，贾巴尔提在与穆罕默德·阿里掌权后来势汹汹的一股势头作战，宗教既得利益集团的影响力和自治被逐步腐蚀。

580

---

① 英文译本参见'Abd al-Rahman al-Jabarti, *History of Egypt*, trans. Thomas Philipp and Moshe Perlmann, 4 vols. (Stuttgart, 1994)。

② 参见 Abd al-Rahman al-Jabarti, *Napoleon in Egypt: Al-Jabarti's Chronicle of the French Occupation, 1798*, trans. Shmuel Moreh(Princeton, NJ, 1993)。

③ Youssef M. Choueiri, *Modern Arab Historiography*(London, 2003), 32.

可以说,拿破仑依赖埃及宗教领袖,将他们作为他和人民大众的媒介,这强化了贾巴尔提对作为一个社会集团的乌莱玛的权力及其珍贵知识的意识。然而,这一潮流在法国占领之后并没有持续几年。同样在这一语境下,我们可以理解贾巴尔提对埃及的新奥斯曼领导人的强烈敌意,这个新领导人一心想着要集中政治权力和建立自己作为至高改革派统治者的权威。

海达尔·谢哈比和伊本·阿比·迪亚夫在他们对当时统治者的评价中都没有那么强烈的敌意,因为他们对自身社会集团和个人地位的宿命没有那么焦虑。[①] 然而,两人都追随编年史的方法,主要关注的还是军国大事。前者对他家族的历史最有兴趣,因此也在意黎巴嫩山区的历史,而后者将在侯赛因王朝统治下享有自治地位的突尼斯作为其历史报告的中心。[②] 直到新的社会格局和文化变化出现后,各阿拉伯国家的其他本地历史学家才背离编年史的方法。

现代历史书写观念的诞生恰逢奥斯曼奋力改革和欧洲列强加大马力将他们的各种利益扩张到阿拉伯世界之时。这一时期从大约 1850 年到第一次世界大战结束。并不是所有的阿拉伯国家都遵循这一时间框架,埃及、黎巴嫩、叙利亚和突尼斯则另辟蹊径。

阿拉伯历史学正是在这一阶段与民族复兴联系起来,历史学因此需要一块清晰的领土范围,某个特定的国家而不是某个王朝或是宗教社群成为在这片领土上叙事的主题,这种叙事揭示了事件的线性次序。这一时期的历史学家还包括埃及的塔赫塔维(al-Tahtawi)、叙利亚的伊尔亚斯·马塔尔(Ilyas Matar)与朱尔吉·雅尼(Jurji Yanni)、黎巴嫩的布鲁斯·努贾伊姆(Boulus Nujaym)、突尼斯的哈桑·H. 阿卜杜·瓦哈布(Hasan H. ʿAbd al-Wahhab)、叙

581

---

① 参见 Haydar Ahmad al-Shihabi, *Lubnan fi ahd al-umaraʾ al-shihabiyyin*, ed. Asad Rustum and Fouad E. Boustany, 3 vols. (Beirut, 1984)。

② 关于伊本·阿比·迪亚夫的政治观点详尽地表述在其编年史引言中,参见 C. L. Brown 的出色翻译:*Consult Them in the Matter*:*A Nineteenth-Century Islamic Argument for Constitutional Government*(Fayetteville, Ark., 2005)。

利亚的库尔德·阿里（Kurd ʿAli），阿尔及利亚的艾哈迈德·马达尼
（Ahmad al-Madani）和穆巴拉克·米里（Mubarak al-Mili）。或许，除
了在1908年以笔名乔普莱恩（M. Jouplain）出版《黎巴嫩问题》（La
Question du Liban［The Question of Lebanon]）一书的布鲁斯·努
贾伊姆（Boulus Nujaym）之外，这些作家似乎人人都是有记者、医
生、公务员等职位的业余历史学家。虽然他们是很多方面的先驱，
但是他们典型的风格和对二手材料的依赖并没有将历史建立为拥
有自己的协会、期刊和会议的独立学科。然而这种业余历史学是
为专业历史学发展奠定基础的重要印记。因为除了抛弃编年范式
和将明确定义的故土作为叙事基础之外，历史学通过重新发现各
阿拉伯国家在伊斯兰之前的过往，拓宽了主题范围，而不是排列关
于一连串统治者活动的事件和材料。尽管之前的阿拉伯历史学家
注意到了一些前伊斯兰的事物，但是他们这么做主要是为了展示
蒙昧时代或者说神话事件与正教、可信记载的时代之间的对立。
在这种新史学中我们发现，塔赫塔维在1868—1869年出版的一本
历史书中对古埃及做了历史性的描述，从中我们可以发现作者对
一块领土带有真正的骄傲并充满爱国主义的忠诚，这块领土被称
为"埃及，世界的母亲"。[①] 马塔尔在1874年，雅尼在1881年，为大
叙利亚做了同样的事情。[②] 他们通过强调与迦南人、亚述人、巴比
伦人、波斯人，同样也有希腊人和罗马人有关的历史时期，从事了
相同的活动。虽然时间稍晚，但许多马格里布的历史学家也在
1920年代初如法炮制，他们的做法是将现代的阿拉伯、穆斯林民族
历史嵌入到一个新的框架中，在这个新的框架中，柏柏尔人和腓尼
基人被称为本土民族，罗马人和拜占庭人则被视为外国入侵者。
安纳斯塔塞·卡尔玛利（Anastase al-Karmali）可能是第一个出版

---

① Choueiri, *Modern Arab Historiography*, 24 - 29.
② Ilyas Matar, *al ʿUqud al-Durriyya fi tarikh al-mamlaka al-suriyya*（Beirut, 1874）;
   以及 Jurji Yanni, *Tarikh Suriyya*（Beirut, 1881）.

伊拉克民族历史的伊拉克人，那是在 1919 年。[①] 他回应英国将伊拉克作为单独一个国家进行统治的政策，他同等重视这个新政治单元的古代和中世纪时期，为英帝国体系的成功预留了充足的空间。

职业历史学

在这种意义上，第一次世界大战的结束构成了阿拉伯历史学发展的转折点。在 1919 年后我们开始见到新一类历史学家：受到专业训练、西式教育，尤其意识到使用原始材料的必要性。此外，尽管研究单元几乎维持不变，即以一个现存或可能的民族国家为中心，这些职业历史学家的方法论更明显地体现出民族主义或是爱国主义，与为阿拉伯独立和自决的斗争一致。它也清楚地意识到，对于重建一个特定国家的历史片段或整个现代历史而言，二手和一手材料的不同意义。

因此，这一阶段标志着各阿拉伯国家中职业历史写作的出现和巩固。故而历史学的发展与新学科的引入有关，而新学科又与地方的和泛阿拉伯民族主义以及其他意识形态运动的崛起紧密关联。正是在这些条件下，业余历史学家的编年体或者说经典的方法论让位给与进化论、有机发展论和生物生长理论密切相关的新范式。随着独立斗争的开展，历史写作成为了一项民族主义事业，新的国立大学是其基地和论坛。另外，正是在这一语境下，职业历史书写变得等同于使用原始材料。这一时期的历史学家的代表包括阿卜杜·拉赫曼·拉斐仪（Abd al-Rahman al-Rafi'i）、沙菲克·乌尔巴尔（Shafiq Ghurbal）、阿萨德·鲁斯图姆（Asad Rustum）、穆罕默德·萨布里（Muhammad Sabri）、达尔维什·米克达迪（Darwish Miqdadi），古斯坦丁·祖拉伊克（Qustantin Zurayq）或者说科斯提·祖拉伊克（Costi Zurayk），以

---

① Anastase al-Karmali, *Khulasat tarikh al'Iraq*(Basra, 1919).

及其他人。①

阿卜杜·拉赫曼·拉斐仪被认为是埃及民族主义运动的历史学家。他在 1920 年代完成了包含超过 15 卷的巨著，其目的是在 1919 年反对英国统治的民众起义后重新定位埃及现代史。② 他的重要性体现在他激烈捍卫独立，以及他坚决反对在一战后被英国人革新的埃及统治当局的角色和政策。拉斐仪接受的是律师训练，几次被选入埃及议会，从属于穆斯塔法·卡米尔的民族党，他的写作体现出他的政党在为实现独立和赋予埃及发达的宪政体制的斗争中体现出的精神。在 1929 到 1952 年间，阿卜杜·拉赫曼·拉斐仪出版了一系列流行但资料翔实的历史书籍，将法国在 1798 年对他的国家的占领以及其引发的"民众"反抗定义为埃及和阿拉伯东方现代史的开端。有时，他的历史书被君主制政权封禁或是移出学校和大学的教科书。除了出版三卷本的埃及民族主义运动史研究著作，他在研究 1881—1882 年的奥拉比起义和 1919 革命之外，还完成了以穆罕默德·阿里时期（1805—1848 年）及其继承者为题的三卷本著作。③ 在这些之后，是 1939 年的穆斯塔法·卡米尔传记和另一本穆斯塔法·卡米尔的继承者穆罕默德·法里德（Muhammad Farid）的传记。穆斯塔法·卡米尔是民族党的创始人，被认为是在奥拉比的失败和 1882 年埃及向英国投降后让民族主义运动重新焕发生机的人，而穆罕默德·法里德被认为是高举民族主义者的火炬，直到死于流放之人。④ 拉斐仪将埃及现代史描述为民众和他们广受爱戴的领导人的传说，而不是一个王朝

①　阿卜杜·拉赫曼·拉斐仪是这一群人中唯一一位没有教职的人。然而他的作品虽然有技术上的缺陷，但仍然属于同一范畴。

②　关于这一项目的更多信息参见 Anthony Gorman, *Historians, State and Politics in Twentieth-Century Egypt: Contesting the Nation* (London, 2003), 84 - 87。

③　其作品名单参见 *Ibid.*, 250。

④　参见法里德的回忆录 *The Memoirs and Diaries of Muhammad Farid, an Egyptian Nationalist Leader* (1868 - 1919), ed. and trans. Arthur Goldschmidt, Jr. (San Francisco, 1992)。

或是一群改革者的英雄事迹,尽管这被一些学院派历史学家回避,但是它引发了中产阶级读者的共鸣,他们仍然在为实现代议制或是国家完全独立而奋斗。①

在这种意义上,20 世纪前半叶的阿拉伯职业历史学很大程度上是新生的阿拉伯国家和这些国家大学的历史学家之间赞助关系的产物。在第一批开始职业化倾向的阿拉伯国家——埃及和黎巴嫩,这种关系都起了作用。当埃及君主制政权或者说穆罕默德·阿里王朝试图建立起政治和文化合法性时,现代阿拉伯职业历史学的两位创始人,黎巴嫩的阿萨德·鲁斯塔姆和埃及的沙菲克·乌尔巴尔,都与该政权紧密关联。此外,最早在 1917 年,新任埃及苏丹(在 1922 年埃及实现半独立后改为国王)邀请历史学家比赛写作其父赫迪威·伊斯玛仪(Khedive Ismaʿil,1863 - 1879 年在位)统治的历史。巴勒斯坦的伊尔亚斯·阿尤比(Ilyas al-Ayyubi)获奖,在几年后出版了他的著作,并且接着写作了另外数卷关于王朝各统治者的史书,也包括王朝的创始人。② 1920 年代初,历史学家更加同心协力地以埃及大学③为中心重写一本新的埃及史,这是学术政策的一部分。

1920 年,埃及国王福阿德(King Fuʾad,1917 - 1936 年在位)开始雄心勃勃地推动历史学的发展。本土和欧洲的专家受雇在开罗阿卜丁宫创建埃及王家档案馆。这一工程持续到二战结束。在埃及王家地理学会(初创于 1875 年)的赞助下,它的成果得以问世,并在令人惊讶的对档案和原始材料的汇编之外,用超过八十卷的篇幅描写了该国的现代史,可以说创建了将档案作为国家宝藏

584

---

① 关于拉斐仪参见 Yoav Di-Capua, ' "Jabarti of the 20th Century": The National Epic of ʿAbd al-Rahman al-Rafi i and other Egyptian Histories ', *International Journal of Middle East Studies*,36(2004),429 - 450。

② Ilyas al-Ayyubi, *Tarikh Misr fi ʿAhd al-Khidyawi Ismaʿil*(Cairo,1923)。

③ 埃及的第一所大学于 1908 年创立,是一所私立学院,于 1925 年成为国立。1940 年改名为福阿德一世大学。1953 年革命后改为现在的名字开罗大学。现在埃及有超过 20 所大学,比如亚历山大大学、艾因夏姆斯大学和赫勒万大学。

和新历史学学派前提条件的想法。① 因此，尤金尼奥·格里芬尼（Eugenio Griffini），让·德尼（Jean Deny），乔治·杜安（Georges Douin），安吉洛·萨马尔科（Angelo Sammarco）和皮埃尔·克拉比（Pierre Crabitès）等外国学者也被征召，他们的工作是将涉及穆罕默德·阿里和他的王朝的所有外国材料转变为学生和研究者能使用的档案。此外，埃及学生被送到国外接受史学训练。沙菲克·乌尔巴尔就是这一运动的产物，他于1922年在阿诺德·汤因比的指导下在伦敦历史研究学院攻读硕士学位。他的论文题目是"埃及问题的开端与穆罕默德·阿里的崛起"，论文的副标题概括了其叙事特色，"以英法档案为基础关于拿破仑时期外交的研究"。②

正是在这一背景下，乌尔巴尔开始行使他的权威，一方面是作为新的历史书写方法论的代表，另一方面是成为了那些决定新编目的原始材料如何和为何被使用的人之一。到1930年代末，乌尔巴尔已经成为他的国家里居于领导地位的历史学家。通过选择与穆罕默德·阿里直接相关的主题和话题，他指导学生利用皇家档案。③

他的学生中的一些人，比如艾哈迈德·伊扎特·阿卜杜·卡里姆（Ahmad ʿIzzat ʿAbd al-Karim）④、阿卜杜·哈米德·巴特里克（ʿAbd al-Hamid al-Batriq）和艾哈迈德·阿卜杜·拉希姆·穆斯塔法

---

① Gorman, *Historians, State and Politics in Twentieth-Century Egypt*, 15 - 23; and Yoav Di-Capua, 'The Thought and Practice of Modern Egyptian Historiography, 1890 - 1970', Ph. D. dissertation, Princeton University, 2004, 67 - 110.

② 关于使用原始资料的重要性，参见 Choueiri, *Modern Arab Historiography*, 77.

③ Assem El-Dessouki, 'The Making of a Modern Hero', *Al-Ahram Weekly Online*, 12 - 18 May 2005, Issue No. 742(Special). Available at http://www. weekly. ahram. org. eg(3 June 2009)。

④ 参见他关于埃及教育史的两部作品：Ahmad Izzat Abd al-Karim, *Tarikh al-taʿlim fi asr Muhammad ʿAli*(Cairo, 1938); 以及 Id. *Tarikh al-taʿlim fi Misr: 1848 - 1882*, 3 vols. (Cairo, 1945)。

ʿAhmadʿAbd al-Rahim Mustafa)也相继成为这种职业史学的新火炬手。比如阿卜杜·卡里姆,1950 年,他在易卜拉欣帕夏大学(但在 1952 革命后改名为艾因夏姆斯大学)创立时成为了又一个"乌尔巴尔"。和乌尔巴尔一样,阿卜杜·卡里姆也认为穆罕默德·阿里是现代埃及的缔造者,阿卜杜·卡里姆强调了这位英雄人物在建立教育体制方面的作用,在穆罕默德·阿里着手这项工作时,除了中世纪那种死记硬背体系的残渣之外,没有任何基础。① 他的一位学生,尤南·拉比卜·里兹克(Yunan Labib Rizq)是当代埃及和阿拉伯世界最杰出的历史学家之一。

1930 年,另一位先驱性的职业历史学家穆罕默德·萨布里(Muhammad Sabri)出版了一本研究著作,更为详细地研究了他所谓"穆罕默德·阿里治下的埃及帝国",并通过副标题强调其研究的创新性,他在副标题中说,该书源于"在开罗、巴黎、伦敦和维也纳收集的原始材料和未发表的档案"。② 1933 年,他出版了另一本关于伊斯玛仪的书,也做了类似的声明。③ 在 1919—1921 年,萨布里已经出版了关于埃及 1919 年革命的两卷本研究著作,并在 1920 年出版了另一本专著,该书力图表达萨义德·扎格鲁尔(Saʿd Zaghlul)领导下的埃及代表团的观点,萨义德·扎格鲁尔是华夫脱党和 1919 年革命的领导人。④ 萨布里在法国接受训练,他在索邦大学在历史学家阿尔伯特·奥拉尔(Albert Aulard)和埃米尔·布尔乔亚(Emile Bourgeois)的指导下学习历史。他也是巴黎和会埃及代表团的秘书之一。萨布里拥护法国大革命的观念,并公开支持福阿德国王的主要政治对手扎格鲁尔,这使他

---

① 他的硕士和博士论文导师乌尔巴尔为两篇文章写了恰如其分的导言。

② Mohammed Sabry, *L'empire égyptien sous Mohamed-Ali et la question d'Orient*（1811 - 1849）：*Égypte-Arabie-Soudan-Morée-Crète-Syrie-Palestine*（Paris, 1930).

③ Id., *Episode de la question d'Afrique : l'empire égyptien sous Ismail et l'ingérence anglo-française*(Paris, 1933).

④ Id., *La révolution égyptienne*, 2 vols. (Paris, 1919 - 1921); and id., *La question d'egypte*(Paris, 1919).

无法得到像乌尔巴尔及其小圈子所享受到的那种直接赞助。1927 年，即乌尔巴尔被任命为埃及大学文学院现代史助理教授两年之前，扎格鲁尔去世，在这之后萨布里本就岌岌可危的处境更为糟糕。虽然在 1924 年，萨布里出版了一本关于伊斯玛仪统治的书，当时一种出版与国王的父亲相关书籍的狂热席卷埃及①，但是，他的贡献与官方政策格格不入，官方政策力图鼓吹的是埃及和阿拉伯东部地区的现代史是穆罕默德·阿里和他的王朝明智政策的直接创造。萨布里的书涉及的时段是 1863—1882 年，集中于探讨新机构和社会集团的出现以及它们是如何促进了新民族精神的诞生。尽管萨布里以展现伊斯玛仪的掌权开篇，但他继续描述了超越其统治（结束于 1879 年）的上述发展的影响。通过将叙事止于 1882 年，萨布里强调了奥拉比起义（the ʿUrabi revolt）

586 的合法性，将其视为一个民族觉醒的符合逻辑的以及不可避免的表达。但众所周知的是，英国在同一年入侵埃及，扼杀了这一迅速发展的运动。正是出于这一原因，萨布里与革命的气氛更合拍，也更符合一种强烈的意愿，即不满足于埃及只是取得正式独立。同样在 1924 年，萨布里把他翻译和注释的奥拉比的宣誓书交给了他在监狱中的律师。②

　　正是在这一语境下，职业历史学被涂抹上了不同的政治色彩，既有其鼓吹者的五花八门的政治忠诚，又有更广泛的不同社会阶层和精英间的争权夺利。然而，乌尔巴尔和萨布里虽然政见不同，但也有许多共同之处。两人都是严谨的历史学家，他们都严肃对待他们的学科，在整个职业生涯中都力争符合专业的方法论规则及技术要求。更加重要的是，这一时期存在着关于一些核心价值的总体上的思想共识，从公民权的观念到在各方面（包括历史的遗产及国家的发展方向）都实现完全国家主权的必要性。

　　比方说，虽然乌尔巴尔有王室这层关系，但是他与他的时代的精神完全合拍，支持两性完全平等。这充分体现在《金字塔报》（al-Ahram）

---

① 　Id., *La genèse de l'esprit national égyptien*, 1863–1882 (Paris, 1924).

② 　*Mémoire d'Arabi-Pacha a ses avocats*, ed. and trans. Mohammed Sabry (Paris, 1924).

的一个报道中,该报道是关于 1925 年 7 月在开罗召开的一次讨论埃及小学教育的会议:"同往常一样,乌尔巴尔条理清晰,一针见血。他批判了流行的关于女性教育的观点,这种观点坚持妇女教育应当局限在富家女孩之中,以及女性教育目标应该是塑造'温良恭顺的妻子,她们在婚姻生活中的唯一的目标就是让她们的丈夫开心'。他则强调,小学应当给男孩和女孩提供相同的教育,并且教育的新观念应当予以科学的设计,'不钻宗教辩论的牛角尖'。他批判教育官员过于关注当前社会对女性的态度,他提到'科学的心理学研究'证明了 12 岁以下的男孩和女孩在学习上没有体现出区别。此外,他观察到传统的做法——把年轻男子教成给家里多多挣钱的人,把年轻女子教成勤快的家庭主妇和育儿者——已经不合时宜,因为每年都有越来越多的女性寻求在结婚前就业。"[1]

可以说,这种世俗立场主导了 1920 年后阿拉伯世界绝大多数的历史写作。然而,学术领域中某个特定团体的优势地位在很大程度上仍然取决于官方的赞助,并明确地被要求在写作中、大学课堂和公共会议上要充分地表达效忠。这在埃及尤其如此,革命前后均是。随着一战后埃及的经验成为其他实现独立的阿拉伯国家的模板,这种现象很快在阿拉伯世界抬头。

587

乌尔巴尔的管理

乌尔巴尔在其关于穆罕默德·阿里的书中,将阿里视为唯一懂得如何把埃及转变为一个民族国家的政治家,或者用研究英属印度的英国历史学家所赠给他的称号"现代埃及的创立者"。[2] 三年后的 1931

---

[1] *Al-Ahram Weekly On-line*,7 March 2001,Issue No. 523. Available at http://www. weekly. ahram. org. eg(31 March 2009).编辑者为 Yunan Labib Rizk,作者有轻微改动。

[2] 参见 Henry Dodwell, *The Founder of Modern Egypt:A Study of Muhammad ʿAli* (Cambridge,1931); and Shafiq Ghurbal, *Muhammad ʿAli al-Kabir*(Cairo,1944)。

年，乌尔巴尔以新的思路重新研究了他的主题。[①] 这个新的思路似乎
是为了将现代埃及的崛起置于更为民族性的角度来进行分析。这样，
作者不再将现代埃及的崛起归为一个人的天才，而是将其视为拿破仑
入侵所造成的不可避免的结果。通过运用法国和英国的档案，以及像
他在第一本作品中所做的那样运用贾巴尔提（al-Jabarti）的编年史，乌
尔巴尔宣称他发现了争取埃及独立的一个完备的方案，不过，这次他是
用阿拉伯语写作的。这个方案不只是在阿里上台前四年就有了，而且，
它是由一个埃及科普特人所提出来的本土思想，这就是亚库柏将军
（General Yaʿqub），他最初是马穆鲁克的盟友，但在法国入侵自己的
祖国的情况下，他认为自己作为科普特军团的长官（Commander of
the Coptic Legion）与埃及的新主子合作是合适的。乌尔巴尔骄傲地
宣布，"阅读贾巴尔提的编年史或者其他的材料，人们在 1801 年法国
占领结束的时候发现他并没有决定要追随法国军队移民到法国去，
他的目的是实现自己的重大计划，也就是让埃及的独立得到欧洲列
强的承认。"[②]

　　此外，这个重大的方案，不只是一个重要的历史事件，更重要的是，
它通过历史学家放弃追求真相的责任的方式来制造民族的记忆。"在
英国和法国外交部的外交记录（档案）中，我发现了与此相关的文件，当
时我几乎已经彻底放弃了所有的希望——就是最终找到通过承认埃及
独立来解决埃及问题的提议，不管它来自埃及人还是非埃及人。"[③]

　　乌尔巴尔还告诉他的同胞，就是另外一个历史学家乔治·杜安
（Georges Douin），已经"在皇家埃及地理学会与国王富阿德一世陛下
的支持下"出版了这些文献，"并有一个分析性的导论"。[④] 然而，他提
出了自己对这一特殊插曲的解释，尽管杜安已经特别指出了这一方案

[①] Shafiq Ghurbal, *al-Jeneral Yaʿqub wa al-Faris Lascaris wa Mashruʿ Istiqlal Misr fi 1801*(Cairo, 1932).

[②] Ibid. , 21.

[③] Ibid. , 22.

[④] Ibid. 亦见 Georges Douin, *L'Egypte Independente Projet de 1801*(Cairo, 1924), esp. pp. i - xvi.

作为一个纯粹埃及人的努力所具有的特定含义。换句话说，乌尔巴尔特别地将这个方案与一个正在浮现的模式联系起来，这个模式迟早会确认对埃及独立的追求，而不考虑相关个人的特定认同。1801 年 8 月，亚库伯还在海上航行的时候就去世了，对此还能说什么呢。这使亚库伯那大胆的计划再也无法施展，他的同伴与翻译拉斯卡里斯（Lascaris）还曾向法国和英国政府交过提案，这些也注定是失败的。此外，通过这个案例乌尔巴尔想特别强调的是外交谈判对于推进埃及完全独立的重要性，一个更为详细的关于王权崩溃之前不久英-埃谈判的研究对此有过探讨。① 在这一新的研究中，当涉及英国和埃及致力于新一轮谈判时，乌尔巴尔进一步强调道德的影响与持久的不满是决定此类谈判结果的关键因素。

　　与此同时，他从未动摇对王权的忠诚，他把新国王法鲁克（Faruq，1936—1952 年在位）描述为埃及和巴勒斯坦的救星。此外，埃及在 1940 年代早期开始扮演关键的地区角色，到 1945 年时，已经成为新的阿拉伯国家联盟的中心，更不必说它与整个穆斯林世界的关系。乌尔巴尔似乎选择性地关注伊斯兰维度，判断其为法鲁克政策的相关性，与其总理穆斯塔法·那哈斯（Mustafa al-Nahhas）相对立，后者更加接近于泛阿拉伯政策。也正是在这样的环境中，他于 1944 年创作了穆罕默德·阿里的传记。② 在传记中，他把"现代埃及的创立者"提高到了一个奥斯曼的以及穆斯林的政治家的地位，唯一的理想就是通过改革体制以及工农业体系来拯救奥斯曼帝国。因此，埃及已经不再是他的主要关注，而只是大胆的复兴伊斯兰以及把奥斯曼中心转变为世界级强国的方案的出发点。正是在乌尔巴尔管理埃及的专业历史学时期，其他阿拉伯国家开始把历史转变为一种学术的追求。但是，这样的一个概括不应该使我们忽视另外一群历史学家的贡献，他们以贝鲁特美国大学（the American University in Beirut）为基地，主要活跃在 1920 年

---

① Shafiq Ghurbal, *Tarikh al-mufawadat al-misriyyah-al-britaniyyah*, vol. 1, (Cairo, 1952).

② *Muhammad ʿAli al-Kabir*(1944；Cairo, 1986).

之后。

贝鲁特的历史学

589

贝鲁特美国大学(AUB)由美国传教士建立于 1866 年,当时是叙利亚新教学院(the Syrian Protestant College)。1920 年,它才叫现在的名字,改名的目的是表明其世俗性。贝鲁特美国大学的历史学系注定要在多个阿拉伯国家历史学科的专业化方面发挥重要作用,这可能有两个原因,一是那里的历史学家工作努力,二是该大学特别注意从周边阿拉伯国家中招生。这一时期有三个历史学家贡献卓越:菲利普·希提(Philip Hitti)、阿萨德·鲁斯图姆(Asad Rustum)与古斯坦丁·祖拉伊克(Qustantin Zurayq)。希提从叙利亚新教学院毕业,直到 1913 年都在那里教历史。1916 年,他在哥伦比亚大学获得阿拉伯历史的博士学位。1918 年,希提回到贝鲁特,立刻被其母校聘任教授东方历史,直到 1926 年,希提被普林斯顿大学聘任,负责教授闪米特语言。① 很多学者认为是希提建立了美国的阿拉伯研究。他的《阿拉伯通史》首次出版是在 1937 年,到希提去世时该书重印和修订了不下十次。希提还至少出版了其他十一本阿拉伯历史方面的书。

阿萨德·鲁斯图姆是希提的学生,他在 1924 年加入贝鲁特美国大学,成为东方历史的教授,在那之后,他推动了专业历史学标准的形成。他是在芝加哥大学接受了历史学教育,在那里他完成了自己《穆罕默德·阿里统治下的叙利亚》的博士论文。在希提到普林斯顿之后,鲁斯图姆说服他的一个学生,即正在学习数学的祖拉伊克,让他转到历史学,并在一所美国大学完成自己的博士论文。祖拉伊克听了他的建议,并在哥伦比亚、芝加哥和普林斯顿多所大学学习。他在 1930 年回国,他把历史教学当作一个生动的主题,并将其作为复兴阿拉伯文化的一部分,他的目的是让阿拉伯学生以一种严谨的方式意识到自身过去的

---

① 参见 John R. Starkey, 'A Talk with Philip Hitti', *Saudi Aramco World*, 22:4 (July-August 1971),23-31。

荣耀。其他的历史学家还包括纳比赫·艾敏·法里斯（Nabih Amin
Faris），他是希提的学生和同事，他在 1945 年离开普林斯顿，加入到贝
鲁特美国大学历史学系。他的贡献包括引进了伊斯兰和穆斯林哲学与
神学研究，以及阿拉伯史。1949 年，另外一个历史学家尼克拉·宰德
（Nicola Ziadeh）加入到贝鲁特美国大学，他在伦敦大学凭借《马穆鲁克
统治下的大马士革》获得博士学位，为正在形成的贝鲁特历史传统注入
了新鲜血液，当时这一传统的形成是通过出版社和其他媒体实现的。
宰德是一个坚定的阿拉伯民族主义者，但是他同时意识到自己作为历
史学家和学者的责任。1945 年之后，宰德的主要贡献可能是把对北非
国家的研究引入课程中，当时他正在研究利比亚和突尼斯，并在翻译这
方面的教科书。[1]　根据他的叙述："我的一生用阿拉伯语写了 45 本书，
用英文写了 6 本书，从英语到阿拉伯语翻译过 14 本书，发表了一百多
篇论文。我还在电视和广播上参与过两千多次访谈。"[2]宰德的学术生 590
涯开始得比较晚，他在伦敦大学获得学士学位的时候已经 32 岁了。
1921—1924 年，他在耶路撒冷的阿拉伯学院学习，在这期间他接受了
民族主义思想，达尔维什·米克达迪（Darwish Miqdadi）是他的精神
导师和历史教师。米克达迪在贝鲁特美国大学学习了历史和其他课
程，毕业于 1922 年。根据马赫穆德·阿比迪（Mahmud ʿAbidi）的说
法，米克达迪是"一个令人鼓舞的教师，他在课外组织的活动与他的
教学一样广泛和刺激。他在辩论协会的讲话非常受欢迎，他精心准
备的在城内外历史遗迹的探访非常激动人心且富有启发。"[3]米克达
迪的最著名的著作是《阿拉伯民族史》，首版于 1931 年，在伊拉克、叙
利亚和巴勒斯坦都被用作学校的教科书。出自同样体制的另外一个

---

[1]　'An Interview with Professor Nicola Ziadeh', *MainGate*, 3：4(2003),1.

[2]　Ibid.

[3]　Mahmud Abidi, 'The Arab College, Jerusalem', in Mohamed Taher (ed.),
Encyclopedic Survey of Islamic Culture(New Delhi, 1997),iii. 204 - 213; quoted
in Rochelle Davis, 'Commemorating Education：Recollections of the Arab College
in Jerusalem, 1918 - 1948', *Comparative Studies of South Asia*, *Africa and the
Middle East*, 23：1 - 2(2003),190 - 204, at 191.

未来的历史学家是阿卜杜-拉提夫·迪巴维(Abdul-Latif Tibawi),1922—1925 年,他在耶路撒冷学习,1926 年他得到一个奖学金,到贝鲁特美国大学学习历史和教育。他涉猎广泛,不过教育是他的主要兴趣。这主要是因为他最初的工作是英国托管下巴勒斯坦的教育巡视员,1952 年后,他成为伦敦教育学院的讲师。

在这些历史学家中,最后一个著名的成员是马基·舒贝卡(Makki Shubykah,又称 Mekki Shebeikah),他把专业的历史写作介绍到了苏丹。他是在喀土穆的戈登学院(Gordon College)受的教育,也在那里教历史。1931 年,他进入贝鲁特美国大学学习历史学,并于 1935 年毕业。在贝鲁特美国大学求学期间,他成为泛阿拉伯学生社团(alʿUrwa al-Wuthqa)的积极分子,历史学家祖拉伊克作为大学和学部的代表是这个社团的顾问。① 回国后,马基·舒贝卡作为历史学专家再次加入戈登学院。1947 年,英国文化协会(British Council)授予他一项奖学金,前往伦敦大学贝德福德学院攻读博士学位。到 1955 年,他已经成为喀土穆大学学院(Khartoum University College)的正教授,这个学院很快就在独立后成为喀土穆大学。舒贝卡与艾赫迈德·伊布拉欣·艾卜·萨利姆(Ahmad Ibrahim Abu Salim)一起在 1950 年代开创了苏丹史的专业研究。②

跟我们研究的时期更为相关的是研究现代苏丹史的方法,这源自舒贝卡在贝鲁特的求学,而开罗的阿卜丁皇家档案馆(the Royal Archives ofʿAbdin Palace)使其变得可行,并奠定了苏丹本土历史学家的新方法。是阿萨德·鲁斯图姆把这些档案介绍给了舒贝卡,当时阿萨德正在利用这些档案研究伊布拉欣帕夏于 1830 年代在叙利亚发起的运动。阿萨德提醒自己的学生,在这些档案中有关于苏丹的无数文献。原因不难理解,穆罕默德·阿里在 1820 年代征服了苏丹,阿里王

591

---

① Amjad Dhib Ghunma, *Jamʿiyat alʿUrwa al-Wuthqa*(Beirut,2002),14,89.
② 舒贝卡的作品包括 *British Policy in the Sudan*,*1882 - 1902*(Oxford,1952);*The Independent Sudan*(New York,1959);以及多本用阿拉伯语写的苏丹和阿拉伯世界的现代史。

朝持续宣示对苏丹的主权,甚至在苏丹于 1898 年被英国征服后还坚持这一立场。到 1943 年时,舒贝卡开始在阿卜丁宫从事自己的研究。在那些他磕磕绊绊使用着的私人信件中,他发现了一个喀土穆的戈登将军提到了一本用阿拉伯语写的书,名字叫《苏丹诸王史》(*Tarikh Muluk al-Sudan*),该书覆盖了该国 1504—1871 年的历史。这促使舒贝卡去寻找原始的手稿或其校订本。他得到了两部手稿,并比较和编辑了它们,1947 年,他出版了注释版。[①]

正是在这种情境下,我们开始掌握在开罗和贝鲁特的新一代阿拉伯历史学家们的互补性角色。前者更感兴趣的是发掘外国档案,后者主要集中于编辑、翻译和注释历史原稿以及穆斯林思想家的作品。这样,一方面,希提把伊本·蒙基德(Ibn Munqidh)的回忆录从阿拉伯语翻译成了英语,而阿萨德·鲁斯图姆则编辑和翻译了由 19 世纪的纳法尔·纳法尔(Nawfal Nawfal)撰写的编年史,目的是写自己的博士论文,该编年史是关于埃及占领叙利亚的。另一方面,祖拉伊克把米斯凯(Miskawayh)关于伦理学的书从阿拉伯语翻译成了英文,[②]纳比赫·艾敏·法里斯把艾卜·哈米德·穆罕默德·加扎里(Abu Hamid Muhammad al-Ghazzali)的很多作品翻译成了英文,后者是伊斯兰教最著名的哲学和神学家之一。[③]

文本批评与阿拉伯遗产

在处理各种各样的阿拉伯历史事件时,希提和鲁斯图姆都加入了一种新的文本批评的元素。这可能与他们在哥伦比亚大学和芝加哥大

---

① 参见 P. M. Holt, *The Sudan of the Three Niles*: *The Funj Chronicle*(Leiden, 1999),pp. vii‐viii。

② 参见已经出版的版本 Costi Zurayk, *The Refinement of Character*(Beirut, 1968). 也可以在 Ibn Miskawayh 名下找到。

③ *The Mysteries of Purity*: *Being a Translation with Notes of the Kitab Asrar al-Taharah of Al-Ghazzali Ihya U l'um al-Din*, trans. Nabih Amin Faris(Beirut, *c.* 1966).

学接受的训练有关。例如，1924 年鲁斯图姆在一本美国期刊上发表了他博士论文的后记。① 他以如下文字作为开篇："现在出版的这篇后记的手稿是作者在 1887 年遗赠给美国贝鲁特大学的。有几个事实能佐证它的真实性：首先，它是作为作者的作品和手稿之一而被收录进纳法尔·纳法尔丛书因而来到美国贝鲁特大学图书馆的。第二，其书体从各个方面看都与作者其他已经确定无疑的手稿笔迹十分相似。第三，也是决定性的一点，同为美国贝鲁特大学的朱吉思·胡里（Jurjus Khuri）教授曾经多次为作者担任过誊写员并且誊写过其中部分页张，他在它（这批手稿）成为该校的财产后曾检查过手稿并得出肯定的答案。"②

鲁斯图姆通过阿卜丁皇家档案以及同其学术方面的埃及联系人联系，如阿卜德·鲁赫曼·扎卡（Abd al-Rahman Zaki）和萨非克·古尔班（Shafiq Ghurbal），继续他的档案收集与编辑工作。他可能是第一个挖掘所有与 1831—1941 年叙利亚运动相关的文献并对其进行分类的人。③ 以这些文献与原始的黎巴嫩编年史相结合为基础，他还出版了多部关于特定事件的史学专著。

除了文本批评和出版原始资料外，鲁斯图姆另一项开创性的贡献就是他关于史学方法论的作品。④ 这部作品出版于 1939 年并再版过许多次，被认为是对阿拉伯史学方法及其技术的第一次现代研究。尽管鲁斯图姆是根据西方的指南提出历史研究的相关问题的，但他还是做出了两点贡献。其一就是将他的新方法论与伊斯兰的"圣训学"研究直接关联，后者是叙述先知言说的一门学科。需要注意的是，伊斯兰的方法论是以对传述链的真实性的确信为基础的，它仅仅考察一个特定

---

① Asad Jibrail Rustum，'Syria under Mehemet Ali'，*The American Journal of Semitic Languages and Literatures*，41：1(1924)，34-57. 参见他对这一手稿的翻译与注释，'Syria under Mehemet Ali-A Translation'，*The American Journal of Semitic Languages and Literatures*，41：3(1925)，183-191.

② Rustum，'Syria under Mehemet Ali'，34.

③ Id.，*The Royal Archives of Egypt and the Origins of the Egyptian Expedition to Syria，1831-1841*(Beirut，1936).

④ Id.，*Mustalah al-Tarikh*(Sidon，1939).

的叙述者是否具有优良品质，以及这个传述者是否是作为当时的目击者亲耳听到了[先知的]那些话。因此，以这种方法为基础，判断某些言论是可靠的还是错误的主要取决于中间的传述链条。在这个意义上，对传述内容本身真实性的考察并不构成整个真实性检验的一部分。但是，鲁斯图姆试图让他的读者和学生相信，历史研究的基本原则也可以作用在这些古典遗产上；现在他们需要更新自己的技能以便精准地把握最新的成果。

他的第二个贡献是以当地的例子来阐明自己的方法论，这些例子基本来自他作为一名职业历史学家的个人经验。在他的整体框架中，他运用了朗格诺瓦和瑟诺博斯出版于 1897 年的《史学原论》一书，这本书在第二年被 G. G. 贝里翻译成了英文，并由英国历史学家约克·鲍威尔(F. York Powell)作序。[①] 鲁斯图姆在其指南的章节里采用了同样的布局，同时，力图以准确的阿拉伯术语来表达其标题。因此，我们读到"文献搜集"(taqmish)、"辅助科学"('ulum musila)、"文本批评"(naqd al-usul)、"原作者批判性考据"(al-ta'),等等。在美国和欧洲的一些高校中，以这种方法为指导的作品往往被认为是该学科中最具有可信性的作品之一。而且，他将自己的指南置于伊斯兰前辈的序列之中，并引用穆斯林学者来支持他的论点，除了讨论他在埃及档案馆广泛研究中得到的具体案例外，他还成功地将唯一可用的阿拉伯语指南变成了历史系学生不可缺少的工具书。至少在 20 多年中这是无可取代的，哪怕 1943 年埃及历史学家哈桑·奥斯曼(Hasan 'Uthman)也出版了自己的指南。[②] 这两本书都被翻印了许多次。

作为乌尔巴尔的学生和意大利历史专家，奥斯曼在序言中直言，感谢鲁斯图姆把自己领上了研究阿拉伯世界的史学方法的道路。然而，他的手册较少受到伊斯兰考据方法的限制。他的写作以学生为受众，

593

---

① 关于鲁斯图姆对阿拉伯历史书写的整体评价，参见 Ilyas al-Qattar and Lamya Rustum Shihadah(eds.), *Asad Rustum al-insan wa al-mu'arikh, 1897 - 1965* (Beirut, 1984).

② *Manhaj al-Bahth al-Tarikhi*(Cairo, 1943).

他们也许会发现鲁斯图姆的举证特别是他引用的长篇幅中世纪文本有些偏狭。奥斯曼的文本更着重于强调历史学家在文献证据的基础上探寻真理以及勤奋研究的一面，但也更倾向于强调想象力发挥的作用以及强调历史学家需要通过再考察当时整体的精神和社会背景来重新阐释历史事件。换句话说，在坚持鲁斯图姆严谨的实证主义的同时，奥斯曼想让他的学生通过对周围所有细节的再现，包括手势、服装类型、心理状态、物质环境等所有自然或人为的一切，来为特定的事件做出更加细致的描述。这可能是他在意大利接受教育的结果，就像克罗齐（Benedetto Croce）的那句名言"一切历史都是当代史"。①

政治与历史

　　所有的这些历史学家都可能追随一种特定观点、一个政治党派、派别或个性，只是这种追随方式是淡淡的，有时还易于变动。但是，祖拉伊克（Zurayq）和米克达迪则在其历史研究中对他们的"阿拉伯民族"的过去和未来持一种公开的肯定态度。而且，他们两人都属于一个建立于1935年的地下运动，该运动志在解放阿拉伯国家并把它们整合成一个统一的民族国家。从这个意义上说，阿拉伯民族主义者组织有着明确的文化和政治规划。尽管并没有采用一个专称，但一般情况下还是被称为"阿拉伯民族主义集团"。因其行事机密，该组织直到1941年英国重占伊拉克之前一直在发挥作用而未被发现。通过这样的活动方式，它实现了对已有的政党、民间社团及文化机构的渗透，来开展其自身的政治和组织活动。祖拉伊克担任该集团的首任主席直到1939年，米克达迪曾短期继任此职。② 该集团决定利用伊拉克作为主要活动阵地时正逢祖拉伊克接手主席职务。米克达迪于1927年受经验丰富的

①　奥斯曼精通意大利文化与文学，他是第一个把但丁的《神曲》从意大利文翻译成阿拉伯文的阿拉伯学者。参见 Kumidiya Dante, trans., *Hasan ʿUthman* (Cairo, 1959)。

②　ʿAziz alʿAzmeh, *Qustantin Zurayq:ʿArabi li l-qarn al ʿishrin* (Beirut, 2003),48-56.

阿拉伯民族主义者萨特·胡斯里(Satiʿal-Husri)之邀来到伊拉克定居，萨特·胡斯里曾负责伊拉克教育部门。正是在这段时期内，米克达迪编写了他那本广受赞誉的阿拉伯民族历史教科书。[1] 直到英国人在1941年重新占领伊拉克时，他们才意识到隐藏在这些历史书中的全新意识形态的巨大影响。这本《阿拉伯民族史》因此被禁，其作者亦被下狱达四年之久。[2] 1948年，人们在大马士革找到了他，当时他正在当地大学教历史。之后不久，祖拉伊克为了在华盛顿建立第一个叙利亚使馆而停薪离开了美国大学并担任首任大使，1949—1952年他被任命为大马士革大学的校长。任期内，祖拉伊克积极重建了所有院系，并且特别重视包括阿拉伯和欧洲在内的历史学学科建设。

　　总之，本研究展现了1800—1945年之间的阿拉伯历史编纂学在方法论、资料搜集及分析对象方面发生了怎样巨大的变化。与其他文化、政治及经济领域的转变同步，历史学最终完成了自身的专业化。这一系列转变有时被归入现代性的范畴之内，其中工业革命和法国大革命是主要的驱动力，再加上殖民主义以及民族解放运动的兴起，它们共同预示着一个新的世界秩序的到来。

大事年表/关键日期

1798 年	拿破仑入侵埃及
1805—1949 年	穆罕默德·阿里统治埃及
1830 年	法国入侵阿尔及利亚
1839 年	英国占领南也门的亚丁
1866 年	贝鲁特美国大学创立
1881 年	法国占领突尼斯
1882 年	英国占领埃及

595

---

[1] 详细内容参见 Youssef Choueiri, *Arab Nationalism*(Oxford, 2000),33 - 40。

[2] Reeva S. Simon,‘The Teaching of History in Iraq before the Rashid Ali Coup of 1941’,*Middle Eastern Studies*, 22：1(1986),37 - 51.

1908 年	青年土耳其党人革命
1911 年	意大利占领利比亚
1916 年	阿拉伯起义反抗奥斯曼帝国
1919 年	巴勒斯坦回复同犹太复国主义和英国占领者的斗争；埃及革命反抗英国占领
1920 年	法国托管叙利亚和黎巴嫩；英国托管伊拉克、巴勒斯坦和约旦；伊拉克起义反抗英军占领
1923 年	埃及获得半独立
1925—1927 年	叙利亚起义反抗法国
1931 年	伊拉克加入国际联盟
1930—1945 年	北非开始有组织地抗议法国的殖民主义
1948 年	以色列建国

主要历史文献

ʿAbd al-Karim，Ahmad ʿIzzat，Tarikh al-taʿlim fi ʿasr Muhammad Ali(Cairo，1938).

Al-Jabarti ʿAbd al-Rahman，Ajaʾib al-athar fi al-tarajim wa al-akhbar (Cairo， 1958)；trans. Thomas Philipp and Moshe Perlmann as ʿAbd al-Rahman alJabarti's History of Egypt，4 vols. (Stuttgart，1994).

Ghurbal，Shafiq，The Beginnings of the Egyptian Question (London，1928).

Jouplain，M.，La Question du Liban(Paris，1908).

Rustum，Asad，'Syria under Mehemet Ali-A Translation'，The American Journal of Semitic Languages and Literatures，41：3 (1925)，183 - 191.

—— The Royal Archives of Egypt and the Origins of the Egyptian Expedition to Syria，1831 - 1841(Beirut，1936).

—— *Mustalah al-tarikh*(1939;2nd edn, Sidon/Lebanon, 1955).

——(ed.), *Al-Usul al'arabiyya li tarikh Suriyya fi'ahd Muhammad'Ali Basha*, 5 vols.(Beirut, 1988).

Sabri, Muhammad, *La Révolution Egyptienne*, 2 vols.(Paris, 1919－1921).

—— *La genèse de l'esprit national égyptien*, 1863－1882(Paris, 1924).

Shebeikah, Mekki, *British Policy in the Sudan*, 1882－1902 (Oxford, 1952).

—— *The Independent Sudan*(New York, 1959).

Shihabi, Amir Haydar Ahmad, *Ta'rikh Ahmad Basha al-Jazzar*, eds. A. Chibli and I. A. Khalifa(Beirut, 1956).

—— *Lubnan fi'ahd al-umara'al-shihabiyyi*n, eds. Asad Rustum and Fouad E. Boustany, 3 vols.(Beirut, 1984).

Tibawi, Abdul-Latif, *Arab Education in Mandatory Palestine* (Luzac, 1956).

—— *British Interests in Palestine*, 1800－1901(Oxford, 1961).

—— *American Interests in Syria*, 1800－1901(Oxford, 1966).

—— *Jerusalem：Its Place in Islam and Arab History* (Beirut, 1969).

—— *A Modern History of Syria*, *including Lebanon and Palestine* (New York, 1969).

—— *Anglo-Arab Relations and the Question of Palestine*, 1914－1921(Luzac, 1977).

Zurayk, Costi, *The History of Ibn al-Furât*, vol. 9, part 1, ed. Zurayk; part 2, ed. Zurayk and Nejla Izzedin(Beirut, 1936,1938).

参考书目

Ahmida, Ali Abdullatif(ed.), *Beyond Colonialism and Nationalism* in the Maghreb: *History, Culture and Politics* (New York, 2000).

Choueiri, Youssef, *Modern Arab Historiography: Historical Discourse and the Nation-State* (London, 2003).

Crabbs, Jack A., *The Writing of History in Nineteenth-Century Egypt: A Study in National Transformation* (Cairo and Detroit, 1984).

Di-Capua, Yoav, *Gatekeepers of the Arab Past: Historians and History Writing in Twentieth Century Egypt* (Berkeley, 2009).

Gorman, Anthony, *Historians, State and Politics in Twentieth-Century Egypt: Contesting the Nation* (London, 2003).

Khalidi, Tarif, 'Palestinian Historiography, 1900 – 1948', *Journal of Palestine Studies*, 10: 3(1981), 59 – 76.

Lewis, Bernard and Holt, P. M. (eds.), *Historians of the Middle East* (Oxford, 1962).

McDougall, James, *History and the Culture of Nationalism in Algeria* (Cambridge, 2006).

Philipp, Thomas, 'Class, Community and Arab Historiography in the Early Twentieth Century: The Dawn of a New Era', *International Journal of Middle East Studies*, 16: 2(1984), 161 – 175.

Rüsen, Jörn (ed.), *Western Historical Thinking: An Intercultural Debate* (New York, 2002).

昝 涛 董 雨 陈 功 译

第二十九章　撒哈拉以南非洲的历史

托因·法罗拉

本章分析历史学的四个重要主题：口述史的深厚传统，非洲历史的早期书写，本土历史著作的出现，及 20 世纪上半叶欧洲统治非洲时期的历史知识的创造。上述几类历史研究的类型，并不遵从现代的历史学技艺及方法论，而且，它们均不像今日的史学一般，对多种史料加以系统搜集及评判。不过总体而言，这几类非洲史学显然自成体系，使我们能理解非洲的历史，以及在 20 世纪中叶之前的非洲图像，同时，它们也为关于非洲史的学术性写作的革新提供了资源。

口述历史学

如其他大陆一样，非洲也有内容丰富的有机的传统，表现形式有神话、戏剧、歌谣、箴言等等，能够独立地展现值得信赖的思想文化史。口述史，以不同形式、不同方法，为我们讲述了过去和当今，讲述了人物和地点，也讲述了制作者的种种制度与世界观。①

传统的历史叙述以口头方式，在一代代的记忆中相传。一些政体有专业的史学家，他们的主要任务就是传递知识。奥约（Oyo）是一个重要的约鲁巴人王国，在其宫殿中，职业的史学家被称作阿罗

---

① Jan Vansina, *Oral Tradition as History* (Madison, Wis., 1985).

金（arokin），他们是王宫历史的管理者，他们要记录每个国王，记录他们的成就，记录战争和国内族群关系，以及其他种种细节。他们每个人，尤其是年长者，都是历史的宝库。除了叙述的历史，长者、专业史学家、文化表演艺人还掌握许多传说、歌谣和箴言，他们以此创造出记忆的工具，传递信息。

598

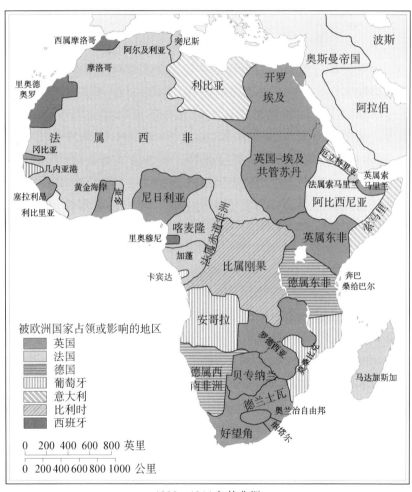

1880—1914 年的非洲

第二十九章　撒哈拉以南非洲的历史

传统的历史学的种类非常多样,每一种还可能有不同变种。历史可能是诗篇或歌谣,主题会是男神、女神、个人、家庭或共同体。历史也可能是经文、歌谣、谚语,或是作为历史证据,或是作为记事手段,反映历史事件。预言诗充满了关于地点、人物、哲理的信息,让人得以一窥各年龄层的价值观念。赞歌描述的是志向、性格、某个人物的成败,同时也提供了关于地点和时间的信息。

人群、民族、王朝和制度的起源,在口述史中占了很大比重。多数情况下,起源故事试图解释一切历史的开端,故事线可能将现实与超自然联系起来,其中有很复杂的迁徙故事,甚至能确定第一个人被创造的地点。创世和迁徙传说可能会结合起来揭示深层的历史背景,解释某地区的情况,或揭示各个迁徙族群的数次融合。如果认为这些关于起源的故事前后矛盾,或是故事情节荒诞不经,而忽略了它们,那就错过了故事的本意。这些故事旨在阐明为什么会有这样的身份和民族,解释人们如何找到自己的家园,叙述政治协定是怎样达成的。如果没有确定的答案,传统的故事往往会转向猜测。多个故事,或者单个故事的几个变种还可能是用来解释如下现象:为什么权力由某些家族把持,为什么女人不能参与政治。对权力、权威、土地或别的重要资源的把控,必须以创造传统的方式使其合情合理,而这种传统多数人只能接受。爱国思想可能影响故事的呈现方式。历史可能被用来证明某些所有权或状态是合乎情理的,是故可以有意地扭曲事实。如果历史具备宣传价值,则历史中出现的偏见就是有意为之的结果。

对想用当代方法论记录过去的人们来说,传统历史的形式匪夷所思。传统历史中的编年方式也和书面历史不同。传统历史并不建立在绝对准确日期的基础上。相反,某事件发生的时间是根据此事与另外某件事之间的关系,或干脆定在某个国王在位期间。一系列的事件可能形成一条故事线。至于国王,一些历史传统可能记录连续几代国王在位的时长,但现代史学家的叙述则全然不同。转折与延续,人的能动性,以及超自然力量,都植入在关于过去的世界观和元叙述（meta-narrative）中，连接过去和现在。

可以肯定，历史概念是存在的，有时候体现在解释过去的方面，有时候体现在供今人参考，以便理解当下的方面。如此，历史被视作一个漫长的过程，将过去和现在连接起来，再将其与未来连系。祖先所在的位置（如同古埃及金字塔象征着铭记过去）将逝者与活人连系起来，表现形式包括面具舞、祖先崇拜和纪念物。长者被描述成充满智慧的人，这是为了肯定与过往的联系，也是在告诉人们，个人在社会化进程中必须向长者学习，如此，获得的知识和遗产就不致被人遗忘。无处不在的庆典和仪式也体现了历史意识。因而，庆祝诸神、尊崇祖先的节庆也提醒参与者不要忘记过去，忘记神话时代，忘记规矩，也不要忘记他们对过去和未来的责任。节庆让大众参与了历史进程，也让全社会得以运用记忆。

历史是有用处的：如果要定义现在，历史就至关重要。[①] 所有民族都能找到民族起源；每条血脉都能找到祖先。人能在过往中找到起源和诞生的证据，这样，人才能认知自我。人归属于某个共同体，归属于某一血脉，并由此享有某片土地，这样，人才能生存下来。人在时空中的位置，或曰历史，并非身外之物，乃是生存的必需。

早期的历史书写：古典的、阿拉伯的和欧洲的

关于非洲，有一种知识体系是由非非洲人创造的（包括阿拉伯作家、传教士、探险者等等）。这些早期的历史，影响了非洲以外的人们对非洲的理解，后来也影响了那些利用这些材料讨论非洲历史的史学家。这类知识可以分为三类："古典的"，伊斯兰的，以及欧洲的。

像希罗多德、普林尼、斯特拉波和托勒密这样的古典作家，关

---

① 可参见 Isidore Okpewho, *Once Upon a Kingdom*：*Myth*，*Hegemony and Identity*（Bloomington，1998）。

于埃及、马格里布和埃塞俄比亚留下一些描述,使我们得以了解早期非洲文明的某些方面。例如希罗多德在《历史》(*The Histories*,公元前455年)中谈及埃及,这是基于他亲身旅行和收集口述材料得来的一些叙述。希罗多德不仅阐述了埃及的古代状况,还就口述传统给出了重要论断,令今天的史学家击节赞叹。约公元100年左右,一位来自亚历山大的无名希腊人写了《厄立特利亚海航行记》(*The Periplus of the Erythraean Sea*),这是一本商人手册,教人们如何在红海和东非海岸经商,这是7世纪之前关于东非沿海城邦范围最广的叙述。

人们希望发现更多这类早期记录,但目前仅此而已。材料匮乏,关于非洲的更多地方依然史料欠缺。非洲内陆被描述成神秘之地,非洲人谈及内陆充满恐惧。古代史家的著作中提到的许多见解,并没有其他材料可以为证。不过,无论如何,这些材料在许多方面都派上了用场,比如它们可以证明非洲一些地方历史悠久,可以证明长久以来广泛的贸易网络既已存在,也可证明非洲和其他洲的人——今日的中东及亚洲——都有互动。

7世纪后,伊斯兰教崛起,在非洲各处,尤其是西非、北非、东北非,到处传播,造成深远影响。19世纪之前,伊斯兰教通过商人、传教士、甚至大大小小的圣战的方式,已传遍非洲许多地方。宗教传播的动力和知识的产生密切相关。阿拉伯文的使用,使更多人具备读写能力,广泛而持久的史学传统也由此开始。通过伊斯兰教和读写能力,各种社会的、文化的手段都用来解析过去或当代的事件,用书面形式将口述传统和历史记录下来也成为了可能。在穆斯林国家里,阿拉伯文是用于法令、私人信件、政治外交信函、贸易记录、家族史等等文档的官方语言,由此产生了数量庞大的资料,如今散见于各类档案中。① 在非洲各地,阿拉伯文和非洲语言发生

---

① 可参见 John Hunwick,'Arabic Sources from African History', in John Edward Philips(ed.),Writing African History(Rochester, NY, 2006),239-244 中附录"非洲档案集",这是一份有用却不冗杂的列表。

融合，成为混合语言，例如东非的斯瓦希里语，西非的阿贾米（Ajami）文字。这些语言被用在各种书面材料上，许多现已不存。这些材料包括编年史（比如《基尔瓦编年史》[*Kilwa Chronicle*]，这是一部成书于1520年关于斯瓦希里城邦的编年史）、传记、年表、政治信函、公告、司法回复（比如 fatāwî）、诗歌，以及宗教辩论。

伊斯兰教在不同程度上影响了历史书写。北非成了阿拉伯民族的土地。北非南部被阿拉伯人称作"苏丹之地"（Bilad al-Sudan），在这里，不同程度的阿拉伯文化影响和伊斯兰教的传播创造了各种各样的伊斯兰史学。阿拉伯人对埃塞俄比亚和努比亚的兴趣，使今人得以看到7世纪到16世纪的早期文本。[①] 另外，也出现了阿拉伯文的地理著作，关于肤色和性格的观点也就此产生。既定的权威往往受到尊崇，这就促进了知识的传播，虽然成见和谬误也就此扩散了。[②] 所谓的伊斯兰著作和历史意识在非洲大陆的各地扎根。由直接的目击者提供，并且由一系列可靠人士（ismād）传播，而形成的口述报告（akhbār），是用来形成关于某个事件的叙述的可靠来源。资料汇编的方式多种多样，最常见的有两种。第一种是采取传记（sîra）——即重要人物的传记——的方式，但是不能与最受尊崇的先知穆罕默德形成冲突。第二种是采取历史（ta'rîkh）的方式，这也是最普遍的方式，其本质是依时间顺序讲述某段时间内的历史，不过包含了宗教的、道德的告诫。典型的伊斯兰著作，例如知名埃及作家阿不都·拉曼·苏尤提（Abd al-Rahmān al Suyiuti，卒于1505年）的作品，尤其是他的《诸哈里发史》（*Ta'rikh al-khulafā*），传遍整个非洲，成为各地作者学习的楷模。

602

---

① 相关史料可参见 Akbar Muhammad，'The Image of Africans in Arabic Literature: Some Unpublished Manuscripts'，in John Ralph Willis（ed.），*Slaves and Slavery in Muslim Africa*，vol. 1：*Islam and the Ideology of Slavery*（London，1985），47-74；以及 G. Vantini，*Oriental Sources Concerning Nubia*（Heidelberg and Warsaw，1975）。

② André Miquel，André Miquel，*La géographie du monde musulman jusqu'au milieu du 11e siécle*，4 vols.（Paris and La Haye，1967‑1988）.，4 vols.（Paris and La Haye，1967‑1988）.

苏丹西部和中部虽已伊斯兰化,却没有阿拉伯人移民,当地的文本受到伊斯兰教影响,这种影响可见于《巴高达之歌》(*Song of Bagauda*)。[1] 来自马格里布的阿拉伯、柏柏尔伊斯兰学者与传教士的著作则更为人所熟悉。比如,巴克里(Al-Bakri,11 世纪)、伊德里西(Al-Idrisi,12 世纪)、伊本·赛义德(Ibn Said,13 世纪)、伊本·白图泰(Ibn Battuta,14 世纪),以及利奥·阿非利加努斯(Leo Africanus,15-16 世纪),都留下了重要文献。利奥·阿非利加努斯是一位摩洛哥旅行家、作者,颇具传奇色彩,号称自己在 1509 年到 1510 年间游历过廷巴克图,后来,他于 1550 年完成并出版了其无与伦比的关于非洲地理的著作——《关于非洲的描述》(*Delle desrittione dell'Africa*),直到 19 世纪依然价值重大。利奥的著作侧重摩洛哥、突尼斯及利比亚,不过也涉及苏丹地区的一点知识。他描述廷巴克图富有黄金,一定程度上煽动了 18 世纪后半叶探索西非的兴趣。

16—17 世纪,外部世界得以了解苏丹帝国不仅得益于这些作者的作品,同时也得益于伊玛目伊本·法尔图阿(Ibn Fartua)的《关于伊德里西·阿罗马国王统治最初 12 年的历史》(*Tarikh Mai Idris*,1576 年)。[2] 他们描述当代事件及目睹的事件时,其叙述往往比过去的记录更有凭信。有一些叙述则建立在他人论述基础上,或依赖于和非洲朝圣者、阿拉伯商人的对话。他们的史料或参考文献未必总能经得起考据,这就意味着,我们必须注意这些作家如何收集信息,必须注意他们关于地理和历史框架的假说。的确,我们要知道他们在书写历史时所处的是一个怎样的社会。他们对伊斯兰教的专注,使我们得以据此推断前伊斯兰社会的本质,了解

---

[1]　M. Hiskett,'The "Song of Bagauda":A Hausa King List and Homily in Verse',*Bulletin of the School of Oriental and African Studies*,27(1964),540-567;28 (1965),112-135,363-385.

[2]　Ahmad Ibn Fartua,*History of the First Twelve Years of the Reign of Mai Idris Alooma of Bornu 1571-1583*,ed. and trans. H. R. Palmer(Lagos,1928).

伊斯兰教的深远影响[1],也了解 16 世纪埃塞俄比亚与邻国之间的那种伊斯兰教和基督教之间的冲突。[2] 这一时期的各种阿拉伯文历史著作均被当作史料使用,关于其史料价值的研究现已成为学术界一个重要的领域。[3]

1591 年,随着尼日尔河中游被摩洛哥控制,关于西非及毗邻的北非,出现了使用阿拉伯文和土耳其文的新知识体系。其中一些著作,例如费希塔里(Al-Fishtali)和伊尔富拉尼(Al-Ilfrani)的著作为摩洛哥人的入侵张目,而其他著作则揭示了黑人和摩洛哥人之间的种族关系历史、奥斯曼人对非洲的兴趣、跨撒哈拉贸易、奴隶制度,以及贩奴贸易。[4]

16 世纪晚期开始,苏丹出现了许多基于口述史和传统历史,并模仿伊斯兰文学的著作。这类著作集中出现在卡诺(Kano)、卡齐纳(Katsina)、恩加扎加莫(Ngarzagamo),以及博尔诺(Borno)(苏丹中部),廷巴克图的桑科尔(Sankore at Timbuktu)、加奥(Gao)及杰内(Jenne)(苏丹西部)等地。这一时期有两大著作,其一是廷巴克图的萨迪(Al-Sadi of Timbuktu)于 1655 年完成的《苏丹史》(*Tarikh al-Sudan*),其二是廷巴克图附近丁迪尔玛(Tindirma)的卡蒂(Ka'ti)家族于 1664 年编纂完成的《研究者年鉴》(*Tarikh al Fattash*)。这两本书都采用了萨迪的编年风格,叙述了尼日尔河中游的历史;书中提到一系列重大事件和大人物的死讯,为后世学者

---

[1] 可参见 John Ralph Willis(ed.), *Studies in West African Islamic History*, vol. 1: *The Cultivators of Islam*(London, 1979);Joseph Cuoq, *L'Islam en ethiopie des origins au Xvle siècle*(Paris, 1981);以及 Khair Haseeb El-Din(ed.), *The Arabs and Africa*(London, 1985)。

[2] Mohammed Hassen, *The Oromo of Ethiopia: A History, 1570 – 1860* (Cambridge, 1990)。

[3] 可参见 Tadeusz Lewicki, *Arabic External Sources for the History of Africa to the South of the Sahara*, trans. Marianne Abrahamowicz(Wroclaw, 1969);以及 Chouki El Hamel, *La vie intellectuelle islamique dans le Sahel Ouest-Africain* (*XVIe – XIX siècles*)(Paris, 2002)。

[4] John O. Hunwick, *Timbuktu and the Songhay Empire*(Leiden, 1999)。

提供了参考。一些著作则采取人物传记词典或历史年表的形式,令后人直至 20 世纪都受益匪浅。[1]苏丹中部的历史著作则多是城市史,例如卡诺的编年史。许多歌谣使用阿贾米文(使用阿拉伯字母的豪萨语)写成,为世人提供了关于国王和贵族的信息。这些歌谣被记录下来,代代相传,并被不断加入新的歌词,使历史信息更为丰富。

至 18 世纪中叶,基尔瓦、廷巴克图和卡齐纳这样的学术中心的学者们(ulama)借助已成型的书写形式,建立起强大的学术传统。他们推动伊斯兰教传播,批评异教,呼吁更纯粹的穆斯林意识。这些学者往往以"外人"身份写作,自己跟堕落的非伊斯兰影响划清界限。他们的著作涉及王朝、政治和地方历史,也包括人物传记及人物死讯,涵盖伊斯兰史学的一切元素。作为伊斯兰的传播者,对那些不同意博学的伊玛目观点的人,对那些不愿给予他们特权的统治者,这些史学家一概谴责。

604

19 世纪的历次圣战使历史著作大量涌现,这一现象持续到 20 世纪。始于 1804 年的索科托(Sokoto)圣战的领袖奥斯曼·登·福迪奥(Uthman dan Fodio)是一个重要学者,其子穆罕默德·贝洛(Mohammad Bello)、其兄弟阿卜杜拉(Abdallah)也是知名学者。三人共著有 200 部著作。其中一部最常为人引用的是贝洛于 1812 年完成的著作《圣战运动史》(*Infâq al-maysûr fi ta'rîkh bilād al-Takrûr*),这部书描述了圣战经过与引起圣战的原因。其他知名的伊斯兰学者则著有诗歌和编年史,许多地方都出现了当地的编年史。在冈比亚河和沃尔特河之间的沃尔特盆地(Volta Basin)的不同地方,曼丁·迪尤拉(Manding Dyula)的历史传统与豪萨历史传统结合起来,当地编年史就此写成。在塞内冈比亚(Sengambia),说富拉语(Fulfulde)的人们也写成了自己的历史,其

---

[1]　同上,*Arabic Literature of Africa*,vol. 4:*Writings of Western Sudanic Africa*(Leiden,2003);以及 P. F. de Moraes Farias, *Arabic Medieval Inscriptions from the Republic of Mali*:*Epigraphy*,*Chronicles and Songhay-Tuareg History*(Oxford,2003)。

中穆萨·卡马拉（Musa Kamara）的著作最为人尊崇。在苏丹尼罗河流域，18 世纪的芬吉（Funj）编年史涵盖 1504—1821 年的芬吉历史，也谈到直至 1871 年的突厥-埃及时代。马赫迪时期也出现了属于自己的范围广泛的历史著作，最著名者当属卡迪尔（Al-Qadir）写的马赫迪·穆罕默德·艾哈迈德（Mahdi Muhammad Ahmad）传记。[①] 东非 19 世纪出版的编年史，记录了当时各势力的对立与冲突。这些著作本质上都是改革派，它们基于这样一种政治理念：伊斯兰宗教必须改革，必须对抗"异教"行为。编年史将伊斯兰领袖视为虔诚的改革家，他们改造世界的行为受到神的祝福。敌人——或是异教领袖，或是堕落的穆斯林，又或是基督徒伪信者——必须消灭。成功消灭了敌人的伊斯兰领袖会有传记赞美其品质，将他们称为伟大的宗教领袖、救世主，甚至说他们拥有超能力。

总之，20 世纪的学者本质上都是改革派，他们希望看到伊斯兰教的扩张。毫无疑问，在描述伊斯兰教征服所谓异教徒方面，这些著作广泛存在，各地都有。20 世纪，伊斯兰编年史越来越多，非洲人和欧洲人霸权的冲突及抵抗，在许多编年史中被描绘成是基督徒不信者的侵蚀。学者们作为穆斯林被迫受人殖民，于是就赞扬有反抗精神而手段精明的英雄人物，他们有聪明的办法，既能保持伊斯兰教的价值观，又能在欧洲霸权下生存；而很多人则继续反抗外国人统治。

605　　第三种书写体系出现于欧洲人 15 世纪接触非洲之后。贸易是主要的动机，因此那些吸引欧洲商人的地区，被许多商人兼作者写入了他们自己的史学著作。这些地方包括尼日尔河三角洲、黄金海岸、塞内加尔海岸、南非，以及东非的沿海地区。在这些著作中，有许多当代的日期、地名、人名，还有很多别的细节。这些作者涉猎的范围和写作兴趣在 19 世纪初显得更加广泛，那时，欧洲人以

---

① 英译版参见 Haim Shaked，*The Life of the Sudanese Mahdi：A Historical Study of Kitāb Saʿādat al-mustahdî f î sîrat al-imām al-Mahdî*（New York，1978）。

各种各样的身份进入非洲，他们可能是商人、传教士、探险者、水手，也可能是殖民者。

这些著作的质量和主旨各不相同。[①] 15、16 世纪，他们最初接触非洲的时候，关于非洲内陆的记录都基于传说和二手信息。到访沿海地区的人只能记录他们所看到的东西，或是记录从当地人那里得到的信息。虽然贸易是第一要务，不过还是有很多著作谈到了非洲国家和欧洲贸易公司及探险家之间的各种关系。[②] 对奴隶的关注，则扭曲了他们对非洲人的看法。17 世纪之后，这类史学得到发展，关于非洲各地的历史不断涌现，其中还包括对当地事件的汇编。[③]

如果说商人们的著作较少关注宗教和文化事务的话，那么，旅行家们写成的正式报告、见闻录、回忆录及日记则提供了关于政治及人民的分析。19 世纪，奴隶贩卖的废止催生了一种新型的著作，这些著作论及"合法贸易"、传播基督教以及控制政局。史学的发展反映出欧洲人目标的转向。[④] 非洲人成了历史的"客体"，是"白人的负担"，亟需文明开化。一种悲惨的非洲形象就此出现，那里的人们的历史没有价值，而且如果没有外人帮忙，就不能完成社会的转型。

19 世纪及此后的传教活动促使知识迅速发展和传播。新教和

---

① Beatrix Heintze and Adam Jones(eds.)，*European Sources for Sub-Saharan Africa before* 1900：*Use and Abuse*，*special edition of Paideuma*，33(1987)。

② 可参见 Lidwien Kapteijins and Jay Spaulding，*After the Millennium*：*Diplomatic Correspondence from Wadai and Dar Fur on the Eve of Colonial Conquest*，*1885 - 1916*(East Lansing, Mich. , 1988)。

③ 重要著作参见 Adam Jones，*Raw*，*Medium*，*Well Done*：*A Critical Review of Editorial and Quasi-Editorial Work on Pre-1885 European Sources for Sub-Saharan Africa*(Madison, Wis. , 1987)；以及 John D. Fage，*A Guide to Original Sources for Precolonial Western Africa Published in European Languages*，2nd edn (Madison, Wis. , 1994)。

④ 可参见 Philip D. Curtin，*The Image of Africa*：*British Ideas and Action*，*1780 - 1850*(Madison, Wis. , 1964)；以及 Anthony Disney(ed.)，*Historiography of Europeans in Asia and Africa*(Brookfield, Vt. , 1995)。

606 天主教的传教士都建立起西方式的学校、印刷社，甚至是书店，这都促进了知识的传播及历史书籍的书写。作者们利用各种形式——报告、布道词、官方通信、见闻录、报纸①——涵盖了非洲的宗教和生活，描绘了传播基督教的大好形势，以及白人传教团体是多么受人欢迎。传教士向大众介绍了几个族群，因此帮助这些族群建立起了自我认知，其中包括约鲁巴（种族）和马拉维（民族国家）。②

　　传教士以当代人的视角描绘了非洲制度的许多情况。不过，为了推动传教事业，他们对非洲本土宗教常常带有很深的偏见和敌意。把那些宗教描述成恶魔崇拜。传教士把自己描绘得与众不同而更开化的同时，他们也详细地谈及非洲文化传统。比如，我们对当时刚果的了解就有赖于嘉布遣会和耶稣会传教士的描述。传教士和当地人共同生活，故而也学习了当地语言，并对数种非洲语言的语言学及字母表的创建做出了开拓性贡献。

　　讨论前殖民非洲时，各方面的学者已经充分利用了欧洲人写成的史料，在此过程中，很多史料都得到辨析，许多文本得以复制，故相当便利。正因为欧洲人写的史料容易使用，故很多著作都是讨论沿海社会及国家的，比如安哥拉、贝宁、达荷美、阿散提（asante）、拉各斯和塞内加尔河谷。那些远离海岸的重要国家和社会（比如贝努埃［Benue］，洛济［lozi］）之所以很少有人研究，部分原因是材料的匮乏。非洲差不多有80％的地方，在欧洲人写的史料中是找不到的。③

　　这种建立在欧洲人史料上的历史研究，缺点也很明显。作为外

① 可参见 Robert Moffat, *Missionary Labours and Scenes in Southern Africa* (London, 1842)；以及 T. J. Bowen, *Adventures and Missionary Labour in Central Africa*(Charleston, 1857)。

② A. C. Ross, *Blantyre Mission and the Making of Modern Malawi*(Blantyre, 1996).

③ Adam Jones, 'The Dark Continent: A Preliminary Study of the Geographical Coverage in European Sources, 1400‐1880', *Paideuma*, 33(1987), 19‐26.

人,作者们对当地人和当地制度知之甚少,他们也不太接触当地语言和文化,也就不可能理解他们笔下的事物。这些著作现散落在各地,而且使用的语言多种多样(葡萄牙语、英语、法语、德语、丹麦语、荷兰语、瑞典语),这也为研究者造成了很大的障碍。这一类著作揭示了一部非洲史——准确来说是多部非洲史——的方方面面,主要面向非洲以外的读者。

　　这类著作中最严重的问题是成见,这造成了对整个非洲大陆的大量歧视。在二战之后,现代的非洲历史学必须要做出回应的这种知识基础,是围绕种族和变化,以及赖以重构过去的史料而形成的。到 18 世纪,许多欧洲人都知道了非洲,这种状况可见于如下这本代表作:伊曼努尔·康德的《世界公民观点之下的普遍历史观念》(*Idee zu einer allgemeinen Geschichte in weltbürgericher Absicht*)(1784 年)。于是,非洲是否为人所知已不是个问题,问题在于,非洲成了一种落后的象征。跨大西洋的奴隶贸易,使人们认为黑人比白人劣等,这固化了种族阶层这种危险的种族概念。欧洲的霸权则使欧洲人认为自己在智商上有优势,这可见于黑格尔常被人引用的那本《世界史哲学讲演录》(*Vorlesungen über die Philosophie der Weltgeschichte*)(1837)。他鄙视非洲,认为非洲不是"有历史的大陆",因为非洲没有任何发展的迹象,非洲人也没有能力进行教育及发展。深入接触非洲人的传教士笔下的传教故事和英雄事迹也促使"黑暗大陆"的概念广为传播。

607

非洲本土的历史书写

　　随着文字在非洲的使用,非洲出现了一批史学家,可见于苏丹地带的阿拉伯文的史学及各地对阿拉伯文的使用(包括斯瓦希里人、豪萨人、马达加斯加人)。吉兹语和阿姆哈拉语同样令文字沿用近两千年。所以,欧洲传教士来到这里时,他们可以写出新的著作,其中最有名的当属 1681 年约布·鲁道夫(Job Ludolf)出版的《埃塞俄比亚史》(*Historia Aethiopia*)。有许多重要的文本如今都已有印刷版了。[①]

19世纪，非洲本土史学崭露头角，这得益于西方教育和基督教的引进，也得益于拉丁字母的使用。其中一些著作，比如爱德华·布莱登（Edward Blyden）的作品，将大西洋的思想传播与振兴非洲联系起来。其他学者，比如塞缪尔·约翰逊（Samuel Johnson）及卡尔·赖多夫（Carl Reindorf），复兴了本土历史，又加上西方的进步观念。本土历史书写延续到20世纪，出现了许多城镇与地方的历史。本土学者明显有一种爱国心理，要写出其民族的第一部历史著作，同时，他们也有一种需求，利用历史写作呼吁变革。本土身份元素的描述与追求进步的新思想发生融合。这些著作不仅描述了非洲历史，也揭示了著作完成当时的社会、文化背景，因此，这些著作不仅为我们提供了重构历史的资料，也告诉了我们历史瞬间的当代呼声。

608　　　第一代本土作者出现在跨大西洋奴隶贸易被废止之后。许多人回到塞拉利昂和利比里亚，前一种人是此前奴隶贸易的俘虏，后一种人则是来自美洲的回迁者。他们中许多人接受过教会学校的初等教育，移民也了解关于种植园经济和社会的知识。回到南非、贝宁湾、利比里亚和贝宁等地之后，一小部分中产阶级憧憬着新社会。他们渴望基督教和西方教育的传入，也痴迷于欧洲的制度及价值观。在非洲被瓜分的1870年代之前，这些中产阶级自视为达成"文明开化"的领导人物。1880年代之后，欧洲政治霸权明显要君临非洲了，这些中产阶级为自己的大陆和人民遭到愚弄而感到苦恼，用西方的文字大声谴责，痛恨本该属于自己的领导地位即将不复存在。如同阿贝·博伊拉特（Abbe Boilat）、詹姆斯·阿菲利加努斯·贝亚勒·霍顿（James Africanus Beale Horton）、约翰·曼萨·萨尔巴（J. M. Sarbah）、卡兹尼·海福德（J. E. Casely-

---

① Constance B. Hilliard，*Intellectual Traditions of Pre-Colonial Africa*（New York, 1998）.

Hayford)、丹夸(J. B. Danquah)，以及爱德华·布莱登的著作一样，①历史著作成了表达文化国家主义的工具。

爱德华·威尔莫特·布莱登作为个中翘楚，本人拥有各类身份，但最重要的身份则是作为倡导黑人民族主义(Black Nationalism)的学者、政治家。②布莱登的成长受到来自世界各地的因素的塑造。他生于维尔京群岛，其家庭生活于委内瑞拉；他完成早期教育，跟他父亲学过裁缝，皈依基督教后，于1850年到访美国，同年回到利比里亚。他毕生学术热情都源自早年的经历。他见过种植园的黑人劳工；他因身为黑人被一所美国神学院拒绝；他通过美国殖民协会回到非洲，该协会致力于推进黑人移民离开美国的工作。1885—1905年间，布莱登以不同身份造访塞拉利昂和尼日利亚的拉各斯。

和同时代人一样，布莱登的贡献主要在三个方面。③第一，他以非洲人身份而自豪，并强调奥约、马里、加纳、阿比西尼亚与埃及这些非洲王国的成就。相关历史资料被用来证明非洲人有能力领导自己，非洲人的方式应予保留。

如同时代的西化黑人一样，他需要解释为何非洲和西方越来越不对等。这就是他的第二个方面的贡献，即回答这样一个问题：非洲怎么了？当时不仅布莱登一人认为非洲落后，从而接受19世纪大西洋话语中的"黑暗大陆"的称呼。④这些学者既有美国的经历，后来又移民到非洲，有此种人生经历，故能在观察非洲时兼顾外部和内部的世界观，而且将自己置于一个矛盾的地位，必须

609

---

① Toyin Falola, *Nationalism and African Intellectuals*(Rochester, NY, 2001).

② Hollis R. Lynch, *Edward Wilmot Blyden：Pan-Negro Patriot，1832 - 1912* (London, 1970).

③ 他的代表作有 *African Life and Customs*(London, 1908)；*Christianity, Islam and the Negro Race* (1887；Edinburgh, 1967)；以及 *Liberia's Offering* (New York, 1862)。

④ Tunde Adeleke, *UnAfrican Americans：Nineteenth Century Black Nationalists and the Civilizing Mission*(Lexington, Ky. , 1998).

加以调解。

他的第三方面贡献是变革非洲的责任。布莱登和同时代受西方教育的精英一样,推崇这样一群他以为掌握了答案的非洲人:这些人已经西化,而且受过教育,已经启蒙。他们的著作往往揭露出回到非洲的精英和本土大众之间的矛盾,对权力的竞争,以及流露出来的自大——这种自大塑造了利比里亚和塞拉利昂的政治现状,而且直至20世纪仍可见到。例如,布莱登的著作展现出他的一种关注:通过在西方轮廓里建立政治体系,通过对穆斯林和基督徒间关系的复杂管理,将本土价值观与借自西方的思想框架同化起来。他并非不尊重非洲的价值观——他确实赞美过一夫多妻制和共同体内的生活——但他依然希望传播美国的价值观,也欢迎英帝国主义,他认为两者都是促进改革的。

在1897—1901年出版的三本书揭示了本土书写传统的关联性与力量:卡尔·赖多夫的《黄金海岸和阿散提人的历史》(*A History of the Gold Coast and Asante*,1895年)、塞缪尔·约翰逊的《约鲁巴人历史》(*History of the Yorubas*,1897)、阿波罗·卡格瓦(Apolo Kagwa)的《布干达的诸王》(*The Kings of Buganda*,1901)。这三本书成了非洲各地的"业余"史学家后来写成的数百本著作的前奏。这些著作包含丰富的口述传统,尤其关于创世的故事、重要国王的事迹,以及当地的重大事件,这些东西在当时的外国人作者看来几乎毫无意义。本土作家对地方历史的强调迥异于殖民者的历史叙述。

口述传统转变成为历史之后便获得了地位,直至今日。这些著作成熟地展现了非洲人对过往的概念,以及他们的历史观。他们的叙述是关于过去与现在的知识,描绘了自神话时代到已知现在之间的时代,为更好地理解未来提供了确切的智慧。这些知识必须是可用的:过去成了身份形成的源头,得以保持传统不断,这些传统既使新的社会成员融入社会的遗产,也能定义人际和族群间的关系。人类、植物、动物可能展现的是同一个创世故事;战争的胜利既得益于客观力量,也得益于精神力量。各类事件,无论初次发生还是重复出现,都必须用口述传统保留下来,代代相传,为的是供后世使用。这种历史同时也是文化传承,涉及诗歌、箴言、仪式、歌谣和传奇。本土史学开始将各种历史写成文字。

赖多夫、约翰逊及卡格瓦,以及后来许多人的著作表现出西方 610
教育的优势。他们往往用欧洲语言写作,不过也有一些是用非洲语言写的,比如讨论西非约鲁巴人的许多著作①,还有那些著名作者的著作,如雅各布·埃加列夫瓦(Jacob Egharevba)讨论贝宁的著作②,约翰·尼亚卡图拉(John Nyakatura)讨论乌干达的著作,以及阿奇加·萨伊(Akiga Sai)讨论蒂夫(Tiv)的著作。③ 另外,一些著作本来是用非洲语言写成,后来被译为欧洲语言,为的是让更多读者看到。

以上许多史学界的开拓者都上过传教士的学校,而且是基督徒,一些人还成为教士,获得了特权与地位,比如塞缪尔·约翰逊和卡尔·赖多夫。他们的宗教取向成为其著作中的道德基调,并使他们推崇基督教,认为基督教胜过伊斯兰教及非洲宗教。基督教和西方教育意味着进步的新观点,意味着现代化进程——现代化体现在要求建立更多学校、医院、道路、住房和其他设施上。一些皈依基督教的人甚至将欧洲殖民侵略视为获得西方技术和哲学的必经之路,传播福音的人则致力于废止他们视为"异教"的非洲宗教的元素,同时致力于阻止伊斯兰教的传播。

对过去的历史想象掺杂了对未来的设想。这些著作不仅成功地深度呈现了历史,由此证明非洲人在欧洲人到来之前已有悠久的历史,还提供了非洲取得成就的有力证据,驳斥了非洲一成不变

---

① Toyin Falola, *Yoruba Gurus*: *Indigenous Production of Knowledge in Africa* (Trenton, NJ, 2000).

② Jacob U. Egharevba, *A Short History of Benin*(1934;3rd edn, Ibadan, 1960).

③ John Nyakatura, *Anatomy of an African Kingdom*: *A History of Bunyoro-Kitara* (n. p. , 1947);以及 Akiga Sai, *Akiga's Story*: *The Tiv Tribe as Seen by One of Its Members*(London, 1939).

的观点。这些书还认为,非洲的制度已充分发展,适合非洲的时代和人民,有一些制度甚至是为特定地区量身打造的。①

这些著作的核心灵感来自爱国思想。非洲人的过去不能被遗忘,因此有人呼吁保存非洲的历史。但是,作者们也呼吁改正非洲历史和制度中不合理的地方,因此,他们以写作的方式修正欧洲-基督教的非洲观。他们需要与自己对话,来完成自己制定的任务——受过教育的精英应当为其他人提供教育。正如塞缪尔·约翰逊所说:"受过教育的约鲁巴土著熟悉英国历史,也熟悉罗马和希腊历史,但对本国历史却不了解。消除这种耻辱正是笔者目的之一。"②

611　　在为同胞写作的时候,这些史学家运用的材料符合本土意义上历史的标准,也令人信服地将历史与创造美好未来的需求联系起来。他们作为研究者,为了得到口头传统历史,拜访了许多知识渊博的人,他们还将神话和当代的口述史剥离开来。他们记录下的传统历史,如今很多已经不存,或是面目全非了,因此他们的著作往往被当作口述传统的史料运用。口述传统一方面为作者们提供了史料,另一方面也被当作保存非洲文化和传统知识的载体。他们希望,利用历史教育年轻一代,以培养人们对前殖民时代各民族的集体荣誉感。作为文化的中介,他们利用本土史学创造了非洲各民族和各种族。

不过,他们也面向欧洲人写作,很明显,他们的"人种志"是建立在用当地语言收集传统的基础上的,而且说明他们理解笔下的文化和人民。他们想说明,自己才是非洲的知识阶级,欧洲人没有能力做这种工作,写不出这样的历史。他们为自己人代言,视自己为新一代非洲人的真正代表。历史书写使他们成为文化的中介,成了变革的原动力。

---

① John Mensah Sarbah, *Fanti Customary Laws*(London, 1904).

② Samuel Johnson, *The History of the Yorubas from the Earliest Times to the Beginning of the British Protectorate*(London, 1921),序言。

邂逅"殖民文库"

非洲史学的最后一个阶段是关于非洲的"殖民文库"（colonial library）的产生，其中收入的是欧洲官员和新一代业余学者对非洲社会和制度所做的初步研究成果。"殖民文库"引起了回响，并最终促成了1945年之后的非洲学术事业的产生。

进行这类历史书写的动机出于两方面的关注。其一是为政治统治做辩护，并为改造"土著"的变革手段做论证。正如殖民者所认为的那样，如果政治统治是变革的主要来源，那么，他们需要用文本证明这些变革是合理的，并以此反对所谓原始时代的知识背景。关于"现代化"的新历史学应当是欢迎殖民统治的。作为殖民非洲的学术前奏，欧洲学者认为非洲人对人类历史毫无贡献。他们认为，非洲没有接触过文明开化，也对文明开化没有贡献。非洲人被认为是历史之外的人，需要欧洲人来拯救。19世纪后半叶出现了"科学的种族主义"，这种难以服人的经验主义研究认为，黑皮肤的种族劣于白种人。欧洲人作者观察到的文化差异被当作是落后，这可见于亨利·莫顿·斯坦利（Henry Morton Stanley）的经典论断，[1]也可见于私人通信中，例如出版于1901年的切斯特菲尔德勋爵（Lord Chesterfield）"写给儿子们的信"。在信中，作者道出了当代人的观点："非洲人最为无知，最为粗鲁，只不过比狮子、老虎、猎豹（原文如此）等野生动物略强，这个国家盛产这些东西。"[2]

无论在知识上还是物质上，拯救非洲都是当务之急：这种观点认为，非洲穷困而糟糕的状况，正是推动殖民的动机。欧洲的价值观比非洲的价值观优越。[3]前殖民时代的非洲被认为是落后的、变

612

---

[1]　Henry Morton Stanley, *Through the Dark Continent*(London, 1899).

[2]　引自 Robin Hallet, *The Penetration of Africa: European Enterprise and Exploration Principally in Northern and Western Africa up to 1870* (London, 1965), i. 37。

[3]　Henri Brunschwig, *Le partage de l'Afrique noire*(Paris, 1971).

革有限的漫长时代，充满了莫名其妙的战争，社会的首领毫无远见。相比之下，殖民地的非洲在许多著作中都被当作是一个有序的时代，一步步从政治、经济的落后局面中走出来。传教士通过各类著作和笔记，肯定了其传教事业的成功，认可新文明战胜野蛮的历史的可能性。殖民官员也有类似声音，认为变革的胜利胜过一成不变的传统。

　　第二种动机，是作者们需要了解他们统治的人民，这就要收集材料和历史著作，以促进政治统治。为使各种改革受到最小阻力，使得分化统治的政治得以延续，有必要研究研究殖民地的人民。比如英国殖民地要求官员编纂地方历史，这就使关注点从欧洲统治非洲的活动中移开了。殖民地官员在历史书写中表现积极，强调所谓的非洲人迷信本性和野蛮行为，关注和自己统治有关的"文明开化任务"所取得的成就，批评反对自己的非洲人，赞扬拥抱变革的非洲人。这些著作使用了 1920—1930 年代出现的可靠史料，探讨各民族时强调其构成和制度。的确，一些地方的信息由此才首次见诸纸张，比如尼日利亚北部。[①]

　　总而言之，欧洲统治者对非洲的概念从 18 世纪到 20 世纪上半叶一成不变：一直视非洲为"黑暗大陆"。他们记录西方标准下的成就，例如埃及的金字塔和津巴布韦的石质建筑，他们将自己的创造归功于某些非洲以外的陌生人。塞格利曼（C. G. Seligman）在出版于 1930 年的著作《非洲各种族》（*Races of Africa*）中认为，"非洲各文明是含米特人创造的文明，其历史是含米特人的历史，是他们与另外两个非洲群体——尼格罗人和布须曼人——之间的互动历史。"[②]含米特人正是"殖民文库"创造出来的，以支持一种误导性的

613

---

① Charles Kingsley Meek, *A Sudanese Kingdom*：*An Ethnographic Study of the Jukun-Speaking Peoples of Nigeria* (1931; rept. London, 1968); J. M. Fremantle, *Gazetteer of the Northern Provinces of Nigeria*, *vol. 2*：*The Eastern Kingdoms*(1920; repr. London, 1972);以及 H. R. Palmer, *Sudanese Memoirs*, 3 vols. (Lagos, 1928).

② Charles Gabriel Seligman, *Races of Africa*(London, 1930), 96.

理论。

　　对"殖民文库"的攻击来自两方面。外部的攻击主要来自美国出现的黑人活动家群体，内部的攻击则来自非洲。外部群体虽在本章讨论对象之外，不过其中包括了美国国内出现的相反观点，这些观点进而成为在历史书写上以非洲为中心的看法。这一充满活力的派别的中心人物是一些政治活动家，例如卡特·伍德森（Carter G. Woodson）、杜波依斯（W. E. B. Du Bois）、马科斯·加维（Marcus Garvey）、克劳德·麦凯（Claude MacKay）、兰斯顿·休斯（Langston Hughes），以及康提·卡伦（Countee Cullen）。[①] 伍德森现在被称为"黑人历史之父"，引领了 20 世纪最初 20 年的黑人研究与非洲史研究，他于 1915 年创办了《黑人历史杂志》（*Journal of Negro History*），为新一代活动家和学者提供了发表成果的地方。1933 年，他出版的《关于黑人的错误教育》（*The Mis-Education of the Negro*）至今是被引用数最多的著作之一，在书中他指出对黑人的知识已受到种族化影响。

　　在非洲内部，早些年开始的本土的历史书写传统在殖民时代得到延续。伊斯兰史学继续将重心放在价值取向的分析上，这种分析将伊斯兰教和西方相比较，并寻找殖民的、世俗的发展道路的替代品。本土历史书写对这种观点发起挑战，并成功地找到了变革和进步的证据。他们出版了城市和共同体的历史，详细描述了民族和王朝的起源、政治的变动及各种各样的理想。他们组成协会，用编年史讨论进步，记录过往。一些著作给新的国家作了定义（比如黄金海岸），甚至给整个非洲作了定义，可见于德·格拉夫特·约翰逊（J. W. de Graft Johnson）的著作。[②]

---

①　John T. McCartney, *Black Power Ideologies：An Essay in African-American Political Thought*（Philadelphia，1992）；以及 William M. Banks, *Black Intellectuals：Race and Responsibility in American Life*（New York，1996）.

②　J. W. de Graft Johnson, *Towards Nationhood in West Africa*（London，1928）；*Historical Geography of the Gold Coast*（London，1929）；以及 *African Glory*（New York，1954）.

记录当地传统的工作成果蔚为大观，可举的例子有雅各布·埃加列夫瓦关于贝宁的著作。[①] 不过，假如没有殖民时期的数不胜数的小册子，1900 年之前的当代口述历史和口述传统就不会存在了。其目的倒不是挽救或重振传统，而是希望本地为大众所知，也是为了挑战新兴的西方教育精英，将后者重新纳入本土传统中，同时也是为了赞颂当地的建造者、成就者。

这类著作的重要潜在话语是拒绝承认殖民者的优越感。许多人歌颂非洲的"荣光"，这就是一个路径。另一个路径是将非洲的一些制度归纳成来自同一起源。卢卡斯（J. O. Lucas）开始为其 1948 年的《约鲁巴人的宗教》（*The Religion of the Yoruba*）一书收集资料时，当代研究非洲的学者的知识基础使衙门将许多思想都追溯到中东和地中海，以说明欧洲和非洲思想实际上是统一的。

1930 年代，黑人认同（Negritude）成了非洲法语区的哲学运动，并扩散到其他区域，于是，黑人一词兼有种族与文化的意味。黑人认同是由一群受过教育的非洲人创造的，他们倡导全面接受欧洲文化的同化却遭到失败，故希望能消解这种对立，而且，他们感到自己与黑人根基有了隔阂。这可算是当时最重要的知识分子的思想，坚称非洲文化实际上优于源于欧洲的文化，而且认为理解非洲价值观是当务之急。黑人认同呼吁回归祖先传统，促使人们追求真正的非洲；回到光辉的过去，才能修复现代非洲；将来自非洲的直觉和感性认知与来自西方的理性主义结合起来；此外，本土人的领导合情合理。这些思想在利奥波德·塞达尔·桑戈尔（Léopold Sédar Senghor）等代表人物那富有创造力和历史感的笔下得以表现，[②]象征了 20 世纪大部分时间里的非洲史学。

无论在非洲之内还是之外，有两个重要特征预告了 1945 年之后的非洲史学：第一是使用非书面的史料和方法论来讨论过去；第

---

① Egharevba, *A Short History of Benin*.

② Léopold Sédar Senghor, *The Collected Poetry*, trans. Melvin Dixon（Charlottesville, 1991）.

二是关注民族主义,将其作为书写历史时最重要的意识,他们的历史发出了非洲人的声音,强调非洲人对创造自己文明的贡献,坚称掌握了过去的知识才能开创更美好的未来。他们将以上几点结合起来,强调的是种族的荣耀,非洲人有权利管好自己、掌握自己的命运。用民族主义回应殖民统治,建立泛非洲的全球黑人政治网络,共同促成了 1945 年以后的历史学。

大事年表/关键日期　　　　　　　　　　　　　　　　　615

1750 年	西非出现伊斯兰复兴运动
1765 年	英国人于塞内冈比亚建立殖民地,延续至 1783 年
1791 年	弗里敦(塞拉利昂)建立
1804 年	奥斯曼登福迪奥开始圣战;英国海外传教会在塞拉利昂开始传教
1822 年	利比里亚建立
1855 年	特沃德罗斯建立现代埃塞俄比亚
1861 年	英国吞并拉各斯作为殖民地
1881 年	苏丹开始马赫迪运动
1884—1885 年	柏林会议召开,"瓜分非洲"开始
1896 年	埃塞俄比亚于阿杜瓦战役击败意大利
1898 年	萨摩里·杜尔(Samori Toure)英勇抵抗法国失败
1900 年	英国殖民地开始侵入肯尼亚高原
1914 年	布莱斯·迪亚涅(Blaise Diagne)成为法国国民议会中第一个非洲人
1921 年	西蒙·金班古(Simon Kimbangu)成立金班古教会(地上耶稣教会)系非洲最大独立教会
1929 年	"妇女战争"('Women's War')(或称阿巴妇女起义)抗议对女性征税
1935 年	意大利入侵埃塞俄比亚,引起广泛的反殖民爱国思想

| 1945 年 | 战后自由思想及民族自决思想使殖民主义陷入危机 |

主要历史文献

Bâ, Amadou Hampaté, *Aspects de la civilization africaine* (*personne*, *culture*, *religion*) (Paris, 1972).

Baden-Powell, R. S. S., *The Downfall of Prempeh: A Diary of Life with the Native in Ashanti* (London, 1895).

Baikie, William Balfour, *Narrative of an Exploring Voyage up the Rivers Kwóra and Bínue* (*Commonly Known as the Niger and Tsádda*) *in 1854* (London, 1856).

Barrow, John, *An Account of Travels into the Interior of Southern Africa in the Years 1797 and 1798*, 2 vols. (London, 1801 – 1803).

Barth, Heinrich, *Travels and Discoveries in North and Central Africa*, 5 vols. (London, 1857 – 1858).

Basset, René, *Mission au Sénégal*, 3 vols. (Paris, 1909 – 1910).

Battistini, René, *L'Afrique australe et Madagascar* (Paris, 1967).

Beckingham, C. F. and Huntingford, G. W. B., *Some Records of Ethiopia*, *1593 – 1646* (London, 1954).

Bello, Muhammad, *Infaqu' l-maysur*, ed. C. E. J. Whiting (London, 1951).

Bentley, W. Holman, *Pioneering on the Congo*, 2 vols. (London, 1900).

Biebuyck, Daniel and Mateene, Kahombo C., *The Mwindo Epic from the Banyanga* (*Congo Republic*) (Berkeley and Los Angeles, 1971).

Blyden, Edward, *Liberia's Offering* (New York, 1862).

—— *Christianity, Islam and the Negro Race* (1887; Edinburgh,

616

1967).

—— *African Life and Customs*(London，1908).

Brown，Robert，*The Story of Africa and Its Explorers*（London，1895).

Crowther，Samuel，*Journal of an Expedition up the Niger and Tshadda Rivers*(London，1885).

Dapper，Olfert，*Umbständliche und eigentliche Beschreibung von Africa*(Amsterdam，1670 - 1671).

Egharevba，Jacob U.，*A Short History of Benin*（1934；3rd edn，Ibadan，1960).

Fartua，Ahmad Ibn，*History of the First Twelve Years of the Reign of Mai Idris Alooma of Bornu 1571 - 1583*，ed. and trans. H. R. Palmer(Lagos，1928).

Fournier，F.，'Les sols du continent africain'，in R. Rochette（ed.），*Enquête sur les resources naturelles du continent africain*（Paris，1963).

Freeman-Grenville，G. S. P.，*The East African Coast*：*Select Documents from the First to the Earlier Nineteenth Century*（Oxford，1962).

Frobenius，Leo，*Histoire de la civilization africaine*，trans. H. Back and E. Ermont(Paris，1952).

Gsell，Stéphane，*L'histoire ancienne de l'Afrique du Nord*，8 vols.（Paris，1920 - 1928).

Herodotus，*The Histories*，trans. Aubrey de Selincourt（London，1954).

Hiskett，M.，'The "Song of Bagauda"：A Hausa King List and Homily in Verse'，*Bulletin of the School of Oriental and African Studies*，27(1964)，540 - 567；28(1965)，112 - 135，363 - 385.

Johnson，Samuel，*The History of the Yorubas from the Earliest Times to the Beginning of the British Protectorate*（London，

1921）.

Johnston，Harry Hamilton，*A History of the Colonization of Africa by Alien Races*（1899；London，1913）.

Julien，Charles André，*Histoire de l'Afrique de Nord*（1931；rev. edn，Paris，1978）.

Kagwa，Sir Apolo，*Basekabaka be Buganda*（Kampala，1901）；trans. and ed. by M. S. M. Kiwanuka as *The Kings of Buganda*（Nairobi，1971）.

Kati，Mahmud，*Tarikh el-Fettach*，ed. and trans. O. Houdas and M. Delafosse（Paris，1913）.

Laird，Macgregor and Oldfi eld，R. A. K.，*Narrative of an Expedition into the Interior of Africa*，*by the River Niger*：*In the Steam-Vessels Quorra and Alburkah in 1832，1833 and 1834*，2 vols.（London，1837）.

Le Vaillant，François，*Travels from the Cape of Good Hope into the Interior Parts of Africa*（London，1790）.

617 Palmer，H. R.，*Sudanese Memoirs*，3 vols.（Lagos，1928）.

Pankhurst，R. K. P.（ed.），*The Ethiopian Royal Chronicles*（Addis Ababa，1966）.

Park，Mungo，*Travels in the Interior Districts of Africa，Performed under the Direction and Patronage of the African Association，in the Years 1795，1796，and 1797*（London，1816）.

Reindorf，Carl Christian，*The History of the Gold Coast and Asante，Based on Traditions and Historical Facts Comprising a Period of More Than Three Centuries from about 1500 to 1860*（1895；2nd edn，Accra，1966）.

Schreiner，Olive，*Trooper Peter Halket of Mashonaland*（Boston，1897）.

Senghor，Léopold Sédar，*The Collected Poetry*，trans. Melvin Dixon

（Charlottesville，1991）．

Southworth，Alvan S. ，*Four Thousand Miles of African Travel：A Personal Record of a Journey up the Nile and through the Soudan to the Confines of Central Africa，Embracing a Discussion of the Sources of the Nile，and an Examination of the Slave Trade*（New York，1875）．

Stanley，Henry M. ，*The Congo and the Founding of Its Free State：A Story of Work and Exploration*（London，1886）．

Weule，Karl，*Native Life in East Africa：The Results of an Ethnological Research Expedition*，trans. Alice Werner（New York，1909）．

参考书目

Adeleke，Tunde，*Un African Americans：Nineteenth-Century Black Nationalists and the Civilizing Mission*（Lexington，1998）．

Cooper，Frederick，*From Slaves to Squatters：Plantation Labor and Agriculture in Zanzibar and Coastal Kenya，1890 – 1925*（New Haven，1980）．

Cuoq，Joseph，*L'Islam en ethiopie des origins au Xvle siècle*（Paris，1981）．

Curtin，Philip D. ，*The Image of Africa：British Ideas and Action，1780 – 1850*（Madison，Wis. ，1964）．

de Moraes Farias，P. F. ，*Arabic Medieval Inscriptions from the Republic of Mali：Epigraphy，Chronicles and Songhay-Tuareg History*（Oxford，2003）．

Disney，Anthony（ed. ），*Historiography of Europeans in Asia and Africa*（Brookfield，Vt. ，1995）．

Fage，John D. ，*A Guide to Original Sources for Precolonial Western Africa Published in European Languages*，2nd edn. （Madison，

Wis. ，1994）.

Falola，Toyin，*Yoruba Gurus：Indigenous Production of Knowledge in Africa*（Trenton，NJ，2000）.

—— *Nationalism and African Intellectuals* （ Rochester， NY，2001）.

Hallet，Robin，*The Penetration of Africa：European Enterprise and Exploration Principally in Northern and Western Africa up to 1870*，vol. 1（London，1965）.

Hassen，Mohammed，*The Oromo of Ethiopia：A History，1570 - 1860*（Cambridge，1990）.

Hilliard，Constance B. ，*Intellectual Traditions of Pre-Colonial Africa*（New York，1998）.

Hunwick，John O. ，*Timbuktu and the Songhay Empire*（Leiden，1999）.

618　—— *Arabic Literature of Africa*，vol. 4：*Writings of Western Sudanic Africa*（Leiden，2003）.

Jones，Adam，*Raw，Medium，Well Done：A Critical Review of Editorial and Quasi-Editorial Work on Pre-1885 European Sources for Sub-Saharan Africa*（Madison，Wis. ，1987）.

Kapteijins，Lidwien and Spaulding，Jay，*After the Millennium：Diplomatic Correspondence from Wadai and Dar Fur on the Eve of Colonial Conquest，1885 - 1916* （ East Lansing， Mich. ，1988）.

Ki-Zerbo，J. ，*General History of Africa*，vol. 1：*Methodology and African Prehistory*（Paris，1981）.

Levtzion，Nehemia，*Ancient Ghana and Mali*（London，1973）.

Lynch，Hollis R. ，*Edward Wilmot Blyden：Pan-Negro Patriot，1832 -1912*（London，1970）.

Mamdani，Mahmood，*Citizen and Subject：Contemporary Africa and the Legacy of Late Colonialism*（Princeton，1996）.

Okpewho, Isidore, *Once Upon a Kingdom*：*Myth*，*Hegemony and Identity*（Bloomington，1998）.

Philips, John Edward, *Writing African History*（Rochester，NY，2006）.

Vansina, Jan, *Oral Tradition as History*（Madison，1985）.

Willis, John Ralph（ed.），*Studies in West African Islamic History*，vol. 1：*The Cultivators of Islam*（London，1979）.

Zwede, Bahru, *A History of Modern Ethiopia 1855 -1991*，2nd edn（Oxford，2001）.

陈　强　译

索　引

说明：

索引中的页码均为原书的页码，即本书的边码。

斜体页数，表示图表。

人物之后的关键时间，一般只注历史学家与相关学科的学者，以及部分已知参与过或直接影响过历史写作的政治人物，而且是本书付梓之前已经过世的。

译后记

  本书为《牛津历史著作史》第四卷,涵盖时段是 19 世纪和 20 世纪上半叶。斯图尔特·麦金泰尔(Stuart Macintyre)等三位主编设计的全书结构,像是一幅以西欧为"震中"、逐步向外波及的图像。全书分为四编,前两编讲述欧洲史学在这一百五十年里的变迁,第三编关注欧洲人开拓的"海外"领土——北美洲、南美洲、澳大利亚和新西兰、南非,第四编描写欧洲之外的其他文化传统,包括中国与日本、印度、东南亚、奥斯曼帝国、阿拉伯世界、撒哈拉以南的非洲。就笔墨分配比例而言,四分之三给了"西方"史学,而中国与日本合占一章,仅为全书的二十九分之一。

  换一个角度看,相比之前的史学史著作,本书所致力的目标,的确是为读者提供更加完整的学术思想画面。讨论欧洲史学的前两编共 17 章,先是描述"科学"历史学在 19 世纪欧洲的诞生及其制度化的整体面貌,其次按国家或地区逐一细致梳理其史学流变,在德、法、英、意之外,作者们将伊比利亚、北欧、东欧、巴尔干等地区均纳入视野,呈现出欧洲史学传统内部的多样性。此外,第三编关于墨西哥、巴西、南非等地诸章,以及第四编关于奥斯曼帝国、阿拉伯世界等地诸章,内容亦为其他史书较少涉及。

  全书各章均由专家撰文,作者共有三十五位之多,内容之丰富同时也增加了翻译的难度。译文由多位译者合作完成,最后由岳秀坤统一校订。兹将翻译分工情况说明如下:

  第 1、2 章,序言及索引等辅文,岳秀坤;

第 3 章,陶略;

第 4、29 章,陈强;

第 5、6、7 章,姜伊威;

第 8、9、10、11、12、13、14、15、16、17 章,喻乐;

第 18、19、20、21、22、23、24、25、26 章,孙琇;

第 27、28 章,旮涛、董雨、陈功。

能力所限,译文错讹之处,尚乞识者不吝指正(historicaltheory

@163.com)。

译者

2020 年 6 月 27 日

图书在版编目（CIP）数据

牛津历史著作史. 第四卷/（加）丹尼尔·沃尔夫总主编；
（澳）斯图尔特·麦金泰尔，（加）胡安·迈古阿西卡，（匈）阿
提拉·波克主编；岳秀坤等译. —上海：上海三联书店，
2021.12
　ISBN 978-7-5426-6950-6

　Ⅰ.①牛…　Ⅱ.①丹…②斯…③胡…④阿…⑤岳…
Ⅲ.①世界史　Ⅳ.①K1

中国版本图书馆 CIP 数据核字（2019）第 292499 号

牛津历史著作史（第四卷）

总 主 编 / ［加］丹尼尔·沃尔夫
主　　编 / ［澳］斯图尔特·麦金泰尔　［加］胡安·迈古阿西卡
　　　　　 ［匈］阿提拉·波克
译　　者 / 岳秀坤　喻　乐　孙　琇　姜伊威　陈　强　等

责任编辑 / 殷亚平
特约编辑 / 刘怡君
装帧设计 / 夏艺堂
监　　制 / 姚　军
责任校对 / 王凌霄

出版发行 / 上海三联书店
　　　　　（200030）中国上海市漕溪北路 331 号 A 座 6 楼
邮　　箱 / sdxsanlian@sina.com
邮购电话 / 021-22895540
印　　刷 / 商务印书馆上海印刷有限公司

版　　次 / 2021 年 12 月第 1 版
印　　次 / 2021 年 12 月第 1 次印刷
开　　本 / 640mm×960mm　1/16
字　　数 / 820 千字
印　　张 / 61.25
书　　号 / ISBN 978-7-5426-6950-6/K·565
定　　价 / 268.00 元

敬启读者，如发现本书有印装质量问题，请与印刷厂联系 021-56324200